DOS ACIDENTES DE TRABALHO

(sociedade de) risco, proteção dos trabalhadores e Direito Criminal

---

Dados Internacionais de Catalogação na Publicação (CIP)

F284d Fayet Júnior, Ney.

Dos acidentes de trabalho : (sociedade de) risco, proteção dos trabalhadores e direito criminal / Ney Fayet Júnior ; com a colaboração de Ricardo Carvalho Fraga. 3. ed. rev., atual. e ampl. – Porto Alegre : Livraria do Advogado, 2020.

304 p. ; 25 cm.

Inclui bibliografia.

ISBN 978-85-9590-052-3

1. Acidentes do trabalho - Brasil. 2. Direito criminal - Brasil. 3. Sociedade de risco. 4. Trabalhadores - Proteção. I. Fraga, Ricardo Carvalho. II. Título

CDU 343.2:331.46(81)
CDD 344.810465

Índice para catálogo sistemático:
1. Acidentes do trabalho : Direito criminal : Brasil 343.2:331.46(81)

(Bibliotecária responsável: Sabrina Leal Araujo – CRB 8/10213)

Ney Fayet Júnior

DOS ACIDENTES DE TRABALHO

(sociedade de) risco, proteção dos trabalhadores e Direito Criminal

— com a colaboração de —

Ricardo Carvalho Fraga

3ª EDIÇÃO
revista, atualizada e ampliada

livraria DO ADVOGADO editora

Porto Alegre, 2020

(edição finalizada em julho/2019)

Capa, projeto gráfico e diagramação
Livraria do Advogado Editora

Pintura da Capa
Jean-François Millet
As Respigadoras, 1857.

Revisão
Betina Denardin Szabo

Impresso no Brasil / Printed in Brazil

Agradecimentos

Em um mundo no qual as relações estão cada vez mais monetarizadas, a gratidão se torna quase um acidente de trabalho, e o reconhecimento do valor humano se relativiza perigosamente.

Várias pessoas correram o risco de trabalhar junto conosco, sem esperar mais do que o crescimento intelectual e a satisfação de fazer sua parte em uma construção coletiva de conhecimento cujos frutos se destinam ao futuro e à sociedade como um todo.

Esse desprendimento raro impõe que agradeçamos aos amigos André da Rocha Ferreira, Eliza Lazzari Bernardy, Julia Werlang, Juliana Moretti, Roberta Grigorieff e Victoria Houpert, que, de uma forma ou outra, deram sua cota de contribuição a esta pesquisa.

Temos de lançar, ainda, uma nota de profundo agradecimento ao Dr. Carlos Rodolfo Thompson Flores, que tão gentilmente, sabedor que estávamos pesquisando sobre o tema dos acidentes do trabalho e das doenças profissionais, alcançou-nos, através de seu neto, o advogado Carlos Pereira Thompson Flores, alguns livros (daqueles antigos, imprescindíveis) de sua imensa e invejável biblioteca pessoal, contribuindo, de modo significativo, para o desenvolvimento da pesquisa a que nos propusemos.

São coisas, todas elas,
cotidianas, como bocas
e mãos, sonhos, greves,
denúncias,
acidentes do trabalho e do amor.
Coisas, de que falam os jornais
às vezes tão rudes
às vezes tão escuras
que mesmo a poesia as ilumina com dificuldade.
Mas é nelas que te vejo pulsando,
mundo novo,
ainda em estado de soluços e esperança.

(Ferreira Gullar)

Prefácio

Honrado com o convite, atrevo-me a lançar algumas considerações na apresentação da obra – **Dos acidentes de trabalho**: (sociedade de) risco, proteção dos trabalhadores e direito criminal.

Trata-se de um consistente e valioso oferecimento ao estudo de tema, que desafia aqueles que compreendem a sua ocorrência como insuportável.

Os autores contam com aguda sensibilidade social, descortinada em análise do contexto, fixando os contornos de uma tragédia que posiciona o nosso país no topo das incidências acidentárias, com mais de um milhão de ocorrências por ano.

Ney Fayet Júnior, advogado, possui uma trajetória profissional e acadêmica dignificante, que muito orgulha os nossos meios jurídicos. Ademais, há na sua personalidade um aparente paradoxo. Profissionalmente, lida com um dos maiores valores do ser: a liberdade; enfrenta ameaças e restrições que os complexos sistemas jurídicos e judiciais muitas vezes impõem ao cidadão. Ao mesmo tempo, como atenuante à rigidez das justificáveis preocupações, cultua um refinado gosto pela arte.

Mas não há contradição, já que é a amálgama de uma personalidade exuberante em generosidade.

A robusta formação na disciplina penal autoriza a abordagem do tema referente à criminalização dos acidentes do trabalho sob um amplo espectro, superando o viés meramente emocional.

Oferece, àqueles que buscam a convicção, uma avalanche de profundas abordagens, estimulando a conclusão do leitor, ou, ainda, inaugurando outras possibilidades para o enfoque científico.

Ricardo Carvalho Fraga, Desembargador e Vice-Presidente do Tribunal Trabalho Regional do Trabalho da 4ª Região, marca sua trajetória pelo rompimento aos estreitos limites impostos à judicatura, avançando corajosamente na defesa das suas interpretações e conceitos.

Suas obras, especialmente os artigos, são dedicados ao aprofundamento analítico da norma laboral e da estrutura jurídica do país. Honra, por sua dedicação e produção teórica, a reconhecida tradição da magistratura trabalhista do Rio Grande do Sul. É, na essência, de uma inquietude intelectual invejável.

Da união de talentos, surgiu esta gratificante obra doutrinária, em que há cuidadoso esmero na apresentação, além de zelo na constante atualização, em um suceder de edições.

Ora, diante de uma guerra, não é razoável avaliar o flagelo contabilizando apenas o número de vítimas. O avassalador, o trágico, é a própria guerra, independentemente da sua expressão.

A perda de vidas, a mutilação física, as consequências objetivas, subjetivas e a multiplicação difusa da infelicidade, colocam-nos diante do drama dos **acidentes do trabalho**. Uma verdadeira *guerra* a desafiar os padrões civilizatórios de respeito à vida e à integridade física dos trabalhadores.

É relativa a importância dos números, frente à perda de uma vida sequer, ou de um membro, ou de um sentido em razão das parcas e precárias condições de trabalho.

O trabalho como iniciativa dinâmica acompanha o ser humano desde a sua mais remota existência. Na caça, na agricultura, na construção de abrigos, na criação e no manuseio das ferramentas, o homem passou a colher no seu corpo os resultados das atividades desenvolvidas.

De um lado, a imperiosa necessidade pessoal e grupal como desencadeante do trabalho; de outro, as dificuldades a serem superadas para o atingimento das mais elementares condições para sobrevivência.

Com o tempo, o acúmulo da experiência humana aprimorou a técnica e, com ela, a maior preservação do indivíduo: causa e consequência restritas às atividades eleitas pelo próprio sujeito, ou por imposição variável das circunstâncias da natureza.

À medida que ingressam em nossa realidade o sistema de produção como atividade econômica e a propriedade dos meios, um novo elemento é revelado. O trabalho humano passa a figurar como indispensável ao sistema, nascendo daí a equação que relaciona o custo da produção com a variação do lucro perseguido pelo empreendimento do modelo.

Inaugura-se, na história do desenvolvimento da humanidade, período em que os trabalhadores, inclusive crianças e mulheres, são submetidos aos mais brutais regimes de trabalho.

Com o tempo, diante dos reclamos humanitários e civilizatórios, tornou-se imprescindível a busca de algum equilíbrio, apenas possível pela intervenção cogente estatal.

Os acidentes do trabalho não desbordam da contradição que verte do controle dos custos da produção e do almejado acréscimo no lucro. Operação primária, cujos resultados, ao longo do tempo, importam em uma legião de trabalhadores mortos ou descontados em suas capacidades físicas e mentais.

Pois bem, por mais que tenhamos avançado em conquistas científicas, por mais que a revolução tecnológica tenha alterado processos, a base material elementar prevalece até os nossos dias. Fica afastada, assim, a análise prosaica liberal, que mitiga o fenômeno ao configurá-lo como elemento meramente cultural.

Está mantido, na base do fato acidentário, o paradoxo entre o custo e o lucro, em que pesem todos os esforços atualmente desenvolvidos pelos inúmeros atores, sejam autônomos ou heterônomos do sistema de garantias. São meritórias as iniciativas institucionais que visam a levar o esclarecimento acerca das consequências morbígenas de processos e métodos inadequados, especialmente recaindo no polo mais frágil da relação jurídica: o trabalhador. A sua recusa em submeter-se às formas inadequadas estabeleceria a blindagem necessária.

Há, entretanto, que avaliar os limites da realidade, ensejadores da adesão do trabalhador na espécie jurídica da relação de emprego ou de trabalho.

Não há como olvidar a realidade econômica dos países capitalistas não desenvolvidos, implicando carências reais, onde a busca pela subsistência e o permanente desequilíbrio entre a procura e a oferta de postos de trabalho são geradores de grandes distorções.

Evidencia-se a submissão às condições praticadas e ofertadas nos processos produtivos. Não é por obra do acaso o fato de os países capitalistas desenvolvidos estarem transferindo a chamada produção *suja* para os países ditos em desenvolvimento, em detrimento da segurança individual do trabalhador e do meio ambiente mundial.

O estrondoso crescimento econômico expressado pela China, por exemplo, conta em sua base com processos produtivos desguarnecidos de um mínimo de cuidado na preservação da vida e da saúde dos trabalhadores.

Paradigmaticamente ao Brasil, a Índia, também aponta alarmantes índices de precarização na atividade laboral, que só não são maiores pela quase ausência de controle estatal e de confiável estatística.

A realidade é desanimadora.

Os avanços legais esbarram nas atividades toleradas pela própria sociedade, sempre subordinada ao mercado. O produtor persegue menores custos, os consumidores perseguem menores preços e, da síntese, resulta a precarização enfrentada pelo trabalhador.

Atestando a análise, reporto-me a um diálogo mantido com um gestor de uma grande indústria de tabaco. Indagava eu acerca da inexistência de eventos acidentários no estabelecimento sediado na localidade onde, à época, exercia a jurisdição trabalhista. A resposta foi esclarecedora: "lidamos com um dos produtos mais combatidos no mundo: o fumo. Imagine se, além disso, tivéssemos acidentes do trabalho em nossa produção?".

No caso, para que fossem atingidos os objetivos financeiros, era necessário vender e, para vender, não contaminar ainda mais o produto com uma imagem negativa.

O dado real, material, foi determinante dos procedimentos preventivos adotados. Prevaleceu a velha equação aqui e, por sorte, em favor dos trabalhadores.

Certo, porém, que, ao contrário do exemplo dado, a proteção ao trabalho humano está hoje inserta em um acalorado debate que, artificialmente, aponta a retirada do Estado, força de equilíbrio das relações entre capital e trabalho. As regras trabalhistas, inclusive aquelas cuja natureza jurídica são biológicas, são apontadas como impeditivas do desenvolvimento econômico. É a essência do pensamento liberal que desconhece (ou quer desconhecer) diferenças reais.

Pois bem, na medida em que as atividades da produção sofreram inegável precarização, com a pulverização e a intermediação das atividades-fim, a responsabilidade do empregador foi diminuída. Atividades de exploração de petróleo, distribuição de energia elétrica, transportes, eletroeletrônica e tantas outras, nas quais a chamada terceirização passou a ocorrer com maior frequência, acarretaram significativo aumento nos acidentes de trabalho.

Com isso, é possível concluir pela grande contribuição dada por esta obra disponibilizada pelos autores. É ela um convite e um desafio ao pensar.

... e tropeçou no ar no céu como se ouvisse música
e flutuou no ar como se fosse sábado
e se acabou no chão feito um pacote tímido
agonizou no meio do passeio náufrago
morreu na contramão atrapalhando o público...
Chico Buarque de Hollanda

Roberto Teixeira Siegmann
Advogado

Sumário

Nota preliminar à 3ª edição

No Brasil, desde o começo de 2017, a cada quatro horas e meia, ao menos um trabalhador morre em decorrência de acidente de trabalho (cf. Observatório Digital de Saúde e Segurança do Trabalho, desenvolvido pelo Ministério Público do Trabalho e pela Organização Internacional do Trabalho). Essa mesma fonte ainda informa que, entre 2012 e 2017, a Previdência Social gastou mais de R$ 26,2 bilhões com o pagamento de auxílios-doença, aposentadorias por invalidez, auxílios-acidente e pensões por morte de trabalhadores. Segundo estimativas globais da Organização Internacional do Trabalho, acidentes e doenças de trabalho implicam perda anual de cerca de 4% do Produto Interno Bruto, o que, no caso do Brasil, equivaleria, em números do ano passado, a R$ 264 bilhões.

A mais disso, existem categorias profissionais (tais como [e por simples ilustração]: a dos operários que trabalham em linhas de produção, a dos técnicos de enfermagem; a dos faxineiros; a dos serventes de obras; e, ainda, a dos motoristas de caminhões) mais predispostas à acidentalidade, pois, de um modo geral, os operários que trabalham em contato com máquinas, ou os que não recebem treinamento adequado ou os que não possuem equipamentos de proteção têm um nível de exposição maior de se acidentar. Por outro lado, os índices de acidentes e de adoecimentos em virtude do trabalho são alarmantes, além de traduzirem um grave problema humanitário, de saúde pública, econômico e previdenciário. Para piorar ainda mais esse preocupante quadro, existem também as subnotificações (assim, por exemplo, em 2016, das mortes que aconteceram em acidentes ou por doença do trabalho no Rio Grande do Sul, mais de 70% não chegaram ao conhecimento do Instituto Nacional do Seguro Social nem dos órgões de fiscalização [de acordo com levantamento realizado pelo Ministério do Trabalho e Emprego e Ministério Público do Trabalho]). De destacar-se também que, infelizmente, se trata de fenômeno amplo em nosso país; desse modo, diga-se de passagem, apenas 15% dos homicídios (dolosos) são esclarecidos pela polícia e, para outros crimes, a taxa de esclarecimento é ainda menor.

Isso tudo aponta para o muito que temos de avançar em termos do desenvolvimento de políticas públicas de proteção dos operários na busca do trabalho decente, para cujo esforço vários segmentos e atores sociais se devem orientar. E não se pode esquecer que a economia brasileira tem um novo desafio que se torna, dia a dia, mais premente: a absorção – em condições dignas e humanitárias – da mão de obra estrangeira que ingressa em nosso país; para além de todos os aspectos sociais, esse contingente ainda vem reforçar o exército industrial de reserva em um país cujas taxas de desemprego têm aumentado consideravelmente.

Também, e com maior peso, as incertezas no plano socioeconômico internacional cresceram, o que implica um cenário ainda mais drástico de retração dos investimentos estatais em áreas vitais para (tais como a saúde, a segurança e a proteção) o conjunto das massas populares. No Brasil, nos últimos anos, tornaram-se marcantes os recuos de investimentos públicos, em um retrocesso do Estado do bem-estar social (as redes hospitalares e as universidades públicas têm sido particularmente atingidas pelo desmonte da estrutura pública). Para piorar esse quadro, grupos ultraconservadores estimulam a pressão contra movimentos sociais, de cujos embates surgem abismos, divisões e estímulos à violência. A mais disso, a 107ª Conferência Internacional do Trabalho debateu, novamente, o "caso Brasil": no ano passado, nosso país constou na *long list* (lista inicial), porém não figurou na *short list* (lista final), isto é, na lista anual de casos considerados graves pelo Comitê de Peritos da Organização Internacional do Trabalho (OIT). Ocorre que, em 2018, o Brasil figura na *long list*, dessa vez com anotações bastante expressivas quanto à inconvencionalidades de dispositivos da Lei 13.467/17. Assim, durante a conferência, o Brasil ingressou na *short list*, integrando o grupo de 24 países suspeitos de incorrerem nas mais claras violações do direito internacional do trabalho.[1] (A propósito, o Brasil ocupa o [nada invenjável] 4º lugar no *ranking* mundial de acidentes de trabalho.)

Por fim, a despeito dessas considerações propositadamente sociológicas, nesta nova edição, ainda uma vez, buscamos atualizar as fontes (doutrinárias e jurisprudenciais) sobre as quais assentamos a pesquisa jurídica.

[1] Cf. FELICIANO, Guilherme, 2018.

Nota preliminar à 2ª edição

É necessário, antes de tudo, advertir que este estudo quer pôr em evidência o debate contemporâneo sobre os mais relevantes aspectos dos acidentes laborais no quadro da sociedade de risco, avaliando, de um plano geral, os principais fatores que os propiciam e, de um plano específico, as suas mais importantes consequências nos âmbitos penal e extrapenal. Desse modo, a ênfase da pesquisa é dada, especialmente, acerca da recepção jurídico-penal da matéria, com uma abordagem que pretende estabelecer, linearmente, a sequência objetiva da persecução criminal, ou seja, desde a ocorrência do fato delitivo até a sua (eventual) punição; por óbvio, as concepções dogmático-penais de fundo também são apresentadas e destacadas. Deve assentar-se, igualmente, como premissa, que os acidentes de trabalho não escapam às relações histórico-produtivas; e as oscilações (precarização, modificação e aumento desregulamento) da produção geram um quadro de permanente risco acidentário aos trabalhadores (muito dos quais, em face da globalização, se encontram submetidos a uma situação significativamente grave sob ponto de vista das garantias dos direitos humanos). Assim sendo, o problema assume proporções gigantescas, com forte impacto no sistema jurídico e, sobretudo, socioeconômico. A pesquisa levada a efeito nesta 2ª edição buscou atualizar tanto as fontes doutrinárias como as jurisprudenciais, sendo que, naquelas, houve significativa ampliação.

Lista de abreviaturas

Ac. .... acórdão
AC .... Apelação Criminal
ACP .... Ação Civil Pública
ACR .... Apelação Criminal
AFT .... Auditoria-Fiscal do Trabalho
AIRR .... Agravo de Instrumento em Recurso de Revista
ARAGRE .... Agravo Regimental no Agravo em Recurso Especial
ARRE .... Agravo Regimental no Recurso Especial
AgR-segundo .... Segundo Agravo Regimental
AM .... Amazonas
APC .... Apelação Criminal
APCR .... Apelação Criminal
AR .... Ação Rescisória
ARR .... Agravo Regimental em Reclamação
Art. .... artigo
BGH .... *Entscheidungen des Bundesgerichtshofs in Strafsachen*
CAQ .... Convenção sobre Armas Químicas
CAT .... Comunicação de Acidente de Trabalho
CAU .... Câmara Única
CC .... Câmara Criminal
CC .... Código Civil
CCE .... Câmara Criminal Extraordinária
C/C .... Conflito de Competência
CCJ .... Comissão de Constituição e Justiça
CCR .... Câmaras Criminais Reunidas
CDC .... Código de Defesa do Consumidor
CEDH .... Corte Europeia de Direitos Humanos
CEM .... Conselho Ético de Medicina
Cf .... conforme
CF .... Constituição Federal
CFM .... Conselho Federal de Medicina
CG .... Conselho Geral
CIPA .... Comissão Interna de Prevenção de Acidentes
CIT .... Conferência Internacional do Trabalho
CLT .... Consolidação das Leis do Trabalho

CMDSG	Comissão Mundial sobre a Dimensão Social da Globalização
CN	Congresso Nacional
CNMP	Conselho Nacional do Ministério Público
CP	Carta Política
CP	Código Penal
CPB	Código Penal Brasileiro
CPC	Código de Processo Civil
CPC/2015	Código de Processo Civil/2015
CPI	Comissão Parlamentar de Inquérito
CPP	Código de Processo Penal
CR	Constituição da República
CRef	Comissão de Reforma
CRPS	Conselho de Recursos da Previdência Social
CT	Código de Trânsito
CTB	Código de Trânsito Brasileiro
CPT	Comissão Pastoral da Terra
DA	Delegacia de Acidentes do Trabalho
DEIAT	Delegacia Especializada em Investigações de Acidentes de Trabalho
DEPEN	Departamento Penitenciário Nacional
Des.	Desembargador
DDPFT	Declaração dos Direitos e Princípios Fundamentais no Trabalho
DF	Distrito Federal
DG	Diretor-Geral
DL	Decreto-Lei
DPC	Delegacia de Polícia Civil
DUDH	Declaração Universal de Direitos Humanos
EC	Emenda Constitucional
EDcl	Embargos declaratórios
EDcl no REsp	Embargos de Declaração no Recurso Especial
EI	Embargos Infringentes
EPI	Equipamentos de Proteção Individual
FAO	Organização das Nações Unidas para Agricultura e Alimentação
FBI	*Federal Bureau of Investigation*
GCC	Grupo de Câmaras Criminais
HC	*Habeas Corpus*
IGP	Instituto Geral de Perícias
INSS	Instituto Nacional de Seguro Social
j.	julgado
JC	Justiça Comum
JE	Justiça Estadual
JEC	Juizados Especiais Criminais
JEx	Juízo da Execução
JT	Justiça do Trabalho
JUTACRIM	Jurisprudência do Tribunal de Alçada Criminal
km/h	quilômetro(s) por hora

LC .... Lei Complementar
LCMA .... Lei dos Crimes contra o Meio Ambiente
LCP .... Lei das Contravenções Penais
LDC .... Lei de Defesa do Consumidor (Código de Defesa do Consumidor)
LEP .... Lei de Execução Penal
LMP .... Lei Maria da Penha
Mag. .... Magistrado
Mag. Pon. .... *Magistrado Ponente*
MJ .... Ministro da Justiça
MP .... Ministério Público
MPS .... Ministério da Previdência Social
MPT .... Ministério Público do Trabalho
MT .... Ministério do Trabalho
MTE .... Ministério do Trabalho e Emprego
nº .... número
NR .... Norma Regulamentadora
OGSHT .... *Ordenanza General sobre Seguridad e Higiene en el Trabajo*
OIT .... Organização Internacional do Trabalho
ONU .... Organização das Nações Unidas
OTCVC .... *Ordenanza de Trabajo de la Construcción, Vidrio y Cerámica*
p. .... página
PC .... Polícia Civil
PF .... Polícia Federal
PI .... *Proceso de Inconstitucionalidad*
PIB .... Produto Interno Bruto
PL .... Projeto de Lei
PM .... Polícia Militar
PNCP .... Projeto do Novo Código Penal
PRL .... *Prevención de Riesgos Laborales*
PRR .... Procuradoria Regional da República
PUCRS .... Pontifícia Universidade Católica do Rio Grande do Sul
RAG .... Recurso de Agravo
RDD .... Regime Disciplinar Diferenciado
Rec. Rev. .... Recurso de Revista
Rel. .... Relator
R*HC* .... Recurso de *Habeas Corpus*
RIAI .... Relatório de Investigação de Acidentes e Incidentes
RMS .... Recurso Ordinário em Mandado de Segurança
RN .... Rio Grande do Norte
RO .... Recurso Ordinário
RO .... Rondônia
RR .... Recurso de Revista
RR .... Roraima
RSE .... Recurso em Sentido Estrito
RT .... Revista dos Tribunais

RTJ .... Revista Trimensal de Jurisprudência
SC .... Suprema Corte
SDI .... Seção de Dissídios Individuais
Sen .... Senador
SINAN .... Sistema de Informação de Agravos de Notificação
SIST .... Sistema de Informações em Saúde do Trabalhador
SJCU .... *Suprema Corte de Justicia de Uruguay*
SMT .... Segurança e Medicina do Trabalho
SP .... *Sala de lo Penal*
ST .... Segurança do Trabalho
STE .... Subdelegacia do Trabalho e Emprego
STF .... Supremo Tribunal Federal
STJ .... Superior Tribunal de Justiça
STS .... *Sentencia del Tribunal Supremo*
T. .... Turma
TACRIM .... Tribunal de Alçada Criminal
TAMG .... Tribunal de Alçada de Minas Gerais
TACrSP .... Tribunal de Alçada Criminal do Estado de São Paulo
TARS .... Tribunal de Alçada do Estado do Rio Grande do Sul
TC .... Tribunal Constitucional
TJ .... Tribunal de Justiça
TJDFT .... Tribunal de Justiça do Distrito Federal e Territórios
TJES .... Tribunal de Justiça do Estado do Espírito Santo
TJGO .... Tribunal de Justiça do Estado de Goiás
TJMA .... Tribunal de Justiça do Estado do Maranhão
TJMG .... Tribunal de Justiça do Estado de Minas Gerais
TJPR .... Tribunal de Justiça do Estado do Paraná
TJRJ .... Tribunal de Justiça do Rio de Janeiro
TJRN .... Tribunal de Justiça do Rio Grande do Norte
TJRS .... Tribunal de Justiça do Estado do Rio Grande do Sul
TJSC .... Tribunal de Justiça do Estado de Santa Catarina
TJSP .... Tribunal de Justiça de São Paulo
TR .... Tribunal Regional
TRC .... Turma Recursal Criminal
TRF .... Tribunal Regional Federal
TRT .... Tribunal Regional do Trabalho
TSE .... *Tribunal Supremo (España)*
TSJC .... *Tribunal Superior de Justicia de Catalunya*
TST .... Tribunal Superior do Trabalho
UF .... União Federal
URSS .... União das Repúblicas Socialistas Soviéticas
v.g. .... *verbi gratia*
VT .... Vara do Trabalho
vvp .... voto vencido em parte

Apresentação

É necessário, antes de tudo, enfatizar que o tema, ainda que relativizado de conformidade com coordenadas históricas, sociais e geográficas específicas, assume uma dimensão universal; e tem desafiado, constantemente, diferentes segmentos intelectuais a uma abordagem que se mostre adequada e profícua.

Acresce a este objetivo a consideração de que muito se tem desenvolvido em termos de diagnóstico do problema, mas muito pouco em termos de sua solução. Rigorosamente, não se pode olvidar que o Direito – como um elemento estruturante da dinâmica sociocultural – se destina à satisfação de interesses e aspirações (individuais ou coletivos) dos seres humanos, e que se encontra submetido ao quadro histórico dentro do qual têm expressão as forças sociais ativas, com todas as suas inter-relações objetivas e subjetivas. Isso evidencia que se devem adotar, tanto quanto possível, orientações que permitam a manutenção e, sobretudo – a partir da atuação das forças de vanguarda da sociedade –, a ampliação de conquistas históricas no campo dos direitos sociais (aquilo que, em sentido lato, se poderia traduzir como a conhecida imagem da "guerra de posições"). E essa é a tarefa acerca da qual não se pode abrir mão, muito particularmente em face dos compromissos democráticos com o conjunto da sociedade civil.

Dada esta perspectiva, temos plena convicção que o amadurecimento democrático da sociedade brasileira passa, necessariamente, pelo aprimoramento das condições de segurança de seus trabalhadores, como patamar civilizatório que deve avançar – apesar de toda a complexificação do mundo da produção econômica neste estágio pós-industrial.

Por óbvio, o tema oferece um espaço bastante considerável de pesquisa contínua, na medida em que novas decisões e abordagens se alistam para a perfeita compreensão da matéria em causa. De um lado, estamos enfrentando, em escala mundial, reveses econômicos que enfraquecem as relações (de estabilidade e de especialidade) do emprego, ensejando uma mutabilidade (ou mesmo uma perda) constante não só de postos de trabalho, mas, de modo especial, da própria natureza da atividade (o que se verifica, por exemplo, em certos setores, em face do processo de desindustrialização – o caso de Detroit, nos Estados Unidos da América, se apresenta, nesse sentido, emblemático). De outro, as legislações têm buscado aprimorar a eficácia preventiva, dado que se trata de fenômenos altamente complexos, para os quais a punição *sans phrase* se tem mostrado totalmente incoerente e contraprodutiva.

Pode, desde já, recordar-se que os acidentes de trabalho se constituem em um problema social e econômico planetário; e o enfrentamento desse problema deve envolver tanto as agências governamentais como a sociedade civil, em geral, e as organizações sindicais, em especial. A Justiça do Trabalho e outras esferas de organização do Poder Público – notadamente, a Procuradoria do Trabalho e o Ministério do Trabalho – têm muito a oferecer a esta discussão, bem como a educação, porquanto "uma força de trabalho intelectualmente preparada não apenas produz com maior eficiência como ainda pode ser mais facilmente readaptada para outras funções, quando seus trabalhos se tornam obsoletos. Cada vez mais, a educação se torna matéria-prima do crescimento".[1] Efetivamente, a permanente qualificação da mão de obra, por meio de uma formação concreta, se constitui, no presente, mais que nunca, em um dos investimentos mais rentáveis ao desenvolvimento de uma nação. Bem vista as coisas, "se nos anos 1960 ainda se insistia no capital, e na capacidade de compra de equipamento, como principal fator de aumento do excedente, hoje já se vê melhor a importância da sua boa utilização, ou da capacidade da sua criação e concepção. Trata-se de um investimento a longo prazo, mas que traz frutos seguros para a economia".[2] Na mesma direção, notadamente para países como o Brasil, um maciço investimento na infraestrutura de ciência e tecnologia deveria ser uma das primeiras ações mediante as quais se formaria o nosso sistema de inovação; com isso, poder-se-ia reforçar as "condições para uma inserção ativa na nova ordem internacional em criação, com o objetivo específico de criar condições para desempenhar um papel importante no polo crescente do trabalho intelectual".[3]

Tais considerações, sem dúvida, levam-nos a ampliar o espectro da pesquisa, articulando-a em uma discussão aberta, cujos desdobramentos poderão

[1] SCHWARTSMAN, Hélio, 2014. Tal alerta já fora enfatizado por Darci Ribeiro (2000, p. 167-8), quando descrevera as graves "desconexões humanas, representadas pelo desuso de especializações profissionais que se tornam arcaicas – como os antigos foguistas das locomotivas, substituídos por motores diesel e elétricos e que, em consequência, se veem deslocados e obrigados a reajustamentos sucessivos, em muitos casos impossíveis. Essa ordem de desajustamento tende a crescer cada vez mais, atingindo, primeiro, alguns setores da força de trabalho, produzindo, depois, massas de deslocados, e gerando, por último, multidões de marginalizados social e ocupacionalmente e, assim, condenados a viver como pensionistas do Estado. [...]. A fonte principal dessas tensões é a promoção dos trabalhadores, da condição de manuseadores de ferramentas à de operadores de máquinas e, finalmente, à de supervisores de sistemas produtivos ultracomplexos. Estes, além de exigir muito menor número de trabalhadores, não carecem de energia muscular nenhuma e não requerem qualquer adestramento profissional. Em compensação, exigem, de seus superiores, uma qualificação educacional cada vez mais alta. Sua implantação na indústria importa, em primeiro lugar, na eliminação maciça de trabalhadores, e, a seguir, na proscrição progressiva da 'aristocracia operária', constituída pelos trabalhadores grandemente especializados, para dar lugar a um contingente novo de operadores cada vez mais intelectualizados e mais parecidos com as velhas camadas de empregados burocráticos e com os engenheiros modernos. Esse complexo de desconexões mecânicas e humanas requer, além de reajustamentos no parque fabril, na força de trabalho e nas instituições de previdência e amparo, uma revisão completa do sistema educacional. Transformando a escolaridade num drástico setor social, que exclua da vida produtiva os não instruídos, torna-se imperativa a abertura do sistema escolar de todos os níveis à totalidade da população; impõe-se a revisão de todo o seu conteúdo curricular para ajustá-lo aos graus de integração das ciências na cultura, e torna-se indispensável o acesso de toda a força de trabalho a uma reeducação continuada e de alto padrão ao longo de toda a vida produtiva".

[2] DOWBOR, Ladislau, 1982, p. 24.

[3] ALBUQUERQUE, Eduardo da Motta e, 2015, p. 354.

importar em uma diretriz geral de compreensão e de enfrentamento desta cruel e dilacerante realidade. Eis, ainda uma vez, os objetivos que nos têm orientado na construção desta obra.

Recentemente, a *International Trade Union* (ITU) divulgou relatório afirmando que, nas obras preparatórias para a Copa do Mundo de 2022 – que terá como sede provavelmente o Qatar –, mais de 1.200 imigrantes, em sua maioria indianos e nepaleses, já morreram em decorrência de acidentes de trabalho. É importante observar que organizações internacionais relatam a existência de sistemas análogos à escravidão, havendo, inclusive, retenção de passaportes; ainda a *International Trade Union* (ITU) estima que cerca de 4.000 operários morrerão até a realização do evento.[4]

Dificilmente, em suma, haverá, em curto espaço de tempo, avanços significativos neste terreno; todavia, esperemos, sinceramente, que esta obra possa funcionar como uma verdadeira caixa de ressonância deste grave fenômeno da sociedade brasileira (e, por certo, mundial). Convém assinalar que o aprimoramento dogmático, a denúncia veemente e, *maxime*, o oferecimento de propostas (que, ao menos, possam contribuir para a minoração do problema) são as condições de possibilidade de que dispomos; e seguiremos, portanto, empenhados, em nossos campos específicos, na ampliação e densificação do debate.

Nesta pesquisa, os dados se vão acumulando, visto que o fenômeno acidentário – em escala universal, é claro, como já houvéramos enfatizado – se expande consideravelmente. Logo, torna-se impostergável a análise dessa realidade, que deve ser dissecada à luz de sua recepção jurídico(-penal) e, tanto quanto possível, de uma explicação historicamente integrada.

---

[4] Esse dramático quadro nos faz lembrar das palavras de Roberto Aguiar, segundo as quais: "mas, na cadeia de denominações, um fator une esses corpos: ambos são adestrados para trabalhar. Eles aprendem horários, processos e técnicas para produzir e são de tal maneira domados que tornam esse aspecto da vida praticamente o único aspecto. Isso acontece ou por necessidade, quando os corpos vendem sua força de trabalho para receber um mínimo que mal e mal reponha suas energias para continuar trabalhando, ou, no caso das minorias, se torna uma ética do dever que macula toda potencialidade que o corpo possa ter. Para as minorias adestradas, o mundo se torna uma organização onde os mais dotados possuirão mais patrimônio para comprar bens que pouco serão gozados, pois é preciso continuar a organizar o trabalho dos corpos produtores, a fim de que se paguem os bens adquiridos. Assim esse processo se desenvolve em paranóico moto-contínuo até o momento supremo da morte causada pelos fatores mais comuns que incidem sobre os corpos dominadores: o sedentarismo e a tensão. Os corpos nesse tipo de ordem, na medida em que vendem sua força, vão sendo progressivamente gastos, consumidos e encostados à margem quando não mais têm força para vender. É surpreendente perceber que o tratamento dado em outras sociedades aos corpos velhos era de efetivo respeito. Os corpos velhos, por sua experiência acumulada, tinham lugar de destaque em colégios poderosos, como os vários conselhos de anciãos que observamos no decorrer da história. Hoje, os corpos idosos já não têm utilidade, sendo apartados da sociedade e da produção e amontoados na ante-sala da morte. Toda essa ordem que marginaliza crianças e velhos, que divide o homem da mulher como se fossem adversários, alimentando, além da luta de classes, a luta de sexos, evidencia a profunda injustiça que a fundamenta. A dominação, a reificação, o consumo e a necrofilia, característicos de nossa sociedade, fazem dela uma adversária da vida dos corpos, uma opositora do amor dos corpos e uma castradora erótica dos corpos. Como está evidente, tudo é feito para os corpos não se plenificarem e morrerem, dentro desse aspecto, estaria ligada à vida e à plenitude do corpo, à possibilidade do encontro entre os corpos numa produção onde ele fosse o beneficiário dos frutos e onde os valores traduzidos pelas normas garantissem aquilo que há tanto tempo se diz e não se faz: uma vida digna em todas as facetas do humano" (AGUIAR, Roberto A. R. de, 1995, p. 96-7).

Preocupantemente, o Brasil alista-se entre os primeiros países do mundo em número de acidentes de trabalho,[5] tornando, sob todos os títulos, cada vez mais urgente o desenvolvimento de políticas efetivas de prevenção acidentária. De outro plano, além das atividades laborais mais expostas ao risco – tais como, por simples ilustração, as da construção civil e dos setores de transporte –, hoje se conhece, perfeitamente, que o perigo de um empregado terceirizado sofrer um acidente laboral fatal é, ao menos, cinco vezes maior que o verificado em outros ramos da produção.[6] E, como também temos destacado, o grave

[5] "Todos os anos, milhares de trabalhadores brasileiros são mortos ou incapacitados por máquinas perigosas e desprotegidas. Em 2013, segundo dados das Comunicações de Acidentes de Trabalho ao Instituto Nacional de Seguridade Social (INSS), apenas 11 tipos de máquinas e equipamentos (como serras, prensas, tornos, fresadoras, laminadoras, calandras, máquina de embalar) provocaram 55.118 infortúnios, o que representa mais de 10% do total de 546.014 acidentes típicos comunicados pelas empresas no Brasil. A Norma Regulamentadora Número 12 (NR 12), editada pelo Ministério do Trabalho (MTE), é o diploma jurídico a ser obedecido pelos empregadores brasileiros para evitar que esses acidentes aconteçam, contemplando as medidas essenciais para que seres humanos não se machuquem, incapacitem ou morram ao produzir os lucros dos seus empregadores. Entretanto, parte das empresas brasileiras e suas entidades representativas não apenas tem resistido a cumprir a NR 12, como tem atuado em diversas frentes para tentar suspender a norma, o que acarretaria a perpetuação da carnificina verificada em nosso mercado de trabalho. Empresas e seus representantes pedem mais prazos para continuar descumprindo a NR 12, mas não revelam que a norma existe há décadas, e sua atualização, em 2010, foi produto de negociação efetuada ao longo de anos e iniciada ainda na década de 1990, com a participação ativa e consentimento dos representantes empresariais. A redação atual da NR 12 já está em vigor há quase quatro anos, e muito antes vigiam normas técnicas da ABNT e instruções normativas do MTE que incorporavam as exigências constantes na atual NR 12. Ou seja, além de ter sido negociada com a participação do patronato por anos, a redação de 2010 da NR 12 não traz novidades ao que já era tecnicamente previsto e aplicado pelas instituições regulatórias. [...]. Assim, ao contrário do que costumam fazer quando é conveniente para preservar seus interesses, alardeando e denunciando qualquer mudança nos instrumentos jurídicos que lhes beneficiam, agora empresas e suas entidades querem simplesmente rasgar o contrato que elas mesmas assinaram, materializado na NR 12. Depois de tantos anos de amputações e mortes, qualquer adiamento ao cumprimento da NR 12, qualquer que seja o eufemismo adotado para designá-lo, efetivamente implicará a assinatura da permissão de acidentes, perda de entes queridos e sofrimentos de milhares de famílias dos setores mais vulneráveis da nossa sociedade. Além disso, essa postura das entidades empresariais patrocina a concorrência espúria entre as empresas, pois mais de 4 mil empresas já regularizaram seu maquinário desde 2011, após interdição da fiscalização do MT. Isso também desmente a retórica vazia que vincula a NR 12 à preservação dos postos de trabalho, que na verdade não se relacionam com a proteção de vidas, tanto assim que as empresas continuam a operar normalmente após adequar seu maquinário. Infelizmente, as entidades empresariais optaram por atacar a NR 12 para maximizar lucros de curto prazo de forma predatória, ao invés de promover a concorrência leal e a evolução do mercado de trabalho brasileiro para um ambiente com menos mortes e sofrimento" (SILVA, Alessandro da; FILGUEIRAS, Vitor Araújo; acesso 12 out. 2014).

[6] Em relatório sobre a terceirização do trabalho no Brasil, o DIEESE aponta que esta modalidade de contratação é uma das que mais concentra casos de acidente de trabalho graves ou fatais: "uma das repercussões mais contundentes da precarização do trabalho gerada pela terceirização é a elevada incidência de acidentes de trabalho graves e fatais entre trabalhadores terceirizados. Embora encobertos das estatísticas oficiais do MPS, dados da fiscalização do trabalho do MTE, divulgados em 2005 em um seminário sobre o tema, indicam que de cada dez acidentes de trabalho ocorridos no Brasil, oito são registrados em empresas terceirizadas e nos casos em que há morte, quatro entre cinco ocorrem em empresas prestadoras de serviço [...]. Em setores perigosos como o de energia elétrica, extração e refino de petróleo e siderurgia esta realidade tem se expressado de forma cruel. Estudo da subseção do Dieese do Sindieletro Minas Gerais, realizado em 2010 com base em dados da Fundação Coge, revela que entre 2006 e 2008, morreram 239 trabalhadores por acidente de trabalho, dentre os quais 193, ou 80,7% eram trabalhadores terceirizados. O mesmo estudo indica que a taxa de mortalidade média entre os trabalhadores diretos no mesmo período foi de 15,06 enquanto que entre trabalhadores terceirizados foi de 55,53 [...]. O número de trabalhadores acidentados com afastamento das empresas contratadas é quase o dobro dos trabalhadores diretos. No mesmo período, as mortes entre trabalhadores terceirizados não só aumenta como evidencia ainda mais a vulnerabilidade dos trabalhadores terceirizados: em 2009, foram 4 mortes de trabalhadores diretos contra 63 de terceirizados; em 2010, 7 mortes de trabalhadores diretos, contra 75 de trabalhadores terceirizados". A publicação aponta, ainda, algumas razões para a discrepância entre os números: "um aspecto comum nas relações de terceirização de praticamente todos os

fenômeno dos acidentes de trabalho não se esgota em si mesmo, porquanto se projeta, de modo frequente, às famílias dos trabalhadores vitimados, que, em última análise, suportam, pesadamente, as suas consequências.

A mais disso, não se pode esquecer o quadro alarmante das enfermidades relacionadas ao trabalho, que atinge, no mundo todo, proporções assustadoramente elevadas.

As capacidades produtivas de uma determinada sociedade, por evidente, prefiguram a extensibilidade daquilo que é possível em termos de desenvolvimento da base material e social; contudo, sob a globalização, marcada (sobretudo) pela degradação (material, humana e ecológica) e pelo desperdício, se tem acentuado, consideravelmente, o abismo existente entre a capacidade produtiva e a qualidade da vida humana. Como descreve Ellen Meiksins Wood, "uma sociedade com as mais avançadas forças produtivas, com capacidade para alimentar, vestir, abrigar, educar e tratar da saúde de sua população em grau que nem a mais visionária das utopias ousaria sonhar, pode, apesar de tudo, ser castigada por pobreza, decadência, falta de moradias, analfabetismos e até doenças de desnutrição".[7] E poderíamos apor ainda (entre tantos) um outro paradoxo àqueles propostos pela cientista política: todo o esforço e engenho tecnológicos não logrou diminuir a acidentalidade laboral; aliás, bem ao contrário, o impressionante progresso tecnológico atual – impulsionado pela incessante maximização dos lucros, à luz da dinâmica do desenvolvimento e da compulsão capitalista de autoexpansão – não implicou melhoria na qualidade e na segurança do trabalho para uma grande parcela da humanidade; tampouco resultou, em termos de trajetória histórica, no desenvolvimento de melhores condições de assistência ou de previdência sociais. A lógica expansionista do capital sempre revelou alguma das suas *ruses de guerre* nesse ponto: redução dos custos de produção a fim de permitir o máximo possível de lucro, ou seja, "a expansão das forças produtivas é, ao mesmo tempo, um desenvolvimento cada vez mais pronunciado da alienação dos trabalhadores (e, indiretamente, de todos os cidadãos da sociedade burguesa) dos seus instrumentos de trabalho, dos produtos do seu trabalho, das suas condições de trabalho, numa palavra, das suas condições de vida (incluindo as suas condições de consumo e de utilização do 'tempo livre') e, ainda, das suas relações realmente humanas com os seus concidadãos".[8] Postas as coisas deste modo, a classe operária encontra-se submetida tanto ao poder do capital quanto aos imperativos da competição e da maximização dos lucros, de cujo cenário defluem condições objetivas conducentes a facilitar e a precipitar um elevadíssimo grau de acidentalidade no processo produtivo; por conta disso, não é possível aplaudir as inovações tecnológicas ou a maior integração dos países a partir do entrelaçamento dos

---

segmentos produtivos, que repercute de forma importante na saúde dos trabalhadores, é o cumprimento de prazos contratuais entre a empresa principal e as terceirizadas, o que em si impõe ritmos e outras exigências que extrapolam os limites físicos e psíquicos dos trabalhadores" (DIEESE, 2011, p. 14-6).

[7] WOOD, Ellen Meiksins, 2011, p. 126-7.

[8] MANDEL, Ernest, 2015, p. 44.

mercados, se, apesar de tudo, tivermos "aberta uma ferida social como esta: os acidentes e mortes no trabalho".[9]

Em face da tendencionalmente crescente vitimização da classe trabalhadora em escala mundial,[10] podem-se instaurar formas de compreensão e de crítica desse fenômeno, mas são realmente imperativos os instrumentos (técnicos, científicos, jurídico e político-criminais) de sua contenção.[11] E a esta última tarefa – dentro do nosso campo específico de atuação – continuaremos a desenvolver e a empregar os nossos melhores esforços.

---

[9] MENDES, Jussara Maria Rosa, 2003, p. 17.

[10] No Brasil, em 2017, foram notificadas 1.989 mortes acidentárias, além de 574.050 casos de outros acidentes e doenças causados em decorrência da atividade laboral.

[11] Recentemente, no âmbito do TRT/RS, realizou-se uma audiência coletiva (promovida pelo Programa Trabalho Seguro do TRT/RS e pelo MPT) para discutir a questão das notificações compulsórias de acidentes e adoecimentos do trabalho. Na abertura da audiência pública, a Presidente do TRT/RS, Des^{a}. Vania Cunha Mattos, enfatizou a posição de nosso país no ranking mundial de acidentes de trabalho, indicou os impressionantes números de acidentes de trabalho registrados desde 2012 e, sobretudo, ressaltou que as notificações acidentárias são obrigatórias por exigência legal, contudo, em muitos casos, não ocorrem, implicando subnotificações, o que dificulta a elaboração de políticas públicas de prevenção. A seu turno, o Procurador-Chefe do MPT, Victor Hugo Laitano, corroborou que as políticas públicas sobre a segurança do cidadão são orientadas pelas estatísticas e destacou que, na área do trabalho, o problema da subnotificação é grave. Igualmente os Procuradores do Trabalho Priscila Schvarcz e Rogério Fleischmann descreveram o Projeto Verdade na Saúde, do MPT, que visa a diminuir o número de subnotificações de acidentes e adoecimentos do trabalho, na medida em que, a partir de diversas diligências feitas pelo MPT, se pôde verificar uma incompatibilidade de dados entre o número de atendimentos de saúde relacionados a acidentes e doenças laborais e as notificações realizadas sobre esses casos. Ainda assinalaram os procuradores que os estabelecimentos de saúde, públicos e particulares, têm a obrigação legal de investigar e realizar as notificações das ocorrências de danos à saúde do trabalhador decorrentes da relação de trabalho. Ainda observaram os Procuradores que os casos que devem ser notificados pelos estabelecimentos de saúde são mais abrangentes que os registrados na CAT – realizada pelos empregadores. Enquanto as CATs limitam-se ao registro de acidentes e adoecimentos ocorridos em relações de emprego, as notificações nos sistemas de saúde também devem incluir os casos de servidores públicos, autônomos, trabalhadores não remunerados, cooperados, aprendizes, estagiários, desempregados, aposentados ou qualquer outra forma de ocupação. Em virtude do tipo de dano à saúde do trabalhador, a notificação será registrada no SINAN, de âmbito nacional, ou no SIST, estadual. A mais disso, foram apresentados os detalhes do funcionamento das notificações de acidentes e adoecimentos de trabalho nos sistemas de saúde, ou seja, as fichas de notificação devem ser preenchidas nos estabelecimentos de saúde e enviadas aos órgãos competentes. Ao final do evento, foi realizado um debate com o público, mediado pelos gestores regionais do Programa Trabalho Seguro do TST, Des. Emílio Papaléo Zin e Mag. Marcelo Silva Porto. A mesa de abertura da audiência coletiva também contou com a presença do Vice-Presidente do TRT/RS, Des. Ricardo Carvalho Fraga.

Capítulo 1

A sociedade de risco

Mas a salvação dos mineiros emparedados ainda causava mais sofreguidão. Négrel estava encarregado de tentar um supremo esforço, e os braços não lhe escasseavam, todos os carvoeiros acudiam a oferecer-se um ímpeto de fraternidade. Esqueciam a greve, não lhes importava o vencimento; ainda que lhes não dessem nada, o que eles queriam era arriscar a pele, uma vez que havia camaradas em perigo de morte. Todos lá estavam com as ferramentas, frenéticos, esperando que lhes dissessem aonde se devia cavar. Muitos, doentes de medo por motivo do desastre, agitados de tremuras nervosas, mergulhados em suor frio, na preocupação de contínuos pesadelos, levantavam-se contudo, mostravam-se os mais empenhados em baterem-se contra a terra, como se tivessem uma vingança a tirar. Infelizmente, principiava a atrapalhação diante desta questão de um trabalho útil: – que fazer? Como descer! Por que lado atacar as rochas?

(Émile Zola – *Germinal*)

1.1. Noções gerais

Na sociedade globalizada[12] contemporânea[13] – caracterizada pela coexistência de gigantescas concentrações de poder[14] e de riqueza[15] bem como por

[12] Encasa-se, na definição de sociedade globalizada, o entendimento de que se trata de uma nova etapa histórica do sistema capitalista, em face do qual "a acumulação do capital e a pobreza dos trabalhadores assalariados por ela produzida são, em princípio, sem barreiras, e a separação necessária para isso dos produtores das condições de realização do seu trabalho é estabelecido violentamente em todo o lugar no mundo com o auxílio do Estado. Isto significa: o capitalismo mundial, portanto, o capitalismo como globalização, o qual explora todos os recursos aproveitáveis em todo o mundo, na medida em que ele os transforma em propriedade privada e, com isso, em mercadoria e em dinheiro, em virtude do que a população lá domiciliada não pode continuar seu modo de vida e de subsistência. Hoje o mundo está repartido em alguns Estados Industriais e os chamados países do desenvolvimento, os países do Terceiro e Quarto Mundo e os chamados países emergentes (por exemplo: o Brasil)" (IBER, Christian, 2013, p. 549).

[13] Germán Aller (2006, p. 867) define que, na globalização, se apresenta "una serie de procesos de índole económica, científica, política y cultural que mundializan la economía, revolucionan la tecnología y transforman los sistemas de comunicaciones [...], que, más que un mero avance tecnológico, es cultural y pone de manifiesto un cambio de época que afecta los valores y genera una nueva visión del mundo, así como su injerencia en la justicia".

[14] Como anota Luis Gracia Martín (2009, p. 144-5), "o processo da globalização é impulsionado pelas forças da exploração do homem pelo homem e do saque e dilapidação dos recursos naturais, com grave menosprezo das condições de existência e de subsistência das gerações futuras, e tem como efeito o incremento das desigualdades, certamente escandalosas e indecentes, entre os homens e os povos. Isso é assim porque

claros objetivos economicistas, os quais implicam, de um lado, a busca da rentabilidade máxima[16] (isto é, critérios de hiper-rentabilidade que estariam, hoje, em torno de 15% de rendimento) e, de outro, a ausência manifesta de compromisso social[17] –, cristalizaram-se, material e culturalmente, riscos em relação aos quais os seres humanos se devem orientar. O presente é uma temporalidade confusa, complexa, conturbada pela sensação de aceleração que se imprime na dinâmica social, precipitando o "fim das certezas".[18] O risco social parece disseminado por toda parte, transbordando os limites do controle racionalizado pela Modernidade e acentuando os níveis de ansiedade da tensa rede de relações sociais.[19] À medida que se constrói e se estende a mundialização

---

o processo de globalização se desenvolve de um modo oblíquo, ou seja, afeta de diferentes maneiras determinadas pessoas e povos e, desse modo, há que distinguir entre globalizadores e globalizados. A realidade do processo [...] pode ser qualificada [...] como um *apartheid global*", existindo "um bilhão e trezentos milhões de seres humanos abaixo da linha da pobreza absoluta (o *Soweto global*), fugindo da miséria, da guerra e da falta de horizontes em direção a países abastados (o *Estreito global*), e pelo desastre ecológico (o *Sahara global*) como resultado de um desenvolvimento regido pela competitividade e pela obtenção desmedida de benefícios sem nenhuma consideração para com os direitos das gerações futuras. A contrapartida dessa vergonha humana não é menos escandalosa e indecente: um incremento da concentração da riqueza não só em escala mundial, mas também dentro de cada país, em poucas mãos, de tal modo que [...] os países ricos, e os ricos desses países, estão cada vez mais ricos, enquanto os países pobres, e os pobres desses países, estão cada vez mais pobres", tendo por consequência que "o patrimônio líquido das dez maiores fortunas do mundo equivale a uma vez e meia a renda nacional total do conjunto dos países menos desenvolvidos, ou onde 358 multimilionários possuem na atualidade uma fortuna superior à metade do que ganha a metade de toda a humanidade". Sobre as consequências humanas do complexo fenômeno da globalização: BAUMAN, Zygmunt, 1999.

15 "Os mecanismos de concentração de riqueza e de poder têm sua origem histórica na concentração da propriedade, nos regimes de servidão feudal e de escravidão colonial, em sua transmissão hereditária e na vinculação entre poder político e propriedade. As transformações econômicas da Revolução Industrial incorporaram novos segmentos sociais, criaram novas classes de trabalhadores e modificaram o sistema político; mantiveram, porém, as características centrais de concentração de riqueza e de poder. Tais características são agravadas pela apropriação prioritária pelos donos do capital dos resultados dos constantes aumentos de produtividade devidos às inovações tecnológicas; pela tendência das novas tecnologias a poupar mão de obra, mantendo relativamente alta a oferta de trabalho, e pelas características da democracia política liberal de refletir na esfera política a concentração de poder econômico e social" (GUIMARÃES, Samuel Pinheiro, 2003, p. 489).

16 "O que se globaliza é, [...], a lei do capital: a maximização do lucro de poucos, por meio da liberação total dos mercados financeiros internacionais. A mundialização é uma monetarização mundial" (MÜLLER, Friedrich, 2002b, p. 59-60).

17 ELBERT, Carlos Alberto; BALCARCE, Fabián, 2009, p. 23. Como aponta Samuel Pinheiro Guimarães (p. 487), sob o "ângulo econômico, a característica central da expansão do capitalismo é a transformação tecnológica constante, como meio necessário para criar, ganhar e garantir mercados, se necessário pela força, e poupar trabalho humano para reduzir custos e assim maximizar lucros".

18 PRIGOGINE, Ilya, 2003, p. 49-67. Sob a perspectiva da globalização, "os efeitos das ações se propagam muito além do alcance do impacto rotinizante do controle, assim como do escopo do conhecimento necessário para planejá-lo. O que torna nosso mundo vulnerável são principalmente os perigos da probabilidade não calculável, um fenômeno profundamente diferente daqueles aos quais o conceito de 'risco' comumente se refere. Perigos não calculáveis aparecem [...] em um ambiente que é [...] irregular, onde as sequências interrompidas e a não repetição de sequências se tornam a regra, e a anormalidade, a norma. A incerteza sob um nome diferente" (BAUMAN, Zygmunt, 2008, p. 130).

19 Os seres humanos vivem, constantemente, sob a ameaça proveniente de três direções: "de nosso próprio corpo, condenado à decadência e à dissolução, e que nem mesmo pode dispensar o sofrimento e a ansiedade como sinais de advertência; do mundo externo, que pode voltar-se contra nós com forças de destruição esmagadoras e impiedosas; e, finalmente, de nossos relacionamentos com os outros seres humanos" (FREUD, Sigmund, 1997, p. 25).

das forças produtivas[20] (integração econômica mundial[21]) – nesse atual estágio estratégico do neoliberalismo disciplinador que, desde a metade do século XX, se vem consolidando[22] –, agudizam-se contradições históricas e potencializam-se novas, particularmente as que se relacionam às enormes e graves consequências ecológicas[23] e tecnológicas,[24] tensionando, ainda mais, o quadro social pós-industrial[25] complexo.[26] (Vale por afirmar: antes da sociedade industrial, as grandes catástrofes eram impulsionadas pela violência dos [assim denominados] elementos naturais; todavia, com a consolidação da era industrial, aquelas se tornaram acontecimentos da vivência comunitária, fruto da deficiente utilização dos *instrumenta* da sociedade industrial ou pós-industrial, em cujo âmbito – como alerta José Francisco de Faria Costa – "a massificação dos *producta* [bens] e dos *instrumenta*, inerente à sociedade contemporânea, trouxe-nos também a massificação dos próprios danos".)[27] Essa realidade vigente, denominada por Ulrich Beck de "sociedade do risco"[28] (ou sociedade de

---

[20] A globalização pode, ao mesmo tempo, tornar-se "una herramienta útil para la difusión de la defensa de los derechos humanos o individuales y este aporte no es cosa menor" (ALLER, Germán, p. 109).

[21] MÜLLER, Friedrich, 2002b, p. 59.

[22] "A globalização é um processo altamente assimétrico, devido ao fato de que, quanto mais livre o jogo das forças de mercado entre unidades radicalmente desiguais (sejam elas Estados ou empresas), maior a concentração de renda, de riqueza e de poder econômico, em um círculo vicioso, enquanto, de seu lado, o progresso tecnológico acelerado gera desequilíbrios radicais nos mercados de trabalho, aumenta e aguça a marginalidade social" (GUIMARÃES, Samuel Pinheiro, p. 497).

[23] Sobre o tema, ver FREITAS, Juarez, 2012.

[24] Podem ser indicadas, fundamentalmente, na doutrina, quatro formas de compreensão do problema do desenvolvimento tecnológico das sociedades contemporâneas: (i.) a postura crítica (segundo a qual o direito penal é um instrumento absolutamente inadequado para fazer face às consequências geradas pela expansão tecnológica, cuja referência mais expressiva é a Escola de Frankfurt); (ii.) a postura intermediária (que, apesar de criticar o estado atual do direito penal, reconhece a legitimidade da exigência social de segurança diante dos novos riscos; assim, por exemplo, Urs Kindhäuser: posto que reconheça aos seres humanos o direito à segurança, critica os delitos de perigo abstrato como técnica legislativa); (iii.) a postura da eficácia protetiva (em oposição direta à Escola de Frankfurt, vários autores pugnam pela idoneidade do direito penal na sociedade de risco, particularmente na necessidade de atualizá-lo com mais e melhores estudos, e impedir que se aplique só às classes sociais menos favorecidas; é, entre outros, o posicionamento de Stratenwerth, Schünemann, Roxin e Hirsch); e, finalmente, (iv.) a postura otimista (que percebe, nos novos âmbitos que se desenvolvem na sociedade, uma oportunidade de avanço e de aperfeiçoamento do direito penal, permitindo-se-lhe converter em um instrumento de superação das desigualdades sociais, isto é, que se abandone a concepção ultraliberal e se penalize as classes sociais altas; é a posição de Gracia Martín). (SARRABAYROUSE, Eugenio C., 2008, p. 33-8.)

[25] "Mientras que en la sociedad industrial la lógica de la producción de riqueza domina a la lógica de la producción de riesgos, en la sociedad del riesgo se invierte esta relación. La generalización del riesgo tiende a ocasionar la unidad del culpable con la víctima, porque el victimario también está en riesgo similiar" (ALLER, Germán, p. 117-8).

[26] "A etapa histórica atual, caracterizada pela globalização, pela guerra e pela violência, é a resultante viva da dinâmica de expansão do capitalismo" (GUIMARÃES, Samuel Pinheiro, p. 485).

[27] FARIA COSTA, José Francisco de, 1992, p. 514.

[28] Com efeito, Ulrich Beck traça um panorama das novas peculiaridades da sociedade pós-industrial, caracterizada, acima de tudo, pelos riscos decorrentes de uma 'sobreprodução' industrial, que "se diferencian esencialmente de los de la Edad Media (que a menudo se les parecen exteriormente) por la globalidad de su amenaza (seres humanos animales, plantas) y por sus causas modernas. Son riesgos de la modernización. Son un producto global de la maquinaria del progreso industrial y son agudizados sistemáticamente con su desarrollo ulterior" (BECK, Ulrich, 1998, p. 28). Destaca, ainda, o autor que, nas definições dos riscos, há um rompimento com o monopólio da racionalidade das ciências, uma vez que "la pretensión de racionalidad de las ciencias de averiguar objetivamente el contenido de riesgo del riesgo se debilita a si misma permanentemente: por una parte, reposa en un castillo de naipes de suposiciones especulativas y se mueve exclusivamen-

riscos [*Risikogesellschaft*]), propicia o aparecimento de demandas sociais inéditas, ante o sentimento generalizado de insegurança (*Unsichereitsgefühl*) que abarca a coletividade, decorrente do surgimento de "novos riscos".[29] Trata-se, por assim dizer, de riscos novos[30] – ou de antigos que vêm de adquirir especial intensidade em virtude de novas condições históricas – que se assomam aos antigos, ainda em plena constância, geradores de um importante quadro de insegurança social ou de cultura fóbica,[31] amplificado, permanentemente, pela ação dos meios de comunicação.[32] A sociedade do risco – também denominada de "segunda modernidade" ou "contramodernidade" – é o resultado do processo de modernização, típico da sociedade industrial, que não seria mais capaz de autocontrole, implicando, com isso, ameaças de todas as ordens (ecológica, tecnológica, política, econômica) às condições sociais objetivas. Nesse diapasão se afinam as opiniões segundo as quais os riscos, no presente, estão estreitamente relacionados tanto ao desenvolvimento quanto à transformação das sociedades.[33] Esse quadro – ainda que relativizado segundo coordenadas históricas e geográficas – engendra um permanente estado de angústia tecnológica. É, sob certas condições, correto, desse modo, reconhecer-se a existência

te en el marco de unas afirmaciones de probabilidad cuyas prognosis de seguridad stricto sensu ni siquiera pueden ser refutadas por accidentes reales" (BECK, Ulrich, 1998, p. 35). Ulrich Beck também define que os danos causados pelos riscos são sistemáticos, irreversíveis e invisíveis, com caráter atemporal e transfronteiriço: "Al contrario que los riesgos empresariales y profesionales del siglo XIX y de la primera mitad del siglo XX, estos riesgos ya no se limitan a lugares y grupos, sino que contienen una tendencia a la globalización que abarca la producción y la reproducción y no respeta las fronteras de los Estados nacionales, con lo cual surgen unas amenazas globales que en este sentido son supranacionales y no específicas de una clase y poseen una dinámica social y política nueva" (BECK, Ulrich, 1998, p. 19).

29 Andreas Hoyer (2010, p. 351) comenta que "esta emancipação dos limites impostos pela natureza orgânica abre ao utilizador da técnica não apenas um horizonte jamais sonhado de possibilidades de atuação completamente novas, como também determina, em necessário e inevitável reverso, o surgimento de novos riscos anteriormente desconhecidos". A seu sentir, Jesús María Silva Sánchez (2008, p. 16) avalia que os especialistas descartaram a possibilidade de neutralizar esses novos riscos, "incidiéndose más bien en que debe profundizarse en los criterios de distribución eficiente y justa de los mismos –existentes y en principio no neutralizables–".

30 É curioso observar que esses novos riscos, em grande medida, se vinculam a decisões industriais, ou seja, a "decisões que têm seu foco em vantagens e oportunidades econômicas, baseadas em critérios de utilidade [...]. Assim, [...] diferem das ameaças de guerra por terem uma origem pacífica, no curso do desenvolvimento normal das sociedades industriais, no centro da racionalidade e da prosperidade e com a complacência das instituições garantidoras da lei e da ordem" (MACHADO, Marta Rodriguez de Assis, 2005, p. 52).

31 "A crescente sensação de incerteza acaba se convertendo em uma demanda social sempre crescente e especificamente normativa por segurança, que reclama, além da proteção objetiva diante dos riscos, a sensação de confiança nessa proteção. Alcançar a segurança torna-se finalidade dominante da ordenação da vida social. [...] o binômio risco-segurança, isto é, a aversão ao risco e a aspiração à segurança, é responsável pela reivindicação dos indivíduos em face do Estado, para que este ofereça proteção" (MACHADO, Marta Rodriguez de Assis, p. 85).

32 A importância do sistema midiático, no processo de reprodução ampliada do capitalismo, é considerável; sobre o tema, o artigo de RAMONET, Ignacio, 2013.

33 Pode reconhecer-se que a extensão dos danos possíveis se mostra como uma característica evidente dos riscos contemporâneos; de tal sorte, "a nova dimensão do risco passou a ser objeto de atenção e preocupação a partir do início da década de 80 do século passado, quando da ocorrência de tragédias em grande escala, decorrentes do manejo inadequado de novas tecnologias como, [...], a morte ou contaminação de milhares de pessoas em Bophal (Índia, 1984), por produtos químicos emitidos por problemas ocorridos na fábrica da Union Carbide, ou devido à explosão da usina em Chernobyl (Ucrânia, 1986). A intensidade dos danos voltou as atenções para o risco pelas novas tecnologias que [...] passam a ser temidas pela magnitude das consequências verificadas" (BOTTINI, Pierpaolo Cruz, 2007, p. 36-7).

de riscos globais, "não somente pela magnitude crescente de tais perigos, mas também pela transnacionalização dos perigos que ignoram fronteiras entre os Estados".[34] Ainda vivemos (posto que com menor vigor diante do fim da Guerra Fria) a fobia de uma guerra nuclear[35] (não se pode deixar de registrar que se elevou o nível de tensão, na Ásia oriental, pela ameaça de utilização de arsenal atômico;[36] aliás, estudos recentes apontam no sentido de que ferramentas de inteligência artificial aumentam o risco de uma guerra nuclear, e sua aplicação na indústria bélica pode deixar o mundo à beira de um colapso nuclear[37]), de acidente nuclear,[38] de toda a sorte de doenças (algumas ressuscitadas, no Brasil, por conta de uma ação desastrada das agências estatais[39]) intensificadas por epidemias (ou até por pandemias[40]) – sendo, atualmente, emblemáticos os caso da dengue,[41] da [febre] *chikungunya*,[42] do *zika virus*,[43] do H1N1 [gripe A],[44] da sífilis congênita,[45] da escarlatina e da [superbactéria] KPC, da toxoplasmose,[46] como, outrora, o foram os do [vírus] ebola, da gripe suína mexicana ou do H5N1

---

[34] AMARAL, Cláudio do Prado, 2007, p. 62.

[35] "A humanidade tem agora todas as armas necessárias para cometer o suicídio coletivo, seja por vontade própria ou falha – para aniquilar a si mesma, levando o resto do planeta à perdição. [...]. Depósitos repletos de ogivas nucleares, assim como de mísseis preparados para lançá-las em qualquer recanto do planeta, são apenas uma das catástrofes prontas para acontecer" (BAUMAN, Zygmunt, 2008, p. 96-7).

[36] A propósito, esse episódio fez ressurgir apelos à (teoria da) MAD (isto é, a *Mutually Assured Destruction*), segundo a qual a eficácia de mútua aniquilação seria, em verdade, o fator imprescindível para que se adiasse a extinção planetária (cf. BAUMAN, Zygmunt, 2008, p. 96-7). Em setembro de 2016, a confirmação, pela Coreia do Norte, da realização de um teste nuclear, fez elevar, ainda uma vez, o nível de tensão; segundo especialistas, cuidou-se, em virtude das características do tremor de terra causado pela bomba, do teste mais potente já produzido por este país.

[37] GREGORIO, Rafael, 2018.

[38] Como destaca Andreas Hoyer (p. 351), "o risco de um acidente muito grave (*'GAU, Grösster Anzuehmender Unfall'*) numa central nuclear, ainda que mínimo de um ponto de vista percentual, ameaça a sobrevivência de regiões inteiras".

[39] É o caso tanto da epidemia de sífilis – que, no presente, assola o Brasil – quanto o da febre amarela. Aliás, quanto à febre amarela, o país registrou 846 casos (entre julho de 2017 a março de 2108), e baixa cobertura de vacina em regiões afetadas sugere uma das principais causas do avanço da epidemia.

[40] Historicamente, foram devastadoras a "peste negra" e a "gripe espanhola"; no presente, os cientistas têm claro que, em virtude da grande mobilidade global, a transmissibilidade das doenças se torna um fator que potencia o surgimento de grandes pandemias.

[41] No Brasil, segundo o Ministério da Saúde, foram contabilizados 1,58 milhão de casos em 2015; e, em 2016, a doença continua avançando consideravelmente. Em 2017, os casos caíram em um percentual de 90%, totalizando 251.711.

[42] No Brasil, além do aumento do número de mortes relacionado à doença (173 em 2017 e 156 em 2016, contra 6 em 2015), existe outro dado de grande impacto da *chikungunya*: o afastamento de trabalhadores em decorrência das fortes dores ocasionadas.

[43] Em 2017, o Ministério da Saúde anunciou o fim da situação de emergência pública nacional para o *zica virus*, haja vista que a epidemia já não é mais considerada fato incomum ou inesperado, muito embora ainda tenha impacto sobre a saúde pública.

[44] Nos primeiros meses de 2016, já foram contabilizados 444 casos da Síndrome Respiratória Aguda Grave associados à gripe A (H1N1), com 71 mortos; no ano anterior, no país, foram registrados 36 casos vinculados ao H1N1. Em 2017, foram contabilizados 40 casos, com 9 mortes.

[45] Nos últimos sete anos, a quantidade de casos de sífilis congênita (transmitida de mãe para filho) notificados quase triplicou; segundo estimativas do governo federal, em 2106 haverá, aproximadamente, quarenta mil casos de gestantes e vinte mil de crianças com essa doença.

[46] Em 2018, um surto de toxoplasmose em Santa Maria, Rio Grande do Sul, apresentou um número alarmante de casos.

[gripe aviária][47] –, dos acidentes (aéreos,[48] terrestres e marítimos), dos desastres naturais (terremotos,[49] *tsunamis*,[50] furacões,[51] enchentes, secas, atividades vulcânicas,[52] deslizamentos de terra,[53] tempestades geomagnéticas, nevascas, avalanchas[54]) ou não (incêndios[55] [florestais],[56] explosões, rompimento de barragens,[57]

---

[47] "[...] a criação animal nas últimas décadas vem se transformando em algo que mais parece a indústria petroquímica do que a tradicional fazenda familiar retratada em livros didáticos. [...] houve uma transição entre os velhos chiqueiros para enormes pavilhões de criação em que uma vasta quantidade de excrementos é produzida, com dezenas e até centenas de milhares de animais com seus sistemas imunológicos enfraquecidos, sufocados no calor e no estrume, a trocar doenças entre si numa velocidade absurda. [...] uma comissão da respeita organização Pew Research Center publicou um relatório sobre 'a exploraçao industrial da criação animal', que destaca os graves perigos representados pela 'contínua ciclagem de vírus'. [...] esse tipo de atividade 'em grandes rebanhos vai aumentar as chances de geração de novos vírus por meio de eventos de mutação ou recombinação, podendo resultar em sua transmissão de modo mais eficiente entre humanos'. Essa comissão também advertiu que o uso abusivo de antibióticos em criações empresariais de porcos estava provocando o surgimento de todo tipo de infecções resistentes [...]. Qualquer melhoria nesse novo ambiente patológico, no entanto, teria que se confrontar com o monstuoso poder dos conglomerados empresariais como a Smithfield Foods (carne suína e bovina) e a Tyson (carne de frango). A comissão da Pew relatou uma sistemática obstrução de suas investigações pelas empresas [...]. Mas o importante [...] é alertar para os perigos num contexto maior: a estratégia de combate a pandemias da OMS falhou; vivemos um quadro de piora da saúde pública mundial; remédios que salvam vidas estão sob controle da grande indústria farmacêutica; e chegamos a uma catastrófica situação global causada por uma produção de alimentos industrializada e ecologicamente descontrolada" (DAVIS, Mike, 2010, p. 46-7).

[48] Particularmente estarrecedor foi o acidente causado pelo copiloto da (empresa aérea) Germanwings, que em um voo de Barcelona a Düsseldorf direcionou o avião propositalmente contra os Alpes franceses, matando todos os ocupantes. Não menos comovente foi o acidente que vitimou a equipe futebolística da Chapecoense.

[49] Em 2010, um terremoto devastador causou a morte de mais de 200.000 pessoas no Haiti; na época, estimou-se que o terremoto danificou cerca de 90% dos prédios de Porto Príncipe (capital desse país).

[50] No final do ano passado, um *tsunami* atingiu a Indonésia, causando a morte de mais de 400 pessoas; também no ano passado, em setembro, um *tsunami* – provocado por um terremoto – causou a morte de 2.200 pessoas em Palu, ilha de Célbres. Convém lembrar que, em 2004, um *tsunami* – provocado por um terremoto submarino – provocou a morte de 220.000 pessoas em países do oceano Índico, 168.000 delas na Indonésia.

[51] Em outubro de 2016, o furacão Matthew – com ventos de cerca de 230km/h (classificado como uma tempestade de nível quatro na escala Saffir-Simpson, cujo nível máximo é cinco) – casou mortes (em torno de 1.000 pessoas) e destruição (60.000 pessoas foram desalojadas; estima-se que o furacão atingiu, principalmente, a área rural e arruinou a maior parte das plantações [notadamente de bananas] do distrito Sul no Haiti). O mesmo furacão, em proporção menor, também atingiu os Estados Unidos da América.

[52] A erupção do Vulcão de Fogo na Guatemala causou a morte de 113 pessoas em junho de 2018.

[53] Em março de 2016, vinte e cinco pessoas morreram devido ao deslizamento de terra provocado pela chuva em Mairiporã (cidade situada na região de São Paulo).

[54] Em janeiro de 2017, uma avalancha na região central da Itália causou a morte de, aproximadamente, 30 pessoas.

[55] Em 2013, a tragédia da "Boate Kiss", em Santa Maria, Rio Grande do Sul, provocou a morte de duzentas e quarenta e duas pessoas e deixou cerca de seiscentas e oitenta feridas. Em outubro de 2015, na Romênia, um incêndio, em uma boate ("Colectiv") em Bucareste, causou a morte de quarenta e seis pessoas e ocasionou ferimentos graves em outras quinze.

[56] Sob outro enfoque, "a longa estiagem, a falta de fiscalização e a conjuntura econômica elevaram em 27,5% – para 235.629 – o número de focos de incêndios florestais no país em 2015, na comparação com 2014. A constatação, feita pelo Inpe (Instituto Nacional de Pesquisas Espaciais), revela que os dados se aproximam do recorde histórico, registrado em 2010, de 249.291 ocorrências em todo o Brasil. [...]. Os Estados recordistas foram Pará (44.794), Mato Grosso (32.984) e Maranhão (30.066)" (Folha de S.Paulo, 5.1.16, cotidiano B3). Em janeiro de 2017, no Chile (em Valparaíso), um incêndio florestal de grandes proporções devastou mais de cem casas e deixou, ao menos, quatrocentas pessoas desabrigadas.

[57] O rompimento de uma das barragens de rejeitos da exploração de minério de ferro da Samarco, em Mariana (MG), em novembro de 2015, causou a morte de, pelo menos, dezenove pessoas. Em 2019, o rompimento da barragem Mina do Córrego do Feijão, em Brumadinho, na Região Metropolitana de Belo Horizonte, causou a morte, até o momento, de 150 pessoas (esse número pode chegar a 336).

desmoronamento,[58] acidentes industriais[59]), da escassez[60] (absoluta)[61] ou da contaminação de alimentos,[62] dos alimentos cancerígenos, da utilização de agrotóxicos, da falsificação de medicamentos, da falta de água,[63] da poluição, do lixo

[58] Em 20 de dezembro de 2015, ocorreu um desmoronamento na província chinesa de Guangdong, causado por falhas na segurança da construção, do qual resultaram, ao menos, duas mortes e setenta pessoas desaparecidas. Segundo o jornal Folha de S.Paulo (27.12.15, p. 15), "o desmoronamento, que levou ao soterramento de 33 edifícios em uma área industrial, levantou questões sobre os padrões de segurança industrial na China e a fiscalização inadequada, que estariam levando a acidentes fatais e seriam consequência do crescimento desordenado do país".

[59] A tragédia da cidade de Bhopal, Índia, é considerada o maior acidente industrial e químico do mundo, do qual resultaram cinco mil pessoas mortas e cinquenta mil gravemente feridas. Na madrugada do dia 03 de dezembro de 1984, 40t de gases letais vazaram dos tanques da fábrica norte-americana de pesticidas *Union Caribe Corporation*. Segundo as investigações, o vazamento (dos gases de isocianato de metila e hidrocianeto) decorreu de graves falhas na segurança, que era insuficiente para as necessidades da fábrica. Na decisão de um tribunal norte-americano, a causa da falha na segurança teria decorrido de uma sabotagem; a *Dow Quimica*, empresa que adquiriu a *Union Caribe* em 2001, ainda está com o processo em aberto na justiça dos EUA; na Índia, em 1989, após 5 anos de disputa legal, a empresa fez um acordo com o Governo indiano, que resultou no pagamento de US$ 470 milhões como indenização para os feridos.

[60] "A busca pela segurança alimentar e a erradicação da fome, em bases agrícolas sustentáveis, é um imperativo mandatório. A FAO definiu um protagonista, a agricultura familiar, e uma fronteira, a África, como prioridades. Tais escolhas não são aleatórias. Cerca de 70% da miséria e da insegurança alimentar no século XXI concentram-se na área rural dos países em desenvolvimento. Em 93 países, segundo levantamento feito pela FAO, esse universo representa, em média, mais de 80% das propriedades agrícolas. Reside aí um dos principais cenários da luta em curso para ampliar a produtividade, o acesso e o manejo agroecológico sustentável. Não se trata de um nicho exótico, mas de uma estrutura capilar, que reúne mais de 500 milhões de pequenas propriedades no mundo; 16 milhões só na América Latina e no Caribe, onde geram entre 55% a 77% do emprego rural e produzem boa parte dos alimentos que chegam à mesa dos consumidores. Mas é na África que esse protagonismo adquire dimensões históricas superlativas. Embora a taxa de urbanização cresça velozmente no continente, 60% da força de trabalho africana ainda vive junto à terra; mais de 40% da população tem menos de 15 anos, só 4% estão acima de 65 anos. Nos próximos 35 anos, a demografia continental continuará sendo predominantemente rural, o que faz da agricultura o principal atalho na construção de uma resposta inclusiva e sustentável na única região do mundo onde a fome resiste em ceder. Hoje, a subnutrição penaliza um em cada quatro habitantes dos 53 países que compõem o gigante africano: a insegurança alimentar ali arrebanha um contingente que cresceu de 175 milhões de pessoas, em meados dos anos 1990, para cerca de 240 milhões atualmente" (SILVA, José Graziano da, 2015, p. 181-2).

[61] Estima-se que, no mundo, haja, aproximadamente, um bilhão de pessoas em situação de fome generalizada, isto é, incapazes de suprir suas necessidades básicas de alimentação, cujos fatores mais expressivos são a retirada de terras e de incentivos estatais, bem como o manejo artificial de preços internacionais.

[62] Historicamente, esse grave problema se dá com o desenvolvimento da modernização da agricultura (cuja finalidade precípua foi a de superar o [que, antes do século XVIII, se mostrava como o tipo mais comum de crise] fracasso das colheitas, causado pela guerra ou por algum acontecimento anormal [cf. HUBERMAN, Leo, 1980, p. 271-2]), ou seja, a ênfase que se concedeu ao aumento da produtividade foi maior que a destinada a melhorar os fatores genéticos mediante os quais se condiciona a resistência e a proteção natural das plantas. Desse modo, "o número de pragas e doenças que atacavam as plantações também cresceu enormemente, abrindo um novo campo para o saber agronômico: o desenvolvimento de técnicas de proteção às plantas cultivadas. Ainda em 1874 fora sintetizado o composto orgânico DDT, mas foi em 1939, na Suíça, que suas propriedades inseticidas foram descobertas. As duas Grandes Guerras Mundiais impulsionaram uma série de avanços tecnológicos que foram posteriormente adaptados para a produção de substâncias tóxicas às pragas e às doenças das plantas. Muitos compostos produzidos como armas químicas foram transformados em inseticidas, utilizados nas campanhas de saúde pública ou em agrotóxicos, para combater os inimigos das lavouras, como o composto 2,4,5-T, mais conhecido como agente laranja. Desenvolvido nos EU durante a Segunda Guerra Mundial, na década de 1970 esse produto foi despejado sobre aldeias e plantações no território vietnamita provocando calamidades [...]" (EHLERS, Eduardo, 2008, p. 20-1). Atualmente e sob outro aspecto, no Estado do Rio Grande do Sul, foram graves os numerosos episódios de adulteração do leite.

[63] A situação do Estado de São Paulo – apesar de ser o mais rico do país – evidencia o grave problema de desabastecimento crônico de água, a afetar o conjunto da população; aliás, as previsões dão conta que, se não chover consideravelmente nos próximos meses (o dado é de dezembro de 2014), o fenômeno se irá estender, ao menos, para os próximos dois anos. De ver-se que, tanto sob a perspectiva de nossa legislação como sob a dos direitos humanos, o acesso à água (com qualidade e de modo contínuo) é dever do Estado, ao qual cum-

tóxico, da utilização de armas químicas,[64] da desertificação,[65] da destruição de florestas, da mudança climática, da acidificação dos oceanos, da redução do espaço ecológico para muitas espécies,[66] da clonagem humana, da guerra, da guerra civil,[67] da fascistização política,[68] do neonazismo,[69] da (crescente) xenofobia,[70]

---

pre, ainda, desenvolver sistemas de abastecimentos de água, bem como universalizar o acesso à água e ao tratamento de esgotos, haja vista os enormes impactos humanos e ambientais nisso envolvidos.

64 Em 2017, elevou-se, consideravelmente, a suspeita da utilização de armas químicas contra a população civil no conflito sírio. Sobre essa questão, é importante salientar que, desde 1997, a CAQ (que conta com 192 membros, entre os quais o Brasil) tem sido referência nas regras internacionais, sendo seus maiores objetivos a destruição de todas as armas químicas existentes, a prevenção do surgimento de novas armas químicas e a promoção da assistência e proteção dos Estados contra ameaças químicas.

65 A modernização da agricultura, no Brasil, provocou inúmeras consequências ambientais, entre as quais: "a contaminação da água, dos alimentos e de muitos trabalhadores rurais, a destruição das florestas, a erosão dos solos ou mesmo desertificação de algumas áreas, tornaram-se problemas quase que inerentes à produção agrícola. Aos poucos a euforia das 'grandes safras', no Brasil e em outros países, cedia lugar a uma série de preocupações relacionadas aos seus impactos socioambientais e à sua viabilidade energética" (EHLERS, Eduardo, p. 24-5).

66 Como assinala Plauto Faraco de Azevedo (2008, p. 30), "o equilíbrio ecológico é, hoje, questão de vida ou morte, dadas as alterações que têm sido imprudentemente introduzidas no meio ambiente. Há necessidade permanente de uma 'ética de sobrevivência', na qual o antropocentrismo, que vem orientando a civilização ocidental há séculos, deve ceder o passo à compreensão de que 'a natureza precede ao próprio ser humano'". No mesmo sentido, adverte Elmar Altvater (2006, p. 345-6) que "A terra é um planeta limitado e, portanto, um sistema de energia sustentável só se apoiaria na abertura de seu sistema de energia à radiação solar [...]. A combustão incrementa indevidamente a entropia global e, ao tentar evitar este resultado desagradável, novas partes do planeta (que, centenas de anos atrás, ainda eram partes virgens do planeta) foram incluídas nas estruturas de valoração capitalista. Esta é a razão ecológica pela qual hoje a Terra está globalizada e pela qual devemos lutar com problemas globais do meio ambiente e não principalmente com problemas locais ou regionais", cujas consequências já podem ser antevistas: "como os recursos fósseis certamente se esgotarão em poucas décadas, as guerras sobre a distribuição de recursos escassos já começaram. A guerra dos Estados Unidos contra Iraque pode ser interpretada como uma *ouverture* do advento dos conflitos sobre o recurso do petróleo no mundo. [...] fica claro que a questão ecológica da capacidade de transporte do sistema ecológico mundial inclui outra questão: como distribuir justamente os recursos escassos de uma maneira pacífica e como organizar a transição a um regime sustentável de energia" (ALTVATER, Elmar, p. 347). Diante de tal panorama, é fácil concluir-se que a reprodução expansiva do capital tem intensificado, particularmente nos últimos dois séculos, a degradação sobre a natureza, "produzindo várias cisões metabólicas e formas de degradação ecológica nos ciclos e processos naturais, o que leva à violação das leis naturalmente postas de regulação da produção social que mantêm as condições da natureza" (CLARK, Brett; FOSTER, John Bellamy, 2010, p. 25). Vale lembrar, a propósito, que "o sistema voltado para o lucro é incapaz de regular de modo efetivo o sociometabolismo entre a sociedade humana e a natureza, uma vez que a produção capitalista perpetua a destruição ecológica numa escala que levaria décadas para ser recuperada, mesmo se o sistema fosse transformado de imediato" (CLARK, Brett; FOSTER, John Bellamy, p. 25). Outra não é a conclusão de Ellen Meiksins Wood (p. 228), quando remarca: "nem acredito que o capitalismo tenha condições de evitar a devastação ecológica. Talvez seja capaz de se ajustar a um certo grau de preocupação ecológica, especialmente porque a tecnologia de proteção ambiental se tornou uma mercadoria lucrativa. Mas a irracionalidade essencial da busca da acumulação de capital, que subordina tudo às exigências da autoexpansão do capital e do chamado crescimento, é inevitavelmente hostil ao equilíbrio ecológico. Se no mundo comunista a destruição do ambiente resultou de um enorme descaso, do alto grau de ineficiência, e da pressa irresponsável de se aproximar do desenvolvimento industrial ocidental no menor prazo possível, no Ocidente capitalista um vandalismo ecológico de muito maior alcance não é visto como indicação de fracasso, mas de sucesso, o subproduto inevitável de um sistema cujo princípio constitutivo é a subordinação de todos os valores humanos aos imperativos da acumulação e às exigências do lucro".

67 Sobre o tema, a conferência de Leon Trotsky proferida na Sociedade das Ciências Militares, em 29 de julho de 1924, em Moscou: Problemas da guerra civil.

68 Sobre a ampla temática do fascismo, consultar o texto de KONDER, Leandro, 2009. Do mesmo modo, consultar o artigo de SILVA, Francisco Carlos Teixeira da, 2005, e os livros de LOPEZ, Luiz Roberto, 1987, e de REICH, Wilhelm, 1972. Tanto em vários países da Europa como nos Estados Unidos da América são cada vez mais evidentes os avanços de uma ultradireita, bastante atuante na defesa de bandeiras ultranacionalistas, bélicas e retrógradas; aliás, algumas das polêmicas propostas de campanha de Donald Trump à presidência (deportação em massa de imigrantes ilegais e a construção de um muro em toda a fronteira sul dos Estados

do terrorismo,[71] do genocídio,[72] da barbárie,[73] do assassinato em massa (*multiple*

Unidos) foram entusiasticamente saudadas pela Ku Klux Klan. Podem ser mencionados, ainda, o Partido Para a Vitória (Holanda), o (grupo neonazista) Aurora Dourada (Grécia), a Frente Nacional (França) e o UKIP (Inglaterra).

[69] Sobre o tema, ver o artigo de LOPEZ, Luiz Roberto, 1997, p. 205-16.

[70] Sobre o tema, ver o artigo de BETZ, Hans-Georg, 2009, p. 261-90.

[71] Sob vários aspectos, a conceituação do (complexo) fenômeno do terrorismo se tem apresentado muito problemática; de um lado, existe uma considerável gama de definições e de interpretações e, de outro, não se pode isolar, inteiramente, o papel das ideologias. De qualquer modo, Marie-Hélène Gozzi (2003, p. 37-8) aponta a mutação que, historicamente, o terrorismo sofreu em face de sua vinculação, em vários contextos, com a criminalidade organização: "Une de ses orientations vise désormais le trafic de drogue et autre type de *criminalité organisée*. Ce terme vise la collaboration, la combinaison criminelle nouvelle qui allie les actes de terrorisme et le trafic de stupéfiants. La production et le trafic de narcotiques en sont le meilleur exemple. La distinction entre terroristes et trafiquants de drogue est de plus en plus incertaine. Le rapprochement des acteurs "politiques appartenant à des guérillas, des milices ou des groupes terroristes et des acteurs de droit commun, agents de la criminalité organisée, membres de mafias ou autre cartels, a provoqué des croisements, des hybridations" jusque-là inconnus. Trafiquants et terroristes coopèrent en Amérique latine, en Asie et même au Proche-Orient. L'argent des stupéfiants finance, notamment, les combats dans le Croissant d'or (Iran, Pakistan, Afghanistan, Népal). Ce trafic implique de nombreux ressortissants turcs, membres de l'organisation terroriste du PKK. Comment dénouer alors les liens unissant une même entité? Nous pouvons, à ce sujet, reprendre l'exemple des Tigres tamouls qui s'organisent entre trafic financier, drogue et mouvement nationaliste. On retrouve une même collusion entre extorsions de fonds, rackets, prise d'otages, piraterie maritime, massacres collectifs dans le mouvement philipin Abu Sayyaf. Entité criminelle, se réclament de l'Islam au nom d'une ferveur nationaliste, le mouvement oscille entre action politique et système de banditisme organisé, prenant appui sur une corruption généralisée. Ces entités criminelles officient dans des zones de non-droit, des territoires échappant à tout contrôle étatique. On parle aussi de 'zones grises'. Ce phénomène s'étend dans des pays d'Asie centrale (comme l'Afghanistan ou le nord-ouest du Pakistan) en Amérique latine (notamment en Colombie, en Bolivie ou au Pérou) et encore dan les Balkans. Chaque fois que la dislocation d'un pouvoir a engendré une décomposition sociale, on a pu assister à cette mutation. Le pouvoir réel se trouve alors exercé par des puissances hybrides. Celles-ci sont le fruit d'une symbiose entre des riches trafiquants de stupéfiants et des mouvements armés démobilisés par la fin d'un conflit. Tel est le cas de l'alliance opérée entre producteurs de cocaïne en Amérique latine e révolutionnaires afghans à l'issue du conflit qui les opposaient aux soviétiques. Dans des zones où aucune force de maintien de l'ordre ne pénètre, où n'existe aucun contrôle international, se développent des guérillas anarchisantes souvent xénophobes et enfin terroristes. Certains bidonvilles des mégapoles du Tiers-Monde (Lima, Bogota en Amérique latine, Karachi en Asie) forment des bases avancées de ces groupes criminels. Nous penons que les banlieues qui jouxtent les grandes mégapoles européennes, dans lesquelles le pouvoir judiciaire manque d'autorité, peuvent jouer un rôle identique. Les organisations mutantes expérimentent leurs stratégies dans ces sites et dans les pays avoisinent ces nouveaux fiefs. Elles les mettent ensuite en pratique dans les pays développés. Cette démarche constitue un bon exemple de l'interaction entre la dimension extérieure et intérieure de la menace. La menace extérieure consiste en des crimes commis à titre expérimental dans les pays lointains. Celle qualifiée d'intérieure réside dans la mise en pratique de ces innovations criminelles en Occident. Il faut souligner l'extrême dangerosité de ces entités, hier purement politiques, converties aujourd'hui à la criminalité organisée. Encore pourrions nous évoquer les risques de demain. Ceux qui verraient se développer le trafic illicite de matières radioactives et nucléaires en liaison avec un terrorisme écologique". Vale lembrar, a propósito, que o terrorismo contemporâneo – tal como ficou novamente bastante evidenciado no ataque ao jornal Charlie Hebdo (ou na ação de milicianos [da facção islâmica] do Al Shabaab, Quênia, em que foram mortos 148 estudantes universitários, ou, em novembro de 2015, na França, nos ataques terroristas que deixaram 130 mortos, ou, ainda mais recentemente, em março de 2016, na Bélgica, no atentado que produziu 34 mortos e dezenas de feridos) – tem uma característica notavelmente acentuada: a do impacto instantâneo, reverberado, simbioticamente, pela ação dos meios de comunicação. Como se observa, o terrorismo busca, por assim dizer, uma 'caixa de ressonância' por meio da qual visa a assegurar uma difusão quase tecidual da manifestação de violência em todo o corpo social. Com isso, "a este efeito de irradiação, verdadeiro oxigênio do terrorismo, as *mass media*, e particularmente a televisão, dão um esplendor incomparável. [...] estabelece-se entre o terrorismo e a televisão um estranho conluio [...] 'teleterrorismo'" (DADOUN, Roger, 1998, p. 41-2). Em Nice (sul da França), o tunisiano Mohamed Bouhlel, dirigindo um caminhão, avançou sobre a multidão que se reunia para os festejos do Dia da Bastilha (14 de julho de 2016); desse atentado, 84 pessoas morreram e 202 ficaram feridas.

[72] Trata-se da destruição de um grupo humano, seja racial, étnico, religioso ou nacional. Lembra Pablo A. Ramella (1987, p. 34) que "desde os começos da história tem sido comum o massacre de povos inteiros por

killing),[74] do *incel* (*involuntary celibate*) *rebellion*,[75] das mortes de ativistas,[76] da

ódios nacionais, religiosos, raciais, políticos, por afã de dominação, por prejuízos, por vingança. O vencedor passava o vencido 'a fio de espada', fosse militar ou população civil, da qual não se excluíam nem as mulheres, nem as crianças. Exemplos disso são a destruição de Cartago, no ano 146 a.C.; a de Jerusalém por Tito, no ano 72 de nossa era; as guerras religiosas do Islã e as Cruzadas; os massacres dos albigenses e dos valdenses; o sítio de Magdeburgo, na guerra dos Trinta Anos, e os massacres completos nas guerras empreendidas por Gengis Khan e Tamerlão. A mentalidade tribal [...] não acabou com essa forma de matar em massa, aguçada pela perfeição das armas empregadas para esse fim. [...]. O massacre dos armênios pelos turcos, as medidas de que foram vítimas os ciganos em numerosos países, a exterminação dos judeus pelos nazistas, a bomba de Hiroshima, a guerra do Vietnã, a guerra da Argélia, os massacres de Ruanda, a fome de Biafra, os incidentes raciais na América, as lutas tribais na África Negra são exemplo patentes de que o instinto selvagem do homem não tem declinado". A partir de um enfoque filosoficamente mais amplo sobre o tema, ver o estudo de LAFER, Celso, 2006, p. 167-86.

[73] Sob a perspectiva da evolução histórica do fenômeno da barbárie, ver o artigo de HOBSBAWM, Eric, 1998, p. 268-80.

[74] Nesta conjuntura, tem sido destacado, em diferentes instâncias, o aumento dos "lobos solitários", isto é, agentes que realizam atos de extermínio sem possuírem vinculação com grupos ou organizações terroristas; por exemplo, Gavin Long (Baton Rouge, Lousiana, Estados Unidos) e Micah Johnson (Dallas, Texas, Estados Unidos). No dia 9 de janeiro de 2015, um mercado situado em Montrouge, periferia da capital francesa, foi alvo de um ataque executado pelo jihadista francês Amédy Coulibaly, o qual já houvera assassinado um policial na mesma cidade no dia anterior. O homem manteve, como reféns, clientes e funcionários por algumas horas, e foi morto em virtude da intervenção das forças de segurança. A imprensa divulgou a existência de mortes; porém, o ministro do interior, Bernard Cazeneuve, alegou, em nome do governo francês, que não houve nenhuma, assim como não houve feridos. Há indícios de que, simultaneamente, em Dammartin-en-Göele, cidade ao norte próxima a Paris, os dois suspeitos de realizarem o atentado à revista Charlie Hebdo na mesma semana, Shéfif e Said Kouachi, fizeram uma pessoa refém dentro de uma pequena empresa. Durante as investigações, foi descoberto o envolvimento dos três homens com a mesma célula jihadista parisiense, confirmando a hipótese de vinculação entre os crimes. Algumas fontes também conectam o crime à namorada de Amédy, Hayat Boumeddine. Tanto o número de reféns quanto o de mortos e feridos, em Montrouge, não são precisos em nenhuma fonte, apresentando, pois, grande oscilação. No dia 2 de dezembro de 2015, um casal, vestindo roupas de combate e portando fuzis e pistolas, matou 14 pessoas e feriu outras 17 durante um tiroteio em uma instituição de atendimento a pessoas com deficiência de desenvolvimento, o *Inland Regional Center*, na cidade californiana San Bernardino. Segundo autoridades, ambos demonstravam apoio e fidelidade ao Estado Islâmico via rede social, e os fatos levam a crer que a radicalização tenha ocorrido de forma autônoma. O ataque aparenta ter sido planejado; contudo, não ordenado diretamente pelo próprio grupo terrorista e, por esse detalhe, o *FBI* investiga o caso como terrorismo independente. Também foram encontrados equipamentos de confecção de bombas, armas e um grande número de munições na residência do casal. Além desses episódios (aqui destacados pela expressividade), tem-se elevado o grau de preocupação com a ação dos lobos solitários; com efeito, há pouco tempo, o porta-voz do Estado Islâmico, Abu Muhammad al-Adnani, divulgou um vídeo, no qual pedia mais atos individuais contra soldados e civis em países integrantes da coalizão internacional contra o grupo, liderada pelos Estados Unidos. De igual modo, o ataque com um caminhão (que produziu 12 mortes e aproximadamente 50 feridos), no dia 19 de dezembro, em Berlim, parece ter sido realizado por um militante solitário do Estado Islâmico. Nessa ordem de preocupações, o avanço do terrorismo, em escala global (França, Bélgica, Alemanha, Turquia, Iêmen, Nigéria, Iraque, entre outras nações; apenas em 2016, houve, aproximadamente, 10.000 incidentes e 30.000 mortes), implica, de um plano, um considerável aumento da violência extremista e, de outro, um desequilíbrio da estabilidade e da segurança internacionais.

[75] Em abril de 2018, Alek Minassian, autor de um atentado em Toronto, Canadá, do qual resultaram 10 pessoas mortas, fez referência, em uma postagem no *Facebook* ("Incel Rebellion starts") um pouco antes do incidente, a uma comunidade *online* misógina e violenta, denominada *incels* – celibato involuntário –, composta de homens que se sentem rejeitados sexualmente pelas mulheres.

[76] Segundo Relatórios de 2017 da Anistia Internacional, da Comissão Interamericana de Direitos Humanos e da ONG Front Line – que monitoram direitos humanos no mundo –, o Brasil é um dos países mais perigosos do planeta para defensores de direitos humanos (MENA, Fernanda, 2018), a demonstrar que a adesão genuína a uma agenda de direitos humanos e sociais é uma realidade ainda bastante distante da realidade de nosso país. Os assassinatos de Marielle Franco e Anderson Gomes representam um caso emblemático disso.

pirataria marítima,[77] da pirataria informática,[78] do aquecimento global, da destruição da camada de ozônio, do conflito no campo,[79] da violência urbana,[80] da violência policial,[81] da violência das gangues,[82] do linchamento, do assédio moral (no mundo do trabalho),[83] do assédio existencial,[84] do *mobbing*,[85]

---

[77] A pirataria está definida pelo direito internacional desde 1982 por meio da Convenção das Nações Unidas sobre o Direito do Mar (CNUDM) que dispõe, em seu art. 101, consistir a pirataria em quaisquer atos ilegais de violência ou de detenção ou qualquer ato de depredação cometidos, para fins privados, pela tripulação ou os passageiros de um navio privado dirigidos, em alto mar ou em lugar fora da jurisdição de qualquer Estado, contra outra embarcação ou contra pessoas ou bens a bordo do navio. No presente, a pirataria marítima conheceu um significativo aumento no número de ataques a embarcações comerciais, marcadamente nos mares do Golfo de Áden, na baía da Somália e no Oceano Índico (sendo esses considerados os *hot spots* da pirataria marítima internacional). O principal modelo de ataque às embarcações vítimas da pirataria marítima é o de sequestro e resgate, embora tenham crescido, sobretudo na costa oeste da África, as práticas de roubo de carga e de combustível. Em razão da ascendência dessa prática criminal e de seus reflex vos no comércio mundial, além das forças-tarefa organizadas pela ONU, no âmbito não governamental, há diversos organismos focados na contenção da pirataria marítima. A compilação de dados a respeito dos danos comerciais infringidos pela pirataria marítima se dá mediante a *International Maritime Bureau* (IMB), órgão da *International Chamberof Commerce* (ICC) que conta, inclusive, com o centro de controle para relatos de atividade pirata, o *Piracy Reporting Centre* (PRC). Além disso, há também a *Oceans Beyond Piracy* (OBP), organização sem fins lucrativos que, assim como a IMB, produz, anualmente, relatórios sobre os custos humanos e econômicos da pirataria marítima no mundo.

[78] Sobre o tema, pode ser consultado o artigo de POLAINO NAVARRETE, Miguel, 2013, p. 393-404.

[79] "[...] segundo dados da CPT, em 2014, foram despejadas cerca de 12 mil famílias, a maioria nas regiões Nordeste e Norte. Há registros de destruição de casas, roças e pertences, evidenciando a permanência de formas de violência tradicional lado a lado com a utilização de instrumentos legais. No mesmo ano, em conflitos de terra, foram assassinadas 35 pessoas, 56 sofreram ameaças de morte e 249 sofreram agressões físicas. Se nos últimos trinta anos, a figura do sem-terra tornou-se símbolo da luta por terra, novos personagens surgiram e, cada vez mais, ganham visibilidade política: quilombolas, ribeirinhos, camponeses de fundo de pasto, faxinalenses, etc. Afirmando as particularidades de seus modos de vida, deram outros significados à questão fundiária" (MEDEIROS, Leonilde Servolo de, 2015, p. 183).

[80] "No senso comum do capitalismo globalizado sob a ideologia neoliberal domina uma leitura da criminalidade violenta de rua como sendo o grande inimigo causador da insegurança individual e coletiva, responsável pela arquitetura de uma sociedade tão encarceradora quanto encarcerada. O medo, que vira medo do crime, e a insegurança, que vira insegurança contra a criminalidade, aparecem como base da grande demanda por segurança pública, cujo sistema se torna o mais hipertrofiado de todos e acarreta a saturação punitiva das agências policial (civil e militar) e prisional, que está na base de uma das mais espetaculares expansões punitivas que o capitalismo tem experimentado, dando espaço a um gigante punitivo" (ANDRADE, Vera Regina P. de, 2012, p. 161-2). Em fevereiro de 2017, uma greve da polícia do Espírito Santo fez eclodir uma onda de violência na cidade de Vitória, da qual – além de saques, furtos, roubos – houve 199 homicídios (muitos dos quais por meio de linchamento).

[81] Segundo o Anuário Brasileiro de Segurança Pública (2015), "os registros de mortes de civis decorrentes de intervenções policiais experimentaram um aumento dramático em 2014, da ordem de 37%, em relação ao ano anterior. Um total de 3.022 pessoas foram mortas pela polícia no ano de 2014, em comparação com 2.203 em 2013" (www.forumseguranca.org.br). Ainda em 2015, as vítimas da violência policial (segundo os dados do 10º Anuário de Segurança Pública) cresceram 6,3%, totalizando 3.345. Por outro lado, o número de policiais mortos diminuiu 3,9%, ou seja, foram 393 mortos em 2015. Em 2016, a morte de civis devido a intervenções policiais sofreu um crescimento significativo de 25,8%, totalizando 4.222 vítimas. Ademais, 453 policiais foram vítimas de homicídio em 2016, verificando-se um aumento de 23,1% em relação ao ano anterior.

[82] Especificamente sobre as gangues juvenis centro-americanas, pode ser consultada a pesquisa de FAYET JÚNIOR, Ney; FERREIRA, Martha da Costa, 2018.

[83] Consultar a obra de HIRIGOYEN, Marie-France (2002). Cumpre observar, apenas, que, no mundo do trabalho, e isto de um modo geral, "os dirigentes e os executivos não levam suficientemente a sério as dificuldades relacionais, salvo se elas podem ocasionar um prejuízo evidente para a empresa. Apesar dos seminários de gestão de conflitos organizados para os funcionários, as atitudes mais usuais continuam sendo a fuga e a evitação" (HIRIGOYEN, Marie-France, p. 26). E, no campo do assédio moral, "não se observa mais uma relação simétrica como no conflito, mas uma relação dominante-dominado, na qual aquele que comanda o jogo

do *bullying* (criminal),[86] do *stalking*,[87] do *harassment*, da desinformação nas redes sociais (*junk news*),[88] do *gaslighting*, da homofobia,[89] da violência sexual,[90] da divisão sexual do trabalho,[91] da violência de gênero,[92] da anonimidade,[93] dos

---

procura submeter o outro até fazê-lo perder a identidade. Quando isto se passa no âmbito de uma relação de subordinação, transforma-se em um abuso de poder hierárquico, e a autoridade legítima sobre um subordinado se torna a dominação da pessoa" (HIRIGOYEN, Marie-France, p. 27).

84 É tema controvertido na jurisprudência pátria o reconhecimento do denominado dano existencial (ou dano à existência do trabalhador), que é aquele causado pela impossibilidade de o trabalhador ter acesso a determinados direitos sociais (cultura, lazer, atividades espirituais, esportivas, entre outros) em decorrência de excesso de horas extraordinárias nas jornadas de trabalho semanais. Não se trata, oportuno referir, de dano da esfera moral do trabalhador, tendo em vista que o dano existencial "é um conceito jurídico oriundo do Direito civil italiano e relativamente recente, que pretende uma forma de proteção à pessoa que transcende os limites classicamente colocados para a noção de dano moral" (TST, RR 523-56.2012.5.04.0292, Rel. Min. Luiz Philippe Vieira de Mello Filho, 7ª T., j. 19.8.15). Em realidade, "o dano existencial na qualidade de dano juridicamente relevante a respeito de ofensas – não enquadráveis em danos patrimoniais ou em danos biológicos, em sentido estrito – deságuam na renúncia involuntária às atividades cotidianas de qualquer gênero. [...]. [...] situa na esfera do dano existencial as ofensas a bens jurídicos (ou seja, os danos injustos e, portanto, indenizáveis) suscetíveis de constatação objetiva, prejudiciais à liberdade de escolha e frustratórios ao projeto de vida que a pessoa elaborou para sua realização como ser humano [...]. Enquanto os danos morais propriamente ditos dizem respeito à questão subjetiva do sofrimento psicológico de monta, o dano existencial se reporta ao aspecto objetivo, pertinente ao cerceamento da liberdade do indivíduo de exercitar atividade relevante à sua satisfação pessoal como ser-no-mundo-com-os-outros" (FROTA, Hidemberg Alves da; BIÃO, Fernanda Leite, 2010, p. 97-131). Do ponto de vista dos acidentes do trabalho, é importante referir que o dano existencial está vinculado diretamente com a qualidade de vida do trabalhador, não apenas em virtude de exaustivas jornadas de trabalho, mas também pela formação de uma situação de estresse emocional, a qual aumenta os riscos de acidentes.

85 A expressão visa a retratar, de modo amplo, "a perseguições coletivas ou à violência ligada à organização, incluindo desvios que podem acabar em violência física" (HIRIGOYEN, Marie-France, p. 85). Para Márcia Novaes Guedes (2003, p. 44), o *mobbing* se traduz "como a forma extrema de estresse social no trabalho. [...] a vítima é submetida a um sistemático processo de estigmatização e abuso dos direitos civis, por meio de hostilidades e comportamentos aéticos".

86 Sobre o tema, pode ser consultado o livro de RODRIGUES, Andreia de Brito, 2009.

87 Sobre o tema, pode ser consultada a investigação de FLORES, Carlos Pereira Thompson, 2014.

88 CARAZZAI, Estelita Hass, 2018.

89 Sobre o tema, pode ser consultado o livro de MASIERO, Clara Moura, 2014. Cabe lembrar o massacre em uma boate de Orlando, Flórida, Estados Unidos, ocorrido em junho de 2016, no qual um assassino, alegando motivação homofóbica e armado de uma pistola 9 mm e de um fuzil semiautomático, matou 49 e feriu 53 pessoas. Francisco Daudt (2016) percebe a complexidade do fenômeno: "como um islâmico inseguro de sua fé, que precisa matar os infiéis por isso, o 'abalado' sai à caça do seu novo inimigo: está inaugurado o homofóbico perigoso. Ele quer matar fora algo que mora dentro de si: a suspeita de amor 'errado', capaz de destruí-lo como o 'homem' que ele se concebeu ser. É quando homofobia retorna ao seu sentido original: medo de iguais. Pois não existem homofóbicos entre héteros absolutos. Eles não estão nem aí...". Por outro lado, o Brasil ocupa o primeiro lugar em homicídios de LGBTs nas Américas, com 343 mortes por motivação homofóbica em 2016 (cf. DINIZ, Pedro, 2017).

90 Deve assentar-se a necessidade de reconhecer a gravidade do problema e, assim, estimular novas políticas públicas (determinando, por exemplo, que escolas e universidades sejam protagonistas em desenvolver políticas para coibir, de modo enérgico, a violência sexual) de prevenção e combate a essa modalidade de violência, reduzindo o número de vítima e agressores.

91 Não se podem desprezar as relações de sexo ou de gênero, na medida em que a divisão sexual do trabalho implica enormes desigualdades entre homens e mulheres. Com efeito, apesar de as mulheres estarem presentes em todos os segmentos produtivos, compartilhando com os homens o sistema de produção de mercadorias, os encargos familiares e domésticos são considerados como tarefas essencialmente de responsabilidade feminina (aquilo que, historicamente, tem sido denominado de a "dupla jornada de trabalho"). Isso engendra, por óbvio, uma desigualdade social imposta pela divisão social (sexual) do trabalho. Sobre o tema, pode ser consultada a obra de NOGUEIRA, Claudia Mazzei, 2006.

92 É importante o registro segundo o qual, em 2016, a Lei Maria da Penha completou 10 anos de existência, sendo considerada um relevante avanço ao arrostamento da violência doméstica em nosso país. Todavia,

suicídios (particularmente entre jovens),[94] do crônico problema habitacional,[95] da cultura do medo (*the culture of fear*),[96] da criminalidade avassaladora (*fear of crime*),[97] da (micro ou macro) vitimização,[98] da criminalidade organizada,[99] da

---

existe muito ainda a avançar, dado que apenas 28 cidades têm mecanismos para fiscalizar as medidas protetivas (tais como: limite de aproximação da vítima, familiares e testemunhas; proibição de contato com a vítima, familiares e testemunhas; proibição de presença em determinados locais; afastamento do lar; restrição de visitas a dependentes menores; pagamento de alimentos; suspensão de posse ou porte de armas) que são estabelecidas pela lei em causa.

93 Sobre o tema, pode ser consultado o livro de SOUZA, Ricardo Timm de, 2012.

94 As taxas de suicídios, entre 2000 e 2015, aumentaram significativamente entre crianças (65%) e adolescentes (45%) – maiores que a alta de 40% na média da população (ESTARQUE, Marina, 2018).

95 Em 2018, o desabamento (causado por um incêndio) do prédio (de 24 andares) no largo do Paissandu, no centro de São Paulo, evidenciou a grave questão habitacional no Brasil, bem como expôs a falta de controle de órgãos públicos sobre a segurança de imóveis ocupados.

96 "Por que alegamos tantos medos e tão pouco fundamentados? Por que, embora as taxas de criminalidade estivessem em queda livre no decorrer dos anos 1990, 2/3 dos americanos acreditavam que elas estavam aumentando rapidamente? Por que, na metade dos anos 1990, 62% dos entrevistados declaravam-se 'desesperados' com os níveis atingidos pela criminalidade, cerca do dobro registrado no final da década de 1980, quando os níveis de criminalidade eram mais altos? E, por que, numa pesquisa realizada em 1997, quando as taxas de criminalidade estavam diminuindo já há 12 anos, mais da metade declarava-se em desacordo com a afirmação 'Este país está finalmente começando a fazer progressos na solução do problema do crime'? No final dos anos 1990, os consumidores de drogas ilícitas representavam cerca da metade do total existente uma década antes, e 2/3 daqueles que completavam as escolas médias superiores jamais tinham feito uso de qualquer droga ilícita, nem mesmo da maconha. Por que, então, a maioria da população adulta considerava o uso de drogas como o perigo maior que a juventude americana enfrentava? Por que nove em dez adultos julgavam que o problema das drogas estava fora de controle e apenas um em seis acreditava que algum progresso estava sendo feito? Dê-nos um final feliz e escreveremos uma história de desastres!" (MELOSSI, Dario, 2012, p. 197).

97 José Luis Díez Ripollés (2007, p. 75) afirma que o medo do crime já não se concentra nos âmbitos sociais mais conscientes ou temerosos da delinquência, "sino que se han extendido a sectores sociales antes relativamente distanciados de tales sentimientos. La preeminencia de los espacios dedicados a la crónica criminal en los más diversos medios de comunicación, donde ya no es extraño que ocupe los primeros titulares, tiene que ver sin duda, aunque no exclusivamente, con el eco que tales informaciones suscitan en capas amplias de la población". Precisamente Dennis Howitt (2011, p. 513) descreve: "being afraid of becoming a victim of crime – there is a disproportionality usually in that these fears are not in keeping with the actual risk of victimisation for the particular sort of person in question".

98 De acordo com Antonio Beristain (1992, p. 8-10), haveria tanto a microvitimização (isto é, "o conjuto dos sujeitos passivos dos delitos que estabelece o CP de cada país, e tal como os interpretam as instituições jurídicas") quanto a macrovitimização (isto é, "a realidade das estruturas sociais injustas" ou a "*victimisation par abus de pouvoir*"). O autor menciona, ainda, uma categoria intermediária (entre as anteriores), que seria a vitimação subjetiva (ou seja, "as vítimas do temor. Temor que pode brotar de uma realidade objetiva, ou de algo puramente [mais ou menos] subjetivo. O temor infundado também vitimiza").

99 Modernamente, as pesquisas têm posto em relevo, no sentido da definição da criminalidade organizada, a atuação de redes operando em verdadeiros mercados criminais, nos quais diversos agrupamentos – com diferentes estágios de organização – "oferecem e procuram a realização de acções criminosas" (RODRIGUES, Anabela Miranda, 2008, p. 366). Frente a tal conjuntura, torna-se fácil perceber a importância da globalização para o desenvolvimento dessa nova criminalidade, na medida em que "utiliza as lógicas e as potencialidades da globalização para a organização do crime, permitindo que grupos criminosos homogéneos aproveitem as vantagens que oferece o novo espaço mundial, com a criação de zonas de comércio livre em algumas regiões do mundo, nas quais se produz uma permeabilização económica das fronteiras nacionais e se reduzem os controles. Neste mercado gigantesco para que evoluiu a economia mundial, existe uma procura de bens proibidos que, agora por este motivo, o converte em idóneo para a proliferação de organizações criminosas" (RODRIGUES, Anabela Miranda, p. 367). No curso real dos fatos, os câmbios estruturais que houve na sociedade contemporânea – a partir, sobretudo, do segundo conflito mundial – implicaram uma gama de novos conflitos sociais, graves e complexos, que conduziram à proliferação dessa criminalidade diferenciada, modernizada e de alcance transnacional (fundamentalmente os delitos de tráfico ilícito de drogas, de armas, de pessoas e de lavagem de dinheiro), que tanto pode lesar vitimas (individuais ou difusas) como os próprios

cibercriminalidade,[100] do encarceramento *en masse*,[101] e a lista pode ser ampliada e detalhada de modo significativo (drogas, escravidão, tráfico de pessoas, tráfico de órgãos, sequestro, bala perdida, eletrocussões, desemprego[102] [103]

---

estados; e que se caracteriza, essencialmente, pelo desenvolvimento operacional e organizado de atividades econômicas e lucrativas *lato sensu*, as quais se conduzem por meio da corrupção de agentes públicos. A sociedade contemporânea, assim, comprime-se em função da elevação da criminalidade convencional e do recrudescimento de uma (assim denominada) macrocriminalidade – a qual assume, sob o aspecto criminológico, variados qualificativos conceituais: criminalidade "organizada"; "do poder"; "econômica e financeira do poder público"; ou *crimes of the powerful* (crimes dos poderosos).

[100] Em 2017, houve uma onda de *ciberataques* que atingiu órgãos e empresas em, ao menos, 74 países, incluindo o Brasil; apesar de a maior parte dos ataques ter sido concentrada na Rússia, o lugar mais afetado foi o Reino Unido (cf. BERCITO, Diogo, 2017). Aliás, nos últimos cinco anos, os delitos virtuais têm crescido exponencialmente, haja vista a ação de *hackers*, programadores e engenheiros.

[101] No Brasil, o encarceramento *en masse* se traduz em um grave problema social, na medida em que afeta segmentos sociais excluídos e vulneráveis, tais como os jovens e moradores da periferia. Em 2017, a explosão de violência no sistema carcerário brasileiro produziu, em poucos dias, uma selvageria homicida, resultando quase 150 mortes de presos (Compaj [AM], Monte Cristo [RR] e Alcaçus [RN]).

[102] Não somente o desemprego começou a se desenvolver de modo extraordinário, como a paralisação produtiva determinou, nitidamente em vários países da Europa, importantes cortes de benefícios sociais, enfraquecendo, de forma considerável, o Estado de bem-estar social (PADRÓS, Enrique Serra, 2005, p. 265); no Brasil, em fevereiro de 2016, tanto a taxa de desemprego (dos jovens de 18 a 24 anos) superou os 20% na média das seis principais regiões metropolitanas do país (segundo dados disponibilizados pelo IBGE) como o rendimento real dos trabalhadores sofreu uma queda de 1,5% na comparação a fevereiro do ano passado. Classifica-se o desemprego por meio das seguintes categorias: (i.) desemprego geral ou em massa – trata-se da modalidade que se verifica em determinado país ou região, atingindo um elevado e indistinto contingente de trabalhadores; (ii.) desemprego parcial – trata-se de modalidade que se apresenta tão somente em relação a uma parcela específica de trabalhadores (*chômage saisonnier*, isto é, aquele que se repete em determinadas épocas do ano, como o trabalho na agricultura, na pesca, no turismo, entre outros casos); (iii.) desemprego individual – cuida-se da modalidade em que se encontra um determinado trabalhador, por razões alheias a sua vontade, muito embora apto para as tarefas normais de sua atividade profissional; (iv.) *chômage frictionnel* – trata-se de modalidade que decorre da alteração da ordem técnica na organização da produção e que, em face de diversos empregos, implica a eliminação de determinadas funções; (v.) desemprego duradouro – trata-se da modalidade que se alonga no tempo; (vi.) desemprego passageiro – cuida-se da modalidade que se vincula a causas acidentais, finda as quais, de pronto, se recupera aquele posto de trabalho; (vii.) desemprego periódico – trata-se da modalidade que se desenvolve em virtude de crises econômicas (Cf. REIS, Nelio, 1964, p. 19-21).

[103] O grande escritor argentino Ernesto Sabato (2000, p. 93-4) descreveu, em amplos traços, o fenômeno nos seguintes termos: "toda manhã, milhares de pessoas retomam sua busca inútil e desesperada de um emprego. São os excluídos, uma categoria nova que nos fala tanto da explosão demográfica como da incapacidade dessa economia para a qual o único fator que não conta é o humano. São excluídos os pobres que ficam fora da sociedade porque sobram. Já não se diz que são 'os de baixo', e sim 'os de fora'. São excluídos das necessidades mínimas de alimentação, saúde, educação e justiça; tanto das cidades como de suas terras. E esses homens que diariamente são jogados fora, como que atirados de um navio no oceano, são a imensa maioria. Tantos valores liquidados pelo dinheiro, e agora o mundo, que a tudo se entregou para crescer economicamente, não pode abrigar a humanidade. Para conseguir qualquer trabalho, por mais mal pago que seja, os homens oferecem a totalidade de sua vida. Trabalham em lugares insalubres, em porões, em navios-fábricas, amontoados e sempre sob a ameaça de perder o emprego, de serem excluídos. Ao que parece, a dignidade da vida humana não estava prevista no plano da globalização. A angústia é a única coisa que nos prosperou até níveis nunca vistos. É um mundo que vive na perversidade, onde uns poucos contabilizam seus ganhos à custa da amputação da vida da imensa maioria. Fizeram algum pobre-diabo acreditar que pertence ao Primeiro Mundo só porque tem acesso aos inúmeros produtos de um supermercado. E, enquanto esse pobre infeliz dorme tranquilo, confinado em sua fortaleza de aparelhos e quinquilharias, milhares de famílias têm de sobreviver com um dólar diário. São milhões os excluídos do grande banquete dos economicistas. Quando pela rua vejo tantas lojas fechadas, ou vizinhos do bairro me abordam para contar que não poderão continuar mantendo sua pequena oficina, que não rende o suficiente para pagar os impostos, penso na corrupção e na impunidade, no grosseiro esbanjamento e na opulência amoral de um punhado de indivíduos e tenho a sensação de que vivemos o naufrágio de um mundo em que, ao mesmo tempo que grassa o desespero, aumentam o egoísmo e o 'salve-se quem puder'. Enquanto os mais desafortunados sucumbem na profundidade das

[e a variante do conceito de *jobless growth*[104]], emprego precário [*precarious jobs*[105]], precariedade subjetiva,[106] invasão crescente da esfera privada [do

---

águas, em algum recanto alheio à catástrofe, em meio a uma festa à fantasia, continuam dançando os homens do poder, ensurdecidos em suas bufonarias".

[104] "O conceito de *jobless growth* das Nações Unidas é muito útil, pois nos coloca com clareza o fato que o desemprego já não resulta da ausência de crescimento econômico, mas do próprio crescimento econômico" (DOWBOR, Ladislau, 2002, p. 13).

[105] Como define Anita Kon (2002, p. 68), "a mudança qualitativa no caráter do trabalho e nas relações de trabalho, observada nas economias mundiais, mostra a diminuição de empregos efetivos em empresas, para situações de trabalho em tempo parcial e temporário nestas empresas ou de trabalho autônomo de maior ou menor grau de qualificação. A tecnologia de comunicação facilitou a comunicação entre uma empresa e sua rede de fornecedores e consumidores entre diferentes localizações mundiais difundindo a possibilidade do emprego em tempo não integral e do autoemprego e aumentando a velocidade dos processos de terceirização nas empresas, em busca da redução de custos e produção e distribuição dos bens e serviços". Assim, o emprego de baixa qualidade (subemprego) se constitui na pedra de toque da nova questão social, que desafia tanto o progresso da qualidade da vida laboral quanto o trabalho como fator de promoção do bem-estar, e isso em nível mundial (BLANCH RIBAS, Josep M., 2003, p. 37). Além disso, cumpre considerar "uma série de processos que transcorrem em instituições, cuja relação com o processo oficial de criminalização é mais bem indireta [...]. Pense-se, [...], na importância dos processos sociais de marginalização pertencentes ao mecanismo do mercado de trabalho e à seleção escolar. Estes fatores, juntamente com o sistema de Direito Penal e os controles sociais informais, conduzem à formação de setores sociais nos quais [...] se recruta a 'população criminal', isto é, a maior parte daqueles sobre os quais se concentra a ação do sistema penal" (BARATTA, Alessando, 1982, p. 15).

[106] "É o sentimento de não estar 'em casa' no trabalho, de não poder se fiar em suas rotinas profissionais, em suas redes, nos saberes e habilidades acumulados graças à experiência ou transmitidos pelos mais antigos; é o sentimento de não dominar seu trabalho e precisar esforçar-se permanentemente para adaptar-se, cumprir os objetivos fixados, não se arriscar física ou moralmente (no caso de interações com usuários ou clientes). É o sentimento de não ter a quem recorrer em caso de problemas graves no trabalho, nem aos superiores hierárquicos (cada vez mais raros e cada vez menos disponíveis) nem aos coletivos de trabalho, que se esgarçaram com a individualização sistemática da gestão dos assalariados e a concorrência entre eles. É o sentimento de isolamento e abandono. É também a perda da autoestima, que está ligada ao sentimento de não dominar totalmente o trabalho, de não estar à altura, de fazer um trabalho ruim, de não estar seguro de assumir seu posto. [...]. Essa 'precariedade subjetiva' não é estranha ao sofrimento que se insere cada vez mais na relação com o trabalho moderno, aliás seria até uma de suas características. Ela pode ser associada [...] ao preocupante fenômeno dos suicídios no trabalho (aproximadamente trezentos por dia na França, mas não dispomos de estatísticas consistentes) que começaram a ser considerados acidentes do trabalho desde a decisão adotada em 2007 por uma caixa primária de seguro doença e da propagação do consumo de tranquilizantes e neurolépticos nos locais de trabalho (a França está à frente dos países europeus em relação a esse tipo de consumo)" (LINHART, Danièle, 2014, p. 45-6). Reforça a descrição desse cenário Adriana Moura Fontoura (2011, p. 395), quando lembra que, "num contexto de desemprego elevado, em que a recolocação no mercado de trabalho é dificultada pela alta competitividade e frequentemente pela baixa qualificação, manter o emprego é condição de sobrevivência. [...] o trabalhador se submete às pressões por produção que não raras vezes transcendem os limites da razoabilidade em especial pelos meios utilizados pelas chefias para impor a necessidade de buscar melhores resultados". No mesmo sentido, assinala Slavoj Zizek (2015, p. 29-30) que um "dos exemplos mais marcantes dessa dança insana é, na esfera econômica, a estranha coexistência do pleno emprego com a ameaça do desemprego: quanto mais intensamente trabalham os que estão empregados, mais generalizada é a ameaça de desemprego. [...] 'o desemprego é estruturalmente inseparável da dinâmica de acumulação e expansão que constitui a própria natureza do capitalismo em si'. Naquele que é possivelmente o ponto extremo da 'unidade dos opostos' na esfera econômica, é o próprio sucesso do capitalismo (aumento de produtividade etc.) que produz desemprego (tornando inúteis mais e mais trabalhadores): o que devia ser uma bênção (menos capacidade de trabalho duro) torna-se uma maldição. [...] o mercado mundial é [...] 'um espaço em que todos já foram trabalhadores produtivos e em que o trabalho começou por toda parte a ser precificado fora do sistema'. Isso significa que, no contínuo processo de globalização capitalista, a categoria dos desempregados adquiriu uma nova qualidade além da clássica noção de 'exército de reserva de mão de obra'. Devem-se considerar, em termos da categoria do desemprego, 'aquelas enormes populações ao redor do mundo que foram, por assim dizer, 'expulsas da história', deliberadamente excluídas dos projetos modernizantes do capitalismo do Primeiro Mundo e desvalorizadas como casos sem esperança ou terminais': os chamados 'Estados falidos' (Congo, Somália), vítimas da fome ou de desastres ecológicos, presas de 'ódios étnicos' pseudoarcaicos, objetos de filantropia e de ONGs ou (frequentemente o mesmo povo) da 'guerra contra o terror'. A categoria dos

cidadão[107]], *coup d'etat* [*putsch* ou *Staatsstreich*],[108] falta de assistência médica ou de medicamentos adequados, trabalho infantil,[109] trabalho escravo,[110] [111] refu-

---

desempregados deveria assim ser ampliada para abranger o amplo arco populacional que vai dos desempregados temporários, passando pelos não mais empregáveis e pelos desempregados permanentes, até as pessoas que vivem em favelas e outros tipos de guetos (todas elas frequentemente menosprezadas por Marx como 'lumpemproletariado') e, finalmente, áreas, populações ou Estados inteiros excluídos do processo capitalista global, como os espaços em branco dos mapas antigos".

107 "[...] a ameaça a nossa liberdade revelada pelos denunciantes tem raízes sistêmicas muito mais profundas. Edward Snowden deve ser defendido não apenas porque suas ações incomodaram e embaraçaram os serviços secretos americanos – o que ele revelou é algo que não apenas os Estados Unidos, mas todas as outras grandes (e não tão grandes) potências (da China à Rússia, da Alemanha a Israel) estão fazendo (na medida de sua capacidade). As ações de Snowden, assim, fornecem uma base factual a nossas premonições sobre o quanto somos monitorados e controlados – sua lição é global, chegando muito além dos abusos típicos dos americanos. Realmente não aprendemos com Snowden (ou Manning) nada além do que já presumíamos ser verdade – mas uma coisa é pensar nisso de maneira geral e outra é obter dados concretos. É um pouco como saber que seu parceiro sexual o está enganando. Pode-se aceitar o conhecimento abstrato disso, mas a dor surge quando se descobrem detalhes indecentes, quando se conseguem fotografias do que eles fizeram" (ZIZEK, Slavoj, 2015, p. 67-8).

108 Emblemática, neste sentido, a tentativa de golpe ocorrida na Turquia, em julho de 2016, em virtude da qual pelo menos 265 pessoas morreram e 1440 ficaram feridas.

109 A OIT afirmou que 168 milhões de crianças realizam trabalho infantil, das quais 120 milhões têm idades entre 5 e 14 anos e cerca de 5 milhões têm condições análogas à escravidão. Segundo a agência da ONU, cerca de 75 milhões de jovens, entre 15 e 24 anos estão desempregados. Além disso, entre 20% e 30% das crianças em países de baixa renda abandonam a escola e entram no mercado de trabalho até os 15 anos. O relatório da OIT aponta, ainda, que, no geral, 14,4% dos adolescentes brasileiros entre 15 e 17 anos estão em trabalhos perigosos. Mas se considerados apenas os jovens dessas idades que estão empregados, a porcentagem sobe para quase 60%, a maioria nos setores de agricultura e da indústria. Outro dado importante mostra que quase 90% dos jovens que pararam de estudar aos 18 anos conseguiram um primeiro emprego estável; esse índice cai para pouco mais de 70% quando os jovens deixam a escola aos 15 anos. O DG da OIT, Guy Ryder, afirmou que o documento mostra a "necessidade de uma abordagem política coerente" que enfrente o trabalho infantil e ao mesmo tempo a falta de empregos decentes para jovens. O DG da OIT afirmou ainda que manter as crianças na escola recebendo uma boa educação até, pelo menos, a idade mínima para emprego pode determinar como será a vida desse menor no futuro. O documento aborda o duplo desafio de eliminar o trabalho infantil e garantir emprego decente para jovens. Baseado em estudo feito em 12 países, o relatório examina futuras carreiras de ex-trabalhadores infantis e pessoas que deixaram a escola precocemente. Segundo o documento, pessoas que abandonam a escola de forma precoce são menos propensas a garantir empregos estáveis e têm maior risco de ficar fora do mercado de trabalho. O relatório também revela que grande proporção dos jovens entre 15 e 17 anos em muitos países estão em empregos que foram classificados como perigosos. Desse modo, a OIT recomenda intervenções precoces para tirar crianças do trabalho infantil e colocá-las na escola assim como medidas para facilitar a transição da escola para oportunidades de empregos decentes para os jovens. Segundo a agência, atenção particular deve ser dada aos 47,5 milhões de jovens entre 15 e 17 anos em empregos perigosos e à situação vulnerável de meninas e jovens mulheres. (www.ebc.com.br/cidadania/2015.)

110 "Así marcas 'famosas' comenzaron a contratar talleres clandestinos, de trabajo esclavo, de inmigrantes indocumentados, en un sistema de explotación propio de la época colonial, con la captura y vejaciones sufridas por los pueblos africanos. Ahora son los chinos, coreanos, tailandeses y aqui en nuestro país, los hermanos bolivianos, peruanos, chilenos, entre otros, los explotados em nombre de la modernidad y la globalización. No es un juego de inocentes. Es una lucha posicional donde cada sector del empresariado pretende munirse de ventajas que pasan por las variables de ajuste habituales en el capitalismo, flexibilización laboral, deterioro de lacalidad de vida, congelamientos salariales, contaminación ambiental, entre otros procedimientos instalados a generar ganancias a costa de la salud de los trabajadores y de los sectores de la comunidad aledaños a las plantas productoras, lo que marca un desprecio por la vida ajena y un alejamiento de una etapa solidaria que marcó el Estado de Bienestar, aún conservado en países europeos" (MEZIO, Eduardo L.; RACHID, Jorge; SAN JUAN; Claudio A., 2012, p. 179-80).

111 Tramita, na CIDH, o caso da Fazenda Brasil Verde, no Pará, em que o Estado brasileiro é acusado de não adotar políticas e leis que enfrentem suficientemente a questão do trabalho escravo no país. No requerimento levado à Corte, a alegada omissão do Estado brasileiro foi consubstanciada pelo grande número de trabalhadores encontrados em situação de trabalho escravo sem que qualquer punição fosse imposta aos proprietá-

giados [*displaced persons*],[112] favelização,[113] comportamento de risco dos bancos,[114] entre tantos outros exemplos[115]). Muitos desses riscos – como lembra Carlos Alberto Elbert – não admitem seguros; e não existe modo de se preparar para seus efeitos, que podem prejudicar gerações inteiras.[116] Tal como enfatiza Ulrich Beck, "a sociedade moderna se tornou uma sociedade de risco à medida que se ocupa, cada vez mais, em debater, prevenir e administrar os riscos que ela mesma produziu".[117] Nada disso implica, contudo, que, na

---

rios da fazenda: de 1989 até o ano 2000, 343 trabalhadores foram libertos da fazenda. De acordo testemunhas ouvidas na audiência do caso iniciada no dia 18 de fevereiro de 2016, como o jornalista Leonardo Sakamoto, os trabalhadores eram vigiados por homens armados e tinham condições de trabalho precárias. Criminalmente, houve debate sobre a competência para o julgamento da ação penal – entre as Justiças Estadual e Federal –, com posterior decretação da prescrição da pretensão punitiva dos acusados. Os trabalhadores não receberam qualquer tipo de indenização dos proprietários da fazenda. O Brasil alega ter programas estatais de erradicação do trabalho escravo desde 1995 e que "o Estado considera que existem avanços em 'grande escala' no concernente à fiscalização, sensibilização e capacitação de atores na luta contra o trabalho escravo e à conscientização dos trabalhadores a respeito dos direitos dos quais são titulares" (CIDH, Relatório nº 169/11: http://www.oas.org/es/; acesso: 20.2.16).

112 Apenas em 2015, mais de um milhão de refugiados da Ásia e da África foram para a Europa, sendo que metade deles era proveniente da Síria; neste panorama, a imagem, com particular nitidez, do pequeno Alan Kurdi – de dois anos, deitado de bruços entre a água e a areia da praia turca de Bodrum – tornou-se mundialmente emblemática. Contudo, após esse episódio, ainda dezenas de crianças se afogaram ao escopo de atravessar o mar e chegar à Grécia, à Turquia ou à Itália. Sobre o tema dos refugiados, ver o estudo de: LAFER, Celso, p. 159-61. Igualmente no Iraque a situação é alarmante: segundo relatório da ONU, dezoito mil civis morreram e trinta e seis mil ficaram feridos entre janeiro de 2014 e outubro de 2015; além disso, os conflitos, no mesmo período, provocaram o deslocamento de mais de três milhões de pessoas, entre as quais um milhão de crianças em idade escolar. No mundo, o número de pessoas forçadas a se deslocar em decorrência de conflitos, perseguições, violações de direitos humanos ou violência é impressionante: segundo a ONU, ao final de 2015, 65,3 milhões de pessoas tiveram de migrar em razão dessas causas, o que implica que uma em cada 113 pessoas se tornou refugiada (ou estava em busca de refúgio) ou migrante. Em outubro de 2016, a CIDH proferiu sentença concluindo que os direitos de 43 trabalhadores resgastados em 1997 e de 85 trabalhadores resgatados em 2000 foram violados, arbitrando o pagamento de indenização por danos imateriais de 30 mil dólares aos resgatados de 1997 e de 40 mil dólares aos resgatados de 2000. Além disso, a CIDH ordenou que o Estado brasileiro tornasse imprescritíveis os crimes de redução de pessoa à escravidão e suas formas análogos, por meio de medidas legislativas.

113 "O crescimento explosivo de favelas nas últimas décadas, especialmente nas megalópoles do Terceiro Mundo, desde a Cidade do México e outras capitais latino-americanas até a África (Lagos, Chade), Índia, China, Filipinas e Indonésia, talvez seja o evento geopolítico crucial de nosso tempo. [...]. Estamos, portanto, presenciando o rápido crescimento da população à margem do controle do Estado, vivendo em condições à margem das leis, necessitando terrivelmente de formas de auto-organização mínimas" (ZIZEK, Slavoj, 2005, p. 20). Por outro lado, a existência de enclaves industriais, tanto nas cidades como nas periferias, na forma de zonas de livre comércio e *maquiladoras* [isto é, empresas estadunidenses que operam em áreas de livre comércio na Ásia e na América Latina, explorando mão de obra de baixa remuneração e valendo-se da ausência de impostos], também atraiu uma massa de trabalhadores para as cidades, os quais se tornaram enormes reservas de trabalho para o capital local e global (cf. ANGOTTI, Tom, 2015, p. 40).

114 Ver, sobre o ponto, GIORGI, Raffaele de, 1998, p. 238-41.

115 Dino Carlos Caro Coria (2014, p. 409-11) lembra dos seguintes casos paradigmáticos: "talidomida o Contergan, Erial o *Lederspray*, *Holzschutzmittel*, del aceite de colza, o los desastres de Seveso, Chernobyl, los Alfaques, San Juan o Aznalcollar, son representativos de lo que actualmente ha venido a denominarse 'sociedades de riesgo', es decir, aquellas sociedades donde la realidad inevitablemente se percibe y estructura a nivel cognitivo como una constante tensión o controversia entre seguridad y riesgo, como se evidencia [...] en sectores de la energía nuclear, la utilización del ambiente natural, la seguridad del tráfico, la salud pública o la seguridad en el trabajo. En tales ámbitos, la dinámica e interacción de los componentes de la tecnósfera conforman innumerables fuentes de riesgo y determinan que bienes individuales como la vida o la salud de las personas y su patrimonio se encuentren permanentemente sometidos al peligro de ser lesionados".

116 ELBERT, Carlos Alberto, 2007, p. 17.

117 BECK, Ulrich. Acessado em 10/12/08.

"sociedade reflexiva",[118] tenham desaparecido "las desigualdades sociales, ni que los riesgos incidan por igual a todos los miembros de la población. Muy al contrario hay zonas de solapamiento entre la sociedad industrial estamentalizada en clases y la sociedad del riesgo".[119] Da mesma forma, no plano internacional, os países do terceiro mundo "sufren en mayor grado los peligros y catástrofes ecológicas",[120] bem como os efeitos dos colapsos do sistema econômico.[121] (A propósito, nestes países [menos desenvolvidos e emergentes], a integração econômica mundial tem sido percebida como um processo impulsionado em bases meramente monetárias, afastada, portanto, das importantes garantias do Estado democrático de Direito e, sobretudo, da *good governance*, sem as quais essa integração não pacifica, senão recrudesce o potencial de conflito nas sociedades em consolidação, desestabilizando-as.[122] Em outras palavras, sociedades altamente desenvolvidas e industrializadas podem, em grande medida, conviver com mercados permanentemente descontrolados, mas sociedades emergentes, não.)

Na economia global contemporânea, também a mobilidade do trabalho tem sido, alternadamente, imposta e proibida, forçada e interditada, promovida e criminalizada.[123] Esse movimento pendular se explica na medida em que a parcial desfronteirização do mundo ocidental, levada a efeito no curso da globalização econômica e financeira, "tem sido complementada por um processo simultâneo de refronteirização das democracias ocidentais contra as migrações globais".[124] Deste jeito, as fronteiras passam a desempenhar um papel de

---

[118] "A modernidade torna-se, assim, reflexiva, o que vale por dizer que, a par da constatação da presença ubiquitária de novos riscos – anteriormente ausentes –, causados pela expansão cega da sociedade industrial, e como elemento subjectivo dessa percepção, surge a reflexão sobre os próprios fundamentos desse desenvolvimento desmesurado. Assim, a diferença entre o antes e o depois da sociedade de risco joga-se 'ao nível do saber e assim da autorreflexão em face dos perigos da era moderna industrial altamente desenvolvida'" (FERNANDES, Paulo Silva, 2001, p. 114).

[119] LAZO, Gemma Nicolás, 2005, p. 227.

[120] LAZO, Gemma Nicolás, p. 227.

[121] Em sentido crítico à teoria da 'sociedade de risco' pode ser consultado: GIORGI, Raffaele de, p. 185-200.

[122] MÜLLER, Friedrich, 2002b, p. 63.

[123] "É sabido, [...], que as principais coordenadas do atual modelo de governança proibicionista dos movimentos migratórios começaram a surgir (principalmente na Europa) em meados da década de 1970, quando os países europeus mais industrializados, como Alemanha, Reino Unido, França e Bélgica – que desde a década de 1950 têm importado um grande número de trabalhadores não qualificados necessários para as produções mais pesadas e mais perigosas de suas expansões fordista/econômico-industriais –, impuseram uma virtual interrupção da imigração de trabalho como consequência das taxas de desemprego, da estagnação econômica e da expansão de uma crise geral da economia industrial [...]. Por outro lado, menos de duas décadas depois, os países do Sul da Europa, como Espanha, Portugal, Itália e Grécia – que tinham sido, tradicionalmente, os grandes exportadores de mão de obra não qualificada para o Norte da Europa e para os Estados Unidos, mas que estavam a se tornar importadores de trabalho imigrante –, encamparam também uma abordagem proibicionista contra os novos imigrantes que atravessam as fronteiras vindos da 'parte sul' do globo [...]. Em cada caso, a luta tem preocupado pela extensão, intensidade, direção e, claro, pelo controle da mobilidade do trabalho" (GIORGI, Alessandro di, 2012, p. 134).

[124] GIORGI, Alessandro di, p. 134. Importa, para além disso, precisar que "os altos e baixos do exército industrial de reserva não dependem somente dos movimentos demográficos (taxas de nascimento e de mortalidade) e dos movimentos de migração internacional do proletariado. Dependem [...] da lógica de acumulação do capital, em si mesma. [...], na luta para sobreviver face à concorrência, os capitalistas devem substituir a mão de obra por máquinas ('o trabalho está morto'). Esta substituição leva constantemente mão de obra para fora da produção. As crises desempenham a mesma função. Em contrapartida, nos períodos de alta conjuntura e de 'sobreaquecimento', quando a acumulação do capital progride a um ritmo febril, o exército de reserva é reabsorvido" (MANDEL, Ernest, 47-8).

violência simbólica e material contra certas categorias de indivíduos "(menos privilegiados, não ocidentais, imigrantes do 'Terceiro Mundo')" que, em face de posição marginal que ocupam nos circuitos transnacionais de produção, devem ficar presos em regiões mais inferiores.[125] Em razão da influência da hierarquia global do trabalho, as fronteiras precisam, fundamentalmente, [tentar] controlar, selecionar e governar à distância determinadas categorias de indivíduos; assim, "as novas fronteiras funcionais constituem um complemento funcional à liberalização econômica e à construção de um sistema flexível de acumulação: como já registrado na história, a mobilidade do capital pode expressar plenamente sua rentabilidade somente em conjunto com uma mobilidade limitada e controlada do trabalho".[126] De qualquer modo, dado que a grande maioria dos imigrantes na Europa é composta de trabalhadores assalariados (de segunda ou terceira categorias; ou, em outras palavras, uma força de trabalho inesgotável, a baixo custo e escassíssimos direitos já traduzidos a meras expectativas – jamais positivadas como legítimas. Tudo isso, lembra Pietro Basso, "diante do 'princípio sagrado' da igualdade, da equidade de tratamento e do 'multiculturalismo', que está mais do que nunca prestes a desaparecer"[127]), destinam-se-lhes os trabalhos braçais – superexplorados e discriminados[128] –, ou seja, basicamente as tarefas mais duras, perigosas e insalubres; diante disso, na Itália, por exemplo, os imigrantes sofrem o dobro de acidentes de trabalho em comparação aos nativos.[129]

Desenhado, a partir dessas brevíssimas linhas (limitadas, é claro, pelo espaço e, ademais, pelo foco temático ao qual nos propusemos), este primeiro quadro meramente descritivo (isto é, sem maiores adensamentos compreensivos[130]), vamos, a seguir, adentrar o cerne do problema.

1.2. Noções específicas

Nesse cenário mundial (e tendencialmente crescente) de riscos, devem ser, ainda, indicados os acidentes de trabalho e as doenças relacionadas[131] com

---

[125] GIORGI, Alessandro di, p. 134

[126] GIORGI, Alessandro di, p. 135-6. "Aqui começamos a desvendar o aparente paradoxo por força do qual as sociedades do capitalismo tardio, cujos cidadãos são regidos por imperativos neoliberais de flexibilidade, liberdade individual, iniciativa econômica, mobilidade social, etc., recorrem a qualquer tecnologia de controle e de confinamento disponível tão logo os migrantes não ocidentais pareçam abraçar aqueles mesmos princípios e decidam sair em busca de melhores condições de vida" (GIORGI, Alessandro di, p. 136).

[127] BASSO, Pietro, 2013, p. 39.

[128] "Na Europa, a vida dos imigrantes e de seus filhos é marcada por discriminações. Eles são discriminados no local de trabalho, no acesso ao trabalho, no seguro-desemprego, na aposentadoria. [...] à moradia, pagando aluguéis mais caros pelas casas mais deterioradas e em zonas mais degradadas. [...] nas escolas. [...] na possibilidade de manter a própria família unida, em particular se forem muçulmanos, e de professar livremente a própria fé (suspeita, enquanto tal, de ter potencialidades 'terroristas')" (BASSO, Pietro, p. 33).

[129] BASSO, Pietro, p. 33.

[130] Para uma vigorosa, densa e inteligente análise da contemporaneidade, ver ELBERT, Carlos Alberto, 2012, p. 35-114.

[131] "Al adoptar el principio del riesgo profesional, la mayoría de las legislaciones habían, desde el origen, restringido la aplicación del mismo, únicamente a los accidentes del trabajo. La práctica no ha tardado en mos-

as atividades produtivas,[132] que perfazem, anualmente, quase 2,5 milhões de mortos (segundo o informe da Organização Internacional do Trabalho).[133] [134]

trar que era injusto excluir las enfermedades que engendra el trabajo. Originóse una corriente de opiniones en favor de esta extensión" (SACHET, Adrien, 1947, p. 254-5).

[132] Antonio Francisco Cesarino Jr. (1970, p. 299) prefere, no lugar de 'acidentes do trabalho', a expressão 'infortúnio do trabalho' – própria, aliás, do direito italiano (*infortunio sul lavoro*) –, entendendo-a como mais abrangente, na medida em que seria genérica, ao passo que "acidente do trabalho se confunde com uma das modalidades do infortúnio"; de qualquer modo, afirma que se trata de "eventual casual, nocivo para a capacidade laborativa e relacionado com o trabalho subordinado prestado à empresa" (BRASIL, MTE, 2008, p. 19). Também se pode definir acidente de trabalho conforme a OIT, como sendo "todo o acontecimento inesperado e imprevisto, incluindo os atos de violência, derivado do trabalho ou com ele relacionado, do qual resulta uma lesão corporal, uma doença ou a morte, de um ou vários trabalhadores". Ainda de acordo com a OIT, "para fins de medição, uma lesão profissional mortal é uma lesão corporal, doença ou morte provocada por acidente do trabalho que produziu a morte da vítima até um ano após o dia em que o mesmo ocorreu" (BRASIL, MTE, p. 19). Por outro lado, entre nós, acidente de trabalho, segundo o Protocolo de Notificação de Acidentes do Trabalho Fatais, Graves e em Crianças e Adolescentes (Ministério da Saúde, Brasil, 2006), pode ser compreendido como "o evento ocorrido no exercício de atividade laboral, independentemente da situação empregatícia e previdenciária do acidentado, e que acarreta dano à saúde, potencial ou imediato, provocando lesão corporal ou perturbação funcional que causa, direta ou indiretamente, a morte, ou a perda, ou a redução, permanente ou temporária, da capacidade para o trabalho. Inclui o ocorrido em situação em que o trabalhador esteja representando os interesses da empresa ou agindo em defesa de seu patrimônio; assim como o ocorrido no trajeto da residência para o trabalho ou vice-versa". A mais disso, "Esse mesmo documento ainda define o acidente do trabalho fatal e o grave, que são considerados casos de notificação compulsória: acidente do trabalho fatal é aquele que leva a óbito imediatamente após sua ocorrência ou que venha a ocorrer posteriormente, a qualquer momento, em ambiente hospitalar ou não, desde que a causa básica, intermediária ou imediata da morte seja decorrente do acidente. Acidente do trabalho mutilante (grave) é aquele que acarreta mutilação, física ou funcional, e o que leva à lesão cuja natureza implique comprometimento extremamente sério, preocupante e que pode ter consequências nefastas ou fatais. Para evitar interpretações subjetivas díspares, esse Protocolo considera ainda a necessidade da existência de pelo menos um dos seguintes critérios objetivos, para a definição dos casos de acidentes do trabalho grave: 1) necessidade de tratamento em regime de internação hospitalar; 2) incapacidade para as ocupações habituais, por mais de 30 dias; 3) incapacidade permanente para o trabalho; 4) enfermidade incurável; 5) debilidade permanente de membro, sentido ou função; 6) perda ou inutilização de membro, sentido ou função; 7) deformidade permanente; 8) aceleração de parto; 9) aborto; 10) fraturas, amputações de tecido ósseo, luxações ou queimaduras graves; 11) desmaio (perda de consciência) provocado por asfixia, choque elétrico ou outra causa externa; 12) qualquer outra lesão levando à hipotermia; doença induzida pelo calor ou inconsciência, requerendo ressuscitação ou requerendo hospitalização por mais de 24 horas; 13) doenças agudas que requeiram tratamento médico em que exista razão para acreditar que resulte de exposição ao agente biológico, suas toxinas ou a material infectado" (BRASIL, MTE, p. 19-20).

[133] As doenças profissionais continuam sendo as principais causas das mortes relacionadas com o trabalho; com efeito, segundo estimativas da Organização Internacional do Trabalho, de um total de 2,34 milhões de acidentes de trabalho mortais a cada ano, apenas 321.000 se devem a acidentes, na medida em que 2,02 milhões de mortes são decorrentes de diversos tipos de enfermidades relacionadas com o trabalho – o que implica reconhecer uma média diária de mais de 5.500 mortes.

[134] Muito interessante se coloca, ainda, o conceito de 'acidentes do trabalho sem vítima', isto é, apesar de a categoria 'acidente do trabalho grave' implicar, em linha de princípio, a existência de lesão corporal ou perturbação funcional, "organizações internacionais e instituições não hesitam em estimular a notificação e a investigação de acidentes do trabalho sem vítima, também considerados graves, em decorrência de seu potencial, indicando ocorrência perigosa. Como exemplos dessas situações, elencamos: explosões ou colapso de recipientes sob pressão; curto-circuito ou sobrecarga elétrica que cause fogo ou explosão; falha de tiro em pedreiras; projeção de material para além dos limites previstos em detonações ou demolições; falha de equipamentos que emitam radiações; colapso de andaime; liberação de líquidos ou vapores sob pressão; ato de sabotagem; liberação acidental de agente biológico que possa causar doença grave; acidente envolvendo crianças ou adolescentes, dentre outros" (BRASIL, MTE, p. 21-2). A mais disso, não se pode olvidar que "no es fácil conocer la cifra exacta de accidentes y muertes en el trabajo ya que, tras las cifras oficiales, existen otras cifras desconcidas por producirse en trabajos realizados en economía sumergida. Lo que sí parece evidente es que en España se registra el doble de muertes en el trabajo que las producidas en los Estados de nuestro entorno geográfico-político lo que explica el mayor énfasis puestro por nuestros poderes públicos para combatir este fenómeno" (MARTÍNEZ, Rosario de Vicente, 2013, p. 48).

Trata-se de dados que, de forma eloquente, demonstram o grau de falta de proteção para com a atividade produtiva, cujos resultados impactam, com grande força e expressão, precipuamente na economia dos países. Nessa lógica das coisas, "à medida que o trabalho se torna mais dependente da técnica, o número de acidentes aumenta de maneira impressionante e assustadora. Não há país onde esta estatística seja baixa".[135]

A especificidade dos riscos[136] decorrentes do processo produtivo tem como fatores, de um lado, a sofisticação da atividade laboral (que aumenta consideravelmente em virtude de um modelo econômico competitivo,[137] obrigando as empresas a assumir riscos ao modificarem métodos e metas de produção – *switchability*[138]) e, de outro, a dependência (*rectius*, a hipossuficiência[139]) do trabalhador (que, para conseguir ou manter o emprego, se submeterá a atividades potencialmente arriscadas, tais como as que se desenvolvem na construção civil,[140]

---

[135] FRANÇA, Genival Veloso de, 2015, p. 244.

[136] "Civil. [...]. Acidente de trabalho. Transporte de valores. Treinamento específico. Escolta. Ausências. Morte ocorrida durante o exercício laboral. Empregador. Responsabilidade. 1. Consistindo o trabalho do empregado, dentre outras funções, no transporte de valores para o empregador, é dever deste fornecer àquele a segurança que se faz necessária para o exercício de tal atividade, face ao notório risco que a envolve. 2. No caso dos autos, o empregado, acompanhado de outro preposto, foi vítima de assalto a mão armada quando fazia o transporte de numerário para o pagamento dos demais funcionários da sociedade recorrida, consignado nos autos que já houvera outras tentativas frustradas de roubo e que, não obstante, não há notícia de que a ré tenha tomado providências necessárias para evitar o infortúnio, tal como escolta armada ou treinamento específico ao funcionário vitimado ou, ainda, contratado empresa especializada no transporte de valores. 3. Ofende o art. 1521, III, do CC de 1916, correspondente ao art. 932, III, do Código de 2002, o acórdão recorrido quando entende que a responsabilidade da empresa por ato de seu preposto (um dos assassinos) é subjetiva. É subjetiva a responsabilidade do empregado da empresa, autor do homicídio. Esta já foi reconhecida por sentença penal condenatória. Reconhecida a prática de ato doloso do empregado partícipe, o qual teve conhecimento prévio da data e das circunstâncias relacionadas ao transporte dos valores exatamente em razão de suas atividades na empresa, a responsabilidade da empregadora pelos danos causados por seu empregado é objetiva. Precedentes. 4. Recurso especial a que se dá provimento" (STJ, REsp 1385943/MG. Relª. Minª. Maria Isabel Gallotti, 4ª T., j. 20.2.14).

[137] De acordo com a concepção básica da teoria marxista, "a competição entre os empreendedores independentes leva a um uso cada vez maior de maquinaria no processo produtivo, reduzindo, assim, por um lado, a parcela de 'trabalho vivo', o emprego e a taxa de lucro, e, por outro, acelerando a concentração e a centralização do capital nas mãos de alguns poucos" (MARCUSE, Herbert, 1999, p. 185).

[138] Expressão inglesa que designa "a rapidez ou agilidade de mudança num processo produtivo para que a produção possa ser adaptada a alterações na demanda ou à produção de novos produtos" (SANDRONI, Paulo, 2010, p. 809).

[139] "O comportamento lesivo do cuidado objetivo exigido consiste na imposição de uma planificação e disciplina do trabalho, pelos agentes que ocupam os lugares de classe dominante no processo produtivo (diretores, administradores, gerentes, etc.), exorbitante dos limites do risco permitido, em que o dano concreto é objetivamente previsível e o dano geral estatisticamente certo: a força de trabalho dos agentes que ocupam os lugares de classe dominada é reduzida a mero instrumento integrante dos mecanismos gerais do processo produtivo, sem atenção às consequências da fadiga, que tornam inevitável o erro, e, em relação causal, o dano pessoal. O caráter estrutural desses defeitos torna geral a destruição ou perda individual da força de trabalho e a compulsoriedade da aceitação de condições de trabalho objetivamente defeituosas define a responsabilidade penal daqueles agentes por esse flagelo social" (SANTOS, Juarez Cirino dos, 1978, p. 60).

[140] "En la doctrina actual la idea central en materia de imprudencia punible gira alrededor de un concepto esencial: la infracción de un deber de cuidado. Si como consecuencia de tal infracción se produce un resultado previsto por un precepto concreto de la ley como infracción penal por imprudencia, nos encontramos ante el delito o falta de esa clase. Cuando tal resultado es la muerte de una persona, si la imprudencia es grave, estamos ante el delito del art. 142 CP, y si es leve ante la falta del art. 621.2. La conciencia social y el disfrute de las comodidades inherentes al desarrollo de los pueblos exigen el que hayan de tolerarse actividades que inevitablemente conllevan determinados riesgos; pero, como contrapeso ineludible de tal tolerancia, en cada una

exploração de minérios, siderurgia etc.[141] – *sweating* [*sweatshop*[142]]), sendo importante assinalar, ainda, que não só o trabalhador depende do salário para, em termos econômicos, sobreviver, como, de igual modo, sua atividade não se traduz em uma pura prestação de serviços que deixa intacta sua liberdade pessoal, na medida em que se trata de uma relação de subordinação ao empregador[143] ou, eventualmente, a seus delegados.[144] A mais disso, é impor-

---

de esas actividades hay una serie de normas, escritas o no, que garantizan el que puedan desarrollarse dentro de unos límites tolerables. El riesgo socialmente permitido ha de estar controlado por la adopción de una serie de medidas que lo enmarcan para que no exceda de lo imprescindible. Un mayor desarrollo económico se corresponde con un mayor número de actividades peligrosas y con una más exigente legislación protectora frente a éstas [...]. En el ámbito de las relaciones laborales la actividad empresarial genera múltiples riesgos de producción de daños en los trabajadores, lo que constituye uno de los problemas más graves en todos los países industrializados: los accidentes de trabajo. Ello requiere una legislación protectora del trabajador muy minuciosa en cuanto que regula todas y cada una de las actividades empresariales con mandatos y prohibiciones específicas tendentes a reducir al mínimo posible estos hechos que tan graves daños producen en los afectados y en sus familias, y en definitiva en toda la sociedad. La legislación española no es ajena a estas regulaciones. Aparte de la Ordenanza General sobre Seguridad e Higiene en el Trabajo, que tiene fecha de 9.3.1971, hay luego otras que regulan cada una de esas actividades. La Ordenanza de Trabajo de la Construcción, Vidrio y Cerámica, de 28.8.1970, es la aplicable, entre otras materias, a la construcción de edificios, tema del presente proceso penal. Luego, en los convenios colectivos a veces se acuerdan entre empresarios y trabajadores otras normas de seguridad. Todo ello constituye un entramado de preceptos reglamentarios de cada una de las actividades empresariales, que aparece ahora coronado por la Ley 31/1995, de 8 de noviembre, sobre Prevención de Riesgos Laborales. Esto tiene una singular importancia en el ámbito de la construcción donde el riesgo de accidente de trabajo es mayor que en otro tipo de empresas, lo que alcanza su máximo nivel cuando se refiere a la construcción de edificios, como es el caso presente, en que el accidente laboral se produjo en el levantamiento de una edificación de tres plantas, cuando con apoyo en la segunda planta los obreros estaban ya trabajando en la realización del suelo de la última de ellas [...]. En el caso presente se produjo un hecho que, por sí mismo, desde un punto de vista objetivo, ya revela la infracción de un deber de cuidado: había un hueco de escalera sin protección alguna junto al cual estaban trabajando unos obreros, en la planta 2ª, para levantar el entramado de la 3ª. Uno de tales obreros, que trataba de colocar un puntal del techo de esa planta 2ª, dio unos pasos hacia atrás y se precipitó al vacío por una altura de unos seis metros sufriendo un golpe en la cabeza que le produjo la muerte al cabo de tres días. Es un principio definitivamente adquirido en el ámbito de las relaciones laborales el de la protección del trabajador frente a sus propias imprudencias profesionales, principio que inspira toda la legislación en materia de accidentes de trabajo. La propia dedicación a la tarea encomendada, como en este caso la realización del apuntalamiento de la futura techumbre, concentra la mente del obrero en esa tarea y si tiene un descuido ha de estar protegido para evitar, pese a ello, el percance. Esta es la razón de ser de las medidas de seguridad vigentes al respecto y que en la construcción de edificios han de concretarse en el preceptivo estudio de seguridad" (TSE, STS 67102001, Mag. Pon. Joaquín Delgado Garcia, SP, S. 1, j. 5.9.01).

[141] BERRUEZO, Rafael, 2011, p. 4.

[142] Expressão inglesa que, no contexto das relações produtivas, "significa lugar de trabalho onde as condições são substancialmente inferiores aos padrões aceitáveis. Literalmente, a palavra quer dizer 'suadouro', e três são as características perniciosas de um sistema assim denominado: 1) salários baixos; 2) jornadas extensas; 3) condições precárias da fábrica. Numa empresa onde prevalecem situações semelhantes, não apenas a saúde física e mental dos trabalhadores está em perigo, como também a dos consumidores que adquirem os produtos produzidos nessas condições" (SANDRONI, Paulo, p. 808). Ampliando a análise, Robert W. Cox (2007, p. 370) demonstra que a [antiga] distinção que se estabelecia entre o primeiro e o terceiro mundo está enfraquecendo, na medida em que as condições objetivas do terceiro mundo estão sendo reproduzidas no interior dos países do primeiro mundo. Assim, as "migrações em massa do Sul para o Norte se combinam com o ressurgimento do trabalho à fação, às vezes com uma variação na exploração do trabalho do tipo *sweatshop* ou com a expansão do emprego mal pago no setor de serviços dos países 'desenvolvidos' do Norte para produzir um fenômeno chamado 'periferização do centro'. Os termos 'centro' e 'periferia' estão perdendo seu antigo significado exclusivamente geográfico, adquirindo, aos poucos, o sentido de diferenciação social numa sociedade globalizante – diferenciação produzida em grande medida pela reestruturação da produção" (COX, Robert W., p. 370).

[143] Antonio Baylos e Juan Terradillos (1997, p. 40) lembram que a posição do empregado é, com efeito, "doblemente subordinada", na medida em que se cuida de uma "situación estructural de naturaleza económica y lo es también dentro de ese microcosmos que es la empresa, reflejo, a sua vez, de aquella situación más general".

[144] LATORRE, Ángel, 2012, p. 195.

tante destacar que, "no início do século XXI, a segurança sócio-econômica no sentido abrangente de *decent work* (trabalho humanamente digno), como ela é definida nas publicações mais recentes da Organização Internacional do Trabalho, parece ter se tornado na maioria dos países do mundo o privilégio de uma minoria social, pois se tomarmos, no pleno sentido do termo, como ponto de partida a vinculação entre trabalho remunerado e segurança, erigido em norma na modernidade da sociedade industrial, tal vinculação se tornou nos países do Hemisfério Sul e nos países em vias de transformação da Europa Central e Oriental um fenômeno de exceção, sendo ameaçado de forte esvaziamento nos países industriais desenvolvidos do Ocidente".[145] Esse quadro, por conseguinte, nos remete à necessidade de avaliação das regras de proteção do trabalho, na medida em que – e nos parece óbvio – deverá haver meios (técnicos, científicos e legais) de garantir, eficientemente, a segurança do trabalho, como desdobramento e inserção em uma diretriz mais ampla relacionada ao asseguramento dos direitos do homem;[146] e, com isso, nos antepomos "às ideias de fatalidade, naturalização dos riscos e obstinação, impostas pela gestão e organização do trabalho, regidas por princípios neoliberais".[147]

Indubitavelmente, a atividade laboral encerra, de certo modo, um risco real, uma vez que o processo de produção e transformação de bens e serviços exige a interação do trabalhador em um meio que, diante do contato com subs-

---

145 MAHNKOPF, Birgit, 2004, p. 53-4.

146 "–*Automatización y desarrollo de nuevas formas de organización del trabajo*: los cambios en estructura productiva se verifican también en el interior de la empresa industrial y de las empresas de servicios. A la incorporación de nuevas tecnologías de producción, expulsivas de mano de obra, se suman nuevas formas de organización del trabajo, caracterizadas por la polivalencia, la nueva estructuración de la producción en grupos autónomos, el cambio en las funciones de la calificación laboral. A la concepción industrial fordista, que planteaba la autosuficiencia absoluta de la empresa, se oponen formas de producción en red, que subdividen las etapas de producción en unidades productivas más pequeñas, separando así las responsabilidades de cada unidad. La producción se comprime y se orienta a la oferta, más que a la generación de demanda. El efecto conjunto de estos factores ha sido lo que hemos denominado *minimización del Derecho laboral*, fenómeno compuesto de dos aspectos: por un lado, la *pérdida de incidencia* del Derecho del trabajo, que cada vez se aplica a un porcentaje menor de la población económicamente activa. [...] la *disminución de los umbrales de protección* del Derecho del trabajo: aun dentro del porcentaje de trabajadores asalariados son preeminentes las formas de contratación precarias, o la precarización de las condiciones de contratación por tiempo indeterminado, que debilita las tradicionales 'conquistas de los trabajadores'. Este aspecto suele denominarse *flexibilización laboral*, e incluye una serie de medidas tendientes a reducir los costos laborales del empresário y a permitir un reacomodamiento de la organización de la producción y del trabajo" (ABRAMOVICH, Víctor; COURTIS, Christian, 2006, p. 41). Exatamente por esta espécie de "fuga do direito do trabalho" são as proposições de Tarso Fernando Genro (1996, p. 51), quando defendia a inovação das tutelas trabalhistas: "o movimento global de desregulamentação da sociedade, que parte das relações de mercado, chega aos diversos ramos do Direito e tem especial predileção pelo Direito do Trabalho. Tal movimento não é [...] uma invenção da teoria neoliberal ou de políticos conversadores. Ele é [...] a resposta espontânea e anárquica – colocada diretamente ao movimento e às necessidades do capital – às exigências da terceira revolução científico-tecnológica. Do ponto de vista do humanismo revolucionário ou reformista, responder a esta espontaneidade tentando 'conservar' velhas formas de Estado e de tutela não é simplesmente reacionário. É inútil e inviável. É preciso conceber outras tutelas e proteções, outras formas do Estado, que tenham mais vigor do que as anteriores, mas que sejam adequadas às transformações na produção e na sociedade, que já se realizaram ou estão se realizando de maneira acelerada. O mundo material (social) já constituído não propõe somente outras formas de dominação, mas exige também outras formas de resistência e libertação, capazes de opor alternativas civilizatórias à barbárie pós-moderna, tal qual o iluminismo, o reformismo social e a ideia socialista opuseram ao surgimento dilacerante da sociedade industrial".

147 MENDES, Jussara Maria Rosa, p. 18.

tâncias, máquinas ou fontes de energia, produz situações perigosas para sua saúde[148] e mesmo para sua vida[149] –, podendo-se falar, inclusive, em "sinistralidade laboral" (de cujo cenário se extrai um conjunto altamente problemático de exposição a riscos suportados pelos trabalhadores).[150] [151]

Convém, a propósito, indicar que a intensidade do trabalho se tem acentuado em face de alterações do sistema produtivo; tenha-se em mente, *for instance*, as que houve no setor financeiro,[152] implicando profundas modificações nas condições de trabalho nos bancos; assim, por exemplo, "a intensificação do uso da tecnologia e da informática; da terceirização, com ênfase na chamada qualidade do atendimento particularmente aos segmentos com maior renda, considerados estratégicos, e na exigência de habilidade para vender produtos

---

[148] Esther Pomares Cintas (2011, p. 10-1) lembra que os dados sobre acidentes laborais se centram, fundamentalmente, sobre os "riscos tradicionais" que defluem das condições materiais de prestação do trabalho. Entretanto, não cuidam, ao menos de forma específica, de outras modalidades de riscos à saúde do tabalhador, capazes de provocar enfermidades e transtornos psíquicos. Trata-se dos riscos psicossociais. "Las nuevas condiciones de productividad y competitividad empresariales, fruto del impacto de la globalización económica, han generado cambios en los procesos y en las condiciones de trabajo, han provocado una creciente 'inseguridad' en las condiciones de empleo e intensificado la 'presión laboral' sobre las personas en las organizaciones de trabajo. Ello se traduce en un mayor ritmo, un mayor nivel de presión sobre el tiempo de trabajo, y en la percepción de una 'creciente carencia de autonomía' en la planificación del trabajo y en la toma de decisiones" (POMARES CINTAS, Esther, p. 10-1). A autora ainda descreve que os riscos psicossociais (ou também denominados de risco organizativos) "se vinculan estrechamente con la organización del trabajo y la gestión empresarial"; e "pueden afectar a cualquier lugar de trabajo y a cualquier trabajador, independentemente del tamaño de la empresa, de su ámbito de actividad o del tipo de contrato o relación laboral" (POMARES CINTAS, Esther, p. 11). Conclusivamente, a autora destaca que "no existen razones para pensar que el artículo 316 CP esté exclusivamente orientado a la prevención de riesgos tradicionales del trabajo, porque no existe obstáculo teórico ni legal para encuadrar aquí el deber de facilitar las medidas necesarias en orden a eliminar o minimizar riesgos psicossociales. Otra interpretación dejaría al margen, inexplicablemente, la protección del trabajador frente a aquellos riesgos para su salud física o psíquica que no surgen estrictamente de las condiciones materiales de la prestación laboral" (POMARES CINTAS, Esther, p. 24-5).

[149] Andreas Hoyer (p. 352) informa que, na Alemanha, foi "Ludwig von Bar, em 1871, o primeiro autor a estabelecer que há 'certas atividades perigosas, mas necessárias para a vida' [... por via das quais um número de pessoas [...] perderão, com toda a probabilidade e ao fim de uma série de anos, a vida, e que não podem, contudo, proibir-se na medida em que elas 'satisfazem as normais necessidades da nossa vida'".

[150] Manuel Lopez-Rey y Arrojo (1981, p. 65) já advertia que "la sociedad postindustrial, con su expansión y concentración de poder burocrático, de producción en masa, tecnificación creciente, aumento rápido de servicios que se duplican o triplican en sus actividades, plantea el problema de una mayor criminalidad culposa que, por regla general, ha sido ignorada un tanto olímpicamente por la criminología".

[151] No Brasil, o art. 7°, XXXIII, da CF dedica-se particularmente à proteção do adolescente trabalhador, determinando a "proibição de trabalho noturno, perigoso ou insalubre a menores de 18 anos e de qualquer trabalho aos menores de 16 anos, salvo na condição de aprendiz, a partir de 14 anos" (redação introduzida pela EC n° 20/98). Além disso, em face do ECA, "o direito à proteção no trabalho vem tratado em conjunto com o direito à profissionalização", pois "o acesso à educação de boa qualidade, à informação e ao aprendizado profissionalizante é essencial para que o adolescente possa inserir-se em melhores condições no mercado de trabalho, zelando por sua dignidade no exercício da profissão e preparando o para a vida adulta, dando-lhe melhores perspectivas profissionais". Desse modo, "a integração dos adolescentes ao mercado de trabalho deve ser pautada pelos valores democráticos e pelo exercício da cidadania, propiciando a eles a oportunidade de respeitar e exigir que se lhes respeitem os direitos de cidadão, integrando-se à sociedade de forma equitativa, participativa e democrática" (PIOVESAN, Flávia; PIROTTA, Wilson Ricardo Buquetti, 2009a, p. 294-5).

[152] "[...] o hoje tão discutido e propagado processo de globalização da Economia não causa surpresa. As transformações que ocorrem na sociedade não fazem emergir práticas econômicas inteiramente novas [...]. Tais práticas centram-se, ainda, na acumulação, na apropriação do trabalho social, na transformação das necessidades humanas em mercadorias, mas com tamanha intensidade e agressividade, que podemos dizer que se trata de uma globalização da miséria, do desemprego, das desigualdades e da precarização social" (MENDES, Jussara Maria Rosa, p. 23).

de várias natureza, tais como títulos, seguros e aplicações, entre outros. [...] o decréscimo do segmento dos escriturários e auxiliares bancários e das chefias intermediárias, desnecessárias na medida em que as formas de controle do trabalho ocorrem pelo sistema informatizado, por meio do qual é possível registrar a produtividade de cada trabalhador. Foram criadas gerências responsáveis por diferentes segmentos, tais como pessoas físicas e jurídicas, divididas por faixas de rendimento. No caso da bancária em questão, trata-se de uma pessoa que foi admitida como escriturária e depois seguiu carreira tendo chegado ao cargo de gerente de relacionamento para pessoas físicas, no qual tinha metas e realizava múltiplas atividades operacionais. Os cargos de chefias e gerentes formalizam a passagem das jornadas de seis para oito horas oficiais".[153] Decorre daí que Wanderley Codo se vale da expressão "síndrome do trabalho vazio", referindo-se, apropriadamente, às dificuldades dos trabalhadores bancários. Tratar-se-ia, aproximativamente, de uma "combinação de depressão e histeria" ou, ainda, de "depressão narcísica", síndrome encontrada, em larga medida, entre adolescentes.[154] É preciso salientar também que não apenas os trabalhadores do setor financeiro se deparam com demandas psíquicas em decorrência das condições de trabalho; outros segmentos são expostos a pressões similares e têm, portanto, um quadro de afetação psíquico similar àqueles. É o caso, *exempli gratia,* dos profissionais da área da saúde, que tendem a desenvolver, em virtude do contato diário com o padecimento dos pacientes, a [denominada] fadiga por compaixão.[155] Ainda: os Magistrados vivem situação semelhante, em que um quadro sintomático de diversos desconfortos psicológicos (não catalogado como uma doença específica), originário das necessidades de julgar demandas e da convivência com casos complexos, já pode ser notado entre os juízes.[156]

Sob esse prisma, o mesmo fenômeno vem de ser encontrado entre trabalhadores do setor do comércio, porquanto se lhes sujeitam, com frequência, a um exagerado (e movediço) plano de metas. Nessa situação se encarta, por ilustração, o estudo levado a efeito por Adriana Moura Fontoura, mediante o qual se pôde indicar os elevados números de processos (na jurisprudência do Tribunal Regional da Quarta Região) em que se debatia a incidência do assédio

---

[153] MAENO, Maria, 2011, p. 134.

[154] CODO, Wanderley, 2004, p. 161.

[155] "O problema é que não há uma maneira saudável de se evitar que o profissional seja, de alguma forma, contagiado pela dor daqueles que ele atende, uma vez que é consensual o fato de que se criar uma 'blindagem emocional' também compromete o bom atendimento. Por essa razão os estudiosos são unânimes em aceitar que o *Estresse por Compaixão*, que pode causar a *Fadiga por Compaixão*, é uma consequência comportamental e emocional natural da tomada de conhecimento acerca do sofrimento alheio. É o estresse, a tensão natural ocasionada pelo ato de ajudar/socorrer ou de querer ajudar/socorrer uma pessoa em sofrimento" (CODO, Wanderley; LAGO, Kennyston, 2010, p. 8).

[156] "O objeto desta pesquisa é a compreensão das relações do trabalho do juiz com sues modos de adoecer, marcados pela subjetividade. São modos de adoecimento contemporâneo, '*sickness*' [...], expressos por sensações de mal-estar, desconforto psíquico e emocional, desafetos e situações desagradáveis e, por vezes, conflituosas. Um sofrimento mais mental que físico, podendo ou não, adquirir a feição de doença catalogada e compor o quadro nosográfico das doenças classificáveis, em língua inglesa, '*diseases*'" (RIBEIRO, Herval Pina, 2010, p. 15).

moral relacionado ao exagero na busca de maior produtividade;[157] de igual forma, quanto às empresa de *call centers*, já se lhes associou a expressão *sweat-shops*, isto é, [seriam] a casa de horrores da sociedade contemporânea, tal como indicou Sadi Dal Rosso.[158] Por outro lado, as dificuldades de obtenção de emprego têm conduzido os trabalhadores a buscarem "qualquer atividade"; Luiz Antônio Colussi indica os navios-indústrias, os *motoboys* – com altos índices de acidentalidade –, os empregados em empresas de *telemarketing* – com atividades em péssimas e intensas condições –, os catadores de lixo, entre outros.[159] De destacar-se, ainda, que, além da intensificação do trabalho, a sua rotatividade – que atinge a impressionante marca de "uma rotação média geral de 36% na população empregada, obtida pelo quociente entre rescisão e vínculos médios, que demonstra um ciclo com aproximadamente três anos para rotacionar toda a população empregada"[160] – se apresenta como um outro dado altamente relevante para a compreensão ampla do fenômeno da acidentalidade, dado que, de um modo geral, desfavorece a especialização, o treinamento constante e, sobretudo, o aperfeiçoamento dos trabalhadores.

Tais considerações, sem dúvida, levam a ampliar a hiperaceleração dos ritmos, a desertificação da vida cotidiana e a competição agressiva, cujas consequências – mais diretamente relacionadas à pesquisa que se desenvolve neste ensaio – são a precariedade e a acidentalidade do trabalho. Fácil é de perceber, por conseguinte, que as condições mediante as quais se desenvolve o trabalho repercutem sobre a saúde dos trabalhadores, "uma vez que expõem as pessoas a diferentes riscos de adoecer e de morrer. O estresse pela sobrecarga de tarefas, a menor ingestão de alimentos, a diminuição do repouso, a instabilidade dos horários, a exposição aos riscos químicos, físicos, biológicos e sociais, a ausência de lazer, o aumento das doenças e dos acidentes de trabalho, entre outras coisas, resultam em um maior desgaste da força de trabalho. Acrescentamos, ainda, o convívio diário com a possibilidade de perder o emprego e do fim do posto de trabalho, bem como os baixos padrões de remuneração, moradia e transportes".[161]

A seu turno, José Eduardo de Resende Chaves Júnior, em linguagem atraente, observa que o "charme da livre iniciativa, do herói empreendedor, acaba por ofuscar o brilho tosco do labor e do suor do homem sem valia",[162] levando a que, mesmo hoje, inclusive na Justiça do Trabalho, "o caráter candente, do ponto de vista da concretude social, do 'bem jurídico' tutelado (trabalho humano alheado) e não apenas de uma mera 'categoria jurídica' formal e abstrata

---

157 "O estudo exploratório realizado na jurisprudência do TRT da 4ª Região revelou que, no espaço de um ano, foram publicadas 131 decisões em sede de recurso ordinário tratando de assedio moral com relação à categoria dos vendedores. Dessas, 56 decorrem de ações movidas contra somente quatro empresas, demonstrando a existência, nessas organizações, da cultura da violência. No total, foram 73 condenações e a grande maioria revelou situações de assedio moral organizacional utilizado como instrumento para o aumento da produtividade" (FONTOURA, Adriana Moura, p. 410).

158 DAL ROSSO, Sadi, 2008, p. 21.

159 COLUSSI, Luiz Antônio, 2010, p. 187-8.

160 OLIVEIRA, Paulo Rogério Albuquerque de, 2010, p. 80.

161 MENDES, Jussara Maria Rosa, p. 49.

162 CHAVES JÚNIOR, José Eduardo de Resende, 2010, p. 123.

(relação de trabalho), é clamoroso, já que o trabalho não é uma simples 'categoria jurídica', pois, em realidade, alça-se ao patamar de um dos fundamentos da democracia republicana".[163]

À vista do que fica exposto, nem se mostraria relevante lembrar a importância social – e, aqui, nos afastamos dos arquétipos marxistas segundo os quais o trabalho imposto ao homem implica despersonalização e alienação[164] – ou individual do trabalho, pois "trabalhar é inscrever a verdade de um desejo na continuidade do mundo", ou seja, o trabalho é "um certo modo de conferir uma forma humana durável a um 'desejo' que, em si –, é uma potência de negação temível".[165]

Neste sentido, medite-se que é possível imaginarmos o trabalho e toda atividade da empresa com outra finalidade, além da busca da lucratividade produtiva. José Affonso Dallegrave Neto indica que, "mais do que restringir direitos subjetivos, a ordem jurídica deve funcionalizar e promover, positivamente, medidas emancipatórias em harmonia com seus valores".[166] Em face das condições degradantes do trabalho, organismos internacionais têm buscado a

---

[163] CHAVES JÚNIOR, José Eduardo de Resende, p. 128.

[164] "[...] no trabalho profissional a sucessão dos momentos de trabalho é contínua. Essa sucessão, automatizada e objetivada, se concretiza para o operário da fábrica, na linha de montagem. A peça a ser trabalhada entra no raio de ação do operário independentemente de sua vontade; e da mesma forma lhe é subtraída à revelia. 'É próprio da produção capitalista [Marx], o fato de que não é o trabalhador que utiliza as condições de trabalho, mas as condições de trabalho que utilizam o trabalhador; mas somente com a maquinaria tal inversão adquire uma realidade tecnicamente palpável.' No trato com a máquina os operários aprendem a conformar 'os seus próprios movimentos com o movimento uniformemente constante de um autômato'" (BENJAMIN, Walter, 1980, p. 43).

[165] JARCZYK, Gwendoline, 1984, p. 118-9. "Na sociedade onde vivemos, a liberdade individual move-se firmemente para a posição do centro cognitivo e moral da vida – com consequências de largo alcance para cada indivíduo e para o sistema social no seu todo. Este lugar central foi ocupado no passado – durante a primeira parte da história capitalista – pelo trabalho, entendido como o esforço partilhado e coordenado, destinado à produção de riqueza por meio da aplicação do esforço humano na reconstrução da natureza. O trabalho era fundamental para a vida do indivíduo. Estabelecia a diferença entre riqueza e indigência, autonomia e dependência, posição social alta ou baixa, presença ou ausência de respeito por si próprio. Como única maneira aceite de o indivíduo poder influenciar a qualidade da sua vida, o trabalho era a norma moral principal que guiava a conduta individual, e o único ponto de observação de onde o indivíduo observava, planeava e modelava o seu processo de vida como um todo. [...], o valor e a dignidade da vida de cada um eram aferidos por estes critérios, como relacionados com o trabalho e com os vários aspectos de uma atitude positiva para com o trabalho: aplicação, diligência, assiduidade, iniciativa. [...], o descrédito moral estava ligado à abstenção do trabalho – denegrida e ultrajada como ociosidade, indolência, preguiça ou mandriice. Quando a vida individual era planeada, era a profissão da vida inteira que fornecia a moldura. As pessoas definiam-se em termos da sua competência profissional, do tipo de trabalho que tinham aprendido a executar. As pessoas que partilhavam o mesmo tipo de aptidões e as exerciam no mesmo local eram os 'os outros importantes'; era a sua opinião que contava e que tinha autoridade para avaliar, e se necessário corrigir, a vida de um indivíduo. No plano social, o local de trabalho proporcionava o cenário fundamental para o treino e a 'socialização' do indivíduo como pessoa social. Era lá que as virtudes de obediência e respeito pela autoridade, os hábitos de autodisciplina e os padrões de comportamento aceitável eram ministrados; foi por intermédio do local de trabalho que aconteceu a mais meticulosa vigilância social e controlo do comportamento individual. O controlo através do local de trabalho foi exercido praticamente sempre, uma vez que a maioria das pessoas lá passava uma parte considerável do seu tempo e a maioria dos anos da sua vida. Por outras palavras, o local de trabalho servia como o principal campo de treino das atitudes e acções próprias para as normas hierarquicamente diferenciadas da sociedade capitalista. Com o trabalho ocupando a maior parte da vida do indivíduo e influenciando tão fortemente (tanto cognitiva como moralmente) o restante das suas ocupações, podia confiar-se amplamente no local de trabalho como garantia suficiente da integração social" (BAUMAN, Zygmunt, 1989, p. 115-6).

[166] DALLEGRAVE NETO, José Affonso, 2014, p. 619.

construção do [conceito de] "trabalho decente". Sem embargo, as exigências objetivas da prevalecente divisão social do trabalho determinam e reforçam, não apenas a desvalorização global do trabalho, mas a sua fragmentação; e a tendência histórica – em virtude das condições objetivas materiais – é a preservação desse quadro *pendant* um longo período, superável, tão somente, como condição de possibilidade histórica, em vista de uma nova estrutura social.[167]

Sob uma perspectiva clássica, a doutrina tem procurado dar uma conceituação precisa [da categoria] de acidente do trabalho, expressando-a, *verbi gratia*, nas seguintes palavras: "considera-se – acidente de trabalho – todo aquele que se verifique pelo exercício do trabalho, provocando, direta ou indiretamente, lesão corporal, perturbação funcional ou doença que determine – a morte, a perda total ou parcial, permanente ou temporária, da capacidade para o trabalho";[168] ou, ainda, "un acontecimiento anormal, en general subitáneo, o por lo menos de una duración corta y limitada, que comporta una lesión a la integridad, o a la salud del cuerpo humano".[169] Aqui, a ação lesiva deve ser compreendida em sentido amplo, dado que envolve qualquer lesão no organismo, seja aparente ou não, interna ou externa, profunda ou superficial; e, além disso, como põe em relevo Adrien Sachet, "no es por su importancia ni por su extensión que se juzga su naturaleza; es únicamente por sus efectos con respecto a la duración y al grado de invalidez de la víctima".[170] Igualmente, não

---

[167] MESZÁRÓS, István, 2002, p. 1062.

[168] FARIA, Bento de, 1947, p. 139.

[169] SACHET, Adrien, p. 261. Cumpre ainda destacar que, "apesar das distinções doutrinárias, acidente do trabalho típico e doenças ocupacionais são alvos de igual proteção legal porque, para fins previdenciários, se convencionou que são espécies de acidente do trabalho. [...]. Além do acidente do trabalho típico e das doenças do trabalho e profissionais, a Lei 8.213/91 enumera ainda outras situações que são equiparadas ao acidente do trabalho. Trata-se dos chamados acidentes do trabalho por equiparação, que se constituem em uma tentativa de estender a cobertura previdenciária para um maior número de trabalhadores que sofreram um acidente de alguma forma relacionado ao trabalho. Refere-se a uma conceituação de cunho eminentemente social. Não é demais ressaltar que o acidente do trabalho por equiparação terá a mesma proteção previdenciária que o acidente típico e que a doença do trabalho" (BUTIERRES, Maria Cecília, p. 223-4).

[170] SACHET, Adrien, p. 259. De qualquer modo, denomina-se "extensão dos efeitos do acidente a maior ou menor redução sofrida, pela vítima, para o exercício normal de sua atividade. Essa redução deve ser compreendida em dois sentidos: primeiramente, quanto ao seu tempo de duração; depois, quanto à incapacidade em si mesma, como inabilitação para o serviço. Sob aquele critério, a incapacidade da vítima pode ser permanente ou temporária, conforme o trabalhador não seja ou seja recuperável para a sua profissão [...]. Sob o segundo critério, a incapacidade pode ser total ou parcial, quando, respectivamente, a vítima fique inutilizada para a execução do trabalho ou quando fique, apenas em parte, [...], diminuída a sua produção habitual. A extensão maior do acidente, a mais grave, a irreparável por natureza, é a morte. Mas, combinando-se os dois critérios referidos, nós teremos [...] em escala decrescente de importância e significação, a incapacidade total ou permanente; a incapacidade parcial e permanente; a incapacidade temporária" (RUSSOMANO, Mozart Victor, 1957, p. 21). Em termos jurisprudenciais: "Previdenciário. [...]. Auxílio-acidente. Moléstia profissional. Para a concessão de auxílio-acidente, é necessário que a sequela acarrete uma diminuição da capacidade laborativa do segurado, ainda que em grau mínimo. Acórdão paradigma: resp. 1.109.591, DJe 8.9.2010, julgado sob o rito do 543-C do CPC. Capacidade laboral foi comprovada pelas provas colacionadas aos autos. Agravo desprovido. 1. A 3ª Seção desta Corte, no julgamento do REsp. 1.109.591/SC, representativo de controvérsia, pacificou o entendimento de que, para a concessão de auxílio-acidente, é necessário que a sequela acarrete uma diminuição da capacidade laborativa do segurado, ainda que em grau mínimo. 2. *In casu*, o Tribunal *a quo*, amparado no acervo fático-probatório dos autos, consignou que o segurado não apresenta decréscimo definitivo na capacidade laboral em decorrência de lesões de esforços repetitivos causados pelo trabalho. A alteração do julgado demandaria, inevitavelmente, incursão no acervo fático-probatório dos autos, o que é vedado pela Súmula 7 do STJ. 3. Agravo Regimental desprovido" (STJ, ARAGRE 538741, Rel. Min. Napoleão Nunes Maia Filho, 1ª T., j. 1.3.16).

é necessário que a lesão corporal se produza de modo imediato ao ato que a causa; basta, apenas, que dele seja decorrente para, assim, se afirmar a existência de um acidente de trabalho.[171]

Modernamente, pode destacar-se que a legislação brasileira adota a seguinte definição: "acidente de trabalho é o que ocorre pelo exercício do trabalho a serviço de empresa ou de empregador doméstico ou pelo exercício do trabalho dos segurados referidos no inciso VII do artigo 11 desta Lei, provocando lesão corporal ou perturbação funcional que cause a morte ou a perda ou redução, permanente ou temporária, da capacidade para o trabalho".[172] Consideram-se também contempladas, na definição do acidente de trabalho, as doenças profissionais geradas (ou desencadeadas) por meio do exercício de trabalho peculiar a certas atividades (tecnopatias) que impliquem sequelas permanentes com redução da capacidade de trabalho (artigo 104 do Decreto 3.048/99, que regulamenta a Lei 9.732/98). São ainda consideradas equivalentes ao acidente de trabalho as doenças do trabalho adquiridas (ou desencadeadas) em face de condições especiais em que o trabalho é desenvolvido e com ele se relacionam diretamente (mesopatias), desde que vinculadas com o artigo antes indicado.[173] (Importa apenas distinguir [os conceitos de] acidente de trabalho e doença profissional. À vista disso, posto que ambos apresentem uma causa externa, distinguem-se porque, naquele, a lesão se dá de modo subitâneo, ao passo que, nesta, se materializa de forma progressiva.[174] Bem vistas as coisas, a subtaneidade ou progressividade do fenômeno é a marca de diferenciação mais eloquente.)[175] Em contrapartida, "não se considera como doença do trabalho a doença degenerativa, a inerente a grupo etário e a que não produz incapacidade laborativa";[176] ou, ainda, as endêmicas adquiridas na região onde

---

[171] SACHET, Adrien, p. 261.

[172] Art. 19 da Lei 8.213/91.

[173] FRANÇA, Genival Veloso de, p. 244.

[174] SACHET, Adrien, p. 261.

[175] Para Viriato Reis (2009, p. 11-2), "o carácter súbito do acidente de trabalho constitui a principal característica diferenciadora deste relativamente à doença profissional, dado que esta surge na sequência de uma exposição lenta e progressiva a um determinado risco profissional. Assim, [...], a surdez [...] que tenha como causa a actividade laboral pode decorrer de um acidente de trabalho ou de uma doença profissional, consoante a perda de audição resulte de um traumatismo provocado por um objecto, por uma pancada ou por uma explosão (acidente de trabalho) ou pela permanência prolongada do trabalhador num ambiente de trabalho muito ruidoso (doença profissional), respectivamente".

[176] FRANÇA, Genival Veloso de, p. 244. Jurisprudencialmente: "auxílio-acidente. Art. 86 da Lei 8.213/91. Reconhecimento pelas instâncias ordinárias da ausência de nexo causal entre as lesões apresentadas pelo segurado e sua atividade laboral. Requisitos para a concessão do benefício não preenchidos. Agravo regimental desprovido. [...]. 2. O auxílio-acidente é concedido, nos termos do art. 86 da Lei 8.213/91, ao segurado que, após consolidação das lesões decorrentes de acidente de qualquer natureza, resultarem sequelas que impliquem redução da capacidade para o trabalho que habitualmente exercia. 3. [...], o art. 20, I, da Lei 8.213/91 considera como acidente do trabalho a doença profissional, proveniente do exercício do trabalho peculiar à determinada atividade, enquadrando-se, nesse caso, as lesões decorrentes de esforços repetitivos. 4. Na hipótese dos autos, as instâncias ordinárias, com base no acervo fático-probatórios dos autos, julgaram improcedente o pedido de concessão de auxílio-acidente com base na conclusão de que as moléstias que acometem o segurado não têm relação com sua atividade laboral, ao contrário, tem caráter congênito degenerativo. 5. [...], ausente os requisitos legais para a concessão do benefício, impossível acolher a pretensão autoral, uma vez que o auxílio-acidente visa a indenizar e compensar o segurado que não possui plena capacidade de trabalho em razão do acidente sofrido, não bastando, portanto, apenas a comprovação de um dano à saúde do segu-

a atividade se desenvolve, salvo se for comprovado que resultaram de exposição ou contato direto determinado pela espécie ou natureza da atividade.[177]

Advirta-se para logo, no entanto, que, muitas vezes, o acidente de trabalho pode ainda implicar discriminação,[178] por meio das próprias relações e condições de trabalho. Com efeito, o trabalhador vítima de acidente de trabalho ou doença ocupacional, quando reassumir as suas atividades, poderá sofrer discriminação exatamente em virtude da relação de trabalho.[179] Maria Cecília Butierres registra que as modalidades de discriminação do trabalhador acidentado ou acometido por doença ocupacional são extremamente complexas, na medida em que "motivadas por diversos fatores, desde a diminuição do rendimento do trabalho (ainda que temporariamente) até por novas exigências organizacionais da empresa, que conduzem à exclusão dos 'não adaptados'. [...] a discriminação poderá ser realizada porque o empregador acredita que o trabalhador não voltará mais a ter o mesmo rendimento anterior ao acidente [ou] novas tecnologias são instaladas na empresa no período em que o trabalhador estava afastado".[180] Na base disso, o acidente de trabalho (ou doença ocupacional) pode gerar, em certas situações, um duplo efeito: de um lado, o efeito natural do acidente (ou da doença) e, de outro, o da discriminação; este, extremamente perverso, na medida em que é fruto da própria relação de trabalho. Com isso, "a própria identidade do trabalhador passa a ser afetada", ao ser tratado não mais como um trabalhador, mas, sim, como um "reabilitado profissional, trazendo consequências [...] no que diz respeito à cidadania, em sentido amplo".[181] Frente a tal conjuntura, os trabalhadores acidentados ou enfermos constituem um segmento social com alto grau de vulnerabilidade; e, em face dessa situação de risco especial, devem receber uma proteção jurídica apropriada. Nessa linha de apresentação, portanto, já se tem percebido a necessidade de se estender a indenização ao trabalhador que não chega a ter, com efeito, a redução da capacidade laborativa; porém, passa a realizar (e, por óbvio, a demandar) um maior esforço após o acidente (ou a doença) de trabalho para o desempenho das mesmas atividades que, antes, desempenhava com maior facilidade.

Em outro plano, é interessante salientar também que, em face de certas características do trabalho em domicílio, pode haver dúvidas sobre o exato

---

rado, quando o comprometimento da sua capacidade laborativa não se mostre configurado ou quando não há qualquer relação com sua atividade laboral. 6. Agravo regimental desprovido" (STJ, ARAGRE 385106, Rel. Min. Napoleão Nunes Maia Filho, 1ª T., j. 1.3.16).

177 PALOMBA, Guido Arturo, 2003, p. 304.

178 Trata-se de uma "distinção desfavorável, fundada em um determinado motivo, de cunho antijurídico e desprovida de razoabilidade e racionalidade" (LIMA, Firmino Alves, 2006, p. 312). Em face disso, existe "discriminação nas relações de trabalho quando um ato ou comportamento do empregador, ocorrido antes, durante ou depois da relação de trabalho, implica uma distinção, exclusão, restrição de preferência, baseado em uma característica pessoal ou social, sem motivo razoável e justificável, que tenha por resultado a quebra do igual tratamento e a destruição, o comprometimento, o impedimento, o reconhecimento ou o usufruto de direitos e vantagens trabalhistas asseguradas, bem como direitos fundamentais de qualquer natureza, ainda que não vinculados ou integrantes da relação de trabalho" (LIMA, Firmino Alves, p. 314).

179 BUTIERRES, Maria Cecília, 2012, p. 231.

180 BUTIERRES, Maria Cecília, p. 232.

181 BUTIERRES, Maria Cecília, p. 235.

enquadramento do acidente sofrido pelo trabalhador em sua residência, ou seja, se seria passível de enquadrar-se na moldura de um acidente do trabalho. Sob ponto de vista técnico, a existência do acidente de trabalho pressupõe, em essência, a relação de causalidade entre o trabalho (realizado pelo empregado) e o acidente; assim, torna-se irrelevante o local onde ocorre o acidente (se nas dependências do estabelecimento do empregador ou em outro local), desde que o trabalhador esteja realizando tarefa sob o comando do empregador. Desse modo, "em se tratando de trabalho em domicílio, que é aquele executado na habitação do empregado, por conta de empregador que o remunere (artigo 83 da Consolidação das Leis do Trabalho), o artigo 6º da Consolidação das Leis do Trabalho deixa claro que não há distinção entre o trabalho realizado no estabelecimento do empregador e o executado no domicílio do empregado, a significar que o trabalhador que executa o trabalho na sua casa deve ter a mesma proteção do que aquele que trabalha dentro da empresa. [...] o acidente sofrido pelo empregado nas dependências de sua residência pode ser caracterizado como acidente de trabalho, desde que a sua casa seja o seu local de trabalho e o acidente ocorra quando estiver desempenhando atividade laboral a mando do empregador, caso contrário será considerado como mero acidente doméstico".[182] À semelhança, muito embora não haja relação causal direta entre o trabalho e o efeito, podem ser enquadrados como acidentes laborais, segundo pontificam Afrânio Peixoto, Flamínio Fávero e Leonídio Ribeiro, "as agressões, vias de fato, até crimes de ferimentos e homicídio, para quem os sofreu, apesar da culpa criminal do agente, [...], se a vítima os recebeu no exercício de suas funções, ou por causa dessas funções";[183] neste sentido, por exemplo, "o motoreiro vítima da fúria popular contra a empresa de *tramways*, que desagradou ao público; o contramestre assassinado por um operário, despedido por trabalho imperfeito ou falta grave na oficina. Até mesmo vaias e altercações jocosas entre operários, e que dão lugar a conflitos, assim têm sido julgados: na Inglaterra, a Câmara dos Lordes doutrinou que, empregando rapazes, cujo caráter folgazão facilita essas brincadeiras, e suas consequências, o patrão incorre no risco que por isso vierem a sofrer outros seus operários".[184]

Em remate, o acidente de trabalho deverá ser caracterizado, administrativamente, pelo setor de benefícios do Instituto Nacional do Seguro Social – que estabelecerá o nexo entre o trabalho exercido e o acidente – e, tecnicamente, pela perícia médica do mesmo Instituto – que afirmará o nexo causal entre a doença e a lesão, entre a doença e o trabalho e, ainda, entre a *causa mortis* e o acidente.[185]

---

[182] HASHIMOTO, Aparecida Tokumi, 2015, p. 02.

[183] PEIXOTO, Afrânio; FÁVERO, Flamínio; RIBEIRO, Leonídio, 1926, p. 38.

[184] PEIXOTO, Afrânio; FÁVERO, Flamínio; RIBEIRO, Leonídio, p. 38.

[185] FRANÇA, Genival Veloso de, p. 244.

Capítulo 2

Da proteção dos trabalhadores a partir de uma intervenção criminal adicional

2.1. Considerações genéricas

Eric J. Hobsbawm afirmou que, se um único fator dominava a vida dos trabalhadores do século XIX, este era a insegurança, pois eles não sabiam, no princípio da semana, quanto receberiam no final, nem quanto tempo duraria o emprego ou, se viessem a perdê-lo, quando voltariam a encontrar um novo trabalho e em que condições; também "não sabiam que acidentes ou doenças iriam afetá-los, e embora soubessem que algum dia no meio da vida – talvez 40 anos para os trabalhadores não especializados, talvez 50 para os especializados – iriam se tornar incapazes para o trabalho pleno e adulto, não sabiam o que iria acontecer então entre este momento e a morte".[186] Nesse período histórico,

[186] HOBSBAWM, Eric J., 1979, p. 231. A descrição desse caótico quadro já tinha sido feita, vigorosamente: "a produção capitalista, que é essencialmente produção de mais-valia, absorção de mais-trabalho, produz, portanto, com o prolongamento da jornada de trabalho não apenas a atrofia da força de trabalho, a qual é roubada de suas condições normais, morais e físicas, de desenvolvimento e atividade. Ela produz a exaustão prematura e o aniquilamento da própria força de trabalho. Ela prolonga o tempo de produção do trabalhador num prazo determinado mediante o encurtamento de seu tempo de vida" (MARX, Karl, 1983, p. 212). Mariano González Rothvoss (1950, p. 149-50) reconstrói a forma pela qual os acidentes de trabalho eram compreendidos em épocas anteriores, nos seguintes termos: "en el régimen de esclavitud de Grecia y Roma, el señor tenía dominio sobre la vida del esclavo; pero atendía con cariño el accidente y la enfermedad del mismo porque su muerte o inutilización causaba un perjuicio económico. Si el esclavo era arrendado, también el arrendatario procuraba conservalo, porque en caso de pérdida tendría que reemplazarlo con otro. Dentro del régimen gremial la relación íntima que, por lo menos en los buenos tiempos de los Gremios, existía entre maestros, oficiales y aprendices, hace que también se atienda a estos últimos en la enfermedad y en los escasos accidentes que podían producirse en la forma de trabajo que entonces existía. Las organizaciones mutuales tienen una parte importante en esta labor de assistencia. Cuando se desarrolló alguna obra en gran escala, por ejemplo, la construcción de la Catedral de León o la del Monasterio de El Escorial, se dieron instrucciones para el cuidado de los accidentados e incluso se crearon hospitales, como el fundado por Felipe II, para atender a accidentados y enfermos, a quienes se rodeada de cuidados físicos y hasta morales, como dejan translucir algunas 'Ordenanzas' llegadas hasta nuestros días. Asimismo las Leyes de Indias (que no respondieron a concessiones a la violencia como la mayor parte de las modernas leyes sociales, sino a una concepción humana de la dignidade del hombre, muy rara em aquella época, porque aun lo es en la nuestra) regulan la reparación de las enfermidades y acidentes y, aparte de la creación de hospitales, se designan médicos para curar las enfermedades de los indios trabajadores, se paga el entierro en caso de fallecimiento y se abona medio jornal, durante en tiempo de curación, a los indios que se 'descaiabraran'. Ha de llegar el maquinismo, con su desenfreada libertad, para que el trabajador sea de peor condición que el esclavo y la máquina, porque el esclavo, o el animal de carga, o el edificio, habia que cuidarlos para que no se destruvesen, y la máquina había que repararla para que no hubiera que reponerla antes del tiempo; en cambio, los obreros eran abandonados

em Londres, por simples ilustração, a acentuada instabilidade do mercado de trabalho reforçava, de um lado, a exploração do trabalhador e, de outro, obrigava-se-lhe a residir nas cercanias dos locais onde, ocasionalmente, haveria

cuando quedaban inútiles por heridas o incapacitados para el trabajo, y se acudía a las grandes reservas humanas en espera de ocupación. Ello hizo establecer al barón De Hausser un paralelismo entre el esclavo y el obrero en que aquella institución resultaba a veces casi apetecible. Ello era monstruoso, y cuando corre la sangre de un obrero herido por un zarpazo de la máquina es cuando los sentimientos humanitarios se sienten espoleados. Este sentimentalismo es más eficaz para buscar un remedio a la injusticia que la existencia callada de una gran cantidad de enfermedades que se derivaban de las malas condiciones en que el trabajo se prestaba en época en que todabía el accidente no tiene gran importancia por no estar industrializada la producción, siendo tan importante el volumen de enfermedades profesionales que desde tiempos muy antiguos se les viene prestando gran atención, como lo prueba que Hipócrates, Nicandro y Galeno estudiaron ya mucho antes de Jesucristo las enfermedades del plomo, Dioscórides y Aecio conocieron el cólico producido por litargirio, y, a principio de la Edad Media, Ellenberg dictó reglas higiénicas para los orfebres, Paracelso se ocupó de las enfermedades de los obreros que trabajan en metales y Agrícola estudió los males de los mineros, si bien hasta Bernardo Ramazzini no se llegase a un tratado completo y sistemático de las enfermedades profesionales como el que él mismo escribe con el título *De morbis artificium diatriba*". É preciso salientar também que, no mundo grego e romano, a atividade material prática (de modo particular o trabalho) era considerada como uma atividade destinada aos escravos, indigna, por via de consequência, aos homens livres. Para essa concepção de mundo, interessava exclusivamente a esfera contemplativa, intelectual, que não poderia, por óbvio, ser desenvolvida no campo da atividade material. Era a exaltação do homem como ser racional ou teórico *par excellence*. Nesse panorama, ao "grego antigo interessava principalmente o domínio do universo humano, a transformação da matéria social, do homem, e com ela criar e desenvolver essa peculiar realidade humana, social, que é uma inovação no mundo antigo: a *pólis*. A pólis é a expressão mais elevada do processo de transformação consciente do homem como um ser social, ou 'animal político'. A transformação das coisas, da natureza, isto é, a prática produtiva, ocupa na Grécia um lugar secundário. Não interessa, além do mais, porque não se percebe sua conexão com essa outra empresa capital da transformação do universo humano. E não só não se percebe, como também a transformação prática das coisas, da matéria natural, que põe o homem em relação direta e imediata com as coisas materiais, longe de assegurar um domínio – que, todavia, não é procurado – sobre a natureza, só serve para escravizá-lo e aviltá-lo. A ideia de que o homem se faz a si mesmo, e se eleva como ser humano justamente por meio de sua atividade prática, de seu trabalho, transformando o mundo material – ideia que só surgirá na consciência filosófica moderna – era, em geral, alheia ao pensamento grego. Para este, o homem se eleva justamente pelo caminho inverso, isto é, pela libertação de toda atividade prática material e, portanto, isolando a teoria da prática. Essa concepção encontra sua mais marcante expressão em Platão e Aristóteles. Em Platão, a vida teórica, como contemplação das essências, isto é, a vida contemplativa (*biostheoretikós*) adquire uma primazia e um estatuto metafísico que até então não tivera. Viver propriamente é contemplar. E, em consequência, a vida plena é alcançada mediante a libertação com respeito a tudo o que neste mundo empírico obstaculiza esta contemplação das ideias perfeitas, imutáveis e eternas. Os obstáculos provêm dos sentidos, do apego do homem como ser corpóreo às coisas, à matéria, e sua sujeição aos afazeres práticos. Platão isola, assim, a teoria das atividades práticas, ou seja, daquelas que não podem prescindir da matéria, e isso leva, segundo Plutarco, a considerar humilhante a aplicação da geometria a problemas práticos e inclusive a desprezar as próprias artes – como a escultura e a pintura – que, do mesmo modo que o artesanato ou o trabalho manual, encontram-se em estreito contato com a matéria. Aristóteles não fica muito atrás de seu mestre nesse desprezo pelo trabalho físico que implica o reconhecimento da superioridade do teórico sobre o prático. Para ele, a atividade prática material carece de significado propriamente humano. 'Um Estado dotado de uma constituição ideal [...] não pode tolerar que seus cidadãos se dediquem à vida do trabalhador mecânico ou do comerciante, que é ignóbil e inimiga da virtude. Tampouco pode vê-los entregues à agricultura; o ócio é uma necessidade tanto para adquirir a virtude como para realizar atividades políticas'. A vida teórica como vida na qual o homem age tendo como objetivo 'o que é ótimo por si mesmo' é a mais humana, a mais verdadeira e, também, a mais virtuosa. Nesse nível superior, que corresponde ao homem como ente de razão, a teoria se basta a si mesma, sem necessidade de ser aplicada ou subordinada à prática. Veremos, portanto, que Aristóteles compartilha do desprezo de Platão por toda atividade prática material, entendida esta como transformação das coisas materiais por meio do trabalho humano. A práxis material produtiva – o trabalho – torna o homem escravo da matéria, das coisas, daí a razão por que seja considerada – na sociedade escravista grega – indigna dos homens livres. Essa sujeição da atividade produtiva à matéria é o que a torna desprezível e própria de escravos. Os homens livres só podem viver – como filósofos ou políticos – no ócio, entregues à contemplação ou à ação política, isto é, em contato com as ideias, ou regulando conscientemente os atos dos homens, como cidadãos da *pólis*, e deixando o trabalho físico – justamente por seu caráter servil, humilhante – nas mãos dos escravos" (SÁNCHEZ VÁZQUEZ, Adolfo, 2011, p. 39-41).

oferta de emprego ou de ocupação (vendedores ambulantes, limpadores de chaminés, construtores de ferrovias [*land navigators* ou simplesmente *navies*],[187] entre outras), acarretando, de tal arte, a formação de regiões superpovoadas (favelas supuradas), nas quais, entre outros e graves problemas sociais, se aceleravam e se deterioravam as condições sanitárias das moradias,[188] tornando ainda mais caótica a realidade desse exército industrial de reserva.[189] Apesar de ter havido significativos avanços em muitos países (particularmente os do *Welfare State*[190]), a situação de insegurança (diante do desemprego *en masse*,

---

[187] Cf. BRESCIANI, Maria Stella Martins Bresciani, 1982, p. 40.

[188] Cf. BRESCIANI, Maria Stella Martins Bresciani, p. 37.

[189] Obviamente, o desenvolvimento das grandes cidades no século XX combateu o caos da vida urbana do século anterior. "Nos novos ambientes urbanos [...] a velha rua moderna, com sua volátil mistura de pessoas e tráfego, negócios e residências, ricos e pobres, foi eliminada, cedendo lugar a compartimentos separados, com entradas e saídas estritamente monitorizadas e controladas, atividades de carga e descarga por trás da cena, de modo que estacionamentos e garagens subterrâneos representassem a única mediação possível. [...]. Uma nova onda de modernização, apoiada em uma ideologia de modernismo em desenvolvimento, neutralizou as forças anárquicas e explosivas que a modernização urbana, outrora, havia reunido. [...]. A trágica ironia do urbanismo modernista é que seu triunfo ajudou a destruir a verdadeira vida urbana que ele um dia almejou libertar" (BERMAN, Marshall, 1988, p. 162-3).

[190] De acordo com a *Britannica Online Encyclopædia*: "welfare state, concept of government in which the state plays a key role in the protection and promotion of the economic and social well-being of its citizens. It is based on the principles of equality of opportunity, equitable distribution of wealth, and public responsibility for those unable to avail themselves of the minimal provisions for a good life. The general term may cover a variety of forms of economic and social organization". (Acesso em: 30/11/12.) De ver-se que a formação histórica dos direitos sociais encontra em sua base, sem dúvida, a veemente crítica às insuficiências e distorções da aplicação do modelo econômico liberal. Com efeito, "los derechos sociales están relacionados con el origen de la idea de 'Derecho social', que se sitúa en el último tercio del siglo XIX, y tiene lugar centralmente a partir de la crítica del empleo de las nociones jurídicas típicas del modelo liberal a las relaciones entre capital y trabajo. De acuerdo con el modelo liberal, las relaciones capital-trabajo debían interpretarse a partir de las nociones contractuales y de responsabilidad del Derecho civil. Esto significa que, de acuerdo con esa visión, las relaciones laborales constituían un contrato como cualquier otro, en el que dos sujetos en igualdad legal de condiciones pactaban libremente un intercambio de bienes: por un lado, la puesta a disposición del patrón de la fuerza de trabajo por parte del trabajador; por otro lado, el pago de un precio –el salario– por parte del empresario. Por ende, se excluía cualquier factor supuestamente distorsivo de esta relación individual –como, por ejemplo, la existencia y presión de un sindicato, o la intervención estatal en las condiciones del contrato–, presentándolos como una interferencia indebida en la autonomía de la voluntad de las partes. De igual manera, se aplicaban a las relaciones laborales las nociones de responsabilidad típicas del Derecho civil: el empleador sólo debía indemnizar al trabajador si los daños sufridos por éste eran causados por la voluntad o negligencia del primero. En términos prácticos, la aplicación de este esquema de interpretación a las relaciones laborales –en especial a las relaciones laborales de la naciente fábrica industrial– significaba la virtual 'legalización' de un régimen de notoria desigualdad. En el último tercio del siglo XIX se consolida en Europa occidental una de las tendencias de la producción capitalista avanzada: la migración del campesinado a las ciudades y su conversión en proletariado industrial. Presentar a los trabajadores –cuya única posibilidad de 'intercambio' era la venta de su fuerza de trabajo– como contratantes libres, en situación de igualdad jurídica con el patrón, constituía evidentemente una representación completamente distorsionada de la notoria desigualdad de poder entre ambas partes: en consecuencia, esta visión presenta como aceptadas 'voluntariamente' por parte del trabajador el trabajo a destajo, la ausencia de limitaciones en la jornada laboral, el trabajo infantil, el trabajo nocturno, la ausencia de descansos y vacaciones, el desempeño de labores en ambientes insalubres e inseguros, etcétera. La aplicación intensiva de nueva tecnología a la producción –consecuencia de la Revolución Industrial– significó el aumento de la productividad y el inicio de la fabricación en serie, pero –al mismo tiempo– un notorio aumento del riesgo de sufrir enfermedades y accidentes durante el desempeño del trabajo. La limitación de la responsabilidad civil del empleador a los casos de daño inferido voluntaria o negligentemente obligaba al trabajador y a su familia a asumir el costo de gran parte de esas enfermedades y accidentes de trabajo. La represión antisindical y el combate contra la organización de los trabajadores eran presentados como maneras de garantizar las condiciones de 'igualdad' entre individuos contratantes. La lucha por la mejora de las condiciones de los trabajadores y la percepción de las distorsiones intolerables a las que llevaba la aplicación de las nociones jurídicas típicas del liberalismo a las relaciones la-

dos empregos crescentemente precarizados e dos acidentes laborais) não se modificou, substancialmente, no (quindênio inicial do) século XXI, cujas múltiplas causas não podem ser, aqui, sequer, indicadas.[191]

Pode lembrar-se, entretanto, em uma explicação historicamente integrada, o relevante papel que desempenharia, no sistema capitalista, a introdução de um modelo de acumulação flexível, mediante o qual o mercado de trabalho sofreria uma profunda alteração, implicando a formação de novas diretrizes econômico-sociais. Dessa maneira, em face do "processo de esgotamento e

---

borales condujeron al desplazamiento de ese modelo, y a su reemplazo por uno novedoso, al que –dada su articulación como respuesta al conflicto que entonces se denominaba 'cuestión social' se dio el nombre de Derecho Social. En este modelo de Derecho se abandonan varias de las premisas a partir de las cuales se estructuraba el modelo liberal que subyacía a los Códigos civiles. En primer lugar, se desplaza la centralidad de la noción de igualdad formal entre contratantes, para reemplazarla por la idea de desigualdad material, que da lugar a un trato diferenciado entre la parte más poderosa, es decir, el empleador, y la parte más débil, es decir, el trabajador. El reconocimiento de esta desigualdad material se refleja en una multiplicidad de disposiciones: presunciones y principios de interpretación a favor del trabajador, cláusulas protectorias que no admiten derogación por las partes, cargas patronales, etcétera. En segundo lugar se critica la descomposición de las relaciones de trabajo en relaciones contractuales individuales: el Derecho social parte entonces de la asunción de la existencia de relaciones colectivas de trabajo. En el mundo del trabajo, eso da lugar al reconocimiento de la personalidad del sindicato como actor jurídico, como al reconocimiento de la autonomía colectiva –en particular, la posibilidad de negociar con la patronal normas colectivas de trabajo– y de instrumentos de autotutela colectiva –como el derecho de huelga–. En tercer lugar se modifica el papel cumplido por el Estado: en lugar de limitar su papel al de garantizar las transacciones individuales y supuestamente 'voluntarias', el Estado se constituye en mediador de las relaciones entre empleadores y trabajadores, legitimando el sistema privado de producción de la parte más débil de la relación laboral. Esto se materializa de distintas maneras: primero, por la regulación estatal del contrato de trabajo, cuyas cláusulas mínimas son estipuladas por la ley, sin admitir modificación a la baja por las partes –el llamado orden público laboral–. Se regulan así, por ejemplo, la duración de la jornada laboral–. Se regulan así, por ejemplo, la duración de la jornada laboral, las pausas, descansos y vacaciones, las indemnizaciones por despido, el salario mínimo, las condiciones de calificación laboral y promoción, las obligaciones de seguridad e higiene por parte del empleador, etcétera. En segundo término, el Estado asume el poder de policía en materia de condiciones de trabajo, instituyendo inspecciones del trabajo para la verificación del cumplimiento de los mínimos establecidos por la ley. En tercer término, el Estado se constituye en árbitro de los conflictos entre capital y trabajo, y de la compatibilidad de los acuerdos surgidos de la negociación colectiva con el interés general de la sociedad. Por último, se diseña un nuevo criterio de asignación de responsabilidad para los accidentes y enfermedades de trabajo: la llamada responsabilidad de carácter objetivo, es decir, independiente de la necesidad de probar la voluntariedad del daño o la negligencia en su producción. Se instituye así un nuevo sistema de responsabilidad, que toma en consideración los intereses tanto de los trabajadores como de la patronal: por un lado, el sistema de responsabilidad objetiva beneficia a los trabajadores, facilitando la prueba y las posibilidades de recibir una indemnización en caso de accidente o enfermedad laboral; por otro lado, establece un sistema de indemnización limitada, que permite un mejor cálculo de previsibilidad al empleador y reduce el costo que los accidentes y enfermedades pudieran ocasionarle. La crítica de los efectos objetivos que provocaba la aplicación de un esquema de interpretación liberal, y el intento de morigerar sus disfunciones no se redujo al campo específico de las relaciones laborales. La creciente percepción de que la desigualdad material y la diferencia de oportunidades para satisfacer necesidades humanas a través de la participación en el mercado constituían factores de inseguridad y de conflictividad social llevó al Estado a ampliar su actividad a esferas que –de acuerdo a la interpretación liberal ortodoxa– debían ser libradas a la iniciativa de los particulares. Así, entre el último tercio del siglo XIX y la segunda postguerra del siglo XX se constituyen y consolidan en Europa y en muchos países de América Latina sistemas de seguridad social, sistemas públicos de salud, educación, acceso a la vivienda, transporte, protección, familiar, abastecimiento de alimentos, etcétera. En la Argentina estas funciones son asumidas por el Estado a partir de la década del cuarenta del siglo pasado. Como puede apreciarse fácilmente, se trata de los rasgos típicos del nacimiento del llamado Estado de bienestar o Estado social. Este Estado social organiza su actividad en gran medida a partir de la construcción de un entramado de normas jurídicas que disciplinan su actividad en la variedad de áreas que antes quedaban libradas a la iniciativa privada, y en este modelo son gestionadas, mediadas o fiscalizadas directamente por el sector público". (ABRAMOVICH, Víctor; COURTIS, Christian, p. 11-5.)

[191] Ver, a propósito, a densa e interessante análise de MAHNKOPF, Birgit, p. 47-69.

crise do modo de regulação existente, passam a ser utilizadas novas práticas de gestão e organização do trabalho, centradas na flexibilização [...]. A ótica financeira ganha importância em relação à ótica produtiva. Os empregadores, diante de tantas alterações – como o argumento da competitividade – e em nome de outras exigências referentes à qualidade do produto a ser consumido, passam a impor regimes de trabalho e contratos mais precários e flexíveis".[192] Tal reconfiguração das forças ativas econômicas contou, em sua atmosfera ideológica, com a doutrina neoliberal, cujo modelo, *grosso modo*, requer, de um lado, tanto "a privatização, a descentralização e a desregulamentação dos mercados, do Estado, das empresas, dos direitos"[193] como, de outro, a elevação da competitividade, a modernização e a flexibilização das estruturas sociais, a fim de "adequá-las às novas tecnologias".[194] A atual configuração do mundo foi traçada, desse modo, em virtude da crescente atuação de conglomerados multinacionais, em cujo cenário os mercados de trabalho são desnacionalizados (*dumping* salarial), ou seja, a produção se desenvolve, preferencialmente, em nações que apresentam baixos padrões salariais; e, nas em que ainda se produz (normalmente em países centrais), isso ocorre em decorrência de incentivos concorrenciais predatórios, extraídos dos governos por meio de forte pressão. Sob outro critério, os mercados financeiros encontram-se liberalizados em escala global, e não mais se submetem às medidas de desempenho das economias nacionais.[195]

À plena configuração e implementação desse modelo econômico, foi necessária, por evidente, a adoção de medidas desregulamentadoras, de corte de gastos, de redução de direitos, de intensificação da exploração do trabalho, o que, por conseguinte, resultou no enfraquecimento das garantias trabalhistas, na deterioração das condições produtivas e, por via de consequência, no incremento da acidentalidade laboral. No Brasil, o modelo neoliberal foi grandemente impulsionado a partir de 1990 – com a utilização "de estratégias de desregulamentação, flexibilização, privatizações aceleradas e desindustrialização"[196] – sob o governo Fernando Collor de Mello; e, a partir dessa diretriz neoliberal, "o governo Fernando Henrique Cardoso passou a conduzir e a realizar as reformas nas legislações".[197]

Agora, cumpre avaliar os aspectos específicos de repercussão jurídico-penais.

---

[192] MENDES, Jussara Maria Rosa, p. 29.

[193] MENDES, Jussara Maria Rosa, p. 33.

[194] MENDES, Jussara Maria Rosa, p. 33. Esse novo modelo econômico foi denominado de "era da acumulação flexível" ou da "reconversão do capitalismo", que se caracterizou, em essência, no Primeiro Mundo, por priorizar investimentos em alta tecnologia e exportar as indústrias que demandavam mais mão de obra para regiões onde eram mais atrativos os incentivos fiscais e mais propícia a exploração do trabalho; com isso, consolidou-se, nos anos 1980, uma etapa do capitalismo na qual o trabalho era explorado de forma mais intensa e qualitativa, ou seja, "unindo a mais-valia absoluta (redução do padrão de vida, erosão do salário real, mais horas de trabalho) e a relativa (alteração organizacional e expansão tecnológica, de modo a obter mais lucro de menos trabalhadores)" (LOPEZ, Luiz Roberto, 1997, p. 209).

[195] MÜLLER, Friedrich, 2002a, p. 30.

[196] MENDES, Jussara Maria Rosa, p. 37.

[197] MENDES, Jussara Maria Rosa, p. 37.

2.2. Considerações específicas

A doutrina criminal especializada tem destacado, no que diz respeito ao âmbito do direito penal econômico e da criminalidade empresarial (na Europa, muito particularmente na Alemanha e na Espanha), que, nos últimos anos, se desenvolveu um intenso debate em torno da luta jurídico-penal contra os perigos que surgem da atividade das empresas no plano externo, ou seja, a responsabilidade pelo produto, o impacto ambiental e os perigos à coletividade; contudo, a mesma atenção não se estendeu à proteção dos trabalhadores, isto é, à luta contra os perigos produzidos por uma empresa no plano interno[198] (acidentes, condições precárias de trabalho, falta de investimentos nos sistemas de proteção, entre outros). Vista nesta perspectiva, pode reconhecer-se que os delitos acidentários, via de regra, se inscrevem no âmbito interno das empresas, em face de condutas lesivas que – apesar de, em alguns casos, afetarem interesses jurídicos coletivos – se projetam contra vítimas diretas (e, portanto, identificáveis), ao passo que, na criminalidade econômica, em geral, se afetam interesses mais amplos, difusos, cujos sujeitos passivos se mostram mais indeterminados.[199] Correlata e especificamente, ainda no plano dos fatores criminológicos associados à questão dos acidentes de trabalho, destaca-se que os empregadores (bem como os seus representantes e delegados) não se encontram apenas em uma situação de superioridade concreta, mas, ainda, "forman parte de una estructura empresarial cuya dinámica responde a leyes propias, de cuya consideración no se puede prescindir. Al respecto, es pacíficamente admitido que la existencia de comportamientos ilegales en el seno de la empresa se debe no a la eventual predisposición personal de cada individuo, sino a factores estructurales como la división del trabajo, las relaciones jerárquicas o el sistema normativo interno. La distribuición fragmentaria de taresas y objetivos, reforzada en el contexto general de la organización a través de los mecanismos de premios y castigos –entre ellos el despido–, del estímulo económico, de la promoción o remoción, puede crear condiciones objetivas que favorezcan el desprecio por la norma".[200] E, na atual configuração da estrutura produtiva, o processo de tomada de decisões, paulatinamente, se descentraliza – muito emblematicamente em estruturas empresariais complexas –, "lo que provoca una aminoración de la responsabilidad individual sobre los efectos finales";[201] em síntese, esse quadro sugere a existência de condições objetivas, internas, que podem propiciar o desenvolvimento de resultados altamente lesivos aos interesses específicos dos trabalhadores.

Na dinâmica da atividade produtiva, o lucro, logicamente, é o móvel primordial (*ratio fundamentalis*) da economia de mercado, na medida em que uma empresa pouco rentável não teria razão de ser na perspectiva (da sociedade) capitalista. A mais disso, existe a (sempre crescente e desigual) concorrên-

---

[198] SCHÜNEMANN, Bernd, 2009, p. 287-8.

[199] BAYLOS, Antonio; TERRADILLOS, Juan, p. 39-40.

[200] BAYLOS, Antonio; TERRADILLOS, Juan, p. 40.

[201] BAYLOS, Antonio; TERRADILLOS, Juan, p. 40.

cia, que obriga as empresas competidoras ao desenvolvimento de estratégias produtivas maximizantes da lucratividade,[202] o que implica, por via de consequência, em termos amplos, a redução dos gastos de produção (muito particularmente dos gastos gerais[203]), com a finalidade precípua de sobreviver e, por óbvio, crescer neste ambiente concorrencial.[204] Cabe lembrar, nesta ordem de consideração, a teoria marxista das crises, segundo a qual haveria crises que, por seu periódico retorno, e cada vez mais radicalmente, poriam em questão a existência de toda a sociedade burguesa, destruindo não apenas grande parte dos produtos existentes, mas igualmente das forças produtivas antes criadas. Essa situação (de crise) poderia sugerir o enfraquecimento paulatino do sistema capitalista e talvez a sua destruição. Todavia, como enfatiza Marshall Berman, "crises podem aniquilar pessoas e companhias que são, por definição do mercado, relativamente fracas e ineficientes; podem abrir espaço para novos investimentos e redesenvolvimentos; podem forçar a burguesia a inovar,

---

[202] Octavio Ianni (2004, p. 316-7) indica, ainda, os demais efeitos da competitividade sob o neoliberalismo predominante na economia global: "os imperativos universais da desregulação, privatização e redução da intervenção governamental nos processos econômicos. O neoliberalismo está transformando os Estados em amortecedores situados entre as forças econômicas externas e a economia nacional; isto é, agências destinadas à adaptação das economias nacionais às exigências da economia global. Assim, o mercado irrompe livre de quaisquer barreiras nacionais, submetendo a sociedade global às suas leis".

[203] Trata-se de gastos que não entram, diretamente, na produção da mercadoria, como, por exemplo, o sistema de proteção dos trabalhadores.

[204] Historicamente, no curso da Revolução Industrial, capitaneada pela Inglaterra, a classe operária se foi pauperizando de forma extraordinária, implicando a necessidade de as próprias nações industriais alertarem-se com os seus efeitos. Neste sentido, "foram elaboradas as primeiras normas 'de tipo assistencial, geralmente isoladas, tendo por finalidade proteger os menores de idade e diminuir a jornada de trabalho'. [...] em 1814, os salários eram de fome, sendo a jornada de trabalho de 15 a 16 horas diárias, não havendo higiene mínima nas fábricas nem ajuda nos casos de acidentes no trabalho. [...]. As preocupações estatais eram, no entanto, freadas pelo temor dos empresários de criar condições menos favoráveis em relação aos demais, levando à incapacidade de enfrentar a concorrência no mercado. O Estado intervinha 'para evitar a organização dos trabalhadores e suas demandas de condições humanas de prestação de trabalho'" (AZEVEDO, Plauto Faraco, p. 51). Ao lado dessa intervenção estatal para obstaculizar a organização dos trabalhadores, desenvolvia-se uma outra forma de domínio paralela à maquinaria do Estado, descrita por Maurice Dobb (1980, p. 352-3) do seguinte modo: "hoje sabemos algo a respeito das tiranias exercidas sobre a vida dos trabalhadores na Grã-Bretanha nos primeiros tempos do sindicalismo [...] das tiranias da oficina *tommy-shop*, da casa possuída pelo empregador e da expulsão de empregados que fizessem coisas desagradáveis para seus patrões, do poder destes para perseguir um trabalhador por causa de opiniões manifestadas por este ou de suas atividades, para privá-lo de emprego e pô-lo na lista negra entre os demais empregadores; do preconceito tanto da lei quanto de sua interpretação pelo magistrado local, que por muito tempo virtualmente privou a classe trabalhadora do direito de associação e reunião política independente". E prossegue o autor: "em alguns aspectos, é uma história de sabor bem medieval, com seus bandos particulares de *condottieri*, sustentados pelas grandes companhias para uso contra seus próprios empregados, com a interpenetração do pessoal comercial e a administração pública local, com seus métodos mafiosos e o emprego da espionagem particular, suborno e brutalidade em escala impressionante. [...] a usurpação do poder de polícia por guardas e delegados pagos particularmente, às vezes contratados por agências de detetives, muitos com antecedentes criminais, como sendo prática geral em muitas partes do país; de regiões onde nenhum funcionário sindical pode ir e vir sem correr o risco de sofrer violência pessoal; e da ameaça ao governo democrático inerente ao desejo das organizações dos homens das grandes companhias de fomentar os meios pelos quais partes pecuniariamente interessadas possam fazer a lei por sua própria conta. O uso em que tais 'munições industriais' eram destinadas acha-se plenamente ilustrado no registro desses exércitos particulares. A 'espionagem às claras' (ou fazer alguém seguir uma pessoa durante todo o tempo e em todos os lugares, de modo a intimidá-la) e a inserção de espiões em todo o sindicato, com o intuito não só de espionar, mas de o perturbar e destruir, e agir até como agentes provocadores, achavam-se entre as menos ameaçadoras de suas atividades. Empenhavam-se em ataques a indivíduos, espancamento e ferimentos à bala dos organizadores sindicais, dissolução de reuniões e manifestações, e destruição dos escritórios sindicais" (DOBB, Maurice, p. 352-3).

expandir e combinar seus investimentos de maneira mais engenhosa que antes; crises podem, portanto, atuar como inesperadas fontes de força de resistência do capitalismo. Talvez seja verdade [...] que essas formas de adaptação apenas 'pavimentam o caminho para crises ainda maiores e mais destrutivas'. Mas, dada a capacidade burguesa de tirar proveito da destruição e do caos, não há qualquer razão aparente para que essas crises não possam prosseguir numa espiral interminável, destruindo pessoas, famílias, corporações, cidades, porém deixando intatas as estruturas e o poder da vida social burguesa".[205]

Nesse sentido, o sistema "incita permanentemente al empresario a maximizar el beneficio a costa de los bienes jurídicos de la colectividad, y/o a costa de los bienes jurídicos de los trabajadores",[206] que são, para além do mais, do ponto de vista vitimológico, aqueles que, por dependerem do emprego[207] e da continuação da empresa,[208] se encontram em uma situação de singular necessidade de proteção, muito em virtude de um sistema extraordinariamente especulativo e incerto.[209] [210]

---

205 BERMAN, Marshall, p. 101.

206 SCHÜNEMANN, Bernd, p. 288-9.

207 Obviamente que, no amplo quadro da consolidação do processo da globalização, em termos socioprofissionais, o dado de maior relevo tem sido o desemprego, que se torna mais intenso, a ponto de atingir setores da classe média antes resguardados (COELHO, Teixeira, 2012, p. 204). Além disso, observa-se, ainda, "um aumento nas taxas de desemprego, denominado estrutural ou involuntário, e a emergência de formas precarizadas de emprego, inclusive daqueles oferecidos aos jovens com alta escolaridade. Nos países capitalistas avançados, as ofertas mais permanentes de emprego estão restringindo-se de tal modo que eles entram no mercado de trabalho através do trabalho por tempo determinado ou emprego temporário que, por seu lado, tem alocado mais a força de trabalho feminina" (BLASS, Leila Maria da Silva, 2002, p. 149).

208 A doutrina especializada tem destacado a importância da mudança qualitativa nas economias mundiais, muito particularmente em razão do acentuado avanço tecnológico, que implicou, entre outros fatores, de um lado, o desenvolvimento de interação entre as nações e, de outro, a busca incessante de novas soluções tecnológicas que deem suporte a este processo, na medida em que se incrementou a competitividade entre as empresas e, por consequência, entre os próprios países. Desse modo, "a continuidade da ênfase na inovação tecnológica em crescente velocidade, e o surgimento de novos paradigmas tecnológicos e organizacionais em substituição aos modelos anteriores de produção e comunicação, são uma premissa básica para a sobrevivência das empresas e países, no cenário competitivo da globalização" (KON, Anita, 2002, p. 69).

209 Perry Anderson (1999, p. 945) afirma que, "com a recessão de 1973, o fordismo – minado pela crescente competição internacional, lucros corporativos em baixa e inflação acelerada – mergulhara numa crise de superacumulação adiada por muito tempo. Em resposta surgiu um novo regime de 'acumulação flexível', à medida que o capital aumentava sua margem de manobra. O novo período encontrava maior flexibilidade nos mercados de trabalho (contratos temporários, mão-de-obra doméstica e imigrante), processos de fabricação (mudança de fábricas para outros países, produção a toque de caixa), produção de mercadorias (lotes em consignação) e acima de tudo nas operações financeiras desregulamentadas, ou seja, no mercado de dinheiro e crédito. [...]. O que mudou de modo crítico, porém, foram a posição e a autonomia dos mercados financeiros dentro do capitalismo, passando por cima dos governos nacionais, o que significava uma instabilidade sistêmica sem precedentes". Pode-se considerar, assim, que determinadas mudanças sociais impactam, negativamente, sobre a segurança dos trabalhadores. Por exemplo, as pessoas empregadas há menos de dois anos são mais suscetíves de se tornarem vítimas de algum acidente de trabalho do que a média dos trabalhadores; e esse efeito é particularmente pronunciado em empregos temporários do setor da construção civil. A mais disso, trabalhos com tempo parcial ou com horários atítpicos são "factores que agravan el peligro de los trabajadores, lo que se puede explicar, concretamente, por la falta de formación adecuada, las alteraciones psicosomáticas que provoca el horario atípico, la sensibilización deficiente de los empresarios o por la falta de motivación de los trabajadores con contratos precarios" (TERRADILLOS BASOCO, Juan, 2002, p. 16). De acordo com o relatório de acidentes do trabalho no Rio Grande do Sul, investigados entre agosto de 2001 a dezembro de 2007, "percebe-se que cerca de 31% dos trabalhadores se acidentam nos primeiros 60 dias na função, e que esta percentagem sobe para praticamente 50% até o sexto mês" (BRASIL, MTE, p. 19-20).

A nossa legislação[211] – diferentemente do que ocorre com outras, de que são exemplos a espanhola e a peruana – não conta com um *corpus* específico de regras jurídico-criminais de proteção às condições de segurança do trabalho, cujo dever se faz de forma genérica e subsidiariamente (homicídio e lesão corporal culposos; desabamento; exposição a perigo,[212] entre outros; sem prejuízo, é claro, que, em certas situações, possa haver o enquadramento em alguma modalidade típica dolosa [notadamente em consideração da figura legal do dolo eventual[213]]; existem, entretanto, em dimensão meramente contravencional,[214]

---

210 Como comenta Andréa Saint Pastous Nocchi (2013), "silenciosamente, cerca de sete trabalhadores perdem a vida por dia no Brasil. É mais que o dobro das mortes da tragédia do Paquistão, todo o ano, ano após ano. De tão grave o flagelo, a OIT pensa em uma campanha mundial para a prevenção de acidentes, o governo brasileiro começa a divulgar ações neste sentido e o TST tem um programa especialmente desenvolvido para a conscientização e redução das mortes e doenças profissionais. Mas enquanto a prioridade for produzir de modo globalizado e massificado, com baixíssimo custo e altíssimos lucros, a vida não valerá nada e o mundo continuará a ser pequeno, na comunhão das tragédias".

211 René Ariel Dotti (2014, p. 20) esclarece que o "sistema positivo penal brasileiro é fundado na Constituição e desmembrado pelos códigos Penal e de Processo Penal, da LEP e das leis extravagantes e integrado pelas disciplinas correspondentes aos modelos de diplomas. Fala-se, então, de um *Direito Penal especial* com múltiplas subdivisões: Direito Penal *ambiental* (ou *ecológico*), Direito Penal *comercial*, Direito Penal *do consumidor*, Direito Penal *econômico, tributário* e *financeiro*, etc., tantos sejam os bens jurídicos especialmente tutelados. Existe uma imensa classificação dos delitos em atenção à natureza do bem jurídico ofendido, compreendendo-se como tal, na antológica lição de Liszt, 'o interesse juridicamente protegido. Todos os bens jurídicos são interesses humanos, ou do indivíduo ou da colectividade. É a vida, e não o direito, que produz o interesse; mas só a proteção jurídica converte o interesse em bem jurídico'. Dentro dessa perspectiva, pode-se falar da intervenção penal também do Direito do Trabalho que, [...], 'é o conjunto de princípios e normas que regulam as relações entre empregados e empregadores e de ambos com o Estado, para efeitos de proteção e tutela do trabalho [...]. Trata-se de mais uma das especializações do Direito Penal, estimulada pela crise das codificações e pela expansão dos microssistemas. Aliás, a CLT [...], ao promover a reunião do grande número de leis trabalhistas em vigor apenas um decênio após a Revolução de 1930, constituiu, por si mesma, um microssistema, com luz própria e características contratuais e normativas distintas das previsões do CC de 1916, especialmente quanto à locação de serviços (arts. 1.216/1.236). Um *Direito Penal do Trabalho* poderá muito bem traduzir essa necessidade de adequação entre os seus operadores (Polícia, MP, Poder Judiciário e Advocacia) para as peculiaridades das relações jurídicas que se estabelecem sob o universo do contrato de trabalho e dos demais negócios submetidos a essa jurisdição especializada".

212 O art. 132 do CP apresenta a seguinte redação típica: "expor a vida ou a saúde de outrem a perigo direto e iminente: Pena – detenção, de 3 (três) meses a 1 (um) ano, se o fato não constitui crime mais grave. § único. A pena é aumenta de 1/6 (um sexto) a 1/3 (um terço) se a exposição da vida ou da saúde de outrem a perigo decorre do transporte de pessoas para a prestação de serviços em estabelecimentos de qualquer natureza, em desacordo com as normas legais". Em face da subsidiariedade expressa deste tipo, na hipótese de a vítima morrer em razão da exposição retratada neste artigo, o sujeito responderá por delito de homicídio culposo (CP, art. 121, § 3°); e, na hipótese de a vítima sofrer lesão culposa, o sujeito não responderá por crime lesão corporal culposa (CP, art. 129, § 6°), mas pelo próprio crime de perigo para a vida ou saúde de outrem, na medida em que a pena daquele é menor que a deste. Além disso, não há cogitar-se, *in casu*, a existência de um concurso de crimes em virtude da natureza subsidiária do art. 132 do CP.

213 Com mais detalhes, ver o ponto 3.4.3. De qualquer modo, "a presunção de culpa supõe a negação do dolo, mas, naturalmente, essa negação, por si só, não justifica a condenação por culpa, pois é possível que o agente que concretiza os elementos objetivos de um tipo penal não tenha agido nem com dolo, nem com culpa. Assim é quando uma criança pula diante do carro a uma distância tão pequena, que o motorista, cujo comportamento no trânsito é absolutamente correto e que não precisa esperar esse aparecimento repentino, não consegue frear seu veículo a tempo, incorreto e ultrapassado. A constatação de que existe culpa necessita, portanto, em todos os casos, de uma fundamentação positiva. Ela também pode ser encontrada naqueles casos em que o dolo não pode ser nem provado, nem excluído com segurança, mas naqueles em que, 'pelo menos, não há dúvida quanto a uma lesão culposa do bem jurídico protegido'. Possibilitar uma condenação por culpa, nesses casos, *também* é uma das finalidades da ameaça punitiva contra crimes culposos (*BGH* 17, 212; a construção dogmática, 'tipo subsidiário', é criticada na doutrina com razão" (BOCKELMANN, Paul; VOLK, Klaus, 2007, p. 193-4).

esparsos comandos[215] de insignificante impactação retributiva). Desse modo, lançam-se as questões de análise: seria realmente necessário que se adotasse um regramento próprio (uma intervenção criminal adicional), nos moldes espanhóis, por ilustração? Ou a legislação brasileira cumpre a função protetiva de forma adequada, e o investimento dever-se-ia dar com o avanço em outros campos? Especificamente: seria imperiosa a real tipicização das condutas que exponham a perigo a vida e a integridade física dos trabalhadores em virtude do não cumprimento das medidas de segurança, ou seja, ao não facilitar os meios, a instrução, ou, ainda, ao não controlar o adequado uso dos meios, impedindo, com isso, que os empregados desempenhem suas atividades em condições impróprias (em jornadas alongadas excessivamente, para além dos limites legais)? Quais seriam as eventuais vantagens da proteção criminal adicional na segurança do trabalho? Mostrar-se-ia de rigor que os poderes públicos se servissem do direito criminal, de forma particular, para garantir a proteção dos bens sociais aqui envolvidos? Eis aí uma série de perguntas que não têm uma resposta simples, muito menos evidente. (Aliás, cumpre destacar, em um sentido *lato*, que as novas características dos riscos impuseram a ampliação dos recursos penais, especialmente os que se destinaram à prevenção ou à inibição de atividades potencialmente perigosas – independente de quaisquer efeitos concretos –, na medida em que se trataria de atividades detentoras de um elevado grau de destruição em escala mundial.[216] Não podem, pois, causar surpresa, neste contexto, nem as modificações estruturais que houve para adaptar o sistema repressivo ao fenômeno da sociedade de risco, nem as alterações legislativas[217] e dogmáticas levadas a efeito.)[218]

---

[214] Em larga medida, as contravenções penais ostentam um caráter fundamentalmente preventivo e estruturam-se como infrações subsidiárias – *délit à coté* –, cujo objetivo é o de evitar a produção de um evento de maior densidade lesiva.

[215] De tal sorte, ilustrativamente, tanto o art. 19, § 2°, da Lei 8.213/91 ("Constitui contravenção penal, punível com multa, deixar a empresa de cumprir as normas de segurança e higiene do trabalho"), como o art. 343 do Decreto 3.048/99 ("Constitui contravenção penal, punível com multa, deixar a empresa de cumprir as normas de segurança e saúde do trabalho") têm praticamente a mesma descrição típica, punindo a não observância das condições do art. 157 da CLT ("Cabe às empresas: I. cumprir e fazer cumprir as normas de segurança e medicina do trabalho; II. instruir os empregados, através de Ordens de Serviço, quanto às precauções a tomar no sentido de evitar acidentes do trabalho ou doenças ocupacionais; III. adotar as medidas que lhe sejam determinadas pelo órgão regional competente; IV. facilitar o exercício da fiscalização pela autoridade competente"). Ainda o art. 9º da Lei 9.719/98 estabelece que devem ser cumpridas as normas concernentes à saúde e à segurança do trabalho portuário. O art. 10 da mesma lei estabelece multas pelo descumprimento.

[216] Como sugere Pierpaolo Cruz Bottini (p. 87), "a expansão deste novo direito penal também é produto do caráter reflexivo dos riscos produzidos [...]. Os efeitos prejudiciais de determinadas atividades afetam toda a comunidade, inclusive a classe economicamente dominante, produtora destes riscos, e acirram a demanda por medidas drásticas de contenção de condutas perigosas. Não fosse este caráter reflexivo, a expansão do direito penal seria mais gradual e lenta, devido à resistência das categorias sociais responsáveis pela produção das técnicas de risco. Haveria, por um lado, a demanda de setores da sociedade, afetados pelos resultados danosos das tecnologias inovadoras, por um controle efetivo dos riscos e, por outro, a posição contrária dos setores produtivos, unificados em torno do discurso da necessidade do risco como elemento indispensável ao desenvolvimento da economia. No entanto, esta dicotomia, que refletiria um conflito de classes sociais, não se verifica na organização social atual. O efeito bumerangue dos riscos coloca em cheque a unidade dos setores industriais e fragmenta o discurso contrário ao controle de atividades potencialmente perigosas".

[217] "A legislação penal amplia os campos de proteção a bens jurídicos de titularidade coletiva ou difusa, direcionando sua incidência a contextos cada vez mais genéricos, como o meio ambiente, o sistema econômico e o equilíbrio das finanças públicas. Este direcionamento da produção legislativa reflete a própria característica dos riscos atuais, quais sejam, seu alto potencial lesivo e a indeterminabilidade dos nexos causais, que levam

o legislador a ampliar o campo de atuação da norma penal para além do indivíduo exposto singularmente ao risco. Por outro lado, a dinâmica da produção e do desenvolvimento dos novos riscos, a complexidade de seus efeitos e a rapidez com que surgem novos contextos de periculosidade exigem do legislador o recurso às normas penais em branco. O tipo fechado, descritor de condutas ilícitas de maneira precisa, cede espaço para o dispositivo penal genérico, que remete o preenchimento de seu conteúdo a outros contextos de regulamentação mais flexíveis. Percebe-se o manifesto abandono do mandato de determinação, concretizado na multiplicação de normas penais com cláusulas genéricas e com elementos típicos indeterminados. Quanto maior a taxatividade dos tipos penais, menor sua capacidade de abrigar condutas perigosas inéditas, não previstas ou não existentes durante sua construção legislativa. A complexidade que envolve os novos riscos exige do direito penal maior agilidade para a identificação de perigos potenciais, e esta agilidade estará vinculada ao desenvolvimento de regras complementares aos tipos básicos, produzidas por outras esferas de regulamentação. A utilização das normas penais em branco não é novidade no ordenamento jurídico penal, mas a frequência e a forma com que esta técnica é empregada deve ser objeto de atenção, especialmente no que concerne à observância de princípios basilares do direito penal de um Estado Democrático de Direito [...]. Outro instrumento empregado largamente pelo legislador penal para o enfrentamento dos riscos inéditos são os tipos penais de perigo abstrato. A criminalização de condutas por meio desta técnica visa a antecipação da incidência da norma, para afetar condutas antes da verificação de qualquer resultado lesivo. Sua relação com os riscos da atualidade é evidente: afinal, o deslocamento do injusto do resultado para a conduta reflete uma preocupação do gestor de riscos (no caso, o legislador penal) com a prevenção e com a necessidade de evitar o perigo, como forma de garantir, de forma mais eficaz, a proteção aos bens eleitos como indispensáveis à vida em comum" (BOTTINI, Pierpaolo Cruz, p. 92-4).

[218] "As recentes alterações na legislação penal exigem um esforço da dogmática, ou no sentido de adaptar e modelar seus fundamentos de acordo com esta realidade, ou no sentido de rechaçar o novo papel que se quer conferir ao direito penal. Este esforço é caracterizado pela reconstrução de conceitos estruturantes do sistema penal, por intermédio da nova perspectiva apresentada pela sociedade de riscos. Este fenômeno fica claro, [...], no campo da construção do conceito de causalidade, em que a avaliação crítica dos critérios tradicionais de determinação da relação entre uma conduta e um resultado é inevitável. A dificuldade, ou impossibilidade de constatação científica dos cursos causais naturais entre uma ação e seus respectivos efeitos levam à normatização dos conceitos de causalidade, para adaptá-los à dinâmica das relações sociais atuais. A impotência da ciência, a instabilidade de seus paradigmas e a insegurança das hipóteses sobre as quais se erigem estudos e teorias do saber empírico colocam ao direito penal um desafio de difícil transposição. A imputação de um resultado a uma conduta, com a consequente responsabilização do agente passa a ser auferida por outros critérios, que não a mera relação causal naturalística. As teorias de imputação objetiva, que retomam os estudos neokantistas de buscar em critérios valorativos as respostas para os problemas da dogmática penal, apresentam o elemento da criação do risco não permitido para materializar o injusto penal. A ação penalmente relevante não é mais aquela que causa, no sentido naturalístico, um resultado danoso, mas aquela que cria um risco relevante e intolerável para o bem jurídico protegido. A figura do risco surge como elemento de construção dogmática e aponta para uma relação estreita das modernas teorias penais com as alterações estruturais verificadas no atual modelo de organização social. Além da nova abordagem sobre a causalidade e seus componentes, outras categorias dogmáticas são objeto de reflexão, como os conceitos de autoria e participação. A complexidade das relações sociais e das estruturas empresariais que lidam com a produção de riscos impõe a reavaliação dos limites e critérios de aferição de responsabilidade pela criação de perigos ou danos causados. Nos âmbitos complexos de organização empresarial a caracterização da autoria enfrenta a realidade de atos construídos por diversos agentes em diversas etapas de produção, sendo que, muitas vezes, estes atos isolados não apresentam risco algum para os bens protegidos pelo direito penal. A estrutura ramificada e especializada das pessoas jurídicas, a fragmentação da produção, da intermediação e da distribuição dificultam a atribuição de um resultado danoso ou de perigo a uma pessoa específica. A periculosidade da atividade final decorre da soma das atividades-meio, sem que estas apresentem, isoladamente, riscos intoleráveis. A perspectiva dogmática do conceito de bem jurídico também será alterada pelo direito penal de riscos. A incorporação na legislação penal de novas esferas de proteção, de bens jurídicos difusos, supraindividuais, terá efeitos nas construções teóricas sobre o objeto da tutela penal. Surgem estudos e trabalhos que apontam e defendem a supressão do conceito de bem jurídico, seja por sua inutilidade, seja por sua incompatibilidade com um contexto de riscos em que a norma penal não deve ser limitada à tutela de valores humanos específicos, mas deve livrar-se destas amarras para proteger instituições sociais ou unidades funcionais de valor. Como se pode observar, a nova estrutura social não afeta apenas a legislação penal, mas é também responsável por alterações significativas no campo da dogmática e sublinha o fato de que as novas construções e abordagens apresentadas não ocorrem por acaso, mas são fruto de uma forma de organização de sociedade que permanece perplexa diante do papel que o risco exerce em seus fundamentos" (BOTTINI, Pierpaolo Cruz, p. 95-7).

2.3. Da necessidade da intervenção criminal adicional

Das medidas de intervenção criminal adicionais, levando-se em linha de consideração o plano normativo brasileiro, pode perceber-se certa tendência à mutação da categoria meramente contravencional à condição de injusto criminal, incorporando-se, pois, a tipicização da infração das regras de prevenção de riscos laborais, na hipótese de haver, de modo concreto (ou mesmo abstrato, para aqueles que entendem ser esta construção típica de perigo abstrato), perigo à vida, saúde ou integridade física do trabalhador.

Sem embargo, cumpre repelir essa tendência expansionista do direito penal como única e mágica forma de intervenção sobre as questões criminais (e sociais), porquanto estamos, por vias transversas, incorrendo em um neorretributivismo, em vários aspectos, inaceitável neste momento histórico do desenvolvimento da ciência criminológica. Por certo, no panorama atual, consolidam-se, em nome de uma "dogmática (processual) penal da globalização", o alargamento dos meios invasivos de investigação (escutas telefônicas, agentes infiltrados, conduções coercitivas, delações, entre outros) e a plasticização dos conceitos garantistas (imputação, culpa, autoria, omissão, entres outros) para assegurar a eficácia da repressão à delinquência, isto é, a adequação persecutória penal concreta aos comportamentos desvaliosos (sobretudo quanto aos ocorrentes no âmbito da criminalidade das empresas ou de estruturas organizadas);[219] na base disso, potencializam-se diferentes graus de lesividade às garantias individuais dos cidadãos.

Nesse estado de coisas, impossível endossar, como primeira alternativa, antes mesmo do exame de outras soluções capazes de melhores resultados,[220]

[219] No domínio empresarial, adquire importância a questão da responsabilidade criminal, dado que, "atrás de estruturas organizadas empresariais, se esconde a parte mais relevante da nova criminalidade; aspectos probatórios que hoje ganham transcendência na distinção entre dolo eventual e negligência consciente podem ser enfrentados pela aproximação à figura da *recklessness;* e o mesmo se pode dizer relativamente às causas de exclusão de ilicitude e da culpa e às *defenses* anglo-saxónicas, que, sem discutir a sua relevância ao nível do ilícito e da culpa, abrem a via da consideração de que devem ser alegadas e provadas pela defesa" (RODRIGUES, Anabela Miranda, p. 383).

[220] A preocupação com a segurança dos trabalhadores conheceu toda sorte de medidas e abordagens, evidenciando, pois, a busca de alternativas. Historicamente (e em um sentido ilustrativo), pode-se indicar que, no início da experiência revolucionária soviética (1919), se criaram – sob a inspiração de Lênin – os Tribunais de Camaradas. Como descreve Jacques Bellon (1975, p. 192-4), "primitivamente, estas jurisdições sem juízes funcionavam nas empresas e nos grandes imóveis destinados a habitação. Eram compostos por membros da comunidade do local de trabalho ou de habitação eleitos pelos outros membros e encarregados de examinar os casos benignos de violação das normas de coabitação ou de disciplina do trabalho. Tendo estas últimas normas sido particularmente reforçadas, durante a guerra, e tendo, desde então, os respectivos contraventores sido entregues a tribunais populares, os tribunais de camaradas deixaram praticamente de funcionar a partir daquela época. Vemolos reaparecer em 1951, mas foi em fevereiro de 1959 que eles foram trazidos à ordem do dia pelo discurso que Krustchev pronunciou no XXI Congresso do Partido Comunista. O seu novo Regulamento viria, de acordo com os votos do Primeiro Ministro Soviético e com os frequentemente formulados pela imprensa, a difundir grandemente a sua implantação e a ampliar a sua competência e o seu campo de acção e a modificar o controlo sobre eles exercido. Podem criar-se tribunais de camaradas em todas as comunidades (de trabalho ou de habitação) que contêm mais de cinquenta pessoas. Os seus membros são eleitos, por mãos levantadas e pelo período de um ano, pelas assembleias gerais destas colectividades às quais prestam contas da sua actividade. Têm competência para conhecer de todas as infrações à disciplina do trabalho e, mais genericamente, de todos os factos que indiciem um comportamento contrário à vida comunitária socialista normal. Pequenos conflitos de propriedade podem-lhe ser confiados com o consentimento

as pretensões punitivas dessa proposta. Em que pese à necessidade de tutela de bens coletivos e difusos (como o são os direitos dos trabalhadores à segurança no trabalho), bem como de coibir atos que impedem a realização dos objetivos constitucionais do Estado, o direito penal há muito já se mostrou incapaz de diminuir diferenças, resolver problemas e conflitos sociais; ao contrário, vem atuando apenas de forma retributiva, amplificando a problemática e o contencioso, os quais deveria solucionar; e, obtendo, como resultado final, a reprodução de violências.[221]

Deve pensar-se, para o enfrentamento da criminalidade e para a resolução de conflitos de modo minimamente eficiente, em intervenções anteriores à punição, de maneira que o Estado atue preservando e garantindo a todos os direitos fundamentais constitucionalmente previstos por meio de políticas sociais e de ações de proteção ao conjunto da população; com efeito, apesar de as questões criminológicas do presente se revelarem como bem mais complexas que as do passado, as soluções não podem priorizar um retorno estéril e ineficiente à repressão penal tradicional, particularmente em virtude da necessidade de contenção da faculdade punitiva do Estado.[222]

De maneira singular em relação aos acidentes no trabalho, a prevenção poderá, por esse caminho, efetivar-se em decorrência do reforço das "medidas administrativas fiscalizadoras do atendimento às normas básicas de segurança em atividades arriscadas",[223] isto é, incrementando-se a utilização de outros instrumentos de proteção que não envolvam o (rígido e, além do mais, contraproducente) sistema penal.

2.4. Da (in)conveniência de um incremento punitivo específico em matéria de segurança do trabalho

A questão prende-se, substancialmente, à eficácia de eventual incorporação de medidas (de caráter criminal) adicionais (transcendentes, por conseguinte, da tipicidade genérica tradicional ou das simples contravenções) no

das partes interessadas. Aos tribunais de camaradas podem dirigir-se os Comités Sindicais locais, os Comités Executivos dos Sovietes, os organismos do Estado, as direcções de empresa, os tribunais regulares e os particulares – ou actuar por sua própria iniciativa. Podem decretar medidas de 'pressão social' tais como desculpas públicas, admoestações, repreensões, propor à direcção da empresa do interessado um castigo disciplinar e aplicar pequenas multas. A actividade dos tribunais de camaradas já não está submetida, como outrora, à fiscalização do juiz popular local, mas à do Comité executivo do soviete local".

221 Por certo, "a intervenção penal revela-se claramente inadequada, porque constitutiva de simples castigo, que nada resolve; antes, agudiza um processo de exclusão e marginalização social, pois trabalha com falsas imagens da realidade e acaba por coisificar o conflito; desumanizando-o em nome de um sistema que, embora abstratamente possa parecer coerente e justo, concretamente se auto-deslegitima, por encerrar uma resposta maquinal a um problema demasiado humano, e para o qual desserve, simplesmente porque não se destina a máquinas, mas a homens; e o homem, e não o sistema ou a lei, há de ser sempre a medida de todas as coisas (Protágoras)!" (QUEIROZ, Paulo, 2008, p. 137).

222 "Pero la experiencia histórica –y presente– obliga a destacar [...] la necesidad de que el *ius puniendi* respete en el ejercicio de su función los límites que impone la garantía del individuo" (MIR PUIG, Santiago, 2002, p. 107).

223 COSTA JÚNIOR, Heitor, 1988, p. 30.

âmbito da seguridade do trabalho, as quais poderiam, em tese, reforçar, de forma mais direta, a estrutura de proteção existente, robustecendo, de tal sorte, por meio da dinâmica penal, de um lado, os direitos trabalhistas e, de outro, a ideia do Estado social.

Nesse andar, devem ser indicadas não somente a relevância de algumas categorias (que se mostram imprescindíveis para a composição de tipicizações jurídico-criminais) como, igualmente, as medidas concretas que haveria para a incorporação ao regime jurídico-positivo vigente; a mais disso, tem-se de especular sobre a (possível) eficácia de adoção desse incremento punitivo criminal específico.

2.4.1. Da existência de um bem jurídico digno de tutela penal específica

A intervenção penal (adicional específica) no contexto dos acidentes de trabalho deveria estar respaldada, no que diz respeito à legitimidade, basicamente, por dois aspectos: (i.) a danosidade social; e (ii.) a maior vulnerabilidade do grupo afetado. Tanto em um como em outro, perspectivados pelas teorias de proteção penal, existe relevância que autorizaria que lhes fosse destinada uma atenção legislativa particular (nota-se que são, em essência, os mesmos parâmetros mediante os quais têm sido construídos os arquétipos específicos para outros grupos socialmente vulneráveis, tais como, por exemplo, o de idosos, mulheres, crianças, entre outros).[224]

Haveria, como objeto de proteção, a segurança no trabalho, ou seja, a ausência de riscos para a vida e a saúde do trabalhador dimanantes das condições materiais de prestação do trabalho.[225] Como destaca a doutrina, "sin necesidad de discutir sobre si se puede hablar de um bien jurídico 'seguridad en el trabajo' o si se trata sólo de un *topos* para referirse al mejoramiento de la protección de la vida, la integridad corporal y la salud de los individuos en

[224] Para Antonio García-Pablos de Molina (2012, p. 553), "lo que debe preocupar no es la emergencia de nuevos bienes jurídicos, de naturaleza supraindividual, sino las técnicas, principios y contenido de los correlativos movimientos *neocriminalizadores*; el desmesurado protagonismo de determinadas figuras delictivas, especialmente en el ámbito económico, socioeconómico y medioambiental (criminalidad *expresiva*); la arrolladora *vis expansiva* del Derecho Penal que ante la crisis y descrédito de otras instancias, acaba convirtiéndose en el único instrumento eficaz de pedagogía político-social, en el mecanismo por excelencia de socialización y civilización, perdiendo su elemental naturaleza *subsidiaria* de *ultima ratio*; la nueva concepción del *ius poenale*, tradicionalmente *Magna Charta* del delincuente (del delincuente miserable, de la *lower class*), frente al Leviathan, hoy cada vez más, *Magna Charta* de la víctima, de la víctima de los poderosos (crimen organizado)". Juan Trocadillos Basoco (p. 13) destaca que "la justificación a la intervención penal en este ámbito se deriva no sólo de la entidad de los bienes individuales afectados, sino también de la alta y creciente cota de siniestralidad colectiva".

[225] BAJO, Miguel; BACIGALUPO, Silvina, 2001, p. 661. Convém assinalar, ainda, que a importância da prevenção como forma de manutenção de um meio ambiente de trabalho equilibrado e harmônico foi salientada por Eugênio Hainzenreder Júnior e Tiziana Morel Trindade (2011, p. 99), quando afirmam que o "papel dos órgãos responsáveis pela vigilância e fiscalização das normas de proteção à saúde do trabalhador, quais sejam, os sindicatos (por meio da função representativa da classe), o MTE (pela inspeção do trabalho executada pelo auditor fiscal do trabalho e seu poder de aplicar penalidades, como multa, interdição e embargo de obra) e o MPT (mediante inquérito civil, termo de ajustamento de conduta e ação civil pública), todos objetivando assegurar um meio ambiente do trabalho seguro e saudável".

un contexto como es el laboral, en el que desarrollan buena parte de su vida y están expuestos a riesgos más o menos considerables, todo esto en una condición de dependencia y subordinación, no puede negarse que las conductas a las que se trata de hacer frente con la herramienta penal exhiben un alto grado de dañosidad social, a lo que debe agregarse la indudable mayor vulnerabilidad del grupo principalmente afectado, que impone una atención especial y preferente por parte del legislador".[226]

Dessa forma, sem se alongar em uma polêmica que, aqui, se mostraria não essencial, é possível reconhecer a presença dos pressupostos básicos sobre os quais pode ser edificada a tipologia penal reclamada. Também não se precisa discorrer sobre a natureza da infração a ser construída, ou seja, se crime de perigo abstrato ou concreto, apesar de ser este mais garantisticamente construído que aquele.

Apenas se aclara que se trataria dos comportamentos do empregador que poderiam atentar contra os predicados dos trabalhadores. (A legislação paraguaia, por mera ilustração, pune tanto o empregado como o empregador que deixa de observar as regras de cuidado e de proteção no que concerne à segurança no trabalho.)[227]

No curso natural, então, indicam-se os possíveis meios de incremento penal específico, cotejando-os com a realidade brasileira.

2.4.2. Possíveis formas de intervenção criminal adicional

Em traços largos, podem ser indicadas, fundamentalmente, as formas por meio das quais alguns ordenamentos jurídicos inscrevem mecanismos de reforço de proteção penal para a consagração da segurança nas relações produtivas.[228] A seguir, indicam-se as mais relevantes medidas para a atuação no âmbito da segurança do trabalho.

2.4.2.1. Da qualificação dos delitos culposos

Seria a qualificação dos injustos culposos quando o resultado (morte ou lesões corporais)[229] se fundasse, exatamente, na infração das normas de prevenção de acidentes laborais.[230]

---

[226] HERNÁNDEZ BASUALTO, Héctor, 2011, p. 68-9. Juan Terradillos Basoco (p. 52) é enfático ao sustentar que "la relevancia de los bienes jurídicos afectados por los delitos que se describen en los preceptos citados parece obvio. Se trata de la vida y la salud de los trabajadores".

[227] Art. 278 da Lei 213 (Código do Trabalho). El incumplimiento por el trabajador y el empleador de sus obligaciones en materia de salud, higiene y seguridad en el trabajo constituye contravenciones graves sancionadas por este Código.

[228] A doutrina especializada, entre nós, enfatiza que "a morosidade das estruturas de vigilância, investigação e julgamento do Estado é algo que caracteriza uma situação de quase total impunidade, ao serem descumpridas regras e normas elementares de convívio social e proteção ao trabalho" (MENDES, Jussara Maria Rosa, p. 19).

[229] Como informa Juan Terradillos Basoco (p. 41), "las modalidades más frecuentes de afectación a la vida y salud de los trabajadores enjuiciados por nuestros Tribunales Revisten la forma de homicidio o lesiones imprudentes".

Aqui, apenas se adensa – a partir da incorporação da circunstância qualificadora – a punição, sendo, à vista disso, um artifício de escassa relevância preventiva, pois não se desenvolvem índices de proteção anteriores ao fato lesivo. O incremento punitivo *de per si* falece de qualquer racionalidade; e se mostra, no mais das vezes, vinculado à construção de um direito penal meramente simbólico.[231]

2.4.2.2. *Da construção de delito de perigo contra a segurança laboral*

Outra ferramenta diferencial que tem sido proposta é a criação de delitos de perigo,[232] permitindo que se estabeleçam índices de punição (já) na situação

---

[230] HERNÁNDEZ BASUALTO, Héctor, p. 69.

[231] Álvaro Mayrink da Costa (2015, p. 388) informa que o PL n° 236/2012 pretende estatuir "a qualificadora da culpa gravíssima, se as circunstâncias do fato demonstrem que o agente não quis o resultado morte, nem assumiu o risco de produzi-lo, mas agiu com excepcional temeridade. Inclui entre as hipóteses: a causação da morte na condução de embarcação, aeronave ou veículo motor, sob influência de álcool ou substância de efeitos análogos, ou mediante participação em via pública, de corrida, disputa ou competição automobilística, não autorizada pela autoridade competente. Entre as causas especiais de aumento da pena, até a metade, elenca: a) deixar de prestar socorro à vítima quando possível e sem risco a sua pessoa ou a de terceiro; b) não procurar diminuir as consequências do crime; c) viola regras sobre a prevenção de acidentes de trabalho. No que concerne à isenção da pena, o juiz deverá deixar de aplicar a pena, quando: a) a vítima for ascendente, descendente, cônjuge, companheiro, irmão ou pessoa com quem o acidente esteja ligado por estreitos laços de afeição; b) quando o próprio agente tinha sido atingido, física ou psiquicamente, de forma comprovadamente grave, pelas consequências da infração".

[232] Em linhas gerais, destinava-se, na legislação penal, essa categoria (dos ilícitos de perigo), fundamentalmente, à proteção de bens jurídicos de menor hierarquia e importância; todavia, tal noção, em grande medida, se alterou na metade do século passado, quando se tornou bastante frequente a sua utilização em face de bens jurídicos de maior prestígio e relevância (econômicos, ambientais, entre outros) para a sociedade. Como se pode observar em termos conceituais, trata-se de construções típicas nas quais se estabelece uma antecipação da proteção penal – anterior, portanto, ao resultado lesivo da conduta; dessa forma, serão punidas as ações que se mostrarem perigosas *de per si*. Com efeito, nessa categoria delitiva se requer, tão somente, para a consumação do tipo, a colocação do bem jurídico em determinado estado de periclitação. À vista de tais palavras, perigo pode ser entendido como as condições concretas anormais sob as quais (ou em torno das quais) emerge, em termos de probabilidade e em virtude de um exame posterior-objetivo, um cenário de lesão ao bem jurídico. Classificatoriamente, as infrações penais de perigo ensejam divisões; assim, indicam-se: (i.) perigo coletivo (ou comum) e perigo individual – sendo que, no primeiro caso, se alojam os tipos penais que afetam um número expressivo e indeterminado de pessoas (incolumidade pública, por exemplo) e, no segundo, os que afetam uma só pessoa (ou um pequeno e determinado grupo de indivíduos – incolumidade individual, por ilustração); (ii.) perigo concreto e perigo presumido – no sentido de que, na primeira hipótese, se encontram os tipos nos quais é de rigor consignar "a presença real do estado de perigo, em cada caso" (MESTIERI, João, 1999, p. 130) e, na segunda, "tal prova é dispensada, de vez que o legislador considera, pela criação do tipo, determinada ação como produtora do estado de perigo. Tal presunção pode ser absoluta (*iuris et de jure*) ou relativa (*iuris tantum*); a primeira não admitindo prova em contrário, e a segunda, apesar da presunção legal, permitindo ao agente a apresentação de prova idônea a elidir a presunção. Exemplo de delito de perigo concreto é o art. 132 citado, de exposição a perigo da vida ou da saúde de outrem. De perigo presumido *iuris tantum*, o abandono de pessoa no art. 133, CP: "abandonar pessoa que está sob seu cuidado, guarda, vigilância ou autoridade, e, por qualquer motivo, incapaz de defender-se dos riscos resultantes do abandono". São crimes de perigo presumido *iuris et de jure*, de maneira geral, todos os delitos de pura desobediência (*reiner Ungehorsam*) nos quais o desvalor da ação é pronunciado independentemente da constatação do dano efetivo ou potencial, este presumido de modo absoluto. Assim, a embriaguez ao volante, do exemplo antes referido; nesta categoria, dos delitos de perigo presumido *iuris et de jure*, deve ser classificada a rixa do art. 137, na qual o simples fato da participação é considerado idôneo à produção do estado de perigo" (MESTIERI, João, p. 130-1); e (iii.) perigo atual e perigo futuro – visto que, na primeira situação, se encontram as condutas que acarretam "uma situação de iminente risco ao bem ou interesse jurídico penalmente tutelado, como probabilidade presente e efetiva de imediato dano" (COELHO, Walter, 1998, p. 109) e, na segunda, se trata do perigo remoto que poderá, com a passagem do tempo, existir, ou seja, seria a situação do "perigo de perigo" (COELHO, Walter, p. 110).

concreta de infração de certas normas de prevenção a acidentes de trabalho, independentemente de que haja resultados lesivos.[233]

Cuida-se de uma verdadeira antecipação da barreira protetiva (*Vorfeldkriminalisierung* [criminalização do âmbito prévio]), não devendo o direito aguardar que ocorra a lesão (*in casu*, os acidentes de trabalho) para, somente então, incidir; permitindo, por esse modo, a existência da consumação do ilícito penal de maneira antecipada à da efetiva lesão (ou, mesmo, à da situação de perigo concreto, como sustentam certos autores)[234] – aquilo que tem sido denominado de direito penal de "amplo espectro"[235] (ou de delitos de *amplio spettro*), ou mais propriamente de direito penal do risco.[236] (No caso brasileiro, seria,

---

[233] "Na verdade, todos os tipos são elaborados a partir do princípio de que eles visam proteger determinados valores ou bens da vida. O legislador não cria tipos sem uma finalidade específica; o que ocorre é que, às vezes, o tipo tutela bens contra um dano consistente em sua destruição ou diminuição; outras vezes, protege-os especialmente do perigo que os ameaça. Daí, os tipos de dano e os tipos de perigo. [...]. Há situações, porém, em que o Legislador como que antecipa a realização do tipo, e o dá por perfeito no momento em que o bem ou interesse tutelado se encontra em uma condição objetiva de provável lesão. São os tipos de perigo, os quais, para se terem por realizados, não é necessário efeito dano ao bem jurídico, bastando a potencialidade do dano" (VARGAS, José Cirilo de, 2014, p. 148-9).

[234] Para Carlos Martínez-Buján Pérez (2002, p. 539), "así concebidos los delitos contra los derechos de los trabajadores, no hay inconveniente en recurrir a la técnica del peligro abstracto en la medida en que se parta de la base de que [...] se tutelan aquí [...] genuinos bienes jurídicos individuales esenciales de un conjunto *a priori* inabarcable de personas, siendo esta indeterminación de la frontera del peligro la que incrementa precisamente el desvalor del injusto y permite justificar la anticipación de la línea del castigo al momento del peligro abstracto, sin necesidad de esperar a que se produzca un peligro concreto para un sujeto individual determinado".

[235] Em virtude dos riscos das modernas sociedades industriais – os quais podem derivar de formas de condutas perigosas –, "a própria liberdade de acção torna-se um perigo em si mesma: em campos de acção densamente entrelaçados, como é o caso dos domínios da 'sociedade do risco', o próprio uso da liberdade em si é perigoso; então o próprio uso desta deve ser rodeado de especiais exigências de cuidado, dada a gravidade das consequências. Todos seremos sujeitos à demanda de responsabilidades caso o nosso actuar se consubstancie em um pôr-se-perigo de um determinado bem. Em favor deste tipo de incriminação tem-se dito que facilita a aplicação da norma pelo julgador, ao mesmo tempo que se reduz a arbitrariedade judicial na determinação de uma situação de risco, facilitando igualmente a questão da punição objectiva; também que elimina as situações de azar, uma vez que não se precisa de esperar pela concreta colocação em perigo do objecto de tutela para desencadear a actuação do aparato sancionatório" (FERNANDES, Paulo Silva, p. 125).

[236] "Um primeiro âmbito do Direito penal moderno estaria constituído por um grupo de tipos delitivos com um conteúdo de injusto relativamente homogêneo em virtude do dado comum de que em todos eles se constata a realização de condutas que representariam apenas, no máximo, um simples e mero perigo *abstrato* para bens jurídicos principalmente *individuais*. Para um setor da doutrina, esse âmbito particular do Direito penal moderno seria consequência do modo político pelo qual o Estado do presente resolve afrontar os conflitos sociais característicos da dinâmica da sociedade moderna, que é compreendida e explicada como uma 'sociedade de riscos'. O Direito penal moderno seria aquele próprio e característico *da* 'sociedade de riscos'. O controle, a prevenção e a gestão de riscos gerais são vistos como tarefas que devem ser assumidas pelo Estado e este as assume efetivamente de modo relevante, e para a realização de tais objetivos o legislador recorre ao tipo *penal* de perigo abstrato como instrumento técnico adequado por excelência. Por isso, o Direito penal moderno, ou uma parte considerável do mesmo, é denominado 'Direito penal do risco'. Como consequência do desenvolvimento e do progresso científico e tecnológico, industrial e econômico, na sociedade moderna realiza-se uma pluralidade de atividades que gozam da propriedade comum de originar uma pluralidade de 'novos' riscos, geralmente como consequências ou efeitos 'secundários' não desejados, a respeito dos quais, em princípio, não se pode afirmar que sejam naturais, mas que devam ser reconhecidos como artificiais na medida em que são reconduzíveis a decisões e atividades humanas. Assim acontece, por exemplo, com atividades relativas à tecnologia atômica, à informática, à genética, à fabricação e comercialização de produtos potencialmente perigosos para a vida e a saúde, etc. Características desses novos riscos são tanto suas grandes dimensões como a indeterminação do número de pessoas potencialmente ameaçadas. Essa realidade, própria da dinâmica da sociedade moderna, permitiria compreender esta mesma sociedade como uma 'sociedade de insegurança 'objetiva'', dimensão objetiva que ao se combinar com a subjetiva da 'insegurança sentida' pelos

substancialmente, a transmutação das categorias contravencionais à condição de crimes.)[237]

Essa ferramenta tem o mérito de priorizar a prevenção;[238] entretanto, ainda se deve responder e, sobretudo, avaliar se tal proteção necessita ser encaminha-

---

cidadãos daria lugar, finalmente, a uma situação de 'sensação geral de insegurança' que levaria a sociedade a uma forte demanda de segurança por parte do Estado e a que este respondesse a tal exigência com o recurso ao Direito penal mediante a criminalização de comportamentos que se desenvolvem nas novas esferas de risco. Por outro lado, dentro desse marco geral do risco, a orientação tradicional do Direito penal à *prevenção* de riscos calculáveis e, por isso, previsíveis, experimenta também uma variação que toma uma direção encaminhada à *precaução* ante a incerteza e a impossibilidade de cálculo dos riscos que, conforme estimativas meramente estatísticas, podem se produzir com maior ou menor probabilidade em consequência de determinadas atividades, como por exemplo aquelas de caráter científico cujo conhecimento é ainda incerto" (GRACIA MARTÍN, Luis, 2005, p. 47-50).

[237] De um modo geral, a doutrina assinala que a separação entre crimes e contravenções corresponde à *summa divisio* classificatória das infrações penais, na medida em que essa distinção atenta, *grosso modo*, para a maior ou menor gravidade do ilícito penal *lato sensu*. Realmente, a contravenção penal se inscreve como modalidade de menor alcance ou relevo do ilícito penal; assim, em termos conceituais e classificatórios, a infração penal é gênero, de que são espécies o crime e a contravenção. Contudo, apesar de não existir uma distinção substancial (absoluta), ontológica, entre as espécies, não se pode afirmar que a diferença é meramente quantitativa; em verdade, a essência da diferença repousa na natureza intrínseca relativa, vinculada à estrutura dessas infrações penais. Como ressalta Walter Coelho (1998, p. 78-9), é possível destacar quatro ordens de fatores por meio dos quais se podem delimitar os campos delitual e contravencional, nos seguintes termos: "1º) O crime [...] implica sempre em uma lesão efetiva ou ameaça iminente de lesão a um bem jurídico penalmente tutelado (crimes de dano ou de perigo). Sem essa lesão jurídica, efetiva ou potencial, não há [...] crime. Ainda que por vezes presumido e não concreto, o perigo deve estar presente, no sentido de atualidade e proximidade com os bens fundamentais que a lei penal protege. A contravenção, no entanto, configura-se [...] com o simples perigo futuro, remoto de atingir determinados bens jurídicos, ou, [...], um perigo de perigo aos interesses penalmente protegidos. 2º) [...] constata-se que o crime ofende ou põe em risco os bens jurídicos em si, ao passo que a contravenção, em regra, apenas afeta as condições ambientais desses bens. [...], em matéria contravencional, o sujeito passivo costuma ser indeterminado, bem como excepcional é a ocorrência de dano. 3º) O crime exige sempre, [...], a presença do dolo ou da culpa; na contravenção eles são, em tese, dispensáveis. Não apenas presumidos, como dão a entender os que aí vislumbram mera distinção probatória e processual. Na verdade, dolo e culpa são, em princípio, estranhos à estrutura do tipo contravencional e sua perquirição não tem nenhuma razão de ser. [...], trata-se de uma infração *senza intenzione malvaggia*. [...], ela se constitui em uma mera desobediência ao comando formal da lei, bastando, salvo exceção, a voluntariedade da ação (vide art. 3º da LCP). 4º) O crime deve, ao menos *de lege ferenda*, ser uma adição contrária à moral, pois não se concebe que a mais grave das ilicitudes seja eticamente neutra. A contravenção não será, [...], um ato imoral, sendo proibida por simples razões de segurança pública ou momentânea conveniência social. [...], a distinção não pode ter contornos muito precisos e, por si só, não se constituiria em critério seguro para diferenciar crime de contravenção. A propósito, [...], 'que entre a faixa negra dos crimes e a faixa branca das contravenções não existe uma linha divisória, mas sim, uma faixa cinzenta'. [...] no mundo do Direito não há fronteiras geográficas, concretas e lineares, mas fronteiras culturais, no plano abstrato e maleável do 'dever ser'".

[238] No dia 18 de março de 2014, o Senado uruguaio aprovou a nova "Lei de Responsabilidade Empresarial", que estatui a punição aos empresários que não adotarem medidas efetivas para evitar a ocorrrência de acidentes de trabalho. Trata-se de um tipo penal de perigo abstrato, ou seja, há a punição pela mera exposição de trabalhadores ao risco de acidentes de trabalho; não havendo, assim, a exigência de um resultado lesivo, demonstrando uma opção político-criminal no sentido da prevenção de acidentes, estabelecendo penas de prisão de 3 (três) a 24 (vinte e quatro) meses. De acordo com o senador Eduardo Lorier, há mais de 50.000 casos de acidente de trabalho por ano no país; e que o projeto tem por função expor à luz do dia a situação dos trabalhadores uruguaios. A lei, contudo, não foi aprovada sem intenso debate entre centrais sindicais e representantes de empresários. As principais críticas foram direcionadas à construção do texto, que seria muito ampla, podendo abranger inúmeros casos (a redação original da lei: "el empleador, o en su caso, quien ejerciendo efectivamente en su nombre el poder de dirección en la empresa, no adoptaren los medios de resguardo y seguridad laboral previstos en la ley y su reglamentación, de forma que pongan en peligro grave y concreto la vida, la salud o la integridad física del trabajador, serán castigados con tres a veinticuatro meses de prisión"). De qualquer sorte, os representantes do empresariado recorrerão à SC do país, alegando a inconstitucionalidade desse dispositivo legal (www.republica.com.uy/aprobaran-ley-penal-empresarial/). Depois de 16 meses de haver sido aprovada, empresários da cidade de Durazno, na região central do país,

da diretamente pelo direito penal, ou se a outras áreas (direito civil, trabalhista ou administrativo) melhor e mais apropriadamente caberia essa importantíssima tarefa. De qualquer modo, em âmbitos bastante específicos de risco característicos da sociedade contemporânea, parece não haver maiores obstáculos na configuração de tipos de perigo abstrato,[239] muito particularmente naquelas hipóteses em que se desenvolvem (contaminação alimentar ou de medicamentos, por exemplo) "y confluen multitud de cursos causales de diversa procedencia, y cuyos peligros ya no tienen como destinatario a un individuo o a un grupo reducido de éstos, sino a una masa anónima de individuos que pueden entrar eventualmente en contato con el peligro ignorando su existencia, con escasas posibilidades de detectarlo y, por esto, con unas posibilidades de autoprotección prácticamente nulas".[240] Diante de tais circunstâncias, a antecipação da proteção penal ao momento da exteriorização do perigo inerente à atividade mostra-se de rigor, e corresponde, ainda, à natureza das coisas,[241] particularmente se se ativer à "função de proteção dos bens jurídicos que constitui o fundamento legitimador de qualquer sistema jurídico-penal característico de um Estado de direito".[242]

2.4.2.3. Da construção de delito de infração contumaz (das determinações fiscalizatórias)

Indica, ainda, a doutrina a existência de um delito que se traduziria na desatenção persistente das normas de prevenção de acidentes, para cuja caracterização se exigiria o não cumprimento contumaz dos deveres de proteção da vida ou da saúde do trabalhador. Nesse andar, a eventual configuração do resultado – isto é, a efetiva lesão ao bem jurídico – implicaria tão somente o exaurimento (delitivo) de um risco adensado por meio de um comportamento desaprovado.[243]

Trata-se de mecanismos de antecipação da barreira de proteção que se materializam no adensamento das faculdades de fiscalização dos órgãos competentes pela matéria,[244] permitindo-se que se interviesse – com a força repressiva

---

após terem sido condenados por um acidente de trabalho, questionaram a lei junto à SCJU por supostamente ferir os princípios da legalidade e da segurança jurídica (arts. 10 e 72 da Constituição do país). De conformidade com a decisão, trata-se de uma lei penal em branco, cuja complementação se dá pelas normas e pelos protocolos de segurança do trabalho. Neste sentido: "no se exige que el empleador evite toda lesión o muerte, sino que lo que se pretende es que controle, en la medida exigida normativamente, las eventuales fuentes de riesgo que están en su âmbito de domínio" (SJCU, PI 272/2015, Rel. Min. Ricardo Pérez Manrique, j. 26.10.15). Em face do *decisum*, não é necessário que haja *a priori* um sujeito ativo específico do delito, porquanto apenas necessário que se lhe identifique diante do caso concreto.

239 Em sentido contrário, advogando que a antecipação da tutela penal não pode ultrapassar a barreira do perigo concreto, ver: GARCÍA-PABLOS DE MOLINA, Antonio; GOMES, Luiz Flávio, 2012, p. 502-5.

240 GRACIA MARTÍN, Luis, 2014, p. 372.

241 GRACIA MARTÍN, Luis, p. 372.

242 FIGUEIREDO DIAS, Jorge de, 2007, p. 145.

243 MACHADO, Marta Rodriguez de Assis, p. 116.

244 Para Héctor Hernández Basualto (p. 82), "no se ignora que este mecanismo implica la configuración pura y simple de un delito de peligro abstracto, cuya única particularidad [...] consiste en la descripción precisa de la conducta relevante, que, si bien no supera la remisión genérica al conjunto de las regulaciones en materia de prevención de riesgos, si al menos fija formal e inequívocamente la relevancia penal de las mismas".

criminal – nas hipóteses de descumprimento imodificável das determinações administrativo-fiscalizatórias;[245] essa postura se encasa, à perfeição, com a diretriz segundo a qual o direito penal da sociedade do risco deveria "evitar a ocorrência de condutas geradoras de riscos e assim garantir um pretenso estado de segurança".[246]

No mesmo sentido da proposta anterior, apesar de investir na prevenção dos eventos lesivos (e, em face disso, mostrar-se adequada às exigências de segurança perseguidas na sociedade de risco), essa alternativa ainda precisa justificar (isto é, demonstrar a real necessidade de haver) o emprego de medidas adicionais penais; ou, em outras palavras, quais as vantagens que haveria pelo incremento punitivo neste setor social específico, na medida em que, à luz do princípio da *ultima ratio*, tal tarefa poderia ser desempenhada em sede do direito administrativo.

2.4.2.4. Da punição da pessoa jurídica

Na mesma medida, deve considerar-se a possibilidade de ampliação da responsabilidade jurídico-penal às pessoas jurídicas,[247] autorizando que se

---

[245] Em vista disso, "os tipos penais passaram a ser construídos não sobre a descrição de um fato bruto, não institucionalizado, mas sobre a violação de regras técnicas e burocráticas de administração do bem, ou seja, incorporam comportamentos que se supõem nocivos e desviantes menos pelo impacto que causam no mundo real e mais por significarem uma violação ao padrão de segurança estabelecido. [...] o tipo penal [...] descreve apenas a sua moldura, que será preenchida pela administração pública. [...] os ilícitos penais passam a se manifestar como transgressão de um dever e não têm necessariamente relação imediata com um bem material. [...] o ilícito penal consiste na infração do dever de observar uma determinada norma, concentrando o injusto muito mais no desvalor da ação que viola o *standard* de segurança do que no desvalor do resultado – que se faz cada vez mais difícil identificar ou mensurar. [...]. Já não se trata, portanto, de castigo ou repressão aos danos individuais e concretos, mas à inobservância de normas organizativas. [...] a proteção penal refere-se, agora, à tutela de condições ou patamares de segurança estabelecidos em instâncias extrapenais, que se estimam necessárias à manutenção de determinado sistema" (MACHADO, Marta Rodriguez de Assis, p. 113-4).

[246] MACHADO, Marta Rodriguez de Assis, p. 116.

[247] A reforma do CP espanhol – em vigor desde 23 de dezembro de 2010 – incorporou aspectos de significativa importância no que diz respeito à atividade empresarial, orientando-a até um novo paradigma de responsabilidade penal. Com efeito, "así la incorporación de responsabilidad penal directa de las personas jurídicas, en la línea de la mayoría de los ordenamientos penales de los estados miembros de la UE, y la introducción también de nuevos delitos tendentes a reforzar la legislación penal en el ámbito de los delitos que afectan a la corrupción determinarán un nuevo camino para la actividad empresarial, el buen gobierno corporativo, la responsabilidad social corporativa, entre otras, que conllevará la necesidad de cambios de códigos de conducta que deberían contribuir a la obtención de una mayor transparencia en la gestión empresarial y, con ello, a la disminución de prácticas de actos de corrupción que no sólo lesionan y ponen en peligro la democracia, sino que lesionan y afectan, sobre todo, la competencia empresarial leal. Ello, sin duda, también supondrá un transcendente giro hacia la lucha contra la corrupción y la transparencia" (BACIGALUPO SAGGESE, Silvina, 2011, p. 1-2). A mais disso, "la novedad que constituye un verdadero cambio de paradigma es la incorporación de la *responsabilidad penal directa de las personas jurídicas*. Ya no sólo responderán los directivos, sino también la empresa. Los administradores, por su propia conducta, y la empresa por los delitos que en su seno hayan podido cometer aquéllos actuando en su nombre y en provecho de la empresa, o por los cometidos por subordinados sobre los cuales los administradores no hayan ejercido el debido control. Por último, la persona jurídica será imputable a pesar de que no se pueda identificar a la persona que actuó en su nombre, pero sí se pueda constar la existencia de un delito realizado necesariamente por alguna persona con capacidad de decisión en la empresa. En definitiva, la empresa responderá, salvo que el delito sólo sea imputable al administrador, por haberse extralimitado en sus competencias. La pena principal prevista es la multa. Sin

apliquem sanções penais (adequadas) às empresas que tenham "causado" acidentes de trabalho pela não observância das normas de prevenção.[248]

---

embargo, revisten una importante trascendencia para la actividad empresarial y, por tanto, mayor gravedad punitiva, las demás penas previstas que podrán acompañar a la multa: disolución, suspensión o prohibición de actividades, clausura de locales o estabelecimientos, inhabilitación para obtener subvenciones, ayudas públicas, beneficios fiscales y de la seguridad social y la intervención judicial. El sistema se cierra con la responsabilidad penal también de los entes colectivos sin personalidad jurídica a los que, si bien no se les puede imponer ni una pena de multa ni de disolución, se les puede imponer cualquiera de las otras que también están previstas como consecuencias accesorias (prohibición o suspensión de actividades, etc.). Ello afectará especialmente a los grupos de empresas, sucursales, uniones temporales de empresas (UTEs), entre otras" (BACIGALUPO SAGGESE, Silvina, p. 3).

248 Exemplificativamente, é interessante observar que, no dia 14 de julho de 1999, na construção do (novo) estádio *Miller Park* – em cujo campo o time de *baseball Milwaukee Brewers* realiza seus jogos –, houve um acidente que causou a morte de três operários. Efetivamente, desabou o guindaste – o *Big Blue* – que encaixava partes da estrutura de cobertura por cima do próprio estádio, matando os empregados que operavam em um cesto erguido para ajustar a peça no procedimento. Durante as investigações, foi constatado não haver, à época, condições de operação do guindaste graças à ação do vento na parte superior da construção, o que foi ignorado pelo supervisor, o qual foi descrito, por testemunhas, como autoritário e relapso em face de questões de segurança operacional; aliás, tal supervisor, como também ficou provado, foi quem determinara que se prosseguisse com o procedimento operacional naquele fatídico dia. Em termos de responsabilização jurídica, as empresas responsáveis pela operação do guindaste e da construção da estrutura foram condenadas, na esfera trabalhista, a título de indenização às famílias das vítimas acidentárias. Muito embora houvesse, em tese, a possibilidade de condenação criminal das pessoas jurídicas envolvidas no acidente (havia casos paradigmáticos – no Estado de Wisconsin – que reconheciam essa possibilidade), considerou-se inadequada a condenação criminal das empresas, na medida em que, mesmo que a Mitsubishi (empresa responsável pela cobertura) tenha desrespeitado padrões razoáveis de segurança nos procedimentos, as condições que tornaram insegura a operação do guindaste eram subjetivas, sujeitas portanto ao juízo do supervisor, tornando difícil uma condenação criminal por homicídio culposo [...]. Em seu raio de influência, os casos paradigmáticos, que embasaram a conclusão, foram: *People v. O'Neil* [...] e S. A. *Healy Company v. Occupational Safetyand Health Review Commission* [...]; no primeiro deles, a *Film Recovery Systems*, empresa que trabalhava com um processo de recuperação de prata a partir de filmes velhos que envolvia o manuseio de uma substância à base de cianureto, foi responsabilizada pelo acidente ocorrido com o trabalhador Stefan Gorlab, um imigrante ilegal polonês, que foi envenenado com a exposição contínua sem equipamento de proteção (ou advertência) quanto à toxicidade da substância que manipulava; no segundo, durante os trabalhos de escavação de um sistema pluvial, em Milwaukee, para o controle do fluxo de água no lago Michigan, em um dos túneis foi detectada a presença de gás metano acima do recomendado, sendo, assim, aconselhada a evacuação do túnel e desligamento de todas as máquinas sob risco de explosão. Contudo, ao invés de se aguardar o tempo devido – previsto pela *Sewage Comission* (comissão de supervisão de esgotos) – para o escoamento do gás, um supervisor da *Healy Company* regressou ao túnel acompanhado de outros dois funcionários para verificar o funcionamento de uma máquina que poderia estar danificada; e, ao acionarem-na, produziu-se uma fagulha que ocasionou a explosão, vitimando-os. Em ambos os casos as empresas foram condenadas criminalmente (homicídio culposo) pelas mortes de seus empregados, sendo que, no primeiro precedente, foram ainda objeto de condenação outras condutas perigosas e, no segundo, não houve denúncia em relação à morte do supervisor (que entrara acompanhado dos funcionários). Desse modo, essas decisões evidenciam um contexto dentro do qual se vinculam os órgãos diretivos das empresas aos riscos (elevados) acidentários; este é o panorama que permite a punição, a título de homicídio culposo, das empresas envolvidas em acidentes de trabalho. Mas, bem vistas as coisas, o que diferencia esses precedentes do acidente no *Miller Park* são, exatamente, os excessivos (e inerentes) riscos na atividade da construção civil; assim, de um lado, requer-se um maior cuidado dos trabalhadores e, por outro, demanda maiores esforços da gerência em diminuir, sensivelmente, os perigos. (À semelhança, tenha-se presente o acidente ocorrido em São Paulo, no dia 27 de novembro de 2013, quando um guindaste que erguia parte da estrutura de cobertura do estádio de futebol que sediou a Copa do Mundo desabou, causando a morte de dois trabalhadores. As circunstâncias em que o guindaste operava não foram reveladas, embora exista certa contrariedade nas versões da construtora e da entidade representativa dos trabalhadores quanto à advertência, aos funcionários, da existência de problemas no guindaste.) A atual configuração acidentária tem, sob certos aspectos, uma recorrência pronunciada em se tratando de algumas áreas produtivas, tais como a construção civil e a mineração. Nesta última, aliás, estão bastante presentes os acidentes dos mineiros chilenos (no dia 5 de agosto de 2010, em uma mina a 450km de Santiago, houve um desabamento que deixou 33 trabalhadores soterrados a 700m de profundidade; no final – após quase 70 dias embaixo da terra todos –, foram resgatados vivos) e turcos (no dia 13 de maio de 2014, após uma explosão de, aproximadamente, 2km

A ampliação da responsabilidade penal da pessoa jurídica vem de ser incorporada à reforma penal que se anuncia,[249] permitindo que se afirme a existência de uma tendência em sua utilização,[250] ainda que, especificamente no âmbito da segurança do trabalho, não tenha sido ventilada a sua aplicação.[251]

---

em uma mina de carvão, seguida por incêndio e falta de energia, centenas de mineiros ficam presos no subsolo, dos quais 301 morreram; ressalta-se que, neste último caso, havia inúmeros trabalhadores ilegais entre as vítimas; a seu turno, o representante da empresa exploradora da mina (Soma Holding), em coletiva de imprensa, não respondeu às questões relativas às normas de segurança; e já houve indiciamento do presidente da corporação por homicídios culposos em razão das mortes causadas).

249 Sobre o tema, são importantes e atuais as considerações lançadas por SARCEDO, Leandro, 2016, p. 173-200.

250 O Relatório Final apresentado pela Comissão de Constituição, Justiça e Cidadania do Senado, em 17.12.14, na 57ª Reunião Extraordinária, alterou a redação do Projeto original em relação à responsabilização penal da pessoa jurídica. Na redação original do Projeto, a matéria estava prevista no art. 41 e, agora, no art. 39, cuja redação é esta: as pessoas jurídicas de direito privado serão responsabilizadas penalmente pelos atos praticados contra a administração pública, a ordem econômico-financeira e o meio ambiente, nos casos em que a infração seja cometida por decisão de seu representante legal ou contratual, ou de seu órgão colegiado, no interesse ou benefício da sua entidade. § 1º A responsabilidade das pessoas jurídicas não exclui a das pessoas físicas, autoras, coautoras ou partícipes do mesmo fato, nem é dependente da identificação ou da responsabilização destas. § 2º A dissolução da pessoa jurídica ou a sua absolvição não exclui a responsabilidade da pessoa física. § 3º A responsabilidade penal será exclusiva da pessoa física, se o administrador ou gestor, por sua conta, extrapolar os poderes que lhe foram conferidos pela pessoa jurídica. Explicação: responsabilidade penal da pessoa jurídica. O Direito Penal tem caráter dúplice. Serve à sociedade, protegendo-a de condutas danosas; serve às pessoas, limitando a atuação punitiva estatal. O diálogo entre essas duas utilidades, igualmente lastreadas na Constituição, é que lhe dá o perfil. Ele não é uma construção intelectual autojustificável, um fim em si mesmo. O fenômeno de condutas socialmente danosas, gerenciadas, custeadas ou determinadas por pessoas jurídicas (outra construção intelectual humana) foi, de há muito, identificado pelos estudiosos. Sancioná-las e preveni-las, portanto, é preocupação comum. A questão é: como fazê-lo? A CF, no art. 225, § 3º, e, mais indiretamente, no art. 172, § 5º, abrigou a possibilidade de responsabilização penal das pessoas jurídicas. Isso foi, inauguralmente, tipificado na Lei 9.605/98, dos crimes contra o meio ambiente. A CRef, por maioria de votos, entendeu que as hipóteses constitucionais são exemplificativas e não exaurientes, permitindo ao legislador que examine a conveniência de estender essa responsabilização a outros crimes, além do meio ambiente e da ordem econômica, financeira e da economia popular. Incluiu, desta maneira, a responsabilização da pessoa jurídica por crime contra a administração pública, apta a sancioná-las quando agir por decisão de suas instâncias próprias e em seu benefício. Art. 71. As penas aplicáveis isolada, cumulativa ou alternativamente às pessoas jurídicas são as seguintes: I – multa; II – restrição de direitos; III – prestação de serviços à comunidade; IV – perda de bens e valores; V – publicidade do fato em órgãos de comunicação de grande circulação ou audiência. § 1º Para fins de transação, suspensão condicional do processo e cálculo de prescrição, adotar-se-á como referencial as penas de prisão previstas para as pessoas físicas. § 2º Na aplicação da pena, o juiz deverá, sempre que possível, priorizar as restritivas de direitos mais adequadas à proteção do bem jurídico lesado pela conduta. § 3º A pessoa jurídica constituída ou utilizada, preponderantemente, com o fim de permitir, financiar, facilitar ou ocultar a prática de crime terá decretada sua liquidação forçada, seu patrimônio será considerado instrumento do crime e como tal perdido em favor do Fundo Penitenciário. § 4º A publicidade em órgãos de comunicação prevista no inciso V do *caput* deste artigo será custeada pelo condenado e terá por objeto notícia sobre os fatos e a condenação, em quantidade de inserções proporcional à pena concreta substituída, pelo período máximo de um mês. Explicação: a individualização das penas das pessoas jurídicas. A experiência com a LCMA foi notadamente considerada para a elaboração do presente anteprojeto. Procurou-se resolver algumas das críticas endereçadas àquela lei, especialmente em face da medida legal de culpabilidade (o preceito secundário da norma penal). É por esta razão que o projeto indica que: "os crimes praticados pelas pessoas jurídicas são aqueles previstos nos tipos penais, aplicando-se a elas as penas neles previstas, inclusive para fins de transação penal, suspensão condicional do processo e cálculo da prescrição". Permite-se, deste modo, ao aplicador da lei, que considere a gravidade específica de determinado crime, no momento da dosimetria da pena aplicável à pessoa jurídica. Ao mesmo tempo, as penas dos tipos penais serão utilizadas, também pelas pessoas jurídicas, para auferir benefícios como a transação penal e a suspensão condicional do processo. Contudo, a tramitação do PL 236 – PNCP – foi suspensa (novembro de 2012), com vistas a ampliar os prazos para um melhor e mais cauteloso exame da matéria. A suspensão deveu-se à solicitação do (então) presidente nacional da OAB, Ophir Cavalcante, em ofício ao (então) presidente do Congresso, senador José Sarney, no qual foi requerido maior prazo para os debates. A medida atende à grande parte das críticas que vinham sendo dirigidas ao Projeto. Nas palavras do presidente da OAB, o apelo se pautou pela necessidade de "uma maior e mais prudente discussão sobre um estatuto humano e social de longa duração e que

A assimilação progressiva desses instrumentos interventivo-penais (de escassa relevância preventiva, apesar de haver, por certo, uma crescente orientação em seu emprego[252]) se defronta, ainda uma vez, com a impossibilidade concreta de legitimar, racionalmente, sua opção e sua incorporação ao quadro de medidas destinadas ao enfrentamento desse grave problema social. De qualquer modo, cumpre assinalar que a responsabilidade penal, em linha de princípio, se deve basear e, sobretudo, "confinar aos limites estritos do círculo comunicativo que o ser-pessoa (física) desencadeia".[253] Não obstante, em face do amplo espectro (ou margem de manobra) de que dispõe o legislador penal (tanto na definição dos comportamentos proibidos como na construção da tipologia penal), existe também a possibilidade de as "pessoas morais poderem ser responsabilizadas penalmente",[254] desde que, por óbvio, haja a decisão político-legislativa de intervir "dentro da pluralidade de intenções que tem que conjugar e também preterir".[255] Inquestionavelmente, essas anotações,

---

afeta a vida, a liberdade, a segurança, o patrimônio e outros bens jurídicos de milhões de pessoas". Atualmente, esse PL encontra-se na CCJ, tendo sido realizada movimentação em 15.9.16, na qual o Presidente da Comissão, Sen. José Maranhão, designou, como relator, o Sen. Antonio Anastasia. Após essa designação, ocorreram duas audiências públicas destinadas à instrução da matéria: uma na 30ª Reunião Extraordinária, em 8.8.17, e outra na 48ª Reunião Extraordinária, em 6.11.17, sendo essa a data da última movimentação.

251 A doutrina criminal tem buscado, incessantemente, ampliar o conceito de culpabilidade penal para abranger a atuação das empresas. Mencionam-se, assim, por simples ilustração, as seguintes categorias: 'culpabilidade pela defeituosa organização empresarial'; ou 'culpabilidade empresarial'; ou, ainda, 'culpabilidade pela condução empresarial'. Ademais, Percy García Cavero (2010, p. 154) comenta: "otra de las vías que se han desarrollado doctrinalmente para sustentar la imposición de penas a las personas jurídicas es la que siguen las propuestas que sustituyen el principio de culpabilidad por otro principio paralelo, tal como sucede, por ejemplo, con el estado de necesidad de protección de bienes jurídicos propuesto por Schünemann". Percy García Cavero (2010, p. 155) conclui, amparando-se no pensamento de Silva Sánchez, no seguinte sentido: "el hecho de que la condena a una empresa como autora de un delito tiene un fuerte efecto simbólico, lo que suscita el interrogante de si, en la actualidad, este efecto podría ser ya un fundamento suficiente para sustentar la imposición de una pena a las personas jurídicas". Importa, para além disso, precisar que, na legislação dos países anglo-saxônicos, se admite, de modo geral, a responsabilidade penal das pessoas jurídicas, enquanto que, na (maior parte) dos países europeus, apenas se estabelece em situações excepcionais (cf. CEREZO MIR, José, 1997, p. 65).

252 Especialmente para fazer face aos megarriscos resultantes da Pós-modernidade, parte da doutrina criminal tem sustentado a necessidade imprescindível da utilização do princípio da punibilidade das pessoas coletivas (cf. FERNANDES, Paulo Silva, p. 126). Bem vistas as coisas, as pessoas jurídicas "son titulares de bienes jurídicos (vida, patrimonio) que podrían verse anulados o disminuidos por la pela (disolución, suspensión, multa). El reconocimiento de la responsabilidad penal de las personas jurídicas parece aconsejable desde el punto de vista político-criminal por la importancia que tienen en la vida moderna y por la posibilidad, indudable, de que se cometan delitos en virtud de acuerdos de sus órganos de gobierno, en función de sus intereses o con medios suministrados por ellas" (CEREZO MIR, José, 1997, p. 66). Sob todos os respeitos, em termos político-criminais, percebe-se, mais que nunca, uma acentuada tendência ao reconhecimento da capacidade de imputação penal das pessoas jurídicas, para as quais seriam destinadas penas adequadas às suas características.

253 FARIA COSTA, José Francisco de, 1992, p. 451. Sobre o tema da responsabilidade criminal das pessoas jurídicas, devem ser consultados os artigos de JIMÉNEZ DE ASÚA, Luis, 1948, p. 151-96, e de RIBERIRO, Jorge Severiano, 1945, p. 77-80.

254 FARIA COSTA, José Francisco de, 1992, p. 451.

255 FARIA COSTA, José Francisco de, 1992, p. 453. Quanto aos modelos de responsabilização penal de uma empresa, a doutrina tem destacado que, em essência, existem dois, os quais podem, ainda, ser combinados: "pode-se imputar-lhe os fatos dos membros da empresa, ou pode-se estabelecer, independentemente disso, uma responsabilidade própria, 'autônoma', da empresa, fundada em um conceito modificado de culpabilidade ou em outras categorias de responsabilização. Os modelos podem, também, ser combinados, [...], recorrendo-se à imputação à empresa no que diz respeito aos fatos praticados no nível da gerência, e trabalhando-se com um modelo 'autônomo' de uma culpabilidade por organização ou controle, no que se refere aos fatos de outros membros de mais baixo escalão" (VOLK, Klaus, 2012, p. 719).

antes sumariadas, fornecem as principais coordenadas por meio das quais se desenvolve, em termos dogmáticos, a responsabilização criminal da pessoa jurídica; demais disso, existem, [particularmente] no terreno jurisprudencial, requisitos específicos que se mostram incontornáveis para o reconhecimento da responsabilidade penal da pessoa jurídica: "o primeiro deles diz respeito à dupla imputação: só se admite a responsabilidade penal da pessoa jurídica quando houver imputação simultânea entre o ente moral e da pessoa física (REsp 989.089/SC, 5ª T., j. 18.8.09, relator Ministro Arnaldo Esteves Lima), haja vista que apenas esta age com elemento subjetivo próprio. O segundo está relacionado ao escopo dessa ação individual: ela deve se dar no interesse ou no benefício da pessoa jurídica ('que a infração praticada se dê no interesse ou no benefício da pessoa jurídica') e deve ter sido perpetrada 'no amparo da pessoa jurídica'; de mais a mais, deve ocorrer dentro da 'esfera de atividades' do ente moral (REsp 564.960/SC, 5ª T., j. 2.6.05, relator Ministro Gilson Dipp). Por fim, a relação entre o agir eventual e a pessoa jurídica: o delito deve ocorrer de uma decisão da pessoa jurídica ('que a violação decorra de deliberação do ente coletivo'), 'direito privado', e a pessoa física deve ter um determinado vínculo com a jurídica ('que o autor material da infração seja vinculado à pessoa jurídica') (REsp 564.960/SC, 5ª T., j. 2.6.05, relator Ministro Gilson Dipp)".[256]

Em termos gerais, pode reconhecer-se que, no horizonte político-criminal, as propostas de ampliação da responsabilidade penal da pessoa jurídica tendem a uma nova configuração para o princípio da culpabilidade – além de uma fratura no sistema de garantias –, como consequência do exaurimento da ciência penal tradicional para fazer face às características da sociedade de

---

256 TANGERINO, Davi de Paiva Costa, 2010, p. 37. Consigne-se, por oportuno, que – relativamente à exigência da dupla imputação (isto é, se a responsabilidade da pessoa jurídica deve excluir a de seus membros dirigentes ou, ao contrário, deve com ela coexistir) – houve significativa evolução jurisprudencial: "crime ambiental. Responsabilidade penal da pessoa jurídica. Condicionamento da ação penal à identificação e à persecução concomitante da pessoa física que não encontra amparo na CR. 1. O art. 225, § 3º, da CF não condiciona a responsabilização penal da pessoa jurídica por crimes ambientais à simultânea persecução penal da pessoa física em tese responsável no âmbito da empresa. A norma constitucional não impõe a necessária dupla imputação. 2. As organizações corporativas complexas da atualidade se caracterizam pela descentralização e distribuição de atribuições e responsabilidades, sendo inerentes, a esta realidade, as dificuldades para imputar o fato ilícito a uma pessoa concreta. 3. Condicionar a aplicação do art. 225, § 3º, da CR a uma concreta imputação também à pessoa física implica indevida restrição da norma constitucional, expressa a intenção do constituinte originário não apenas de ampliar o alcance das sanções penais, mas também de evitar a impunidade pelos crimes ambientais frente às imensas dificuldades de individualização dos responsáveis internamente às corporações, além de reforçar a tutela do bem jurídico ambiental. 4. A identificação dos setores e agentes internos da empresa determinantes da produção do fato ilícito tem relevância e deve ser buscada no caso concreto como forma de esclarecer se esses indivíduos ou órgãos atuaram ou deliberaram no exercício regular de suas atribuições internas à sociedade, e ainda para verificar se a atuação se deu no interesse ou em benefício da entidade coletiva. Tal esclarecimento, relevante para fins de imputar determinado delito à pessoa jurídica, não se confunde, todavia, com subordinar a responsabilização da pessoa jurídica à responsabilização conjunta e cumulativa das pessoas físicas envolvidas. Em não raras oportunidades, as responsabilidades internas pelo fato estarão diluídas ou parcializadas de tal modo que não permitirão a imputação de responsabilidade penal individual. 5. RE parcialmente conhecido e, na parte conhecida, provido" (STF, RE 548.181/PR. Relª Minª Rosa Weber, 1ª T., j. 6.8.13). "Crimes dos arts. 54, *caput*, e 60, ambos da Lei 9.605/98. [...]. 7. A pessoa jurídica também denunciada deve permanecer no polo passivo da ação penal. Alerte-se, em *obiter dictum*, que a 1ª T. do STF reconheceu que a necessidade de dupla imputação nos crimes ambientais viola o disposto no art. 225, 3º, da CF (RE 548.818 AgR/PR, 1.ª T. Relª. Minª. Rosa Weber, Informativo nº 714/STF). 8. Ausência de patente constrangimento ilegal que, [...], imponha a concessão de ordem *ex officio*. 9. Ordem de *habeas corpus* não conhecida" (*HC* 248073/MT. Relª Minª Laurita Vaz, 5ª T., j. 1.4.14).

risco.[257] Em remate, a doutrina criminal especializada tem proclamado ser mais importante a discussão sobre a natureza da sanção penal que será destinada às pessoas jurídicas que o questionamento acerca da necessidade político-criminal de estabelecer um sistema de responsabilidade que açambarque os comportamentos delituosos praticados na esfera de estruturas empresariais. Até porque "o consenso doutrinário prevalente é na direção de que as pessoas jurídicas per se não possuem capacidade de ação, não têm culpabilidade e capacidade de pena. Na construção do sistema, deve haver uma dupla responsabilidade penal com suas características e efeitos pertinentes, isto é, conteúdos e consequências adaptadas às pessoas jurídicas e seus dirigentes, observadas as suas especificidades".[258]

2.5. Da (função da) pena criminal no contexto do Estado social e democrático de Direito em face dos acidentes de trabalho

Em outro quadrante, quanto às sanções criminais, em um Estado social e democrático de Direito, a compreensão dos fundamentos, do sentido e dos limites das penas, deve arrancar de uma concepção de prevenção geral, vinculada, de modo direto, a uma noção (impostergável) de racionalidade. Cumpre, nesse diapasão, em poucas linhas, avaliar se essa perspectiva deve, ou não, projetar-se para inspirar a reação punitiva em face dos acidentes de trabalho.

Pode convir-se que, no horizonte valorativo dos acidentes de trabalho, a finalidade das penas poderia ser, eventualmente, diferente da que envolveria (ou daria) sentido ao (assim denominado) direito penal comum,[259] dado que se trataria de agentes de infrações que não necessitam *a priori* de qualquer intervenção ressocializadora. É importante assinalar, consequentemente, que a pena, no âmbito criminal, necessita, sempre, ostentar um efeito dissuasivo, isto é, deve operar na direção intimidatória do potencial delinquente. Por isso, aqui, deve ter-se em mente a particular condição, em termos gerais, dos destinatários da pena criminal nos delitos acidentários, pois se trata de um dado extremamente relevante na composição de uma estratégia política (e racional) de enfrentamento dessa modalidade criminal específica, ou seja, no desiderato de obter o acatamento a mandamentos da disciplina laboral protetiva. De um modo amplo, não tem razão objetiva a aplicação de penas propriamente ditas (tal qual implicitamente reconhece o legislador brasileiro, porquanto destina, em regra, aos ilícitos correlacionados aos acidentes de trabalho, um leque de medidas descarcerizantes). Logo, se se puder resolver a danosidade social desses delitos por outros meios punitivos – evitando-se, de tal sorte, a prisão –, esse parece despontar como o caminho mais adequado a ser trilhado.

Por sob tudo isso, mais relevante é que, nessas hipóteses delitivas específicas, cesse a atividade socialmente lesiva; e que, devidamente, se proceda à

257 AMARAL, Cláudio do Prado, p. 229.

258 COSTA, Álvaro Mayrink da, 2016, p. 206.

259 COSTA, José Francisco de Faria, 2003, p. 91.

reparação dos danos dela emergentes.[260] Postas as coisas deste modo, acredita-se que, com a adoção de um acervo de medidas que obstaculizem (ou dificultem ao máximo) a prisão (as quais, sem embargo, possam punir adequadamente tais comportamentos lesivos), se obterá uma modalidade de prevenção que, *pari passu* com a fiscalização estatal das condições de trabalho (em cujo terreno deve haver amplas e eficazes campanhas oficiais de educação e estímulo à prevenção acidentária), ensejará um (desejável) aumento (de modo particular, aos empregadores) do índice de cumprimento das dimensões normativas de segurança do trabalho.

Dando um passo à frente, todavia, torna-se necessário acentuar que, perfeitamente, podem estabelecer-se outros instrumentos punitivos que prescindiriam do qualificativo penal, mas que lograriam conceder a necessária proteção aos interesses postos em questão. Exemplificativamente, deve lançar-se mão de penas proibitivas do exercício profissional, de desconstituição das sociedades, da reparação do dano, da perda do direito de participar de concorrência ou licitações, da perda de licença, patente ou concessão, entre outras medidas. A questão que se colocaria, nesse contexto, fundamentalmente, é a de apontar, com segurança, se a existência (e ampliação) dessas ferramentas não privativas da liberdade atenderiam à expectativa social de enfrentamento dessa espécie de criminalidade, destacadamente em relação àqueles crimes mais lesivos, mas que, de qualquer sorte, dizem respeito ao conjunto da sociedade, na medida em que afetam, por sua repercussão no plano social, um grupo indeterminado de pessoas e a própria estrutura do Estado; ou se a pena privativa de liberdade (ainda que de curta duração) concederia, com maior eficácia, o necessário impacto intimidatório que às penas cumpria ostentar. Nesse momento, atingimos um ponto importante de nossa investigação: qual a melhor forma de se intervir, à luz dos princípios da racionalidade, proporcionalidade e mínima intervenção do sistema penal, no âmbito de um segmento específico da criminalidade no ambiente do Estado social e democrático de Direito? Avalia-se que, na atual composição histórica de forças sociais, a opção por medidas punitivas amplas e menos invasivas tem, sob todos os aspectos (e particularmente em virtude de um compromisso com a racionalidade do sistema penal), a preferência.

Por outros termos, e a partir dessa resposta, indicam-se propostas concretas de redução do poder penal sem se descurar da necessidade real de o Estado funcionar como regulador concreto das relações socioeconômicas, notadamente em uma sociedade globalizada, na qual grassam e se acentuam diferentes graus (tanto no plano interno como no externo) de respeito e de

---

260 Em sentido contrário (e, ademais, estabelecendo a enorme complexidade deste tema), pode ler-se: "éste es uno de los pocos campos en que la amenaza de prisión puede tener un efecto disuasorio y la inidoneidad se debe, ante todo, a factores externos que condicionan, cuando no vetan, su aplicación. [...] las organizaciones de defensa de los intereses de los trabajadores han manifestado históricamente una enorme indiferencia ante la utilización de la vía penal en la tutela de sus representados. [...] lo cierto es que los sindicatos, principales sujetos interesados en impulsar estos procesos, se han mostrado claramente inactivos, salvo que se hayan visto obligados a acudir ante los tribunales penales en defensa de sus afiliados inculpados en materia de coacciones laborales principalmente. [...] ni siquiera estará interesado en llevar ante la Justicia acusaciones penales que, de prosperar, pueden poner en peligro su puesto de trabajo" (BAYLOS, Antonio; TERRADILLOS, Juan, p. 42-4).

ofensa às garantias constitucionais dos cidadãos. Em palavras mais diretas: desenvolver uma racionalização da Política Criminal buscando soluções não necessariamente penais. Paradoxalmente, voltar atrás implica seguir em frente (*reculer pour mieux sauter*): retornar a uma vertente limitadora da intervenção penal – nos moldes propostos pelos iluministas[261] – é hoje uma forma racional de enfrentar a questão penal; voltar à concepção do bem jurídico individual (ainda que se reconheça a existência de bens jurídicos coletivos), em cujo centro encontra-se o ser humano, é a forma racional de se conceber essa teorização, na qual a vinculação da ideia de lesão a um bem jurídico se traduz em uma das funções de autolimitação material da intervenção punitiva; voltar a uma concepção de pena que tenha, em essência, uma preocupação preventiva, é hoje a maneira mais adequada e racional de se conceber a punição, afastando-se de concepções simplesmente utilitárias ou sistêmicas.

A solução proposta encaminha-se, sistemicamente, ao encontro do princípio da 'proibição do excesso', que se coloca como um princípio informador da legislação,[262] o qual "limita em termos preventivos os poderes públicos, sobretudo quando estes adoptam medidas sancionatórias ou medidas restritivas de direitos, liberdades e garantias";[263] sendo, dessa forma, um princípio de controle ao poder de incriminabilidade de condutas por parte do legislador.[264] Recorrendo à noção da racionalidade, a sociedade – por diferentes instâncias – pode fiscalizar o exercício do poder estatal e a própria necessidade das medidas das quais se vale para a preservação, "contribuindo para um Estado de Direito mais amigo da justiça e dos direitos fundamentais".[265]

2.6. Da racionalidade punitiva

Há, derradeiramente, a observar, a propósito (do princípio) da racionalidade,[266] que ela pode realizar, perfilando-se juntamente às finalidades da

---

[261] Nieves Sanz Mulas (2003, p. 26) argumenta que "quizás debamos resucitar el pensamiento de Beccaria, cubriendo sus lagunas y corrigiendo algunas de sus premisas, de acuerdo con los conocimientos adquiridos desde la experiencia y las transformaciones sociales acontecidas. Probablemente en la actualidad resulte difícil compartir aquella confianza en el triunfo de las ideas sobre la irracionalidad y el despotismo, tras las amargas experiencias históricas y algunas recientes, que muestran dramáticamente la dificultad y complejidad del avance de la humanidad y la fragilidad de las libertades. Pero precisamente es después de esos súbitos retornos de barbarie que de cuando en cuando estallan en la historia de la civilización cuando nos damos cuenta que Cesare Beccaria no ha comenzado todavía a ser un antiguo y que su voz resuena con renovada actualidad".

[262] José J. Gomes Canotilho (1999, p. 60) exemplica-o: "o legislador não deve considerar criminalmente punível uma acção ou omissão se esta acção ou omissão não tiver dignidade suficiente para ser considerada crime. O legislador não deve declarar punível com pena de prisão uma acção ou omissão quando outra pena (exemplo: multa) puder ser aplicada cumprindo os objectivos de prevenção e reparação".

[263] CANOTILHO, José J. Gomes, p. 61.

[264] DÍEZ RIPOLLÉS, José Luis, 2003, p. 128. Oportuno o registro da existência do princípio da proibição da proteção deficiente, segundo o qual se deve "garantir que a gravidade de um fato mereça a devida consideração do Estado" (NUCCI, Guilherme de Souza, 2017, p. 112).

[265] CANOTILHO, José J. Gomes, p. 61.

[266] Não se encontra entre os objetivos deste estudo abordar, de forma ampla e exaustiva, a formação histórica do princípio da racionalidade (o que pode ser plenamente encontrado em GOYARD-FABRE, Simone, 2002,

p. 363-437). Entretanto, é importante, em breves linhas, remarcar que, historicamente, se pode indicar a Revolução Francesa como o marco em relação ao qual se vai procurar organizar o Estado e a sociedade sobre uma base racional, garantindo ao indivíduo, por meio das instituições sociais e políticas, a preservação de sua liberdade e de seus interesses (MARCUSE, Herbert, 1997, p. 9). Com efeito, a Revolução Francesa, entre outros legados, operacionalizou a racionalização (limitação) do poder do Estado por intermédio da lei, a qual visava a garantir os direitos individuais do cidadão, na medida em que a lei se impôs exatamente contra os privilégios da nobreza do *Ancien Régime*. Naquele contexto histórico, a lei, portanto, apesar de seu conteúdo de classe, visou à limitação do poder, o que implicou um avanço significativo. Ainda, historicamente, o processo institucional organizado da produção legislativa deixa de ter como eixo a ideia de consenso (haja vista às contradições sociais existentes que se aprofundavam no interior da sociedade no final do século 18) e passa a valorizar a participação social nos direitos produzidos pelo Estado como o núcleo de legitimidade. Desse modo, "a lei que caracterizava uma cidadania estritamente política, logo depois da Revolução Francesa, passa a necessitar, para construir direitos da cidadania, de abranger também direitos contemporâneos da legitimidade jurídica, pois, embora desenvolva traços já existentes nas declarações dos direitos humanos da Revolução Francesa, materializa, mesmo atravessando a luta de classes, efetivas conquistas de direitos, os quais provêm da conscientização da sociedade de possuir o direito de ditar-se os seus próprios direitos. [...]. A partir da afirmação da lei como um dos fundamentos da legitimidade da ação do poder político, os Estados modernos passaram a dela necessitar (a própria noção de Estado liga-se à de lei). A racionalidade da ação do poder estatal depende da eficácia da lei. A lei ocupa um lugar de destaque no seio dos conflitos sociais, enquanto suporte de legitimidade, contestação e reivindicação" (ROCHA, Leonel Severo, 2003, p. 142). Nessa mesma ordem de ideias, ressaltando, entretanto, a inspiração sistêmica, Raffaele de Giorgi (p. 91) afirma que "o sistema jurídico é racional porque atribui a todos a possibilidade de participar na instauração da ordem social; são racionais os comportamentos dos indivíduos que, para a persecussão dos fins individuais, se valem dos meios postos à disposição pelo sistema. Racionalidade implica a conformidade da ação ao direito. O direito confere certeza e expectabilidade a expectativas e fornece garantias para o futuro porque assegura a economicidade da relação entre meios e fins". Ainda, no mesmo curso, Antônio Luís Chaves Camargo (2001, p. 187) sustenta a impositividade das normas jurídicas e, por essa razão, "a validade ou aceitabilidade racional está ligada à validade ou aceitação social. [...]. Assim, para que uma norma jurídica seja legítima é necessário que haja esta configuração racional, ou seja, a compreensão da comunidade jurídico no sentido e finalidade da mesma, o que exige a valoração do contexto social que exprime as obrigações que cada um deve assumir neste mesmo contexto. O mundo da vida, que é o pano de fundo desta compreensão, se torna fundamental para o entendimento do discurso jurídico". No que respeita ao sistema penal, consigna Eugenio Raúl Zaffaroni (1977, p. 167) que a expressão 'racionalismo penal' – a qual se vincula ao 'iluminismo penal' – quer "caracterizar a un movimiento del pensamiento humano que parte de una fe casi ilimitada en la razón y que se cierra con un estudio precisamente acerca de las posibilidades de la razón, realizado por Kant. La primitiva fe se fue perdiendo hasta que Kant demuestra que la razón conoce límites y que, por ende, el hombre es finito en cuanto a sus posibilidades racionales de conocer y de hacer". De outro giro, a noção da racionalidade não pode assumir um padrão absoluto, visto que se insere em um determinado contexto histórico; e, por via própria de consequência, ideológico. Nesse rumo, Vera Regina Pereira Andrade (2015, p. 145-6) aponta que "[...] a Dogmática procura dar consistência à promessa reenviando e vinculando a construção sistemática do crime à racionalidade do legislador, por um lado, e à racionalidade do juiz, por outro. [...]. Pelo princípio da igualdade e a crença juspositiva da neutralidade científica e judicial, que igualmente o compõem, torna-se visível sua suposição de existir não apenas um legislador racional, que confere à legislação o mesmo atributo, mas um juiz igualmente racional. [...]. A ideologia da defesa social explicitada por Baratta evidencia, enfim, que a Dogmática Penal pressupõe não apenas a racionalidade do legislador (princípio do interesse social) e do juiz (princípio da igualdade), mas também a 'legitimidade' do poder punitivo do Estado moderno. [...]. O vigoroso esforço racionalizador da Dogmática Penal é, assim, um vigoroso esforço 'neutralizador' do exercício do poder punitivo mediante o qual a Dogmática Penal não apenas esgota-o no trânsito lógico do legislador ao juiz, mas incide no 'pensamento mágico de afirmar que a simples institucionalização formal realiza o programa, quando simplesmente o enuncia'". Uma vez apresentadas essas premissas, pode-se dizer que a definição de racionalidade ostenta um especial interesse para um discurso sobre a legitimidade da intervenção do direito penal. Mais: para a construção de uma Política Criminal racional. Sob esse enfoque, indica-se que a racionalidade implica, fundamentalmente, a ideia de necessidade, vale dizer, a intervenção punitiva somente se colocará como racional à medida que se apresente, rigorosamente, como necessária. Parece, então, não haver dúvidas, dessa forma, da existência de uma ligação visceral entre o princípio da racionalidade e o da *ultima ratio*, sendo, a todos os títulos, qualificado como irracional o aumento do aparelho repressivo do Estado que não se vincule, estritamente, a uma intervenção necessária (e, deve-se acrescentar, protetiva – dos bens jurídicos mais relevantes – e proporcional – à gravidade da lesão e à culpabilidade do agente). Esses são os dados mediante os quais se pode lançar um padrão conceitual ao princípio da racionalidade. Luigi Ferrajoli (1997, p. 932) adverte que "la función garantista del derecho consiste, en suma, en la limitación de pena criminal, a estruturação essencial do sistema punitivo, concedendo-lhe a necessária – ao menos na dimensão formal – legitimidade da intervenção punitiva dentro da perspectiva do Estado social e democrático de Direito. A ideia encontra-se posta pela doutrina, como se pode ler em Hans Welzel: "el Estado debe aplicar las graves medidas que implica la pena (y la privación de libertad preventiva) en relación con la vida, la libertad y el honor de las personas, sólo dentro del Derecho Penal como consecuencia jurídica del delito (principio de la exclusividad de los medios punitivos específicos). Tan pronto como utiliza estas medidas (u otras de gravedad equivalente) para fines extrapenales, por ejemplo para lograr objetivos organizatorios o económicos o bien para combatir convicciones políticas, conmueve la fuerza formativa ética de las normas penales y empuja al Derecho Penal por el camino de la simple medida intimidatoria. Cuando las disposiciones penales constriñen casi todas las actividades vitales, cuando hasta los actos de defensa de la existencia pueden ser punibles, entonces el Derecho Penal padece de exceso de punición".[267]

De modo significativamente especial, a noção da racionalidade – que tem como destinatário o ser humano[268] – se deve projetar aos domínios da Política Criminal[269] –, *locus* privilegiado de conjugação de princípios teóricos e de medidas concretas, os quais se entrelaçam em uma síntese que implica (e encerra) um programa político de compreensão e, em última instância, intervenção punitiva – nos quais poderá reconhecer o terreno próprio para o desenvolvimento de uma estratégia planificada para a prevenção da criminalidade, construindo (o que se poderia denominar de) uma 'Política Criminal racional', com todas as limitações e possibilidades que o momento histórico se nos oferece.

Daí por que, a seguir, se torna de rigor, ainda que *en passant*, o exame [do fundamento] do crime culposo: por ser, exatamente, a imputação jurídico-penal *par excellence* em se tratando de acidentes de trabalho.

---

los poderes y en la correspondiente ampliación de las libertades. En este sentido, la libertad – pero también la igualdad, en su calidad de garantía de los derechos fundamentales de todos – depende de las leyes, cuya función es la indicada por Kant, de hacer convivir las libertades de todos. Aún más: las libertades están por su naturaleza destinadas a convivir y cada vez que una libertad atenta contra la libertad de los demás quiere decir que se ha convertido en un poder".

[267] WELZEL, Hans, 1993, p. 6-7.

[268] Ricardo Antunes Andreucci (1981, p. 108-9) enfatiza que "a figura humana não pode ficar obscurecida ou toldada para que sejam dadas soluções aos problemas emergentes. Não deve ficar neutralizada, dissolvendo-se o seu sentido por aporético, visto que a consequência será a neutralização do próprio Direito Penal. O homem deve ser colocado no âmago das indagações, com a dignidade de ser humano livre e responsável, marcado para decidir e agir, apesar da finitude de suas possibilidades, tentando atingir o seu eu originário. [...]. Esta imagem do homem, que parece verdadeira, é premente num momento em que se assiste aos Estados inflando mais e mais com a autoridade e o poder. Resta como a única forma de guarnecer o indivíduo contra os ataques que possa receber e que recebe. Os Estados, comprimindo-o, demarcam a sua esfera de atividades com fronteiras cada vez mais estreitas, ecoando intensamente estas medidas no interior do Direito Penal, que corre o risco de terminar servindo aos sistemas e não às pessoas".

[269] Como assinala Roque de Brito Alves (1995, p. 301), "a reação social ante o crime em termos de prevenção e repressão do delito, não pode ser 'passional', de caráter superficial e apressado, porém 'racional', tendo-se em vista o conhecimento científico profundo e progressivo que a moderna Criminologia vem oferecendo sobre o fenômeno do delito como uma realidade, de conteúdo humano e social, em sua objetividade natural e histórico-social, ao lado do apurado e até refinado aperfeiçoamento técnico, de natureza normativa que o atual Direito Penal apresenta sobre o fato punível".

Capítulo 3

Do fundamento do crime culposo

Torna-se indispensável observar que, de um modo geral, a doutrina criminal especializada se preocupava, quase exclusivamente, com os delitos comissivos por ação dolosa, relegando, com isso, tanto os culposos quanto os omissivos a um segundo plano na sua escala de interesses. Contudo, essa situação começou a alterar-se, de maneira significativa, com o processo acelerado de industrialização levado a efeito no século XIX, no curso da Revolução Industrial. De fato, o processo da industrialização implicou, devido às máquinas e aos produtos utilizados, o florescimento de novos riscos, os quais, com a constante e crescente inovação científico-tecnológica, notadamente a partir da segunda metade do século XIX,[270] passaram a demandar um controle normativo abrangente.

Dada esta situação, em face dos graves riscos (nomeadamente à segurança individual e coletiva) decorrentes de uma multiplicidade de condutas (muitas das quais associadas ao desenvolvimento das forças produtivas bem como ao próprio manejo das aquisições tecnológicas), tornou-se imprescindível que esses comportamentos fossem praticados de acordo com um cuidado exigível, para cuja determinação e compreensão foram sendo construídos e desenvolvidos os tipos penais culposos. Não só a dogmática criminal passa a dedicar maior atenção aos crimes culposos como ainda vários ordenamentos jurídicos "passaram a conter um número crescente de crimes de perigo comum puníveis, em muitos casos, mesmo a título de negligência".[271] Por isso também, como se expressa Jorge de Figueiredo Dias, "o relevo e o significado dos crimes negligentes encontra-se em rápida expansão nos quadros da chamada 'sociedade de risco'".[272] No contexto dessa sociedade, deve endereçar-se, sob uma perspectiva político-criminal, especial atenção aos processos de risco em relação aos bens jurídicos tutelados, na medida que se cuida de processos

[270] "A exposição dos produtos industriais tinha uma dimensão absolutamente inebriante e na mesma exposição tanto se poderia admirar a nova máquina de costura Singer como o mais moderno canhão da fábrica alemã Krupp. Além dessas inovações tecnológicas, a exposição universal de Paris de 1867 foi a primeira que reservou um lugar de destaque para a mais nova descoberta da modernidade, a eletricidade, além de apresentar com grande impacto o telégrafo, que passara a funcionar desde 1866, com a instalação do primeiro cabo submarino. Muitas dessas novas maravilhas do mundo moderno podiam ser usufruídas pelos visitantes da feira e a eletricidade foi a maior atração da exposição parisiense, proporcionando mais diversão e lazer" (DECCA, Edgar de, 2003, p. 162).

[271] CARVALHO, Américo A. Taipa de, 2004, p. 377.

[272] FIGUEIREDO DIAS, Jorge de, p. 860.

inafastáveis das condições objetivas e históricas da contemporaneidade. Não pode prescindir-se dos riscos diante de sociedades altamente complexas e em diferentes níveis de evolução socioeconômica, porque, do contrário, haveria estagnação das forças produtivas em escala mundial. Por outro lado, tendo-se esse aspecto em consideração, somente se pode cogitar da punição de determinados processos de risco (dos bens jurídicos) e, de tal sorte, para não haver arbitrariedades à luz da necessidade da pena, devem existir diferenças marcadas e criteriosas entre os processos de risco, reconhecendo-se como penalmente relevantes apenas os que não se tenham apercebido do cuidado que era requerido diante da interação social do risco.[273]

Com isso, a doutrina criminal, pouco a pouco, se foi ocupando dos crimes (comissivos e omissivos) culposos, quer por sua recorrente expressividade, quer por seu papel de contenção de fontes de perigo grave (à segurança individual ou social), "ainda mais se for frequente que delas derivem resultados lesivos por falta de cuidado na sua manipulação".[274]

Proceder-se-á, agora, exatamente, ao exame do fundamento do crime culposo; todavia, não se poderia superar este ponto sem indicar, sob uma formulação bastante sintética, que o crime culposo ocorre quando o sujeito ativo der causa ao resultado inobservando o dever de cuidado que se lhe impunha;[275] disso tudo emerge a exigência de que o evento típico provocado se insira, de conformidade a um *standard* concebido em decorrência (da figura fictícia) do *homo medius*, componente da sociedade, em um parâmetro de previsibilidade objetiva.[276] O agente modelo, ao observar o cuidado objetivo necessário, conforma o seu proceder de modo medianamente cauteloso, e a previsibilidade, que imprime a tipicidade do crime culposo, refere-se àquilo que ordinária e normalmente acontece, situado em um plano razoável do desdobramento físico do comportamento.[277]

Em largos traços, cumpre reconhecer que a imputação jurídico-penal do crime culposo[278] se vincula à inobservância do dever geral de cautela,[279] pois

---

[273] BUSTOS RAMÍREZ, Juan, 2005, p. 174.

[274] FIGUEIREDO DIAS, Jorge de, p. 860.

[275] COSTA JÚNIOR, Paulo José da, 1975, p. 74,

[276] "[...], não se pode exigir do réu previsão sobre a falha em máquina nova, produzida sob fiscalização e presumivelmente segura para a finalidade de sua empresa, com operários especialmente treinados para o manuseio e operação, tendo ocorrido a notificação para modificação no sistema apenas após o sinistro. [...], o evento provocado não era objetivamente previsível, de sorte que ajustada a absolvição, como feita na origem" (TJSP, AC 0000280-31.2011.8.26.0019, 12ª CC, Rel. Marcelo Gordo, j. 2.8.17).

[277] TJSP, AC 0000280-31.2011.8.26.0019, 12ª CC, Rel. Marcelo Gordo, j. 2.8.17

[278] Para Wolfgang Schöne (1996, p. 26), "la importancia de la problemática de la imprudencia ha crecido en las últimas décadas en forma casi explosiva. Esto se debe en gran parte a los siempre renovados potenciales de peligros que acarrea consigo un mundo mecanizado e industrializado y sobre cuyo crecimiento el derecho penal no ejerce influencia alguna".

[279] "En la doctrina actual la idea central en materia de imprudencia punible gira alrededor de un concepto esencial: la infracción de un deber de cuidado. Si como consecuencia de tal infracción se produce un resultado previsto por un precepto concreto de la ley como infracción penal por imprudencia, nos encontramos ante el delito o falta de esa clase. Cuando tal resultado es la muerte de una persona, si la imprudencia es grave, estamos ante el delito del art. 142 CP, y si es leve ante la falta del art. 621.2. La conciencia social y el disfrute de las comodidades inherentes al desarrollo de los pueblos exigen el que hayan de tolerarse actividades que

"sem a carência do cuidado necessário na execução da ação, inexiste o tipo culposo".[280] A fundamentação do dever objetivo de cuidado é, em termos dogmáticos, "a representação ideal de um cânone de comportamento que a comunidade julga como o mais adequado à proteção de bens jurídico-penais",[281] cuja representatividade se estabelece, *grosso modo*, a partir da verificação da voluntária omissão quanto aos comuns procedimentos correspondentes[282] ao dever geral de cautela,[283] diante disso, torna-se inafastável consignar quais, nas

---

inevitablemente conllevan determinados riesgos; pero, como contrapeso ineludible de tal tolerancia, en cada una de esas actividades hay una serie de normas, escritas o no, que garantizan el que puedan desarrollarse dentro de unos límites tolerables. El riesgo socialmente permitido ha de estar controlado por la adopción de una serie de medidas que lo enmarcan para que no exceda de lo imprescindible. Un mayor desarrollo económico se corresponde con un mayor número de actividades peligrosas y con una más exigente legislación protectora frente a éstas [...]. En el ámbito de las relaciones laborales la actividad empresarial genera múltiples riesgos de producción de daños en los trabajadores, lo que constituye uno de los problemas más graves en todos los países industrializados: los accidentes de trabajo. Ello requiere una legislación protectora del trabajador muy minuciosa en cuanto que regula todas y cada una de las actividades empresariales con mandatos y prohibiciones específicas tendentes a reducir al mínimo posible estos hechos que tan graves daños producen en los afectados y en sus familias, y en definitiva en toda la sociedad. La legislación española no es ajena a estas regulaciones. Aparte de la OGSHT, que tiene fecha de 9.3.1971, hay luego otras que regulan cada una de esas actividades. La OTCVC, de 28.8.1970, es la aplicable, entre otras materias, a la construcción de edificios, tema del presente proceso penal. Luego, en los convenios colectivos a veces se acuerdan entre empresarios y trabajadores otras normas de seguridad. Todo ello constituye un entramado de preceptos reglamentarios de cada una de las actividades empresariales, que aparece ahora coronado por la Ley 31/1995, de 8 de noviembre, sobre PRL. Esto tiene una singular importancia en el ámbito de la construcción donde el riesgo de accidente de trabajo es mayor que en otro tipo de empresas, lo que alcanza su máximo nivel cuando se refiere a la construcción de edificios, como es el caso presente, en que el accidente laboral se produjo en el levantamiento de una edificación de tres plantas, cuando con apoyo en la segunda planta los obreros estaban ya trabajando en la realización del suelo de la última de ellas [...]. En el caso presente se produjo un hecho que, por sí mismo, desde un punto de vista objetivo, ya revela la infracción de un deber de cuidado: había un hueco de escalera sin protección alguna junto al cual estaban trabajando unos obreros, en la planta 2ª, para levantar el entramado de la 3ª. Uno de tales obreros, que trataba de colocar un puntal del techo de esa planta 2ª, dio unos pasos hacia atrás y se precipitó al vacío por una altura de unos seis metros sufriendo un golpe en la cabeza que le produjo la muerte al cabo de tres días. Es un principio definitivamente adquirido en el ámbito de las relaciones laborales el de la protección del trabajador frente a sus propias imprudencias profesionales, principio que inspira toda la legislación en materia de accidentes de trabajo. La propia dedicación a la tarea encomendada, como en este caso la realización del apuntalamiento de la futura techumbre, concentra la mente del obrero en esa tarea y si tiene un descuido ha de estar protegido para evitar, pese a ello, el percance. Esta es la razón de ser de las medidas de seguridad vigentes al respecto y que en la construcción de edificios han de concretarse en el preceptivo estudio de seguridad" (TSE, STS 67102001, Mag. Pon. Joaquín Delgado Garcia, SP, S. 1, j. 5.9.01).

280 LUISI, Luiz, 1987, p. 80.

281 FARIA COSTA, José Francisco de, 1992, p. 478.

282 Nos tipos culposos, a ação proibida não se individualiza pelo fim (da conduta), mas, sim, "pela forma de selecionar mentalmente os meios e de dirigir a causalidade para a obtenção deste fim. Por esta razão, torna-se indispensável levar este fim em consideração para conhecer a conduta de que se trata, para o efeito de determinar se esta conduta foi programada com ajuste ao dever de cuidado ou de forma violadora do mesmo. Esta é uma consequência necessária de que no dolo, o típico é a conduta em razão de sua finalidade, enquanto na culpa, é a conduta em razão do planejamento da causalidade para a obtenção da finalidade proposta" (ZAFFARONI, Eugenio Raúl; PIERANGELI, José Henrique, 2015, p. 459), ou seja, a estruturação da tipicidade culposa não requer qualquer consideração sobre o fim (da conduta) em si mesmo, porém exige, por outro lado, que se avalie o fim em vista da determinação do dever de cuidado que deveria o autor da conduta observar.

283 Por via de regra, os tipos culposos são materiais, ou seja, exigem a produção de um resultado lesivo; contudo, despontam, em face de nossa legislação, certas modalidades de delitos culposos que se corporificam sem a necessidade de um dano, sendo-lhes suficiente, assim, para sua estratificação típica, tão somente a ocorrência de uma situação de perigo (ao bem jurídico protegido). Tendo em vista essa circunstância, pode-se reconhecer que "os tipos culposos não apenas se configuram incluindo na sua composição um resultado lesivo determinado pela conduta sem diligência, mas também pela simples inserção de uma situação de perigo criada por uma conduta realizada sem os cuidados impostos pela ordem jurídica à sua execução" (LUISI, Luiz, p. 103).

circunstâncias concretas do fato, seriam as obrigações (gerais ou específicas) do sujeito ativo, a fim de que se possa concluir pela existência, ou não,[284] de violação do cuidado necessário.[285] A determinação do conteúdo do comportamento descuidado (isto é, a aferição da concreta pauta de cuidado que deveria ser utilizada no caso. E isso se mostra da máxima relevância no processo dedutivo do agir culposo, porquanto dessa análise dependerá a comprovação posterior da existência, ou não, do desvalor da ação intrínseco do crime culposo[286]) é estabelecida pelo Magistrado,[287] para cuja tarefa poderá valer-se, em sendo o caso, do auxílio pericial na investigação da regra (específica) de referência; evidentemente, a análise do regramento específico se constitui em um importante (mas não decisivo *per se*) marco em relação ao qual se poderá reconhecer a existência de uma conduta cuidadosa (ou não) em sentido jurídico-penal.[288] Como pondera Francisco Muñoz Conde, o direito penal "no puede obligar a nadie más allá de la observancia del cuidado que objetivamente era exigible en el caso concreto al que se encontraba en esta situación. Sólo la lesión del deber de cuidado convierte la acción en acción imprudente";[289] todavia, essa lesão (ao dever objetivo de cuidado), em toda a linha, deve ser valorada, no plano da tipicidade, em face da dinâmica concreta do *monde objectif* e, excepcionalmente, no plano da culpabilidade (falta do potencial conhecimento do injusto), em virtude do *monde vécu*.[290] (Desde já se adianta que, na hipótese [provavelmente afirmada] da ocorrência do resultado – mesmo que o agente tivesse empregado

---

[284] Por óbvio, a imprevisibilidade (objetiva) implica, por todos os títulos, a atipia (subjetiva) do comportamento lesivo, reclamando, assim, a absolvição criminal, tal como enfatiza a seguinte decisão jurisprudencial: "homicídio culposo. Acidente fatal no local de trabalho. Imprevisibilidade objetiva. Absolvição decretada. A imprevisibilidade objetiva do evento danoso conduz à atipicidade da conduta, não havendo como se atribuir responsabilidade ao acusado pelo acidente de trabalho que resultou na morte de um de seus empregados" (TJMG, AC 1.0431.10.000189- 7/001, Rel. Renato Jacob, 2ª CC, j. 20.3.14).

[285] Wolfgang Schöne (1996, p. 17) esclarece que "las normas de determinación son lesionadas por la realización de la acción prohibida y la no realización de la acción mandada, y justamente de este modo quedan determinadas las características centrales del tipo (en su idea conductora)".

[286] HAVA GARCÍA, Esther, 2012, p. 95.

[287] "La determinación de las distintas reglas de cuidado que cada ciudadano debe observar en el desarrollo de sus actividades se realiza previamente, mediante una ponderación social de intereses de carácter extrapenal que no corresponde al intérprete; es tarea del juez, por tanto, descubrir en cada supuesto particular en qué consiste lo exigible penalmente conforme a dichas reglas, pero para ello no tiene que engendrarlas, pues éstas son preexistentes a la labor judicial" (HAVA GARCÍA, Esther, p. 95).

[288] Reinhart Maurach, Karl Heinz Gössel e Heinz Zipf (1995, p. 152) lembram que "el cumplimiento formal de disposiciones acerca de prevención de incendios no siempre libera al obligado de otras medidas más extensas y adecuadas a las características del caso respectivo [...]; la falta de respeto de estas últimas medidas puede hacer que la acción aparezca como descuidada, pese a su 'obediencia' formal [...]".

[289] MUÑOZ CONDE, Francisco, 1999, p. 58.

[290] Como assinala Heitor Costa Junior (p. 58), "discute-se se a capacidade individual do autor, de agir em conformidade com a norma de cuidado, pode ser analisada no tipo. Prevalece [...] o entendimento diverso, ou seja, trabalha-se com o duplo critério: o dever objetivo de cuidado é considerado tomando-se como conduta modelo a do autor prudente, pessoa cuidadosa. A previsibilidade subjetiva, ou seja, o poder subjetivo do agente de cumprir a norma de cuidado integra a culpabilidade. Em consequência, o grau de culpabilidade estará vinculado à maior ou menor capacidade de cumprir-se a norma. Pode a reprovabilidade ser diminuída ou excluída. Diversamente, se o agente apresenta maior capacidade não estará obrigado a um cuidado superior àquele determinado no injusto".

o dever de cautela –, o Magistrado deverá proclamar a absolvição em face do *in dubio pro reo*).[291]

3.1. Das modalidades (imperícia, imprudência e negligência) da culpa *stricto sensu*

De conformidade com a redação legal (artigo 18, inciso II, do Código Penal), verifica-se o crime culposo quando o agente dá causa ao resultado mediante imprudência, negligência ou imperícia; trata-se, por conseguinte, das modalidades que particularizam o atuar culposo, cuja estruturação típica corresponde ao comportamento (ação ou omissão) mal dirigido a uma finalidade lícita (em contraste com a estruturação dolosa, em que se pune a ação ou omissão dirigida ao fim ilícito).[292]

É nesse quadro que se moldam as conceituações das formas da culpa. Em primeiro lugar, encontra-se a imprudência, na qual se realiza uma determinada conduta perigosa sem que se adotem as medidas de precaução.[293] Por esse modo, "a imprudência é uma forma ativa, militante e positiva da culpa; consiste num agir com precipitação, insensatez e irreflexão, já porque não atenta para a lição das experiências ordinárias da vida, já porque não persevera naquilo que a razão indica".[294] Comumente se indica como modalidade de culpa que se expressa positivamente, ou seja, *in agendo* (ou *in faciendo* ou *in comittendo*). Em segundo lugar, a negligência, que pressupõe omissão no cuidado, a falta de precaução, consistindo-se em uma omissão, ou seja, *culpa in omittendo*.[295] Por

---

[291] Cf. FERRÉ OLIVÉ, Juan Carlos; NÚÑEZ PAZ, Miguel Ángel; OLIVEIRA, William Terra de; BRITO, Alexis Couto de, 2017, p. 359. Ver, ainda, TJSP, ACR 0006153-69.2014.8.26.0451, 13ª CC, Rel. Luis Arruda, j. 22.3.18.

[292] ASSIS TOLEDO, Francisco de, 2000, p. 293. Na legislação francesa, *la faute ordinaire* (ou *faute pénale*), também denominada *faute d'imprudence* ou *de négligence*, distingue-se da *faute intentionnelle*. "Les articles 221-6, 222-19, R.622-1 et R. 625-2, à propos de l'homicide et des blessures par imprudence, précisent que ces infractions sont constituées en cas de '*maladresse, imprudence, inattention, négligence*' (termes d'ailleurs synonymes sur le plan étymologique) ou de '*manquement à une obligation de sécurité ou de prudence imposée par la loi ou le règlement*'. La doctrine considère que la faute ordinaire s'analyse en une *indifférence* (et non, comme l'intention, en une hostilité) à l'égard de la valeur sociale protégée par la qualification" (CANIN, Patrick, 2013, p. 68).

[293] "[...], corporifica-se a culpa do empregado de pedreira que faz detonar precipitadamente cartucho de dinamite em bloco maciço de pedra, sem aguardar que um companheiro que fizera a colocação do explosivo se pusesse a bom recato e em local seguro, causando-se-lhe a morte por estilhaços da pedra" (PEDROSO, Fernando de Almeida, 1995, p. 155).

[294] RÖHNELT, Ladislau Fernando, 2011, p. 607. "[...] o operário que, atuando na fabricação de explosivos, entra com cigarro acesso no local de trabalho, causando explosão com danos pessoais a terceiros, [...] há de ser punido pelo evento, eis que ultrapassa, pela imprevidência, os limites dentro dos quais o risco da atividade se fazia razoável e plausível" (PEDROSO, Fernando de Almeida, 1995, p. 155).

[295] "[...] a queda de operário ou de objetos e instrumentos, com resultado de dano pessoal, de edifício em construção cujo andaime não se encontrava provido de guardacorpo ou tabuleiro, assim como a falta de escoramento de paredes do imóvel que está sendo demolido, ou o trabalho operário, em condições semelhantes, sem capacete ou cinto de segurança acarretam a responsabilidade – por negligência – do construtor ou responsável pela obra" (PEDROSO, Fernando de Almeida, 2017, p. 138-9). "[...]. Age culposamente, na modalidade negligência, o agente que, na condição de empreiteiro, deixa de assegurar os cuidados de segurança recomendáveis em situações de risco em que se encontrava a vítima para executar suas tarefas diárias na construção civil, sob o seu comando e supervisão, sem que fosse fornecido os equipamentos indispensáveis para garantir a sua integridade física, ou ao menos minimizar a ocorrência de um possível acidente,

fim, em terceiro lugar, a imperícia, que se traduz na falta de aptidão, de conhecimento ou de habilitação "para o exercício de determinado ofício, arte ou profissão".[296] Observa-se, ainda, que poderá haver combinações entre as modalidades de culpa, isto é, certos comportamentos poderão, ao mesmo tempo, ensejar o reconhecimento de mais de uma das modalidades do atuar culposo.[297] Com efeito, as causas incrimináveis da culpa podem aparecer associadas; ilustrativamente, Benjamin Moraes aponta: "um mestre de obras está construindo uma parede junto à frente da rua, sem haver colocado os andaimes de proteção para o operário e também os tapumes que protegem os transeuntes; um tijolo cai e acaba ferindo um passante. Aquele ferimento é culposo, sem dúvida. A razão da incriminabilidade daquele fato pode ser tanto a imprudência quanto a imperícia, e não raro, também, particularmente, da parte do operário que está manejando com aquelas coisas, uma negligência. Algumas vezes a lei não estabelece de maneira inequívoca uma dessas três razões, mas isso não impede que as procuremos".[298]

Ainda nessa linha, o crime culposo é marcado pela excepcionalidade (da punição),[299] porquanto "salvo os casos expressos em lei, ninguém pode ser punido por fato previsto como crime, senão quando o pratica dolosamente" (parágrafo único do artigo 18 do Código Penal). Por essa maneira, o regramento é este: "sempre que o crime comporta a forma culposa, além da dolosa, o Código assim o declara; quando não o declara é porque o delito só pode ser punido a título de dolo";[300] com isso, embora seja (em linha de princípio, ao menos) concebível uma configuração culposa ao lado de cada dolosa, cuida-se de critério fechado (*numerus clausus*), não sendo, portanto, punível o comportamento a título de culpa se não houver expressa tipificação.[301] Bem vistas as coisas, os crimes culposos – diferentemente dos dolosos – não são um título universal de incriminação em face do direito penal, na medida em que a sua tipificação se restringe a alguns delitos – não muito numerosos por certo.[302] E isso, como

---

provocando como resultado a morte. Restando induvidoso que o delito praticado resultou de inobservância de regra técnica de profissão, a gerar um incremento na reprimenda em 1/3, não há que se cogitar no decote da causa de aumento de pena prevista no § 4º do art. 121 do CP" (TJMG, ACR 1.0338.12.009077-8/001, 1ª CC, Relª. Kárin Emmerich, j. 4.4.17).

296 RÖHNELT, Ladislau Fernando, p. 608.

297 "Além de serem imprecisos os limites que distinguem essas modalidades de culpa, podem elas coexistir no mesmo fato. Poderá haver imprudência e negligência (pneus gastos que não foram trocados e excesso de velocidade), a negligência e a imperícia (profissional incompetente que age sem providências específicas), a imperícia e a imprudência (motorista canhestro recém-habilitado que dirige em velocidade incompatível com o local) etc." (MIRABETE, Julio Fabbrini; FABBRINI, Renato N., 2019, p. 140).

298 MORAES, Benjamin, 1968, p. 15.

299 "A concretização culposa do tipo objetivo de uma lei penal apenas é punível quando a lei comina pena ao ato culposo de forma expressa" (BOCKELMANN, Paul; VOLK, Klaus, p. 193).

300 RÖHNELT, Ladislau Fernando, p. 612.

301 "A fórmula fechada para os delitos culposos ou imprudentes é cada vez mais frequente no direito comparado. Aceitar este sistema de *numerus clausus* implica que, para que um comportamento imprudente seja punível, será preciso uma previsão legal específica de tal modalidade culposa. [...] tudo depende das previsões expressas da Parte Especial. Nesta estão redigidos os tipos tanto em sua modalidade dolosa [...] quanto também, para algumas hipóteses, a tipificação de sua produção culposa" (FERRÉ OLIVÉ, Juan Carlos; NÚÑEZ PAZ, Miguel Ángel; OLIVEIRA, William Terra de; BRITO, Alexis Couto de, p. 355).

302 ROLDÁN BARBERO, Horacio, 2012, p. 101.

expõe Paulo Queiroz, por dois motivos essenciais: "ou porque a natureza do crime é incompatível com a culpa – parecem inimagináveis roubo ou extorsão mediante sequestro culposos – ou porque, sendo compatível (*v.g.* o aborto ou dano culposo), tal comportamento carece de dignidade penal, em razão do caráter subsidiário do direito penal, devendo, por isso, ser objeto de outras instâncias de controle social".[303]

A construção típica dos comportamentos culposos obedece, essencialmente, à sua gravidade (como ocorre em se tratando de crimes contra a pessoa) ou à sua relação direta com a proteção da coletividade (como ocorre em se tratando dos crimes contra a incolumidade pública).[304] Mencionam-se, assim, quanto à técnica normal de tipificação de condutas culposas, os critérios da incidentalidade (existem bens jurídicos particularmente suscetíveis de ser lesionados se não se adotam as medidas de cuidado necessárias) e da difusão de riscos (existem produtos de consumo massivo e atividades engendradoras de graves riscos; nesta última hipótese, entre outras, encontrar-se-ia a desatenção às normas de prevenção de riscos laborais).[305]

Sob certo critério, a prevenção geral se destina, fundamentalmente, aos crimes dolosos, visando a motivar o conjunto da sociedade à abstenção de comportamentos ilícitos dolosos, dado que a culpa se apresenta limitada, como visto, a casos excepcionais e taxativamente tipificados. De qualquer modo, "isto não diminui a intenção cada vez mais comum e geral de persecução penal de condutas culposas tão intimamente vinculadas ao conceito de risco que superam, inclusive na prática jurisprudencial, a qualquer imaginação teórica, devido à afinidade com o papel que a atual sociedade de risco destina ao direito penal".[306]

Correlatamente, os tipos penais culposos são, em termos classificatórios, descritos como "abertos", isto é, "dependem da pesquisa e identificação de uma norma de cuidado que os complete ou 'feche', o que provém não de qualquer arbítrio legislativo questionador do princípio da máxima taxatividade legal, mas sim da cabal impossibilidade de serem previstas e elencadas todas as inumeráveis formas sob as quais a realização de uma conduta pode violar um dever de cuidado e criar um perigo".[307] Isso pressupõe, em outras palavras,

---

303 QUEIROZ, Paulo, 2018, p. 295.

304 RÖHNELT, Ladislau Fernando, p. 612.

305 ROLDÁN BARBERO, Horacio, p. 102.

306 FERRÉ OLIVÉ, Juan Carlos; NÚÑEZ PAZ, Miguel Ángel; OLIVEIRA, William Terra de; BRITO, Alexis Couto de, p. 355.

307 ZAFFARONI, Eugenio Raúl; BATISTA, Nilo, ALAGIA, Alejandro; SLOKAR, Alejandro, 2010, p. 315. Santiago Mir Puig (2009, p. 284-5) informa sobre os processos de incriminação no que diz respeito aos delitos culposos: "a) Los Códigos anteriores al de 1995 acogían un sistema de incriminación abierta (*numerus apertus*) de la imprudencia, a través de la previsión de *cláusulas generales* (arts. 565, 586 bis y 600 del anterior CPC) que, relacionadas con cada uno de los artículos que definían delitos dolosos, permitían una punición general de la imprudencia. Así, el anterior art. 565, I decía: 'El que por imprudencia temeraria ejecutare un hecho que, si mediare dolo, constituiría delito, será castigado con la pena de prisión menor'. No era éste el criterio más extendido en Derecho comparado, ni el preferido por la doctrina española actual. Suele considerarse más adecuada a los principios de legalidad y de *ultima ratio* del Derecho penal la técnica de incriminación limitada (*numerus clausus*) de un número determinado de delitos culposos que la ley prevea en cada caso tras las correspondientes figuras dolosas (así se recogía ya en el Proyecto CP 1980). La técnica del *numerus clausus*

que a configuração típica dos delitos culposos se estabelece sempre por meio de um ato de "criação" do tipo para o caso concreto (e, obviamente, para todos os casos futuros que ostentarem a mesma essência fática); diante dessa linha de raciocínio, Wolgang Schöne sublinha que "el juez, cuando condena por un delito culposo, actua no sólo como tal, sino también y en primer lugar como el legislador".[308] (Aliás, não se pode confundir as noções de lei penal em branco e tipo penal aberto. Na primeira, a lei deve ser preenchida com outra disposição normativa em sentido amplo [tais como: lei, decreto, regulamento, entre outras], que irá completar o conteúdo da matéria de proibição. Na segunda, o tipo penal vale-se de palavras ou expressões dependentes do exame de elementos exteriores ao tipo para aferir a ilicitude do comportamento. Com isso, no primeiro caso, a lei é integrada por uma norma de Direito, ao passo que, no segundo, a definição da conduta criminosa é aferida pelo juiz, no caso concreto,[309] por meio de um juízo valorativo; ou, em outras palavras, a função complementar deve ser realizada pelo juiz, e não pela lei. Cumpre, entretanto, que a norma penal delimite os elementos essenciais – "mínimo em determinação" – a fim de que o magistrado preencha os demais elementos configuradores do delito.)

3.2. Das regras amplas de cautela na sociedade

Na sociedade (globalmente integrada), existem regras (que condensam a experiência social histórica armazenada para a realização de atividades potencialmente perigosas[310]) disciplinadoras de arte, ofício ou profissão, cuja desatenção implica, as mais das vezes,[311] a existência de um comportamento

permite saber con mayor seguridad cuándo es punible la imprudencia, puesto que en el sistema de incriminación abierta es dudoso si una serie de delitos admiten o no su modalidad culposa. Así, la jurisprudencia y la doctrina negaban la posibilidad de imprudencia respecto de los tipos que requieren elementos subjetivos del injusto [...], pero también se discutía si ciertas figuras delictivas eran compatibles con su comisión imprudente por otras razones menos seguras. Por otra parte, el sistema de cláusulas generales confería una extraordinaria amplitud a la punibilidad de la imprudencia, erigiéndola en *regla general*, salvo que el tipo correspondiente al resultado realizado lo impidiera – aunque en la práctica los Tribunales solían limitar de hecho la aplicación de la imprudencia a ciertos delitos. El CP 1995 da un *giro trascendental* al sustituir el sistema de incriminación general de la imprudencia por el sistema de tipificación cerrada y excepcional de la imprudencia. Ahora ya no se parte del *principio* de que los delitos pueden cometerse tanto con dolo como por imprudencia, sino del contrario, según el cual solamente se castigan los hechos dolosos, salvo los casos (pocos) en que expresamente se tipifica la comisión imprudente. Así lo establece el art. 12 CP: 'Las acciones u omisiones imprudentes sólo se castigarán cuando expresamente lo disponga la Ley'. Por la frecuencia de su estimación en la práctica, merecen destacarse los homicidios y las lesiones imprudentes (arts. 142, 152 y 621 CP)".

308 SCHÖNE, Wolfgang, 1985, p. 62.

309 HUNGRIA, Nélson; DOTTI, René Ariel, 2014, p. 176.

310 O perigo é, indiscutivelmente, "uma constante da nossa vida individual e colectiva desde os primórdios civilizacionais, porque também é projecção da nossa finitude e fragilidade e, por isso, não pode ser erradicado sem resto ou com resto igual a zero" (FARIA COSTA, José Francisco de, 1992, p. 480).

311 "Cuando el comportamiento tiene lugar en ámbitos de la vida social ordenados con mayor o menor detalle por el ordenamiento jurídico las dificultades del proceso deductivo de la pauta de cuidado hipotéticamente no observada son menores. En estos supuestos, la actividad peligrosa se encuentra regulada mediante preceptos extrapenales que contemplan las reglas generales de cuidado que deben respetarse en cada sector para minimizar los riesgos que le son inherentes; es el caso, por ejemplo, de la circulación rodada, los transportes de mercancías, la explotación de energías, las actividades industriales y de construcción, la experimentación de nuevas tecnologías, etcétera. Todas estas normas tratan de evitar que el peligro que conlleva el desarro-

culposo;[312] contudo, tais regras não são necessariamente formais,[313] nem têm caráter absoluto,[314] haja vista a considerável variedade de circunstâncias que se podem apresentar nos casos concretos da vida de relação.[315] Essas regras amplas de cautela possuem a finalidade precípua de transmitir (um certo padrão de) segurança à multiplicidade de atividades da dinâmica social (que se constitui em uma realidade em constante e acelerado movimento, impulsionada por meio das relações decorrentes [do modo de produção] da vida material que as condiciona) que, por sua própria natureza, importa um risco de produzir resultados típicos;[316] ao mesmo tempo, essas regras de cautela visam a afastar

---

llo de estas actividades traspase el límite de lo tolerado o permitido y, por ello, la infracción de una de estas reglas generales constituye un 'indicio cualificado' de una falta de cuidado, lo cual desde luego no significa que tal indicio baste para calificar la conducta como imprudente; [...] las medidas de seguridad contempladas en normas extrapenales de seguridad son una *ratio cognoscendi* de una conducta típica pero en absoluto se pueden entender como una *ratio essendi*. Y ello porque el respeto de las reglas generales puede resultar contraindicado cuando las peculiaridades de la situación requieren algo distinto a lo prefijado en ellas" (HAVA GARCÍA, Esther, p. 98).

312 Reinhart Maurach, Karl Heinz Gössel e Heinz Zipf (p. 151) consignam que "una parte importante de las reglas de cuidado se halla en los conjuntos de reglas que determinados expertos han establecido para ciertos ámbitos de comportamiento social, con el fin de evitar perjuicios a bienes jurídicos. En primer lugar podemos citar aquí en las reglas acerca de la protección en materia de accidentes del trabajo [...], para un adecuado ejercicio profesional". Nessa medida, "conjuntos de reglas extrajurídicas pueden proporcionar importantes puntos de referencia para juzgar una conducta dañosa del bien jurídico como socialmente adecuada – conforme al deber de cuidado o como socialmente inadecuada – contraria a dicho deber".

313 Francisco de Assis Toledo (p. 301) afirma que, "onde não houver normas legais ou regulamentares, o conteúdo do dever objetivo de cuidado só pode ser determinado [...] por meio da comparação do fato concreto com o comportamento que teria adotado, no lugar do agente, um homem comum e prudente". Realmente, a noção do dever de cuidado se estabelece para a preservação de determinados bens jurídicos, pouco importando, neste contexto, que seja de forma expressa ou não, na medida em que visam a obstaculizar que condutas perigosas se convertam em resultados típicos. Quanto às regras de cuidado que não estejam juridicamente positivadas (em disposições normativas ou regulamentares), basta, contudo, que – e o texto que se segue diz respeito à violação das regras de construção – "sejam normas geralmente respeitadas ou reconhecidas. Todavia, respeitadas e reconhecidas por quem? Seguramente que pela comunidade técnico-científica que integra interdisciplinarmente os grupos profissionais a quem está cometida a tarefa social de construírem de maneira segura" (FARIA COSTA, José Francisco de, 1992, p. 480).

314 Como explica Paulo Queiroz (2018, p. 297-8), "semelhante critério não tem caráter absoluto, pois o que é proibido por tais normas constitui apenas indício da natureza não permitida de um risco. Não fosse assim, aliás, confundir-se-iam as instâncias administrativa e penal, igualando modos distintos de apuração da responsabilidade (penal e não penal)".

315 Como pontifica Hans Welzel (2011, p. 100), "todas as regras e princípios de experiência gerais são apenas abstrações generalizadoras dos acontecimentos individuais; só na medida em que eles sejam similares poderão se realizar essas generalizações. As regras gerais e os princípios da experiência só são válidos, portanto, para a grande massa de casos similares ou 'típicos'. Sempre resta a dúvida, porém, sobre se se configura ou não um desses casos. O fato de que uma ação (que causa um dano) infrinja um princípio de experiência ou regra de *lex artis* é, por isso, apenas um indício, mas não uma prova da falta de observância do cuidado devido".

316 "Diga-se [...] que, na área dos fatos culposos, [...] quanto mais imprescindível seja um tipo de comportamento humano, tanto maior será o risco que, em relação a ele, se deverá correr, sem que disso resulte uma reprovação jurídica. Estabelece-se, com isso, a linha demarcatória entre o fato culposo punível e o fato impunível resultante do risco juridicamente tolerado. [...] o mundo moderno está inçado de atividades que acarretam riscos calculados para bens jurídicos protegidos. [...]. Não obstante, esse é um mal que [...] não se coloca inteiramente na linha de combate do direito penal, pois não lhe incumbe, a título de afastar todos os riscos possíveis, obstaculizar ou impedir o desenvolvimento da vida moderna, tal como o homem, bem ou mal, a concebeu e construiu" (ASSIS TOLEDO, Francisco de, p. 303). Em outros termos, "risco permitido é aquele não proibido. Certos Autores [...] lançam mão do critério da infração ao dever objetivo de cuidado, para determinar quais ações perigosas não estão cobertas pelo risco permitido. É o mais antigo e tradicionalmente utilizado na definição da ilicitude dos crimes culposos, mas parece ser o mais usado na prática dos tribunais.

a criação de riscos desnecessários e ofensas aos bens jurídicos, quando a atuação de modo arriscado se apresentar como socialmente imprescindível.[317] Dado este contexto, "o ato de realizar a situação de perigo nem sempre constitui violação do dever de cuidado, desde que se trate de empresas ou profissões cujo risco seja tolerado diante de seu caráter imprescindível ao progresso da vida social. É evidente que maior deve ser a prudência e a vigilância, e, além da observância de conhecimentos práticos e científicos, dever-se-ão ainda acatar as normas regulamentares dessas profissões e atividades.[318] Nesses casos, a culpa depende da transposição inescusável dos limites do risco permitido",[319] [320] para cuja avaliação cumprem ser levadas em linha de conta não apenas as determinações legais, mas, da mesma forma, as regras técnicas reconhecidas de certos setores profissionais, muito enfaticamente dos acidentes de trabalho; além disso, onde faltarem essas determinações (legais ou técnicas), deve atender-se, como modelo paradigmático, ao comportamento do agente (administrador ou encarregado) diligente. Desponta, de tal arte, o risco permitido (*erlaubte Risiko*)[321] de uma aceitação social de interações (abstratamente) perigosas em determinados setores (ou âmbitos) da vida de relação, sendo apenas

---

Sempre que a conduta é prudente nas situações de risco, e, ainda assim, advém o resultado, este tem de ser levado à conta do fortuito, ou da *infelicitas facti*. O motorista prudente e observando as regras de trânsito atropela e mata um transeunte afoito e descuidado é causador de uma morte, mas não no sentido descrito do CP. Os alemães escrevem, com razão, que o risco é inerente à vida moderna. As viagens aéreas, as corridas de automóvel e a exploração de minas de carvão mineral profundas são atividades perigosas, mas aceitas e estimuladas por nossa época. As regras atinentes a cada uma delas é que devem ser observadas. Do contrário, a vida teria de parar. Nessas situações de risco permitido, em que não se pode falar de tipicidade, é evidente que estamos nos referindo a uma ação realizada de acordo com o cuidado objetivamente devido, cuja meta ou finalidade não é a lesão ou perigo para o bem jurídico; ao contrário, é ação permitida, embora o perigo fosse previsível" (VARGAS, José Cirilo de, p. 162-3).

317 ANDRADE, Andressa Paula de; CARVALHO, Érika Mendes de, 2016, p. 351.

318 De qualquer modo, distintas são as infrações de conteúdo administrativo e penal, "não se podendo admitir que a primeira venha, por si mesma, a colocar o agente em estado de culpa penal, homenageando-se a odiosa regra *qui in re illicita versatur etiam pro casu tenetur*" (PEDROSO, Fernando de Almeida, 1995, p. 157), na medida em que infrações administrativas (ou regulamentares) existem em âmbitos específicos, sendo, portanto, distintos do âmbito da culpa penal. Trata-se de esferas que não se confundem; com isso, a culpa administrativa não implica, *ipso facto*, a penal. Desse modo, em existindo antecedentemente infrações às normas administrativas, cumpre avaliar, para a determinação da culpa penal, se o agente, de alguma forma, contribuiu para o resultado típico – por meio de suas modalidades –, não sendo suficiente, à condenação criminal, a simples desatenção àqueles comandos administrativos.

319 BARROS, Flávio Augusto Monteiro de, 2011, p. 261.

320 De acordo com Antonio Pagliaro (1980, p. 305), "le regole sociali di diligenza, prudenza e perizia vengono cristallizzate in regole giuridiche, al fine di dettare nel modo più preciso quali siano i comportamenti da tenere per prevenire le lesioni involontarie a beni socialmente rilevanti. Ciò può avvenire tanto sul piano della legge (es.: codice della strada), quanto sul piano dei regolamenti (es.: regolamento di esecuzione del codice della strada) o degli ordini (norme individuali, poste da pubbliche autorità o anche da privati, come ad esempio nel corso dei rapporti di lavoro) o discipline (norme generali diverse da quelle sopra indicate: es., il regulamento di una fabbrica)".

321 "[...] a empresa perigosa é conforme ao direito e as acções nela levadas a cabo são lícitas, ainda quando produzam resultados proibidos, sempre que elas se mantenham dentro dos limites necessários à livre execução da actividade, sem contribuírem pois para uma potenciação daquele perigo que lhes é inerente. Claro que da licitude da empresa não resulta, sem mais, a licitude de todas as lesões que provenham das actividades perigosas permitidas, mas apenas daquelas que, obedecendo ao grau de diligência imposto, não potenciaram o risco inerente ao exercício da actividade. Pelo que a ilicitude da acção perigosa estará sempre dependente da inobservância do cuidado objectivamente imposto: este é seu elemento determinante" (CORREIA, Eduardo, 1968, p. 422).

toleráveis determinadas modalidades de ações perigosas – risco permitido *sub especie* – quando elas implicarem, aos envolvidos na esfera do risco, maiores possibilidades de desenvolvimento que limitantes da liberdade, na avaliação abstrata de sua probabilidade de dano.[322] Em suma, como descreve Rosário de Vicente Martínez, "la conciencia social y el disfrute de las comodidades inherentes al desarrollo de los pueblos exigen el que hayan de tolerarse actividades que inevitablemente conllevan determinados riesgos; pero como contrapeso ineludible de tal tolerancia, en cada una de esas actividades hay una serie de normas, escritas o no, que garantizan el que puedan desarrollarse dentro de límites tolerables. El riesgo socialmente permitido ha de ser controlado por la adopción de una serie de medidas que lo enmarcan para que no exceda de lo imprescindible. Un mayor desarrollo económico se corresponde con un mayor número de actividades peligrosas y con una más exigente legislación protectora frente a éstas".[323] Em outros termos, particularmente nas sociedades pós-industriais, é impossível proibir toda e qualquer conduta que implique um perigo de lesão dos bens jurídicos.[324]

De destacar, enfim, que essas determinações (legais ou técnicas) não se mostram sempre de fácil representação; e, com isso, para a solução dos casos penais concretos, torna-se necessário recorrer a (alguns) critérios abstratos, tais como (e por simples ilustração): "profissional cuidadoso ou experimentado"; "tipo médio profissional"; "encarregado zeloso"; "administrador consciente ou preocupado"; "executor cuidadoso"; "empreendedor diligente ou atento"; entre outros. Por outras palavras, trata-se de dois aspectos fundamentais: (i.) o risco permitido; e (ii.) o cuidado exigido no âmbito concreto de relação. Em abordagem panorâmica, a teoria do risco permitido pretende traduzir a imprescindibilidade de convivência social com uma elevada quantidade de ações (muitas vezes, extremamente) perigosas.[325] Sob esse prisma, não se pode contornar a existência de atividades que implicam significativos riscos, cujos resultados, muitas vezes, podem materializar-se em tipos penais. Decorre daí que se deve adotar um padrão comportamental consideravelmente seguro para a realização dessas atividades, reduzindo, por conseguinte, a uma expressão mínima, a potencialidade do risco. Do ponto de visto técnico, portanto, a configuração da culpa "existe allí donde la acción trasunta, por la forma concreta con que se lleva a cabo, que el agente no se atiene a un límite de cuidado

---

[322] KINDHÄUSER, Urs, 2001, p. 131. Convém notar, por oportuno, que "en la legitimación del riesgo permitido no se trata de la legitimación global del ámbito de riesgo, sino de la pregunta sobre la tolerabilidad de un comportamiento riesgoso individual) en esa área de riesgo. La diferencia en el esfuerzo de fundamentación es considerable: en el caso de la aceptación de la conducta riesgosa (por ejemplo, en el viaje en auto de x a y) se considera la tolerabilidad *ex ante* de la probabilidad abstracta de daño relacionada con ese comportamiento o acción; en el caso de la aceptación del ámbito general de riesgo (por ejemplo, en el tránsito callejero) se enfrentan, por el contrario, el beneficio general y el daño general (*ex post* y/o *ex ante*); aquí es casi seguro el riesgo general por legitimar y, por ello (como en el tránsito callejero), no se debe justificar según criterios del derecho penal [...], si acaso a través de la legitimación histórica de un desarrollo social [...]" (KINDHÄUSER, Urs, 2001, p. 131).

[323] MARTÍNEZ, Rosario de Vicente, p. 47.

[324] CEREZO MIR, José, 2007, p. 563-4.

[325] "Las mismas se encuentran justificadas en razón de importar la existencia de un mayor interés social en la ejecución de la acción que en su omisión" (GOTI, Jaime E. Malamud, 1976, p. 56).

que le es exigido".[326] Importa, para além disso, precisar que o fundamento do crime culposo é duplo: de um lado, apresenta-se com a infração ao dever objetivo de cuidado[327] – ou seja, a desatenção das normas de comportamento que conduzem a vida de relação; por outro, sedimenta-se com a elevação do risco permitido, quando se trata de atividades que, *de per si*, comportam um perigo assumido socialmente.[328] Disso se infere que, nessas atividades, o risco é conhecido e tolerado (ou, mesmo, permitido) pelo Estado; logo, não se pode considerar a responsabilidade culposa, senão quando houver a transgressão das precauções normalmente adotadas com relação à atividade de que se cuida. *Vivere non necesse est; navigare necesse est.*[329] A permissibilidade social das ações perigosas indica os marcos objetivos do risco permitido; desse modo, se a ação perigosa se mantiver nos marcos do risco permitido, não se pode atribuir o resultado danoso à lesão do cuidado objetivo devido. Contudo, a permissibilidade de ações perigosas cessa diante da previsibilidade objetiva de resultados lesivos, tal qual a modificação das condições de normalidade – que pautavam o risco permitido – modifica os limites de permissibilidade do risco. Dessa maneira, "se não existe segurança de que o resultado de dano é evitável, a ação perigosa deve ser omitida, mesmo nos limites do risco permitido – mera concessão à praticabilidade da vida social, e não autorização para matar, ou ferir. [...], o critério geral do risco permitido deve ser completado pelo critério especial da previsibilidade do resultado".[330]

Diante de tal panorama, em nosso sistema, a ocorrência de acidentes (homicídio ou lesões corporais) de trabalho, normalmente, está vinculada ao comportamento (omissivo)[331] culposo,[332] isto é, [essencialmente] à falta de uma série

---

[326] GOTI, Jaime E. Malamud, p. 63.

[327] "Homicídio culposo. Inobservância de regra técnica de profissão. Condenação. Recurso da defesa. Pretensão de absolvição. Engenheiro responsável por obra. Descumprimento do dever de cuidado. Morte da vítima. Negligência configurada. Suficiente comprovação do nexo de causalidade entre a conduta do réu e o resultado. Culpa evidenciada. Conjunto probatório apto a amparar o decreto condenatório. Condenação mantida. Imputação de inobservância de regra técnica de ofício (CP, art. 121, § 4º) com base na mesma circunstância fática descrita para tipificar a negligência. *Bis in idem* configurado. Sentença reformada neste aspecto. Recurso parcialmente provido" (TJPR, ACR 0001136-58.2015.8.16.0172, 1ª CC, Rel. Clayton Camargo, j. 14.2.19).

[328] ROLDÁN BARBERO, Horacio, p. 101. Em termos jurisprudenciais: "Homicídio culposo. Acidente do trabalho. Vítima que, na execução de trabalho de pintura de fachada de imóvel, usando cadeira inadequada e não usando capacete, sofre queda. Óbito resultante. Réus que, na condição de empreiteiro e encarregado de obra, fornecem equipamentos, passam as instruções e monitoram a execução da obra. Atividade regular. Risco permitido. Necessidade de se demonstrar concurso de culpas para o resultado final. Prova frágil nesse sentido. Inexistência da responsabilidade objetiva, se a lesão decorre de conduta socialmente aceita e adequada socialmente. Resultado fatal que não se traduz em responsabilidade penal. Absolvição de Claudio e manutenção da absolvição de João. Recurso do MP improvido e recurso de Claudio provido (voto n. 28229)" (TJSP, AC 0022246-65.2009.8.26.0554, Rel. Newton Neves, 16ª CC, j. 22.3.16).

[329] SOLER, Sebastián, 1992, p. 172.

[330] SANTOS, Juarez Cirino dos, 1993, p. 37.

[331] Nos tipos omissivos impróprios, posto que não haja relação de causalidade material, existe nexo normativo na omissão (da ação) do garantidor da não ocorrência do resultado. O conteúdo que fundamenta a posição do garantidor pode ser encontrado em três situações (art. 13, § 2º, do CP): (i.) na especial vinculação entre o garantidor e o ofendido em virtude de circunstâncias e condições sociais e familiares; (ii.) nas relações de trabalho, nas quais uma pessoa se obriga profissionalmente à proteção de outras (assim, por exemplo, a figura do engenheiro para com os usuários das obras que realiza); e, ainda, (iii.) na responsabilidade pelas fontes de produção de perigo. Não se trata, portanto, de simples omissão de deveres de assistência, mas do não impedimento de determinado resultado proibido (estruturado, de modo específico, com vistas ao garantidor) que se equivale à sua produção (por ação). Além disso, integra também o tipo dos delitos omissivos, a real possi-

de providências necessárias e imprescindíveis à proteção dos trabalhadores (deveres objetivos de cautela e segurança derivados de normas técnicas específicas);[333] assim, ilustrativamente, fornecimento de equipamentos de segurança;[334]

bilidade de atuar, ou seja, não se pode obrigar ninguém a agir sem que possua condições reais e pessoais de agir. Por óbvio, a real possibilidade de atuar está vinculada à modalidade de conduta típica a que se refere, na medida em que não existe uma omissão em si, mas, sim, uma omissão de uma determinada ação. Em síntese, nos delitos omissivos impróprios, "além da omissão, da real possibilidade de atuar e da situação típica, agrega-se ainda o dever de impedir o resultado, com base na posição de garantidor. A posição de garantidor, que justifica a assunção do dever de impedir o resultado, [...] deriva daquelas fontes mencionadas no art. 13, § 2°, do CP, interpretadas com base nas circunstâncias que constituem seu conteúdo (nas relações familiares e profissionais, e a responsabilidade pelas fontes de perigo), constitui um elemento do tipo desses crimes omissivos impróprios, especializando o círculo dos seus sujeitos" (TAVARES, Juarez, 1996, 78-9).

332 "A extrema complexidade da vida social, no momento histórico em que vivemos, em face do grande desenvolvimento tecnológico, tem obrigado os juristas a dedicar maior atenção e mesmo a repensar a problemática dos crimes culposos. Efetivamente, visíveis mudanças geradas pela técnica requerem uma readaptação normativa a esta nova realidade social, de sorte que seja exercido o necessário controle de tais condutas. O progresso vem gerando relações perigosas pela possibilidade do uso de novos instrumentos, novas máquinas, novas formas de energia, delicadas cirurgias, transplantes, etc., exigindo deveres especiais em relação a atividades perigosas. Essas condutas arriscadas, evidentemente, não são proibidas, sob pena de impedir-se o natural desenvolvimento da vida de relação, exceto quando realizadas sem o cuidado 'objetivo' exigível" (COSTA JÚNIOR, Heitor, p. 21). A seu turno, Juarez Cirino dos Santos (2011, p. 81-2) lembra que "a tecnologia moderna, especialmente na área do capital produtivo, em relação com os acidentes do trabalho, e a circulação de veículos automotores nas áreas urbanas e rurais, em relação com os acidentes de trânsito, são claros indicadores da extensão da violência imprudente que permeia as relações sociais". E da jurisprudência se colhe: "Réus que, na condição de empreiteiros, fornecem equipamentos e passam as instruções. Atividade regular. Risco permitido. Necessidade de se demonstrar concurso de culpas para o resultado final. Prova frágil nesse sentido. Inexistência da responsabilidade objetiva, se a lesão decorre de conduta socialmente aceita e adequada socialmente. Resultado fatal que não se traduz em responsabilidade penal. Absolvição" (TJSP, APC 0000470- 98.2008.8.26.0471, 16ª CC, Rel. Newton Neves, j. 30.11.10).

333 "Acusados que de forma negligente não observaram os deveres objetivos de cuidado e tampouco as normas técnicas ao deixarem de aterrar a betoneira operada pela vítima em obra da construção civil sob sua responsabilidade. [...]. Réus que ao deixarem de realizar o aterramento da betoneira não observaram regra técnica de profissão consubstanciada na NR do MTE número 18. Reconhecida a causa especial de aumento de pena, o montante da elevação está previamente definido pelo legislador, inexistindo razões para alterá-lo" (TJRS, APC 70049372600, 3ª CC, Rel. Jayme Weingartner Neto, j. 11.10.12). "A conduta negligente do acusado, ao deixar de fornecer manutenção elétrica ao equipamento de trabalho, deu causa ao ocorrido, na medida em que as ofendidas tiveram como *causa mortis* 'arritmia ventricular decorrente de eletroplessão'. O laudo pericial, [...], comprovou o nexo causal entre a conduta omissiva e o resultado, atestando que o estado da tecedeira tornaria possível a morte por eletroplessão. [...] comprovadas, [...], a materialidade e a autoria delitiva, bem como preenchidos os requisitos do inc. II do art. 18 do CP, deve ser mantida a condenação" (TJRS, APC 70046124608, 2ª CC, Relª. Rosane Michels, j. 26.7.12). "[...], o engenheiro responsável pela obra agiu com imprudência ao mandar a vítima realizar tarefa desprovida de qualificação e treinamento para tanto, e ainda, com desobediência às normas de proteção e segurança no trabalho, o que acarretou a morte da vítima" (TJRS, APC 70017355066, 1ª CC, Rel. Marco de Oliveira, j. 5.9.07). "[...], restou demonstrado que o agir dos acusados contribuiu para o evento morte. Engenheiro civil que determina a realização de perigosa tarefa, ou seja, lançamento em queda livre de caliças, age com imprudência e imperícia, pois não adota as cautelas necessárias para a realização do trabalho com segurança. Por sua vez, age do mesmo modo, o Técnico em ST, pois permitiu fosse executado o serviço sem antes conferir as condições técnicas exigidas para tal. Condenação que se impõe" (TJRS, APC 70018607994, 3ª CC, Rel. José Preiss, j. 24.5.07). "Inobservância de normas técnicas que regulavam a atividade exercida pelos recorridos, conforme Portaria expedida pelo MT. Embora fossem os recorridos sabedores da necessidade de se manter o ponto de equilíbrio das placas de pedra sobre os cavaletes, na data dos fatos, em desatenção, permitiram que um lado tivesse mais placas que o outro, ocasionando o desmoronamento e o acidente fatal" (TJSP, APC 915106137.2009.8.26.0000, 8ª CC, Rel. Camilo Léllis, j. 28.6.12).

334 "Homicídio culposo majorado [...] (art. 121, §§ 3° e 4°, do CP). Sentença condenatória. Recurso da defesa. Alegada insuficiência de provas, atipicidade do fato e culpa da vítima. Impossibilidade. Conjunto probatório suficiente para caracterizar a negligência do empregador que não observou as regras mínimas de segurança no trabalho. Materialidade e autoria devidamente comprovadas. Causa de aumento de pena devido. Sentença mantida. Recurso desprovido. O acidente no âmbito de trabalho, decorrente de descarga elétrica, quer pelo manuseio inapropriado (por falta de treinamento), quer pela ausência de equipamento de segurança, é fato típico, e por ele responde o responsável pela empresa. [...], trata-se de homicídio decorrente de descarga elétrica, em face da locomoção descuidada de equipamento elétrico (esteira para transporte de cebolas). [...], a instrução revelou que a vítima não foi instruída, [...], sobre o uso da máquina, tampouco sobre eventuais equipamentos de

treinamento adequado[335] (ministrado por técnico em segurança do trabalho);[336] fiscalização do uso dos equipamentos de segurança; fiscalização da presença dos itens de segurança coletiva e individual;[337] fiscalização do andamento do serviço;[338] fiscalização do cumprimento integral das exigências de

---

proteção. [...], o fato ocorreu sem que houvesse supervisão no momento; revelou-se, [...], a falta de manutenção do equipamento, sendo bastante para caracterizar o fato típico. É devida a causa de aumento de pena, prevista no art. 121, § 4º, do CP, pelo fato de o apelante ser o proprietário da empresa e o responsável pelo trabalho dos funcionários, merecendo, desta forma, maior censurabilidade acerca de seu comportamento negligente" (TJSC, ACR 2011.098272-0, Rel. Ricardo Roesler, 2ª CC, j. 25.9.12). "Configura homicídio culposo por omissão a falta de fornecimento de equipamentos de proteção individual e de fiscalização de seu uso obrigatório, a trabalhos com riscos previsíveis" (TARS, RT 631/344). Jurisprudência citada por DELMANTO, Celso; DELMANTO, Roberto; DELMANTO JÚNIOR, Roberto; DELMANTO, Fabio M. de Almeida, 2016, p. 451. No mesmo sentido: "homicídio culposo decorrente de acidente de trabalho. Conduta omissiva do empregador. Falta de fornecimento de equipamentos de proteção individual e fiscalização de seu uso obrigatório. Evento danoso perfeitamente previsível na atividade. Culpa caracterizada. Condenação mantida. RT 536-341". Decisão citada por SILVA, João Estevam da, 1993, p. 384. "É evidente a culpa, por negligência, de quem permite que seus serviçais executem trabalho sabidamente perigoso, consistente na aplicação de inseticida de alto teor tóxico na lavoura, sem estarem aqueles equipados, com roupas e aparelhos que os protejam da aspiração do gás venenoso" (TACRIM-SP, AC, Rel. Djalma Lofrano, RT 558/324). Decisão citada por FRANCO, Alberto Silva e outros, 1997, p. 1478.

335 "Homicídio culposo. Acidente do trabalho. Crime e autorias comprovados. Condenações mantidas. – Como afirmou o Julgador, condenando os recorrentes pelo crime de homicídio culposo: 'O mesmo relatório supracitado menciona ter sido utilizado métodos improvisados para a realização das tarefas. Quando tratamos de um trabalho pesado, de grande risco, embora a experiência e a confiança dos trabalhadores, qualquer tipo de improviso coloca em risco a integridade física dos mesmos. [...], a falta de uma supervisão, e até mesmo uma orientação suficiente em alertar os funcionários, acabou por permitir a utilização de apenas um 'macaco' (embora suportasse o peso do veículo, insuficiente para segurança), bem como a não utilização de 'preguiças', fatos predominantes para a ocorrência do fato... Embora possamos considerar uma falha humana, a mesma se deu em decorrência da culpa dos acusados, na medida em que deixaram de prestar o devido treinamento a um funcionário o qual não tinha qualquer conhecimento prévio sobre a execução das tarefas diárias da empresa. [...], embora tenham alegado que as 'pranchas' de madeira eram sempre maiores em relação ao 'macaco', a foto [...] em c/c o laudo pericial [...], deixa evidente ter sido utilizada uma 'prancha' menor em relação à superfície na qual estava apoiada...' Decisão: apelos defensivos parcialmente providos. Unânime" (TJRS, AC 70064757313, Rel. Sylvio Baptista Neto, 1ª CC, j. 10.6.15). "[...], se os responsáveis da empresa de engenharia, de forma negligente, não treinaram adequadamente os funcionários, se utilizaram de materiais precários e não forneceram instrumentos adequados para o isolamento dá área" (STJ, RT 782/530). Jurisprudência citada por DELMANTO, Celso; DELMANTO, Roberto; DELMANTO JÚNIOR, Roberto; DELMANTO, Fabio M. de Almeida, p. 451.

336 "Homicídio culposo (art. 121, § 3º, do CP). Acidente de trabalho. Construção de fábrica. Queda. Equipamentos de segurança. Treinamento. Não fornecimento. Empregador. Responsabilidade. Absolvição. Inviabilidade. Recurso desprovido. 1. O operário que executa trabalhos em construção civil deve estar provido dos devidos equipamentos de segurança (cinto de três pontas, bota, capacete e luva de raspa), além de ser obrigatória a instalação de cabo-guia de aço, adequado para fixação do respectivo cinto. 2. Imprescindível àquele que executa serviços em obras o devido treinamento, ministrado por técnico em segurança do trabalho. 3. Não há que falar em absolvição do réu, pois configurada a negligência, uma vez que ele, na condição de sócio-gerente da empresa e por conduzir pessoalmente a obra, não forneceu à vítima os equipamentos de segurança necessários, bem como o devido treinamento antes do início dos trabalhos, conduzindo à previsibilidade do resultado. 4. Recurso desprovido" (TJDF, ACR 20071010001727APR, Rel. Silvânio Santos, 2ª T, j. 4.11.10).

337 "[...]. Homicídio culposo. Inobservância de regra técnica. Construção civil. Ausência de equipamentos de proteção coletiva e individual. Negligência. Condenação mantida em relação a dois réus. Demais corréus que não tiveram comprovada ingerência na obra e tampouco participação no resultado morte da vítima. Absolvição mantida. Materialidade e autoria. [...]. Acusados que detinham dever de fiscalização da presença dos itens de segurança coletiva e individual, bem como ingerência sobre os operários e, de forma negligente, não observaram os deveres objetivos de cuidado e tampouco as normas técnicas ao deixarem prosseguir edificação da construção civil sem a presença dos equipamentos de guarda-corpo e bandeja de proteção, exigidos pela NR nº 18 do MT. [...], restou comprovado que a vítima, no momento do fato, não utilizava cinto de segurança para retirada do entulho do quarto pavimento da obra, irregularidade que devia ter sido fiscalizada e corrigida pelos corréus. [...]. Majorante. Art. 121, § 4º, do CP. Réus que, ao deixarem de providenciar equipamentos de proteção coletiva indispensáveis na construção civil, não observaram regra técnica de profissão consubstanciada na NR do MTE número 18. [...]" (TJRS, APC 70053630026, 3ª CC, Rel. Jayme Weingartner Neto, j. 9.5.13).

338 "Homicídio culposo. [...]. 1. A partir do laudo pericial realizado pela AFT, vê-se que as condições em que os ofendidos estavam trabalhando eram contrárias às normas de SMT, descritas na NR 18. 2. Desta forma,

normas técnicas;[339] orientação do serviço;[340] padrões de segurança exigidos;[341] exames médicos regulares;[342] manutenção dos equipamentos e dos maquinários;[343] maquinário em desacordo com os padrões de segurança;[344] adoção

---

a prova contida nos autos é clara ao demonstrar que o resultado morte da vítima decorreu da negligência dos réus, uma vez que não disponibilizaram os equipamentos necessários, bem como não fiscalizaram o andamento do serviço, o que é necessário para o desenvolvimento do trabalho com segurança. Condenação impositiva. 3. Dosimetria. Na espécie, uma vez que todos os fatores foram considerados favoráveis, resta a pena-base ajustada em 01 (um) ano para o crime de homicídio culposo, e de 02 meses para o crime de lesão corporal culposa. 4. Na segunda fase, presente a agravante prevista no art. 121, § 4º, aumentada a pena base em 1/3 (um terço), ficando a pena provisória em 01 ano e 04 meses com relação ao homicídio culposo. 5. Pena definitiva fixada em 01 ano e 06 meses de detenção para ambos os réus, em regime aberto, substituída por duas restritivas de direito, consistentes em prestação de serviço à comunidade e limitação de final de semana. Recurso provido" (TJRS, AC 70060199312, Rel. Jayme Weingartner Neto, 1ª CC, j. 17.9.14).

339 "Homicídio culposo. Inobservância de regra técnica de profissão. Engenheiro responsável pela construção de edifício que deixou de fiscalizar o cumprimento de regras de segurança, dando causa à morte de operário. Autoria e materialidade. negligência e imperícia. [...]." (STF, ARE 1142334, 1ª T, Relª. Minª. Rosa Weber, j. 22.10.18). "Rejeição da denúncia. Imputação de crime culposo omissivo impróprio ou comissivo por omissão. Consoante o parecer ministerial, que vai adotado como razões de decidir, os apelados concorreram para o delito de forma negligente, em tese, porque não fiscalizaram o cumprimento integral das exigências da NR 18 do MTB, especialmente a que determina que o redimensionamento do andaime e sua estrutura de sustentação fossem feito por profissional habilitado, mediante anotação de responsabilidade técnica (ART), nada fazendo para que tal espécie de andaime não fosse utilizada na obra, e sequer alertando o executor da obra dos riscos presumíveis que o andaime, construído totalmente fora de especificações técnicas, poderia acarretar. Apelo provido, em parte" (TJRS, APC 70024807521, Rel. Jaime Piterman, 2ª CC, j. 25.6.09).

340 "Homicídio culposo. Acidente do Trabalho. Falta de orientação do responsável técnico do serviço, pela segurança da operação. Delito caracterizado. Apelo improvido. JTAcivSP, 65-299." Decisão citada por SILVA, João Estevam da, 1993, p. 384. "É evidente a culpa, por negligência, de quem permite que seus serviçais executem trabalho sabidamente perigoso, consistente na aplicação de inseticida de alto teor tóxico na lavoura, sem estarem aqueles equipados, com roupas e aparelhos que os protejam da aspiração do gás venenoso" (TACRIM-SP, AC, Rel. Djalma Lofrano, RT 558/324). Decisão citada por FRANCO, Alberto Silva e outros, 1997, p. 1478.

341 "Homicídio culposo. Soterramento. Construção civil. [...]. – O conjunto probatório permite concluir que os réus não observaram o dever de cuidado objetivo quando não aplicaram as normas técnicas pertinentes para a escavação de valas. Tampouco observaram os padrões de segurança exigidos, mesmo cientes das condições precárias, que colocava em risco a incolumidade dos que ali trabalhavam. [...]." (TJDFT, AC 20110111789563, Rel. Souza e Avila, 2ª TC, j. 23.7.15.)

342 Sebastião Geraldo de Oliveira (2011, p. 57) informa que, em 1830, "Robert Dernham, proprietário de uma indústria têxtil, preocupado com as péssimas condições de saúde dos seus trabalhadores, procurou Robert Baker, médico inglês, pedindo-lhe orientação. Obteve a seguinte resposta: Coloque no interior da sua fábrica o seu próprio médico, que servirá de intermediário entre você, os seus trabalhadores e o público. Deixe-o visitar a fábrica, sala por sala, sempre que existam pessoas trabalhando, de maneira que ele possa verificar o efeito do trabalho sobre as pessoas. E se ele verificar que qualquer dos trabalhadores está sofrendo a influência de causas que possam ser prevenidas, a ele competirá fazer tal prevenção. Dessa forma você poderá dizer meu médico é a minha defesa, pois a ele dei toda a minha autoridade no que diz respeito à proteção da saúde e das condições físicas dos meus operários; se algum deles vier a sofrer qualquer alteração da saúde, o médico unicamente é que deve ser responsabilizado. Esse fato é considerado historicamente o marco da criação do serviço de medicina do trabalho no mundo".

343 "Se os diretores da empresa encarregada de executar a remoção do poste não zelaram pelo equipamento do caminhão nem deram treinamento adequado aos empregados, é admissível a sua responsabilização pela morte da vítima". No mesmo sentido: "age com negligência engenheiro responsável pela manutenção de elevador que, violando posturas municipais, deixa de realizar pessoalmente os serviços contratados, e com imperícia o empregado da firma de manutenção que executa serviços sem possuir capacitação técnica". (Decisões jurisprudenciais citadas por DELMANTO, Celso; DELMANTO, Roberto; DELMANTO JÚNIOR, Roberto; DELMANTO, Fabio M. de Almeida, p. 451.)

344 "Homicídio culposo. Acidente de trabalho. Funcionário tolhido por máquina que estava em desacordo com as normas de segurança. Decisão condenatória. Pedido de absolvição por insuficiência probatória. [...]. Pleito de exclusão de duas condições fixadas ao cumprimento do regime aberto. Impossibilidade. Condenação mantida. Recurso conhecido e desprovido" (TJPR, AC 1417539-6, Rel. Benjamim Costa, 1ª CC, j. 30.6.16).

das medidas mínimas de segurança;[345] adoção dos cuidados de segurança recomendáveis;[346] adoção das medidas de precaução e proteção necessárias;[347] isolamento da área;[348] dispositivo de segurança;[349] jornada de trabalho adequada; sinalizações e advertências adequadas; palestras informativas; obediência às ordens transmitidas;[350] supervisão técnica adequada e específica;[351] qualificação

[345] "Homicídio culposo. Acidente de trabalho. Falta de adoção de medidas de segurança para execução do serviço. Negligência. Caracterização. Absolvição. Impossibilidade. Havendo comprovada omissão dos responsáveis por obra de engenharia ao não adotar medidas mínimas de segurança na execução de serviços em vala sem o devido escoramento, em desconformidade com as regras da legislação pertinente, caracterizada está a culpa na modalidade negligência, razão por que respondem pelo resultado lesivo. Recurso improvido. Sentença mantida" (TJMG, ACR 2.0000.00.384777-2/000, Rel. Antônio dos Anjos, j. 1.4.03). "Crime culposo. Acidente de trabalho. Caracterizada a culpa por parte de quem, contratando menores para a realização do serviço perigoso – limpeza de telhado de zinco a grande altura – não adota medidas de proteção e segurança indispensáveis, resultado a queda e morte de um dos menores. Previsibilidade do resultado lesivo. Imprudência e negligência manifestas" (TJGO, ACR 13159-6/213, Rel. Joaquim de Sá, 1ª CC, j. 16.9.93). "Homicídio culposo. Acidente de trabalho. Falta de adoção de medidas de segurança para execução do serviço. Negligência. Caracterização. Absolvição. Impossibilidade. Havendo comprovada omissão dos responsáveis por obra de engenharia ao não adotar medidas mínimas de segurança na execução de serviços em vala sem o devido escoramento, em desconformidade com as regras da legislação pertinente, caracterizada está a culpa na modalidade negligência, razão por que respondem pelo resultado lesivo. Recurso improvido. Sentença mantida" (TJMG, ACR 2.0000.00.384777-2/000, Rel. Antônio dos Anjos, j. 1.4.03). "Os responsáveis e supervisores do resgate de carga de navio encalhado podem, em tese, ser incriminados pela morte de operários na perigosa operação se ficar demonstrado que não se adotaram providências mínimas de segurança. Pode ter ocorrido imprudência e negligência na direção dos trabalhos de salvamento da carga" (TJSP, *HC*, Rel. Palma Ribeiro, RT 542/417). Decisão citada por FRANCO, Alberto Silva e outros, 1997, p. 1479.

[346] "Homicídio culposo – art. 121, §§ 3º e 4º, do CP. Absolvição. Impossibilidade. Autoria, materialidade e responsabilidade pelo crime devidamente comprovadas. Culpa, imperícia e negligência demonstradas. Recurso não provido. Age culposamente, nas modalidades de imperícia e negligência, o agente que, na condição de empreiteiro, deixa de assegurar os cuidados de segurança recomendáveis em situações de altíssimo risco em que se encontrava a vítima para executar suas tarefas diárias na construção de um telhado, sob o seu comando e supervisão, sem que fosse fornecido os equipamentos indispensáveis para garantir a sua integridade física, ou ao menos minimizar a ocorrência de um possível acidente, provocando como resultado a morte" (TJMG, ACR 1.0145.08.473080-6/001, Relª. Kárin Emmerich, 1ª CC, j. 3.12.13).

[347] "Homicídio culposo. Art. 121, §§ 3º e 4º, do CP. Absolvição por insuficiência de provas. Inadmissibilidade. Acusado responsável pela edificação ou reforma de telhado que não adotou as medidas de precaução e proteção necessárias para os funcionários. Imprudência. Pena agravada pela inobservância de regra técnica. Apelo desprovido" (TJSP, AC 0002336-63.2013.8.26.0602, Rel. Bandeira Lins, 2ª CC, j. 5.10.15).

[348] "Se os responsáveis da empresa de engenharia, de forma negligente, não treinaram adequadamente os funcionários, se utilizaram de materiais precários e não forneceram instrumentos adequados para o isolamento da área (STJ, RT 782/530)" (decisão jurisprudencial citada por DELMANTO, Celso; DELMANTO, Roberto; DELMANTO JÚNIOR, Roberto; DELMANTO, Fabio M. de Almeida, p. 451).

[349] "Homicídio culposo. Acidente de trabalho. Vítima que operava máquina empilhadeira sem habilitação para tanto. Desvio de função. Perícia realizada pela STE da cidade de [...], concluindo que o acidente ocorreu porque a máquina não possuía o necessário dispositivo de segurança. Negligência comprovada. Condenação que se impunha. Redução do apenamento. Diminuição do valor da prestação pecuniária de dois dos apelantes. Apelos parcialmente providos" (TJRS, AC 70026487322, Rel. Manuel Lucas, 1ª CC, 23.9.09).

[350] "Homicídio e lesões corporais culposos. Empregado que desobedecendo a ordens superiores deixa de desligar ou não se certifica da desenergização de um reator. Análise de dados fornecidos por computador destinado a acompanhar o funcionamento do equipamento. Negligência e imprudência no desempenho das funções comprovadas – condenação mantida" (TACRIM-SP, AC, Rel. Ribeiro dos Santos, JUTACRIM 98/172). Decisão citada por FRANCO, Alberto Silva e outros, 1997, p. 1472.

[351] "Homicídio culposo. Acidente de trabalho. Sentença condenatória. Recurso da defesa. Pleito absolutório. Não acolhimento. Existência de prova suficiente para embasar a condenação. Culpa do réu devidamente comprovada, na modalidade negligência. Ausência de contratação de supervisão técnica adequada e específica e não exigência de utilização de equipamento de proteção individual. Condenação mantida. Pretensão de exclusão da prestação pecuniária ou redução do valor fixado. Impossibilidade. Discricionariedade do julgador na substituição da pena privativa de liberdade. Quantum adequado. Competência do JE para analisar eventuais dificuldades no cumprimento da pena restritiva de direito. Recurso desprovido" (TJPR, ACR 0005682-34.2015.8.16.0148, 1ª CC, Rel. Clayton Camargo, j. 14.3.19). "Homicídio culposo. Acidente de trabalho. [...]. Realização de reforma na máquina,

técnica específica;[352] ausência de estrutura de concreto ou viga de sustentação na escavação;[353] entre outras hipóteses.[354] [355]

De outro giro, mostra-se insuficiente para a validade jurídica da relação processual a imputação apenas com base na condição de sócio da empresa em cujo local se produziu o evento típico;[356] sendo, aliás, de rigor, a demonstração do nexo

---

sem supervisão de engenheiro ou inspeção posterior, dispensando-se os necessários equipamentos de segurança. Culpa do réu, nas modalidades imprudência e negligência, com inobservância de regra técnica de profissão, inegável. Irrelevância de eventual culpa concorrente da vítima ou de falha no atendimento médico. Condenação mantida. Pena corretamente fixada, partindo de patamar acima do mínimo pela culpabilidade exacerbada e com a incidência da majorante prevista no art. 121, § 4º, 1ª parte, do CP. Pena substituída, na forma do art. 44, do CP, fixado o regime aberto para o caso de conversão. Indenização aos dependentes da vítima bem estabelecida, com base em pedido específico do MP e em critérios determinados de cálculo, possibilitando-se o contraditório. Apelo improvido" (TJSP, AC 0000931-43.2008.8.26.0189, Rel. Tristão Ribeiro, 5ª CC, j. 10.12.15). "Homicídio culposo. Acidente de trabalho. Art. 121, § 3º, c/c art. 13, § 2º, 'a', ambos do CP. [...]. Existência de prova suficiente para embasar a condenação. Culpa do réu comprovada, na modalidade negligência. Ausência de contratação de supervisão técnica adequada e específica e não exigência de utilização dos equipamentos de proteção individual. Recurso conhecido e desprovido" (TJPR, AC 1266171-1, Rel. Macedo Pacheco, 1ª CC, j. 5.2.15).

352 "Contratação do ofendido como operador de caldeira sem que possuísse qualificação técnica para a função. [...]. Condenação mantida. [...]. Apelo improvido" (TJSP, AC 0000931-43.2008.8.26.0189, Rel. Tristão Ribeiro, 5ª CC, j. 10.12.15).

353 "Homicídio culposo. Acidente de trabalho. Condenação. [...]. Mérito. Pleito de absolvição. Impossibilidade. Mestre de obras responsável. Culpa na forma de imprudência e negligência. Ausência de estrutura de concreto ou viga de sustentação na escavação. Fato previsível. Conduta culposa evidenciada. Manutenção da condenação. Recurso desprovido. 1. [...]. 2. Quando não há um engenheiro responsável, a responsabilidade penal pode alcançar o mestre de obras" (TJPR, ACR 0000987-24.2013.8.16.0175, 1ª CC, Rel. Antônio Vieira, j. 25.10.18).

354 Em virtude de situações criminais estruturais dadas – isto é, "o conjunto dos processos e relações sociais ligados objetivamente aos resultados definidos como imprudentes" –, certas formas históricas de organização social apresentam uma importante concentração de elementos criminógenos de situação que se encontram "nos defeitos intrínsecos da organização da produção material: as situações objetivamente perigosas aparecem como deformações internas da organização da produção material orientada para o proveito individual, e se relacionam diretamente com (i.) a ausência de medidas adequadas de prevenção, e (ii.) o ritmo e duração excessivos do trabalho" (SANTOS, Juarez Cirino dos, 1978, p. 59).

355 "Homicídio culposo resultante de inobservância de regra técnica de profissão (art. 121, § 3º, c/c § 4º, 1ª parte, do CP). Preliminar inconsistente. Inaplicabilidade das benesses previstas na Lei 9.099/95. Mérito. Provas seguras de autoria e materialidade. Acusado, coordenador de equipe de obras em rodovia, ergue operário em braço hidráulico de caminhão 'munck' sobre uma das pistas, que deveria estar interditada, ocasionando acidente que resulta na sua morte. Palavras coerentes e incriminatórias de testemunhas. Enredo probatório que caracteriza imprudência por parte do réu. Necessidade condenatória imperiosa. Responsabilização inevitável. Apenamento. Necessidade de correção. Aumento pela inobservância de regra técnica profissional que merece ser afastado. Apelo parcialmente provido, rejeitada a preliminar" (TJSP, AC 0008412- 88.2009.8.26.0038, 4ª CC, Rel. Luís Mello, j. 16.12.14).

356 "Denúncia. Homicídio culposo. Acidente de trabalho. Ausência de individualização da conduta do paciente. Ordem concedida para trancar a ação penal. Maioria. Hipótese em que a denúncia não descreve de forma individualizada a conduta delituosa cometida pelo paciente, imputando-lhe a prática do crime unicamente com base na sua condição de sócio da empresa onde estava sendo realizada a obra e que, por negligência, teria ocasionado o acidente de trabalho, não se constitui como fator suficiente para viabilizar ação penal, fazendo por ensejar o seu trancamento. Que no mês de fevereiro de 2010 o posto do qual o paciente é sócio, contratou para a reforma do telhado a empresa M.V.C dos Santos, representada legalmente pelo Sr. M.V.C.S., que mantinha em seu quadro funcional o Sr. J.R.F.N. e que o mesmo quando exercia sua atividade laboral, teve um acidente, pois segurava uma telha de metal quando esta entrou em contato com a rede de transmissão de energia elétrica, dando-lhe um choque que o fez cair do telhado, ocasionando o seu óbito por traumatismo crânio-cefálico e queimaduras de 2º e 3º graus. No presente caso, sem adentrar na seara fático-probatória, entendo que não está suficientemente demonstrado o nexo de causalidade entre o acontecimento e a conduta do paciente, pois a acusação tem por base unicamente a sua condição como dono do local onde estava sendo realizada a obra, sem, no entanto, trazer um indicativo de eventual ilicitude que tenha perpetrado o paciente, fazendo por ensejar o constrangimento ilegal apontado na impetração [...]. Além disso, percebo que a vítima era funcionária da empresa M.V.C dos Santos de propriedade do Sr. M.V.C.S. e a este foi confiada a execução da obra, sendo de sua inteira responsabilidade a contratação de pessoal e fornecimento de equipamentos necessários a realização da atividade laborativa" (TJMA, *HC* 0032832011, Rel. Benedito Belo, j. 4.7.11).

de causalidade.[357] (Por evidente, os comportamentos típicos, em regra, ou serão estritamente omissivos,[358] ou existirão com aspectos ativos e omissivos).[359]

3.3. Do concurso de agentes nos crimes culposos

De um modo geral, a realização de um comportamento típico pode dar-se por meio da intervenção de um único autor (tipos monossubjetivos);[360]

---

[357] "Condenação pelo crime de homicídio culposo por inobservância de regra técnica de profissão (art. 121, §§ 3° e 4°, do CP). Apelação. Pretendida absolvição. Alegação de culpa exclusiva da vítima e insuficiência probatória. Rejeição. Óbito de funcionário no ambiente de trabalho. Nexo de causalidade entre o fato delituoso e a conduta imprudente do recorrente. Acionamento de esteira de calcário enquanto mecânico realizava a troca da cinta. Autoria e materialidade comprovadas, em face do cotejo probatório. Condenação mantida. Apelo conhecido e desprovido" (TJRN, AC 2013.006526-4, Relª. Maria Bezerra, CC, j. 7.7.15). "Homicídio culposo. Acidente de trabalho. Insurgência contra a decisão que recebeu a denúncia. Pleito de trancamento da ação penal. Alegação de inépcia da denúncia e de responsabilidade criminal inexistente. Ausência de causalidade entre a conduta atribuída aos pacientes e o evento morte. Ordem concedida" (TJPR, *HC* 10193649, Rel. Marcos Daros, 1ª CC, j. 6.6.13). Ver, com mais detalhes, o Capítulo 4. Convém a propósito destacar a (importância da) relação de causalidade nos crimes culposos. Com efeito, diversamente dos delitos dolosos, "cujo tipo penal pode ou não exigir a ocorrência de um resultado, para que um delito culposo exista exige-se a ocorrência efetiva de um resultado. Por esse motivo são poucos os crimes previstos na parte especial que preveem a forma culposa, já que a culpa, por regra, não é estruturalmente pertinente com os delitos de mera conduta nem com os delitos formais. Nos crimes culposos, portanto, existe um resultado naturalístico, tornando-se necessário o estudo do nexo de causalidade. Por isso Welzel afirma que 'os delitos culposos são delitos que provocam a modificação no mundo exterior. [...]. Eles demandam que uma pessoa tenha causado um resultado não querido (e que esta modificação no mundo exterior pudesse ser evitável). Como se resultou essa modificação, se através de uma ação qualquer ou através de uma omissão, isto é absolutamente indiferente'. A relação de causalidade nos crimes culposos é derivada de um dever objetivo de cuidado. O agente tem um dito dever objetivo de cuidado ao eleger os meios que servirão para a consecução de seus fins. Por isso, diz Cerezo Mir: 'Nos delitos culposos a relação de causalidade só será relevante quando a produção do resultado foi objetivamente previsível, pois só então será possível apreciar uma inobservância do cuidado objetivamente devido'. Assim, nos crimes culposos, a relação de causalidade se verifica quando o agente produz um resultado típico, que lhe era previsível, quando não o queria. Tal resultado é reconhecido como produto da ação daquele que, sem o querer, violou um dever objetivo de cuidado, quando lhe era possível evitar a produção do dito resultado típico" (BRANDÃO, Cláudio, 2015, p. 49). Jurisprudencialmente: "havendo ausência de ligação direta entre o comportamento omissivo do engenheiro e o resultado morte ocorrido na obra, não se caracteriza homicídio culposo (TACrSP, RT 786/658)" (decisão citada por DELMANTO, Celso; DELMANTO, Roberto; DELMANTO JÚNIOR, Roberto; DELMANTO, Fabio M. de Almeida, p. 450).

[358] Nos delitos culposos (em acidentes de trabalho), de um modo geral, haverá, tão somente, uma conduta omissiva – sem qualquer mescla com um comportamento ativo; neste quadro, "los empresarios, arquitectos, directores de obras, etc., que permiten pasivamente que los obreros instalen, primero, instrumentos de trabajo sin las medidas de seguridad prescritas por alguna de las numerosas normas extrapenales sobre higiene y seguridad en el trabajo – especialmente por la Ordenanza General de Seguridad e Higiene en el Trabajo, aprobada por Orden de 9 de marzo de 1971 –, porque, por ejemplo, los andamios no tienen anclajes, ni barandillas aquéllos o los huecos del edificio en construcción, o porque no se utilizan cinturones de seguridad, o porque no se han colocado las redes reglamentarias para evitar las caídas al vacío, o existe una acumulación de todas estas irregularidades, o se trabaja sin las medidas preceptivas para evitar descargas eléctricas, falleciendo o resultando lesionado algún trabajador, en todos esos ejemplos parece que si de ha imputarse a esas personas (guardabarreras, encargos de presas, electricista, arquitectos y directores de obra) los resultados producidos, esa responsabilidad penal sólo se podrá reconducir a las correspondientes omisiones que habrían evitado (o habrían podido evitar) los resultados" (GIMBERNAT ORDEIG, Enrique, 1999, p. 198).

[359] Por outro lado, nos crimes culposos, muitas vezes, também, apresenta-se uma concorrência em um mesmo autor de condutas ativas causantes do resultado com condutas omissivas não impeditivas desse resultado; de feição que, "cuando a consecuencia de un desprendimiento resultan sepultados – y muertos o lesionados – los obreros que trabajan en la excavaciones de pozos, zanjas o galerías, y todo ello sucede porque estas obras no han sido convenientemente entibadas, esto es: fortificadas y revestidas para la contención de tierras (arts. 254 ss. Ordenanza de Trabajo en la Construcción, Vidrio y Cerámica, aprobada por Orden de 28 de agosto de 1970), la responsabilidad de los directores técnicos de las obras, capataces, etc., podría vincularse, en principio, tanto a las órdenes que dieron (acción) a los operarios para que procedieran a una excavación como a la omisión de no advertirles y de no procurar que se realizaran las preceptivas entibaciones" (GIMBERNAT ORDEIG, Enrique, p. 202).

contudo, se houver a colaboração de outro(s) sujeito(s) ativo(s) para a concreção do fato punível, configurar-se-á o instituto do concurso de pessoas.

Autoria (coautoria) e participação são as formas de colaboração no fato punível. A autoria é a execução do comportamento típico; a coautoria apresenta-se como a realização conjunta do ilícito penal, na qual se estabelece uma divisão funcional do trabalho; e quanto à participação, existe quando o agente colaborar, de qualquer modo, para o crime, sem ter contribuído diretamente na sua execução. Convém o registro de que tanto a coautoria como a participação são institutos que se dirigem, em normal forma, aos crimes dolosos; não obstante, "muito se tem discutido sobre a possibilidade do concurso de agentes nos crimes culposos".[361] O aspecto primordial da participação estabelece-se na consciência de colaborar para o objetivo comum. Na Exposição de Motivos ao Código Penal de 1940, consta: "para que se dê o concurso (de pessoas no crime), não é indispensável um 'prévio acordo de vontades, basta que haja em cada um dos concorrentes o *conhecimento de concorrer à ação de outrem*. Fica, destarte, resolvida a *vexata quaestio* da chamada autoria incerta quando não tenha ocorrido ajuste entre os concorrentes. Igualmente, fica solucionada, no sentido afirmativo, a questão sobre o concurso *em crime culposo*, pois, neste, tanto é possível a *cooperação material* quanto a *cooperação psicológica*, isto é, no caso de

---

[360] Em se tratando de crimes plurissubjetivos, não se apresenta a possibilidade de incidência do instituto da codelinquência, na medida em que, nestes, a pluralidade de agentes é elemento essencial da tipicidade objetiva, além do que, na moldura descritiva dos tipos plurissubjetivos, se requer o (prévio ou concomitante) liame (objetivo e subjetivo) para a concreção do comportamento ilícito típico pelos sujeitos ativos. Por conta disso, os tipos penais plurissubjetivos serão necessariamente dolosos, inexistindo, em nosso sistema, previsões típicas culposas em que se exige a pluralidade de sujeitos ativos, diferentemente do que se apresenta em se tratando dos monossubjetivos. Como acentua Sheila Jorge Selim de Sales (1997, p. 91-2), "considerando que o elemento cognoscitivo do dolo inclui o conhecimento de cada um dos elementos descritivos (normativos ou não) do fato tipificado, é necessário: (i.) que os sujeitos possuam o recíproco conhecimento da presença uns dos outros; (ii.) conhecimento do vínculo material que se estabelece entre as diversas condutas; (iii.) conhecimento de estarem concorrendo para a realização de um mesmo tipo incriminador. Os requisitos mencionados devem ocorrer antes ou durante a prática do fato tipificado na lei penal. Peculiar ao dolo, pois, nesses tipos legais, é a consciência de se estar atuando em concurso com os demais sujeitos ativos, não importando que sejam conhecidos ou não. O componente volitivo do dolo, como, de resto, em todos os tipos legais, abarca cada um dos elementos constitutivos do tipo e pressupõe o anterior momento cognoscitivo. É irrelevante se a vontade de realizar o fato descrito no modelo legal seja preordenada ou surja de improviso. Irrelevante, também, o prévio acordo. Imprescindível, porém, que o dolo seja anterior ou concomitante à prática delitiva. [...]. É necessário acentuar que à realização dos tipos penais dos quais ora nos ocupamos, basta o dolo eventual". Por fim das contas, podem-se destacar as seguintes diferenças entre os institutos (concurso de pessoas e tipos plurissubjetivos ou caracterizados pela pluralidade ativa): "(i.) tanto a pluralidade de agentes prevista na parte especial como aquela prevista na parte geral são dados que integram normas penais incriminadoras; (ii.) enquanto a pluralidade de sujeitos ativos é elemento constitutivo essencial da norma penal incriminadora que descreve o tipo de ilícito na parte especial, a pluralidade de agentes, na parte geral, integra norma penal incriminadora destinada a amplificar o âmbito de operatividade dos tipos de ilícito previstos na parte especial; (iii.) a pluralidade de agentes, na parte especial do CP, integra tão somente certos e determinados tipos de ilícito dolosos; não integra tipos de ilícito culposos; (iv.) ao invés, a pluralidade de agentes, na norma disposta no art. 29, *caput*, do CP, se nos apresenta como uma fórmula legal, alternativa e eventual de realização dos fatos previstos em lei como crime, que pode ser acoplada aos tipos de ilícito dolosos e culposos; (v.) dentre os elementos constitutivos dos tipos de ilícito plurissubjetivos ou caracterizados pela pluralidade ativa, encontramos sempre o objeto específico da tutela penal, enquanto o tipo legal que descreve o 'concurso de pessoas' é desprovido de tal elemento; (vi.) assim, enquanto na parte especial a pluralidade de agentes é um dado técnico colocado para a tutela imediata de um dado e preciso objeto jurídico, ao lado de outros elementos do tipo, na parte geral a pluralidade de agentes é um dado técnico colocado para efetivar a tutela mediata de bens jurídicos, amplificando o âmbito de aplicação dos tipos de ilícito da parte especial [...]" (SALES, Sheila Jorge Selim, p. 100-1).

[361] FERRAZ, Esther de Figueiredo, 1976, p. 151.

pluralidade de agentes, cada um destes, embora não querendo o evento final, tem *consciência de cooperar* na ação". E, nesse último sentido, é muito citada a hipótese de dois operários que, imprudentemente, lançam uma tábua à rua, de uma determinada construção, e matam uma pessoa. Aqui, sustenta-se que a colaboração não se dá no resultado (que não é desejado), senão na causa (que pode ser obra conjunta), ou seja, a adesão subjetiva – que se mostra necessária à formação do concurso de pessoas – não se projetaria quanto ao resultado, mas, sim, ao desejo de agir descuidadamente. Em virtude disso, "é autor todo aquele que causa culposamente o resultado, não se podendo falar em participação em crime culposo. [...] há sempre coautoria porque os concorrentes realizam a conduta típica, concretizam o tipo pela inobservância do dever de cuidado, não praticando simplesmente uma conduta que, em si mesma, seria penalmente irrelevante".[362]

A mais disso, não se deve misturar os conceitos de coautoria em crime culposo com o de culpa paralela;[363] neste, dois ou mais sujeitos irão contribuir para um resultado típico sem que se apresente o conhecimento da colaboração no comportamento do outro;[364] assim, verifica-se a coincidência de se integrarem os fatores causais – implicando a soma de comportamentos (no plano estritamente objetivo) – sem o elemento essencial da coautoria que é, exatamente, a identificação das vontades acerca de um modo de agir comum.[365] Cumpre, então, reservar-se o conceito de culpa concorrente para a hipótese em que a vítima também concorre para o resultado.[366] Por último remate, a culpa *in*

---

[362] MIRABETE, Julio Fabbrini; FABBRINI, Renato N., 2019, p. 223-4. Celso Delmanto, Roberto Delmanto, Roberto Delmanto Júnior e Fabio M. de Almeida Delmanto (p. 172-3) afirmam que, excepcionalmente, poderá haver a coautoria em delitos culposos, "desde que demonstrada a existência do vínculo subjetivo voltado à realização da conduta imprudente comum". Dessa maneira, "as condutas do piloto e do copiloto de um avião que voam em desacordo com o denominado 'plano de voo', havendo, em consequência, um acidente aéreo do qual eles sobrevivem. A hipótese seria de coautoria em um crime culposo".

[363] José Henrique Pierangelli (1995, p. 55) define: "era um caso em que havia culpa, vamos chamar de culpa paralela, alguns autores chamam de culpa coexistente (Francesco Antolisei), ou coexistência de culpas, que não é a culpa concorrente. [...]. A culpa coexistente ocorre quando duas pessoas, atuando com culpa, dão causa a um resultado ofensivo a um bem jurídico de terceiro".

[364] Neste mesmo sentido, desponta a figura da culpa sucessiva (condutas culposas sucessivas), que impõe a responsabilidade penal dos envolvidos por fatos culposos independentes, se previsível a atividade culposa subsequente. Assim, "Adalvio, regressando duma caçada, deixa a arma municiada sobre uma mesa, local de fácil acesso, e se retira. Logo em seguida, Eulampio antolha-se com a arma e resolve manuseá-la, culminando por ocasionar a detonação, que atinge e mata Tolediano, que se encontrava à sua frente. Não há coautoria, por carência de nexo subjetivo culposo convergente, mas condutas culposas sucessivas, atribuindo a Adalvio e Eulampio o homicídio culposo pela concorrência de culpas, embora independentes" (PEDROSO, Fernando de Almeida, 1995, p. 187).

[365] REALE JÚNIOR, Miguel, 1976, p. 126.

[366] PIERANGELLI, José Henrique, p. 55. Em virtude disso, "há concorrência de culpas quando dois ou mais agentes (excetuada a coautoria, em que deve haver um liame psicológico entre eles) causam resultado lesivo por imprudência, negligência ou imperícia. Todos respondem pelos eventos lesivos. Uma tríplice colisão, em que ocorra lesões corporais ou morte, por exemplo, os motoristas que agiram culposamente (velocidade incompatível com o local, imperícia na manobra, reflexos lentos em decorrência de sono ou fadiga etc.) serão responsabilizados pelo resultado" (MIRABETE, Julio Fabbrini; FABBRINI, Renato N., 2019, p. 143). Recentemente, a 1ª Turma do TST entendeu que, nos acidentes de trabalho em que é constatada culpa concorrente entre o trabalhador e a empresa, a indenização por reparação de danos deve ser reduzida até mesmo pela metade em determinadas situações. No caso, um trabalhador de uma companhia elétrica não teria sinalizado devidamente uma linha de alta tensão que estava reparando, fazendo com que outra equipe religasse a energia do local enquanto os reparos ainda eram feitos, o que ocasionou o acidente. De acordo com a decisão:

eligendo – modalidade culposa que não existe em matéria penal, salvo se perfeitamente adequada a uma das de culpa penal – poderia ser, em tese, percebida na escolha das pessoas encarregadas de realizar determinadas tarefas (isto é, se tais pessoas possuíam, de maneira efetiva, condições e capacidades de não descuidar das regras técnicas próprias).[367]

3.3.1. Da coautoria em crime culposo

No âmbito dos delitos culposos, tem sido admitida, de um modo geral, [pela doutrina brasileira] a configuração da coautoria, na medida em que a atuação voluntária dos agentes se projetaria à realização da conduta descuidada, isto é, "a cooperação consciente dá-se na realização da conduta que causa o resultado lesivo ao bem jurídico, e não na busca por produzir tal resultado".[368] Com isso, parte-se da ideia segundo a qual, em face da estrutura aberta dos tipos culposos (que se materializariam com as modalidades [imprudência, negligência ou imperícia] da culpa), será (co)autor aquele que violar o dever de cuidado objetivo, ou seja, será típica toda conduta que descumpre o dever objetivo de cautela. De tal sorte, será havido como autor aquele que, violando esse dever, causa o resultado. "Todo grado de concausación respecto del resultado típico producido no dolosamente, mediante una acción que no observa el cuidado requerido en el ámbito de relación, fundamenta la autoría del respectivo delito culposo. Por esta razón, no existe, en el ámbito de los delitos culposos, la diferencia entre autoría y participación. Ello, porque toda clase de concausación en la producción no dolosa de un resultado mediante una acción que lesiona el cuidado conforme al ámbito de relación, es ya autoría".[369]

"nos termos do art. 945 do CC, 'se a vítima tiver concorrido culposamente para o evento danoso, a sua indenização será fixada tendo-se em conta a gravidade de sua culpa em confronto com a do autor do dano'. [...], embora não elida a responsabilidade das reclamadas, a parcela de culpa da própria vítima deve ser sopesada no arbitramento das indenizações por danos morais e estéticos, o que sequer foi observado pelo Colegiado de origem ao fixar em R$ 1.500.000,00 [...] o valor da indenização por danos morais e estéticos" (TST, Rec. Rev. 457009820075170181, Rel. Min. Hugo Scheuermann, 1ª T., j. 3.2.16).

367 "Um critério de ajuizamento da escolha de funcionário apenas pode ser estabelecido segundo a figura do tipo médio profissional. Em nossa sociedade o profissional que normalmente realiza tarefas de reparações, troca de lâmpadas e de fusíveis, e até mesmo simples instalações de luminárias, não é o portador de diploma, mas o homem cujos conhecimentos foram auridos na experiência cotidiana" (REALE JÚNIOR, Miguel, p. 129).

368 GALVÃO, Fernando, 2017, p. 593. Neste mesmo sentido: NUCCI, Guilherme de Souza, 2019, p. 622; PEDROSO, Fernando de Almeida, 2017, p. 166; MARTINELLI, João Paulo Orsini; BEM, Leonardo Schmitt de, 2019, p. 704-5; JESUS, Damásio de, 2016, p. 181-2; QUEIROZ, Paulo, 2018, p. 340; GRECO, Rogério, 2014, p. 473; ZAFFARONI, Eugenio Raúl; PIERANGELI, José Henrique, p. 603; DELMANTO, Celso; DELMANTO, Roberto; DELMANTO JÚNIOR, Roberto; DELMANTO, Fabio M. de Almeida, p. 173; DOTTI, René Ariel, 2018, p. 562; BUSATO, Paulo César, 2015, p. 720; BARROS, Flávio Augusto Monteiro de, p. 428; TELES, Ney Moura, 2004, p. 218; MAGALHÃES NORONHA, Edgard, 1995, p. 212; FRAGOSO, Heleno Cláudio, 1991, p. 252; ALVES, Roque de Brito, 1987, p. 06; FERRAZ, Esther de Figueiredo, p. 154; LEIRIA, Antônio José Fabrício, 1974, p. 212.

369 WELZEL, Hans, 1993, p. 119. No mesmo sentido, JESUS, Damásio de, 2016, p. 181-2. Convém o registro, por oportuno, que não se trata de posição doutrinária consolidada; desse modo, negando a coautoria e afirmando a existência de autores diretos: BATISTA, Nilo, 2005, p. 83. Também Juarez Tavares (2016, p. 476) afirma que "os delitos culposos não comportam coautoria, somente autoria colateral". Do mesmo modo para Hans-Heinrich Jescheck e Thomas Weigend (p. 728), "no existe la coautoría en los delitos imprudentes pues

3.3.2. Da participação (dolosa ou culposa) em crime culposo

Inadmissível a participação dolosa ou culposa em crime culposo (assim como a participação culposa em crime doloso), pois, cumpre destacar-se, cuida-se de crime único e, por isso, devem ser entendidos todos os fatos sob o mesmo título.

Sob tal prisma, "não há diferença entre autor direto e partícipe nos crimes culposos, porquanto a concausação culposa (isto é, com violação de dever objetivo de cuidado) importa sempre autoria".[370] Todos quantos se vincularem à (produção da) causa – é dizer, à violação do dever objetivo de cautela (que se demonstra pela inadequação a menor entre a conduta concreta do sujeito e a conduta *standard* do *homo medius*) – alistar-se-ão como coautores, não se lhes diferenciando os papeis na causação do resultado típico.[371] Rigorosamente, no delito culposo só pode haver autor, na medida em que tanto a falta de cuidado objetivo se traduz em algo pessoal e intransferível, como, ainda, a instigação e a cumplicidade requerem dolo para a sua realização.[372]

---

en ellos está ausente una resolución delictiva. Cuando varios cooperan de forma imprudente cada uno de los intervinientes es autor accesorio en la medida en que concurran sobre su persona todos los requisitos de la imprudencia; aquí no tiene lugar una imputación recíproca de las aportaciones". Ainda para Luiz Vicente Cernicchiaro (1998, p. 123-4), a coautoria em delito culposo, em face do nosso ordenamento jurídico, seria uma "*contradictio in terminis*. Têm-se, na realidade, crimes paralelos (mesmo que, materialmente, um contribua para o outro). Faltará o amálgama subjetivo. Sem ele, não haverá unidade penalmente relevante. Assim, na hipótese dos dois operários, cada qual responderá por um crime culposo. A colaboração mútua (talvez, inexistente, não ocorresse a morte do transeunte) tem importância. Não se nega. Cumpre, contudo, situá-la no devido lugar".

[370] BATISTA, Nilo, p. 81. Dessa maneira, por ilustração, se um funcionário, ao ausentar-se do local de trabalho, não tranca, por desatenção, a porta da empresa, e isso propicia a subtração de alguns objetos, não se apresenta participação no delito de furto, na medida em que não há participação culposa em crime doloso. Em termos jurisprudenciais: "homicídio culposo com inobservância de regra técnica de profissão. Art. 121, §§ 3º e 4º, do CP. [...]. Réus que, de forma negligente, não determinaram o uso de equipamentos de segurança pela vítima, nem supervisionaram seu uso, concorrendo para a causação do resultado morte. Condenações mantidas. Penas bem dosadas. Substituição escorreita. Regime aberto mantido. Isenção de custas que deve ser direcionado ao JEx. Sentença irreparável. Preliminar rejeitada e recursos desprovidos" (TJSP, AC 0000025-75.2012.8.26.0104, Rel. Camilo Léllis, 4ª CC, j. 25.10.16). "Homicídio culposo majorado [...] (art. 121, §§ 3º e 4º, 1ª parte, do CP). [...]. Materialidade e autoria certas quanto a dois dos acusados. [...]. 1. Constatado que dois dos agentes descarregaram a fossa sanitária e deixaram escorada a tampa de concreto que atingiu a vítima – criança de 3 (três) anos de idade –, não há como afastar a condenação pelo homicídio culposo. 2. O motorista do caminhão, que se limitou a transportar o material e avisar os moradores das residências sobre as obras, não pode ser responsabilizado pelo resultado a que não deu causa. 3. Deve ser afastada a majorante do art. 121, § 4º, 1ª parte, do CP na hipótese em que não verificada a existência de regra técnica de profissão, arte ou ofício ou o seu descumprimento" (TJSC, AC 0014491-95.2013.8.24.0039, Rel. Moacyr Lima Filho, 3ª CC, j. 18.10.16).

[371] BATISTA, Nilo, p. 81.

[372] Exemplifica Luiz Flávio Gomes (2004, p. 290): "quem, no lado do passageiro, instiga o motorista a imprimir alta velocidade para atropelar um inimigo e consegue a morte, não é partícipe (doloso) do crime culposo do motorista. É autor mediato do homicídio doloso (responde por homicídio doloso). E o motorista responde por homicídio culposo (cada um deve ser punido na medida da sua culpabilidade – dolosa ou culposa). E se o passageiro não quer a morte de ninguém, apenas induz o motorista a imprimir alta velocidade, resultando a morte de um transeunte: nesse caso, cada um (passageiro e motorista) responde pela sua culpa (concorrência de culpas)". Em sentido contrário, favorável à admissão da participação nos delitos culposos: "es posible la participación, que, en definitiva, es la causación de un resultado por varias personas. Pueden el *chauffeur* y su acompañante ponerse de acuerdo en andar a exceso de velocidad, y mientras el uno guía, el otro da presión al aceite de la máquina. Puede el pasajero instigar al conductor a que marche a exceso de velocidad y éste acatar la orden ilegal" (SOLER, Sebastián, p. 174).

3.4. Das classes da culpa

De conformidade ao conteúdo psicológico da conduta culposa, distinguem-se duas modalidades de culpa: (i.) a inconsciente (sem previsão ou *ex ignorantia*); e (ii.) a consciente (com previsão ou *ex lascivia*); aliás, essas modalidades ainda se diferenciam de outras categorias jurídico-criminais.

3.4.1. Da culpa inconsciente

Trata-se da modalidade paradigmática da culpa (*unbewusste Fahrlässigkeit*), na qual o resultado previsível não é previsto pelo agente. Com efeito, nessa forma de culpa, não se verifica a previsão do resultado típico, comportando-se, entretanto, o sujeito ativo "com desatenção, desleixo, descuido (negligência), afoiteza (imprudência), ou arrisca-se a práticas para as quais não está devidamente habilitado ou preparado (imperícia), transformando-se, assim, em causa cega do evento danoso".[373] Aqui, portanto, não se prevê o resultado que podia prever-se.

3.4.2. Da culpa consciente

Nesse formato de culpa (*bewusste Fahrlässigkeit*), verifica-se a previsão do resultado típico; contudo, o sujeito ativo, apesar dessa previsão, acredita, honestamente, que, comportando-se de maneira que irá comportar-se, não dará causa àquele resultado lesivo. Desse modo, "não quer o resultado, mas, por erro ou excesso de confiança (imprudência), por não empregar a diligência necessária (negligência) ou por não estar suficientemente preparado para um empreendimento cheio de riscos (imperícia), fracassa e vem a ocasioná-lo".[374] Nessa hipótese, o agente prevê o resultado, sem embargo, supõe, levianamente, que não se realizará ou que poderá evitá-lo.

3.4.3. Da proximidade entre a culpa consciente e o dolo eventual

Vale recordar, a propósito, que se cuida de uma linha divisória bastante tênue, cuja separação, em alguns casos, se estabelece a partir de critérios processuais (*in dubio pro reo*,[375] por exemplo). No terreno da culpa (com previsão), o resultado é antevisto pelo sujeito ativo, muito embora este sinceramente acredite que o resultado não se produza; já no campo do dolo (*dolus eventualis* ou condicionado), o agente não deseja o resultado, todavia aceita o risco de pro-

[373] BUSTOS RAMÍREZ, Juan J.; HORMAZÁBAL MALARÉE, Hernán, p. 118.

[374] ASSIS TOLEDO, Francisco de, p. 302.

[375] "Em caso de dúvida, o juiz deve decidir pela culpa consciente (*in dubio pro reo*)" (TUBENCHLAK, James, 1978, p. 114).

duzi-lo.[376] Na culpa consciente, por conseguinte, sequer essa aceitação do risco existe, na medida em que o agente espera que o evento lesivo não ocorra,[377] isto é, a falsa esperança de que o resultado não se produza se assenta na falta de cuidado de um dever concreto, cujo cumprimento era exigível ao autor como membro de uma dada sociedade.[378] Em ambas as hipóteses, o autor tem em consideração a possibilidade de que o resultado típico poderá ser produzido; porém, no *dolus eventuais*, ele aceita esse resultado e se conforma com o risco da realização da conduta punível, ao passo que, na culpa consciente, do contrário, ele confia na não ocorrência do evento típico.[379]

3.4.4. Da proximidade entre a culpa inconsciente e a *infelicitas facti*

Em outro polo, encontra-se o limite entre a culpa inconsciente (punível) e a *infelicitas facti* (impunível); nesta, o resultado é imprevisível e, assim, totalmente inevitável para o agente,[380] ao passo que, naquela, o resultado não foi previsto, mas era previsível e, portanto, evitável. Diante de tal panorama, o que distingue essas modalidades são, exatamente, a previsibilidade e a evitabilidade do resultado;[381] dessa maneira, na culpa inconsciente, o autor ignora as

---

376 ASSIS TOLEDO, Francisco de, p. 302. Em outros termos, o dolo eventual (*eventueller Vorsatz*) consiste em se prever um resultado como possível e, apesar disso, não alterar o comportamento, com evidente grau de indiferença quanto à sorte do evento. Para Giuseppe Maggiore (1954, p. 589), "querer 'eventualmente' y 'condicionadamente' significa siempre querer, ya que el querer existe o no existe, y no puede faltar sólo por asumir en ciertos casos formas menos intensas. Prever un resultado como posible y ocasionarlo, equivalo a quererlo. Por esto el dolo eventual es dolo *sic et simpliciter* [...] aunque esté en los límites de la culpa".

377 Enfatiza João Mestieri (p. 133) que "será eventual ou indireto o dolo quando o agente consentir no advento do resultado típico, mesmo que este se apresente como consequência indesejada, mas necessária, para atingir determinado objetivo. É a teoria do consentimento. Todavia, para se reconhecer presente o dolo eventual não basta que o agente assuma o risco no sentido de saber que ele possa vir a ocorrer; é preciso aceitá-lo, aquiescendo no resultado. Essa espécie de dolo aproxima-se muito da denominada culpa com previsão ou consciente; em ambos os casos o agente representa como possível a superveniência do resultado típico. Contudo, na ação animada de dolo eventual o agente consente no advento do resultado (teoria do consentimento), dá de ombros, não se importa com isso e nem deixa de atuar, enquanto que na culpa consciente o agente, embora represente tal possibilidade, afasta-a sinceramente, não acreditando que de sua atividade possa advir o resultado típico".

378 JIMÉNEZ DE ASÚA, Luis, 1945, p. 476.

379 Cf. ALBRECHT, Peter-Alexis, 2010, p. 316.

380 BRUNO, Aníbal, 1984, p. 93. "No dolo eventual o agente tolera a produção do resultado, o evento lhe é indiferente, tanto faz que ocorra ou não. Ele assume o risco de produzi-lo. Na culpa consciente, ao contrário, o agente não quer o resultado, não assume o risco nem ele lhe é tolerável ou indiferente. O evento lhe é representado (previsto), mas confia em sua não produção" (JESUS, Damásio de, 2016, p. 109).

381 ASSIS TOLEDO, Francisco de, p. 303. Como enfatiza Carlos Adalmyr Condeixa da Costa (1989, p. 129), "a partir da melhor doutrina tradicional que incursiona para os delitos culposos a evitabilidade, porque a previsibilidade em si mesma não pressupõe em evitar, a doutrina finalista da ação há concebido que a evitabilidade compagina de antemão um juízo de antijuricidade. De fato, não se pode deixar de ver que toda previsibilidade reclama um juízo de evitabilidade. Nesse sentido é imperioso compreender um comando da norma jurídica que sempre contém um evitar, em cujo âmbito se situa a antijuricidade, embora hajam entendido os positivistas que tanto a evitabilidade quanto a previsibilidade integram a culpabilidade para engendrarem, majoritariamente, que a caracterização do caso fortuito exclui a culpabilidade. Contudo, não é mais possível essa posição quando se tem um unânime entendimento de que o caso fortuito interfere na voluntariedade da ação humana com ou sem intenção, através da imprevisibilidade, nada obstante o esforço da evitação da ação pelo homem. Ainda mais que prever sem o dever de evitar é uma mera causação, cuja relevância na consideração penalística exige sempre para a conduta reta um evitar que corresponde à proibição contida na norma

circunstâncias do fato, apesar da possibilidade de as prever; e essa ignorância repousa na ofensa de um dever concreto, ao qual o agente deveria atender, porque seu cumprimento lhe poderia ser exigível diante de sua qualidade de membro da comunidade.[382]

3.4.5. Da culpa própria e da culpa imprópria

A culpa própria (ou culpa propriamente dita) se traduz na definição genérica do agir culposo, dado que indica o fato punível cometido por uma das modalidades (negligência, imperícia ou imprudência) da culpa. Por oposição, a culpa imprópria (ou culpa por equiparação) se apresenta na hipótese de erro evitável, ou seja, o sujeito ativo imagina situação de fato que, se existisse efetivamente, afastaria o crime (descriminante putativa vencível); à vista disso, o agente quer o resultado, mas sua vontade está comprometida em decorrência de um erro que poderia, em tese, ter evitado. Em rigor, haveria um crime doloso ao qual, no entanto, a lei pune como se fosse um crime culposo, cuja justificativa se prende ao fato de ter sido causado o resultado em virtude da falta de cuidado objetivo necessário que, na situação, era impositivo. Em termos de responsabilização penal, no caso de ocorrer a morte, o agente responderia por homicídio culposo; se a vítima não morresse, haveria tentativa de homicídio culposo (devendo o magistrado fixar a pena que corresponde ao crime culposo e, a seguir, em atenção ao disposto no parágrafo único do artigo 14 do Código Penal, diminuí-la de um a dois terços).[383] De seu turno, Fernando de Almeida Pedroso afirma que a culpa imprópria se traduz em uma exceção à noção da inadmissibilidade da tentativa em crime culposo, porquanto o resultado é querido pelo sujeito ativo, nada impedindo que, não sendo o evento alcançado como pretendido (na hipótese de um disparo não letal contra um suposto invasor residencial em virtude de uma situação putativa), ocorra a falta de consumação por circunstâncias alheias à vontade do agente e, com isso, exista a configuração jurídica da tentativa de homicídio culposo – em decorrência da culpa por assimilação.[384]

---

penal. Nesse ponto, a teoria da ação finalista que mantém incólume a ação humana, ontologicamente, como atividade finalista fica destituída de concretizar-se como ação delituosa quando a vontade é abarcada por um fato imprevisível a despeito da evitabilidade. [...], [...] o caso fortuito não exclui a causalidade nem a culpabilidade, senão a tipicidade. Simplesmente porque, excluída a culpa desaparece o tipo por estar a culpa no tipo. Do mesmo modo não se há de separar os juízos de antijuricidade e de culpabilidade quando se tenham esgotados os limites da evitabilidade na antijuricidade exaurindo-se, também, a culpabilidade (na exigência de agir conforme a lei e no juízo de imputabilidade) diante da imprevisibilidade do caso fortuito". No campo jurisprudencial: "Homicídio culposo. Acidente fatal no local de trabalho. Imprevisibilidade objetiva. Absolvição decretada. – A imprevisibilidade objetiva do evento danoso conduz à atipicidade da conduta, não havendo como se atribuir responsabilidade ao acusado pelo acidente de trabalho que resultou na morte de um de seus empregados" (TJMG, AC 1.0431.10.000189-7/001, Rel. Renato Jacob, 2ª C.C., j. 20.3.14).

382 JIMÉNEZ DE ASÚA, Luis, p. 476.

383 GARCÍA-PABLOS DE MOLINA, Antonio; GOMES, Luiz Flávio, 2007, p. 417.

384 PEDROSO, Fernando de Almeida, 2017, p. 145. Em sentido contrário, Guilherme de Souza Nucci (2017, p. 391), para quem, "mesmo havendo culpa imprópria, não se acolhe a possibilidade de tentativa, uma vez que a lei penal dá, a essa situação, o tratamento de culpa e esta não admite, em qualquer hipótese, tentativa".

3.5. Da compensação de culpas

No ordenamento jurídico-penal, não existe a figura da compensação de culpas;[385] assim, se o ofendido atua também culposamente, nem isso exclui a responsabilidade do agente.[386] Desse modo, mostra-se desimportante a culpa concorrente da vítima, não obstando, portanto, a responsabilidade penal do sujeito ativo[387] – as ações culposas, repita-se, não são passíveis de compensação,[388] dado que, nos delitos culposos, em virtude do caráter público da pena, se trata de influir nos membros da sociedade no sentido de que se abstenham de realizar condutas imprudentes. Não se desconhece que a conduta culposa do agente pode ver-se facilitada pela conduta imprudente do ofendido, porém,

---

385 "Admitía este principio el derecho romano, cuando decía: *paria delicta mutua compensatione dissolvuntur* [...]; *qui ex culpa sua damnum sentit non intellegitur damnum sentire* [...]. Parece [...] que [...] se limitaba sólo a los delitos privados y no se extendía a los delitos públicos. [...]. [...]; los delitos no son deudas que pueden compensarse; y que la compensación sería una especie de talión privado, inconciliable con el moderno sistema represivo" (MAGGIORE, Giuseppe, p. 626). Jurisprudencialmente: "há culpa do engenheiro responsável, sem prejuízo de eventual culpa concorrente do mestre de obras, se houve retirada precipitada das formas de madeira dos pilares concretados, sendo irrelevante o fato de a vítima estar sem o cinto de segurança, por não haver compensação de culpas em Direito Penal (TACrSP, RJDTACr 13/84)". "Responde por homicídio culposo o engenheiro responsável pela obra, que manda fazer vala em local aterrado sem a observância das normas técnicas exigidas, causando desmoronamento e morte de operário, sendo irrelevante eventual culpa concorrente do encarregado da turma de obreiros" (decisões citadas por DELMANTO, Celso; DELMANTO, Roberto; DELMANTO JÚNIOR, Roberto; DELMANTO, Fabio M. de Almeida, p. 450).

386 "[...] havendo a possibilidade da concorrência de culpas e visto que estas não se compensam, anulam ou cancelam reciprocamente, nada obsta a responsabilidade penal concomitante de pessoas envolvidas em acontecimento culposo, se para sua eclosão contribuíram" (PEDROSO, Fernando de Almeida, 1995, p. 161). Diante disso, na hipótese de dois agentes, por culpas concorrentes, se ferirem reciprocamente, "ambos seriam responsabilizados – pela concorrência de culpas e inexistência de sua compensação – pelos danos pessoais causados um ao outro" (PEDROSO, Fernando de Almeida, 1995, p. 161). Vale lembrar: se, em virtude de crime culposo, tanto o réu como a vítima sofreram lesões corporais, e o juiz absolver o réu, entendendo que a culpa do fato coube tão somente à vítima, não está o MP, transitado em julgado a decisão, impedido de oferecer denúncia contra o verdadeiro causador do acidente (cf. JESUS, Damásio de, 2014, p. 345).

387 "[...]. Homicídio culposo. Inobservância de regra técnica do ofício. Acidente de trabalho. – Contexto probatório que demonstra ter havido concorrência de culpas, na medida em que a vítima contribuiu para o resultado morte, o que não exclui, tampouco minora, a conduta praticada pelos réus, pois a compensação de culpas, que existe no direito privado, é incabível no direito penal. Condenações mantidas. Recurso desprovido" (TJRS, ACR 70074842196, 1ª CC, Rel. Mauro Borba, j. 19.12.18). "[...]. Homicídio culposo. Sentença que absolveu o acusado. Insurgência ministerial. Réu que, na qualidade de sócio administrador da empresa, se omitiu não capacitando adequadamente a vítima para realizar trabalhos em altura; deixando de coibir o comportamento autoconfiante do ofendido, não o compelindo a utilizar os equipamentos de segurança; não fiscalizando a devida utilização dos EPIs; e deixando de instalar sistema de ancoragem no telhado, a fim de possibilitar a fixação de 'linha da vida'. Inobservância do dever de cuidado objetivo. Descumprimento do quanto estabelecido na norma que regula o trabalho em altura. Previsibilidade do resultado morte. Negligência demonstrada. Não utilização pelo ofendido dos equipamentos de segurança fornecidos pela empresa. Irrelevância. Compensação de culpas não admitida no Direito Penal brasileiro. Eventual concorrência da vítima para o resultado lesivo que não afasta a responsabilidade criminal do apelado. Condenação de rigor. Dosimetria. Pena fixada no piso, com o aumento mínimo em razão da majorante. Regime inicial aberto. Substituição da pena privativa de liberdade por duas restritivas de direitos. Recurso provido" (TJSP, ACR 0011874-29.2015.8.26.0269, 16ª CC, Rel. Leme Garcia, j. 27.11.18). "Homicídio culposo. Acidente de trabalho. [...]. Culpa do réu, nas modalidades imprudência e negligência, com inobservância de regra técnica de profissão, inegável. Irrelevância de eventual culpa concorrente da vítima ou de falha no atendimento médico. Condenação mantida. [...]. Apelo improvido" (TJSP, AC 0000931-43.2008.8.26.0189, Rel. Tristão Ribeiro, 5ª CC, j. 10.12.15).

388 No ordenamento jurídico-trabalhista, contudo, em tema bem diverso dos acidentes, "a cessação do contrato de trabalho pode ter sido decorrência de uma falta praticada tanto pelo empregado como por parte do empregador, daí a existência de culpa recíproca. A falta do empregado estaria capitulada no artigo 482 da CLT, e a falta do empregador estaria elencada no artigo 483 da CLT. Reconhecida a culpa recíproca na rescisão do contrato de trabalho (art. 484 da CLT), o empregado tem direito a 50% do valor do aviso prévio, do décimo terceiro salário e das férias proporcionais (S. 14 do TST)" (MARTINS, Sergio Pinto, 2008, p. 80).

nessa hipótese, as culpas não se compensam e, sobretudo, permanecem incólumes face a responsabilidade de cada um.[389] Entretanto, poderá haver efeitos quanto à modulação da pena-base (artigo 59 do Código Penal), na medida em que – em face (da vetorial judicial) do "comportamento da vítima" – se deverá considerar o papel desempenhado pelo ofendido no episódio delitivo em causa;[390] a seu turno, Heleno Cláudio Fragoso assinala, genericamente, que "a culpa concorrente da vítima atenua a reprovabilidade da ação punível, devendo influir na aplicação da pena (artigo 59 do Código Penal)".[391] No mesmo passo, a eventual culpa de terceiro só poderá eliminar a do imputado se, objetivamente, houver interrompido o nexo de causalidade entre a sua ação e o evento lesivo.[392] De qualquer forma, o fenômeno da compensação de culpas teria sentido no que toca ao direito privado, para diminuir ou mesmo anular o valor indenizatório,[393] uma vez que a coprodução de um resultado implicaria, logicamente, uma divisão da obrigação de reparar e, por via própria de consequência, uma diminuição da cada parte devida. Como registra Sebastián Soler, "no hay compensación de culpas, sino que, habiendo la víctima contribuido a su propio daño, el otro le ha causado menos daño que la totalidad del que sufre, y por eso no debe la indemnización del todo. El pagará la parte del daño que ha causado, y el resto lo cobrará la víctima en la moneda en que cobra el que sufre por su culpa".[394] Se houvesse compensação de culpas, "estar-se-ia retornando ao método da lei mosaica (talião), ou seja, olho por olho, dente por dente".[395]

3.6. Dos graus de culpa

Rigorosamente, não se reconhece relevância entre graus de culpa, não se lhes atribuindo efeitos jurídicos significativos, tais quais os que havia no direito privado romano antigo (*culpa lata, culpa levis, culpa levíssima,*[396] *ou, ainda, entre culpa em abstrato [do diligens paterfamilias]* e culpa em concreto [*quam suis*][397]). De

[389] LÓPEZ DÍAZ, Claudia, 2005, p. 381-2.

[390] Nesse rumo, a culpa do sujeito ativo ficará neutralizada "somente quando demonstrado inequivocamente que o atuar da vítima tenha sido a causa exclusiva do evento. Sendo o evento decorrente de culpa exclusiva da 'vítima', evidentemente não há ilícito culposo a ser considerado" (MIRABETE, Julio Fabbrini; FABBRINI, Renato N., 2019, p. 143).

[391] FRAGOSO, Heleno Cláudio, 1995, p. 46.

[392] BITTENCOURT, Edgard de Moura, 1987, p. 195.

[393] BARROS, Flávio Augusto Monteiro de, p. 268.

[394] SOLER, Sebastián, p. 180.

[395] NUCCI, Guilherme de Souza, 2019, p. 398. Em sentido contrário, admitindo a repercussão da compensação de culpas em matéria penal, LEIRIA, Antônio José Fabrício (1979, p. 112), para quem: "[...], com base na pesquisa científica que a evidencia, o jurista promove o balanceamento dos fatos, por onde realiza a confrontação de culpas da vítima e do réu, desenvolvendo juízos de valor em torno das condutas, os quais culminam com a medida punitiva, que expressa a responsabilidade decorrente da culpa. Com juízos desta natureza, o direito penal balança e penera as culpas do acusado e da vítima no episódio delitivo. Dessa filtragem é que, [...], vai resultar a responsabilização de réu, que se materializa pela pena *in concreto*, eis que esta é o lado sensível da responsabilidade constatada. [...], [...], concluímos que a compensação de culpas pode estar presente na realidade das coisas, nada justificando a sua negativa apriorística no campo jurídico-penal, especialmente, quando se defende um direito repressivo calcado nessa mesma realidade".

[396] COSTA, Álvaro Mayrink da, 2015, p. 403.

[397] MAGGIORE, Giuseppe, p. 624.

qualquer modo, essas diferentes graduações estariam vinculadas à intensidade da culpa, isto é, à maior ou menor previsibilidade do resultado ou à maior ou menor falta de cuidado objetivo; assim, a *culpa lata* se apresentaria quando qualquer pessoa pudesse prever o resultado lesivo; a *culpa levis*, quando apenas o *homo medius* pudesse prever o resultado lesivo; e, por fim das contas, a *culpa levíssima*, quando o resultado fosse previsível tão só para uma pessoa de excepcional cautela (essa modalidade se equipararia, em princípio, ao caso fortuito, impondo a absolvição do agente).[398] *In medias res*, a culpa existe ou não existe – sentencia Giuseppe Maggiore;[399] com isso, "si no existe –cuando no se trata de dolo– no habrá lugar sino para el caso fortuito".[400] Cumpre reconhecer-se que se trata de critérios destinados à mensuração punitiva, e não à integração típica; de tal sorte, na graduação da culpa, o juiz, em cada caso concreto e de acordo com o dispositivo da lei, deve aferir a intensidade do comportamento culposo, sem atender a qualquer classificação de graus preestabelecidos, muito embora – como destacam Roberto Lyra Filho e Luiz Vicente Cernicchiaro – "não se possa dizer que tais graus preestabelecidos (isto é, de construção doutrinária) sejam, *carrément*, inaplicáveis".[401] Em suma, a distinção entre os graus da culpa tem relevância no tocante à medida da pena *in concreto*,[402] isto é, no momento da aplicação da pena, quando então é decisivo avaliar a dimensão da intensidade da culpa (nível [maior ou menor] de desatenção do autor em face do bem jurídico protegido).[403]

3.7. Da culpa presumida

Não se admite, sob qualquer título, a figura da culpa presumida, ou reconhecível *juris et de jure*, pelo simples fato de inobservância de alguma disposição regulamentar,[404] dado que, em muitas situações, essa inobservância não

---

398 BARROS, Flávio Augusto Monteiro de, p. 267. Aliás, "com a reforma de 84, o CP, no art. 59, nem sequer faz menção aos graus de culpa. É que, de acordo com o finalismo, a culpa aloja-se na conduta, e não na culpabilidade, de modo que a sua intensidade não é mais considerada na graduação da pena. No que tange à chamada culpa levíssima, desde que o evento não seja previsível ao *homo medius*, exclui-se o crime, equiparando-se, portanto, ao caso fortuito. Exemplo: no Brasil, terremoto derruba um prédio construído sem qualquer aparato para evitá-lo. Em nosso país, não há previsão da ocorrência de terremotos, de modo que o engenheiro responsável pela obra não pode ser responsabilizado penalmente pelos danos causados aos moradores. Noutros países, como, [...], o Japão, o fenômeno é corriqueiro, recaindo a responsabilidade sobre o engenheiro que não providenciou o aparato necessário para suportar o tremor, deixando, nesse caso, a culpa de ser levíssima" (BARROS, Flávio Augusto Monteiro de, p. 267-8).

399 MAGGIORE, Giuseppe, p. 625.

400 MAGGIORE, Giuseppe, p. 625.

401 LYRA FILHO, Roberto; CERNICCHIARO, Luiz Vicente, 1973, p 168. A propósito, a última versão do § 2º (estatuído pela Lei 12.971/14) do art. 302 do CTB, visando à eliminação da controvérsia (entre a consideração da figura do dolo eventual ou da culpa consciente), teria criado uma modalidade de culpa — a culpa gravíssima —, haja vista ter a pena privativa de liberdade passado, em razão das hipóteses típicas, a ser de reclusão, e não de detenção como no *caput* e no § 1º (cf. DELMANTO, Celso; DELMANTO, Roberto; DELMANTO JUNIOR, Roberto; DELMANTO, Fabio M. de Almeida, p. 127). Tratar-se-ia de uma modalidade híbrida, encontrada *per exclusionem*, ou seja, haveria a culpa gravíssima quando as circunstâncias do fato demonstrassem que o agente não quis o resultado, nem assumiu o risco de produzi-lo, porém se houve com excepcional temeridade. Posteriormente, a Lei 13.281/16 revogou o § 2º do art. 302 do CTB.

402 HUNGRIA, Nélson; DOTTI, René Ariel, 2016, p. 148.

403 GARCÍA-PABLOS DE MOLINA, Antonio; GOMES, Luiz Flávio, 2007, p. 417.

404 HUNGRIA, Nélson; DOTTI, René Ariel, 2016, p. 151.

será a causa, mas tão somente a ocasião ao evento lesivo.[405] Consagra-se, por esse motivo, o princípio do *nulla poena sine culpa*. (Convém o registro de que, na legislação anterior ao Código Penal de 1940, ocorria punição por crime culposo quando o sujeito ativo desse causa ao resultado apenas por ter desrespeitado uma disposição regulamentar [dirigir sem habilitação legal ou acima do limite de velocidade permitido], ainda que não houvesse imprudência, negligência ou imperícia.)[406] Além disso, a culpa deve ser provada de forma cabal e induvidosa, não se podendo aceitar presunções ou deduções distanciadas dos elementos fáticos materializados na prova, isto é, [a culpa] "sempre deve ser devidamente demonstrada por meio das circunstâncias que emolduraram o episódio".[407] De igual sorte, a culpa não pode ser presumida simplesmente em virtude de o agente, *motu proprio*, ter procedido à reparação (ou ao ressarcimento) do dano causado pela conduta culposa.[408]

3.8. Da tentativa de crime culposo

Per definitionem, não se admite a tentativa de crime culposo, na medida em que, neste, não se estabelece vínculo entre a vontade e o resultado,[409] ou, em outras palavras, [no crime culposo] não existe um resultado específico a ser atingido, não se podendo considerar, logicamente, um vínculo entre tentar o resultado e não o desejar.[410] (Cabe lembrar que a culpa imprópria se apresenta como uma exceção à noção da inadmissibilidade da tentativa em crime culposo.)[411]

3.9. Da culpa exclusiva da vítima

Diante da culpa exclusiva da vítima, o agente não irá ser responsabilizado criminalmente, ou seja, se determinado resultado típico é decorrente exclusivamente da culpa da vítima, elimina-se a responsabilidade penal do agente.

3.10. Do crime preterdoloso

No crime preterdoloso (*praeter intentionem et voluntatem* ou *ultra praeter intentionem* [aliás, o prefixo *praeter* significa *além de*, no sentido de transposição][412]), o sujeito pratica a conduta visando (ou aquiescendo) a um *minus*

[405] HUNGRIA, Nélson; DOTTI, René Ariel, 2016, p. 152.

[406] MIRABETE, Julio Fabbrini; FABBRINI, Renato N., 2019, p. 142.

[407] PEDROSO, Fernando de Almeida, 2017, p. 143.

[408] PEDROSO, Fernando de Almeida, 2017, p. 145.

[409] HUNGRIA, Nélson; DOTTI, René Ariel, 2016, p. 61.

[410] MARTINELLI, João Paulo Orsini; BEM, Leonardo Schmitt de, p. 597.

[411] Ver o subponto 3.4.5.

[412] FERRÉ OLIVÉ, Juan Carlos; NÚÑEZ PAZ, Miguel Ángel; OLIVEIRA, William Terra de; BRITO, Alexis Couto de, p. 336.

delictum e, em decorrência da falta de atenção objetiva, alcança um *majus delictum*;[413] em suma, haveria, como bastante difundido, dolo no antecedente e culpa no consequente. Dessa forma, no delito preterdoloso (ou preterintencional), a vontade do agente se endereça a um determinado evento; porém, o resultado alcançado sobreleva à finalidade que fora traçada.

São elementos do crime preterdoloso: (i.) um delito-base doloso (*minus delictum*); (ii.) um evento não desejado (*majus delictum*); (iii.) e, ainda, um nexo entre o delito-base doloso e o evento não querido (*eventus [qui] sequuntur ex priori opere*).[414] No mesmo sentido, Rodolfo Schurmann Pacheco destaca que, para caracterizar essa modalidade culpável, deveria haver: "un delito querido –*primum* o *principale delictum*– que importaba un *minus*; un delito más grave no querido –*secundus* o *maius delictum*– que, derivado del anterior, importaba un *plus*".[415] Todavia, modernamente, tem sido afirmado que "não é suficiente a existência de um nexo de causalidade objetiva entre a conduta antecedente (que constitui o *primum delictum*) e o resultado agravador. Assim, a mera *imputatio facti* (relação entre a conduta e o resultado – art. 13), embora necessária, não é suficiente, uma vez que se exige a *imputatio juris* (relação de causalidade subjetivo-normativa). É necessário que haja um liame normativo entre o sujeito que pratica o *primum delictum* e o resultado qualificador. Este só é imputado ao sujeito quando previsível (culpa)".[416]

No ordenamento jurídico brasileiro, existem vários dispositivos legais que consagram a preterintencionalidade; destes, desponta o do parágrafo único do artigo 135 do Código Penal (omissão de socorro qualificada) como potencialmente incidente às situações acidentárias laborais. Com efeito, os resultados qualificadores ("a pena é aumentada de metade, se da omissão resulta lesão corporal de natureza grave, e triplicada, se resulta a morte") são punidos a título de culpa (isto é, os resultados qualificadores somente podem se dar com culpa);[417] e a omissão de socorro, a título de dolo.

Dessa maneira, "é necessária a comprovação de que a atuação do omitente evitaria a produção desses resultados [...]. Deve existir nexo causal normativo entre a omissão e o resultado [...]. [...], inexiste a qualificadora quando a morte resulta da lesão sofrida e não, normativamente, da falta de pronta assistência".[418] Por outro lado: "não se aplica o parágrafo único, se a morte era inevitável e não resultante da omissão [...]. Para que se configure a qualificadora, basta tão somente a existência da possibilidade de que a atuação do agente poderia evitar o evento letal [...]. [e] não importa o número de mortes decorrentes

[413] TUBENCHLAK, James, p. 114.

[414] FINZI, Marcello, 1981, p. 72.

[415] SCHURMANN PACHECO, Rodolfo, 1968, p. 137.

[416] JESUS, Damásio de, 2016, p. 115.

[417] "Formas qualificadas: em vista do resultado lesão corporal grave ou morte (preterdoloso), desde que o agente tenha culpa por tal resultado (CP, art. 19)" (DELMANTO, Celso; DELMANTO, Roberto; DELMANTO JÚNIOR, Roberto; DELMANTO, Fabio M. de Almeida, p. 488).

[418] JESUS, Damásio de, 2016, p. 584.

da omissão".[419] Por ilustração: se, durante a realização de um conserto de um *guard-rail* (proteção de metal), se desse um acidente, que causasse graves lesões em vários trabalhadores, o motorista – que se abstivesse de lhes prestar socorro (ou de solicitá-lo à autoridade) – incidiria na hipótese qualificada do crime de omissão de socorro (parágrafo único do artigo 135 do Código Penal) se, de sua inação, resultasse a lesão corporal grave ou a morte desses trabalhadores. Ainda se pode consignar a diferença entre a preterintencionalidade homogênea (em cuja hipótese se cuida do mesmo bem jurídico, mas se aplica um tipo penal de maior abrangência) e a heterogênea (em cuja modalidade são atingidos bens jurídicos diferentes).[420]

---

[419] DELMANTO, Celso; DELMANTO, Roberto; DELMANTO JÚNIOR, Roberto; DELMANTO, Fabio M. de Almeida, p. 490.

[420] FERRÉ OLIVÉ, Juan Carlos; NÚÑEZ PAZ, Miguel Ángel; OLIVEIRA, William Terra de; BRITO, Alexis Couto de, p. 337.

Capítulo 4

Da relação de causalidade

4.1. Da relação de causalidade

Trata-se (da avaliação) da causalidade (isto é, da conexão entre duas coisas, em virtude da qual a segunda se vincula à primeira) que se estabelece entre a ação e o resultado ou, de modo mais abrangente, da relação que se verifica entre a causa (conduta humana) e o resultado (dano ou perigo de dano), sendo que, para o Direito Penal, causa (aquilo que uma coisa depende para a existência) é a soma de todas as condições (aquilo que torna possível a previsão provável de um evento) que contribuíram para o resultado típico. Nossa legislação, como regra geral, adotou a teoria da equivalência dos antecedentes (também denominada teoria da *conditio sine qua non* ou equivalência das condições), de acordo com a qual "não se distingue entre causa ou condição, ou seja, tudo quanto contribui, *in concreto*, para o resultado é causa".[421] As atividades concorrentes são equivalentes, com o que todos fatos – que contribuírem para a existência do evento – devem ser havidos como sua causa. É suficiente que determinada atividade seja condição do resultado – contribuindo, pois, para a sua existência – para que se considere causa desse resultado; à vista disso, a atividade se torna causa e o agente, o causador. Quaisquer condições que concorrem para a existência do evento punível são causa deste; e quaisquer condições do resultado equivalem-se, na medida em que têm o mesmo valor. O manejo da fórmula da *conditio sine qua non* importa que uma ação seja causa do resultado típico sempre que não puder ser suprimida *in mente* sem que esse resultado desapareça; cuida-se do processo hipotético de eliminação, graças ao qual causa é todo antecedente que não pode ser suprimido sem afetar o resultado. Sem embargo, o texto legal consagra uma exceção à teoria da *conditio sine qua non*, ao esposar a da causalidade adequada (parágrafo 1º do artigo 13 do Código Penal),[422] segundo a qual se opera a substituição do vínculo causal em decorrência de uma causa superveniente relativamente independente que, por si só, produz o resultado. "Ao agente não deixa de ser imputável o resultado,

[421] Cf. Exposição de Motivos da Parte Geral do Código Penal, item 11.

[422] De acordo com essa teoria, causa é a condição mais adequada a produzir o resultado, vinculando a adequação à previsibilidade do resultado típico; diante disso, cumpre identificar as formas por meio das quais essa adequação do acontecimento se mostra, de conformidade à experiência, mais idônea a produzir o resultado. Tal avaliação se faz *ex post*, segundo o critério do *homo medius*; dessa maneira, vai-se considerar, segundo a previsibilidade do agente modelo, causa a conduta quando a sua consequência seja havida como normal e concausa, quando anormal, ou seja, quando houver autonomia da causa superveniente.

ainda quando, para a produção deste, se tenha aliado à sua ação ou omissão uma concausa, isto é, uma outra causa preexistente, concomitante ou superveniente. Somente no caso em que verifique uma interrupção de causalidade, ou seja, quando sobrevém uma causa que, sem cooperar propriamente com a ação ou omissão, ou representando uma cadeia causal autônoma, produz, por si só, o evento, é que este não poderá ser atribuído ao agente, a quem, em tal caso, apenas será imputado o evento que se tenha verificado por efeito exclusivo da ação ou omissão".[423] A superveniência de causa relativamente independente pode (ou não) operar a substituição do vínculo causal: haverá essa substituição quando não for um desdobramento da ação concretizada pelo agente, formando uma nova cadeia causal (fora do perigo provocado pela conduta do agente) que conduz *motu proprio* ao resultado. Muito embora o parágrafo 1° do artigo 13 do Código Penal refira-se tão só à superveniência de causa relativamente independente, não existem obstáculos (lógicos ou jurídicos) para não se estender às concausas preexistentes ou concomitantes, relativamente independentes, que tenham, por si sós, produzido o resultado, admitindo-se, aqui, a analogia *in bonam partem*. Enfim, a dúvida sobre a superveniência de causa relativamente independente ter (ou não) rompido a relação de causalidade será resolvida *favor rei*.

Na estrutura do delito, toda causação de um resultado cumpre o tipo objetivo, ou seja, a relação de causalidade integra o tipo objetivo (dos crimes que exigem resultado natural), e o *regressus ad infinitum*[424] sofre as necessárias e eventuais restrições em virtude do tipo subjetivo. Importa fixar o alcance da responsabilidade dos agentes pelos resultados produzidos por meio da contribuição da sua conduta; antes, cumpre referir que a questão causal não se apresenta em todos os delitos, dado que se cuida de elemento do fato típico nos crimes materiais consumados.[425]

---

[423] Cf. Exposição de Motivos da Parte Geral do Código Penal, item 11.

[424] Cuida-se da possibilidade de um regresso infinito na cadeia causal que iria retroceder sem jamais atingir um fim. Contudo, se se parte da noção segundo a qual, no plano jurídico, são manejados conceitos jurídicos, ainda que produzidos sob a influência e sob a inspiração de matérias científicas e culturais, torna-se mais fácil conceber que, no exame da causalidade, se investiga tão somente a relação entre a conduta e o resultado típicos; desse modo, "o direito reconstrói a noção de causalidade que lhe é oferecida pelas outras ciências e a amplia ou limita, sem violentar o *id quod plerumque accidit*, para ajustá-la às suas próprias exigências" (ASSIS TOLEDO, Francisco de, p. 113).

[425] Aliás, até mesmo em face de delitos materiais consumados, a questão pode ser desconsiderada, tal qual ocorre nos (assim denominados) crimes de forma vinculada, nos quais a conduta típica vem descrita, no tipo penal, de forma significativamente detalhada. Com efeito, "outra redução do campo de incidência da relação causal está nas infrações de conduta específica, pois se trata de delitos em que o problema da causalidade se acha em relação direta e imediata com a própria adequação típica. Em tais crimes, causa do evento é ação ou omissão que se enquadre no verbo da descrição típica. Se no núcleo do tipo se encontra um verbo que designe um *modus faciendi* todo peculiar e próprio, não se tem de investigar das causas anteriores dessa conduta específica, a qual nenhum relevo apresenta por cair na esfera da 'atipicidade'. As condições da conduta típica e seus vários antecedentes nenhum valor têm, muito embora constituam antecedentes do resultado, uma vez que, para a adequação, é exigida a produção do evento mediante comportamento específico e determinado, e não pela simples causação do 'resultado de que depende a existência do crime'. É evidente [...] que quando é individualizada 'a espécie de ação ou do meio com que deve ser atingido o resultado, a indagação causal fica circunscrita: uma causação estranha àquela ação e àquele determinado meio não basta para a existência do crime e, por isso, a sua verificação não interessa a quem deva aplicar a norma'" (MARQUES, José Frederico, 1997, p. 120).

4.2. Da causalidade nos crimes materiais

A teoria da causalidade vincula-se aos crimes materiais consumados (àqueles para cuja consumação se exige a presença de um resultado; com efeito, esses delitos, em sua forma tentada, expressam-se sem o nexo causal) de forma livre, bem como aos omissivos qualificados, escapando, dessa sorte, de relevância, os delitos em relação aos quais não se exige qualquer vínculo de causalidade (por exemplo: os omissivos puros, os de mera conduta ou formais, porquanto se trata de delitos punidos apenas pela conduta, sem considerar-se o resultado. Aliás, nos crimes formais, o tipo descreve o resultado naturalístico, mas não se exige esse resultado para a *consumatio* delitiva; com isso, o nexo causal somente teria importância na identificação do exaurimento – materializado no resultado – que, em tese, poderia repercutir na aplicação dosimétrica da pena).

4.3. Da causalidade nos crimes omissivos

Os tipos penais descrevem, majoritariamente, comportamentos positivos que se materializaram por meio de uma ação (de um comportamento positivo).[426] De outro plano, no entanto, inscrevem-se descrições típicas de condutas negativas que se perfectibilizam graças a uma inatividade (a um não fazer). Cabe lançar, neste contexto, referência que a proteção dos bens jurídicos tanto pode dar-se por intermédio de proibições de ações como pela exigência concreta de certos deveres que têm por objetivo evitar a ocorrência de resultados lesivos, configurando-se, daí, em modalidade de injustos. Indubitavelmente, na omissão – explica Juarez Tavares –, "a proteção pode ser exercida de duas espécies, ou mediante a imposição de ações possíveis, que devem ser executadas por todos justamente para impedir a concretização dessa lesão, ou por quem tenha, em face da assunção de posturas pessoais, um dever de impedir tal resultado".[427] Cuida-se, em síntese, dos delitos próprios e impróprios de omissão, sendo que, em ambos, o omitente se abstém de realizar uma ação

---

[426] BIERRENBACH, Sheila, 2002, p. 23.

[427] TAVARES, Juarez, 1996, p. 36. "Un aspecto muy importante para la mejor comprensión del delito impróprio de omisión se encuentra en que éste surgió históricamente por necesidades jurídicas no satisfechas debidamente por la ley positiva. Fue la insuficiência de los tipos penales para recoger ciertas actitudes pasivas de sujetos obligados a impedir algunas lesiones a los bienes jurídicos, vulnerantes de la prohibición de lesionarlos, sumada a una conciencia general de que tales actitudes debían ser sancionadas en forma equivalente o casi equivalente a los delitos de acción correspondientes, lo que llevó a la doctrina y a la jurisprudencia a ocuparse de fundamentar una solución para que ellas pudieran ser reprimidas también penalmente. Por su propria naturaleza el delito improprio de omisión fue siempre un hecho punible carente de tipificación expresa. Pero toda esa fundamentación y toda la complicada elaboración teórica originada a su respecto, dejarían de tener interés alguno si la pasiva en cada caso y de señalar, de modo igualmente expreso, a los omitentes que están obligados a actuar en cada uno de ellos. De ocurrir tal cosa, todo volvería a restituírse a las ideas básicas esenciales que sólo distinguen entre delitos de acción y omisión, y estos tan peculiares delitos impropios de omisión se convertirían en otros tantos delitos proprios de omisión. Todos los problemas que en tal caso se suscitarían habrían de ser resueltos mediante interpretación de los nuevos preceptos legales y de los claros y sencillos principios generales supletorios" (NOVOA MONREAL, Eduardo, 1984, p. 127-8).

devida (isto é, adequada a evitar a lesão ou o perigo de lesão a bens jurídico-penais); entretanto, nos omissivos próprios, o omitente contrasta um dever genérico de agir – que se lhe é imposto, em termos amplos, pelo ordenamento jurídico – enquanto que, nos impróprios, se impõe, ao garantidor,[428] o dever específico de agir no sentido da proteção de determinado bem jurídico posto sob seu cuidado; ou, por outros termos, "el deber de actuar emanado de una norma general de mandato alcanza a todos los sujetos previstos en el tipo (si se trata de delito propio de omisión), mientras que la obligación de salvar bienes jurídicos tiene una fortísima restricción, la cual se determina por reglas o doctrinales (si se trata de delito impropio de omisión)".[429] Além disso, os crimes omissivos próprios apresentam-se sempre tipificados de modo expresso, ao passo que, nos impróprios (ou comissivos por omissão), a tipização se perfaz sobre a base de uma construção normativa em face de um tipo configurado como de ação,[430] isto é, "se inserem na tipificação comum dos crimes de resultado".[431] Em ambas as modalidades existe, em suma, uma omissão, mas ocorre uma diferença na estrutura típica: nos omissivos próprios, a tônica recai sobre o desvalor da conduta e, nos omissivos impróprios, no desvalor do resultado.[432]

---

[428] A imputação do resultado somente pode ocorrer se o omitente tinha – além da possibilidade concreta de agir e, com isso, evitar o resultado – o dever legal de agir, isto é, estar enquadrado nos termos do § 2º do art. 13 do CP: (i.) quem tenha por lei obrigação de cuidado, proteção ou vigilância; (ii.) quem, de outra forma, assumiu a responsabilidade de impedir o resultado; e (iii.) quem, com seu comportamento anterior, criou o risco da ocorrência do resultado. Se não houver correspondência a essas hipóteses, o omitente não responderá pelo resultado; entretanto, poderá, em tese, ser responsabilizado por crime omisso próprio.

[429] NOVOA MONREAL, Eduardo, p. 212-3.

[430] Em virtude desta composição típica ampliada, discute-se, no que tange aos delitos omissivos impróprios, [a existência de] eventual ataque ao princípio da legalidade (*rectius*, ao da taxatividade), consignando, parte da doutrina criminal, que a única maneira de salvaguardar esse princípio seria a adoção, em cada tipo penal comissivo, da possibilidade, expressa, de realização da modalidade omissiva. Desta forma, para esta linha de concepção, seria estabelecido um *numerus clausus* de delitos omissivos. Contudo, como esclarecem Juan José Bustos Ramírez e Hernán Hormazábal Malarée (2004, p. 106), "la opinión ampliamente dominante en la doctrina y la legislación es establecer una cláusula general de remisión a los delitos de acción que contiene fórmulas generales de homologación o equiparación que permitan al juez la construcción del correspondiente tipo de omisión a partir del correspondiente tipo de acción. Al contrario que la anterior, esta técnica legislativa da lugar a un *numerus apertus* de delitos de omisión".

[431] ASSIS TOLEDO, Francisco de, p. 116. "Más numerosos son, en cambio, los elementos diferenciales: (i.) en el delito impropio de omisión el delincuente viola con su no actuar una norma prohibitiva, en cuanto permite que sea lesionado un bien jurídico protegido; en cambio, en el delito proprio de omisión el delincuente viola siempre una norma de mandato; (ii.) el delito proprio de omisión está siempre tipificado en forma expresa; en cambio, el delito impropio de omisión no cuenta con tipo proprio sino que debe recurir a un tipo de acción, destinado a dar protección al mismo bien jurídico lesionado; (iii.) en el delito proprio de omisión es considerado autor todo aquel que el tipo no excluye; en cambio, en el delito impropio de omisión no puede serlo todo aquel que señala el tipo que se aplica, pues sólo lo puede ser el que asuma posición de garante; (iv.) en el delito proprio de omisión el tipo se basta a sí mismo; en cambio, en el delito impropio de omisión, elaborado con aplicación de un tipo de acción paralelo, es preciso que la ley penal señale o permita deducir, fuera del tipo, elementos complementarios que precisen a quienes asumen posición de garante y están obligados a actuar; (v.) el delito proprio de omisión no exige un resultado, pues casi siempre se consuma por la pura inactividad del sujeto; en cambio, el delito impropio de omisión requiere, ineludiblemente, de un resultado (transformación física en el mundo exterior); (vi.) la evitación de un resultado lesivo para el bien jurídico es requisito del delito impropio de omisión; en cambio, esa situación no corresponde, normalmente, al deber jurídico de actuar que quebranta quien incurre en delito proprio de omisión" (NOVOA MONREAL, Eduardo, p. 211-2).

[432] Cf. COELHO, Walter, p. 86.

4.3.1. Da causalidade nos crimes omissivos próprios

A questão coloca-se apenas diante dos crimes omissivos impróprios, dado que, nos omissivos próprios, o tipo penal, como visto, não prevê qualquer resultado naturalístico (isto é, não existe relação causal material nessa modalidade de delito), esvaziando, assim, o interesse da aferição do nexo causal. A omissão constitui tão só na transgressão da norma jurídica, sem qualquer resultado naturalístico, suposto que o crime se perfectibiliza quando o omitente se abstém de executar a ação devida (isto é, aquela ação ordenada pela norma), consignando-se, portanto, que não existe causalidade na omissão própria. No tocante à tipicidade objetiva, o crime omissivo próprio concretiza-se por meio da ocorrência de dois elementos essenciais: (i.) a omissão da ação devida (descumprimento ao comando de agir); e (ii.) a capacidade real e efetivia de agir, que se traduz na possibilidade física de o omitente realizar a conduta devida.[433]

4.3.2. Da causalidade nos crimes omissivos impróprios

Nos crimes omissivos impróprios,[434] inscreve-se o fenômeno da equiparação (normativa) da omissão à ação,[435] devendo o omitente responder como se tivesse produzido o resultado, sendo de rigor indicar: a "omissão terá o mesmo valor penalístico da ação quando o omitente se colocar, por força de um dever jurídico (artigo 13, parágrafo 2º), na posição de garantidor da não ocorrência do resultado".[436] O dever de agir é um comando jurídico que decorre de algumas situações específicas descritas na lei penal, é dizer, esse dispositivo formula a equiparação normativa da omissão da ação devida (*non facere quod debeatur*), no qual o omitente responde pelo resultado quando devia e podia agir para impedi-lo, vale registrar: (i.) a quem tenha por lei obrigação de cuidado, proteção e vigilância; (ii.) a quem de outra forma assumiu a responsabilidade de impedir o resultado; e (iii.) a quem, com seu comportamento anterior, criou o risco da ocorrência do resultado. Por óbvio, só se pode forçar o garantidor a cumprir aquilo que estiver dentro de suas possibilidades, admitido que, além daquilo

---

433 Cf. COELHO, Walter, p. 86.

434 "[...]. Crime comissivo por omissão. Omitir, em direito, não é *non fare nulla*, mas, sim, não desenvolver uma determinada atividade, contrariando uma norma jurídica em que se contém um comando de agir. Se o recorrente não omitiu qualquer providência tendente a evitar o acidente de que resultou a morte do operário, que trabalhava em obra da qual era ele empreiteiro, não houve desrespeito à exigência de cautela ou proteção, de modo a configurar o crime comissivo por omissão. Recurso provido" (STF, R*HC* 67286, 2ª T., Rel. Min. Carlos Madeira, j. 31.3.89).

435 "*Habeas corpus*. Sendo descrito na denúncia fatos que configuram crime em tese, não cabe o trancamento da ação penal sob alegação de falta de justa causa. A causalidade, nos crimes comissivos por omissão, não é fática, mas jurídica, consistente em não haver atuado o omitente, como devia e podia, para impedir o resultado" (STF, R*HC* 63428, 2ª T., Rel. Min. Carlos Madeira, j. 25.10.85).

436 ASSIS TOLEDO, Francisco de, p. 116-7. "A estrutura da conduta omissiva é essencialmente normativa, não naturalística. A causalidade não é formulada em face de uma relação entre a omissão e o resultado, mas entre este e a conduta que o sujeito estava juridicamente obrigado a realizar e omitiu. Ele responde pelo resultado não porque o causou com a omissão, mas porque não o impediu realizando a conduta a que estava obrigado" (JESUS, Damásio de, 2016, p. 59).

que pode, ninguém é obrigado; nesse rumo, se o omitente podia realizar a ação esperada, e não a praticou, descumpriu o dever de agir e por isso deu causa ao resultado.[437] Cabe lembrar, nesta ordem de considerações, que, em se tratando de delitos acidentários, a figura do garantidor (descrita na alínea "b" do parágrafo 2º do artigo Código Penal) seria a fonte mais propícia à incidência da subsunção indireta (entre a omissão e o tipo penal de referência), na medida em que "essa fonte é consequência da aceitação voluntária, contratual ou negocial, de um dever de atuar decorrente do exercício profissional",[438] tal como se dá quanto aos encarregados de obra – engenheiros,[439] arquitetos ou empreiteiros,[440] por exemplo. Sob outro enfoque, uma vez comprovada a não transmissibilidade para terceiro das obrigações assumidas, ao omitente torna-se-lhe inquestionável a sua posição jurídica de garantidor da segurança dos

---

[437] Cf. RÖHNELT, Ladislau Fernando, p. 426. Em termos jurisprudenciais: "[...]. Mérito. O conjunto probatório demonstra a negligência e a imprudência do engenheiro réu, porque era o responsável direto pelas medidas necessárias de precaução para evitar o acidente. Além de não avaliar de forma concreta os riscos oferecidos pela atividade desenvolvida pela vítima, não fiscalizou as condições de segurança no exercício da atividade, tampouco impôs a utilização de equipamentos de segurança. O nexo de causalidade entre o óbito e a conduta do apelante se mostra presente, pois se tivesse obrado de forma a avaliar os riscos da atividade em altura a vítima efetuava trabalho de instalação elétrica de uma plataforma de 25 (vinte e cinco) metros de distância do solo, ou adotado medidas de segurança durante a realização do trabalho, como utilização de cintos de segurança, não ocorreria a morte da vítima no exercício da atividade laboral. A inobservância de regras técnicas da profissão é verificada a partir do momento em que a empresa foi notificada pelo MT em torno de seis meses antes do óbito para que fossem adotados procedimentos escritos e formalizados das medidas de segurança que os trabalhadores deveriam seguir durante suas atividades, e não foi providenciado. Deste modo, é confirmada a condenação do réu nos termos do § 4º do art. 121 do CP, pois evidenciado o maior juízo de reprovação das suas condutas e/ou omissões. É redimensionada a pena-base para o mínimo legal, na medida em que favoráveis todos os vetores previstos no art. 59 do CP. Na terceira etapa dosimétrica é confirmada a incidência da majorante prevista no § 4º do art. 121 do CP no patamar de um terço. A pena definitiva é redimensionada para um ano e quatro meses de detenção. Ratificada a substituição da pena carcerária por restritivas de direitos. Preliminar rejeitada. Mérito do recurso parcialmente provido" (TJRS, ACR 70075872697, 2ª CC, Relª. Rosaura Borba, j. 12.4.18).

[438] PRADO, Luiz Regis; CARVALHO, Érika Mendes de, 2019, p. 145.

[439] "[...]. Homicídio culposo. Inobservância de regra técnica de profissão. Condenação. [...]. Engenheiro responsável por obra. Descumprimento do dever de cuidado. Morte da vítima. Negligência configurada. Suficiente comprovação do nexo de causalidade entre a conduta do réu e o resultado. Culpa evidenciada. Conjunto probatório apto a amparar o decreto condenatório. Condenação mantida. [...]" (TJPR, ACR 0024168-67.2018.8.16.0017, 1ª CC, Rel. Clayton Camargo, j. 30.11.18).

[440] "[...]. Homicídio culposo. Negligência e imprudência. Inobservância de regra técnica da profissão. Condenação mantida. –. Hipótese em que o conjunto probatório demonstra a negligência e a imprudência do empreiteiro, ora réu, porque era o responsável direto pelas medidas necessárias de precaução para evitar o acidente; não forneceu equipamentos seguros e não exigiu a utilização daqueles disponíveis ao exercício da atividade laboral desenvolvida, na oportunidade, pela vítima. Esta, por ocasião do acidente, desenvolvia o trabalho de limpeza de um poço de 16 [...] metros de profundidade. O réu disponibilizou tão somente uma escada precária/singela, confeccionada de arame e degraus de madeira, e uma corda, que deveria ser amarrada na cintura daquela pessoa que fosse descer no poço. O nexo de causalidade entre o óbito e a conduta do acusado se mostra presente, pois se tivesse obrado de forma eficaz a evitar os riscos da atividade com adoção de equipamentos condizentes, como utilização de escada apropriada e cinto de segurança, não ocorreria a morte da vítima no exercício do seu labor. O ponto crucial de inobservância de regras técnicas da profissão pode ser verificado no momento em que o réu provocou a morte de Robson em razão de seu descaso, desatendendo, pois, os conhecimentos técnicos que possui, antes da ocorrência do óbito, com adoção de procedimentos preventivos de segurança que os seus subcontratados deveriam seguir durante as atividades, o que não foi providenciado. Deve ser confirmada, nesse passo, a condenação do réu nos termos dos §§ 3º e 4º, do art. 121 do CP; a incidência desse último parágrafo justifica um maior juízo de reprovação de sua conduta e/ou omissão e impõe uma sanção mais rigorosa. Recurso improvido. Unânime" (TJRS, ACR 70076870997, 2ª CC, Relª. Rosaura Borba, j. 28.6.18).

trabalhadores, respondendo, pois, pela omissão da ação que poderia ter evitado a ocorrência do resultado típico.[441]

É ainda necessário afirmar-se que a ação omitida impediria a produção do resultado;[442] e mais: se a omissão for havida como causa (normativa) do resultado, cumpre a seguir determinar se será imputável a título de dolo ou culpa, quer se cuide de omissão dolosa ou culposa, respectivamente.[443] *In summa*, pode dizer-se que, nesses crimes, não existem tipos específicos, mas, sim, tipicidade por extensão.[444]

---

[441] "Homicídio culposo. Configuração. Materialidade e autoria demonstradas. Prova testemunhal e pericial. Condenação mantida. Penas bem dosadas. Apelo desprovido" (TJSP, ACR 3002688-31.2013.8.26.0032, 1ª CC, Rel. Diniz Fernando, j. 14.5.18).

[442] Cf. JESUS, Damásio, 2016, p. 59. "[...]. Acidente de trabalho. [...]. 1. A condenação pela prática de delito culposo demanda a presença de prova segura da negligência, imprudência ou imperícia do acusado, bem como do nexo de causalidade/evitabilidade entre a inobservância de deveres objetivos de cuidado e o resultado morte da vítima. 2. Caso dos autos em que o cabedal probatório não permite a conclusão de que o agir dos réus resultou na morte da vítima. 3. Hipótese concreta em que um dos réus, responsável pela CIPA, à época do fato, estava em gozo de licença, não podendo ser responsabilizado penalmente. 4. Elementos carreados aos autos que tornam duvidosa a conclusão no sentido de que a ausência de demarcações e sinalizações no ambiente de trabalho, bem como a inobservância de funcionamento de sinal sonoro de uma das máquinas, tenha sido determinante para o resultado morte da vítima. 5. Indicativos de que a vítima possuía boa visão da empilhadeira com a qual colidiu, bem como foi alertada da iminência do acidente. Elementos que apontam que a falta de utilização do cinto de segurança (disponível e em boas condições), cuja fiscalização não pode ser seguramente atribuída aos réus, contribuiu de modo efetivo para a morte da vítima. Recurso desprovido" (TJRS, ACR 70071760615, 1ª CC, Rel. Jayme Weingartner Neto, j. 26.4.17).

[443] "Homicídio culposo. Acidente do trabalho. Conduta omissiva. – Em trabalhos de substituição de postes de cimento de rede elétrica de baixa tensão, havendo riscos previsível de que eles possam tocar em fios de alta tensão, é omissão culposa o não se desligar tais fios de alta tensão que, por isso e com contato, venham a provocar a morte de um dos operadores por eletroplessão. Equipamentos de proteção individual. Omissão em seu fornecimento e falta de fiscalização em seu uso obrigatório. – Cabe à empresa e, por sua despersonalização, às pessoas físicas que a representem no exercício das relações laborais, o fornecimento de EPI's, adequados e próprios, e a fiscalização de seu uso obrigatório pelos empregados. A omissão de qualquer destas obrigações somada à previsibilidade do evento danoso, configura a culpa e faz com que os agentes respondam pelo resultado, em sua forma culposa. Apelação improvida" (TARS, ACR 288012032, 3ª CC, Rel. Tupinambá Nascimento, j. 22.3.88).

[444] NUCCI, Guilherme de Souza, 2017, p. 418.

Capítulo 5

Dos mecanismos de imputação jurídico-penal na criminalidade nas empresas

Tradicionalmente, a imputação jurídico-penal, no que toca à criminalidade nas empresas – dado o complexo emaranhado de funções e atribuições inerentes à divisão de tarefas e competências empresariais –, estrutura-se, de modo exclusivo, tendo por base a responsabilização individual dos sujeitos que se integram ao processo produtivo ou à atividade empresarial; por causa disso, à dogmática cumpre estabelecer, mediante critérios seguros de imputação, a responsabilidade daqueles agentes, isto é, "proporcionar mecanismos que sirvan para la determinación de la titularidad y contenido de las competencias atribuidas a los miembros de la empresa y sobre la que se pueda fundamentar su responsabilidad".[445]

Com efeito, visto que, nesta matéria, não existe uma previsão específica de responsabilidade penal da própria empresa, transparece, por evidente, a necessidade de se descobrirem e de se estabelecerem tanto as competências internas quanto os sujeitos por elas responsáveis, como forma de permitir a adequada (e necessária) imputação jurídico-penal.[446] Nesse sentido, trata-se de desvelar o papel, a função e as competências que se lhes atribuem na dinâmica produtiva, a fim de se fundamentar a (eventual) responsabilidade em virtude da ocorrência de episódios típicos, para cuja tarefa se mostram extremamente relevantes não apenas as qualificações formais (qualidades hierárquicas estatutárias a partir do contrato social) dos empresários, mas, fundamentalmente, as relações de fato por eles desenvolvidas,[447] ou seja, não permitir que construções ou manipulações societárias "ensombrecen la situación real".[448] Por óbvio,

[445] GARCÍA CAVERO, Percy, 1999, p. 24.

[446] Nesse quadro, no que diz respeito à investigação, pode observar-se que "as interceptações, apreensões de material eletrônico e as delações têm sido usadas (também) como meios para identificar quais pessoas dentro da estrutura empresarial tiveram participação na prática criminosa, especialmente aquelas que exerciam controle intelectual, ou seja, as que decidiam o 'se' e o 'como' da prática de um crime" (ESTELLITA, Heloisa, 2015, p. 6).

[447] Nestes termos, pode falar-se em domínio material e pessoal. Para Juan Terradillos Basoco (p. 75-6), "la posición de garante no se deriva, así, de una relación jerarquizada entre sujetos, sino de la relación objetiva con los hechos. Quien tiene posibilidad fáctica de evitar la situación de peligro y, estando obligado a hacerlo, no lo hace incurer en responsabilidad penal".

[448] GARCÍA CAVERO, Percy, 1999, p. 25. No mesmo sentido, Heloisa Estellita (p. 06), quando afirma: "[...] corre-se grande risco de que ninguém venha a ser punido, pois não se consegue reunir em uma ou mais pessoas os elementos de 'realizar a conduta criminosa' e 'saber que está praticando uma conduta crimino-

a responsabilidade jurídico-penal não se endereça, rígida e exclusivamente, ao presidente de uma determinada empresa ou a seu *inner circle* – muito embora, em virtude de seu poder de comando, se lhe impõe um dever de controle e de vigilância quanto à adequada observância das normas específicas de sua atividade.[449] Tampouco a responsabilidade jurídico-penal de subordinados excluirá, *prima facie*, a dos dirigentes (ou de seu *staff*) da sociedade. Por outras palavras, a delimitação dos respectivos círculos de autoria delitiva necessita ser conduzida de modo seguro e preciso, evitando-se que a concentração da responsabilidade recaia sobre agentes não dotados de autonomia ou competência para sofrer a imputação penal.

A dogmática criminal tem de formular, de modo preciso, categorias por meio das quais se possa estabelecer a responsabilidade penal em estruturas hierarquizadas, permitindo a determinação dos reais destinatários da norma punitiva;[450] vale dizer, a imputação jurídico-penal deve recair sobre aqueles sujeitos que ostentam, na cadeia de comando, uma posição em virtude da qual – ainda que se lhes falte a qualificação formal na estrutura hierárquica da empresa –, concretamente, lesionaram ou expuseram a perigo o bem jurídico tutelado, ao deixarem de observar as regras (específicas) de segurança que eram exigíveis.[451] (Tendo *in mente* que, nos crimes culposos, o determinante não são os processos intencionais, mas, sim, os de risco para os bens jurídicos alheios, na medida em que obriga que todas as atividades humanas se desenvolvam em um marco de prudência, cujos limites objetivos devem ser estabelecidos a partir de critérios social e juridicamente válidos, se assinala que a culpa estará

---

sa', que são elementos exigidos pelo direito penal para afirmar que alguém é culpado por um crime. Casos crônicos dessa dissociação geram uma 'irresponsabilidade organizada', que ocorre quando, no âmbito das empresas, a administração é exercida de forma propositalmente desorganizada para que não seja possível encontrar um culpado. Situações tais têm a consequência de que, ao não conseguir encontrar um culpado, não se consegue aplicar a pena. Premia-se, assim, a desorganização com a irresponsabilidade penal. Três são, essencialmente, as respostas que o direito penal tem dado a esse estado de coisas: em primeiro lugar, a afirmação da culpa dos integrantes da cúpula da empresa por usar os subordinados para a prática de crimes (autoria mediata); em segundo, culpar os dirigentes por não impedirem a prática de crimes por seus subordinados (responsabilidade por omissão); em terceiro, culpar a própria pessoa jurídica, especialmente quando for impossível verificar quem praticou o crime".

449 BAYLOS, Antonio; TERRADILLOS, Juan, p. 54.

450 Alertam Renato de Mello Jorge Silveira e Mariana Tranchesi Ortiz (2015, p. 13-4) que, de uma maneira geral, as decisões jurisprudenciais vinculadas à criminalidade empresarial têm sido atécnicas, distanciadas dos engenhos doutrinários que se dedicam à matéria, muitas das quais, aliás, com violação a normas e princípios elementares do direito penal. Assim, "uma breve consulta jurisprudencial revela que a atribuição de autoria a sócios, diretores e gerentes de pessoas jurídicas por crimes executados por funcionários é praticamente automática [...] [e] as instâncias inferiores continuam a admitir acusações e a confirmar condenações erigidas sobre o argumento de responsabilidade pela posição [...]. Tem-se [...] uma absoluta perversão do princípio da responsabilidade individual. O superior hierárquico é declarado autor de uma conduta típica que não pratica, e o funcionário executor é isento de qualquer punição. O sistema judicial [...] pune à sua escolha, aplicando critérios arbitrários e juridicamente insustentáveis, muitas vezes sem se dar conta de que já existem, no cenário penal internacional, outras tantas fórmulas de tentativa de maior segurança na imputação [...]. A pretendida simplista atribuição de autoria aos ocupantes dos altos escalões da estrutura empresarial, enfim, não pode ser alcançada a qualquer custo [...] desprezando-se a função garantística do tipo penal e com recurso a critérios incompatíveis com o Direito Penal do fato e da culpabilidade".

451 Como comentam Hans-Heinrich Jescheck e Thomas Weigend (2002, p. 623-4), "no pueden plantearse exigencias desorbitadas [...] puesto que a la vida cotidiana también le es inherente un cierto nivel de riesgo [...]. Solamente es contraria al cuidado exigible la superación del límite del riesgo permitido [...]. Si una acción dañina se mantiene dentro de este marco entonces faltará la inobservancia del cuidado como elemento del tipo".

vinculada àquelas atividades de riscos que ultrapassam o marco de prudência que elas exigem.[452])

Torna-se indispensável, ainda uma vez, observar que cumpre, precipuamente, à dogmática criminal modelar as formas mediante as quais se materializa a imputação de índole penal em virtude dos acidentes de trabalho, permitindo que se possa estabelecer, à luz de premissas claras, a responsabilidade penal, notadamente em se tratando de estruturas hierarquizadas de comando e de decisão. Como visto, deve evitar-se, de um lado, a responsabilidade (penal) pela posição (responsabilidade penal objetiva); e, de outro, afirmar-se a responsabilidade individual pelo fato praticado (responsabilidade penal subjetiva). Assim, presidentes, diretores, gerentes, *rentiers*, não podem ser, tão só pela posição que ocupam dentro da estrutura empresarial, responsabilizados, penalmente, por eventuais comportamentos ilícitos que tenham sido praticados por funcionários.

Diante disso, em estruturas empresariais complexas, nas quais haja divisões de gerenciamento hierarquizadas, para fins de construção das categorias – levando-se em consideração os três estágios intercambiantes de cuidado: implementação de estruturas de segurança; manutenção e aprimoramento das medidas de segurança; e fiscalização da aplicação das medidas de segurança –, podem ser estabelecidos os papeis em três blocos: (i.) a figura do empregador (administrador); (ii.) a figura do encarregado; e, por fim, (iii.) a figura do empregado.

5.1. O papel dos administradores

Nesta configuração, desponta, em termos gerais, a figura do administrador (empresário) como o responsável pelo fornecimento e fiscalização das providências de segurança aos trabalhadores,[453] [454] uma vez que, em virtude da

---

[452] BUSTOS RAMÍREZ, Juan J.; HORMAZÁBAL MALARÉE, Hernán, 2004, p. 97.

[453] "El deber de seguridad del empresario comporta la actuación sobre los procesos de riesgo y sobre la protección individual y colectiva de los trabajadores, lo que supone el suministro de medios materiales e inmateriales (formación e información) y la imposición de su uso, previa supervisión de la actividad. Las concretas medidas normativas de seguridad [...] se orientan a contrarrestar los riesgos que se producen en el ejercicio prudente del trabajo pero también en el ejercicio previsiblemente imprudente, como el generado por el conocimiento parcial de la situación, por la imposición de ritmos elevados de actividad, por la confluencia de actividades en un mismo espacio o por la habituación al riesgo" (LASCURAÍN SÁNCHEZ, Juan Antonio, 2011, p. 771).

[454] Em Portugal, os tribunais têm compreendido que os interesses dignos de proteção social – como, por mera ilustração, a segurança rodoviária ou a prevenção de acidentes de trabalho – podem ensejar a realização de testes de alcoolemia para detecção de drogas. Nesse sentido, "no domínio rodoviário, o TC considerou que 'a submissão do condutor ao teste de detecção de álcool não viola o dever de respeito pela dignidade da pessoa do condutor, nem o seu direito ao bom nome e à reputação, nem o direito que ele tem à reserva da intimidade da vida privada'. Também o STJ, não só considerou legítima uma ordem do empregador para que o trabalhador se sujeitasse a um teste de alcoolemia, como acrescentou que a imposição da obrigatoriedade desse teste, através de regulamento interno, se encontra abrangida pelo poder directivo (e regulamentar) do empregador, violando o dever de obediência o trabalhador que se recuse a fazê-lo. O direito à privacidade não é absoluto: pode ser limitado, [...], se estiver em causa a protecção da saúde pública ou a segurança do próprio ou de terceiros. Aliás, existem actividades (caso dos maquinistas, condutores de autocarro e de navio, pilotos de avião, controladores de tráfego aéreo, trabalhadores de central nuclear, etc.) que justificam medidas mais severas na selecção de trabalhadores e em que, por isso, estes exames se podem justificar" (ABRANTES, José João, 2014, p. 37).

ocorrência de um acidente, àquele será direcionada *prima facie* a imputação de caráter penal.[455] Posto de outra maneira, ao administrador compete, de maneira fundamental, dotar a empresa com estruturas de segurança e zelar pela por sua correta utilização.[456]

---

455 Anota Francesco Antolisei (p. 500) que "un limite alla responsabilità dell'imprenditore di fronte ai doveri di sicurezza ed igiene del lavoro la cui inosservanza si assuma causa di lesioni personali o morte del lavoratore è naturalmente offerto dai principi generali in tema di nesso eziologico. Per lo più si tratterà di rapporto causale tra l'omissione di cautele doverose, generiche o specifiche, e l'evento lesivo". E, no plano jurisprudencial, pode indicar-se: "[...] responsabilidade de organizadores de festa por incidente que resulta na eletrocussão da vítima. Responsabilidade pessoal e subjetiva. Ausência de violação pessoal de dever de cuidado específico. Contratação de profissionais especializados para cuidar da parte elétrica. Prática de condutas negligentes que não se vinculam ao resultado ocorrido. Ausência de nexo de determinação. Absolvição. Imperatividade. Engenheiro elétrico e eletricista que cuidavam das instalações elétricas do clube, aos quais se imputa imperícia. Ausência de prova de que a descarga elétrica tenha tido origem nas fiações instaladas pelos aludidos profissionais. Suposta negligência na fiscalização de instalações levadas a cabo por outros profissionais. Fato não narrado na inicial. Impossibilidade processual de condenação. Ausência de obrigação de conferir serviço alheio, executado por profissional qualificado. Princípio da confiança. Absolvição decretada [...]. O Direito Penal só trabalha com hipóteses de responsabilização pessoal e subjetiva, não se podendo falar em imputação de homicídio culposo por eletrocussão a organizador de festa que contratou profissionais capacitados para o exclusivo fim de cuidarem das instalações elétricas do evento. Ainda que o agente tenha praticado uma série de condutas negligentes e imprudentes, não se pode imputar-lhe penalmente resultado que não apresente vinculação direta com o comportamento descuidado, por ausência do chamado nexo de determinação, indispensável à configuração do delito culposo. Se a denúncia imputa ao engenheiro elétrico e ao eletricista do clube a má instalação de refrigeradores, dando-a como causa da descarga elétrica que atingiu a vítima, mas não logra êxito em provar esse fato, a absolvição é medida que se impõe, não se podendo responsabilizar penalmente qualquer um deles pela negligência na fiscalização de instalações realizadas por terceiros, se tal fato não consta da peça de intróito. Não há falar em negligência na conduta de quem deixa de fiscalizar serviço alheio, desde que executado por profissional qualificado e especificamente contratado para tal fim, tendo em vista que, nessa hipótese, aplica-se o princípio da confiança. [...]" (TJMG, APC 1.0701.04.070527-2/001, 5ª CC, Rel. Hélcio Valentim, j. 12.6.07). O nexo de determinação (ou a determinação objetiva) seria a possibilidade de haver a imputação típica culposa quando existisse um resultado lesivo, ainda que não comprovadamente causado diretamente pela violação do dever de cautela, ou seja, "ser punível uma infração objetiva de um dever ainda quando, suprimida hipoteticamente, não cause obrigatoriamente a supressão do resultado" (RODRÍGUEZ, Víctor Gabriel, 2010, p. 347). Essa situação ocorreria em certos episódios nos quais houvesse um desatendimento inequívoco ao dever de cuidado, estabelecido "em alguma norma extrapenal, que favorecesse, mas não chegasse a determinar objetivamente o resultado" (RODRÍGUEZ, Víctor Gabriel, p. 348). Em outras palavras, apesar da afirmação da causalidade e da violação do dever de cuidado, ainda não se está em condições de afirmar a tipicidade culposa, porquanto resta aferir se o resultado foi determinado pela violação normativa, isto é, se existe uma conexão (nexo de determinação ou [também denominado doutrinariamente de] conexão de antijuridicidade) entre a antinormatividade e o resultado. Desse modo, a imputação culposa pode ser afastada se for possível considerar que a norma de cuidado não tivesse por fim, especificamente, a evitação do perigo dos resultados típicos produzidos. Se, [...], um sujeito estacionar o automóvel em um lugar proibido, não pode ser imputado pelas lesões do motociclista que se choca com o veículo. Por óbvio, existe tanto a causalidade, a criação de um perigo e a realização de um resultado; contudo, a norma de cuidado violada não tem por fim evitar a colisão, mas, sim, facilitar a circulação (ZAFFARONI, Eugenio Raúl; ALAGIA, Alejandro; SLOKAR, Alejandro, 2014, p. 437-8).

456 "[...]. Homicídio culposo majorado. Improcedência da denúncia. Insurgência ministerial. –. Prova dos autos que demonstrou o agir culposo do réu, diretor da empresa responsável pela construção de silo para armazenagem de grãos, ao não se valer de profissionais técnicos para sua construção e consequente fiscalização, resultando na morte de dois trabalhadores por asfixia mecânica em virtude de soterramento por grãos ali armazenados. Foi a utilização de chapa galvanizada com espessura inferior (0,80mm) à determinada no memorial descritivo (1,25mm) que deu causa ao rompimento do silo, fazendo com que o produto nele armazenado (cerca de 2800 toneladas de trigo) soterrasse as duas vítimas fatais, as quais estavam trabalhando no seu entorno quando da eclosão do evento. Ademais o acusado sequer procedeu aos procedimentos técnicos e legalmente previstos para a montagem do silo ao não providenciar a ART. Inobservância de regra técnica de profissão. Presente a culpa do acusado, imperativa sua condenação por homicídio culposo. Extinção da punibilidade do agente em face da prescrição da pretensão punitiva estatal. Apelação provida. Extinção da punibilidade pela prescrição" (TJRS, ACR 70078943941, 1ª CC, Rel. Victor Lima, j. 28.11.18).

A responsabilização jurídico-penal dos administradores, entretanto, não é simplesmente estatutária, nem deflui *ipso facto* da posição do empresário na rede de subordinação da empresa, visto que pode existir, de modo concreto, transmissão de atribuições a outros agentes (para os quais deverá ser, portanto, direcionada a responsabilização pelo evento típico), sempre que detiverem, no quadro funcional corporativo de suas competências, a obrigação específica pela estrutura de proteção e de cuidado dos trabalhadores. A figura do administrador *de facto* desponta como um instrumento político-criminal por meio do qual se pode arrostar a responsabilidade penal dentro das estruturas empresariais. Esse modelo permite individualizar o verdadeiro responsável pela direção da empresa, ainda que haja imprecisões nas estruturas jurídico-formais de comando da empresa; com isso, o verdadeiro tomador de decisões (domínio social) se independentiza, sob certo aspecto, da estrutura formal estatutária.[457] Em termos gerais, Francesco Antolisei precisamente recorda: "donde i due fondamentali indirizzi, espressi da un lato dal *principio di effettività* (chi ha il potere, ha il dovere), dall'altro dal *principio di competenza* (ove opera – per le dimensioni e struttura dell'impresa – una organica differenziazione di funzioni, la violazione delle norme in esame va attribuita ai preposti dei diversi rami di attività). Il che naturalmente non esclude la responsabilità di chi sia più in alto ogni qual volta il preposto non abbia sufficiente capacità e potere o non gli vengano forniti mezzi adeguati".[458]

Para que se afirme, por último remate, a responsabilização do administrador, deve ficar assentado, faticamente, o poder efetivo de ingerência nessa área de competência; do contrário, não cabe imputação criminal quanto a este agente.[459] Com isso, é preciso examinar a conduta do acusado, sua intervenção no fato imputado, porquanto não basta ser administrador (ou representante) de uma empresa para ser, de modo automático, responsabilizado criminalmente pelo acidente de trabalho; por isso, "será preciso, en orden a concretar la eventual responsabilidad del acusado, delimitar su concreta actuación".[460]

Em outra ordem de consideração, exige-se dos administradores, em geral, a proteção do trabalhador até mesmo em vista dos (eventuais) comportamentos imprudentes dele, pois aqueles se beneficiam da utilização da força produtiva deste; assim, por hipótese, se a realização de uma determinada atividade laboral comporta risco para o trabalhador, o cuidado objetivo necessário – essencial para garantir a sua segurança – deve levar em ordem de consideração, até certo ponto, os desvios e desatenções do empregado. Como sublinha Rosario de Vicente Martínez, "la experiencia da cuenta de una alta siniestralidad

---

[457] YACOBUCCI, Guillermo Jorge, 2008, p. 66.

[458] ANTOLISEI, Francesco, 1999, p. 490.

[459] "Homicídio culposo. Paciente que, sendo diretor de respeitável instituição de ensino, teria faltado com o dever de cuidado, permitindo que empregado fizesse a limpeza de telhado do colégio sem a utilização do equipamento de segurança necessário. Prova pré-constituída no sentido de que a atividade desempenhada pelo empregado não se inseria na esfera de vigilância do paciente. Constituição da CIPA, órgão cujas atribuições eram, entre outras, identificar os riscos do processo de trabalho e elaborar plano visando à prevenção de acidentes do trabalho. Ausência de justa causa configurada. Ordem concedida, para trancamento da ação penal" (TJRJ, *HC* 0040500- 36.2005.8.19.0000, 5ª CC, Relª. Luísa B. Souza, j. 11.10.05).

[460] MARTÍNEZ, Rosario de Vicente, p. 219.

laboral, debida en gran medida a la dejación de esa obligación legal de proteger al trabajador frente a su propia relajación en el uso de las medias de protección de su seguridad, en particular las de carácter individual".[461]

Em termos operativos, é absolutamente possível haver compartimentalizações e setorializações dentro da composição organizacional das empresas; nessa hipótese, a imputação será destinada, em linha de princípio, apenas, aos responsáveis diretos pelos segmentos,[462] desde que, naturalmente, tenham condições (de qualificação, de capacitação técnica, de treinamento, de disponibilidade) de exercer o cuidado objetivo necessário na segurança de seus comandados no curso do desenvolvimento da atividade produtiva.[463] (Nada impede, por evidente, que a responsabilização se projete a outros agentes, com igual ou inferior hierarquia funcional.[464])

Por esse modo, a transmissão de atribuições, no quadro empresarial, deve obedecer, de um lado, como diretriz geral, ao dever de cautela (ou seja, a regra ampla segundo a qual qualquer pessoa deve comportar-se de forma que evite lesão aos interesses protegidos dos demais) e, de outro, como regramento específico, às normas técnicas de cuidado que estão contidas em "regímenes interiores de empresas o en las disposiciones de mutuas profesionales dirigidas a la prevención de accidentes de trabajo".[465] Nesse particular, a imputação culposa ainda poderia ser avaliada à luz da (assim denominada) culpa

---

461 MARTÍNEZ, Rosario de Vicente, p. 221.

462 "O funcionário que segue ordem de seu superior hierárquico e realiza conduta funcional sob condições perigosas não responde pelo resultado, se não se apura qualquer modalidade de culpa em sua conduta. Se ao responsável pelo serviço cabia zelar pela segurança dos seus subordinados, determinando as medidas necessárias ao isolamento dos riscos, inclusive com o uso de equipamento adequado, a ele se carrega a responsabilidade pelo resultado" (TJRS, APC 70011581691, 3ª CC, Rel. Danúbio E. Franco, j. 11.8.05).

463 "Ainsi, commet le délit d'atteinte involontaire à la vie d'employeur qui, en l'absence de violation d'une réglementation spécifique, s'abstient d'organiser une formation pratique appropriée en matière de sécurité et n'accomplit pas les diligences normales lui incombant, compte tenu des fonctions et de pouvoirs dont il disposait [...]" (SALOMON, Renaud; MARTINEL, Agnès, 2015, p. 35).

464 "Homicídio culposo (art. 121, § 3º e § 4º, CP). Prédio em construção. Elevador precário. Ausência de segurança e manutenção. Operário esmagado. Negligência. Inobservância das cautelas específicas. Conduta típica dos engenheiros responsáveis pela construção da obra e do técnico da segurança do trabalho. A vítima, operário contratado, morreu esmagado pelo elevador, que funcionava irregularmente, para o transporte de material de construção e de alguns moradores, sem qualquer manutenção e autorização. Dois réus, engenheiros responsáveis pela execução, desenvolvimento e manutenção da obra, conhecendo essas precárias condições de funcionamento do elevador, omitiram-se no seu dever de cuidado, agindo com negligência, desatenção e descaso. Da mesma forma, o técnico responsável pela segurança do trabalho. Comprovada a conduta culposa, confirma-se a condenação, bem aplicadas as penas. Recursos desprovidos" (TJRJ, APC 010399850.1998.8.19.0001, 5ª CC, Rel. Sergio Verani, j. 30.8.05). "Acidente fatal de trabalho. Queda de torre metálica em montagem. Imputação de culpa, modalidade negligência, ao mestre de obra e ao eletricista por inobservância das normas de segurança. Permissão que a vítima, auxiliar de eletricista, subisse à torre sem instrução suficiente para trabalhar em altura, bem como desprovido dos equipamentos básicos de segurança. Denúncia apta e descritiva de fato típico. Presença de elementos mínimos a embasar a denúncia. Alegação de inocência e culpa de terceiros. [...]. Ordem parcialmente concedida" (TJSP, *HC* 007050626.2008.8.26.0000, 16ª CC, Rel. Otávio Toledo, j. 21.10.08).

465 JESCHECK, Hans-Heinrich; WEIGEND, Thomas, p. 626. Da mesma forma, "ciertamente, la infracción de normas especiales no supone en todos los casos que el autor haya actuado imprudentemente [...], pero la contravención de disposiciones vinculantes constituye desde luego un 'indicio probatorio' a favor de la existencia de una infracción del deber de cuidado. De otro lado, la observancia de las disposiciones existentes no es siempre suficiente cuando la especialidad de la situación exige más de lo previsto por la norma" (JESCHECK, Hans-Heinrich; WEIGEND, Thomas, p. 626).

pelo empreendimento, ou seja, "aquele que inicia uma atividade perigosa sem informar-se dos riscos envolvidos ou sem habilitar-se tecnicamente para realizá-la",[466] incorre em culpa pelo empreendimento. A mais disso, tem-se por certo que "o dever de cuidado impunha ao agente não realizar a atividade, prevalecendo a regra segundo a qual, diante de uma atividade perigosa, 'quem não sabe, informe-se; quem não pode, abstenha-se'".[467]

E a transmissão da responsabilidade (para com a segurança dos trabalhadores) ainda pode contar, como critério demarcatório (e delimitador concreto do dever de cautela), com o princípio da confiança (*Vertrauensgrundsatz*), isto é, pelas circunstâncias do funcionamento do modelo produtivo real, mostrar-se-ia razoável que o administrador pudesse confiar na ação precedente e correta do responsável técnico e direto (encarregado) pela realização do comportamento regular (*in casu*, na transferência e no controle de uma série de normas de conduta e de padrões técnicos – em constante aprimoramento – destinada a garantir índices aceitáveis e seguros para o desenvolvimento da atividade laboral). A esta luz, a diretriz desse princípio autoriza a delimitação do alcance da pauta de cuidado, estabelecendo as hipóteses nas quais a confiança do autor, na atuação correta de outros (eventuais) intervenientes, mostrar-se-ia adequada.[468]

Esse princípio, por certo, foi criado fundamentalmente para atender à jurisprudência (em relação aos acidentes) do trânsito; entretanto, hoje, tem aplicação bem mais abrangente, "estendendo-se a todos os setores em que haja uma atuação conjunta, ou seja, atividades comunitárias ou em divisão de trabalho".[469] De acordo com esse princípio, "todo aquele que atende adequadamente ao cuidado objetivamente exigido, pode confiar que os demais coparticipantes da mesma atividade também operem cuidadosamente";[470] com isso, todo indivíduo que se comportar de modo correto poderá confiar, dentro de certos marcos razoáveis, que os demais concorrentes ao fato atuarão de igual maneira. Para tanto, deverá conduzir-se com a atenção devida, mesmo que se veja frustrado em suas expectativas.[471] Miguel Reale Júnior destaca que, em virtude desse princípio, "não cabe se preocupar com a imprudência de terceiros aptos, estendendo-se o dever de diligência ao extremo de cuidar do eventual

---

466 ZAFFARONI, Eugenio Raúl; BATISTA, Nilo, ALAGIA, Alejandro; SLOKAR, Alejandro, p. 329.

467 ZAFFARONI, Eugenio Raúl; BATISTA, Nilo, ALAGIA, Alejandro; SLOKAR, Alejandro, p. 329.

468 HAVA GARCÍA, Esther, p. 117. De outro curso, convém o registro que a aplicação desse princípio, em certa medida, perde força em face da execução de tarefas em grupo: "también cuando se trata de operaciones realizadas en el seno de un equipo de personas más o menos jerarquizado, la existencia de esa cierta jerarquía hace que el principio de confianza pierda parte de su eficacia, a la hora de analizar la actuación de los responsables (superiores jerárquicos) del equipo, pues la vigencia de dicho principio, especialmente evidente en el caso del que recibe órdenes, posee un alcance mucho menor cuando se trata de analizar la conducta del sujeto que las da. En este contexto, una vez que el responsable ha dado las instrucciones precisas para realizar una determinada tarea, aún le restan por cumplir otros deberes de cuidado: la obligación de supervisar y vigilar el cumplimiento de lo ordenado" (HAVA GARCÍA, Esther, p. 118-9).

469 TAVARES, Juarez, 2016, p. 331-2. Como aponta Hans Welzel (1971, p. 41), "o que aqui se expôs com auxílio do exemplo da circulação de automóveis, vale para todos os campos da atividade humana".

470 TAVARES, Juarez, 2016, p. 332.

471 COSTA JÚNIOR, Paulo José da, p. 75.

descuido alheio. Em caso contrário, seria impossível viver. Sem se ter confiança no próximo, estar-se-ia criando um regime de medo e de imobilismo".[472]

Compreende-se, por conseguinte, o princípio em causa, como um limitador efetivo do dever objetivo de cautela, precisamente no âmbito de uma determinada atividade concreta; restringido, ainda mais, nos casos de deveres especiais[473] intrinsecamente dados nas situações de divisão de trabalho.[474]

---

[472] REALE JÚNIOR, Miguel, p. 130. Em termos jurisprudenciais: "homicídio culposo decorrente de acidente de trabalho. Art. 121, §§ 3º e 4º do CP. [...]. Ausência de violação pessoal de dever de cuidado específico. Impossibilidade de exigência de conhecimento técnico por parte da ré. Mera proprietária do edifício que contratou profissional especializado para a prática do serviço. Ausência de nexo de determinação. Condenação afastada. [...]. – Admitindo o Direito Penal tão somente a responsabilização pessoal e subjetiva, inviável se cogitar a condenação por homicídio culposo da proprietária do edifício que contratou profissional tecnicamente capacitado para o exclusivo fim de executar a empreitada com o respectivo fornecimento dos equipamentos de segurança aos operários. Impossível, daí, imputar-lhe penalmente resultado que não exiba vinculação direta com o comportamento negligente, por ausência do denominado nexo de determinação, imprescindível à configuração do crime em sua modalidade culposa. Inadmissível se atribuir negligência à conduta de quem deixa de fiscalizar serviço alheio, desde que executado por profissional qualificado e especificamente contratado para tal fim, na medida em que, nessa hipótese, aplica-se o princípio da confiança. Não havendo provas de que a proprietária do imóvel foi quem deveria ter fornecido os equipamentos de segurança aos operários, o que, em tese, seria responsabilidade do empreiteiro por ela contratado, este é quem deve ser exclusivamente responsabilizado pelo homicídio culposo ocorrido, sendo aplicável, apenas em relação ao mesmo, o art. 13, § 2º, b, do CP. [...]" (TJMG, AC 1.0394.10.001923-8/001, Rel. Jaubert Jaques, 6ª CC, j. 6.12.16, publicação da súmula em 19.12.16).

[473] São dignas de nota as seguintes convenções internacionais: 012/Agricultura; 016/Exame Médico dos Menores (Trabalho Marítimo); 103/Proteção da Maternidade; 045/Trabalho Subterrâneo; 081/Fiscalização do Trabalho; 042/Doenças Profissionais; 113/Exame Médico dos Pescadores; 115/Proteção Contra Radiações Ionizantes; 119/Proteção das Máquinas; 120/Higiene (Comércio e Escritórios); 124/Exame Médico dos Menores (Trabalho Subterrâneo); 127/Peso Máximo; 134/Prevenção de Acidentes do Trabalho (Marítimo); 136/Benzenos; 139/Câncer Profissional; 148/Meio Ambiente de Trabalho (Contaminação do Ar, Ruído e Vibrações); 152/Segurança e Higiene (Trabalho Portuário); 155/Segurança e Saúde dos Trabalhadores; 161/ Serviços de Saúde no Trabalho; 162/Asbesto Amianto; 164/Proteção à Saúde e Assistência Médica aos Trabalhadores Marítimos; 167/Segurança e Saúde na Construção; 170/Produtos Químicos; 174/Prevenção de Acidentes Industriais Maiores; 176/Segurança e Saúde nas Minas; 184/Segurança e Saúde na Agricultura. Igualmente dignas de nota são as seguintes normas regulamentadoras de segurança e saúde no trabalho: NR5 Comissão Interna de Prevenção de Acidentes; NR6 Equipamentos de Proteção Individual – EPI; NR7 Programas de Controle Médico de Saúde Ocupacional; NR8 Edificações; NR9 Programas de Prevenção de Riscos Ambientais; NR10 Instalações e Serviços em Eletricidade; NR11 Transporte, Movimentação, Armazenagem e Manuseio de Materiais; NR12 Máquinas e Equipamentos; NR13 Caldeiras e Vasos de Pressão; NR14 Fornos; NR15 Atividades e Operações Insalubres; NR16 Atividades e Operações Perigosas; NR17 Ergonomia; NR18 Condições e Meio Ambiente de Trabalho na Indústria da Construção; NR19 Explosivos; NR20 Líquidos Combustíveis e Inflamáveis; NR21 Trabalho a Céu Aberto; NR22 Segurança e Saúde Ocupacional na Mineração; NR23 Proteção Contra Incêndios; NR24 Condições Sanitárias e de Conforto nos Locais de Trabalho; NR25 Resíduos Industriais; NR26 Sinalização de Segurança; NR28 Fiscalização e Penalidades; NR29 Segurança e Saúde no Trabalho Portuário; NR30 Segurança e Saúde no Trabalho Aquaviário; NR31 Segurança e Saúde no Trabalho na Agricultura, Pecuária, Silvicultura, Exploração Florestal e Aquicultura; NR32 Segurança e Saúde no Trabalho em Estabelecimentos de Saúde; NR33 Segurança e Saúde no Trabalho em Espaços Confinados; NR34 Condições e Meio Ambiente de Trabalho na Indústria da Construção e Reparação Naval; NR35 Trabalho em Altura. Por sua vez, no que diz respeito à Itália, Francesco Antolisei (p. 487-9) aponta as fontes normativas (as gerais se encontram, fundamentalmente, na Constituição e no CC) específicas em matéria de tutela da integridade dos trabalhadores, nos seguintes termos: "la normativa specifica è raccolta in una serie di leggi, tra le quali vanno ricordati i d. pres. 27 aprile 1955, n. 547 contenente norme per la prevenzione degli infortuni e 19 marzo 1956, n. 303 che disciplina l'igiene del lavoro. Ma particolare importanza hanno acquisito, in tempi più recenti, il d. legisl. 19 settembre 1994, n. 626, che recepisce ben otto direttive CEE e che, quasi subito, è stato modificato dal d. legisl. 19 marzo 1996, n. 242; il d. legisl. 14 agosto 1996, n. 494; la l. 11 novembre 1983, n. 310 che ha convertito il d.l. 12 settembre 1983, n. 463 in materia previdenziale e sanitaria; il d. pres. 30 giugno 1965, n. 1124, in materia di assicurazione obligatoria contro infortuni e malattie professionali, nonché il d. legisl. 15 agosto 1991, n. 277 attuativo di una serie di direttive CEE sulla protezione dei

Cuida-se, em última análise, de um critério material para a determinação da relevância da imputação objetiva do fato ao agente,[475] de maneira substancial na distribuição horizontal de tarefas dentro de uma determinada organização e no trabalho em grupos ou equipes cujos integrantes concorrem, de modo coordenado, entre si.[476]

5.2. O papel dos encarregados

Por vezes, o encarregado – em uma divisão vertical do trabalho – pode constituir-se no único responsável pelo crime culposo [acidentário], sobre ele, portanto, repousando a imputação jurídico-penal.[477]

Para tanto, deve haver certas condições específicas: (i.) que lhe tenham sido transmitidas, claramente, a latitude e a longitude de suas competências e atribuições; (ii.) que reúna aptidões concretas de exercer essas competências; (iii.) que tenha recebido o treinamento adequado; (iv.) que tenha recebido o material adequado; (v.) que esteja em condições de saúde compatível com a atividade; (vi.) que não se lhe impunha uma jornada de trabalho excessiva; e,

---

lavoratori contro i rischi da esposizione ad agenti chimici, fisici e biologici durante il lavoro. E *in fine last but not least*, va ricordato il d. legisl. 19 dicembre 1994, n. 758 che ha apportato rilevanti modifiche alla disciplina sanzionatoria, sia depenaliz zando, sia sostituendo ad ipotesi delittuose ipotesi contravvenzionali, sia ancora inasprendo le pene per queste ultime; non senza modifiche alla disciplina dei controlli degli organi di vigilanza e delle prescrizioni. Per gli aspetti previdenziali e delle assicurazioni sociali fonti di rilievo sono il r.d.l 4 ottobre 1935, n. 1827, la l. 11 gennaio 1943, n. 138, il d. pres. 30 maggio 1955, n. 797, il d. pres. 30 giugno 1965, n 1124, la l. 2 aprile 1968, n. 482. Si tratta di leggi che non sempre descrivono le condotte vietate con sufficienti requisiti di determinatezza cosicché non mancano fattispecie penali tecnicamente censurabili sotto il profilo del principio di legalità. Senza dire che la prevalente dottrina e la giurisprudenza, nella gerarchia dei valori costituzionalmente garantiti hanno come si vedrà attribuito un rango preminente ai principi della sicurezza e dell'igiene del lavoro. Rango riconosciuto anche dalla Corte costituzionale nella sentenza 27 aprile 1988, n. 475 ove, con riguardo a tali principi, apoditticamente si assume che 'la fattispecie penale non può essere considerata generica e indeterminata quando il legislatore faccia riferimento ai suggerimenti che la scienza specialistica può dare in un determinato momento storico'".

474 "A quién alcanzan estos deberes especiales derogatorios del principio de confianza y hasta donde llegan los mismos se debe examinar con mayor precisión aún para las concretas formas de división del trabajo; la directriz debe ser que incluso al más competente de los que colaboran solo se le pueden imponer tantos deberes de vigilancia en relación con otros como pueda cumplir sin peligro de descuidar su parte personal de trabajo" (ROXIN, Claus, 2000, p. 1006). Juarez Tavares (2016, p. 335) exemplifica: "o engenheiro que é encarregado da supervisão de todos os trabalhos executados em uma obra não pode confiar em que seus supervisionados cumpram seus respectivos deveres, porque a fiscalização se estende também à verificação concreta desse cumprimento. Igualmente, aqui, ainda que o engenheiro tenha como ocupação o controle da atividade dos demais, o seu dever estará limitado à verificação das atividades concretas dos subordinados que estejam diretamente ligadas à lesão do bem jurídico. [...], o engenheiro que fiscaliza uma escavação não pode confiar em que as estacas de contenção lateral tenham sido colocadas pelos empregados, deve ele mesmo verificar se isto de fato ocorreu. Mas não precisa verificar o número de empregados utilizados na colocação dessas estacas, quanto a isso pode confiar na adequação da mão de obra realizada pelo feitor".

475 FARIA COSTA, José Francisco de, 2003a, p. 237.

476 YACOBUCCI, Guillermo Jorge, p. 85.

477 "Crime culposo. Homicídio. Acidente do trabalho. O funcionário que segue ordem de seu superior hierárquico e realiza conduta funcional sob condições perigosas não responde pelo resultado, se não se apura qualquer modalidade de culpa em sua conduta. Se ao responsável pelo serviço cabia zelar pela segurança dos seus subordinados, determinando as medidas necessárias ao isolamento dos riscos, inclusive com o uso de equipamento adequado, a ele se carrega a responsabilidade pelo resultado" (TJRS, ACR 70011581691, Rel. Danúbio Franco, 3ª CC, j. 11.8.05).

ainda, (vii.) que haja fiscalização (dentro da ideia de divisão vertical) de suas atividades.[478]

Nessa lógica, o encarregado deverá reunir, tanto quanto possível, aptidão, treinamento, competência e experiência; ou melhor, deverá possuir plena e segura capacidade de trabalho e habilidade técnica necessária, bem como receber, constantemente, ainda em virtude da (noção de) verticalidade de comando, as imprescindíveis diretrizes para se atualizar e se aprimorar no quadro normativo próprio.

Aqui, mais que em qualquer outro cenário, despontam, para o encarregado – do plano geral de cuidado –, aquilo que Hans Welzel denomina de "responsabilidade social",[479] e – do plano específico de cuidado – o permanente acatamento das normas disciplinadoras de uma maior efetividade, segurança e qualidade do trabalho.[480]

E, ainda uma vez, o princípio da confiança, vantajosamente, adquire força (como critério referencial de imputação), pois, de um lado, o agente que se encontra em um posto superior pode confiar, em linha de partida, que seus comandos sejam, de maneira cabal, atendidos; bem como, de outro, o agente que se localiza em um plano hierarquicamente inferior poderá confiar que aqueles comandos estejam certos e adequados. Nesse marco, teriam referência os denominados "deveres de diligência secundários", ou seja, todo o agente que transmite instruções ou que delega funções, não só deve vigiar e controlar a aplicação de seus comandos, como, ainda, deve assegurar-se de que estes tenham sido, plenamente, entendidos, *maxime* nas situações concretas que implicam risco de acidente; e tal agente, a mais disso, deverá intervir em face da suspeita de uma defeituosa atuação de seu subordinado.[481] [482]

---

478 "En cuanto al encargado del servicio, debe efectuarse la misma afirmación de responsabilidad penal individualizada si hay un reparto vertical o 'en cascada' de obligaciones preventivas. Se trata, en definitiva, de entender o extender la condición de autor del delito de riesgo contra la seguridad y salud en el trabajo a quien, actuando en nombre y representación de la empresa, haya asumido fácticamente, en virtud de una relación de dominio, sus actividades y haya ejecutado la acción definida en el tipo penal" (MARTÍNEZ, Rosario de Vicente, p. 220).

479 WELZEL, Hans, 1971, p. 42.

480 "Homicídio culposo. Queda de pessoa clandestina no poço do elevador da obra. Dever de cuidado por parte do engenheiro responsável. CLT, art. 173. CP, art. 121, § 3º. 1. Constatado que a morte da vítima decorreu da precariedade do madeirame utilizado no andaime sobre o poço do elevador, mostra-se inequívoca a negligência por parte do engenheiro responsável pela obra, sendo irrelevante o fato da vítima ter entrado na construção clandestinamente. 2. *HC* conhecido; pedido indeferido" (STJ, *HC* 12865/SP, 5ª T., Min. Rel. Edson Vidigal, j. 13.2.01).

481 HAVA GARCÍA, Esther, p. 119. "De todos modos, el problema no radica tanto en fundamentar la existencia de esos deberes secundarios como en determinar sus límites, pues si los superiores jerárquicos tuvieran que ocupar todo su tiempo en la vigilancia constante de la actuación de sus subordinados, probablemente se producirían menos negligencias, pero porque se realizarían muchas menos tareas. Por lo demás, si bien la delimitación del alcance de las obligaciones de instrucción y supervisión puede parecer más o menos clara cuando se trata de controlar la actuación de personal escasamente cualificado, afirmar la existencia de dichos deberes en los mismos términos cuando se trata de subordinados con formación y capacidades suficientes para desarrollar la actividad de que se trate supondría extender su alcance *ad infinitum*, exigiendo al superior jerárquico controlar y supervisar absolutamente todas sus actuaciones, lo que no parece razonable" (HAVA GARCÍA, Esther, p. 120-1).

482 A jurisprudência trabalhista já percebeu que a necessidade de fornecer EPIs se completa apenas com a fiscalização de sua utilização: "súmula 289 do TST. Insalubridade. Adicional. Fornecimento do aparelho de

5.3. A culpa exclusiva da vítima (o próprio trabalhador)

Como circunstanciadamente se indica, certas lesões (ou mortes) são produzidas por causa exclusiva de um ato (ou uma série de atos) de descuido (ou mesmo de desobediência) do trabalhador que, em face de um convívio rotineiro com situações perigosas, descumpre as medidas de prudência que lhe foram recomendadas[483] e, sobretudo, exigidas.[484] Inquestionavelmente, "a vítima (operário) não procede, pois, voluntariamente, mas por motivo da habitualidade, sem atentar nas consequências do perigo".[485] (Em termos criminológicos, denomina-se essa hipótese de autovitimização, pois uma das características mais notáveis do homicídio e da lesão corporal é que o sujeito pode autovitimar-se, isto é, reunir as características de vítima e vitimário na mesma pessoa.[486])

Muitas situações se resolvem pela constatação inequívoca de que a vítima do acidente de trabalho – não obstante terem sido atendidas todas as condições às quais se fez referência nos itens anteriores, quer por parte do administrador, quer por parte do encarregado, no marco da divisão vertical do trabalho – se houve culposamente, dando curso ao evento lesivo,[487] afastando, por via natural de consequência, a imputação criminal sobre aqueles.[488] [489] Em outros termos: "la faute de la victime peut, notamment, dans certaines conditions,

---

proteção. Efeito (mantida) – Res. 121/2003, DJ 19, 20 e 21.11.03 O simples fornecimento do aparelho de proteção pelo empregador não o exime do pagamento do adicional de insalubridade. Cabe-lhe tomar as medidas que conduzam à diminuição ou eliminação da nocividade, entre as quais as relativas ao uso efetivo do equipamento pelo empregado".

483 SACHET, Adrien, p. 373.

484 "As instruções – expedidas como ordens de serviço – têm por objetivo fazer conhecidas do empregado ou operário as normas que devem ser, rigorosamente, observadas para evitar os acidentes não somente as que, exemplificativamente, são enumeradas pelos preceitos regulamentares, como as que forem aconselhadas pela experiência ou recomendadas pelo manejo de uma nova máquina, ou utilização de algum aparelho especial" (FARIA, Bento de, p. 223-4).

485 FARIA, Bento de, p. 147.

486 RODRÍGUEZ MANZANERA, Luis, 2010, p. 309.

487 "Prova oral que demonstra que os apelados tomaram as cautelas necessárias para evitar o infortúnio, fornecendo equipamentos e ministrando palestras de segurança no trabalho aos funcionários. Vítima que, voluntariamente, deixou de utilizar o cinto de segurança fornecido pela empresa. Laudo que atesta estar a vítima embriagada. Absolvição mantida" (TJSP, APC 0005813-64.2007.8.26.0001, 4ª CC, Rel. Edison Brandão, j. 14.2.12). "Homicídio culposo. Acidente de trabalho. Dever de cuidado. Não comprovação. Vítima sócia do réu na mineradora. Culpa exclusiva daquela. Autocolocação em risco. Absolvição decretada" (TJMG, APC 1.0042.06.014400-5/001, 5ª CC, Rel. Alexandre de Carvalho, j. 16.6.09). "Sinistro de trabalho regular. A culpa, em se tratando de fato criminoso, deve ser detidamente provada. Não se admite a presunção para se alicerçar decreto condenatório, quando os elementos probatórios postos à apreciação do magistrado não dão suporte à segura convicção quanto ao comportamento culposo de cada agente. Dantes, revelam ousadia e destemor da vítima, experiente no ramo, que ousou energizar extensão e lixadeira sem desarmar disjuntores. Absolvição mantida" (TJSP, APCR 9208979-67.2007.8.26.0000, 2ª CC, Rel. André de Oliveira, j. 5.12.08). "1. Inexiste culpa do engenheiro e responsável pela operação na usina de beneficiamento de minério de cobre e segurança do trabalho se o empregado, desconsiderando os avisos afixados e os alertas do companheiro, aproxima-se imprudentemente do morro de brita fina e é por ela soterrado ante o desmoronamento, quando desobstruía manualmente o Bal. 2. A atividade nas minas de beneficiamento de cobre contém um risco inerente, no entanto, convenientemente sinalizado e iluminado o local, providos, os trabalhadores, dos equipamentos individuais de segurança, orientados sobre os procedimentos de desobstrução manual dos filtros em razão do acúmulo de minério, inexiste negligência dos responsáveis. Solidifica-se o afastamento da culpa com a constatação que, mesmo após o acidente, mantiveram-se inalterados os procedimentos utilizados na desobstrução dos Bals do silo de brita fina" (TJRS, APC 70007612393, 3ª CC, Relª. Elba Bastos, j. 1.4.04).

exonérer le prévenu de sa responsabilité";[490] contudo, "en soi, la faute de la victime n'est pas une cause d'exonération de responsabilité pour l'employeur. Pour conduire à une relaxe de ce dernier, la faute de la victime doit avoir été la cause exclusive de l'accident. Cette solution ancienne [...] a été réaffirmée à de nombreuses reprises [...]".[491] (Da mesma forma, nos casos em que o trabalhador se fere

---

[488] "Homicídio culposo (art. 121, § 3°, CP), por três vezes, e lesão corporal culposa (art. 129, § 6°, CP), por duas vezes, todos em concurso formal. Sentença condenatória. Insurgência da defesa. Pretendida absolvição. Acolhimento. Explosão de tanque de gasolina em posto de combustíveis durante o serviço de manutenção do reservatório. Morte dos profissionais que executavam a tarefa e lesões corporais em clientes que se encontravam no estabelecimento. Equipamentos de proteção pessoal e local não utilizados no momento do acidente. Negligência na fiscalização do serviço imputada aos réus, proprietários do estabelecimento. Descabimento. Dever de observância das normas de segurança que, no caso, cabia aos prestadores do serviço, contratados justamente por possuírem conhecimento e capacidade técnica especializada na atividade. Obrigação não assumida pelos acusados. Evento danoso resultante exclusivamente da imprudência das vítimas fatais. Absolvição decretada. Recurso provido" (TJSC, ACR 2013.012702- 1, Rel. Newton Varella Júnior, j. 25.9.14). "Homicídio e lesão corporal culposa (art. 121, § 3°, e art. 129, § 6°, ambos do CP). Absolvição em primeiro grau. Recurso do MP. Pleito para condenação do réu. Impossibilidade. Acidente de trabalho. Provas insubsistentes para demonstrar que o réu agiu de forma negligente. Culpa que deve ficar cabalmente comprovada. Sentença mantida. Recurso conhecido e desprovido. A denúncia imputa o fato culposo ao réu alegando que este foi negligente ao não adquirir madeiras novas para serem utilizadas na construção, porque as que tinha adquirido poderiam oferecer riscos à obra [...]. O réu alega que forneceu as escoras solicitadas e que contratou uma empresa de segurança para verificar se os empregados estavam realizados a obra com a devida segurança. Que o andaime estava mal construído e a construção foi realizada pelas próprias vítimas [...]. Portanto, caso o andaime fosse construído de maneira segura, não ocorreria o caso fatídico. Sobressai, então, a impossibilidade da condenação do réu, pois presume-se que a má construção do andaime foi a responsável pelo caso fatídico, e não a utilização de madeira podre ou não, pois como se insere nos autos, madeira era material abundante na construção. Além disto, há provas de que o réu forneceu todos os equipamentos de segurança e contratou empresa para fiscalizar a segurança da obra, não podendo ser responsabilizado pela falta de uso pelas vítimas" (TJSC, ACR 20130056423, Relª. Cinthia Schaefer, 2ª CC, j. 2.7.13). "Homicídio culposo (art. 121, § 3°, do CP). Acidente de trabalho. Sentença absolutória. Recurso do MP. Pleito condenatório. Impossibilidade. Vítima que não utilizou equipamento de segurança fornecido. Ausência de provas acerca da negligência dos proprietários. Inexistência de nexo causal. Sentença mantida. Recurso conhecido e desprovido" (TJSC, ACR 2012.019024-1, Rel. Ricardo Roesler, 2ª CC, j. 5.2.12).

[489] "Agravo de Instrumento. Recurso de Revista. 1. Acidente de Trânsito. Mecânico. Indenização por danos morais e materiais. 2. [...]. Não se constata ofensa aos arts. 927, § único, e 932, III, do CC e 21, I, II e IV, da Lei 8.213/91, uma vez que, conforme registrado no acórdão regional, 'no caso, ambos os empregados falecidos estavam desconectados da gerência patronal, e, portanto, do exercício direto do ofício laboral, já que descumprindo regras da empresa se ausentaram do posto de trabalho e, por própria conta e risco, em contexto desvirtuado do trabalho, vieram a oportunizar as condições que se viram no acidente de trânsito'. Quanto à divergência jurisprudencial apontada, os modelos colacionados são inservíveis para demonstração de conflito de teses que justifique o conhecimento do recurso de revista, porque originários de decisões de Turmas do TST, hipótese que não se enquadra nos termos da alínea 'a' do art. 896 da CLT. A alegação de ofensa ao art. 7°, XXVIII, da CF constitui inovação recursal, já que não veiculada no recurso de revista, razão pela qual não será analisada. Nego provimento" (AIRR 1611-42.2011.5.15.0104, Rel. Min. Fernando Ono, 4ª T., j. 25.3.15).

[490] SALOMON, Renaud; MARTINEL, Agnès, p. 41.

[491] SALOMON, Renaud; MARTINEL, Agnès, p. 42-3. Em termos jurisprudenciais: "homicídio culposo (art. 121, § 3°, do CP). Absolvição sumária. Recurso da acusação. Utilização de prova emprestada produzida em demanda trabalhista. Viabilidade. Ausência de prejuízo. Acervo probatório hábil a demonstrar que o fato descrito na denúncia não constituiu ilícito penal. Acidente do trabalho ocorrido por culpa exclusiva da vítima. Contexto assim reconhecido inclusive pela CIPA. Plena demonstração de que os réus forneceram os equipamentos de proteção individual necessários e que exigiam sua utilização. Negligência inocorrente. Sentença absolutória mantida. Recurso desprovido" (TJSC, AC 2013.048175-0, Rel. Newton Varella Júnior, 4ª CC, j. 24.4.14). "Homicídio culposo. Acidente de trabalho. Condenação. Irresignação defensiva. Conduta culposa não demonstrada. Absolvição. A prova informa que a vítima caiu quando se deslocava pelo telhado, realizando uma vedação, e não enquanto dele descia, não havendo, pois, nexo causal entre a queda e a suposta deficiência na aparelhagem de segurança. O fato é que, segundo o apurado, no momento da queda, a vítima tinha a sua disposição, sem nenhuma restrição de uso contínuo a 'linha de vida' e o 'cinto de segurança', mas, por sua vontade, optou por não utilizá-los. Em sendo assim, se a vítima, durante o deslocamento fatal em direção a Samir, estivesse com o cinto de segurança preso ao cabo 'linha da vida', não teria caído, mas sim ficado

propositadamente – o "autolesionismo"[492] – ou finge "que o dano sofrido noutro local foi ocasionado pelo trabalho – a simulação – não constituem evidentemente infortúnios do trabalho, porque não são acontecimentos casuais".[493])

O princípio (fundamental) de partida é que "il lavoratore non può disporre della propria integrità fisica e della propria salute, così che il suo consenso non scrimina il datore di lavoro".[494] A mais disso, em nenhum caso a integridade física ou a saúde do trabalhador deve ser sacrificada ante a exigência de produtividade, aumento de quantidade de produtos, redução de custos ou conquista de mercados; com efeito, do complexo de normas específicas de cuidado emerge a rigorosa (e, sobretudo, prioritária) tutela dos bens jurídico-penais em referência.[495] Todavia, e repete-se, situações haverá em que o acidente deve ser compreendido em razão de uma conduta descuidada do próprio trabalhador, inocorrendo, portanto, qualquer culpa (em sentido penal) dos empregadores ou responsáveis. Como lembra Günther Jakobs, "cualquier conducta puede conducir a través de desgraciadas concatenaciones de circunstancias a la producción de un daño; si la conducta se encontraba dentro del riesgo permitido (y queda excluida la conducta no permitida de terceras personas o un comportamiento de la propia víctima contrario a sus deberes de autoprotección), se trata de un infortunio, no de injusto".[496] A falta de orientação (ou mesmo de alerta dos possíveis perigos) não pode ser, sob quaisquer condições, esquecida. Recorde-se que até mesmo o suicídio, no ambiente de trabalho, tem propiciado, na esfera da responsabilidade civil, novos debates e soluções;[497] por certo, no plano penal (salvo situações *in extremis*, tais como, por mera ilustração, as

---

pendurada. Então, o evento morte não se deu por nenhuma outra causa, que não a negligência e imprudência da própria vítima, que não fez uso dos equipamentos de segurança colocados a sua disposição. Por oportuno, a autoridade policial, encerrada a investigação, optou por remeter o inquérito policial sem indiciamento. O MP não requisitou a realização de qualquer diligência, limitou-se a tomar declarações de duas testemunhas e ofereceu a denúncia. Desse modo, *in casu*, embora questionável a suficiência dos equipamentos fornecidos para evitar todo e qualquer acidente, o certo é que os disponibilizados pelo empregador, se utilizados fossem pela vítima, seriam suficientes para evitar o resultado letal, daí porque vejo imperativa a absolvição do réu. Deram provimento ao apelo defensivo" (TJRS, AC 70040992281, Relª. Osnilda Pisa, 2ª CC, j. 29.10.13). "Não há culpa do responsável pela segurança do trabalho se o funcionário caiu no porão do navio por ter agido com imprudência na realização de seus afazeres (TACrSP, RT 813/592)" (decisão citada por DELMANTO, Celso; DELMANTO, Roberto; DELMANTO JÚNIOR, Roberto; DELMANTO, Fabio M. de Almeida, p. 450).

492 Na história da criminologia, dá-se o nome de "burlão de seguros por má situação financeira" aos agentes que procuram resolver uma crise econômica por meio da fraude. Como descreve Ernst Seelig (1957, p. 194), "tais burlões de seguros não recuam também perante graves ferimentos em si para receberem indenizações elevadas por acidente. [...]. O caso Merek (dominado pela mulher) despertou grande sensação no seu tempo. Este homem cortou, a si mesmo, uma perna com um machado depois de ter feito um seguro muito alto, contra acidentes".

493 CESARINO JR., Antonio Francisco, p. 299. Como reforça Mozart Victor Russomano (p. 83), são "simulados os acidentes que não ocorreram ou os que surgiram por motivos alheios ao trabalho, procurando a vítima, porém, enquadrá-los entre os verdadeiros acidentes indenizáveis. Provocados são aqueles acidentes que, efetivamente, ocorreram com todas as características do acidente do trabalho, mas que foram causados, de propósito, pela vítima, para auferir as vantagens pecuniárias das indenizações. No primeiro caso, não existe um acidente do trabalho; no segundo, ao revés, existe o acidente do trabalho, mas esse acidente não é indenizável, por dolo do empregado que se vitimou. [...]. A existência do dolo [...] é incompatível com a ideia de acidente indenizável".

494 ANTOLISEI, Francesco, p. 496.

495 ANTOLISEI, Francesco, p. 499.

496 JAKOBS, Günther, 1997, p. 213.

497 Tratava-se de um caso de pescador que trabalhava sozinho, em alto-mar, e que se enforcou dentro da embarcação, tendo ficado registrado que o empregador recusara ligações telefônicas do empregado ao longo da noite (Cf. AROCHENA, José Fernando Lousada de, 2005, p. 9).

de severas humilhações impostas ao trabalhador, representadas pelas próprias condições adversas do exercício laboral), o suicídio mostra-se como fato que escaparia à lógica de antecipação de eventos.[498] Como aduz, com bastante propriedade, Francesco Antolisei, "donde il vincolo ad una più rigorosa vigilanza dei preposti alla sicurezza e l'obbligo di imporre senza eccezioni i necessari presidi cautelari pur se il lavoratore li consideri scomodi e cerchi di evitarne il peso. Oberne quando i presidi cautelari siano stati predisposti, la sorveglianza esercitata, gli ordini dati e, sia pure episodicamente il prestatore d'opera non li osservi e dalla sua inosservanza derivi la lesione o la morte, *quid juris*? Generalmente non si esclude il nesso causale (e neppure la colpa), salvo che il datore di lavoro risulti avere adempiuto a tutti i suoi obblighi, ivi compreso quello di una effetiva, attenta e costante vigilanza".[499] Pode convir-se, ainda, que, se as vítimas também se houverem culposamente, tal dado fático não retira a eventual responsabilidade jurídico-penal dos agentes que deviam estabelecer (e, ademais, fiscalizar) os cuidados sob os quais a atividade laboral se deveria conduzir.[500]

Cumpre, ainda, rememorar que, na dimensão do processo penal, concretamente na entrega da prestação jurisdicional penal, se deve encampar o princípio do *in dubio pro reo*[501] (ou do estado de inocência), afastando-se, em tal caso,

[498] "Homicídio culposo. Acidente de trabalho. Condenação. Recurso. Proprietário de construção acusado de não ter fornecido ao empregado-vítima os equipamentos de segurança. Fato que não foi a causa desencadeadora do evento. Suspeita de suicídio. Culpa exclusiva da vítima. Absolvição. 1. Deve ser absolvido do crime de homicídio culposo o proprietário da construção acusado de não ter fornecido ao empregado-vítima os equipamentos de segurança na hipótese em que tal fato não tenha sido a causa desencadeadora da morte do ofendido. Sendo certo que, para ter relevância jurídica no âmbito penal, o não fornecimento dos equipamentos relacionados à prevenção de acidentes do trabalho deve inserir-se na linha evolutiva do evento. 2. [...], as provas testemunhais e periciais apontam para o suicídio, sendo certo que a vítima, por conta própria e contra ordem expressa do patrão, foi até a borda de uma laje, local em que não era executado nenhum serviço, vindo a cair acidentalmente ou se jogado dessas alturas. O trabalho da vítima consistia apenas em carregar tijolos por uma escada central do prédio até o centro da terceira laje, tendo sido expressamente avisada de que não deveria se aproximar da beirada da laje, dada a falta provisória de parede ou parapeito. Por motivos desconhecidos, a vítima, trabalhando sozinha no local, abandonou o carregamento dos tijolos, caminhou cerca de seis metros até o limite máximo da laje, retirou a camisa e os chinelos e caiu do terceiro andar, mas não ficou esclarecido se a queda foi acidental (imprudência da vítima sem se movimentar sem necessidade em local tão perigoso), ou se foi voluntária (suicídio, hipótese não descartada pelo laudo pericial e sugerida por várias testemunhas). 3. A omissão de fornecer ou de exigir o uso de equipamentos de segurança, como luvas, botas, capacete e cinto, não é relevante, porque não entrou na linha evolutiva do evento, considerando-se a função então exercida pela vítima e o local em que ela trabalhava. 4. Recurso conhecido e provido para absolver o réu, com base no benefício da dúvida (CPP, art. 386, VII)" (TJDF, ACR 20060310111478APR, Rel. Roberval Belinati, 2ª T., 23.9.10).

[499] ANTOLISEI, Francesco, p. 501-2.

[500] "Se as vítimas também agiram culposamente, tal quadro não exclui a participação culposa dos agentes, aos quais cumpria traçar as normas de trabalho em consonância com os cuidados indispensáveis à preservação da saúde e da vida daqueles que, em verdade, são homens rústicos, mas não de índole rebelde ou agressiva. Se a realidade impunha a assunção de riscos, por estes a responsabilidade, sobretudo no campo criminal, só poderia pesar nos ombros de quem os deliberara assumir" (TACRIM-SP, AC, Rel. Djalma Lofrano, JUTACRIM 69/459). Decisão citada por FRANCO, Alberto Silva e outros, p. 1478.

[501] Tal princípio, na precisa lição de Karl Engish (1988, p. 103), pode ser compreendido da seguinte forma: "esta regulamentação é relativamente simples no Direito processual penal. Neste sector vale, à parte raras excepções, o princípio: *in dubio pro reo*. Este princípio diz-nos que, quando existem dúvidas sobre as circunstâncias de facto relevantes para a condenação ou a absolvição do acusado, o juiz há-de 'presumir' a situação de facto que conduza a uma decisão mais favorável àquele. Portanto, se existem dúvidas sobre a autoria, deve presumir-se que o acusado não foi o autor do facto delituoso. Se existem dúvidas sobre se o acusado praticou o facto em situação de legítima defesa, haverá de presumir-se esta, enquanto não se provar o contrário. Se existem dúvidas sobre se o acusado ao praticar o facto estava na plena posse das suas faculdades mentais, há-de presumir-se que o não estava, enquanto se não fizer prova em contrário".

a possibilidade de condenação, dado que a culpa se deve apresentar cabalmente comprovada,[502] não se podendo cogitar, por óbvio, de responsabilização penal objetiva,[503] isto é, não existe base para a imposição de uma sentença penal

[502] "Homicídio culposo. Inobservância de regra técnica de profissão. Absolvições. Recurso da acusação. Pleito condenatório. Desacolhimento. Insuficiência de provas das condutas culposas atribuídas aos réus. Aplicação do princípio in dubio pro reo. Absolvição mantida. Recurso conhecido e desprovido" (TJPR, ACR 0001586-76.2012.8.16.0084, 1ª CC, Rel. Clayton Camargo, j. 5.4.19). "Homicídio culposo. Acidente de trabalho. Morte de empregado na condução de empilhadeira. Imputação do resultado morte aos responsáveis pela empresa por negligência na manutenção do maquinário. Sentença absolutória fundada na inexistência de prova cabal de terem concorrido os réus para a infração penal. Culpa exclusiva da vítima, que tinha função de soldador, não era habilitada para operar a empilhadeira e desrespeitou proibição da chefia. Versão não descartada. Incerteza que justifica a incidência do princípio do in dubio pro reo. Absolvição mantida, mas com alteração do fundamento. Improcedência amparada no art. 386, VII, do CPP. Apelo ministerial desprovido, com observação" (TJSP, ACR 3000015-20.2013.8.26.0629, 16ª CC, Rel. Otávio Toledo, j. 1.4.19). "[...]. Acidente em obra provocado por inobservância de regra técnica de profissão. Causas do acidente não constatadas. Ausência de provas suficientes para imputar a responsabilidade criminal ao engenheiro responsável somente pela montage. *In dubio pro reo.* Absolvição. Necessidade. –. Se os elementos probatórios contidos nos autos, os quais embasaram a condenação do apelante, não permitem extrair com um grau de certeza razoável a inobservância de regra técnica por sua parte, já que as causas do acidente não foram descobertas e a perícia se limitou a conclusões possíveis e superficiais, não tendo sido sequer investigados o calculista, o projetista e o fabricante das peças, imperiosa é a absolvição, nos termos do art. 386, VII, do CPP, vigorando o princípio *in dubio pro reo*" (TJMG, ACR 1.0142.15.001245-8/001, 6ª CC, Rel. Jaubert Jaques, j. 18.9.18). "Homicídio culposo. Acidente de trabalho. Absolvição. Possibilidade. Dúvida quanto à inobservância de dever objetivo de cuidado. Inteligência do brocardo do *in dubio pro reo.* Recurso conhecido e provido" (TJMG, AC 1.0518.12.017636-8/001, Relª. uziene Lima (convocada), 6ª CC, j. 1.12.15). "Homicídio culposo. Concurso formal. Negligência. Absolvição, por insuficiência probatória da culpa. Recurso ministerial. Pretendida a condenação do apelado, nos termos da denúncia. Inocorrência. Dúvida. Laudo contrariado por duas testemunhas, engenheiras civis. Narrativa de que nada de irregular foi constatado no modo de execução da obra. Não comprovada a negligência. Recurso desprovido" (TJSP, AC 0005115-67.2008.8.26.0407, Rel. Alberto Anderson Filho, 7ª CC, j. 1.10.15). "Homicídio culposo agravado. Inobservância de regra técnica de profissão. Recurso ministerial que devolve o conhecimento do mérito. Autoria não demonstrada com suficiência. Absolvição do acusado que se impõe. Apelo ministerial provido" (TJSP, AC 0003691-59.2010.8.26.0038, Rel. Nuevo Campos, 5ª CC Extraordinária, j. 18.9.15). "Acidente de trabalho. Art. 121, § § 3º e 4º, 1ª figura, c/c art. 13, § 2º, 'a', ambos do CP. Pleito de absolvição. Procedência. Inexistência de prova suficiente para embasar a condenação. Culpa do réu não suficientemente demonstrada. Nexo de causalidade não comprovado de forma segura. Prevalência do princípio *in dubio pro reo.* Absolvição decretada. Recurso provido" (TJPR, AC 1158288-4, Rel. Macedo Pacheco, 1ª CC, j. 2.10.14). "Homicídio culposo. Acidente de trabalho. Art. 121, § 3º, do CP. Absolvição. Pleito de condenação. Improcedência. Inexistência de prova suficiente para embasar a condenação. Provas de que as vítimas se expuseram voluntariamente a risco. Culpa dos réus não demonstrada. Nexo de causalidade não comprovado de forma segura. Prevalência do princípio *in dubio pro reo.* Absolvição mantida. Recurso desprovido" (TJPR, AC 1176233-7, Rel. Benjamim Costa, 1ª CC, j. 15.5.14). "Homicídio culposo. [...]. O contexto probatório não é seguro para demonstrar que as circunstâncias fáticas se encontravam conforme descritas na denúncia. Igualmente, não se pode concluir com segurança que eventual medida tomada pelo réu poderia ter evitado o acidente e, consequentemente, o lamentável resultado. O laudo realizado pelo MTE foi realizado sem a incidência do princípio da ampla defesa e do contraditório e houve alegações em sentido diverso pela prova oral produzida. [...], não houve comprovação de que a utilização de capacete era imperiosa para operação da máquina esmerilhadeira. O rompimento da peça rebolo que se encontrava na esmerilhadeira, como também ficou registrado, não é fato normal e pode ter decorrido de fissura de fábrica ou de alguma avaria no transporte, como queda, [...]. [...], inexistindo provas seguras a demonstrar a culpa do réu e sua concorrência para o resultado, vige o estado de inocência e a absolvição é medida impositiva" (TJRS, ACR 70050820943, Rel. Diógenes Ribeiro, 3ª CC, j. 25.4.13).

[503] "Homicídio culposo. Acidente de trabalho. Sentença absolutória. Reforma. Impossibilidade. – Em se tratando de processo penal, não basta haver eventuais irregularidades na execução da obra para comprovar a culpa dos réus. Tal pode ser suficiente no âmbito da responsabilidade civil, onde se admite até mesmo responsabilidade objetiva, mas não na seara criminal, em que a prova da culpa, na modalidade e na forma expressamente narradas na denúncia, deve ser robusta e absolutamente segura. [...], não basta que os réus possam ser, [...], responsabilizados pelo acidente para que se admita condená-los por homicídio culposo; há que se ter absoluta certeza de que o resultado danoso era previsível e que eles lideram com isso da forma negligente e imperita narrada na exordial, o que não ocorre no caso concreto. Apelo desprovido. Unânime"

condenatória (por homicídio culposo) se não se estabelece um nexo causal entre a conduta e o evento lesivo, porquanto inadmissível, em matéria penal, a culpa presumida ou a responsabilidade objetiva (*Erfolgshaftung*).[504] Não se pode confundir a responsabilização civil – que, eventualmente, poderia advir aos acusados, em razão da alegada inobservância das normas regulamentadoras –, com àquela aferida no âmbito criminal, que exige nexo causal entre a conduta imputada e o resultado danoso, sob pena de admitir-se culpa presumida ou responsabilidade objetiva nesse terreno. Por fim das contas, não se admite a interposição de ação de liberdade (a fim de reconhecer-se a ausência de justa

---

(TJRS, AC 70063431068, Rel. Luiz Guimarães, 2ª CC, j. 11.6.15). "Homicídio culposo. Absolvição confirmada. Manutenção da sentença absolutória. Ausência de provas do agir culposo do acusado. Acidente de trabalho. Não se admite responsabilização objetiva no direito penal. Parecer do MP pelo desprovimento do recurso. Recurso do MP desprovido" (TJRS, AC 70053625133, Rel. Diógenes Ribeiro, 3ª CC, j. 7.11.13). "Acidente do trabalho. Choque elétrico. Homicídio culposo. Prova dúbia da responsabilidade do engenheiro. Vítima, ademais, mestre de obras. Recurso provido. A condenação criminal não pode se basear na mera possibilidade, exige certeza exata como a matemática, convincente como a lógica. Em Direito Penal não se cogita de responsabilidade objetiva, muito menos de presunção de culpa. Sem prova escorreita da culpabilidade não se condena. Se a vítima era o mestre de obras, responsável pelo material e pela obra, e a empresa forneceu e exigiu o uso de equipamentos de segurança, não pode o engenheiro, que não estava na obra, ser responsabilizado por homicídio culposo" (TJSC, ACR 2004.013409-6, Rel. Amaral e Silva, 1ª CC, j. 29.3.05). Em termos doutrinários, Guilherme Guimarães Feliciano (2012, p. 1523) afirma: "se não é possível determinar a realização do risco juridicamente reprovado em um resultado penalmente relevante – por ser, a *contrario sensu*, possível explicar o resultado penalmente relevante sem a conduta e o risco por ela gerado ou incrementado –, impõe-se a absolvição do réu, ainda que não se possa identificar, com certeza, qual o outro risco". Conhecemos, por óbvio, da possibilidade de o réu ser absolvido em virtude do princípio do *in dubio pro reo*; contudo, cada caso tem de ser analisado em sua especificidade, para não se incorrer na absolvição generalizada, utilizando-se tal princípio como porta de saída da responsabilização penal. Por outro lado, é se de cuidar, também, não haver condenações em massa respaldada na teoria da imputação objetiva. A atividade empresarial é um risco, criado ou incrementado. Tal risco é permitido, nos limites traçados no ordenamento legal e em particular, no que diz respeito ao ambiente do trabalho, entre outras, nas normas de proteção ao empregado. Nos casos em que o empregado é o causador direto do acidente de trabalho, ou do resultado reprovado juridicamente, antes mesmo da completa e absoluta absolvição do empregador, pela utilização do princípio do *in dubio pro reo*, cabe uma análise minuciosa da conduta do empresário, quanto a todas as circunstâncias que envolvem o ocorrido. Por exemplo, em um posto de gasolina, o frentista vem a se acidentar com as substâncias químicas inflamáveis, por sua própria culpa. Há de se perquirir como que aquela atividade (que já é um risco, mas permitido) se tornou um risco proibido (ou reprovado). O nexo causal entre a conduta que se desdobrou no acidente e o risco da atividade. A relação entre a escolha do empregado, com os treinamentos adequados, os equipamentos necessários, o cumprimento das disposições de leis e normas protetivas, a vigilância por parte do empregador no cumprimento e na obediência das normas técnicas e condutas. Possivelmente se verificará que o empresário, além de ter criado o risco permitido (atividade empresarial de venda de combustíveis), também, é (foi) o causador do risco proibido, ou o incremento dele além dos limites permissivos. Pois, se a inobservância do cuidado objetivo devido ocorrer na conduta do empregado, é porque, em muitos casos, já ocorreu na conduta do empregador, que tem a responsabilidade sobre o risco criado.

504 STF, *HC* 6.826/SP, 1ª T., Rel. Min. Rafael Mayer, j. 5.10.84. "Homicídio culposo (art. 121, § 3º, CP). Acidente de trabalho. Absolvição dos acusados por inexistência de provas suficientes para a condenação (art. 386, inc. VII, CPP). Insurgência do MP. Pretensão de condenação. Inviabilidade. Funcionário de cooperativa que veio a falecer, por asfixia, ao ser sugado por massa de grãos de soja. inexistência de provas seguras de que os apelados, um deles gerente, outro encarregado do setor operacional e o terceiro técnico em segurança do trabalho, agiram culposamente. Indicativos de que o ofendido, funcionário devidamente treinado e inclusive membro da CIPA, caminhou sobre os grãos de soja sem permissão. E, também, de que a cooperativa disponibilizava equipamentos de segurança individual. Negligência não comprovada. Prevalência do princípio *in dubio pro reo*. Absolvição mantida. Recurso desprovido (TJPR, ACR 1716865-3, 1ª CC, Rel. Miguel Kfouri Neto, j. 1.3.18). "Homicídio culposo. Acidente de trabalho. Absolvição. Recurso do MP. Manutenção da sentença. [...]. 2. Não há a certeza necessária para o juízo condenatório, sob pena, [...], de responsabilização penal objetiva. [...], a prova testemunhal aponta que o ofendido utilizava os equipamentos de segurança para a execução da obra. Recurso desprovido" (TJRS, AC 70061121893, Rel. Ingo Sarlet, 3ª CC, j. 18.5.16).

causa do processo penal), ainda que tenha sido, na esfera trabalhista, afirmada a culpa exclusiva da vítima, quer pela independência das esferas, quer pela impossibilidade de discussão aprofundada de matéria fático-probatória na via estreita do *habeas corpus*.[505]

5.4. O princípio da autorresponsabilidade

De outra forma, tem-se de referir o princípio da autorresponsabilidade, segundo o qual quem se propuser a exercer uma profissão ou atividade perigosa deverá se submeter aos riscos dela decorrentes. Cuida-se, portanto, de atividades nas quais a convivência a situações de perigo se mostra razoavelmente normal (assim: bombeiros, policiais, eletricistas, médicos, *inter alia*); com isso, na hipótese de haver um acidente, no espectro desse risco, o resultado, *prima facie*, será projetado no campo da atipia. Como descreve Juarez Tavares, "o paciente não será responsável pelo fato de o médico se haver contaminado. [...], o dono do prédio não será responsável pelo desabamento que ocasiona a morte do bombeiro, nem o dono do imóvel porque o eletricista, ao verificar uma instação, acaba se eletrocutando".[506]

Evidentemente, a noção da autorresponsabilidade só poderá servir de base à solução de casos criminais quando o contexto normativo estiver orientado a garantir a liberdade frente a intromissões na esfera da vítima; quando, ao contrário, não se reconhecer essa autonomia, a solução dogmática não deverá encampar esse princípio.[507] Ainda, como destaca Manuel Cancio Meliá, apenas haverá consequências jurídico-penais do princípio em causa quando a atividade possa ser efetivamente atribuída à vítima.[508] Tal princípio, *in summa*, se vincula às normas que consagram o livre desenvolvimento dos seres humanos como fundamento da organização social.

---

505 "Homicídio culposo. Acidente de trabalho. Ausência de justa causa. Culpa exclusiva da vítima. Necessidade de revolvimento aprofundado de matéria fático-probatória na via estreita do *writ*. Impossibilidade. Apuração do fato pela justiça trabalhista. Independência entre as esferas criminal e trabalhista. *Habeas corpus* não conhecido. – 1. Ressalvada pessoal compreensão diversa, uniformizou o STJ ser inadequado o *writ* em substituição a recursos especial e ordinário, ou de revisão criminal, admitindo-se, de ofício, a concessão da ordem ante a constatação de ilegalidade flagrante, abuso de poder ou teratologia. 2. O Tribunal *a quo* reconheceu existirem provas suficientes aptas a corroborar o envolvimento do paciente no crime, valendo-se das declarações prestadas por testemunhas e do laudo pericial. 3. Infirmar a conclusão da instância ordinária acerca da existência de elementos dos crimes atribuídos ao paciente envolve revolvimento probatório vedado na via do *habeas corpus*. 4. Eventual decisão em reclamação trabalhista não tem influência no julgamento da ação penal, tendo em vista as independências das instâncias. 5. *Habeas corpus* não conhecido" (STJ, *HC* 321.541/MT, Rel. Min. Nefi Cordeiro, 6ª T., j. 15.3.16).

506 TAVARES, Juarez, 2018, p. 244.

507 CANCIO MELIÁ, Manuel, 2001, p. 51-2.

508 CANCIO MELIÁ, Manuel, p. 52.

Capítulo 6

A investigação criminal nos acidentes de trabalho

6.1. Aspectos gerais

No Brasil, a persecução penal está dividida em dois grandes blocos: (i.) a investigação;[509] e (ii.) a ação penal;[510] sobre esta base, na interessante síntese proposta por Enrique Ferri, "el delito descubierto es el punto de partida; la sentencia y su ejecución, el punto de término".[511] Vamos, neste capítulo, indicar algumas informações sobre a primeira etapa da persecução penal.

A elucidação e a individualização dos fatos puníveis constituem-se nos objetivos essenciais da investigação, ou seja, na apuração do fato ilícito e da respectiva autoria; assim, entre outros dados, podem ser aportados a essa averiguação: o *modus faciendi*; o *locus delicti*; o *tempus delicti*; o *alibi*; os *animi*. Nesta via, a abordagem de cada caso criminal impõe ao investigador a missão de esclarecer um fato, isto é, de apurar, mediante o conjunto de técnicas criminalísticas, como ocorreu, concretamente, um determinado acontecimento psicofísico do passado.[512] Cuida-se de relevantes informações que se vão coletar nesta fase preambular da *informatio delicti*; e o meio mais comum, embora não exclusivo,[513] para a descoberta dessas provas, é o inquérito policial.

Como circunstanciadamente se indica, a investigação policial deve ostentar uma dupla natureza: de um lado, uma natureza garantista – isto é, a de evitar a existência de uma acusação injusta –; e, de outro, uma natureza utilitária – isto é, a de preservar meios de prova, ao escopo de viabilizar a futura ação

[509] Existem várias formas de se proceder à investigação criminal (ou seja, coletar provas acerca da prática de conduta apontada como infração penal), sendo o inquérito policial o instrumento jurídico por excelência. Da mesma forma, "levando em conta a natureza da infração ou o órgão que conduz a investigação, é possível encontrarmos outros procedimentos de apuração formal, como é o caso do termo circunstanciado; do inquérito visando à expulsão de estrangeiro; da CPI; da investigação de natureza criminal conduzida pelo MP; da investigação de delito praticado por parlamentar; da investigação de delito cometido nas dependências do Congresso Nacional; da investigação de delito praticado por Membro do MP ou por Magistrado, e do inquérito policial militar" (MARCÃO, Renato, 2016, p. 75).

[510] Haveria, em detalhamento, em face da prolação de uma sentença penal condenatória, a fase da execução penal.

[511] FERRI, Enrique, 1933, p. 604.

[512] SEELIG, Ernst, 1959, p. 05.

[513] "Caso o MP detenha outras peças de informação que lhe garantam indícios de autoria e materialidade do fato, não está obrigado a determinar a instauração do inquérito policial, podendo oferecer a denúncia com base em qualquer peça de informação obtida licitamente. Tal característica ganha realce com o entendimento do STF relativamente ao poder de investigação direta do MP [...]" (NICOLITT, André, 2016, p. 201).

penal.[514] Disso se infere que o esclarecimento de um fato típico deva respeitar os direitos subjetivos dos investigados, ou seja, não pode existir nenhum esclarecimento *à outrance;* dessa maneira, alistam-se, no ordenamento processual, normas limitativas do impulso persecutório estatal. Com efeito, ao Estado de Direito, enquanto organização política, cumpre exercer o controle social sobre os cidadãos, para cujo dever se vale da polícia; em outras palavras, todo o comportamento que contrastar com a ordem estabelecida – no quadro do Estado de Direito – irá repercutir, geralmente em uma abordagem persecutória inicial, dentro do marco policial.[515]

O inquérito policial apresenta-se como procedimento de caráter investigativo, cujos elementos instrutórios se destinam, normalmente, a subsidiar a atuação do agente do *Parquet* a instaurar a *persecutio criminis in judicio*, na medida em que o Ministério Público, como *dominus litis*, é o verdadeiro destinatário das diligências realizadas pela Polícia Judiciária[516] (estadual ou federal); excepcionalmente, o inquérito, em se tratando de crime de ação privada, terá, como destinatário, o ofendido. A tarefa precípua da polícia, portanto, é "colher todos os dados necessários ao exercício da pretensão persecutória do Estado, de forma a preparar eficientemente a apresentação da acusação ao juízo criminal competente";[517] daí porque, via de regra, "as bases da ação penal e das decisões judiciais se assentam nas primeiras pesquisas que se sucedem à notícia do crime".[518] Por outro lado, os equívocos que aí se cometem, e implicam o não esclarecimento, ou à impunidade do ilícito penal, ou, ainda, à condenação de um inocente (àquilo que se denominaria de erro judicial), "contradizem o sentido e o fim da repressão penal do Estado".[519]

Nos crimes de ação pública, o inquérito policial se produz, principalmente, para servir de base à movimentação processual criminal levada a efeito pelo órgão do Ministério Público. Contudo, a denúncia (ou queixa) pode ser ofere-

---

[514] NICOLITT, André, p. 192.

[515] Cf. BUSTOS RAMÍREZ, Juan, 1983, p. 65. De modo muito amplo, "la función fundamental para la policía, surgida dentro del Estado moderno y como componente de su organización política, es el mantenimiento del orden. Así como a las fuerzas armadas compete la salvaguarda del orden externo correspondiente al Estado, a la policía compete el orden interno. A las fuerzas armadas corresponde tratar con el enemigo, a la policía con los connacionales, con los propios ciudadanos del Estado. Ésa sería la diferencia de función entre una y otra institución desde el punto de vista del control y, por ello, también la diferencia de los medios a emplear. En uno caso dirigidos a la exterminación del enemigo, en el otro, sólo al sometimiento de los desordenados" (BUSTOS RAMÍREZ, Juan, 1983, p. 65).

[516] De conformidade com o art. 4° do CPP, a polícia judiciária será exercida pelas autoridades policiais no território de suas respectivas circunscrições e terá por fim a apuração das infrações penais e da sua autoria. Procedente se nos transparece a crítica segundo a qual se deve "destacar a infelicidade do termo polícia judiciária, que se incorporou à nossa tradição. No sistema português, no qual o MP, destinatário da atividade policial, integra o Poder Judiciário, faz sentido falar em polícia judiciária, vez que a atividade desta é diretamente ligada àquele poder. No caso brasileiro, isso não faz o menor sentido, pois a atividade investigatória não se destina ao Judiciário por não integrar o MP" (NICOLITT, André, p. 175-6). De qualquer modo, "a polícia judiciária não é uma corporação como a PF ou a PM. Quando falamos em polícia judiciária estamos tratando de uma função e não de uma corporação. Também não podemos confundir a polícia judiciária com guarda judiciária, esta sim um grupo de servidores que trabalha na segurança dos tribunais, exercendo função de polícia administrativa" (NICOLITT, André, p. 176).

[517] MARQUES, José Frederico, 2001, p. 99.

[518] MARQUES, José Frederico, p. 61.

[519] SEELIG, Ernst, 1959, p. 02.

cida com base em quaisquer peças de informação, não precisando ter suporte, exclusivamente, em inquérito policial (parágrafo 1º do artigo 46 do Código de Processo Penal).[520] Desse modo, se o Promotor pode dispensar integralmente o inquérito policial, pode fazê-lo em relação à parte, isto é, poderá basear a proposta inicial acusatória em inquérito policial parcialmente realizado. Basta para tanto que haja provas mediante as quais forme a sua *opinio delicti*; em outras palavras, as provas colhidas devem ser suficientes para a elucidação do fato e dos indícios de autoria.[521]

Nos delitos de ação penal pública, a autoridade policial tem a obrigação (dever de ofício) de instaurar o inquérito policial; nos de ação pública condicionada à representação, não pode, sem esta, instaurá-lo; por fim, nos de ação privada, o inquérito tem início por intermédio de requerimento do ofendido ou de seu representante legal.[522] Além disso, nos crimes de ação pública incondicionada, qualquer autoridade judiciária ou do Ministério Público poderá requisitar a instauração de inquérito policial. Ante tal panorama, a instauração do competente inquérito policial se produz correlatamente com a modalidade de crime cuja notícia se torne conhecida da autoridade,[523] na exata combinação das categorias de crimes à natureza do procedimento penal (ação pública [incondicionada ou condicionada] e ação privada).

No curso do inquérito policial, torna-se possível ocorrer, em virtude de suspeita fundada, o indiciamento do investigado, devendo haver um requisito formal previsto no parágrafo 6º do artigo 2º da Lei 12.830/13, que consiste na necessidade de o Delegado de Polícia fundamentar o ato, mediante análise técnico-jurídica do fato, indicando a autoria, a materialidade e as circunstâncias do delito.[524] Do mesmo modo, durante a investigação criminal, cabe ao Delegado de Polícia a requisição de perícia, informações, documentos e dados que interessem à apuração dos fatos (parágrafo 2º do artigo 2º da Lei 12.830/13). A investigação policial deve ser concluída dentro do prazo legal estabelecido no

---

[520] "O inquérito policial [...] não é peça indispensável à promoção da ação penal, exigindo-se tão somente que a denúncia seja embasada em elementos demonstrativos da existência do fato criminoso e de indícios suficientes de sua autoria" (STJ, *RHC* 5.094/RS, 6ª T., Rel. Min. Vicente Leal). "Inépcia da denúncia. Falta de justa causa para a abertura da instância penal. Improcedência. 1. Não é inepta a denúncia que, expondo o fato delituoso com todas as suas circunstâncias essenciais, oferece ainda a qualificação do denunciado e a classificação do crime (art. 41 do C. Pr. Penal). 2. Não é essencial ao oferecimento da denúncia a instauração de inquérito policial, desde que a peça acusatória esteja sustentada per documentos suficientes a caracterização da materialidade do crime e de indícios suficientes da autoria. Recurso em *habeas corpus* a que se negou provimento" (STF, *RHC* 53.959, Rel. Min. Cunha Peixoto, 1ª T., j. 25.11.75).

[521] BATISTA, Weber Martins, 1987, p. 104.

[522] JESUS, Damásio de, 2014, p. 32-3.

[523] "[...] diante de notícia de crime de ação penal pública incondicionada a autoridade policial instaura o inquérito de ofício. No crime de ação penal pública condicionada, só poderá fazê-lo se houver representação ou requisição (dependendo da exigência legal). Já nos crimes de ação penal privada a autoridade só instaura o inquérito a requerimento do ofendido ou de seu representante. Tanto a representação quanto o requerimento podem ser inclusive verbais, caso em que deverão ser reduzidos a termos e assinados pelo ofendido ou seu representante legal" (NICOLITT, André, p. 208).

[524] "[...] trata-se [...] de ato administrativo, que deve ser fundamentado, sob pena de nulidade, revelando os aspectos técnicos e jurídicos que levaram a autoridade policial concluir pelo indiciamento, discorrendo sobre a autoria, materialidade e circunstâncias do fato" (NICOLITT, André, p. 211).

artigo 10 do Código de Processo Penal (dez dias se estiver o investigado preso e trinta dias, quando estiver solto).[525]

A autoridade policial não poderá mandar arquivar autos de inquérito;[526] de outro plano, uma vez arquivado o inquérito policial, por despacho do Juiz, a requerimento do Promotor de Justiça, não pode a ação penal ser iniciada sem novas provas, sendo, portanto, irrecorrível o despacho que determina o arquivamento (ou, ainda, o desarquivamento) do inquérito policial.[527]

A Lei 13.245/16 consolidou o entendimento segundo o qual o advogado tem direito ao acesso, mesmo sem procuração, aos autos de investigação de qualquer natureza, ainda que conclusos à autoridade, podendo copiar e tomar apontamentos, em meio físico ou digital; além disso, no curso da respectiva apuração, pode o advogado apresentar razões e quesitos. Apesar disso, não parecem contemplados, no curso do inquérito policial – cuja essência é a de ser o procedimento investigatório, peça simplesmente informativa, e não probatória –, a ampla defesa – "que consiste na indissociável atuação da autodefesa e da defesa técnica"[528] – e o contraditório pleno, mas, tão só, certas possibilidades (agora, com efeito, ampliadas em face da nova lei) de defesa; de qualquer modo, a investigação policial não pode implicar desobediência a esses princípios constitucionais, cujo assento adequado é o da persecução penal em juízo (artigo 5°, inciso LV, da Constituição Federal).[529] A fim de se reconhecer o contraditório e a ampla defesa no inquérito, "a lei deveria tornar obrigatória a intervenção de advogado ou defensor em todos os atos do inquérito";[530] de qualquer modo, a despeito dos avanços que houve, a nova lei não alterou a estrutura inquisitiva do inquérito policial.

Finalmente, e sobretudo, pela dimensão que, no presente, o instituto granjeou, cumpre indicar, em breves linhas, o significado do mandado de condução coercitiva de investigados (ou acusados). Esse instituto se encontra previsto no artigo 260 do Código de Processo Penal; e pode ser entendido como a obrigação que se impõe ao investigado (ou acusado) de comparecer perante a autoridade policial ou do Ministério Público a fim de participar de ato de

---

[525] "[...] se o indiciado estiver preso, o prazo do inquérito deve ser contado na forma do art. 10 do CP, ou seja, incluindo-se o dia do começo e excluindo-se o do vencimento. Em estando solto, segue-se a regra insculpida no § 1° do art. 798 do CPP [...]. Se o prazo do inquérito se encerrar em dia onde não há expediente forense, não cabe falar-se em prorrogação para o primeiro da útil subsequente, assim como se a prisão em flagrante ocorreu no final de semana, o inquérito terá o seu início imediatamente, afinal as delegacias de polícia atuam em sistema de plantão" (TÁVORA, Nestor; ALENCAR, Rosmar Rodrigues, 2016, p. 153-4).

[526] "Uma vez instaurado, não pode a autoridade policial arquivar o inquérito como preceitua o art. 17 do CPP. A opinião sobre os elementos colhidos na investigação e sobre a propositura ou não da ação penal é exclusiva do MP" (NICOLITT, André, p. 200).

[527] JESUS, Damásio de, 2014, p. 48.

[528] NICOLITT, André, p. 193.

[529] "Embora ausentes a amplitude de defesa e o contraditório pleno, nos moldes e com a intensidade incidentes no processo jurisdicional", existe "defesa na fase de inquérito" (MARCÃO, Renato, 2016, p. 93); desse modo, por ilustração, a possibilidade de o investigado requerer diligências ou o direito de não produzir prova contra si mesmo, ou, ainda, a faculdade de permanecer calado (autodefesa negativa) ou apresentar a versão que melhor lhe transparecer (autodefesa positiva), "bem como de se fazer acompanhar de advogado, cuja atuação, embora de contornos estreitos nessa fase, tem por objetivo exatamente evitar o cometimento de excessos em detrimento do investigado [...], podendo, [...], ajuizar mandado de segurança e *habeas corpus*, sendo o caso" (MARCÃO, Renato, 2016, p. 93).

[530] NICOLITT, André, p. 195.

investigação preliminar ou do processo penal para cuja realização se requer, de modo incontornável, a seu consórcio.[531] A condução coercitiva desponta como medida cautelar de coação pessoal implícita. Apesar de o Supremo Tribunal Federal ter consignado, em precedente,[532] a possibilidade de a autoridade policial poder determinar a expedição de mandado de condução coercitiva, a melhor exegese recomenda que somente a autoridade judicial (artigo 5º, inciso LXI, da Constituição Federal e artigo 282, parágrafo 2º, do Código de Processo Penal) possa fazê-lo, uma vez que, ainda que por pouco tempo, a concreção da medida implica restrição da liberdade de locomoção e, com isso, [possível] afetação dos direitos e garantias fundamentais.[533] De qualquer modo, a condu-

---

[531] "Não existe, portanto, óbice legal à condução coercitiva do indiciado para esclarecer a polícia durante a fase do inquérito, pois os órgãos da polícia judiciária têm o dever de empregar todos os meios lícitos para o esclarecimento da verdade e a descoberta do crime. E a condução coercitiva é meio tão lícito, que as leis de processo autorizam seu emprego até para a prova testemunhal que deva ser produzida nas causas cíveis e criminais" (MARQUES, José Frederico, p. 103).

[532] "[...]. Condução do investigado à autoridade policial para esclarecimentos. Possibilidade. Inteligência do art. 144, § 4º, da CF e do art. 6º do CPP. Desnecessidade de mandado de prisão ou de estado de flagrância. Desnecessidade de invocação da teoria ou doutrina dos poderes implícitos. [...]. I. A própria CF assegura, em seu art. 144, § 4º, às polícias civis, dirigidas por delegados de polícia de carreira, as funções de polícia judiciária e a apuração de infrações penais. II. O art. 6º do CPP, por sua vez, estabelece as providências que devem ser tomadas pela autoridade policial quando tiver conhecimento da ocorrência de um delito, todas dispostas nos incisos II a VI. III. Legitimidade dos agentes policiais, sob o comando da autoridade policial competente (art. 4º do CPP), para tomar todas as providências necessárias à elucidação de um delito, incluindo-se aí a condução de pessoas para prestar esclarecimentos, resguardadas as garantias legais e constitucionais dos conduzidos. IV. Desnecessidade de invocação da chamada teoria ou doutrina dos poderes implícitos, construída pela Suprema Corte norte-americana e incorporada ao nosso ordenamento jurídico, uma vez que há previsão expressa, na Constituição e no CPP, que dá poderes à polícia civil para investigar a prática de eventuais infrações penais, bem como para exercer as funções de polícia judiciária. [...]. XII. Ordem denegada" (STF, *HC* 107.644, Rel. Min Ricardo Lewandowski, 1ª T., j. 6.9.11).

[533] No Brasil, é plenamente possível a realização de investigações por parte do MP, uma vez que não há exclusividade dos atos investigatórios por parte da Polícia Judiciária, devendo essa, inclusive, se reportar, ao longo de inquéritos, ao MP, titular da ação penal pública. Não há qualquer óbice, portanto, para que haja iniciativa de investigação por membros do *Parquet*, desde que respeitados as garantias do investigado, bem como o sistema de direitos. Contudo, não se lhe permite a condução coercitiva. Nesse sentido: "*HC*. Crime de peculato atribuído a controladores de empresa prestadora de serviços públicos, denunciados na condição de funcionários públicos (CP, art. 327). Alegação de ofensa ao patrimônio público. Possibilidade de o MP, fundado em investigação por ele próprio promovida, formular denúncia contra referidos funcionários públicos (CP, art. 327). Validade jurídica dessa atividade investigatória. Legitimidade jurídica do poder investigatório do MP, notadamente porque ocorrida, no caso, suposta lesão ao patrimônio público. Monopólio constitucional da titularidade da ação penal pública pelo *parquet*. Teoria dos poderes implícitos. Caso Mcculloch *v.* Maryland (1819). Magistério da doutrina [...]. Outorga, ao MP, pela própria CR, do poder de controle externo sobre a atividade policial. Limitações de ordem jurídica ao poder investigatório do MP. *HC* indeferido. Nas hipóteses de ação penal pública, o inquérito policial, que constitui um dos diversos instrumentos estatais de investigação penal, tem por destinatário precípuo o MP. O inquérito policial qualifica-se como procedimento administrativo, de caráter pré-processual, ordinariamente vocacionado a subsidiar, nos casos de infrações perseguíveis mediante ação penal de iniciativa pública, a atuação persecutória do MP, que é o verdadeiro destinatário dos elementos que compõem a *informatio delicti*. Precedentes. A investigação penal, quando realizada por organismos policiais, será sempre dirigida por autoridade policial, a quem igualmente competirá exercer, com exclusividade, a presidência do respectivo inquérito. A outorga constitucional de funções de polícia judiciária à instituição policial não impede nem exclui a possibilidade de o MP, que é o *dominus litis*, determinar a abertura de inquéritos policiais, requisitar esclarecimentos e diligências investigatórias, estar presente e acompanhar, junto a órgãos e agentes policiais, quaisquer atos de investigação penal, mesmo aqueles sob regime de sigilo, sem prejuízo de outras medidas que lhe pareçam indispensáveis à formação da sua *opinio delicti*, sendo-lhe vedado, no entanto, assumir a presidência do inquérito policial, que traduz atribuição privativa da autoridade policial. Precedentes. A acusação penal, para ser formulada, não depende, [...], de prévia instauração de inquérito policial. Ainda que inexista qualquer investigação penal promovida pela Polícia Judiciária, o MP, mesmo assim, pode fazer instaurar, validamente, a pertinente *persecutio criminis in judicio*, desde que disponha, para tanto, de elementos mínimos de informação, fundados em base empírica idônea, que o

ção coercitiva não pode suprimir ou diminuir, sob quaisquer circunstâncias, as garantias dos investigados ou acusados, especialmente no que respeita ao princípio do *nemo tenetur se detegere.*[534] Assim, em decorrência do direito constitucional de não produzir prova contra si mesmo, não existem razões técnicas para embasar a recepção constitucional da condução coercitiva; além disso, o manejo do instituto se mostra medida drástica e, por vezes, inútil. Recentemente, o Supremo Tribunal Federal decidiu que a condução coercitiva para interrogatório é inconstitucional; todavia, os depoimentos já tomados por meio de condução coercitiva não serão anulados.

6.2. Aspectos específicos

Em razão das infrações penais geralmente relacionadas aos acidentes de trabalho, podem ser indicadas algumas providências legais que se destinam à

---

habilitem a deduzir, perante juízes e Tribunais, a acusação penal. Doutrina. Precedentes. A questão da cláusula constitucional de exclusividade e a atividade investigatória. A cláusula de exclusividade inscrita no art. 144, § 1º, IV, da CR – que não inibe a atividade de investigação criminal do MP – tem por única finalidade conferir à PF, dentre os diversos organismos policiais que compõem o aparato repressivo da UF (polícia federal, polícia rodoviária federal e polícia ferroviária federal), primazia investigatória na apuração dos crimes previstos no próprio texto da Lei Fundamental ou, ainda, em tratados ou convenções internacionais. Incumbe, à PC dos Estados-membros e do DF, ressalvada a competência da UF e excetuada a apuração dos crimes militares, a função de proceder à investigação dos ilícitos penais (crimes e contravenções), sem prejuízo do poder investigatório de que dispõe, como atividade subsidiária, o MP. Função de polícia judiciária e função de investigação penal: uma distinção conceitual relevante, que também justifica o reconhecimento, ao MP, do poder investigatório em matéria penal. Doutrina. É plena a legitimidade constitucional do poder de investigar do MP, pois os organismos policiais (embora detentores da função de Polícia Judiciária) não têm, no sistema jurídico brasileiro, o monopólio da competência penal investigatória. O poder de investigar compõe, em sede penal, o complexo de funções institucionais do MP, que dispõe, na condição de *dominus litis* e, também, como expressão de sua competência para exercer o controle externo da atividade policial, da atribuição de fazer instaurar, ainda que em caráter subsidiário, mas por autoridade própria e sob sua direção, procedimentos de investigação penal destinados a viabilizar a obtenção de dados informativos, de subsídios probatórios e de elementos de convicção que lhe permitam formar a *opinio delicti*, em ordem a propiciar eventual ajuizamento da ação penal de iniciativa pública. Doutrina. Precedentes: [...]. Controle jurisdicional da atividade investigatória dos membros do MP: oponibilidade, a estes, do sistema de direitos e garantias individuais, quando exercido, pelo *Parquet*, o poder de investigação penal. O MP, sem prejuízo da fiscalização intra-orgânica e daquela desempenhada pelo CNMP, está permanentemente sujeito ao controle jurisdicional dos atos que pratique no âmbito das investigações penais que promova *ex propria auctoritate*, não podendo, dentre outras limitações de ordem jurídica, desrespeitar o direito do investigado ao silêncio (*nemo tenetur se detegere*), nem lhe ordenar a condução coercitiva, nem constrangê-lo a produzir prova contra si próprio, nem lhe recusar o conhecimento das razões motivadoras do procedimento investigatório, nem submetê-lo a medidas sujeitas à reserva constitucional de jurisdição, nem impedi-lo de fazer-se acompanhar de Advogado, nem impor, a este, indevidas restrições ao regular desempenho de suas prerrogativas profissionais (Lei 8.906/94, art. 7º, *v.g.*). O procedimento investigatório instaurado pelo MP deverá conter todas as peças, termos de declarações ou depoimentos, laudos periciais e demais subsídios probatórios coligidos no curso da investigação, não podendo, o *Parquet*, sonegar, selecionar ou deixar de juntar, aos autos, quaisquer desses elementos de informação, cujo conteúdo, por referir-se ao objeto da apuração penal, deve ser tornado acessível tanto à pessoa sob investigação quanto ao seu Advogado. O regime de sigilo, sempre excepcional, eventualmente prevalecente no contexto de investigação penal promovida pelo MP, não se revelará oponível ao investigado e ao Advogado por este constituído, que terão direito de acesso – considerado o princípio da comunhão das provas – a todos os elementos de informação que já tenham sido formalmente incorporados aos autos do respectivo procedimento investigatório" (STF, *HC* 94173, Rel. Min. Celso de Mello, 2ª T., j. 27.10.09).

[534] Para Peter-Alexis Albrecht (p. 197), "o princípio *nemo tenetur* contém o relevante direito do acusado de calar. O cidadão não deve precisar acusar a si mesmo de um fato punível. Esta liberdade do dever de autoincriminação é um elemento essencial do justo processo. [...]. O direito de calar do acusado é configurado em preceitos centrais do processo de investigação e garantido mediante proibições de prova".

mais apurada qualidade da investigação policial; desse modo, por exemplo, a preservação do local é de significativa importância na elucidação do fato, na medida em que pode transmitir elementos acerca da materialidade e/ou autoria. Por conta disso, os artigos 6º, inciso I, e 169 do Código de Processo Penal estatuem que, tão logo a autoridade policial tomar conhecimento do delito, deverá dirigir-se ao local, providenciando para que não se alterem o estado e conservação das coisas, até a chegada dos peritos criminais, que poderão instruir seus laudos com fotografias, desenhos ou esquemas elucidativos. Além dessas, podem ser, ainda, determinadas as seguintes providências: a apreensão de objetos que tiverem relação com o fato – após liberados pelos peritos criminais –; a oitiva do ofendido e/ou do indiciado; e, se for o caso, determinar que se proceda a exame de corpo de delito e a quaisquer outras perícias.

6.3. Do termo circunstanciado

O termo circunstanciado envolve a investigação das infrações penais de menor potencial ofensivo, assim consideradas as contravenções penais (sem limitação pelo apenamento *in abstracto*) e os crimes a que a lei impuser pena máxima não superior a dois anos, cumulada ou não com multa. Em virtude do conhecimento da prática de infração penal de menor potencial ofensivo, a autoridade deverá lavrar termo circunstanciado, o qual será, de imediato, encaminhado ao Juizado Especial Criminal, com o autor do fato e o ofendido, devendo providenciar, ainda, as requisições dos exames periciais necessários (*caput* do artigo 69 da Lei 9.099/95). De modo excepcional, entretanto, será admitida instauração de inquérito policial para a elucidação de infração de menor potencial ofensivo, dado que, de conformidade com o parágrafo 1º do artigo 77 da Lei 9.099/95, no âmbito dos Juizados Especiais Criminais, o inquérito policial é dispensável, mas não proibido.[535]

6.4. Da delegacia de polícia acidentária

Como visto, em decorrência dos acidentes de trabalho e de suas graves consequências sociais, vem se pensando, cada vez mais, na criação de delegacias de polícia especializadas na matéria. Tais quais outras que se criaram no sentido da especialização e aprimoramento da investigação criminal (por exemplo, a delegacia de abigeatos ou de furto de energia[536]), essa proposta

---

[535] MARCÃO, Renato, 2016, p. 75.

[536] No presente, existem delegacias especializadas em crimes rurais, tal qual o abigeato, nas cidades de Bagé/RS e de Campo Grande/MS. No Mato Grosso do Sul, a delegacia especializada em abigeato foi instituída em 2015 enquanto posto avançado do Grupo Armado de Resgate e Repressão a Assaltos e Sequestros (GARRAS) cuja sede está localizada na sede da Associação dos Criadores de Mato Grosso do Sul (Acrissul). A criação de tais delegacias especializadas fornece maior segurança aos pecuaristas, uma vez que, na região sul-mato-grossense, os produtores são mais suscetíveis a furtos pelo fato de as propriedades estarem próximas ao Pantanal. Na cidade gaúcha, a responsabilidade do combate e da investigação do abigeato está a cargo da Delegacia Especializada em Furtos, Roubos, Entorpecentes e Capturas (DEFREC), desde 2008. Logo, os produtores

merece apoio, desde que, por óbvio, não se esqueçam das opções preventivas em relação aos acidentes de trabalho.

Inclusive, deve-se destacar a implantação, na cidade de Caxias do Sul, no Rio Grande do Sul, de uma delegacia especializada em acidentes do trabalho.[537] Funcionando em forma de projeto-piloto, a Delegacia [de Polícia] Acidentária investiga acidentes do trabalho, visando à responsabilização individual dos agentes causadores desses ilícitos em particular. Desenvolveu-se, além disso, a aproximação à área da saúde no procedimento, na medida em que os hospitais da região notificam à polícia especializada os acidentes de trabalho – com morte ou com alta probabilidade de morte.[538] Igualmente a Delegacia Acidentária recebe informações dos auditores fiscais do Ministério do Trabalho e Emprego.[539] Tais considerações, sem dúvida, levam a louvar a iniciativa conjunta e

rurais rio-grandenses comemoram, porquanto a incidência do abigeato, na região de Bagé, é grande, assim como o abate clandestino de reses, ensejando a necessidade de tal delegacia especializada. Durante o primeiro trimestre de 2013, na região de Bagé, cerca de quarenta estabelecimentos foram fiscalizados e em torno de 150 kg de carne impróprias para consumo foram apreendidos. No que tange às delegacias especializadas em furto de energia, cumpre citar o exemplo de Manaus/AM que, desde 2014, conta com a Delegacia Especializada em Combate a Furtos de Energia, Água, Gás e Serviços de Telecomunicações (DECFS), localizada na sede do 22º Distrito Integrado de Polícia (DIP) na capital amazonense. A criação de tal delegacia especializada foi imprescindível, dado que a prática do furto desses serviços se tornou corriqueira, estando o popular "gato" presente não só em casas de baixa renda, mas também em casas de pessoas com alto poder aquisitivo e em empresas. De acordo com a Agência Nacional de Energia Elétrica (Aneel), o Amazonas possui o maior índice de perdas comerciais no fornecimento de energia dentre os Estados brasileiros. Segundo a Eletrobras Amazonas Energia, apenas em Manaus, o furto de eletricidade chega a 38%, o equivalente a mais de R$ 400 milhões em prejuízos ao ano. Assim, logo nos primeiros trinta e cinco dias de exercício, cinco inquéritos policiais foram instaurados e mais de vinte empresas foram detectadas furtando água ou energia. O objetivo da DECFS é reduzir, até 2017, as perdas elétricas em 29%.

[537] Delegacia especializada em acidentes de trabalho começa a ser implantada em Caxias do Sul. O *Pioneiro* [http://pioneiro.clicrbs.com.br].

[538] Com efeito, em virtude da ocorrência de subnotificações de ocorrências criminais (cifra negra ou obscura) no que tange ao delito de lesão corporal culposa (na medida em que se exige, como condição de procedibilidade, a representação criminal por parte do trabalhador), o MPT estabeleceu uma parceria com os hospitais da cidade (Caxias do Sul) no sentido de que todos os atendimentos relacionados a acidentes de trabalho sejam informados à PC e ao MPT, com o objetivo de permitir o conhecimento das autoridades.

[539] O tema, ao menos, inspirou um projeto de dissertação de mestrado, cuja justificativa ancorou-se na necessidade de "averiguar os contornos da atuação da 'Polícia Acidentária' na comarca de Caxias do Sul/RS, a partir da implementação do projeto piloto lançado no ano de 2011 (por meio do acordo firmado entre PC, IGP e MPT), o qual se volta à investigação dos inúmeros acidentes de trabalho ocorridos naquela localidade sob um viés técnico, levando-se em consideração as normas de segurança estabelecidas pelos MTS, bem como as recomendações dos órgãos internacionais de combate aos acidentes laborais, para direcionar a imputação jurídico-penal e responsabilizar os seus autores. Tendo em vista essas constatações, intenta-se, com a presente pesquisa, realizar uma investigação criminológica empírica e transdisciplinar a respeito da atuação dos órgãos estatais na investigação preliminar ao processo penal no âmbito de apuração da criminalidade laboral. E, a partir da investigação, refletir sobre seus resultados, a fim de produzir um conhecimento contextualizado com a realidade brasileira e baseado em dados da realidade, para [...] procurar orientar o processo de aplicação da lei. [...]. Com isso, tem-se por relevante esta pesquisa, na medida em que os elevados índices de acidentes verificados nos mais variados exercícios profissionais, com resultados por vezes até mesmo fatais a trabalhadores de todas as classes, constituindo essa reiterada vitimização em fator comprometedor da vida econômica e social do Estado e, em consequência, da sua ordem pública. Eis, pois, a intenção do anteprojeto ora apresentado: debruçar-se sobre um problema econômico-social significativamente denso e preocupante em nosso país (como, de resto, em todo o mundo), que são os acidentes de trabalho, que resultam em elevadas perdas humanas e sociais e possuem variadas consequências no regime jurídico-positivo vigente. [...]. Com efeito, desenhada a atuação estatal, cumprirá, a partir de um ponto de vista criminológico, apontar o impacto, os benefícios e os prejuízos (se houver) da implementação do projeto piloto da Delegacia Acidentária na localidade em questão. Intenta-se, assim, contribuir para a concretização de uma política criminal democrática

integrada de alguns órgãos estatais [Polícia Civil, Instituto de Criminalística e Ministério Público do Trabalho] que, em face do considerável e alarmante número de acidentes de trabalho registrados no Estado do Rio Grande do Sul, visou à especialização da investigação desses eventos acidentários. *Grosso modo*, o modelo em análise se assemelha ao conformado por meio da Portaria do Delegado Geral de Polícia 31/97 da Polícia Civil do Estado de São Paulo;[540] não obstante, colhe-se uma inovação no projeto piloto do Rio Grande do Sul, na medida em que, em situações de acidentes de trabalhos [com resultado morte ou lesão corporal, ou mesmo em caso de periclitação da vida e saúde de trabalhadores], aqueles órgãos integrados irão comparecer ao local do acidente e realizar uma análise, a partir da qual se estruturado um relatório que, posteriormente, será incorporado ao caderno de investigação policial, transmitindo, pois, à autoridade policial competente, informações e elementos mediantes os quais se poderá melhor elucidar e individualizar os fatos. Torna-se indispensável observar, por conseguinte, que o projeto piloto da Delegacia Especializada em Investigações de Acidentes de Trabalho poderá contribuir, eficazmente, tanto para a qualificação da investigação criminal como para a [eventual] diminuição de ocorrências lesivas aos trabalhadores. Advirta-se, entretanto, que, segundo os últimos informes, as graves dificuldades econômicas do Estado do Rio Grande do Sul impuseram, por ora, o parcial abandono desse projeto.

e integrada, que leve em consideração, não só a repressão, mas, sobretudo, a prevenção, daquele que sofre diariamente com a falta de zelo, cuidado e segurança na atividade produtiva: o trabalhador. Por fim, repisa-se que esta pesquisa possui relevância à área de concentração do Programa de Pós-Graduação em Ciências Criminais e à linha de pesquisa 'Criminologia e Controle Social' [da PUCRS], na medida em que se pretende uma investigação empírica e transdisciplinar de temas que envolvem atuação das polícias, modos de investigação preliminar ao processo penal, fatores de imputação e responsabilização em casos de crimes ocorridos no interno da estrutura produtiva e possível produção de violência nas e pelas instituições responsáveis pelo controle social penal, enfim, está voltado, em última instância, à análise do funcionamento efetivo do sistema penal na investigação preliminar de crimes laborais, em tramitação na 1ª DPC de Caxias do Sul/RS, além de seus desdobramentos na seara judicial (confirmação dos resultados dos inquéritos policiais nas denúncias criminais oferecidas pelo MP daquela comarca). [...]. Não por outro motivo se deu início a um projeto de combate aos acidentes de trabalho (muitos dos quais possuem relevância penal). Resta, portanto, para os fins a que se propõe a presente pesquisa, saber: é esta a via (recrudescimento penal) adequada para o combate aos acidentes de trabalho? É benéfica a implementação desse projeto (DA) para a comunidade de Caxias do Sul? Quais são os mecanismos utilizados pelos órgãos estatais para a elucidação dos acidentes de trabalho? Quais as regras de imputação utilizadas no indiciamento dos responsáveis pelos acidentes? São os fatores de risco analisados para se concluir se eram ou não aceitáveis no contexto do acidente? E, por fim, os meios de investigação criados são adequados para alcançar os afirmados resultados criminalísticos?". (PETEK, João Pedro, 2013, p. 05.) É importante observar, contudo, que, no Rio Grande do Sul, com a mudança de governo, foi sobrestada a implantação desse projeto, com o que a dissertação de mestrado, por ora, também perdeu o seu objeto inicialmente traçado. Optamos por manter tais informações, todavia, pela relevância e originalidade tanto do projeto oficial quanto do acadêmico.

[540] Disponível em: http://www2.policiacivil.sp.gov.

Capítulo 7

A denúncia criminal nos acidentes de trabalho

Convém, ainda, a propósito da dinâmica processual penal, avaliar as necessidades estruturais da denúncia criminal a ser manejada em face de acidentes de trabalho (especialmente no que se refere às situações de homicídio culposo ou de homicídios culposos em concurso formal, na medida em que, nessas hipóteses, deverão constar, impreterivelmente, certos requisitos, sem os quais a proposta acusatória intentada poderia, em linha de princípio, desatender a exigências formais e, com isso, implicar a precariedade da peça inicial – a sua inépcia[541]).

Acresce a este objetivo a consideração da competência para o desenvolvimento da proposta penal acusatória que, em regra, pertence ao Ministério Público – titular da ação penal pública,[542] cuja legitimação é ordinária – ou, em

[541] Muito embora tecnicamente possível, a imputação a título de dolo (posto que eventual), nestas situações acidentárias, mostra-se de dificílima configuração: "acidente em serviço. Morte de operário. Denúncia por homicídio doloso. Ausência de justa causa. Em sede de direito penal não se admite a incidência da responsabilidade objetiva, em consonância com o princípio expresso no brocardo latino *nullun crimen, nulla poena sine culpa*. A ocorrência da morte de um operário, provocada por eletrochoque por contato de instrumento de trabalho em rede elétrica de alta tensão, não pode acarretar responsabilidade penal ao mestre-de-obras que se limitou a contratar serviços do acidentado. Recurso ordinário provido. *HC* concedido. Como se vê [...] na denúncia, o fato situa-se apenas no campo do acidente de trabalho, sem repercussão na esfera criminal. O infeliz operário, por descuido, tocou com o seu instrumento de trabalho numa rede de alta tensão, o que provocou a sua morte. Imputar ao seu empregador responsabilidade penal dolosa por tal infortúnio é admitir a responsabilidade penal objetiva, o que não se ajusta ao nosso sistema. Se o mestre de obras não lhe fez prévia preleção dos riscos do trabalho, tem-se que se investigar sua culpa para os efeitos civis. Há de se considerar, [...], a natureza do acidente que vitimou o servente-pintor: um choque elétrico por contato em rede de alta tensão. Trata-se de acidente que somente os cuidados da própria pessoa podem evitá-lo. Onde há presença de dolo eventual na postura omissiva ou omissiva do mestre de obra A.S.R.? Como se admitir uma acusação criminal contra os proprietários do prédio onde ocorreu o acidente, J.P.R.N. e L.F.R.? Ora, em sede de direito penal não se admite a incidência de responsabilidade objetiva, em consonância com o princípio expresso no brocardo latino: *nullum crimen, nulla poena sine culpa*. E mesmo nos crimes culposos é necessária a existência do nexo de causalidade entre a ação ou omissão e o resultado criminoso. Tal nexo de causalidade não se encontra demonstrado na denúncia" (STJ, *HC* 10597-SP, Rel. Min. Vicente Leal, 6ª T., j. 18.9. 01).

[542] "Quanto à legitimação para agir, a ação penal pode ser pública ou privada. A doutrina, com razão, critica a terminologia 'ação pública' e 'ação privada', porque a ação penal é sempre pública em seu conteúdo, pois visa à atuação do *jus puniendi* do Estado, que é público. Pública ou privada é a iniciativa da ação. O correto, então, seria dizer: ação penal de iniciativa pública e a ação penal de iniciativa privada. A nova parte geral do CP já corrigiu a terminologia (*v.* art. 100). Todavia, como o CPP ainda se refere a ação penal privada, as duas expressões poderão ser usadas indiferentemente. A ação pública incondicionada, de iniciativa exclusiva do MP, é a genérica, para todas as infrações penais em que a lei nada disponha com relação à ação penal. A ação pública, em casos expressos em lei, pode ser condicionada à representação do ofendido ou à requisição do MJ. Tanto a representação quanto a requisição apenas autorizam o MP a promover a ação penal, não o obrigando

caráter excepcional, ao ofendido – em face da ação penal privada substitutiva,[543] cuja legitimação é extraordinária[544] (aliás, convém notar, por oportuno,

a tal, porque há outros elementos a serem apreciados pelo órgão acusador, inclusive a justa causa. Apesar do termo 'requisição', não se trata de ordem ou determinação, mas de manifestação não vinculante de vontade para que se promova a ação penal. A representação do ofendido deve, no máximo, ser apresentada em até seis meses contados da data do conhecimento de autoria da infração, sob pena de decadência. O mesmo prazo se aplica ao cônjuge, ascendente, descendente ou irmão, no caso de morte do ofendido. Quanto a essas pessoas, porém, ocorrerá a decadência com a consequente extinção da punibilidade quando se passarem os primeiros 6 meses, em relação ao que primeiro tomou conhecimento da autoria da infração. O prazo de decadência não comporta prorrogação ou dilação, de modo que seria incompatível com a natureza do instituto entender que cada um teria um prazo autônomo a partir do conhecimento individual. Se assim fosse, remanescendo, [...], um irmão sem conhecimento da autoria, a decadência nunca ocorreria, ainda que todo o restante da família tivesse pleno conhecimento dos fatos. Oferecida a representação, perante a autoridade policial, o MP ou o juiz, para formalizá-la, deverá reduzi-la a termo. [...], ainda que assim não se proceda, qualquer manifestação de vontade clara para que se promova a ação penal vale como representação. Assim, [...], se o ofendido comparece à delegacia de polícia pedindo providências contra certa pessoa por determinado fato, ainda que a autoridade policial não tome esse pedido por termo de representação, valerá como tal" (GRECO FILHO, Vicente, 2015, p. 135).

[543] Sobre o tema, consultar: FAYET JÚNIOR, Ney; VARELA, Amanda Gualtieri, 2017, p. 197-304.

[544] "A ação (penal) privada subsidiária da pública – também conhecida como ação acidentalmente privada, supletiva ou secundária – deve ser entendida como uma hipótese em que é conferida ao ofendido legitimidade extraordinária para exercer ação penal, cuja iniciativa caberia, primeira e fundamentalmente, ao MP. [...]. A titularidade da ação se transmite, de modo excepcional, ao ofendido, apesar de o crime ostentar caráter público [...]. Sucede, porém, que a ação jamais será despojada de sua natureza pública, dado que existe tanto a possibilidade de o MP reassumi-la, como parte principal, como, ainda, porque as causas de extinção da punibilidade da ação privada propriamente dita (decadência, renúncia, perdão do ofendido ou perempção) não têm, aqui, aplicabilidade. A mais disso, a ação (penal) privada subsidiária bem se amolda àquilo que, em linguagem processual, se classificaria de substituição processual, pois importa na situação em que 'alguém, na qualidade de parte, ou seja, em seu próprio nome, defende em juízo, como autor ou réu, direito de outrem'. [...]. Menciona-se, ainda, cuidar-se de uma norma de precaução, porquanto se constitui, a ação substitutiva, uma garantia contra possíveis abusos do monopólio da ação penal pelo desinteresse do MP. [...]. O instituto está consagrado, [...], constitucionalmente, no art. 5º, inc. LIX; e, ainda, infraconstitucionalmente, nos arts. 29, do CPP, e 100, § 3º, do CP. Na seara constitucional, em decorrência da previsão do instituto entre os direitos e as garantias fundamentais, tal espécie de ação constitui cláusula pétrea, não podendo ser suprimida da Constituição, nem mesmo por emenda. [...]. A própria CF está, por conseguinte, a excepcionar a titularidade conferida com exclusividade ao MP (art. 129, inc. I, da CF), nos crimes de ação penal de iniciativa pública, nas situações bastante específicas nas quais o *Parquet* se omitir de atuar. [...]. A ação (penal) privada subsidiária da pública poderá ser proposta tanto nos crimes de ação pública condicionada à representação quanto nos de iniciativa incondicionada, sempre que o MP, por relapsia, nada propuser no prazo legal. Essa é a única exceção, prevista na própria CF, à regra da titularidade exclusiva do MP sobre a ação penal pública. [...]. O instituto da ação (penal) privada subsidiária da pública representa garantia constitucional contra possíveis abusos decorrentes do monopólio da ação penal, expressivamente conferido ao órgão acusador estatal (CF, art. 129), cuja finalidade precípua é obstar os prejuízos decorrentes da inatividade ministerial. [...]. O cabimento da ação privada subsidiária tem, portanto, como pressuposto, a inércia do órgão ministerial: seja porque não apresentou a denúncia, seja porque não pediu o arquivamento nem requereu novas diligências à autoridade policial. [...]. Daí por que a possibilidade do manejo da queixa supletiva representa, sob todos os aspectos, o reconhecimento de que, na condenação de índole criminal, se inscreve, também, o interesse do ofendido – ou, na hipótese de sua morte ou ausência, aos sucessores alistados no art. 31 do CPP –, configurando-se, por conseguinte, direito à *persecutio criminis*, sendo inegável o interesse do particular em impulsionar o processo objetivando à aplicação da justiça penal. [...]. A possibilidade de o ofendido atuar, no polo ativo da demanda penal, em processos cujos delitos são de persecução pública, tem por escopo, sob todos os títulos, a proteção de interesses da vítima, tanto os que concernem à futura reparação pecuniária (decorrente da fixação de um valor mínimo fixado pelo próprio juiz penal – art. 387, inc. IV, do CPP – ou proveniente de eventual liquidação da sentença criminal na esfera civil) como os relativos à necessidade de resposta estatal acerca do ilícito perpetrado. [...]. É, portanto, pressuposto (essencial) para o exercício da ação (penal) subsidiária a total (isto é, a inequívoca) ausência de manifestação tempestiva do órgão ministerial. Assim, o não oferecimento de denúncia, caso o *Parquet* tenha pugnado pela necessidade de realização de novas diligências a serem realizadas pela autoridade policial ou tenha se manifestado pelo arquivamento dos autos do inquérito, não caracteriza inércia. Isso porque, ao pedir novas diligências à autoridade policial ou ao requerer o arquivamento dos autos do inquérito, ante a constatação de ausência de justa causa, [...], o órgão ministerial não está omitindo-se de

que esta última modalidade de ação penal exige, fundamentalmente, a inércia do Ministério Público em oferecer, no prazo legal, a denúncia, o que não se caracteriza face ao pedido de arquivamento, cuja decisão homologatória não poderá ser desafiada mediante mandado de segurança).[545] Por outro lado, deve considerar-se que, a rigor, em termos processuais, é muito relevante a determinação da qualidade de vítima (ofendido ou sujeito passivo), uma vez que se lhe faculta (ou a seu representante legal) o exercício da ação privada (quando se tratar de ação privada propriamente dita ou subsidiária da pública) ou da representação (quando se tratar de ação pública condicionada, dado ser uma condição de procedibilidade). Além disso, faculta-se-lhe acompanhar, na qualidade de assistente da Acusação, a ação penal pública.

7.1. Aspectos gerais

Em largos traços, os novos paradigmas processuais, nomeadamente os princípios da celeridade e da efetividade do processo, não dispensam a neces-

---

exercer seu mister – que não é só acusar, sempre e indiscriminadamente, mas, sim, oferecer denúncia quando (e apenas se) estiverem presentes as condições da ação penal. Nesse diapasão, se o órgão acusador ainda não formou convicção suficiente para dar azo à ação penal, deve-se permitir que requeira o retorno dos autos do inquérito à delegacia para novas diligências – caso em que não é cabível a ação penal privada subsidiária da pública. Ocorre, no entanto, que o art. 16 do CPP estabelece que ao MP não é permitido requerer a devolução do inquérito à autoridade policial para novas diligências, salvo quando estas forem imprescindíveis ao oferecimento da denúncia. [...]. Caracterizada a inércia do *Parquet*, enquanto o ofendido não oferecer a queixa subsidiária – também denominada de queixa substitutiva ou supletiva –, o MP poderá propor a ação penal pública. [...]. Pode-se, nesse curso, consignar que a ação (penal) pública é privativa do MP (art. 129, inc. I, CF); no entanto, em casos de inércia do órgão ministerial (seja pelo não oferecimento de denúncia, seja pelo não requerimento de arquivamento do inquérito policial, ou mesmo pela falta de requisição de novas diligências no prazo legal), será admitida ação (penal) privada subsidiária – isso, contudo, sem negar o caráter de privatividade da ação penal pública do MP, bem como sem retirar a natureza jurídica pública da persecução das espécies delitivas correspondentes [...]" (FAYET JÚNIOR, Ney; VARELA, Amanda Gualtieri, p. 200-8).

545 "Pedido de desarquivamento de inquérito policial formulado pela esposa da vítima. Descabimento. Inexistência de prova nova apta a gerar conclusões novas que autorizem a reabertura do inquérito. – 1. A 5ª e a 6ª Turmas desta Corte têm entendido ser incabível o manejo do mandado de segurança por parte da vítima, para questionar decisão que determinou o arquivamento de inquérito policial (ou que indeferiu o desarquivamento), seja devido ao fato de ela não possuir natureza jurisdicional, seja devido ao fato de que o titular da ação penal pública incondicional é o MP, não sendo cabível o eventual oferecimento de ação penal privada subsidiária sem a prova de sua inércia. Precedentes: AgRg no RMS 27.518/SP, Rel. Min. Marco Bellizze, 5ª T., j. 20.2.14, DJe 27.2.14; RMS 45.938/PE, Rel. Min. Rogerio Schietti Cruz, 6ª T., j. 16.6.15, DJe 26.6.15; RMS 15.169/SP, Rel. Min. Nefi Cordeiro, 6ª T., j. 18.11.14, DJe 18.12.14 e AgRg no RMS 34.264/SP, Rel. Min. Marco Aurélio Bellizze, 5ª T., j. 21.8.14, DJe 28.8.14. 2. Não se equipara à inércia o fato de o MP ter requerido o arquivamento dos autos, com base no laudo pericial que apontara a culpa exclusiva da vítima pela explosão que levou à sua morte. 3. [...], a juntada de parecer técnico elaborado a pedido da parte interessada a respeito do potencial inflamável dos gases que teriam levado à explosão do caminhão e à morte da vítima, no momento em que ela realizava soldagem no veículo, por si só, não exclui a culpa exclusiva da vítima, na medida em que não há mais como se verificar a existência de vestígios de outros elementos explosivos e/ou inflamáveis no veículo, nem tampouco como se provar que a vítima desconhecia completamente a sua existência. 4. [...] o parecer trazido agora pela esposa da vítima se prestaria, no máximo, à reavaliação das provas já existentes no inquérito, sem, [...], levar a conclusões diferentes sobre a autoria do delito, o que não autoriza o desarquivamento do inquérito policial. 5. Recurso ordinário a que se nega provimento" (STJ, RMS 48.641/SP, Rel. Min. Reynaldo Fonseca, 5ª T., j. 13.10.15). Sob todos os respeitos, entendemos que a decisão judicial – que acolhe o pedido de arquivamento de inquérito policial formulado pelo MP – é, em tese, irrecorrível, salvo se houver ilegalidade, abuso de poder ou decisão teratológica, o que, então, poderá ser desafiado por intermédio de mandado de segurança.

sidade de observação atenta e de respeito aos princípios-garantia, de índole igualmente processual, cuja fonte jurígena, todavia, está mais estritamente vinculada ao núcleo essencial dos direitos fundamentais.[546]

Nessa quadra, o conhecimento suficiente (nem mínimo, nem máximo, mas apenas suficiente) acerca dos motivos fáticos e jurídicos por meio dos quais se entendeu por consistente e adequada a proposta acusatória se insere no âmbito da parcela de direitos fundamentais sobre os quais é defeso até mesmo ao próprio sujeito de direitos dispor. Demais disso, a delimitação da acusação possibilita ao juízo, em momento oportuno, proceder à necessária correlação entre a imputação e a sentença a ser proferida no curso de um devido processo legal.

Por esse motivo a denúncia – "instrumento formal da apresentação do pedido em juízo para ser dado início à ação"[547] – deverá ser exposta com suficiente clareza,[548] "indicando-se o seu objeto (ou *petitum*) e os seus fundamentos (ou *causa petendi*), e ainda os dados subjetivos que a integram: o sujeito ativo que acusa (o órgão do Ministério Público) e o sujeito passivo que é o acusado (o réu). O Promotor de Justiça faz o seu pedido, dá-lhe os devidos fundamentos e diz contra quem se dirige a acusação".[549] Em outras palavras, a inicial acusatória se traduz em uma peça narrativa, cujo conteúdo deve revelar o fato que se imputa a alguém, mediante uma exposição clara e precisa. Para tanto, deve fazer-se referência a elementos de materialidade e de indícios de autoria, objetivamente extraídos, como visto, do procedimento investigativo que antecede a ação penal – o que, aliás, permite ao juízo a verificação da existência ou não da justa causa para a propositura da ação penal. Saliente-se, ainda, que o acatamento dos mencionados requisitos, em atenção ao princípio da legalidade (artigo 5º, *caput* e inciso II, da Lei Maior), redunda na delimitação da acusação; com isso, possibilita, de um lado, o conhecimento do alcance acusatório e, de outro, favorece o exercício do direito de defesa de forma ampla, efetiva e técnica, nos moldes estampados pelo inciso LV do mencionado dispositivo, por meio da observância do princípio do contraditório, real e indisponível. Também significa afirmação da dignidade da pessoa humana (artigo 1°, inciso III, da Constituição Federal), pois a mera instauração de uma ação penal tem um efeito simbólico na vida do acusado, sobretudo quando se fazem acusações

---

[546] "1. A técnica da denúncia (art. 41 do CPP) tem merecido reflexão no plano da dogmática constitucional, associada especialmente ao direito de defesa. Precedentes. 2. Denúncias genéricas, que não descrevem os fatos na sua devida conformação, não se coadunam com os postulados básicos do Estado de Direito. 3. Violação ao princípio da dignidade da pessoa humana. Não é difícil perceber os danos que a mera existência de uma ação penal impõe ao indivíduo. Necessidade de rigor e prudência daqueles que têm o poder de iniciativa nas ações penais e daqueles que podem decidir sobre o seu curso. 4. Ordem deferida, por maioria, para trancar a ação penal" (*HC* 84.409/SP, STF, Rel. Min. Joaquim Barbosa, 2ª T., j. 14.12.04).

[547] MARQUES, José Frederico, p. 135.

[548] Como apontam Paulo Cláudio Tovo e João Batista Marques Tovo (2008, p. 20), "a garantia da ampla defesa pressupõe, no processo penal condenatório, uma acusação inicial perfeitamente demarcada, pois ninguém pode se defender eficazmente de uma acusação oculta, ignorada ou implícita. É o princípio da acusação explícita, que deflui da Lei Maior, como uma das garantias do devido processo legal. Toda a atividade processual, [...], gira em torno da acusação inicial: o acusador buscando comprovar sua procedência; o réu e seu defensor (ou pelo menos este último), ao contrário, procurando demonstrar sua improcedência, total ou parcial; e, finalmente, o juiz perquirindo a verdade para dar razão a quem efetivamente a tem".

[549] MARQUES, José Frederico, p. 135.

genéricas e infundadas. Diante disso, "a primeira garantia do direito de defesa é representada justamente pela existência de uma acusação, que [...] deve ser formulada [...] a propiciar ao acusado o cabal conhecimento daquilo que lhe é atribuído, para poder então articular a sua estratégia defensiva".[550] Cuida-se, por conseguinte, da necessária correlação entre uma narrativa acusatória clara, precisa e completa (dos fatos) e o exercício do direito de defesa, corporificando o cenário de uma imputação jurídico-criminal adequadamente desenvolvida.[551]

Quanto ao prazo para o oferecimento da denúncia, de um modo geral,[552] dispõe o Ministério Público de cinco dias – contados a partir do recebimento dos autos do inquérito policial –, se o acusado estiver preso, ou de quinze dias, se o acusado estiver solto ou afiançado. A propósito, nesta última hipótese, em requerendo o Ministério Público a devolução do inquérito policial à autoridade policial para o cumprimento de diligências imprescindíveis ao oferecimento da denúncia (artigo 16 do Código de Processo Penal), o prazo será contado a partir da data que o Ministério Público os receber novamente (artigo 46 do Código de Processo Penal).[553]

A denúncia, em termos de validade formal, deve – para ensejar o seu recebimento – observar uma série de requisitos substanciais, os quais vêm descritos, fundamentalmente, no artigo 41 do Código de Processo Penal. Trata-se, assim, dos seguintes dados: (i.) a exposição do fato criminoso, com todas as suas circunstâncias; (ii.) a qualificação do acusado, ou esclarecimentos pelos quais possa ser identificado; (iii.) a qualificação jurídica do fato narrado; (iv.) o rol de testemunhas, quando necessário; (v.) o endereçamento ao Magistrado; (vi.) a observância do idioma pátrio; e (vii.) a assinatura do agente do Ministério Público.[554]

Em síntese, a proposta acusatória deve satisfazer a duas condições essenciais: (i.) uma de caráter formal; e (ii.) outra de caráter material. A primeira exigência refere-se à descrição do fato definido como crime (isto é, a descrição do fato com todas as suas circunstâncias), ao passo que a segunda vem amparada por indícios de existência do fato (evidenciando, de tal sorte, o mínimo fático para embasar a pretensão acusatória).[555] Cuida-se, portanto, de peça imprescindível

---

550 GRINOVER, Ada Pellegrini, 2013, p. 132.

551 "O processo penal de tipo acusatório repele, por ofensivas à garantia da plenitude de defesa, quaisquer imputações que se mostrem indeterminadas, vagas, contraditórias, omissas ou ambíguas. Existe [...] um nexo de indiscutível vinculação entre a obrigação estatal de oferecer acusação formalmente precisa e juridicamente apta e o direito individual de que dispõe o acusado à ampla defesa. A imputação penal omissa ou deficiente [...] qualifica-se como causa de nulidade processual absoluta. A denúncia [...] constitui peça processual de indiscutível relevo jurídico. Ela, ao delimitar o âmbito temático da imputação penal, define a própria *res in judicio deducta*. [...]. Denúncia que não descreve adequadamente o fato criminoso é denúncia inepta [...]" (STF, *HC* 70.763/DF, 1ª T., Rel. Min. Celso de Mello, j. 28.6.94).

552 "Há ainda algumas exceções quanto ao prazo para oferecimento da denúncia em certos crimes como: crime eleitoral (10 dias), crime de imprensa (10 dias), crime contra a economia popular (2 dias) e outros (Leis nº 4.737, de 15.07.65, 5.250, de 09.02.67 e 1.521, de 26.12.51, respectivamente)" (GULLO, Roberto Santiago F., 2009, p. 56).

553 GULLO, Roberto Santiago F., p. 55.

554 BOSCHI, José Antonio Paganella, 2002, p. 208.

555 "[...]. Denúncia. Requisitos. A denúncia deve satisfazer duas condições: formal – descrição do fato com todas as suas circunstâncias; material – evidência fática, no âmbito do juízo de probabilidade, de a imputação puder ser reconhecida, no juízo de mérito. Tais exigências não fazem distinção quanto à natureza da infra-

à regular instauração e ao desenvolvimento da relação jurídico-processual, em que se expõe o fato, ou os fatos, e o acusado. Cabe lembrar, nesta ordem de compreensão, que a boa técnica redacional recomenda, à base do conteúdo normativo do artigo 41 do Código de Processo Penal, que o *Parquet*, na proposta acusatória, lance imputações certas e determinadas, individualizando, para além disso, as condutas ilícito-típicas no tempo e no lugar. Em uma fórmula sintética, é imperioso que o acusado conheça, à exatidão, do que está sendo imputado, a fim de se defender, tal qual se lhe garante a Constituição Federal, de modo eficaz e pleno.

Uma derradeira questão: *quid juris* se a imputação for omissa, obscura ou deficiente, impedindo e dificultando a concretização da plenitude da defesa? A ocorrência de nulidade absoluta, que se estende por todos os atos processuais que eventualmente tenham sido praticados, é a resposta mais acertada à questão; certo que, da violação aos mandamentos constitucionais, se extrai prejuízo evidente aos fins almejados com as garantias processuais, especialmente à informação e à impugnação defensiva. Por conta disso, uma vez evidenciada a violação à disciplina da proposta inicial acusatória, imperativa será a sua rejeição, ao se reconhecer a sua inépcia pela manifesta violação ao artigo 41 do Código de Processo Penal, à dignidade da pessoa humana, ao princípio da legalidade, ao princípio do contraditório e à garantia da mais ampla defesa. *In summa*, para ser havida por válida e, com isso, ensejar o amplo exercício do direito de defesa, a denúncia tem de descrever o fato criminoso de modo concreto, certo, preciso e determinado, isto é, com todas as suas circunstâncias, "bem como precisar de que forma o acusado praticou ou concorreu para que terceiros praticassem tal fato definido como crime".[556] Do contrário, será inepta a proposta inicial acusatória e, sobretudo, deverá ser rejeitada, sob pena de ofensa ao direito (amplo) de defesa.[557] (É oportuno que se saliente, no entanto, que, em termos jurispruden-

ção penal" (*HC* 5053, STJ, 6ª T, Rel. Min. Luiz Cernicchiaro, j. 22/10/96). "Persecução penal. MP. Aptidão da denúncia. O MP, para validamente formular a denúncia penal, deve ter por suporte uma necessária base empírica, a fim de que o exercício desse grave dever-poder não se transforme em instrumento de injusta persecução estatal. O ajuizamento da ação penal condenatória supõe a existência de justa causa, que se tem por inocorrente quando o comportamento atribuído ao réu 'nem mesmo em tese constitui crime, ou quando, configurado uma infração penal, resulta de pura criação mental da acusação [...]. A peça acusatória deve conter a exposição do fato delituoso em toda a sua essência e com todas as suas circunstâncias. Essa narração, ainda que sucinta, impõe-se ao acusador como exigência derivada do postulado constitucional que assegura ao réu o pleno exercício do direito de defesa. Denúncia que não descreve adequadamente o fato criminoso é denúncia inepta" (*HC* 73.271-2/SP, 1ª T., Rel. Min. Celso de Mello, j. 19.3.96, decisão citada por VILAS BOAS, Alberto, 1999, p. 71).

556 GRINOVER, Ada Pellegrini, p. 136.

557 Cf. GRINOVER, Ada Pellegrini, p. 136. "Não é difícil perceber os danos que a mera existência e uma ação penal impõe ao indivíduo. Necessidade de rigor e prudência daqueles que têm o poder de iniciativa nas ações penais e daqueles que podem decidir sobre o seu curso. Ordem deferida, por maioria, para trancar a ação penal" (STF, *HC* 84.409/SP, 2ª T., Rel. Min. Gilmar Mendes, j. 14.12.04). "Homicídio culposo na modalidade negligência. Suposta responsabilidade extensiva aos sócios da construtora. Pleito de reconhecimento de inépcia da exordial. Desacolhimento. Denúncia ministerial que descreveu com clareza a ocorrência dos fatos, assim, pois, a priori, atendidos os requisitos do art. 41 do CPP. Questões de mérito que, por ainda serem controvertidas, devem ser submetidas ao MM Juiz de 1º grau. Ratificação do recebimento da denúncia que dispensa aprofundada fundamentação, pena de indevida incursão no mérito da ação penal. Precedentes. Trancamento da ação penal que é reservado para situações excepcionalíssimas. Impossibilidade de adoção de tal medida na hipótese em tela. Manutenção da ação penal em curso. Ordem denegada" (TJSP, *HC* 2124099-81.2018.8.26.0000, 9ª CC, Rel. Costabile e Solimene, j. 26.7.18).

ciais, já se decidiu pela preclusão da matéria [da inépcia da denúncia] quando manejada apenas após a sentença condenatória.)[558]

7.2. Aspectos específicos

No plano específico, a denúncia, em se tratando de acidentes de trabalho, deve observar uma série de exigências adicionais (ou suplementares), que surgem em virtude da modalidade de crime ou de concurso (unicidade ou pluralidade delitiva; concurso de agentes; homicídio culposo [qualificado]; entre outras hipóteses) de que se cuida. Assim, para permitir uma maior clareza, vai-se abordar isoladamente essas categorias criminais. Cuida-se das hipóteses mais recorrentes, muito embora haja outras, como, por exemplo, o crime de "perigo para a vida ou saúde de outrem" – artigo 132 do Código Penal.

7.2.1. Do homicídio culposo simples (artigo 121, parágrafo 3°, do Código Penal)

No caso-padrão de um homicídio culposo simples,[559] três serão as exigências adicionais específicas que deverão integrar a proposta acusatória: (i.) a indicação precisa do nexo causal entre a conduta e o resultado lesivo;[560] (ii.) a

---

558 "Homicídio culposo. Acidente de trabalho. Condenação. Preliminar de inépcia da denúncia, Não verificação. Conduta culposa devidamente descrita. Ademias tal argumento estaria precluso, pois só foi levantado após a senteça condenatória. Preliminar afastada. [...]. 1. A alegação de inépcia da denúncia, suscitada após a prolação da sentença, torna preclusa a análise da questão (precedentes do STF e do STJ). 2. [...]" (TJPR, ACR 0000987-24.2013.8.16.0175, 1ª CC, Rel. Antônio Loyola Vieira, j. 25.10.18).

559 Indicando os elementos por meio dos quais se desenha a caracterização do homicídio culposo, a seguinte decisão: "acidente de trabalho. Imputação assentada em conduta negligente, consistente na suposta falta de fornecimento e fiscalização do uso de equipamentos de proteção, e no assentimento com a realização do serviço de modo arriscado – conduta omissiva imprópria estampada na figura de agente garantidor – dever legal de agir para evitar o resultado – presença dos elementos do tipo culposo – recurso desprovido. 1. Hipótese em que o acusado foi denunciado e condenado por homicídio culposo, por negligenciar que a vítima, contratada para realizar serviço em sua propriedade, atuasse sem os devidos equipamentos de segurança e de forma arriscada ao improvisar andaime, de modo que a sua omissão quanto às cautelas necessárias é penalmente relevante, nos termos do artigo 13, § 2º, do CPB. 2. Presença dos elementos estruturais do fato típico culposo: (a) conduta voluntária (comissiva ou omissiva); (b) inobservância de um dever objetivo de cautela (imprudência, negligência ou imperícia); (c) resultado não querido ou assumido pelo agente; (d) nexo entre a conduta e o resultado; (e) previsibilidade objetiva; e (f) tipicidade. 3. É crível imaginar que o homem médio pudesse antever que o fato de se trabalhar pendurado em um andaime improvisado e sem qualquer equipamento de segurança é passível de conduzir ao resultado morte. 4. Recurso desprovido" (TJES, ACR 039100014800, Relª. Catharina Barcellos, 1ª CC, j. 6.3.13).

560 "Homicídio culposo. Acidente de trabalho. Insurgência contra a decisão que recebeu a denúncia. Pleito de trancamento da ação penal. Alegação de inépcia da denúncia e de responsabilidade criminal inexistente. Ausência de causalidade entre a conduta atribuída aos pacientes e o evento morte. Ordem concedida. Os peritos que realizaram o RIAI (fls.) aduziram que, na ocasião do acidente, o colaborador O.K., no momento de retirada da peça, observou que parte da peça ficara presa no molde e a despeito de solicitar um ferramenteiro preparado para remover o excesso de material no molde, subiu inadvertidamente no barramento por onde corre a prensa na tentativa de retirar sozinho, entretanto, não desativou o modo automático da máquina cujo tempo programado é tão somente suficiente para a retirada da peça, o que veio a ocasionar a fatalidade, pois a prensa se fechou novamente sem que o aludido colaborador pudesse acionar o dispositivo de segurança alocado na plataforma. Desta maneira, é possível perceber que a vítima era orientada a seguir determinados procedimentos para retirar a peça presa, dentre os quais o de chamar uma pessoa treinada para realizar a retirada, a saber: o ferramenteiro. Era proibida, portanto, de realizar a retirada sozinha"

indicação da(s) modalidade(s) (imperícia, negligência ou imprudência) de culpa,[561] descrevendo, exatamente, qual foi o comportamento (ação ou omissão) que implicou a inobservância do dever de cuidado objetivo; e, ainda, (iii.) nos crimes comissivos por omissão,[562] a indicação precisa do especial dever jurídico de agir (a posição de garantidor;[563] aliás, havendo a indicação do dever jurídico

(TJPR, *HC* 10193649, Rel. Marcos Daros, 1ª CC, j. 6.6.13). "Denúncia. Homicídio culposo. Acidente de trabalho. Ausência de individualização da conduta do paciente. Ordem concedida para trancar a ação penal. Maioria. Hipótese em que a denúncia não descreve de forma individualizada a conduta delituosa cometida pelo paciente, imputando-lhe a prática do crime unicamente com base na sua condição de sócio da empresa onde estava sendo realizada a obra e que, por negligência, teria ocasionado o acidente de trabalho, não se constitui como fator suficiente para viabilizar ação penal, fazendo por ensejar o seu trancamento. Que no mês de fevereiro de 2010 o posto do qual o paciente é sócio, contratou para a reforma do telhado a empresa M.V.C dos Santos, representada legalmente pelo Sr. M.V.C.S, que mantinha em seu quadro funcional o Sr. J.R.F.N. e que o mesmo, quando exercia sua atividade laboral, teve um acidente, pois segurava uma telha de metal quando esta entrou em contato com a rede de transmissão de energia elétrica, dando-lhe um choque que o fez cair do telhado, ocasionando o seu óbito por traumatismo crânio-cefálico e queimaduras de 2º e 3º graus. [...] caso, sem adentrar na seara fático-probatória, entendo que não está suficientemente demonstrado o nexo de causalidade entre o acontecimento e a conduta do paciente, pois a acusação tem por base unicamente a sua condição como dono do local onde estava sendo realizada a obra, sem, no entanto, trazer um indicativo de eventual ilicitude que tenha perpetrado o paciente, fazendo por ensejar o constrangimento ilegal apontado na impetração [...]. [...], percebo que a vítima era funcionária da empresa M.V.C dos Santos de propriedade do Sr. M.V.C.S. e a este foi confiada a execução da obra, sendo de sua inteira responsabilidade a contratação de pessoal e fornecimento de equipamentos necessários a realização da atividade laborativa" (TJMA, *HC* 0032832011, Rel. Benedito Belo, j. 4.7.11). "Desabamento culposo. Nexo causal entre a omissão do agente e o evento. Não pode prosperar a denúncia que não deixa entrever nexo causal entre a pretendida omissão do paciente e o desabamento de imóvel com vítima fatal" (STF, R*HC* 63957, 2ª T, Rel. Min. Francisco Rezek, j. 10.6.86).

[561] "Inepta é a denúncia que não especifica a modalidade de culpa em que teria incidido o acusado, na prática do crime que lhe é imputado" (RT 372/284). A mesma exigência também se projetaria aos crimes de lesão corporal culposa (acidentária): "a espécie de culpa constitui elemento essencial para a integração do delito previsto no art. 129, § 6º, do CP e sua omissão acarreta prejuízo à defesa. Daí reputar-se nula a ação eivada de tal vício, e, [...], toda a ação penal" (RT 262/445). No mesmo sentido: RT 330/504. "Não autoriza decreto condenatório peça vestibular que apenas descreve um fato, condição de evento danoso, mas deixa de apontar a causa fundante da culpa, em qualquer das modalidades" (TACRIM-SP, AC, Rel. Wilson Castejón, JUTACRIM 66/269). Decisão citada por FRANCO, Alberto Silva e outros, p. 1633.

[562] "Em todas as hipóteses imagináveis, a imputação deve conter a ação que o delinquente estava obrigado a praticar. E do mesmo modo que o fato, essa ação omitida deve ser particularizada e identificada, sob pena de inépcia acusatória" (SIQUEIRA, Geraldo Batista, 1979, p. 17). "Crime comissivo por omissão. Omitir, em direito, não é 'non fare nulla', mas, sim, não desenvolver uma determinada atividade, contrariando uma norma jurídica em que se contém um comando de agir. Se o recorrente não omitiu qualquer providência tendente a evitar o acidente de que resultou a morte do operário, que trabalhava em obra da qual era ele empreiteiro, não houve desrespeito à exigência de cautela ou proteção, de modo a configurar o crime comissivo por omissão. Recurso provido" (STF, R*HC* 67286, 2ª T, Rel. Min. Carlos Madeira, j. 31.3.89).

[563] "É sempre indispensável indicar em que consistia esse dever, pois ele constitui elemento não descrito no tipo, integrando [...] a condição pessoal do agente, indispensável para a configuração da conduta típica. [...], é óbvio que a denúncia deve indicar em que consistiu a omissão, que não constitui um simples não fazer, mas não fazer algo" (FRAGOSO, Heleno, 1967, p. 66). "III. *In casu*, não houve responsabilização de forma objetiva pelo simples fato do acidente de trabalho. Ao que se tem da inicial acusatória, os recorrentes, além de serem administradores da empresa [...], naquilo que lhes competia, também inobservaram as normas de segurança previstas na Portaria 86, de 3/3/05, do MTE, pois teriam deixado de adquirir, fornecer e determinar o uso de EPI a dois empregados rurais que realizavam a queima de palha de cana-de-açúcar, omissão que ocasionou o óbito dos referidos trabalhadores. IV. A alegação de inépcia da denúncia deve ser analisada de acordo com o que dispõe os art. 41, do CPP, e o art. 5º, LV, da CF/88. A peça acusatória deve conter a exposição do fato delituoso em toda a sua essência e com todas as suas circunstâncias. Denúncias genéricas, que não descrevem os fatos na sua devida conformação, não se coadunam com os postulados básicos do Estado de Direito (*HC* 86.000/PE, 2ª T., Rel. Min. Gilmar Mendes, DJU de 2.2.07). A inépcia da denúncia caracteriza situação configuradora de desrespeito estatal ao postulado do devido processo legal. V. No caso vertente, a inicial acusatória preenche os requisitos exigidos pelo art. 41 do CPP, porquanto os recorrentes teriam permitido a

de agir, tornar-se-ia despicienda a descrição individualizada da conduta do omitente, porquanto o que se lhe imputa é, por evidente, a omissão da ação legalmente atribuída.[564]). A presença, na proposta acusatória, de tais exigências, decerto, irá obviar o risco de (eventual) inépcia por carência narrativa.[565] Não se mostra desadequado afirmar, entretanto, que a denúncia deve ser afirmativa (descrição [essencializada e circunstanciada] do fato punível), e não argumentativa (sustentação [da plena existencialidade] do fato punível).[566]

realização do serviço sem sequer terem adotado medidas de proteção da integridade física de seus funcionários (obrigatoriedade do uso de equipamentos de proteção individual). Não há falar, portanto, em inépcia da denúncia. Recurso ordinário desprovido" (STJ, *RHC* 78.936/MG, 5ª T, Rel. Min. Felix Fischer, j. 20.4.17). "[...]. É apta a denúncia que imputa à ré crime omissivo na forma imprópria, descrevendo o dever contratual de agir e as condutas necessárias – e possíveis – a serem adotadas para se evitasse o resultado típico, aí residindo a relação de causalidade normativa que caracteriza as hipóteses previstas no art. 13, § 2º, alíneas, do CP. [...]" (TJMG, APC 10702052026029001, Rel. Hélcio Valentim, 5ª CC, j. 28.4.09).

564 "1. Os recorrentes foram denunciados por homicídio culposo por omissão, em razão de negligência ao permitir ambiente de trabalho inseguro e omissão relacionada ao descumprimento das diversas Normas Regulamentadoras de observância obrigatória descritas na inicial. A hipótese dos autos traz, [...], dois elementos normativos: omissão e culpa, ambos descritos na inicial acusatória, motivo pelo qual não há se falar em inépcia. 2. Não há necessidade de se descrever a conduta individualizada de cada um dos recorrentes porque o que se imputa é exatamente a ausência de conduta, a ausência do dever de cuidado legalmente atribuído aos recorrentes. [...], nos crimes comissivos por omissão atribui-se a responsabilidade penal àquele que possui dever jurídico especial de agir para evitar o resultado, ou seja, ao garante. Os recorrentes, qualificados como sócios do grupo [...], possuem, em tese, o dever de agir, haja vista terem, por lei, obrigação de cuidado, proteção ou vigilância, com relação a seus funcionários. [...], não é possível, na via eleita, trancar a ação penal por inépcia da denúncia, porquanto devidamente narrada a imputação, a qual se apoia em conduta omissiva e negligente dos recorrentes. 3. [...], 'não pode ser acoimada de inepta a denúncia formulada em obediência aos requisitos traçados no art. 41 do CPP, descrevendo perfeitamente as condutas típicas, cuja autoria é atribuída aos pacientes devidamente qualificado, circunstâncias que permitem o exercício da ampla defesa' (*HC* 183.660/RJ, Rel. Min. Jorge Mussi, 5ª T., j. 14/2/12, [...]). 4. Recurso em *habeas corpus* improvido" (STJ, *RHC* 53.018/CE, 5ª T, Rel. Min. Reynaldo Fonseca, j. 20.6.17).

565 "2. É certo que a denúncia tem que trazer no seu próprio contexto os elementos que demonstram a certeza da acusação e a seriedade da imputação, não se admitindo expressões genéricas, abstratas ou meramente opinativas, o que induz a sua peremptória inaceitabilidade. 3. O simples fato de uma pessoa ser diretor, presidente, sócio, representante civil, gerente ou administrador de uma empresa de fabricação de estrutura de concreto, por si só, não significa que ela deva ser responsabilizada pelo suposto crime ocorrido em razão de seu desabamento, sob pena de consagração da responsabilidade penal objetiva, amplamente repudiada pelo nosso direito penal. 4. Deve ser considerada inepta a denúncia que não descreve efetivamente nenhum nexo de causalidade ligando o denunciado a suposta conduta criminosa narrada na exordial, uma vez que na hipótese dos autos, tratando-se de acidente de trabalho, não foi atribuído ao respectivo diretor/presidente da empresa comportamento específico que o vincule, diretamente, com apoio em dados probatórios mínimos, ao evento delituoso nela explanada. 5. [...]. 6. Ordem concedida para determinar o imediato trancamento da ação" (TJES, *HC* 100120025869, Rel. Manoel Rabelo, 1ª CC, j. 19.9.12). "Arts. 121, § 3º, e 129, § 1º, I, II e III, na forma do art. 70, todos do CP. 1. Trancamento da ação penal. Excepcionalidade reconhecida. Ausência de justa causa para deflagração da ação penal. 2. Inépcia da denúncia. Reconhecida. Acidente de trabalho. Negligência operada pela empresa contratada para fiscalização dos serviços. Impossibilidade de imputar os efeitos penais ao responsável legal da empresa pela simples função desempenhada. Responsabilização objetiva. Ordem concedida. – 1. [...]. 2. Considera-se ausente a justa causa para instauração da ação penal se a peça acusatória se mostra inepta, não descrevendo de forma individualizada a conduta delituosa imputada ao acusado. 3. O mero *status* do cargo ocupado no corpo estrutural da Empresa, por si só, não enseja a imputação dos efeitos penais ao responsável civil pela sociedade comercial, sob pena de caracterização de responsabilização objetiva. 4. É inepta a denúncia que não descreve a conduta (ativa ou omissa) cometida pelo acusado, imputando-lhe a prática dos crimes exclusivamente por conta da representação civil que exerce na Empresa que, por negligência, teria ocasionado o acidente de trabalho. 5. Ordem concedida" (TJES, *HC* 0000661-34.2010.8.08.0000, Rel. Alemer F. Moulin, 1ª CC, j. 28.4.10).

566 "Homicídio culposo. Acidente do trabalho, com atribuição de culpa em razão de omissão relevante. Alegação de inépcia da denúncia com pedido de trancamento da ação penal que vai desacolhido. A denúncia é peça meramente afirmativa, não argumentativa. Quanto ao fato imputado, não se exige seja sustentado o

Tal crime, antes de tudo, é compatível com o *sursis* do processo penal (artigo 89 da Lei 9.099/95).

7.2.2. Do homicídio culposo qualificado (artigo 121, parágrafo 4º, primeira parte, do Código Penal)

No crime de homicídio culposo, a pena é majorada em um terço se o ato que deu causa à morte da vítima foi praticado com inobservância de regra técnica de profissão, arte ou ofício (artigo 121, parágrafo 4°, primeira parte). Cuida-se, em essência, da falta de obediência do profissional a determinadas regras técnicas que são exigidas para o exercício de seu mister. Assim considerando, a diferença entre o homicídio culposo e o homicídio culposo qualificado se estabelece porque, naquele, a tipicização se caracteriza em face das modalidades (imprudência, negligência ou imperícia) de culpa, as quais não se confundem com a causa especial de aumento de pena – inobservância de regra técnica da profissão –, que se posiciona no terreno da culpabilidade, implicando maior grau de censurabilidade da conduta concretamente realizada,[567] ou seja, demonstrando que o comportamento do agente merece, sob todos os títulos, uma maior reprovabilidade. Em rigor, não se pode embaralhar os conceitos de imperícia e (até por ser mais aparentada com a) inobservância de regra técnica de profissão, na medida em que, naquela, "o agente não detém conhecimento técnicos, ao passo que nesta o agente os possui, mas deixa de empregá-los".[568] Para alguns autores, esse dispositivo somente poderia ser aplicando em se tratando de um profissional; do contrário, o componente da culpabilidade

---

direito aplicável. A imputação fática deve conter apenas a narrativa circunstanciada do evento, não sendo necessária qualquer referência à norma aplicável. Denúncia que elenca os atos omitidos, cuja exigibilidade, em princípio, encontra apoio em específicas normas regulamentadoras de legislação trabalhista. Se eram ou não, de fato, exigíveis no caso concreto as condutas omitidas, se foram ou não praticadas nos limites de sua exigibilidade e se guardam relação de causalidade em relação ao acidente do trabalho, alcançando relevância penal ou não para o resultado morte, é tema de alta indagação, a ser dirimido na ação penal de conhecimento, não em sede mandamental. Ordem denegada" (TJRS, *HC* 70068616960, Rel. João Tovo, 3ª CC, j. 20.4.16). "Homicídio culposo majorado por inobservância de regra técnica de profissão (art. 121, §§ 3º e 4º, do CP). Pretensão de trancamento da ação penal por ausência de suporte fático e individualização da conduta delitiva. Inocorrência. Inicial acusatória em conformidade com o art. 41 do CPP. Indícios de autoria e materialidade que permitem a deflagração da ação penal. Asserção de ausência de culpa. Desacolhimento. Tese que demanda incursão aprofundada em matéria probatória, inviável em sede de *habeas corpus*. Constrangimento ilegal não verificado. Ordem denegada" (TJPR, *HC* 1498491-9, Rel. Macedo Pacheco, 1ª CC, j. 28.4.16). "Homicídio culposo. inobservância de regras técnicas da profissão. Inépcia. Inocorrência. Ausência de justa causa. Inexistência de indícios de autoria. Necessidade de revolvimento aprofundado de matéria fático-probatória na via estreita do *writ*. Impossibilidade. Recurso improvido. – 1. Orienta-se a jurisprudência no sentido de que o trancamento da ação penal é medida de exceção, possível somente quando inequívoca a inépcia da denúncia e a ausência de justa causa, o que não se verifica na hipótese. 2. A denúncia descreve, de forma suficiente, que o recorrente causou a morte da vítima já que agiu com negligência e imperícia, apontando a norma técnica descumprida, assim como a sua responsabilidade em impedir o resultado como o responsável pelo projeto da obra. 3. O Tribunal *a quo* reconheceu que há indícios de que o recorrente é autor dos fatos delituosos, em consonância com os elementos do inquérito. 4. Infirmar a conclusão da instância ordinária acerca da existência de elementos dos crimes atribuídos ao paciente envolve revolvimento probatório vedado na via do *habeas corpus*. 5. Recurso em *habeas corpus* improvido" (STJ, *RHC* 69.917/RS, Rel. Min. Nefi Cordeiro, 6ª T., j. 5.5.16).

[567] STJ, *HC* 94.973, 5ª T, Relª. Minª. Laurita Vaz, j. 10.6.08.

[568] STJ, *RHC* 17.530, 1ª T, Rel. Min. Arnaldo Lima, j. 6.9.05. "Percebe-se que o agente, na imperícia, revela claro despreparo técnico ou prático. Não se confunde com a inobservância de regra técnica, causa especial de aumento de pena nas modalidades culposas do crime de homicídio e de lesão corporal, hipótese em que o agen-

não excederia àquilo que, de um modo geral, se exige para a configuração do crime culposo em sua modalidade fundamental, dado que o reconhecimento desse *plus* de censurabilidade implicaria um dupla valoração.[569] Nessa quadra, a maior responsabilidade só se aplicaria em virtude dos acrescidos deveres que tem o profissional.[570]

Nesta quadra, cumpre, como exigências suplementares da proposta acusatória, haver a indicação do que, particular e efetivamente, constitui a inobservância de regra técnica da profissão, pois seria inepta a denúncia que não esclarecesse isso, apenas se limitando a referir a falta de regra técnica como a própria circunstância perfectibilizadora do atuar culposo.[571] Ao contrário, poderia existir a dupla punição (valoração) – *bis in idem*.[572] Vista nesta perspectiva, a causa especial de aumento em causa somente pode ser reconhecida com a indicação, específica, na denúncia, de regra técnica que não foi observada pelo profissional, isto é, além da descrição da(s) modalidade(s) de culpa, a indicação precisa do dado fático que implicou a inobservância de regra técnica de profissão (e, ademais, a mesma exigência se projeta para denúncias por crime de lesão corporal culposa qualificada – artigo 129, parágrafo 7º, do Código Pe-

---

te possui conhecimentos técnicos e práticos, mas, relapso, não os observa no momento de agir" (CUNHA, Rogério Sanches, 2018, p. 237).

569 FRAGOSO, Heleno Cláudio, 1995, p. 47.

570 "1. Situação em que engenheiro responsável por obra foi condenado pelo homicídio culposo de servente de pedreiro que caiu no fosso de elevador. 2. Atribui-se maior reprovação à conduta culposa que despreza a existência de norma técnica disciplinando a atividade exercida. Isso porque ao profissional que desempenha certas atividades (como o médico e o engenheiro), impõe-se um maior dever objetivo de cuidado. [...], a jurisprudência dessa Corte assentou que a causa de aumento de pena referente à inobservância de regra técnica de profissão se situa no campo da culpabilidade, demonstrando que o comportamento do agente merece uma maior censurabilidade. 3. Demonstrado à saciedade, [...], que o acusado foi negligente, ao não se preocupar com a segurança dos trabalhadores da obra por cuja fiscalização era responsável, desrespeitando também, com essa conduta, norma específica da profissão, incide a causa de aumento de inobservância de regra técnica de profissão prevista no § 4º do art. 121 do CP. 4. Não há [...] *bis in idem* em virtude de ter sido o réu condenado por culpa e de ter sua pena majorada pelo fato de o crime resultar de inobservância de regra técnica de profissão. 5. Agravo regimental a que se nega provimento" (STJ, ARAGRE 1097076/SP, 5ª T, Rel. Min. Reynaldo Fonseca, j. 20.2.18).

571 "Homicídio culposo. Acidente de trabalho. Sentença condenatória. Recurso da acusação. Pretensão de incidência da causa de aumento da inobservância de regra técnica (art. 121, §4º, do CP). Impossibilidade. Mesma circunstância fática descrita para tipificar a negligência do crime culposo. Bis in idem. Pleito pelo aumento do valor fixado a título de prestação pecuniária. Não acolhimento. Discricionariedade do julgador na substituição da pena privativa de liberdade. *Quantum* adequado. Recurso desprovido" (TJPR, ACR 0012954-42.2015.8.16.0031, 1ª CC, Rel. Clayton Camargo, j. 6.6.19). "Homicídio culposo circunstanciado (art. 121, §§ 3º e 4º, do CP). Sentença condenatória. Recurso da defesa. Preliminares: 1. [...]. 2. Inépcia da denúncia por ausência de descrição da conduta que tipifica a causa de aumento de pena. Mácula inexistente. Peça exordial que indica [...] a inobservância da regra técnica de profissão. Presença dos requisitos do art. 41 do CPP. 3. [...]. Condenação mantida. Pedido de afastamento da majorante do art. 121, § 4º, do CP. Impossibilidade. Imperícia e inobservância de regra técnica presentes. Consequência do crime que se afastam da normalidade de homicídio culposo. [...]. Recurso conhecido e desprovido" (TJSC, AC 0013949-71.2010.8.24.0075, Relª. Cinthia Schaefer, 4ª CC, j. 5.5.16).

572 "Homicídio culposo. [...]. Acidente de trabalho. Metalúrgica. Empilhamento de fardos de tubos de aço em local impróprio e inadequado. Área de trabalho e de trânsito de funcionários. Queda de parte dos tubos durante movimentação por meio de máquina empilhadeira. Vítima fatalmente atingida. Prévia e evidente situação de risco. Flagrante ameaça à segurança do trabalho. Ausência de conduta apta a impedir eventual resultado danoso. Negligência configurada. Condenação que se impunha. Exclusão da majorante do art. 121, § 4º, do CP. Circunstância que, no caso concreto, constitui o próprio núcleo da culpa em que incorreram os agentes. Reprimendas reduzidas. Consequente afastamento da segunda pena substitutiva estabelecida na sentença – prestação pecuniária. Preliminares rejeitadas. Apelo ministerial improvido. Apelos defensivos parcialmente providos" (TJRS, ACR 70050663301, Rel. Manuel Lucas, 1ª CC, j. 11.12.13).

nal). É óbvio, portanto, que a majorante apenas se aplica em razão da conduta de profissional que, ao incidir em comportamento culposo, ainda o faz em desatendimento a regramento técnico de profissão;[573] daí porque se trata de fatos diferentes, ou seja, o núcleo do atuar (típico) culposo não pode confundir-se com a causa especial de aumento de pena.[574]

A todos os respeitos, tal causa (de aumento de pena) recai exclusivamente sobre profissionais que deixam de observar determinadas regras técnicas no desempenho de seu mister, arte ou ofício; fácil concluir-se, por conseguinte, que, em se tratando de diretores de empresa ou de empregadores, não se lhes pode alcançar essa majorante, visto que não se cuida de profissão, e o eventual descumprimento de regra técnica não diz respeito a nenhuma dessas atividades específicas. Todavia, *ad argumentandum tantum*, se se pudesse cogitar a aplicação dessa majorante independentemente da profissão, arte ou ofício que certos agentes, *de facto*, exercem, a denúncia, *in casu*, não poderia assentar-se, sob pena de *bis in idem*, sobre o núcleo da configuração da culpa tanto para a imputação do homicídio culposo como para a incidência do fator especial (de aumento de pena).[575]

---

573 "Homicídio culposo por inobservância de regra técnica de profissão. Engenheiro. Desmoronamento de terra. Morte de trabalhador. [...]. III. [...]. Age culposamente, nas modalidades de imperícia e negligência, o agente que, na condição de engenheiro civil, realiza obra sem observar seu dever objetivo de cuidado e as regras técnicas da profissão, provocando como resultado a morte de pedreiro. IV. Manutenção da causa de aumento do § 4º do art. 121 do CP. Apelante que praticou o delito na condição de engenheiro civil, deixando de observar as regras técnicas da profissão. Apelo desprovido" (TJSP, AC 0012379-81.2010.8.26.0079, Rel. Marcos Correa, 6ª CC, j. 19.5.16). "Homicídio culposo. Inobservância de regra técnica de profissão. Engenheiro responsável pela construção de um edifício, que deixou de fiscalizar o cumprimento de regras de segurança, dando causa à morte de um operário. Autoria e materialidade demonstradas. Negligência e imperícia. Quadro probatório inequívoco. Preliminares de nulidade do feito. Não acolhimento. Mérito. Absolvição. Impossibilidade. Elemento normativo do tipo penal bem caracterizado. Apelo a que se dá parcial provimento para reduzir a prestação pecuniária substitutiva, nos termos propostos pelo voto" (TJSP, AC 0778811-36.2009.8.26.0577, Rel. Ivo de Almeida, 1ª CC, j. 9.5.16). "Homicídio culposo. Soterramento. Construção civil. Engenheiros e mestre de obras. Materialidade. Demonstrada. Imprudência e negligência. Culpa configurada. [...]. Dosimetria. Mestre de obras. Causa de aumento do § 4º do art. 121 do CP. Exclusão. [...]. – O conjunto probatório permite concluir que os réus não observaram o dever de cuidado objetivo quando não aplicaram as normas técnicas pertinentes para a escavação de valas. Tampouco observaram os padrões de segurança exigidos, mesmo cientes das condições precárias, que colocava em risco a incolumidade dos que ali trabalhavam. [...]. Não se aplica a causa de aumento [...] do § 4º do art. 121 do CP ao mestre de obras, porquanto ele não possui conhecimentos técnicos específicos cuja inobservância permite a incidência da referida majorante. [...]. Apelação do réu [mestre de obras] parcialmente provida e as demais desprovidas" (TJDFT, AC 20110111789563, Rel. Souza e Avila, 2ª TC, j. 23.7.15).

574 "III. Mérito. Absolvição. Impossibilidade. Vasta prova material e oral. Autoria e responsabilidade pelo crime devidamente comprovadas. Imperícia e negligência demonstradas. Age culposamente, nas modalidades de imperícia e negligência, o agente que, na condição de engenheiro civil, realiza obra sem observar seu dever objetivo de cuidado e as regras técnicas da profissão, provocando como resultado a morte de pedreiro. IV. Manutenção da causa de aumento do § 4º do art. 121 do CP. Apelante que praticou o delito na condição de engenheiro civil, deixando de observar as regras técnicas da profissão. Apelo desprovido" (TJSP, AC 0012379-81.2010.8.26.0079, Rel. Marcos Correa, 6ª CC, j. 19.5.16). "Homicídio culposo majorado. Art. 121, §§ 3º e 4º do CP. Sentença condenatória. Pleito de absolvição por insuficiência probatória e afastamento da causa especial de aumento da pena. Irresignação não acolhida. Autoria e materialidade demonstradas. Culpa evidenciada pelas provas documental e testemunhal. Incidência da causa de aumento de pena prevista no art. 121, § 4º, do CP. Inobservância de regra técnica específica da profissão. Inocorrência de *bis in idem*. Precedentes dos Colendos STF e STJ. Dosimetria da pena que não comporta alteração. Sentença mantida. Recurso desprovido" (TJSP, AC 0005227-05.2008.8.26.0482, Rel. Camargo Aranha Filho, 15ª CC, j. 25.2.16).

575 "Homicídio culposo. Art. 121, §§ 3º e 4º, c/c art. 13, § 2º, 'a', ambos do CP. Trancamento da ação penal. Inépcia da denúncia. Inocorrência. Constrangimento ilegal não evidenciado. Decote da causa de aumento

Em termos consequenciais, uma vez reconhecido o *bis in idem*, extirpa-se da proposta acusatória esta causa de aumento, com o que, em tese, será possível a suspensão condicional do processo criminal (artigo 89 da Lei 9.099/95). E, ao contrário, se o Ministério Público, em sua proposta inicial, deixar de indicar a majorante em causa, isso poderá ser objeto de aditamento (até mesmo por atuação do [eventual] assistente da Acusação).

7.2.3. Do crime de perigo para a vida ou saúde de outrem (artigo 132 do Código Penal)

Neste tipo de injusto, são tuteladas a vida e a saúde da pessoa, expostas a uma situação de perigo direto e iminente. A exposição a perigo pode ser realizada mediante ação ou omissão, e o perigo deve ser direto, ou seja, deve projetar-se para pessoa determinada (pois, se a conduta do agente expuser a perigo um contingente indeterminado de pessoas, será incidente o delito de perigo comum [artigos 250 a 259 do Código Penal]).[576] De outro rumo, em decorrência do objeto jurídico (a vida e a saúde) protegido pela norma incriminadora, cumpre consignar que haverá graus diferenciados de afetação do bem jurídico – o que irá repercutir na composição da pena – quer se trate de exposição a perigo da vida ou de exposição a perigo da saúde.[577]

Esse crime ostenta uma causa especial de aumento de pena (um sexto a um terço) que visa, fundamentalmente, à proteção em face de acidentes de trabalho, aplicando-se na hipótese de a exposição da vida ou da saúde de outrem a perigo decorrer do transporte de pessoas para prestação de serviços em estabelecimentos de qualquer espécie, em desacordo com as normas legais.[578]

---

de pena. Necessidade. Réus dirigentes da empresa. Causa especial de aumento de pena aplicável somente a profissionais que inobservam regras técnicas específicas de sua área de atuação. Ordem concedida em parte. [...]. A causa [...] prevista no art. 121, § 4º, do CP, no que se refere à inobservância de regra técnica de profissão, aplica-se somente aos respectivos profissionais" (TJMG, *HC* 1.0000.16.066158-3/000, Rel. Jaubert Jaques, 6ª CC, j. 18.10.16).

576 PRADO, Luiz Regis; CARVALHO, Érica Mendes de, p. 499.

577 BUSATO, Paulo César, 2014, p. 151.

578 Damásio de Jesus (2016, p. 572) esclarece: "a Lei n. 9.777, de 29 de dezembro de 1988, acrescentou um § único ao art. 132, determinando o aumento de pena de um sexto a um terço se a exposição da vida ou da saúde de outrem a perigo decorre do transporte de pessoas para a prestação de serviços em estabelecimentos de qualquer natureza, em desacordo com as normas legais. Na verdade, criou-se uma figura típica relacionada com a segurança viária. A norma visa a coibir o transporte, na maioria das vezes de trabalhadores chamados 'boias-frias', em veículos motorizados (caminhões, ônibus, carretas, etc.), sem as cautelas devidas. A exposição a perigo de dano de um só trabalhador já constitui o delito. O transporte pode ser realizado para empresas ou propriedades de qualquer natureza: sítios, fazendas, indústrias, fábricas, lojas, estabelecimentos comerciais e de recreação etc. A empresa pode ser civil ou comercial, pública ou privada. A prestação de serviço alcança qualquer atividade: lavouras (cana-de-açúcar, soja, café, cacau, etc.), indústrias, fábricas de carvão, madeireiras, borracha, desmatamento, construções, saneamento, conservação de estradas etc. Autoria: autor principal, visado pela lei, é o responsável pelo transporte, geralmente denominado (gato). Pode também ser autor, observados os princípios e requisitos da 'teoria do domínio do fato', que passamos a adotar, o responsável pelo estabelecimento ou propriedade, aparecendo o motorista do veículo como coautor. E há a possibilidade de existir terceiro partícipe (ex.: fiscal do transporte). O tipo agravado contém uma circunstância normativa: é necessário que o transporte se efetue em desacordo 'com as normas legais'. Estas encontram-se no CT e legislação complementar (vide art. 108 do CT). Se de acordo, o fato é atípico. O dolo deve abranger o elemento normativo do tipo (dolo abrangente). Não o alcançando, o fato é também atípico".

Se se trata de outros locais (por ilustração: propriedades rurais, lavouras, entre outros), não incide a causa de aumento de pena em comento.[579]

Afirma Fernando de Almeida Pedroso que nada impede a omissão, "uma vez existente o dever jurídico de impedir a ocorrência do perigo. Diferente a omissão, aqui, daquela estampada no crime contemplado no artigo 135 do Código Penal. Isso porque, tratando-se da omissão de socorro (artigo 135), o perigo é *preexistente* à abstenção do sujeito ativo, enquanto, no caso vertente, é o próprio sujeito ativo que, com sua inação, lhe dá surgimento. Exemplo: o patrão pode sonegar ao empregado aparelhos próprios à segurança de seu trabalho, daí surgindo o perigo concreto".[580]

Especificamente, este crime exige prova da existência do perigo para perfectibilizar-se; dessa forma, não basta que a denúncia descreva o fato praticado pelo agente; é indeclinável, ainda, que descreva o perigo concreto sofrido pelo ofendido.[581] Também se deve ressaltar a especialização do tipo penal do artigo 99 da Lei 10.741/03, que é a exposição a perigo do idoso, materializada sob determinadas formas precisas,[582] diante do crime em causa.

Enfim, se sobrevier o dano, haverá crime culposo (lesão corporal ou homicídio culposos), desde que tenha existido tão só o dolo de perigo (isto é, a vontade do agente não pode transcender a simples periclitação, pois, do contrário, se o propósito for o de causar o dano, existirá tentativa [de homicídio ou mesmo de lesões corporais, conforme a hipótese]).[583] Em decorrência da subsidiariedade do delito em análise, afasta-se, em linha de princípio, a possibilidade de concurso de crimes, devendo-se reconhecer a regra da subsidiariedade na solução do concurso aparente de tipos penais coexistentes.[584] (Aliás, como reconhece a doutrina, perfeitamente cabível, na relação de emprego, o enquadramento do empregador, no tipo penal em exame, quando não adotar as medidas legais destinadas à prevenção de acidentes e doenças ocupacionais.)[585]

7.2.4. Do concurso de pessoas

Em se tratando de denúncias que envolvam o concurso de pessoas, duas serão as exigências suplementares a ser observadas: (i.) a imputação expressa da modalidade de culpa; e (ii.) a forma da colaboração de cada autor, devendo-se evitar a simples indicação da condição de sócio de uma determinada

---

[579] PRADO, Luiz Regis; CARVALHO, Érica Mendes de, p. 500.

[580] PEDROSO, Fernando de Almeida, 2017, p. 300.

[581] NUCCI, Guilherme de Souza, 2019, p. 673.

[582] BUSATO, Paulo César, 2014, p. 152.

[583] FRAGOSO, Heleno Cláudio, 1995, p. 108.

[584] FRAGOSO, Heleno Cláudio, 1995, p. 108

[585] Cf. CAIRO JÚNIOR, José, 2015, p. 150. Além disso, "o empregador pode ser enquadrado, [...], sem muita dificuldade, nos tipos penais descritos pelos arts. 250 a 259 do CP, que tratam dos crimes de perigo comum, quais sejam: os de incêndio (art. 250); explosão (art. 251); uso de gás tóxico ou asfixiante (art. 252); fabrico, fornecimento, aquisição, posse ou transporte de explosivos ou gás tóxico, ou asfixiante (art. 253); inundação (art. 254); perigo de inundação (art. 255); desabamento ou desmoronamento (art. 257); e difusão de doença ou praga (art. 259)".

empresa.[586] [587] Deve-se, por conseguinte, em virtude dessa situação peculiar, historiar a participação de cada acusado no fato narrado, inclusive quanto ao aspecto volitivo, concisamente que seja, para que cada um possa exercer, de modo concreto, o direito de defesa, dado "que ninguém pode defender-se no vácuo, ou seja, ignorando o crime que se lhe imputa".[588] Tal assertiva decorre dos princípios e regras que compõem o ordenamento jurídico brasileiro, notadamente, da vedação da responsabilidade penal objetiva, do princípio da personalidade, do contraditório real e efetivo e da garantia processual da ampla defesa.[589] Nesse estado de coisas, em face da codelinquência, a denúncia, sob pena de

---

[586] "Para ser incluído na denúncia, não basta ser sócio de pessoa jurídica, ou, nela, exercer atividade de administração. Fundamental é evidenciar (juízo de probabilidade) haver praticado a conduta (comissiva ou omissiva), penalmente relevante" (STJ, *HC* 5053, Rel. Min. Luiz Vicente Cernicchiaro, 6ª T., j. 22.10.96). "É gravemente inepta a denúncia que, a título de imputação de crimes praticados em concurso de agentes, não descreve nenhum fato capaz de corresponder às figuras de coautoria ou de participação de um dos denunciados" (STF, *HC* 86.520, Rel. Min. Cezar Peluzo, 2ª T., j. 8.6.07). "A denúncia que não descreve de forma clara e objetiva a conduta delitiva atribuída ao paciente, impedindo, com isso, a caracterização de seu comportamento como coautoria ou participação, não preenche os requisitos do art. 41 do CPP, tornando inviável o exercício da ampla defesa. Ordem concedida" (STF, *HC* 82834, 2ª T., Relª. Minª. Ellen Gracie, j. 10.6.03). "1. Cumpre salientar, de início, que esta Corte pacificou o entendimento de que o trancamento de ação penal pela via eleita é medida excepcional, cabível apenas quando demonstrada, de plano, a atipicidade da conduta, a extinção da punibilidade ou a manifesta ausência de provas da existência do crime e de indícios de autoria. 2. [...], observa-se que não se demonstrou de que forma os pacientes concorreram para o fato delituoso a eles imputado na acusação, tendo-lhes sido atribuída a conduta criminosa exclusivamente pelo fato de serem diretores da empresa. 3. O STJ tem reiteradamente decidido ser inepta a denúncia que, mesmo em crimes societários e de autoria coletiva, atribui responsabilidade penal à pessoa física, levando em consideração apenas a qualidade dela dentro da empresa, deixando de demonstrar o vínculo desta com a conduta delituosa, por configurar, além de ofensa à ampla defesa, ao contraditório e ao devido processo legal, responsabilidade penal objetiva, repudiada pelo ordenamento jurídico pátrio. 4. *Habeas corpus* não conhecido. Ordem concedida de ofício, para trancar a ação penal proposta contra os pacientes, sem prejuízo de que outra denúncia seja oferecida, desde que preenchidas as exigências legais" (STJ, *HC* 349.073, 6ª T., Relª. Minª. Maria Thereza Moura, j. 26.4.16).

[587] "Homicídio culposo (imputação). Acidente de trabalho (caso). Denúncia (concurso de pessoas). Individualização das condutas (ausência). Arguição de inépcia (procedência). 1. Conforme as melhores lições, da denúncia – peça narrativa e demonstrativa – exigem-se informações precisas sobre quem praticou o fato (*quis*) e sobre os meios empregados (*quibus auxiliis*). 2. Tratando-se de acidente de trabalho com resultado morte, não se admite denúncia que dela não conste descrição das diversas condutas atribuídas aos sócios da empresa. 3. Caso em que, por faltar descrição de elementos de convicção que a ampare, a denúncia não reúne, em torno de si, as exigências legais, estando, portanto, formalmente inepta. 4. *Habeas corpus* concedido" (STJ, *HC* 200502151948, Rel. Nilson Naves, 6ª T, j. 29.11.07). "Sabe-se que a peça pela qual se faz a acusação ao participante de uma ação criminosa, ou coautor, deve precisar em termos claros, exatos, o modo porque se concretiza a participação denunciada. Se a denúncia é omissa no pormenorizar a conduta do corréu, como poderá ele pormenorizar sua defesa?" (RTJ, 79/852).

[588] MARQUES, José Frederico, p. 149.

[589] "Denúncia. Homicídio culposo decorrente de acidente de trabalho. Responsabilidade por omissão. Recepção em relação a um só acusado e rejeição, por falta de justa causa, quanto aos demais. Pretensão ministerial de recebimento da inicial acusatória nos moldes em que ofertada. Falta de justa causa. Recurso desprovido. [E no corpo do acórdão pode ler-se:] Não há, pois, como imputar aos recorridos a morte de L. R. como resultado de suas supostas omissões, já que o acidente foi ocasionado por ele pintar o gradil da sacada pelo lado externo, quando devia tê-lo feito pelo interno, e sem travar seu cinto de segurança em apoio seguro. Não se evidenciando, [...], nexo de causalidade entre a atuação omissiva imputada aos recorridos e o resultado morte, não há dever de garantir por parte dos engenheiros civis e de segurança do trabalho da empresa construtora, bem como daquele que nela exerce a função de técnico em segurança do trabalho, para com empregado de outra empresa, contratada para serviços de pintura interna da obra, que pratica ato inseguro, expondo-se a risco e, assim, ocasiona, com seu comportamento, o sinistro. Há, [...], falta de justa causa para a ação penal. De rigor, [...], a manutenção integral da decisão recorrida" (TJPR, RSE 1.063.358-2 Rel. conv.: Naor Macedo Neto, j. 15.5.14).

inépcia, deve descrever em que consistiu a participação ou concurso do acusado para a concreção do crime que se atribui ao autor;[590] do contrário, tolhe-se e limita-se o exercício do direito de defesa.[591] Impositivo, portanto, individualizar o contingente de atuação de cada autor na concreção do crime, isto é, "individualizar a conduta dos participantes é indicar em que a mesma consistiu, a atividade de cada coautor, segundo o tipo penal realizado em concurso".[592]

Em termos jurisprudenciais, já se decidiu até mesmo pela existência de uma responsabilidade (criminal) solidária entre um sindicato e uma empresa em caso de acidentes de trabalho.[593]

7.2.5. Do concurso de crimes

Corporificam-se, em breves linhas, algumas observações sobre a composição de propostas iniciais acusatórias relacionadas ao concurso de crimes (concurso material, formal e crime continuado). Nesse andar, no momento do oferecimento da denúncia, é de extrema importância a identificação da moda-

---

[590] "1. [...]. A denúncia imputa homicídio culposo em coautoria. São requisitos indispensáveis ao concurso de agentes a pluralidade de agentes e de condutas, a relevância causal de cada conduta, o liame subjetivo entre os agentes e a identidade de infração. Não se verificando liame subjetivo, não há se falar em concurso de agentes, devendo cada um responder pela sua própria ação ou omissão. Ademais, só pode ser considerado coautor aquele que tem participação importante e necessária ao cometimento da infração. 2. Não é possível, a não ser de forma reflexa, atribuir-se aos demais denunciados a imperícia do denunciado [...] ao içar a comporta com sobrepeso, pois nem ao menos é possível concluir-se que sua conduta tenha entrado na esfera de conhecimento dos demais. [...], na forma como trazida, a imputação revela verdadeira responsabilidade penal objetiva, a qual, [...], não é admitida no ordenamento jurídico pátrio. Não tendo a inicial narrado o liame subjetivo entre os demais denunciados e o autor da conduta imperita que ocasionou a morte da vítima, e não se verificando a relevância causal da negligência imputada, tem-se que a denúncia não apresenta todos os elementos necessários à imputação do crime em coautoria. A acusação não se desincumbiu de delinear de forma adequada a coautoria no crime culposo, o que revela a inépcia da denúncia, vício que prejudica o exercício da ampla defesa. 3. Recurso em *habeas corpus* a que se dá provimento, para reconhecer a inépcia da denúncia, sem prejuízo de que outra seja apresentada em observância ao art. 41 do CPP. Estendo os efeitos da presente decisão aos corréus [...], nos termos do art. 580 do CPP" (STJ, R*HC* 97.515, 5ª T, Rel. Min. Reynaldo Fonseca, j. 17.5.18).

[591] MARQUES, José Frederico, p. 151.

[592] SIQUEIRA, Geraldo Batista, 1979, p. 15.

[593] "Homicídio culposo. Acidente de trabalho que ocasionou a morte de trabalhador por falta de equipamento de segurança. Responsabilidade solidária (sindicato e empresa). Ocorrência. Vítima contratada como trabalhador avulso pelo sindicato presidido por Narcizo e que prestava serviços na empresa do corréu Flávio. Comprovadas a negligência e imprudência dos acusados. Penas e regime bem dosados. Causa de aumento prevista no §4° do art. 121 do CP. Aplicação. Necessidade. Demonstrada a inobservância de regra técnica da profissão. Condenação mantida. Recursos improvidos" (TJSP, ACR 00245073420098260576, Rel. Miguel Silva, 14ª CC, j. 17.1.13). E, no corpo do acórdão, lê-se: "Conforme restou apurado, os ora apelantes concorreram culposamente para o homicídio da vítima, que era contratada como trabalhador avulso pelo Sindicato [...], presidido por Narciso e prestava serviço para a empresa denominada 'Rio [...]', pertencente a Flávio [...]. [...], diante da omissão quanto ao fornecimento dos equipamentos imprescindíveis para a segura execução dos serviços empreitados, imperiosa a manutenção da bem lançada sentença condenatória, ante a perfeita configuração do delito em que incorreram os réus ao deixar de fornecer o equipamento de proteção individual apto a evitar ou minimizar os efeitos de acidentes envolvendo impactos decorrentes de quedas ou projeções, o que ocasionou a morte da vítima. Patente, [...], a responsabilidade solidária dos recorrentes, porquanto, como bem consignado pelo d. PJ oficiante, '... o sindicato, presidido pelo réu Narcizo, como órgão de classe, deve se preocupar e se responsabilizar pela segurança das condições de trabalho de seus filiados, ao mesmo tempo em que a empresa contratante, pertencente ao acusado Flávio C., deve sim zelar para que o funcionário tenha o equipamento de segurança necessário para exercer sua atividade profissional, sem correr riscos desnecessários'".

lidade de concurso de crimes, na medida em que, havendo conexão, os delitos devem ser julgados em conjunto, para cujo efeito se mostra necessário que sejam denunciados de modo encadeado (evitando-se a posterior unificação dos processos ou, até mesmo, a das penas). Em se tratando da regra geral (concurso material), a proposta inicial acusatória deverá, tão só, narrar cada um dos tipos penais realizados, assinalando, expressamente, o quadro acumulativo que os vincula. Na hipótese do concurso formal, a denúncia deverá descrever a unicidade de ação, indicando, contudo, a incidência da pluralidade de tipos penais; a mais disso, em se cuidando de concurso formal imperfeito – isto é, aquele que se desenvolve a partir de desígnios autônomos –, deve-se registrar, especificamente, a sua ocorrência, reclamando, por conseguinte, a possibilidade da soma das diferentes penas à luz do concurso material (artigo 70, *in fine*, do Código Penal).[594] Por fim, cumpre existir, na proposta acusatória, ao se reconhecer um quadro revelador da continuidade delitiva, a indicação dos precisos referenciais fático-temporais sobre os quais se assentaria a majoração punitiva trazida pela regra inscrita no artigo 71 do Código Penal.[595]

7.2.6. Da competência (relativa) em razão do lugar do crime

Segundo o disposto no *caput* do artigo 70 do Código de Processo Penal, a competência será, em regra, determinada pelo lugar em que se consumar a infração (ou, no caso de tentativa, pelo lugar em que for praticado o último ato de execução). Sobre esta base, figura-se a seguinte situação: em um acidente de trabalho em que a lesão se dá em uma comarca e o acidentado, a fim de receber os devidos cuidados hospitares, é transportado a uma outra, na qual vem a falecer – ou seja, morte (resultado) produzida em local diverso daquele em que se produziu a lesão (conduta) –, qual seria o foro para o processamento e julgamento do crime? Trata-se dos denominados delitos plurilocais – nos quais o fracionamento (entre a conduta e o resultado) se estabelece entre duas ou mais comarcas de um mesmo país.[596] Apesar de, *prima facie*, a competência

---

[594] LIMA, Marcellus Polastri, 1997, p. 213.

[595] Com mais detalhes, ver: FAYET JÚNIOR, Ney, 2018, p. 460-3. A propósito, não obsta a configuração da continuidade delitiva em se cuidando de crimes culposos: conferir: "lesão corporal culposa na direção de veículo automotor, majorada pela não prestação de socorro às vítimas. Art. 303, § único, c/c art. 302, III, por duas vezes, da Lei 9.503/98 (CTB). Juízo condenatório proclamado. Delitos que ocorreram nas mesmas circunstâncias (sem observância das normas objetivas de cuidado), com aproximação temporal. Continuidade delitiva. Configuração. [...]. III. Sendo os delitos praticados de mesma espécie, ocorridos em um mesmo contexto, caracteriza a continuidade delitiva, nos termos do art. 71 do CP. Ação penal julgada procedente" (TJRS, Ação penal 70047641493, Rel. Mauro de Borba, 4ª CC, j. 7.7.16).

[596] Geraldo Batista de Siqueira (1988, p. 71) afirma que, nos crimes plurilocais, "a diversidade de lugar se verifica, mas, execução e evento se realizando nos limites do território nacional, ainda que em mais de uma unidade da Federação". Como ademais descreve Lasdilau Fernando Röhnelt (p. 276), "o lugar da infração plurilocal é determinado pelo direito interno de cada país. No Brasil, a matéria é regulada pelo CPP, o qual [...] adota a teoria do resultado, ou evento, ao dispor, no art. 70, que a competência do juiz é estabelecida pelo lugar onde o crime se consuma. [...] no caso de tentativa, o lugar do crime é onde for praticado o último ato de execução. [...]. Caso o crime seja daqueles em que o resultado pode dar-se no território de duas ou mais comarcas, como no crime continuado, a competência firma-se, então, pela prevenção (art. 71 do CPP), vale dizer, competente é o juiz que primeiro conhecer do processo e nele praticar algum ato".

ser a do local da *consumatio*,[597] é possível excepcioná-la para o efeito de facilitar a instrução probatória, elegendo, em decorrência dos crimes plurilocais, o foro no qual se deu a conduta.[598] A mais disso, a natureza da competência territorial é relativa, isto é, não alegada em tempo oportuno nem demonstrado prejuízo, opera-se a preclusão.[599]

7.2.7. Do requerimento da fixação do valor mínimo da indenização cível

Com vistas à pretensão indenizatória, deverá o Ministério Público (ou o querelante, em sendo o caso) requerer providências a fim de viabilizar que o

[597] Nos casos de crimes plurilocais, "aplica-se a teoria do resultado, sendo competente o foro do local em que ocorreu o resultado da prática delitiva" (BONFIM, Edilson Mougenot, 2017, p. 256).

[598] "Crime de homicídio culposo (CP, art. 121, § § 3º e 4º). Competência. Consumação do delito em local distinto daquele onde foram praticados os atos executórios. Crime plurilocal. Possibilidade excepcional de deslocamento da competência para foro diverso do local onde se deu a consumação do delito (CPP, art. 70). Facilitação da instrução probatória. Precedente. Recurso não provido. 1. A recorrente foi denunciada pela prática do crime de homicídio culposo (art. 121, § 3º, c/c § 4º, do CP), porque 'deixando de observar dever objetivo de cuidado que lhe competia em razão de sua profissão de médica e agindo de forma negligente durante o pósoperatório de sua paciente [...], ocasionou a morte desta, cinco dias após tê-la operado, decorrendo o óbito de uma embolia gordurosa não diagnosticada pela denunciada, a qual sequer chegou a examinar a vítima após a alta hospitalar, limitando-se a prescrever remédios pelo telefone, em total afronta ao CEM (art. 62 do CEM)'. 2. Embora se possa afirmar que a responsabilidade imputada à recorrente possa derivar de negligência decorrente da falta do exame pessoal da vítima e do seu correto diagnóstico após a alta hospitalar, é inconteste que esse fato deriva do ato cirúrgico e dos cuidados pós-operatórios de responsabilidade da paciente, de modo que se está diante de crime plurilocal, o que justifica a eleição como foro do local onde os atos foram praticados e onde a recorrente se encontrava por ocasião da imputada omissão (por ocasião da prescrição de remédios por telefone à vítima). 3. Recurso não provido. [...]. Com efeito, a decisão está em sintonia com a jurisprudência desta Suprema Corte, preconizada 'no sentido de se excepcionar a regra do art. 70 do CPP, a orientação que a jurisprudência vem assentando quanto aos chamados crimes plurilocais, segundo a qual, também por questões relacionadas à melhor produção de provas, deve-se firmar a competência do local onde foram praticados os atos executórios, embora o resultado tenha ocorrido em local diverso' (*HC* 112.348/SP, 2ª T., Rel. Min. Ricardo Lewandowski, DJe de 21.3.13). No mesmo sentido, a manifestação do MPF ao destacar, *in verbis*: '(...) 7. Trata-se de hipótese em que a regra do art. 70, *caput*, do CPP deve ser excepcionada, sobretudo porque a própria redação do artigo assim o permite, a depender de cada o caso. Emerge nitidamente do contexto dos autos que o local onde tiveram início os atos executórios [...] constitui o campo (*locus*) propício a permitir e sobretudo viabilizar a ampla coleta de provas, revelando-se totalmente incoerente e infundada a pretensão de ver o feito processado e julgado na [...], tão somente por simples e casual apego à literalidade da norma, argumento que não subsiste quando confrontado com as finalidades maiores vislumbradas pelo processo. 8. Neste sentido é que – especialmente nos crimes dolosos contra a vida – tem-se adotado o temperamento da teoria do resultado adotada no processo penal brasileiro, buscando, sempre, a melhor forma de apurar e esclarecer a dinâmica dos fatos (busca da verdade real). [...]. 13. Oportuno registrar que o aresto de segundo grau foi categórico ao apontar a facilidade e conveniência da colheita da prova junto à Comarca [...] (local em que ocorreram os atos executórios e diverso de onde se dera o resultado morte): '(...) o lugar onde está situada a casa de saúde revela-se, sem dúvida, o mais adequado para a produção das provas, tais como: oitiva de testemunhas, juntada de laudos médicos e documentação referente ao procedimento cirúrgico.' 14. Tem-se, portanto, que os fundamentos reproduzidos no aresto de segundo grau e convalidados pelo STJ quanto à possibilidade de relativização da regra insculpida no art. 70, *caput*, do CPP tem inteira pertinência no caso específico dos autos, inexistindo o alegado vício de incompetência' [...]. Ante o exposto, nego provimento ao recurso. É como voto" (STF, R*HC* 116200, Rel. Min. Dias Toffoli, 1ª T., j. 13.8.13).

[599] "Alegação de incompetência territorial para julgamento de ação penal. Ausência de arguição em momento oportuno. Nulidade relativa. Preclusão. Prorrogação da competência. Recurso improvido. I. A jurisprudência desta Suprema Corte é firme no sentido de que a competência *ratione loci* é relativa e prorrogável. II. Não tendo a defesa alegado o vício no momento oportuno, nem oposto exceção de incompetência, ocorre a preclusão da matéria, fixando-se a competência no juízo perante em que tramita a ação penal. Precedentes. III. Recurso improvido" (STF, R*HC* 100969, Rel. Min. Ricardo Lewandowski, 1ª T., j. 27.4.10).

Magistrado possa, ao prolatar a sentença criminal condenatória, fixar o valor mínimo previsto no inciso IV do artigo 387 do Código de Processo Penal; evidentemente, como assinala Paulo Queiroz, "a incidência do artigo em questão pressupõe a existência de vítima e dano determinados ou determináveis, requisitos inexistentes nalguns crimes, a exemplo do tráfico, por ser um crime contra a saúde pública e, pois, de perigo, e que, com o tal, se consuma independentemente de ofensa a um indivíduo em concreto. Se não houver vítima e dano determinados, nada existirá a ser fixado 'a título de reparação de dano'; visto que nada há a reparar".[600]

Assim, em termos práticos, pode haver requerimento para que conste, expressamente, no mandado de citação, a advertência para que o réu também se defenda do valor, ou, ainda, que sejam trazidos aos autos alguma prova acerca da extensão dos danos causados pela infração penal. Como assinala Antonio do Passo Cabral, não se trata de requerimentos da alçada exclusiva do ofendido, na medida em que o Ministério Público, "em solicitando tais providências, atua com o objetivo de correta aplicação da lei, em favor da verdade real e preservando, até mesmo, o direito do réu ao contraditório".[601] De outro plano, bastante adequada seria a indicação, na proposta inicial acusatória, do requerimento da reparação civil mínima, oportunizando-se, com isso, ao acusado, o pleno exercício da ampla defesa e do contraditório.[602]

7.2.8. Da decisão que aprecia as teses desafiadas na resposta à acusação

A resposta à proposta inicial acusatória constitui, normalmente, a primeira manifestação defensiva após o recebimento da denúncia; assim, ao respondente será possível suscitar preliminares, apontar aquilo que interessa à sua pretensão, oferecer documentos e justificações, especificar as provas pretendidas, bem como arrolar as testemunhas. Diante disso, a jurisprudência predominante orienta-se no sentido de ter a decisão – que irá analisar as teses articuladas na resposta – natureza interlocutória, dispensando, pois, fundamentação complexa e exauriente, de modo a não antecipar, indevidamente, o *meritum causae*. Contudo, não se pode confundir fundamentação concisa com ausência de fundamentação; assim, torna-se de rigor que o ato decisório seja minimamente motivado, de maneira a transmitir ao acusado as razões e os motivos que impulsionaram o magistrado a determinar o prosseguimento do feito, sob pena de nulidade (inciso IX do artigo 93 da Constituição Federal). Devem ser apreciadas, posto sucintamente, as matérias defensivas ofertadas em atenção ao artigo 396-A do Código de Processo Penal; a ausência de

---

[600] QUEIROZ, Paulo, 2018, p. 613-4.

[601] CABRAL, Antonio do Passo, 2016, p. 416.

[602] "Não obstante a alegação do recorrente sobre ser possível ao juiz, quando proferir a sentença, fixar o valor mínimo da indenização, sem que tenha havido pedido expresso por parte da vítima ou do MP, a jurisprudência consolidada nesta Corte é no sentido da impossibilidade de fixação do valor mínimo de indenização à vítima se o MP não requereu a fixação desse *quantum* no momento do oferecimento da denúncia, o que acabaria por violar os princípios constitucionais da ampla defesa, do contraditório e do devido processo legal" (STJ, ARRE 352.104/RJ, 6ª T., Rel. Min. Sebastião Reis Júnior, j. 6.12.13).

manifestação suficiente acerca do conteúdo da resposta apresentada, ou a apreciação de modo genérico e padronizado das alegações formuladas pela defesa técnica, implicará nulidade.

Com efeito, na análise da resposta à acusação, deverá "ao menos aludir o julgador àquilo que fora trazido na defesa preliminar. Incumbe-lhe enfrentar questões processuais relevantes e urgentes ao confirmar o aceite da exordial acusatória".[603] É imprescindível haver manifestação do juiz acerca de seu conteúdo essencial, para não incorrer em uma fundamentação genérica e superficial, acarretando a nulidade da relação processual;[604] e isso tanto no caso de absolvição sumária como no de seu indeferimento, dado que, repita-se, as teses esposadas na resposta requerem *decisum* motivado com exposição de seus fundamentos.

---

[603] STJ, R*HC* 46.127/MG, Relª. Minª. Maria Thereza Moura, 6ª T., j. 12.2.15.

[604] Neste sentido: STJ, R*HC* 90.509, Rel. Min. Antônio Palheiro, 6ª T., j. 24.5.18.

Capítulo 8

Breves considerações sobre a Lei 9.099/95

Inspirada em um modelo consensual de justiça (criminal) – segundo o qual, em largos traços, em face de crimes de menor (ou, mesmo, de médio) potencial ofensivo,[605] se coloca a possibilidade de se consentir, de um lado, na

[605] Antonio García-Pablos de Molina e Luiz Flávio Gomes (2013, p. 487-9) definem os conceitos: "nas infrações de menor potencial ofensivo (infrações cuja pena máxima não seja superior a dois anos), a compensação civil (reparação dos danos) chega ao extremo de, por si só, extinguir a punibilidade (a pretensão punitiva estatal), desde que se trate de ação penal de iniciativa privada (de iniciativa do indivíduo) ou de ação penal pública condicionada à representação da vítima (art. 74, § único). O acordo homologado pelo juiz acarreta a renúncia ao direito de queixa ou de representação. E a renúncia, como se sabe, é causa extintiva da punibilidade penal (CP, art. 107, V). Seriam poucas as hipóteses de incidência dessa 'composição civil extintiva da punibilidade', caso não tivesse a mesma lei transformado a ação penal, nos crimes de lesão corporal dolosa leve e lesões culposas, da pública incondicionada que era para pública condicionada à representação da vítima. Desse modo, o âmbito de incidência da composição civil extintiva da punibilidade resultou extraordinariamente ampliado (salvo no que diz respeito à LMP, que não a admite). Suspensão condicional do processo e vítima. Além de a nova lei prever tratamento jurídico distinto (despenalizador, não descriminalizador) para as infrações de menor potencial ofensivo, o que ainda urge destacar é a possibilidade da suspensão condicional do processo (que não se confude com o clássico *sursis*, tampouco com o *probation*) nas infrações de média gravidade (delitos cuja pena mínima não exceda um ano). E, desde logo, convém salientar que a reparação do dano aparece como condição primeira dessa suspensão. Uma vez mais, está o novo sistema penal preocupado com os interesses da vítima. A pretensão punitiva estatal, destarte, nessas infrações 'menores', deixou de ser a meta principal. Procurou-se em atender preponderantemente outras expectativas geradas pelo fato delitivo. Limites do espaço de consenso nos juizados. Consoante a decisão do legislador, estão inseridas no espaço do consenso as infrações de menor potencial ofensivo (referidas no art. 98, I, da CF/88), assim como as de médio potencial ofensivo. Infrações de menor potencial, nos termos do art. 61 da Lei 9.099/95, eram 'as contravenções penais e os crimes a que a lei comine pena máxima não superior a um ano, excetuados os casos em que a lei preveja procedimento especial'. Todas as contravenções penais, independentemente da pena e do procedimento, integram o 'espaço de consenso' eleito pelo legislador. No que concerne aos crimes, havia duas limitações legais: 1.ª) limitação quantitativa: entram no conceito de infração de menor potencial ofensivo os crimes cuja pena máxima (cominada) não exceda um ano; trata-se da pena em abstrato, prevista no tipo penal, não de pena em concreto ou em perspectiva; 2.ª) limitação procedimental: estão excluídos os delitos que possuem procedimento especial. Com o advento da Lei 10.259/2001 ampliou-se o conceito de menor potencial ofensivo, que agora compreende: todas as contravenções, todos os delitos com pena máxima em abstrato de até dois anos e já não importa o procedimento. Nesse mesmo sentido a Lei 11.313/2006. LMP: microssistema jurídico especial. Exceção a esta regra é a LMP (Lei 11.340/2006), que afastou, de forma categórica, a aplicação da Lei dos Juizados (art. 41 da Lei 11.340/2006). Aliás, a LMP surgiu também como reação contra o funcionamento dos Juizados Criminais nos delitos de gênero (violência contra a mulher). Seu escopo é, antes de tudo, protetivo. Não funcionando o campo preventivo, além de protetiva essa lei é também repressiva. O STF julgou a LMP constitucional (Adecon 19/DF). Menor potencial ofensivo, insignificância e médio potencial ofensivo. Essa criminalidade de menor potencial ofensivo, que não se confunde com a lesividade insignificante, tampouco pode ser identificada com a criminalidade de médio potencial ofensivo. De acordo com o diploma legal citado, são de médio potencial ofensivo os crimes em que a pena mínima cominada seja igual ou inferior a um ano (cf. art. 89 da Lei 9.099/95). A essa conclusão se chega porque quanto a eles foi estabelecida uma nova via de reação estatal, que é a suspensão condicional do processo. De notar que a lei se valeu da pena cominada, não da pena concreta ou em perspectiva. Eventuais causas de aumento ou de diminuição devem ser levadas em conta abstratamente para o efeito da incidência da lei. No que concerne à tentativa, é a diminuição máxi-

constrição de certos direitos e garantias e, de outro, de se abrir mão de modelos punitivos consagrados, a fim de prestigiar a adoção de medidas penais ou processuais alternativas que visam à obstaculização do encarceramento –, a Lei 9.099/95 estabeleceu as seguintes medidas descarcerizantes: (i.) composição civil (artigo 74, parágrafo único);[606] (ii.) transação penal (artigo 76);[607] necessidade de representação em face dos crimes de lesões corporais leves ou culposas (artigo 88); e (iv.) suspensão condicional do processo (artigo 89).[608] Tais medidas têm aplicação direta em se cuidando dos ilícitos penais que mais frequentemente envolvem acidentes de trabalho. A mais disso, a norma em causa incorporou certas regras (celeridade, economia processual, oralidade, entre outras) que favoreciam à resolução do conflito por meio de mecanismos conciliatórios.

Nesse andar, cumpre, a seguir, indicar as situações nas quais os institutos (penais e processuais) alternativos se vinculam ao âmbito de interesse dos acidentes laborais.

8.1. Da lesão corporal culposa simples (artigo 129, parágrafo 6º, do Código Penal)

A lesão corporal culposa implica a ofensa à integridade física (ou à saúde) da vítima, causada pela inobservância do dever de cuidado que cumpria ao autor da conduta ilícita observar.

Convém destacar que, em se tratando de lesão corporal culposa, se mostra irrelevante, na moldura de configuração típica, o grau (leve, grave ou gravíssimo) da lesão corporal; do mesmo modo, no quadro da eventual estipulação da pena, essa consequência de maior impacto não deveria influenciar, muito embora haja, quanto a este último aspecto, posicionamentos jurisprudenciais e doutrinários admitindo a elevação punitiva em consideração à gravidade "do mal causado pelo sujeito (Código Penal, artigo 59)".[609]

Neste crime, então, podem ser aplicadas: (i.) a conciliação (artigos 72 e 74 da Lei 9.099/95); (ii.) a transação penal (artigo 76 da Lei 9.099/95); ou, ainda,

ma (de dois terços) que vale (art. 14, § único, do CP). Fim da crença do 'full enforcement'. As infrações que acabam de ser assinaladas fazem parte do espaço de 'consenso', o que significa dizer que autorizam uma solução conciliatória para o conflito, bem diferente da tradicional, que exigia sempre inquérito policial, denúncia (obrigatória), processo, provas, contraditório, sentença, etc. Foi fundamental, para esse giro político-criminal estrondoso (giro para o consenso), o reconhecimento da insuficiência (ou mesmo falência) do sistema penal clássico (assim como o modelo clássico de Justiça Criminal), que não reúne condições para fazer frente, com sua atual estrutura e organização, a todas as infrações. Acabou a crença no *full enforcement*, que é típica do populismo penal vingativo, que imagina, [...], que o aumento da pena de um crime seja suficiente para evitá-lo. O maior problema da Justiça criminal brasileira não é a ausência de leis duras (já as temos), é o não cumprimento das leis vigentes".

606 Essa causa (denominada também de conciliação judicial) aplica-se às hipóteses de crimes de ação penal privada ou pública condicionada (à representação); e implica extinção da punibilidade, pois, em tais casos, a "composição civil de cunho indenizatório dá causa à extinção do processo criminal", na medida em que "o acordo homologado acarreta a renúncia a direito de queixa ou representação" (BUSATO, Paulo César, 2015, p. 968).

607 Trata-se de substitutivo penal que se destina aos crimes de menor potencial ofensivo.

608 Trata-se de substitutivo penal que se destina aos crimes de médio potencial ofensivo.

609 JESUS, Damásio de, 2016, p. 557. No mesmo sentido: PRADO, Luiz Regis; CARVALHO, Érica Mendes de, p. 479; BUSATO, Paulo César, 2014, p. 111; e FRAGOSO, Heleno Cláudio, 1995, p. 101.

(iii.) a suspensão condicional do processo (artigo 89 da Lei 9.099/95). A mais disso, trata-se de ação penal pública condicionada à representação (artigo 88 da Lei 9.099/95), e o processo e julgamento deste injusto competem, nos termos do artigo 61 da Lei 9.099/95, aos Juizados Especiais Criminais.

Trata-se de infração que deixa vestígios (delitos não transeuntes ou *delicta facti permanentis*), sendo, portanto, indispensável o exame de corpo de delito, direto ou indireto, nos termos do artigo 158 do Código de Processo Penal, sob pena de nulidade do processo.[610]

8.2. Da lesão corporal culposa qualificada (artigo 129, parágrafo 7º, do Código Penal)

Na lesão corporal culposa, aumenta-se a pena tal qual ocorre na hipótese de homicídio culposo; apesar da incidência dessa causa específica de elevação da pena, ainda podem incidir *in casu* os institutos (conciliação, transação penal e suspensão condicional do processo) da Lei 9.099/95. Além disso, a ação penal é pública condicionada à representação (artigo 88 da Lei 9.099/95), exigência que se configura como condição de procedibilidade. Por fim, as causas de aumento do parágrafo 7º do artigo 129 do Código Penal devem constar, explícita ou implicitamente, da proposta inicial acusatória.[611]

8.3. Do homicídio culposo (artigo 121, parágrafo 3º, do Código Penal)

A figura típica em análise é compatível tão somente, em face da pena cominada, com a suspensão condicional do processo penal (artigo 89 da Lei 9.099/95); trata-se, ainda, de crime de ação penal pública incondicionada.

Em havendo duas ou mais mortes, formar-se-á o concurso de crimes (concurso material, formal ou crime continuado), incidindo, então, a Súmula 723 do Supremo Tribunal Federal ("Não se admite a suspensão condicional do processo por crime continuado, se a soma da pena mínima da infração mais grave com o aumento mínimo de um sexto for superior a um ano") e a 243 do Superior Tribunal de Justiça ("O benefício da suspensão do processo não é aplicável em relação às infrações penais cometidas em concurso material, concurso formal ou continuidade delitiva, quando a pena mínima cominada, seja pelo somatório, seja pela incidência dessa majorante, ultrapassar o limite de 1

---

[610] "[...]. Lesão corporal culposa. [...]. Ausente prova da materialidade das lesões corporais, haja vista a ausência de auto de exame de corpo de delito. Crime que deixa vestígios. Inteligência do art. 158 do CPP. Condenação dos crimes remanescentes (dirigir sem habilitação e em estado de embriaguez). [...]. Reconhecimento de concurso formal, pois o mesmo ato de conduzir o veículo se deu sob duas formas distintas e concomitantes: dirigir embriagado e sem habilitação. Recurso improvido. De ofício, reconhecimento do concurso formal" (TJRS, AC 70065455222, 2ª CC, Rel. Victor Lima, j. 26.11.15). "[...]. Lesões corporais culposas. Absolvição decretada. [...]. Não existem provas suficientes acerca da existência dos fatos delituosos imputados. O delito imputado é material e deixa vestígios, sendo imperiosa, para sua comprovação, a realização de auto de exame de corpo de delito, o que não ocorreu no caso dos autos. [...]" (TJRS, AC 70058956202, 3ª CC, Rel. Diógenes Ribeiro, j 16.7.15).

[611] DELMANTO, Celso; DELMANTO, Roberto; DELMANTO JÚNIOR, Roberto; DELMANTO, Fabio M. de Almeida, p. 474.

[um] ano"). Apesar do entendimento pacífico dos tribunais superiores no sentido da inviabilidade da suspensão condicional do processo quando a pena mínima majorada (*in casu*, pela incidência do fator mínimo de aumento de pena representado pela continuidade delitiva) for superior a um ano, avalia-se que a concessão do benefício (do *sursis* processual) não pode ser obstaculizada tão só por conta de um dado objetivo, o qual pode revelar critério injusto na apreciação global do merecimento do acusado; para além disso, modernamente, a busca da utilização mínima das ferramentas punitivas clássicas deve ter prioridade na solução de casos penais, especialmente os de menor gravidade.[612]

8.4. Do homicídio culposo qualificado (artigo 121, parágrafo 4º, primeira parte, do Código Penal)

Nesta modalidade específica de homicídio, a incidência da causa especial de aumento (um terço) obstaculiza, *ab initio*, a possibilidade de suspensão condicional do processo.[613] De outro plano, na hipótese de ser extirpada, do plano fático-jurídico, a incidência dessa causa especial de elevação de pena, torna-se, em linha de princípio, aplicável a suspensão condicional do processo criminal.[614]

---

612 Com mais detalhes, ver: FAYET JÚNIOR, Ney, 2018, p. 409-12.

613 "Homicídio culposo. Incidência da majorante prevista no art. 121, §4°, do CP. Possibilidade. Não há falar em *bis in idem* dentre o tipo culposo e o reconhecimento da causa de aumento de pena da inobservância de regras técnicas da profissão, porque, enquanto o primeiro encontra fundamento na própria negligência do réu (responsável direto pelas medidas necessárias para garantir a segurança de seus empregados durante o labor), a segunda tem base em ordens mais específicas, tal como, no caso concreto, o descumprimento, pelo acusado, de itens e subitens das NR-31 e NR-33, definidas pelo MPT, conforme descrito na análise de acidente de trabalho disposta às fls. [...]. [...], maior é o juízo de reprovação de suas condutas e/ou omissões, o que justifica uma sanção mais rigorosa. [...], uma vez que a incidência da majorante em liça obsta o oferecimento de suspensão do processo, nos termos da Súmula 243 do STJ, necessário o retorno dos autos à origem para que seja fixada a pena, evitando a supressão de instância e a violação ao duplo grau de jurisdição. Recurso provido" (TJRS, ACR 70079473583, 2ª CC., Relª. Rosaura Borba, j. 31.1.19). "Homicídio culposo decorrente de inobservância de regra técnica. Acidente de trabalho. Pleito de nulidade da decisão do juízo deprecado que não concedeu ao paciente o benefício da suspensão condicional do processo. Afastamento. Decisão fundamentada na manifestação ministerial no sentido de que o paciente não faz jus a benesse por não preencher o requisito objetivo, em razão da pena em abstrato prevista para o delito em tela. Inocorrência de nulidade. Ordem denegada" (TJPR, *HC* 1308998-4, Rel. Macedo Pacheco, 1ª CC, j. 18.12.14).

614 "Homicídio culposo. Art. 121, § 4°, do CP. Erro médico. Inobservância de regra técnica de profissão, arte ou ofício. Elementar do tipo. Qualificadora. Não incidência. *Emendatio libelli*. Possibilidade de suspensão condicional do processo quanto a um dos acusados. Art. 89 da Lei 9.099/95. Médico cirurgião. Nexo de causalidade não demonstrado. Absolvição mantida. 1. 'O dolo e a culpa *stricto sensu* são coisas inteiramente diversas. Dolo é fenômeno psicológico, ao passo que a culpa *stricto sensu* só tem existência no plano normativo. A tipicidade do crime culposo, no entanto, não poderia estar na causação de um resultado, que está fora da ação, mas sim, num determinado comportamento proibido pela norma. Como em tais crimes não há vontade dirigida no sentido do resultado antijurídico (embora exista vontade dirigida a outros fins, em geral lícitos), a ação delituosa que a norma proíbe é a que se realiza com negligência, imprudência ou imperícia, ou seja, violando um dever objetivo de cuidado, atenção ou diligência, geralmente imposto na vida de relação para evitar dano a interesses e bens alheios e que conduz, assim, ao resultado que configura o delito'. 2. 'Tal dever de evitar situações de perigo para bens jurídicos alheios é relativo, pois nem todo comportamento perigoso constitui per si uma conduta contrária ao dever. Assim, determinadas atividades, como a condução de veículos ou as intervenções cirúrgicas, *v.g.*, em razão de sua natureza, implicam um risco que pode conduzir a resultados de dano, lesão, ou mesmo morte, inevitáveis. Esse comportamento perigoso não é contrário ao dever, porque corresponde a exigências sociais reconhecidas pelo direito. Configura-se a culpa se o indivíduo ultrapassa os limites do risco permitido e o resultado típico sobrevém'. 3. [...], a inobservância do dever objetivo de cuidado

8.5. Do perigo para a vida ou saúde de outrem (artigo 132 do Código Penal)

São aplicáveis, tanto à figura do *caput* como à do parágrafo único deste artigo, a transação penal e a suspensão condicional do processo penal. A ação penal é pública incondicionada, e não se apresenta a possibilidade de concurso de crimes em face da natureza subsidiária expressa deste tipo. Da mesma forma, o processo e o julgamento do crime em análise são de competência dos Juizados Especiais Criminais.

8.6. Da execução de serviço de alto grau de periculosidade (artigo 65 da Lei 8.078/90)

Tanto a transação penal como a suspensão condicional do processo penal têm cabimento frente ao *caput* desse artigo.[615] A ação penal é pública incondicionada.

O Código de Defesa do Consumidor não especificou o que se deve entender por "serviço de alto grau de periculosidade", cabendo à doutrina e à jurisprudência definirem-no como aquele dotado de periculosidade inerente

---

– de que provém o resultado punível no fato culposo – expressa-se por meio de um agir sem os cuidados que o caso requer (imprudência), de um deixar de observar os deveres exigidos por certas circunstâncias (negligência) ou de uma falta de aptidão técnica, teórica ou prática para o exercício de dada profissão (imperícia). 4. 'A negligência, sendo modalidade de culpa e integrante do tipo penal, não se confunde com a inobservância de regra técnica, que, como causa especial de aumento de pena, pertence ao terreno da culpabilidade'. Precedente do STJ. 5. Hipótese em que o quadro fático narrado na denúncia se correlaciona à culpa por negligência, ou seja, em face de provável omissão do dever objetivo de cuidado exigível de todo o médico naquela situação típica de seu cotidiano profissional. Inexistindo elementos externos ao núcleo típico culposo capazes de fazer incidir a circunstância qualificadora de inobservância de regra técnica da profissão, nada há que justifique a capitulação no § 4º do art. 121. 6. Considerando que o réu se defende dos fatos narrados e não da definição jurídica atribuída pela denúncia, em observância ao princípio da correlação, cumpre adequar corretamente a conduta descrita na peça acusatória, consoante o disposto no art. 383 do CPP. Precedentes do STJ. 7. Corolário lógico, considerando que a pena mínima abstratamente cominada para a figura simples do homicídio culposo é de 01 (um) ano de detenção, cumpre oportunizar à ré – médica anestesista – a proposta de suspensão do processo, porquanto devidamente preenchidos os requisitos impostos pelo art. 89 da Lei 9.099/95. Diferentemente, todavia, é a situação do outro acusado – médico cirurgião – cujo teor da certidão de antecedentes não autoriza o *sursis* processual. 8. É na escolha da decisão em tese menos gravosa que se fulcra a discussão quanto à responsabilidade do médico, o que importa na difícil tarefa de se estabelecer a linha divisória entre a fatalidade, o risco inerente à profissão médica e o homicídio culposo. 9. Para o direito penal, a omissão é relevante quando o omitente age em desacordo com o dever legal que lhe era imposto, não evitando, assim, o resultado (art. 13, § 2º, do CP). 10. O julgador não está vinculado às conclusões do laudo técnico, cabendo-lhe, senão, analisar todo o contexto probatório de modo a formar sua convicção, forte no disposto no art. 157 do CPP. Na espécie, a conclusão da perícia ('fatos que podem ter levado a paciente a apresentar as complicações que ocorreram quando da indução anestésica') não basta à demonstração da relação de causalidade preconizada no art. 13 do CP, sobretudo diante da ausência de exame necrópsico na vítima. 11. Concluindo, nada há nos autos a evidenciar o nexo de causalidade entre o resultado morte e a ação (comissiva ou omissiva) do cirurgião. No mais, em havendo dúvida quanto ao encaminhamento do caso pelo médico – no sentido de ser ou não o mais adequado – de tal discussão deve se ocupar o direito civil que, aliás, tão sensatamente tem abordado o erro médico, conforme se infere de vasto ementário produzido pelos Tribunais de Justiça. 12. Sentença absolutória que se mantém porquanto não evidenciado o liame objetivo exigível na espécie" (TRF-4, ACR 1482RS 2001.71.01.001482-0, 7ª T. Rel. Tadaaqui Hirose, j. 17.10.06).

[615] A doutrina é bastante severa em face deste artigo, havendo-o por carente de determinação taxativa; ver, por todos, COSTA JÚNIOR, Paulo José da, 1999, p. 27-8.

e exacerbada, implicando, por via própria de consequência, atenção e cuidado especiais por parte de quem o presta, em obediência, ainda, às determinações da autoridade competente; assim, por exemplo, o caso de dedetização doméstica.[616] Nesse tipo penal especial, o sujeito ativo será o fornecedor (prestador de serviço) e o passivo, a coletividade e os consumidores (expostos à execução de serviços perigoros).[617] Cuida-se, por outro lado, de crime de mera conduta, que se perfectibiliza sem qualquer resultado naturalístico,[618] bem como de perigo abstrato,[619] tendo, ademais, por objeto jurídico a saúde e a segurança de um número indeterminado de pessoas.

Pune-se a execução de serviços manifestamente perigosos em contraste com as determinações das autoridades competentes, tanto nos casos de proibições expressas da prática do serviço quanto nos de recomendações (de normas sanitárias ou de engenharia de segurança, por exemplo) específicas de cuidado e atenção. Além disso, em face da necessária complementariedade ("contrariando determinação de autoridade competente"), trata-se de uma norma penal em branco, que deverá ser completada por meio das especificações que devem ser atendidas na execução dos serviços *de per si* considerados perigosos.[620]

(O artigo 18 da Lei 13.425/17 [Lei Boate Kiss] estabeleceu que o artigo 65 da Lei 8.070/90 passasse a vigorar acrescido do seguinte parágrafo 2º [A prática do disposto no inciso XIV do artigo 39 desta Lei também caracteriza o crime previsto no *caput* deste artigo],[621] renumerando o então parágrafo único para parágrafo primeiro [As penas deste artigo são aplicáveis sem prejuízo das correspondentes à lesão corporal e à morte].[622] Como se trata de delito [em

---

616 ANDREUCCI, Ricardo Antonio, 2019, p. 623.

617 "[...] o sujeito passivo de todos os crimes contra as relações de consumo é a coletividade e, conforme o tipo penal, pode aparecer o consumidor como sujeito passivo secundário. [...], há nesses delitos: (a) um sujeito passivo principal e constante: a coletividade; e (b), eventualmente, um sujeito passivo secundário: o consumidor" (JESUS, Damásio de, 1993).

618 ANDREUCCI, Ricardo Antonio, p. 624.

619 "O perigo [...] é abstrato e não concreto, não precisando ser demonstrado caso por caso. Assim, provados os elementos objetivos do tipo, o legislador presume que a conduta expõe a coletividade, sujeito passivo principal dessas infrações, ao resultado típico (perigo de dano)" (JESUS, Damásio de, 1992).

620 "Crime contra o consumidor. Execução de serviços perigosos. Descaracterização. Norma penal em branco que exige complementação. Interpretação do art. 65 da Lei 8.078/90. O art. 65 do CDC descreve crime formal, de perigo abstrato, que prescinde de resultado, tendo por valor ou objeto jurídico a proteção à saúde e à segurança de um número indeterminado de pessoas, sendo, por isso, norma penal em branco, a exigir complementação 87 por lei ou regulamento, que determinará as especificações a serem atendidas na execução dos serviços por si mesmos considerados perigosos" (TAMG, AC 245.968-3, 1ª CC, Rel. Juiz Audebert Delage, j. 22.4.98).

621 "Art. 39. É vedado ao fornecedor de produtos ou serviços, dentre outras práticas abusivas: [...]. XIV – permitir o ingresso em estabelecimentos comerciais ou de serviços de um número maior de consumidores que o fixado pela autoridade administrativa como máximo." Cuida-se de crime de perigo abstrato, cuja consumação se produz no instante em que o responsável pelo estabelecimento consentir no ingresso de um número de pessoas superior ao permitido (corporificando, assim, uma norma penal em branco). Em face das penas previstas, têm aplicação os ditames da Lei 9.099/95.

622 Em decorrência deste parágrafo 1º, impõe-se a regra acumulativa das penas, isto é, às penas cominadas à morte ou à lesão corporal somar-se-iam as previstas neste artigo; diante disso, na hipótese da ocorrência de homicídio culposo, a soma das penas obstaculizaria o cabimento da transação penal e do *sursis* do processo penal.

sua forma básica] doloso e a superveniência de resultado mais grave admitir apenas a culpa, tem-se um crime preterdoloso.)

Apesar de poder existir a figura do concurso de agentes (por exemplo, entre o gerente e o empregado sabedores do serviço perigoso que prestam em desobediência à determinação da autoridade competente),[623] avaliamos que, na hipótese de o empregado – executor direto do serviço perigoso – ter sido mal informado pelo empregador sobre a autorização competente para a execução do serviço, haveria, por óbvio, ausência do dolo (e, de consequência, do crime) em face daquele, e imputação em relação a este. Mais que isso: se o empregado – executor direto do serviço de alto grau de periculosidade – mal informado pelo empregador viesse a sofrer lesão ou morte, existiria, segundo avaliamos, um verdadeiro acidente de trabalho (até porque haveria *in casu* duas tutelas), direcionando-se a imputação criminal ao empregador à luz do parágrafo primeiro do artigo 65 da Lei 8.078/90.

623 Cf. FONSECA, Antonio Cezar Lima da, 1999, p. 154.

Capítulo 9

A sentença criminal nos acidentes de trabalho

9.1. Aspectos gerais

Neste ponto, é importante anotar, em breve abordagem, as principais exigências de uma sentença penal condenatória diante de um acidente de trabalho,[624] de modo especial quanto ao momento adequado, no que respeita à sua estruturação, para a incidência da cumulação ou exasperação punitiva decorrente do concurso de crimes, isto é, determinar, exatamente, em que momento esses fatores (de elevação punitiva) atuarão na composição da pena; bem como sobre a necessidade de o Juiz fixar, na sentença condenatória, um valor mínimo para reparação dos danos causados pela infração, considerando os prejuízos sofridos pelo ofendido (artigo 387, inciso IV, do Código de Processo Penal).

Antes, apenas algumas notas sobre a composição orgânica da pena criminal têm de ser materializadas.

Na entrega da prestação jurisdicional criminal, uma vez provadas tanto a autoria quanto a materialidade, e sendo o acusado responsável (a responsabilidade é aqui entendida como o dever jurídico de o imputável culpável responder pelo resultado), cumprirá ao Magistrado condená-lo, aplicando-se-lhe a pena definitiva, em conformidade com a sistemática operativa determinada no Código Penal,[625] que envolve o critério (ou método) das "três fases" (trifásico). A sentença penal envolve a declaração de vontade do Juiz em face do problema de fundo controvertido do processo. Frente ao injusto culpável, por conseguinte, é de rigor a imposição da pena, que será quantificada em obediência às circunstâncias colhidas ao processo, em cujo procedimento será utilizada uma regra individualizadora de certa elasticidade (princípio da livre decisão motivada).[626]

---

[624] "Sentença penal condenatória é a decisão judicial que atesta a responsabilidade criminal do acusado em virtude do reconhecimento categórico da prática da conduta típica, ilícita e culpável a ele imputada na peça acusatória (ou aditamento), impondo-lhe, em consequência, uma pena privativa de liberdade, restritiva de direitos ou multa. Para tanto, há necessidade de um juízo de certeza acerca da existência da infração penal e da respectiva autoria e/ou participação, sendo inviável a prolação de um decreto condenatório com base em um mero juízo de possibilidade e/ou probabilidade, sob pena de violação à regra probatória que deriva do princípio da presunção de inocência" (LIMA, Renato Brasileiro de, 2018, p. 1529).

[625] FAYET, Ney, 1987, p. 153.

[626] Para Ruy Rosado de Aguiar Júnior (2013, p. 12), "a individualização judicial é uma garantia do réu e deve ser sempre fundamentada, não de forma vazia, com a repetição dos dizeres da lei e termos abstratos, mas com a indicação precisa dos fatos provados nos autos. A boa individualização judicial depende de o juiz ter-se preocupado, durante a instrução do feito, com a colheita e o registro dos elementos que serão necessários para a posterior definição da pena e seu regime de cumprimento".

A individualização judicial[627] envolve a graduação da pena dentro das margens de apenamento – *quantum* (mínimo e máximo) punitivo previsto, *in abstracto*, por um determinado tipo penal. Como define Juarez Cirino dos Santos, "a aplicação da pena criminal é ato judicial de determinação das consequências jurídicas do fato punível, compreendendo a escolha da pena aplicável, a quantificação da pena escolhida e (em caso de pena privativa de liberdade) a decisão sobre regime inicial de execução (artigo 59, Código Penal), ou, alternativamente, a suspensão condicional da execução da pena aplicada";[628] tal como, ainda, sobre a substituição da pena: (i.) por penas restritivas de direitos; ou (ii.) por medida de segurança, na hipótese de o réu ser semi-imputável e necessitar de especial tratamento curativo (artigo 98 do Código Penal).

Desse modo, de início, deve ser estabelecida a pena-base – que nada mais é do que a sanção previamente fixada, cuja estipulação se atinge a partir da análise das circunstâncias judiciais inscritas no artigo 59 do Código Penal –, sobre a qual, em sendo o caso,[629] irão assentar-se os demais fatores de composição de apenamento. Após a estipulação da pena-base, passa-se à pena provisória, para cuja análise se levam em consideração as eventuais circunstâncias legais agravantes[630] e/ou atenuantes (artigos 61 *usque* 66 do Código Penal).[631] Enfim, sobre essa pena provisória incidem as causas (gerais ou especiais) de aumento ou de diminuição de pena, permitindo que se estabeleça o apenamento definitivo. (Haveria, tão só em termos didáticos, uma quarta etapa de composição da pena, que seria a fase em que o Magistrado avalia a possibilidade de a pena definitiva ser substituída por possíveis penas restritivas de direitos. Todo o procedimento metodológico de cálculo da pena [privativa de liberdade] envolve a descoberta da pena necessária e da suficiência da pena necessária, isto é, a necessidade da pena se encontra associada à natureza da pena aplicada; e a suficiência, à extensão (a sua maior ou menor duração [pena privativa de liberdade] – com ou sem substituição por uma pena restritiva de direitos –, e o valor [pena pecuniária]).[632]

---

[627] Sobre a garantia constitucional da individualização punitiva, José Paulo Baltazar Junior (2007, p. 123-4) afirma tratar-se de "uma manifestação do preceito da proporcionalidade, no sentido de que a pena deve ser adequada, em justa relação com o ato e a culpa do agente, sem excesso".

[628] SANTOS, Juarez Cirino dos, 2005, p. 104.

[629] Se não houver fatores de aumento ou de diminuição, a pena-base tornar-se-á a pena definitiva; nesse caso, portanto, a estruturação da pena seria monofásica. Além disso, a estipulação da pena-base não pode romper as margens (mínima e máxima) de apenamento *in abstracto*.

[630] "Homicídio culposo (art. 121, § 3º, CP). Acidente de trabalho. Condenação à pena de um (1) ano e dois (2) meses de detenção, em regime semiaberto. [...]. Dosimetria da pena. Redução da pena provisória. Inviabilidade. Agravante da reincidência configurada. Recurso desprovido" (TJPR, ACR 0002182-72.2015.8.16.0046, 1ª CC, Rel. Miguel Kfouri Neto, j. 26.7.18).

[631] A pena (provisória) então estipulada tornar-se-á definitiva em não havendo causas (gerais ou especiais) de aumento ou de diminuição; nessa hipótese, por óbvio, haveria apenas duas fases de composição da condenação. Ainda uma vez, essa etapa do apenamento não pode romper os limites de apenamento *in abstracto*. (Súmula 231 do STJ: A incidência da circunstância atenuante não pode conduzir à redução da pena abaixo do mínimo legal.) Em aditamento, se não houver circunstâncias agravantes ou atenuantes, mas houver causas de aumento ou de diminuição, estas irão repercutir, de imediato, sobre a pena-base, podendo, aqui, existir o rompimento das margens de apenamento.

[632] SANTOS, Juarez Cirino dos, 2005, p. 105.

Além dos requisitos formais da sentença (artigo 381 do Código de Processo Penal), a aplicação da pena impõe, em todas as fases, a fundamentação, de modo objetivo, do ato decisório. Trata-se da exigência de motivação da individualização da pena (artigos 5º, inciso XLVI, e 93, inciso IX, da Constituição Federal). A fundamentação da sentença deve contemplar a análise de (eventuais) preliminares arguidas pelas partes, bem como, no mérito, identificar a materialidade e a autoria delitivas à luz das provas produzidas no curso do processo penal. Dada esta situação, se as partes arguirem questões preliminares, deverá o Magistrado enfrentá-las de acordo com a graduação de prejudicialidade. Na hipótese de serem superadas as questões preliminares, ou, para além disso, caso não haja quaisquer outras circunstâncias que devam ser reconhecidas *ex officio* (tais como: prescrição, menoridade, incompetência, ilegitimidade, morte do agente, entre outras), cumprirá, então, ao Juiz, passar à análise do mérito e de todos os demais dados que envolvam o caso.[633] Como estatui o artigo 155 do Código de Processo Penal, "o juiz formará sua convicção pela livre apreciação da prova produzida em contraditório judicial, não podendo fundamentar sua decisão exclusivamente nos elementos informativos colhidos na investigação, ressalvadas as provas cautelares, não repetíveis e antecipadas". Pode assinalar-se, afinal, que a sentença penal se classifica, quanto à parte conclusiva, em (i.) procedente; (ii.) parcialmente procedente;[634] ou (iii.) improcedente.

9.2. Aspectos específicos

À luz do que fica exposto, podem ser, agora, destacadas as possibilidades mais complexas para a prolação de uma sentença penal condenatória em se tratando de acidentes de trabalho; assim, devem ser examinados os seguintes pontos: (i.) da incorporação do concurso de crimes na sentença penal; (ii.) da majoração de pena representada pela inobservância de regra técnica de profissão, arte ou ofício; (iii.) do valor indenizatório fixado na sentença penal condenatória; (iv.) da vinculação temática entre o articulado na denúncia e na sentença; (v.) da codelinquência; e (vi.) do perdão judicial.

9.2.1. Da incorporação do concurso de crimes na sentença penal

De um modo geral, costuma a doutrina criminal advogar que a individualização da pena, no que se refere ao concurso de crimes, tem de obedecer aos seguintes critérios: (i.) na hipótese de concurso material ou concurso formal

---

633 SCHMITT, Ricardo Augusto, 2013, p. 31-2.

634 "Se a pretensão punitiva for totalmente acolhida, a sentença será de procedência. Caso seja integralmente rechaçada, será de improcedência. Na hipótese de absolvição de apenas alguns crimes, ou de algum corréu, com a condenação dos demais, a sentença será de parcial procedência. Em caso de extinção da punibilidade de um dos delitos e condenação de outro, a hipótese é de parcial procedência, pois o titular da ação penal não obteve êxito em todas as suas pretensões. Se a denúncia imputar ao réu mais de um crime, e o magistrado reconhecer que se trata de crime único em razão do princípio da consunção [...], a hipótese também é de parcial procedência, já que a acusação não teve toda a sua pretensão punitiva acolhida. Mesma conclusão se aplica em caso de incidência da *emendatio libelli* [...] com a recapitulação para a infração penal menos grave" (MISAKA, Marcelo Yukio, 2014, p. 22).

imperfeito, haverá a soma das diferentes penas (cúmulo material de penas), valendo indicar que cada crime mantém a sua singularidade e as penas que lhes correspondem serão somadas; (ii.) na hipótese de crime continuado ou de concurso formal, tendo em vista o sistema de exasperação, sobre a pena mais grave incidirá o fator de aumento punitivo. Neste último caso, "essas causas de aumento serão aplicadas depois de calculada integralmente a pena correspondente ao fato mais grave do concurso ou da continuação. Assim, estabelecido qual dentre os diversos crimes é o mais grave, a pena referente a ele será calculada de acordo com todas as fases previstas no *caput* do artigo 68 do Código Penal, com pena-base, pena provisória com agravantes e atenuantes, causas de aumento ou de diminuição porventura existentes para aquele crime. Após será aplicado o aumento pelo concurso formal ou pela continuidade (Superior Tribunal de Justiça, *HC* 145.873/SP, Quinta Turma, ac. de 15.6.10)".[635] Em outras palavras, depois de concluída a operação dosimétrica (análise das circunstâncias judiciais, das circunstâncias legais e das causas de aumento ou de diminuição) de apenamento, passa-se, então, à incorporação do aumento (variável) decorrente da continuidade delitiva[636] ou do concurso formal.[637]

Por sob tudo isto, se, no caso de crime continuado ou concurso formal, houver prejuízo ao condenado em consequência (da utilização) do sistema exasperatório, deverá ser encampado o cumulatório (concurso material benéfico [artigo 70, parágrafo único, do Código Penal]), na medida em que aquele existe para favorecer o réu; e, portanto, tem de ser desprezado se não vier a cumprir esse compromisso.[638]

9.2.2. Da majoração da pena representada pela inobservância de regra técnica de profissão, arte ou ofício

A majoração punitiva (primeira parte do parágrafo 4° do artigo 121 e primeira parte do parágrafo 7° do artigo 129, ambos do Código Penal) deve

---

[635] AGUIAR JÚNIOR, Ruy Rosado de, p. 106.

[636] "A majoração derivada de concurso formal [...] de delitos não deve incidir sobre a pena-base, mas sobre aquela a que já se ache acrescido o *quantum* resultante da aplicação das causas especiais de aumento a que se refere o § 2° do art. 157 do CP" (*HC* 70.787, rel. min. Celso de Mello, 1ª T, DJE de 23-10-09). (Decisão citada na Coletânea temática de jurisprudência, 2013, p. 170.) "Na aplicação de pena privativa de liberdade, o aumento decorrente de concurso formal ou de crime continuado não incide sobre a pena-base, mas sobre a pena acrescida por circunstância qualificadora ou causa especial de aumento" (*RHC* 86.080, rel. min. Cezar Peluso, 1ª T, DJ de 30-6-06). (Decisão citada na Coletânea temática de jurisprudência, p. 189.)

[637] "Tratando-se de concurso formal (uma ação ou omissão, resultando mais de um resultado), deve o magistrado proporcionar a *unificação* e *exasperação* da pena. Caso o agente tenha praticado três lesões corporais, em concurso formal, compete ao julgador fixar a pena de cada uma delas, eleger a mais grave e tomá-la como base para aplicar a exasperação de um sexto até a metade (art. 70, CP). Torna-se incorreto servir-se da pena-base de uma das lesões e individualizá-las em conjunto para, ao final, inserir o aumento do concurso formal. Cuidando-se de crime continuado (mais de uma ação ou omissão gerando mais de um resultado, respeitados os requisitos do art. 71 do CP), cabe ao julgador aplicar a *unificação* e *exasperação* da pena. Se o autor comete três furtos, em continuidade delitiva, o magistrado deve *individualizar* a pena de cada um deles; na sequência, seleciona a maior delas e aplica o aumento de um sexto a dois terços. É inválido tomar a pena-base de um dos furtos e individualizá-los em conjunto, aplicando, ao término, o aumento do crime continuado" (NUCCI, Guilherme de Souza, 2015, p. 265).

[638] Com detalhes: FAYET JÚNIOR, Ney, 2018, p. 120.

incidir, evidentemente, na terceira fase de composição da pena; sob este prisma, o fator de aumento fixo (um terço) deve recair sobre a pena provisória, podendo conduzir a punição para além do limite máximo cominado em abstrato ao crime, o que dificilmente ocorrerá em termos práticos.

9.2.3. Do valor indenizatório fixado na sentença penal condenatória

É necessário, antes de tudo, acentuar que um dos efeitos da condenação é tornar certa a obrigação de indenizar o dano causado pelo crime (inciso I do artigo 91 do Código Penal). Neste sentido, em obediência ao inciso IV do *caput* do artigo 387 do Código de Processo Penal (bem como ao disposto no parágrafo único do artigo 63 do Código de Processo Penal),[639] o Juiz, ao proferir sentença condenatória, fixará valor mínimo para reparação dos danos causados pela infração, considerando os prejuízos sofridos pelo ofendido.[640] Trata-se, portanto, de valor mínimo, graças ao qual poderá a vítima ingressar, no juízo cível, com um valor fixado pelo Juiz criminal, ou seja, em decorrência do trânsito em julgado da sentença penal condenatória, o titular da indenização tem a possibilidade de executá-la diretamente por esse valor mínimo ou, na hipótese de entender maior o montante, deve preceder à execução da sentença penal da necessária liquidação,[641] aplicando, neste ponto, a disciplina do parágrafo único do artigo 509 do Código de Processo Civil. Essa possibilidade (de se estabelecer, na sentença penal condenatória, o valor mínimo reparatório) visou à celeridade da indenização *ex delicto*, permitindo ao ofendido receber, ao menos e desde logo, algum valor; além disso, esse permissivo pretendeu "reduzir o número de processos, acompanhando uma tendência mundial de resolver certas questões, em casos de incidência múltipla, na mesma relação processual, procurando eliminar, de uma só vez e aproveitando a cognição sobre pontos comuns, todos os efeitos que o crime possa ter gerado".[642] Seja como for, a previsão normativa em análise possui, de modo inegável, caráter material (tendo

---

[639] Em face da sentença penal condenatória, pode haver, de forma concomitante, a execução da parcela líquida (cujo valor – mínimo – foi definido no *decisum* condenatório) e, em autos apartados, da liquidação para fixar o *quantum* do restante.

[640] "[...]. Indenização à vítima. Ausência de contraditório. Inviabilidade. [...]. 7. A obrigação de indenização à vítima pelos danos causados pelo crime contra o patrimônio deve ser afastada quando o valor é aleatoriamente fixado pelo magistrado e sem adoção do procedimento especifico, por ofensa ao princípio do contraditório e da ampla defesa" (TJMG, AC 1.0040.13.005934-4/001, Relª. Denise Val, 6ª CC, j. 19.7.16).

[641] JESUS, Damásio de, 2014, p. 347. Em outras palavras: "este valor, conforme a dicção do CPP, é o mínimo devido. Portanto, nada obsta que o valor remanescente entendido pela vítima seja objeto de ulterior processo de liquidação. [...], [...] a sentença condenatória terá, no que tange à condenação cível, uma parte líquida e outra ilíquida. Ex.: o juiz fixa a indenização mínima no montante de dez mil reais. O ofendido pode executar este montante (líquido) e promover a liquidação de eventual valor a maior" (TÁVORA, Nestor; ROQUE, Fábio, 2015, p. 505).

[642] CABRAL, Antonio do Passo, p. 407. Aliás, a possibilidade de o juiz fixar, na sentença criminal condenatória, valor reparatório ao ofendido foi introduzida, no nosso sistema, com o advento do CTB (Lei 9.503/97), mais especificamente no art. 297; no mesmo sentido, a disposição (das penas alternativas – Lei 9.714/98) relacionada à prestação pecuniária, a qual pode ser revertida ao ofendido. "Embora seja uma pena (sanção criminal), e tenha seu valor balizado e limitado pela lei, seu valor será descontado na indenização total a ser fixado na esfera cível (art. 45, § 1º, do CP)" (CABRAL, Antonio do Passo, p. 408).

sido inserida, no ordenamento jurídico, pela Lei 11.719/08), motivo pelo qual não pode aplicar-se esse dispositivo aos delitos cometidos antes da vigência dessa lei, sob pena de se traduzir em *lex gravior*.[643]

Deverá existir, no entanto, "durante a instrução criminal, um pedido formal para que se apure o montante civilmente devido. Esse pedido deve partir do ofendido, por seu advogado (assistente de acusação), ou Ministério Público. A parte que o fizer precisa indicar valores e provas suficientes a sustentá-los. A partir daí, deve-se proporcionar ao réu a possibilidade de se defender e produzir contraprova, de modo a indicar valor diverso ou mesmo a apontar que inexistiu prejuízo material ou moral a ser reparado. Se não houver formal pedido e instrução específica para apurar o valor mínimo para o dano, é defeso ao julgador optar por qualquer cifra, pois seria nítida infringência ao princípio da ampla defesa".[644] Nestes termos, se não houver pedido expresso à condenação cível, ou sendo de inviável constatação, o Magistrado deverá destacar, na sentença, que não o estabelece devido à ausência (ou à impossibilidade[645]) do pedido.[646] Por outro lado, vozes existem que sustentam ser a fixação de valor mínimo reparatório dos danos causados à vítima uma consequência natural e automática da sentença condenatória,[647] podendo o Juiz estabelecê-la *ex officio*,

---

[643] STJ, *HC* 20150056823, Minª. Relª. Maria Thereza de Assis Moura, 6ª T., 25.8.15.

[644] NUCCI, Guilherme de Souza, 2015, p. 401. No mesmo sentido, por JESUS, Damásio de, 2014, p. 347. "Homicídio culposo. Acidente de trabalho. [...]. Condenação mantida. Pena corretamente fixada, partindo de patamar acima do mínimo pela culpabilidade exacerbada e com a incidência da majorante prevista no art. 121, § 4º, 1ª parte, do CP. Pena substituída, na forma do art. 44 do CP, fixado o regime aberto para o caso de conversão. Indenização aos dependentes da vítima bem estabelecida, com base em pedido específico do MP e em critérios determinados de cálculo, possibilitando-se o contraditório. Apelo improvido. [E no corpo do acórdão pode ler-se:] Cabe ressaltar, por fim, que o valor fixado a título de indenização mínima aos dependentes da vítima (art. 387, IV, do CPP), dedutível de eventual reparação a ser pleiteada na esfera cível ou mesmo trabalhista, conforme consta da sentença, foi fixado com base em pedido específico do MP, feito na fase de alegações finais, inclusive fornecendo critérios detalhados para o cálculo (meio salário mínimo mensal, considerando o tempo de expectativa de vida da vítima [...]), antes da manifestação defensiva, de sorte que foi possibilitado o contraditório a respeito, daí porque totalmente regular o procedimento, sendo defeso ao Magistrado apenas que fixe o valor de ofício" (TJSP, AC 0000931-43.2008.8.26.0189, Rel. Tristão Ribeiro, 5ª CC, j. 10.12.15). No mesmo sentido: "6. A obrigação de indenizar surgida como efeito da sentença condenatória (art. 91, I, do CP) não torna necessariamente certa a indenização. Para a fixação do valor mínimo a indenizar, é imprescindível que haja pedido expresso na inicial, quer do MPF, quer da vítima, a fim de possibilitar o exercício do contraditório e da ampla defesa com relação ao valor pretendido. 7. Concedida, de ofício, ordem de *habeas corpus* para reduzir a pena e para afastar a condenação na reparação do dano" (AP 5005656-44.2014.404.7102, TRF/4ªR, 8ª T., Rel. João Pedro Gebran Neto, j. 20.4.16).

[645] "Réu juridicamente pobre. Isenção do pagamento de indenização prevista no art. 387, inciso IV, do CPP, tendo-se em vista que se trata de réu pobre (TJSP, Ap. 990.0924168.55)." (Decisão citada por JESUS, Damásio de, 2014, p. 347.)

[646] Vicente Greco Filho (p. 378) recomenda que melhor será – à vista das dificuldades de se fixar valor mínimo para reparação – "o juiz penal entender inviável a apuração de qualquer valor que seja de indenização e deixar que a parte procure a reparação diretamente no cível".

[647] "Não se desconhece a existência de posicionamento jurisprudencial e doutrinário no sentido de que a aplicação do art. 387, IV, do CPP, exige (a) o cometimento de um crime após a entrada em vigor da Lei 11.719, de 20 de junho de 2008; (b) a existência de pedido expresso do MP na denúncia ou nas alegações para fixação do valor mínimo do dano causado pela infração; e (c) a indicação dos valores e a existência de provas suficientes a fundamentar o pedido de condenação na reparação dos danos. [...], a exigência de indenização do dano causado pelo crime não constitui inovação da Lei 11.719/2008, o que poderia respaldar o posicionamento acima referido. Trata-se, na verdade, de efeito da condenação previsto no art. 91, I, do CP, com a redação dada pela Lei 7.209 [...], efeito este automático da sentença penal condenatória, cuja eficácia prescinde, inclusive, de pronunciamento judicial expresso do magistrado nesse sentido. Mostra-se desnecessária, [...], a existên-

na medida em que "a literalidade do texto ('fixará') mostra que se trata de um poder-dever",[648] não existindo, portanto, mera faculdade do Magistrado. Contudo, em termos de configuração jurisprudencial, tem prevalecido a tese da necessidade de haver requerimento expresso e formal pelo Ministério Público[649] (ou pelo ofendido)[650] para que se possa fixar o mínimo indenizatório;[651] do contrário, haveria ofensa ao princípio da ampla defesa (com a indicação, por exemplo, de *quantum* de menor expressão ou mesmo comprovação da inexistência de prejuízo [material ou moral][652] a ser reparado), admitido que não se oportunizaria, ao réu, o contraditório.[653]

Com esta forma de pôr o problema, deve reconhecer-se que, concomitantemente à estipulação da pena criminal, o Juiz poderá expedir um título judicial, líquido, certo e exigível em favor do ofendido; e, sobretudo, a sentença

---

cia de pedido expresso do Órgão Acusatório para a fixação do valor mínimo da reparação do dano causado pelo crime, uma vez que a disposição prevista no art. 91, I, do CP, constitui efeito automático da sentença condenatória, o que sequer tem o condão de violar as garantias do contraditório e da ampla defesa, pois o valor a ser imposto é extraído da exordial acusatória, bem como da instrução processual, cabendo destacar que, diante da existência de norma expressa no CP, o réu não pode alegar desconhecimento de que, em caso de condenação, restará assentada a certeza da obrigação de indenização pelo dano do crime. A atual redação do art. 387, IV, do CPP, conforme consignado pela Lei 11.719/2008, apenas visa operacionalizar a regra de direito penal no âmbito processual. Tratando-se de norma de cunho processual, tem aplicação imediata aos processos em tramitação a teor do disposto no art. 2º do CPP" (TRF3, ACR 64231-0008318-73.2011.4.03.6108, 11ª T, Rel. Fausto de Sanctis, j. 30.1.18).

648 CABRAL, Antonio do Passo, p. 408.

649 "2. A fixação de indenização a título de reparação de danos, conforme art. 387, IV, do CPP, exige pedido expresso formulado pela parte ofendida ou pelo MP, sendo defeso ao juízo arbitrá-la de ofício, sob pena de ofensa aos princípios do contraditório e da ampla defesa" (TJMG, ACR 1.0529.09.026328-4/001, 7ª CC., Rel. Marcílio Santos, j. 20.6.13).

650 "1. Para que seja fixado na sentença o valor mínimo para reparação dos danos causados à vítima, com base no art. 387, IV, do CPP, deve haver pedido formal nesse sentido pelo ofendido, além de ser oportunizada a defesa pelo réu, sob pena de violação aos princípios da ampla defesa e do contraditório" (TJRR, ACR 0000.13.001125-7, Rel. Lupercino Nogueira, CAU, j. 21.1.14).

651 Aliás, cuida-se da posição dominante no STJ: "[...], de acordo com reiterados julgados deste STJ, para que haja a fixação na sentença do valor mínimo devido a título de indenização civil, pelos danos causados à vítima, é necessário pedido expresso do ofendido e a participação do réu, sob pena de afronta à ampla defesa" (STJ, REsp 1.519.457/RS, 6ª T., Relª. Minª. Maria Thereza Moura, j. 13.4.15). "3. A fixação da reparação civil mínima também não dispensa a participação do réu, sob pena de frontal violação ao seu direito de contraditório e ampla defesa, na medida em que o autor da infração faz jus à manifestação sobre a pretensão indenizatória, que, se procedente, pesará em seu desfavor" (STJ, REsp 1.236.070/RS, 5ª T., Rel. Min. Marco Bellizze, j. 27.3.12).

652 Em sentido contrário quanto ao cabimento em se tratando de dano moral: "3. Inviável a imposição de indenização a título de danos morais em favor do querelante, nos termos do art. 387, IV, do CPP, haja vista que tal reparação somente compreende o dano patrimonial. Ademais, não houve pedido expresso do querelante na inicial ou contraditório do querelado ou ainda instrução específica para apurar o valor mínimo do dano, implicando o referido arbitramento de indenização em ofensa aos princípios da ampla defesa e do contraditório" (TJRS, RC 7100450323, TRC, Relª. Cristina Gonzales, j. 1.10.13).

653 "A indenização de que trata o art. 387, inc. IV, do CPP, não pode ser fixada na sentença condenatória, se o tema não foi debatido durante a instrução. Ofensa aos princípios do contraditório e da ampla defesa, que se reconhece. Indenização afastada. Recursos parcialmente providos" (TJRS, ACR 70040031577, 4ª CC, Rel. Gaspar Marques Batista, j. 17.2.11). "[...], a moderna configuração do princípio do contraditório exige que haja debate entre as partes mesmo a respeito das questões que o juiz possa conhecer *ex officio*. No processo contemporâneo, não são permitidas as chamadas decisões-surpresa ou juízos *terza via*. O CPC/2015 reforçou o contraditório (art. 7º, 9º e 10), dispondo que o juiz deve dar contraditório mesmo a respeito de questões que deva conhecer de ofício" (CABRAL, Antonio do Passo, p. 415).

terá um duplo efeito, isto é, terá uma dimensão penal e outra civil (reparatória do dano).[654]

9.2.4. Da vinculação temática entre o articulado na denúncia e na sentença

Em obediência ao princípio da correlação temática à imputação,[655] o *decisum* judicial deve pautar-se nos termos insertos na proposta instauradora acusatória, a fim de não existir uma decisão *ultra, citra* ou *extra petita*. Antes de tudo, trata-se da proibição de julgamento fora da *res deducta in judicio*, consectário coerente, no processo penal, da garantia constitucional da ampla defesa (*quod non est in libelo, non est in mundo*). A mais disso, a pretensão punitiva estatal se baseia e, sobretudo, se delimita na atribuição de fato certo ao acusado, não podendo o Magistrado distanciar-se dos limites (que lhe são) traçados na imputação. Parece certo invocar-se, ainda, o princípio da substanciação, segundo o qual o conteúdo material da sentença se vincula aos fatos históricos deduzidos na ação (*narra mihi factum, dabo tibi jus*).[656] Cumpre dizer-se, porém, que é possível haver situações de diversificação do objeto do processo, desde que, notadamente em certos casos, sejam adotadas as devidas providências legais. Em uma fórmula sintética, no momento da entrega da prestação jurisdicional penal, pode o Magistrado entender que se produziu, no curso do processo criminal (de acordo com a prova colhida), alguma variação do quadro acusatório desenhado na imputação originária. Tal alteração poderá vincular-se somente à capitulação jurídica dada ao fato indicado ou, ainda, ao próprio fato imputado.[657] Em face dessa alteração detectada, é factível dar-se a *ementatio libelli* (que

---

[654] Para Damásio de Jesus (2014, p. 387), os danos morais "não devem compor o valor mínimo de indenização a ser fixado pelo juiz na sentença penal. Em primeiro lugar, não dispõe o juiz criminal de meios para aferir o montante a ser estabelecido a este título. Além disso, ampliar-se-ia exageradamente o *thema probandum*. Há que ver, ainda, o fato de a Lei autorizar tão somente a 'reparação dos danos causados pela infração'. Ora, dano moral não se repara, mas se compensa". Em termos jurisprudenciais: "homicídio culposo. Imperícia. [...]. Dano moral. Não cabimento. [...]. 6. A jurisprudência deste TJ adota interpretação restritiva ao inc. IV do art. 387 do CPP, entendendo ser incabível a fixação, pelo juízo criminal, de indenização a título de reparação por dano moral sofrido por vítima de crime. [...]." (TJDFT, AC 20120510086537, Rel. Roberval Belinati, 2ª TC, j. 25.2.16.)

[655] "1. O princípio da correlação entre a denúncia e a sentença condenatória representa no sistema processual penal uma das mais importantes garantias ao acusado, porquanto descreve balizas para a prolação do édito repressivo ao dispor que deve haver precisa correspondência entre o fato imputado ao réu e a sua responsabilidade penal. 2. Havendo adequada descrição dos fatos na exordial acusatória – como ocorre na hipótese –, não há ofensa ao referido postulado quando o magistrado, autorizado pela norma contida no art. 383 do CPP, lhes atribui definição jurídica diversa da proposta pelo órgão acusatório. [...]. 3. *Habeas corpus* não conhecido" (STJ, *HC* 311.490/SC, 5ª T., Rel. Min. Jorge Mussi, j. 14.4.15).

[656] MACHADO, Antônio Alberto, 2015, p. 250.

[657] "Alterações introduzidas pela Lei 11.719/08. 1) O art. 383, com sua nova redação, não mais condiciona a aplicação do art. 383 à fase da sentença. Muito embora o dispositivo encontra-se inserido no Título correspondente à 'sentença', cremos que a nova Lei autoriza o juiz a efetuar a correção do enquadramento típico (*emendatio libelli*), a qualquer momento, inclusive quando do recebimento da denúncia ou queixa. 2) A Lei passou a consagrar expressamente a necessidade de abertura de vista ao MP na hipótese de o juiz, em função da aplicação da *emendatio libelli*, vislumbrar a possibilidade de proposta de suspensão condicional do processo (§ 1º). *Vide* Súmula 337 do STJ: 'É cabível a suspensão condicional do processo na desclassificação do crime e na procedência parcial da pretensão punitiva'. De ver que a regra também se aplica aos casos de *mutatio libelli*

diz respeito apenas ao tipo penal indicado na denúncia ou queixa) ou a *mutatio libelli* (que se vincula ao contexto fático do crime).

9.2.4.1. Da emendatio libelli

De início, a *emendatio libelli* é a correção do enquadramento legal do crime sobre o mesmo fato descrito na imputação originária (tanto a pública como a privada). Em tal caso, o Magistrado, sem modificar a descrição do fato, poderá atribuir-lhe definição jurídica diversa,[658] ainda que, em consequência, tenha de aplicar pena mais grave (artigo 383 do Código de Processo Penal);[659] de igual modo, poderá a correção ser realizada em segunda instância (artigo 617 do Código de Processo Penal), em cuja hipótese deverão ser observados os limites da apelação em conformidade com a proibição da *reformatio in pejus* e do *tantum devolutum quantum appellatum* (desta maneira, se houver recurso da acusação, o tribunal tem o poder de aumentar a pena; do contrário, ou seja, se somente o réu houver apelado da sentença, o tribunal pode corrigir a tipificação legal, mas não pode aumentar a pena). Por derradeiro, a *emendatio libelli* pode ser espontaneamente realizada pelo órgão acusatório, em qualquer fase do processo antes da sentença, de acordo com a regra do artigo 569 do Código de Processo Penal.[660]

9.2.4.2. Da mutatio libelli

No curso da persecução jurídico-penal, torna-se possível ao Magistrado perceber a existência de fato criminoso diverso daquele descrito na proposta

---

(art. 384 deste Código). 3) Quando o juiz verificar, em função da nova classificação jurídica do fato, que se trata de infração da competência de outro juízo, a este serão encaminhados os autos (§ 2º). A regra também é válida para os casos de *mutatio libelli* (art. 384 deste Código)" (JESUS, Damásio de, 2014, p. 341).

658 "Homicídio culposo. Preliminar. Não conhecimento do recurso ministerial, por se tratar de caso de interposição de RSE. Não acolhimento. Recurso ministerial tempestivo que preenche os requisitos de admissibilidade. Inocorrência de rejeição parcial da denúncia. Mera *emendatio libeli,* dirimida por aplicação do art. 28, do CPP, por analogia. Mérito. Conjunto probatório suficiente para manter a condenação. Negligência caracterizada. Pena. Reconhecimento da causa de aumento. Possibilidade. Inteligência do art. 121, §§ 3ª e 4ª, do CP. Inobservância de regra técnica de profissão ou de ofício configurada. Inocorrência de *bis in idem*. Regime prisional e substituição incensuráveis. Negado provimento aos apelos dos réus e dado provimento ao recurso ministerial" (TJSP, ACR 3010219-37.2013.8.26.0302, 10ª CC, Rel. Rachid Almeida, j. 26.4.18).

659 "E o art. 383, *caput*, do CPP, deve ser lido em conjunção ao art. 10 do CPC. Disso se podem extrair as seguintes regras: (1) Na sentença, o juiz poderá dar ao fato narrado na denúncia ou queixa, uma definição jurídica diversa; (2) Se as partes não tiveram oportunidade de debater sobre a nova definição jurídica – que pode ser alterada, *ex offício* –, o juiz deverá lhes dar oportunidade de se manifestar sobre o novo fundamento. Isso porque, a permissão dada ao juiz para mudar a qualificação jurídica do fato não significa que possa fazê-lo, diretamente, sem qualquer comunicação às partes. Os princípios *iura novit curia* e *narra mihi factum, dabo tibi ius* apenas asseguram que o juiz pode alterar a capitulação dos fatos constantes da denúncia. Porém, outro princípio, o do contraditório, impõe-lhe a comunicação prévia às partes, antes de tomar uma decisão, ainda que se trate daqueles que podem ser tomadas de ofício. O respeito ao contraditório visa, também, a evitar surpresas às partes. O contraditório não se aplica apenas à matéria fática, principalmente aos dados probatórios, mas também diz respeito às questões de direito. Desde que os fatos imputados permaneçam inalterados, pode o juiz dar-lhes definição jurídica diversa da constante da denúncia ou da queixa, mesmo sem aditamento dessas peças (CPP, art. 3º). Porém, antes de sentenciar, em respeito ao contraditório, deve o juiz convidar as partes a se manifestarem sobre a possibilidade de uma nova classificação jurídica dos fatos (CPC, art. 10), evitando que sejam surpreendidas com a nova capitulação, sem que tenham tido oportunidade de debatê-la" (BADARÓ, Gustavo, 2016, p. 369).

660 MACHADO, Antônio Alberto, p. 252.

inicial acusatória (denúncia ou queixa), ou seja, produzir-se a remodelagem da imputação. Neste sentido, "se, no correr da instrução, surgir fato não contido nem explícita nem implicitamente na denúncia ou queixa, o Juiz não pode, por ocasião da sentença, admiti-lo como existente alterando o que foi inicialmente proposto, sem que se dê oportunidade de defesa. Isso porque o acusado se defende dos fatos imputados e deve ter a possibilidade efetiva de contrariá-los".[661] Deve assentar-se, portanto, que essa segunda hipótese sobre a correlação temática entre a acusação e a sentença se apresenta em virtude de uma metamorfose fática no curso da instrução processual, isto é, a própria *causa petendi* sofrerá alteração, com o que haverá mudança "do próprio fato narrado na inicial acusatória, que implicará nova definição jurídica".[662] Aquilo que fora articulado na denúncia não se sustenta em face das provas colhidas no curso da instrução criminal; com isso, outro fato veio a ser demonstrado. Se, em razão dessa descoberta, o quadro fático se modifica e, disso, o tipo penal também se altera, o Ministério Público deverá aditar a denúncia (ou a queixa, se se tratar de ação penal subsidiária) para incluir o novo alcance acusatório. Dessa forma, o agente ministerial disporá de 5 (cinco) dias para a realização do aditamento; se, contudo, não o propuser, e o Juiz vislumbrar essa possibilidade, aplicar-se-á, então, o procedimento do artigo 28 do Código de Processo Penal.[663] A nova imputação tanto pode implicar pena mais leve como mais grave.[664]

Da instrução probatória, descortinaram-se circunstâncias ou elementos novos, os quais, por esse modo, deverão integrar-se à acusação. Como indica Edilson Mougenot Bonfim, "são circunstâncias ou elementos do tipo: a) os elementos que integram a descrição legal do fato; b) as circunstâncias qualificadoras; c) as causas de aumento e de diminuição de pena".[665]

9.2.5. Da codelinquência

Na hipótese de codelinquência, a individualização punitiva deverá ser feita para cada acusado; assim, por exemplo, se houver mais de um acusado,

---

[661] GRECO FILHO, Vicente, p. 368.

[662] BONFIM, Edilson Mougenot, p. 752.

[663] "Se não proceder nos termos do art. 384 e o juiz proferir sentença, esta jamais poderá reconhecer o crime diferente que a circunstância de fato nova caracteriza. Se essa circunstância aponta para crime menos grave, a sentença só poderá ser absolutória, porque o mais grave não poderá ser reconhecido, já que os dados fáticos da realidade não correspondem ao que estava contido na imputação, e o menos grave também não, pois não houve imputação quanto a ele. Se a circunstância nova não contida na denúncia indica infração mais grave, evidentemente não poderá ser reconhecida sem o procedimento do art. 384, § 1°, e a sentença deverá limitar-se a reconhecer a procedência ou improcedência do estritamente contido na inicial. [...], se a denúncia foi por furto e, no correr da instrução, se verifica que ocorreu a violência, não havendo o aditamento da denúncia, somente poderá ser reconhecido o furto" (GRECO FILHO, Vicente, p. 369-70).

[664] MACHADO, Antônio Alberto, p. 253.

[665] BONFIM, Edilson Mougenot, p. 752. Em outras palavras, "elementos da infração são aqueles que dão os contornos precisos da conduta típica, ou da ação criminosa, e tanto podem ser elementos descritos/objetivos (fatos, pessoas, objetos, lugar etc.) quanto de ordem normativa (indevidamente, fraudulentamente, sem autorização legal etc.), ou ainda de natureza subjetiva (dolo ou culpa); já as circunstâncias são particularidades que apenas atenuam ou agravam a reprovabilidade da conduta criminosa" (MACHADO, Antônio Alberto, p. 253).

a fundamentação (artigo 381, inciso III, do Código de Processo Penal) deverá alcançar a todos.

9.2.6. Do perdão judicial

Tanto na hipótese de homicídio culposo como na de lesão corporal culposa (artigo 121, parágrafo 5º, e artigo 129, parágrafo 8º, do Código Penal), o Juiz pode deixar de aplicar a pena,[666] se as consequências da infração atingem o próprio agente de forma tão grave que a sanção penal se torne desnecessária.[667] Trata-se do perdão judicial, que funciona como causa de extinção da punibilidade (artigos 107, inciso IX, e 120 do Código Penal).

9.2.7. Da sentença absolutória sumária

Nos termos do artigo 397 do Código de Processo Penal, o Juiz deverá absolver sumariamente o acusado ao verificar: (i.) a existência manifesta de causa excludente da ilicitude do fato; (ii.) a existência manifesta de causa excludente da culpabilidade do agente, salvo inimputabilidade; (iii.) que o fato narrado evidentemente não constitui crime; ou (iv.) extinta a punibilidade do agente. Com efeito, diante da resposta escrita (artigo 396-A, *caput* e parágrafos, do Código de Processo Penal), o Juiz poderá julgar antecipadamente o mérito da causa,[668] em juízo de certeza, isto é, a decisão de absolvição sumária se deve assentar nas hipóteses estabelecidas nos incisos do artigo 397 do Código de Processo Penal "somente quando não existir qualquer dúvida acerca de sua presença",[669] na medida em que incide, *in casu*, o princípio do *in dubio pro societate*[670] (ou *in dubio contra reum*); nessa quadra, na incerteza quanto à inocência do acusado, devem ser, neste estágio do processo criminal, prestigiados os interesses coletivos (ou de defesa social[671]), até mesmo em virtude do cabimento

---

666 TJPR, ACR 0000966-45.2013.8.16.0176, 1ª CC, Rel. Miguel Kfouri Neto, j. 8.11.18.

667 Concretamente em termos jurisprudenciais, essa causa de extinção da punibilidade não foi reconhecida em face de simples relação de amizade: "homicídio culposo. Negligência. Acidente de trabalho. Sentença condenatória mantida. Negligência do empregador. – O réu, na condição de empregador da vítima fatal, agiu de forma negligente ao violar as normas de segurança necessárias para a execução do trabalho de pintura de fachada de um prédio deixando de fornecer os materiais necessários e seguros para o trabalho. Andaime improvisado e extensão do cabo metálico de pintura de material inadequado, o que culminou com descarga elétrica na vítima decorrente do choque com rede de energia elétrica. Nexo de causalidade demonstrado. Negligência. Sentença mantida. Perdão judicial. Art. 125, § 5º, do CP. Descabimento no caso concreto. – O simples fato da existência de amizade entre o réu e vítima não faz presumir excepcional sofrimento para afastar a punição pelo crime. É preciso que fique constatado, não havendo como presumir tal sofrimento. Apelação desprovida. Unânime" (TJRS, AC 70071391866, Rel. Luiz Guimarães, 2ª CC, j. 23.2.17).

668 "A marca distintiva desse provimento de cunho absolutório é a dispensa de cognição aprofundada, daí a diferença de fundamentos entre a presente norma e aquela do art. 386, cujos fundamentos, quando adotados, sobrevêm ao exaurimento do acervo probatório" (CHOUKR, Fauzi Hassan, 2014, p. 781).

669 JESUS, Damásio de, 2014, p. 378.

670 BONFIM, Edilson Mougenot, p. 790. Em termos jurisprudenciais: "é incabível a absolvição sumária quando não evidenciada qualquer das hipóteses previstas nos incs. I a IV do art. 397 do CPP" (STJ, REsp 1206320/ES, 5ª T., Relª. Minª. Laurita Vaz, j. 4.9.12).

671 A diretriz básica da defesa social pode ser localizada na obra clássica de Thomas Hobbes. Para esse filósofo, em virtude do contrato originário, todos os direitos transitam, necessariamente, pelo Estado, que, a seu

de uma melhor avaliação da culpa necessária para a existência do tipo de injusto.[672]

A sentença de absolvição sumária pode ser desafiada por meio da apelação,[673] sem efeito suspensivo; no caso de ser negada a absolvição sumária, restaria, tão só, o manejo da ação de *habeas corpus*.

9.2.8. Da sentença absolutória própria

A sentença absolutória própria é a que proclama a improcedência do pedido condenatório formulado pela acusação, implicando reconhecimento da inocência do acusado. Como visto, o Magistrado forma a sua convicção pela livre apreciação da prova produzida em contraditório judicial e, com isso, deve declarar a improcedência da pretensão articulada na proposta inicial acusató-

---

turno, assume o dever de proteção dos membros da sociedade, para cuja tarefa se vale dos meios de segurança; com isso, consegue-se superar o *bellum omnium contra omnes*.

672 "Homicídio culposo. Acidente de trabalho. Absolvição sumária. Art. 397, III, CPP. Provimento total por maioria. – A imputação fática guarda adequação típica e é prematuro decidir a respeito da prática ou não do delito nas modalidades de culpa descritas. [...], há justa causa para a ação penal, pois a imputação fática encontra suporte no início de prova que acompanha a inicial. Se houve contribuição causal relevante ou não, agir culposo e crime comissivo por omissão, é questão a decidir mais adiante. Existência de indícios sobre sua concorrência para o delito. Prosseguimento da ação penal. Relator que dava provimento somente neste ponto. Ao contrário dos demais réus, há indícios de que C.A.P.S. teria maior ingerência sobre as vítimas. Os relatos colhidos em sede policial dão conta de que as ordens para realização de limpeza do estabelecimento onde estavam os grãos e da retirada dos elementos que bloqueavam a passagem do material, que veio a ocasionar o acidente, vieram do acusado. [...], mostra-se prudente o prosseguimento da ação penal para melhor determinar a existência de nexo causal entre as condutas do acusado e o resultado morte, assim como comprovação, ou não, da culpa necessária para configuração do tipo. Recurso provido por maioria. Vencido o relator que o provia em menor extensão" (TJRS, AC 70060764180, Rel. Ingo Sarlet, 3ª CC, j. 31.8.16).

673 "Homicídio culposo. Acidente de trabalho. Absolvição sumária. Art. 397, III, CPP. Provimento total por maioria. — A imputação fática guarda adequação típica e é prematuro decidir a respeito da prática ou não do delito nas modalidades de culpa descritas. Assim, há justa causa para a ação penal, pois a imputação fática encontra suporte no início de prova que acompanha a inicial. Se houve contribuição causal relevante ou não, agir culposo e crime comissivo por omissão, é questão a decidir mais adiante. Existência de indícios sobre sua concorrência para o delito. Prosseguimento da ação penal. Relator que dava provimento somente neste ponto. Ao contrário dos demais réus, há indícios de que C.A.P.S teria maior ingerência sobre as vítimas. Os relatos colhidos em sede policial dão conta de que as ordens para realização de limpeza do estabelecimento onde estavam os grãos e da retirada dos elementos que bloqueavam a passagem do material, que veio a ocasionar o acidente, vieram do acusado. Assim, mostra-se prudente o prosseguimento da ação penal para melhor determinar a existência de nexo causal entre as condutas do acusado e o resultado morte, assim como comprovação, ou não, da culpa necessária para configuração do tipo. Recurso provido por maioria. Vencido o relator que o provia em menor extensão" (TJRS, AC 70060764180, Rel. Ingo Sarlet, 3ª CC, j. 31.8.16). "[...]. Homicídio culposo majorado por inobservância de regra técnica da profissão. Conduta supostamente negligente ao não determinar a contenção mecânica de paciente com alto risco de queda do leito. Acidente efetivamente verificado de que decorreu o óbito. Recurso ministerial visando à reforma da sentença para que seja determinado o regular trâmite do feito. Improcedência. Circunstâncias que denotam a ausência de culpa *in omittendo*, sendo possível identificar, [...], hipótese de atipicidade da conduta. Mantida a sentença de absolvição sumária. Recurso desprovido" (TJSP, AC 0003343-34.2012.8.26.0050, Rel. Euvaldo Chaib, 6ª CC Extraordinária, j. 11.12.15). Por outro lado, "a Lei 11.719/08 incorreu em equívoco ao prever a extinção da punibilidade como fundamento para a absolvição (sumária) do réu. Note que quando se declara a extinção do *jus puniendi* do Estado, o agente não é absolvido (isto é, declarado inocente), havendo tão somente o reconhecimento que, quanto ao crime objeto da acusação, o Estado perdeu seu direito de punir. [...] na hipótese prevista no art. 397, inc. IV, não ocorre 'absolvição', mas decisão de natureza declaratória da extinção da punibilidade. [...]. Em razão da natureza desta decisão, cremos que ela desafia recurso em sentido estrito (art. 581, VIII, deste Código)" (JESUS, Damásio de, 2014, p. 378-9).

ria, quando verificar a ocorrência de uma das hipóteses estabelecidas no artigo 386 do Código de Processo Penal. A propósito, o Tribunal de Justiça de São Paulo manteve a absolvição de todos os acusados pelo acidente nas obras da linha 4-amerela do metrô (estação Pinheiros), que causou a morte de sete pessoas (um dos quais trabalhava na obra; os demais passavam pela rua quanto foram atingidos pela abertura), em janeiro de 2007. A decisão absolutória foi tomada por maioria, em face da não demonstração da culpa dos imputados. Segundo o Desembargador Fernando Simão, deixar de punir os réus pode gerar "certo desconforto, incômodo dos leigos",[674] mas que os magistrados não podem se influenciar por isso: "uma condenação, com preocupação de dar satisfação social, diante de tamanha tragédia, por si, não se justifica", na medida em que "de uma tragédia poderia surgir outra, qual seja o desmoronamento profissional de pessoas reconhecidamente capacitadas".[675] Por óbvio, a qualificação profissional não se traduz, *ipso facto*, em fator determinante da absolvição; mas a condenação de índole criminal somente pode existir ante uma prova segura, inequívoca, sem a qual – por maior que seja a impressionabilidade dos fatos – a sentença deve pender à absolvição, porquanto, *in poenalibus*, a dúvida deve vir a favor do imputado – deve ser decidida *pro libertate*.

9.2.9. Da condenação do réu diante do pedido de absolvição formulado pelo Ministério Público

Nos termos do artigo 385 do Código de Processo Penal, nos crimes de ação pública, o juiz poderá proferir sentença condenatória, ainda que o Ministério Público tenha pugnado pela improcedência da ação,[676] bem como reconhecer agravantes, embora nenhuma tenha sido alegada. Não obstante, transparece claro que se trata de resíduo do sistema inquisitivo – segundo o qual o magistrado disporia de certas iniciativas e de poderes para efetivar a sanção que se comina, abstratamente, ao crime. Disso que infere que, a rigor, se o órgão acusador opinou pela absolvição do réu, não poderá haver sentença condenatória, dado que isso implicaria hipótese de "jurisdição sem ação, com afronta ao princípio do *nemo iudez sine actore* e, sobretudo, uma violação ao princípio acusatório, adotado pela Constituição de 1988".[677] Acresce, *in casu*, a circunstância que a acusação seria encaminhada pelo Magistrado, em desrespeito ao sistema acusatório; demais disso, "nem se diga que essa postura do juiz decorre de sua livre convicção ou do princípio da verdade real, pois estes princípios somente têm incidência nos processos em que houver realmente uma acusação

[674] TJSP, AC 0012380-61.2007.8.26.0050, 7ª CC., Rel. Fernando Simão, j. 17.11.16.

[675] TJSP, AC 0012380-61.2007.8.26.0050, 7ª CC., Rel. Fernando Simão, j. 17.11.16.

[676] Normalmente, o MP irá sustentar a proposta acusatória lançada a efeito na denúncia, buscando, pois, a condenação do acusado; entretanto, não está definitivamente a isso obrigado. Dessa sorte, caso avalie não haver elementos suficientes para a condenação, ou, mesmo, se estiver convencido da inocência do acusado, poderá pedir a absolvição do réu.

[677] MACHADO, Antônio Alberto, p. 257.

formulada e sustentada pelo órgão titular da ação penal, especificamente designado pela Constituição".[678]

Em relação à segunda parte do disposto no artigo 385 do Código de Processo Penal, não parece admissível que a sentença reconheça agravante não imputada na denúncia; de um lado, porque isso conflita com vários princípios (entre os quais: o da imparcialidade do juiz; o da iniciativa das partes; o da ampla defesa; o do contraditório; e, ainda, o do devido processo legal) e, de outro, porque, posto que as agravantes não pertençam ao tipo penal imputado, elas devem – tais quais as circunstâncias de especial aumento de pena e as qualificadoras[679] – constar, de modo expresso, na proposta inicial acusatória, sob pena de cerceamento de defesa.

9.2.10. Da adoção do critério do voto médio no julgamento em Segunda Instância

No julgamento colegiado de Segunda Instância, poderá existir um resultado unânime ou por maioria de votos; de qualquer modo, poderá haver votos divergentes entre si; nesta hipótese, deverá ocorrer a prevalência do voto intermediário. Por ilustração: em face do recurso de apelação manejado pelo Ministério Público (que visara à reforma da sentença absolutória), o primeiro voto mantenha a absolvição; o segundo proveja integralmente o recurso; e o terceiro o proveja em parte; *in casu*, adota-se o voto intermediário.[680] Ainda:

---

[678] MACHADO, Antônio Alberto, p. 258. Em termos jurisprudenciais, podem ser localizadas decisões em sentido contrário: "4. Nos termos do art. 385 do CPP, nos crimes de ação pública, o juiz poderá proferir sentença condenatória, ainda que o MP tenha opinado pela absolvição, bem como reconhecer agravantes, embora nenhuma tenha sido alegada. 5. Não há ilegalidade na condenação do paciente pelo crime de lesão corporal de natureza grave, a despeito de posicionamento diverso pelo MP quando da apresentação de alegações finais, por não estar o Magistrado vinculado às manifestações jurídicas ministeriais, em observância ao princípio do livre convencimento motivado. 6. O artigo 385 do CPP foi recepcionado pela CF. Precedentes desta Corte. 7. [...] 11. *Habeas Corpus* não conhecido" (STJ, *HC* 350.708/SC, Rel. Min. Reynaldo Fonseca, 5ª T., j. 19/4/16). "III. A decisão do Juiz não é vinculada pelas alegações finais apresentadas pelo MP, podendo ele condenar o réu, mesmo quando o *Parquet* opina pela absolvição. IV. Havendo provas para julgar o feito, condenando o réu, o Juiz não deve se atrelar à opinião do MP, quando este requer a absolvição. V. Agravo Regimental desprovido" (STJ, ARAGRE 607.479/DF, Rel. Min. Ericson Maranho, 6ª T., j. 22/9/15). "1. O fato de ter o MP pedido a absolvição do réu, na fase de alegações finais, não vincula o juiz. 2. Princípio do livre convencimento do juiz, que não caracteriza constrangimento ilegal. 3. Ordem denegada" (STJ, *HC* 106.308/DF, Rel. Min. Celso Limongi, 6ª T., j. 3/9/09).

[679] Efetivamente, "as circunstâncias de especial aumento de pena e as qualificadoras, para serem reconhecidas, dependem de expressa imputação na denúncia, sob pena de cerceamento de defesa [...]. O Código não utiliza a expressão 'circunstâncias agravantes' sempre em sentido estrito, usando-a, às vezes alcançando as circunstâncias de especial aumento de pena e, mesmo, as qualificadoras. No art. 385, porém, é assim que deve ser interpretada, de modo que, se aparecer circunstância de especial aumento de pena ou qualificadora não constante da denúncia, o juiz somente poderá reconhecer qualquer delas se houver aditamento" (GRECO FILHO, Vicente, p. 371).

[680] "Recurso ministerial. Homicídio culposo. Inobservância de regra técnica de profissão. Negligência e imprudência. Sentença absolutória. Voto-relator que provia integralmente o recurso, voto-revisor que lhe negava provimento e voto-vogal que provia em parte, para condenar apenas a corré acusada. Violação da NR-33, que regula o trabalho em espaços confinados, o que resultou na morte por soterramento de trabalhador que trabalhava dentro de silo para armazenagem de grãos. Voto-vogal que prevalece no caso concreto, na forma regimental. Recurso parcialmente provido" (TJRS, AC 70056654718, Rel. João Tovo, 3ª CC, j. 2.7.15). "5. Recurso defensivo improvido, pelo voto do Relator, nos termos acima. 6. Voto do Revisor, en-

todos os votos foram condenatórios; contudo, o voto do relator fixava a pena em 2 (dois) anos de detenção; o do revisor, em 1 (um) ano e 4 (quatro) meses de detenção; e o do vogal, em 8 (oito) meses de detenção; nesse caso, adota-se o voto do revisor.

9.2.11. Dos embargos declaratórios

Deve aventar-se, ainda, a possibilidade do manejo dos embargos declaratórios, os quais são cabíveis, no prazo de dois dias, quando existir, no acórdão, ambiguidade, obscuridade, contradição ou omissão em relação a algum ponto sobre o qual o tribunal deveria ter se pronunciado (artigos 619 e 620, parágrafos 1º e 2º, do Código de Processo Penal)[681] ou, em virtude de construção jurisprudencial consagrada em atenção aos princípios da economia e da celeridade processual, quando houver simples erro material no *decisum*.[682] De outro curso, admite-se a interposição de embargos dos embargos, desde que se vise ao

---

tendendo que assiste parcial razão à defesa do réu para os fins de se refazer a dosimetria da pena, a pena-base sendo exasperada em 1/6 e o agravamento, na segunda etapa, por força da circunstância agravante da reincidência, também em 1/6, a pena final do réu, à míngua de causas de aumento e de diminuição de pena alcançando 02 (dois) anos, 08 (oito) meses e 20 (vinte) dias de reclusão, regime semiaberto e 12 (doze) dias-multa, no piso. 7. Voto do 3º Juiz, acompanhando o voto do eminente Revisor, porém, divergindo quanto ao regime prisional, entendendo que deveria continuar no fechado. 8. Prevalência do voto intermediário" (TJ-SP, APL 90000013420118260586, 1ª CCE, Rel. Airton Vieira, j. 15.12.14). "Preliminar de nulidade suscitada pelo eminente presidente, da dosimetria da pena, porque a sentença não quantificou cada vetor do art. 59 do CP, para a fixação da pena-base, prejudicando a análise do apelo. Rejeição. No mérito, redução da pena-base ao mínimo legal afastada, pois inexistente a nulidade apontada. Prevalência do voto médio. Não há nulidade na dosimetria da pena do embargante pela inexistência de quantificação de cada vetor do art. 59 do CP. O magistrado deve usar critérios subjetivos, dentro dos parâmetros estabelecidos como pena mínima e máxima para o delito, de acordo com seu livre convencimento, exercendo seu poder discricionário e não se afastando dos principais objetivos da reprimenda, a prevenção e a retribuição, assim chegando ao quantum mais justo, considerando as particularidades individuais daquele que cometeu o fato tipificado como crime, pela norma penal. O essencial é que a fixação da pena esteja bem fundamentada. Preliminar rejeitada. No mérito, inexistente a nulidade, incabível a redução da pena-base ao mínimo legal, realizada pelo voto vencido, devendo preponderar o voto médio. Embargos infringentes desacolhidos. Por maioria (TJRS, EI 70059142018, 4º GCC, Relª. Isabel Lucas, j. 25.7.14). "7. Voto do Revisor, que acompanha o voto do Relator, exceto quanto ao reconhecimento dos maus antecedentes criminais do réu, fixando a respectiva pena-base no mínimo legal, à qual procedeu ao agravamento decorrente da circunstância agravante da reincidência, impondo regime prisional semiaberto e por extensão, de ofício, reconhecendo a prescrição da pretensão punitiva Estatal. 8. Voto do 3º Juiz, que entendeu se tratar de uso de documento ideologicamente falsificado, deu parcial provimento ao recurso ministerial para condenar o réu como incurso nas penas do art. 304, c/c o art. 299, *caput*, do CP, às penas de 01 (um) ano de reclusão e 10 (dez) dias-multa, diária mínima, reconhecendo, também, a prescrição da pretensão punitiva Estatal. 9. Divergência entre os três votantes, de sorte a prevalecer a solução intermediária, no caso, a do Revisor, que acompanha o Relator em menor extensão e reconhece a prescrição da pretensão punitiva, enquanto o 3º Juiz condenava o réu como incurso no art. 304, c/c o art. 299, *caput*, do CP, mas que também reconhecia a prescrição da pretensão punitiva. 10. Prevalência do voto intermediário" (TJ-SP APL 00100317320018260510, 1ª CCE, Rel. Airton Vieira, j. 19.5.14).

[681] "Homicídio culposo por inobservância de regra técnica de profissão. Engenheiro. Desmoronamento de terra. Morte de trabalhador. – Alegação de existência de contradição no julgado. Vício inexistente. Os embargos de declaração são recurso de fundamentação vinculada ao saneamento de erro material, de obscuridade, de contradição e de omissão, vícios estes inexistentes no Acórdão recorrido. A pretensão de rediscutir matéria devidamente abordada e decidida no acórdão embargado, consubstanciada na mera insatisfação com o resultado da demanda, é incabível na via dos embargos de declaração. Embargos rejeitados" (TJSP, EDcl 0012379-81.2010.8.26.0079, Rel. Marcos Correa, 6ª CC, j. 28.7.16).

[682] BONFIM, Edilson Mougenot, p. 1179.

esclarecimento da decisão adotada no julgamento dos embargos anteriormente oferecidos.[683] Em obediência ao artigo 382 do Código de Processo Penal, os embargos declaratórios podem ser opostos, também no prazo de dois dias, em face de decisão de primeiro grau. No âmbito dos Juizados Especiais, caberão, no prazo de cinco dias, embargos de declaração quando, em sentença ou acórdão, houver obscuridade, contradição, omissão ou dúvida (*caput* e parágrafo 1º do artigo 83 da Lei 9.099/95).

Os embargos declaratórios podem ensejar efeito modificativo, desde que a modificação da decisão embargada deflua exatamente da correção da ambiguidade, obscuridade, contradição ou omissão.

Por fim, os embargos declaratórios não se confundem com a possibilidade – inscrita no artigo 494 do Código de Processo Civil – de o juiz alterar a sentença para corrigir, de ofício ou a requerimento da parte, inexatidões materiais ou erros de cálculo.

683 JESUS, Damásio de, 2014, p. 556.

Capítulo 10

Da prescrição penal

10.1. Introdução

O instituto da prescrição penal, não de hoje, é objeto de inúmeros estudos desenvolvidos no âmbito da doutrina especializada na ciência do Direito Penal, em que são delineadas sólidas divergências acerca de seus fundamentos, de sua natureza jurídica, de seu âmbito de incidência – entre tantos outros pontos divergentes de reconhecida expressão e significado. Neste viés, a prescrição penal desponta como uma causa geral (e anormal[684]) de extinção da punibilidade, que tem sido objeto de importantes e fecundas discussões doutrinárias, as quais confrontam, historicamente, diferentes visões político-criminais. E a prescrição penal continua a oferecer, em virtude de suas inegáveis e relevantes consequências jurídico-penais, espaço para fortes antagonismos doutrinários – *cela va sans dire*, de cujo embate são constantemente aprimorados os seus fundamentos conceituais.

Por essa razão, é importante, *ab initio*, observar que o efeito extintivo da prescrição se vincula à passagem do tempo, pois se concebe, de um modo geral e em termos doutrinários, que o tempo converte a persecução penal em algo inútil e inoportuno. Em outros termos, o tempo ostenta um efeito destruidor, capaz de eliminar, substancialmente, o desvalor social e jurídico que se destinava, em um certo momento histórico, a uma determinada conduta ilícita; incidindo, aqui, de modo nítido, a noção da antijuridicidade material.[685] (Por óbvio, nada impede que, de modo excepcional, uma comunidade jurídica específica decida por considerar certos crimes não sujeitáveis ao instituto prescricional, tal como a "imprescriptibilidad de los crímenes cometidos por el nacionalsocialismo, decisión acordada por el Parlamento alemán en 1975, acogiendo el principio de la no prescripción de los delitos contra la humanidad".[686] Dada esta situação, vários ordenamentos jurídicos declaram imprescritíveis certos ilícitos penais, consagrando a regra segundo a qual, apesar do transcurso do tempo, determinados crimes mantêm sempre [e atual] a necessidade

---

684 Considerando que, a rigor, o modo normal de se extinguir a punibilidade se dá por meio da total satisfação, pelo Estado, de seu dever punitivo, os modos anormais são os das (assim denominadas) causas de extinção da punibilidade, diversas da execução satisfativa penal – de que são exemplos a prescrição, a decadência e a perempção –. Trata-se, portanto, de causas anormais de extinção da punibilidade (pena em potência), por impeditivas da futura execução punitiva, isto é, "obstaculantes da ação penal, entendida esta, no sentido de direito penal e não de direito processual penal" (PITOMBO, Sérgio Marcos de Moraes, 1981, p. 151).

685 QUINTERO OLIVARES, Gonzalo, 2007, 774.

686 QUINTERO OLIVARES, Gonzalo, 774.

punitiva.[687]) Como regra fundamental, o nosso sistema adota a prescritibilidade dos delitos (ainda que havidos como hediondos); entretanto, excepcionalmente, poderá haver delitos que não se sujeitam ao regime traçado no Código Penal. Com efeito, a Constituição Federal de 1988, em seu artigo 5°, estatuiu duas hipóteses de imprescritibilidade: os crimes de racismo (inciso XLII), definidos na Lei 7.716, de 5 de janeiro de 1989, com as alterações da Lei 9.459, de 13 de maio de 1997; e o crime de ação de grupos armados, civis ou militares, contra a ordem constitucional e o Estado Democrático (inciso XLIV).[688]

10.2. Conceito

A prescrição penal, em essência, se traduz na extinção da pena a ser (ou já ter sido) aplicada em função do transcurso do tempo. Em rigor técnico, a prescrição é uma causa de extinção da punibilidade (artigo 107, inciso IV, do Código Penal).

Cuida-se, pois, de uma autolimitação (ou renúncia) do *jus puniendi* estatal, levada a efeito por inúmeras razões de ordem político-criminal, cuja mais significativa é a perda de interesse em se punir determinada conduta delituosa. Na mesma medida, pode ser identificada, em virtude da passagem do tempo, uma autoestabilização do sistema, sem que tenha sido necessária qualquer atuação ou intervenção do Direito punitivo. De outro giro, a prescrição, por ser matéria de ordem pública, não depende da vontade daquele em favor do qual existe, podendo ser admitida em qualquer fase do processo ou do inquérito, inclusive *ex officio* pelo Juiz,[689] até mesmo por meio da ação de *habeas corpus*.[690]

---

687 Sobre o tema, pode ser consultado o artigo de FAYET JÚNIOR, Ney; FERREIRA, Martha da Costa, 2011, p. 47-87.

688 Claro está que, como adverte Ramon Ragués i Vallès (2004, p. 93), "y aunque parezca una obviedad, conviene poner de manifiesto que los códigos penales suelen prever la muerte del reo entre las causas de extinción de la responsabilidad penal, lo que permite afirmar que, en realidad, la declaración de imprescriptibilidad sólo supone la prolongación de los plazos de prescripción de ciertas infracciones hasta el fin de la vida de sus autores. De este modo incluso para los delitos imprescriptibles existe siempre un punto y final en el tiempo".

689 "Apelações recíprocas. Homicídio culposo em sinistro acidentário laboral. Prescrição. Matéria de ordem pública. Reconhecimento. Pena concretizada transitada em julgado para o MP. Mérito. Apelo ministerial que persegue a condenação da codenunciada. Acidente de trabalho. Ausência de conduta da recorrida que represente nexo causal direto com o sinistro. Sentença absolutória mantida" (TJRS, AC 70036759819, Rel. Sandro Portal, 2ª CC, j. 10.11.15).

690 "Homicídio culposo. Negligência. Inobservância das regras técnicas de profissão. Condenação. Manutenção. Dosimetria da pena. Pena redimensionada. [...]. Restou devidamente comprovado nos autos que o réu agiu de forma negligente ao não colocar na obra, na qual era o engenheiro responsável, os dispositivos de segurança obrigatórios para construções com trabalhadores em altura. Inobservância das normas técnicas de profissão. NR 18 previa, à época do fato, diversas medidas obrigatórias não observadas pelo réu. Ausência de local adequado para acoplar o cinto de segurança afasta a tese de culpa exclusiva da vítima. Condenação mantida. Erro ou injustiça na aplicação da pena. Afastada a avaliação negativa dos motivos, pois baseada apenas em uma suposição. Mantida a vetorial das circunstâncias do fato como negativa. Impositiva a manutenção da majoração do delito pela inobservância das regras técnicas de segurança, pois não há *bis in idem* com a descrição da negligência contida na denúncia. Mantida a pena de prestação pecuniária em 10 salários mínimos. Pena redimensionada para 02 anos de detenção, mantidas as demais disposições contidas na sentença. Diante da pena em concreto aplicada, declaro, de ofício, extinta a punibilidade do réu pela prescrição da pena em concreto. Recurso parcialmente provido. Prescrição declarada de ofício" (TJRS, ACR 70073820714, 3ª CC, Rel. Diógenes Ribeiro, j. 23.5.19). "*Habeas corpus*. Trancamento da ação penal. Prescrição da pretensão puni-

10.3. Fundamento

Sob inspiração de diferentes políticas legislativas, vários são os fundamentos teóricos[691] que se propõem a dar sustentabilidade jurídica à existência da prescrição, não havendo, ainda, um fundamento unitário que seja aceito de

tiva. – Crime de homicídio culposo com causa de aumento decorrente da inobservância de regra técnica de profissão (art. 121, §§ 3º e 4º, do CP). Extinção da punibilidade, de rigor o trancamento da ação penal. Ordem concedida" (TJSP, *HC* 2157707-41.2016.8.26.0000, Rel. Camargo Aranha Filho, 15ª CC, j. 29.9.16).

[691] Antônio José da Costa e Silva (1938, p. 372-6) traça um panorama bastante expressivo sobre as principais teorias que fundamentam o instituto da prescrição: "uma teoria cara aos criminalistas franceses e belgas pretende que o fundamento da prescrição é a presunção da emenda (*praesumptio vitae emendatae*) do delinquente. Se este – argumentam eles – durante certo período de tempo, mais ou menos longo, não cometeu outro crime, deve-se concluir que se corrigiu, não precisando mais de punição. Essa presunção, destituída inteiramente de base, não passa, de desmedido otimismo. Na vida real, nada a autoriza. Além disso, a emenda do delinquente não constitui o único fim da pena. O influxo dessa teoria se percebe nas legislações que estabelecem como condição da prescrição o bom procedimento do delinquente durante o prazo prescricional, nomeadamente que não pratique outro crime. Enquadra-se nessa teoria, como subespécie, a opinião, sustentada por alguns escritores, de que, com o decurso do tempo, o caráter ou personalidade do delinquente se transforma; de sorte que vem a se tornar supérflua a punição. A hipótese de mudança de natureza íntima do indivíduo, que haja transgredido a lei penal, pelo simples escoamento do tempo, é pura fantasia otimista. Só em casos excepcionais, nas prescrições de longa duração, se poderá admitir a idéia de regeneração do criminoso. Outra teoria – a da expiação (*Suehnetheorie*) – repousa também em uma presunção, de idêntico valor. Pretendem os seus adeptos que, vivendo atribuladamente, debaixo de incertezas e apreensões, durante o período da prescrição, sofre o delinquente tanto quanto sofreria se estivesse sob os rigores da lei. As angústias por que ele passa, as aflições que lhe atormentam a consciência, tornando-lhe a existência incerta e precária, equivalem à pena, ao castigo legal. Pressupõe semelhante teoria um estado de espírito que não se encontra na maioria dos criminosos. Ainda mais: o mal da pena e o temor de sofrê-la (como observou Schwarze) não são quantidades que se compensem. Outra teoria (*des getingten Andenkens*) apresenta como fundamento do instituto da prescrição criminal a circunstância de que, com o perpassar do tempo, se vai apagando na memória dos membros da comunhão, até o ponto de extinguir-se completamente, a lembrança do delito; cessando em consequência a necessidade do exemplo público, em que consiste principalmente o fim da pena. Segundo essa teoria – notou admiravelmente o argutíssimo Binding – não é o crime, mas o seu conhecimento (a sua recordação) que dá lugar à pena. Não é preciso mais para evidenciar-lhe a erronia. Assaz espalhada é a idéia de que a prescrição criminal – a renúncia do Estado à punição – resulta das dificuldades e incertezas da prova. Com o tempo, vão desaparecendo os elementos que demonstram a existência do crime e a respectiva autoria. Aumentam os riscos de uma punição injusta. Cresce para o inocente a impossibilidade de patentear a sua nenhuma culpabilidade. Já Thomasius (*De bigamiae presc.*, 1685) dizia que a prescrição visava impedir que 'propter summan factorum incertitudinem ex temporis diuturnitate provenientem innocentes indebita efficiantur poena beneficio defensionis priventur'. Para o insigne Binding a transitoriedade da prova é o único motivo que verdadeiramente constringe o legislador consciencioso a acolher a prescrição da ação penal. Contra essa teoria, estabelecida sob um ponto de vista processual, se objeta que ela não pode justificar a prescrição da condenação, que a quase unanimidade das legislações admite. Loening pondera com toda a procedência que, dependendo o prazo da prescrição do caráter jurídico da ação, muitas vezes, para fixar aquele, se torna indispensável a prova desta. Realmente, como determinar o prazo da prescrição, o seu começo e o seu fim, sem a prova da atividade criminosa? Alguns escritores atribuem à ação do tempo, exclusivamente, a eficácia extintiva da prescrição. Berner chamou ao tempo a razão das razões (*Grund der Gruende*) da prescrição. Outros criminalistas insistem sobre o 'infinito poder do tempo'. Mas, como já observava o velho Cremani, o tempo é 'simplex nudumque nomem durationis rerum existentiam, non ens quoddam physicum aut morale, adeoque non posse habere jus pariendi morale modum – aliaque istiusmodi, quæ in jure consistunt'. Sustentam abalizados autores que só motivos de equidade (*Billigkeitsgruende*) justificam a prescrição criminal. Outros alegam que, após o decurso de certo tempo, perde a punição toda finalidade. Deixa o Estado de ter interesse nela. Todas essas teorias (e outras que, *brevitatis amor*, deixamos de mencionar), isoladamente, não podem dar, de modo satisfatório, o fundamento racional, político-jurídico, da prescrição criminal. Por isso, preferem os escritores combiná-las, apresentando uma doutrina eclética. Com a passagem do tempo e a sucessão ininterrupta dos acontecimentos, a impressão produzida na consciência pública pela prática do crime, pelas consequências que este produziu, vai diminuindo a pouco e pouco, acabando por obliterar-se de todo. A prova se torna defeituosa e incerta. Aumentam com isso os perigos de erros e injustiças. A repressão, tanto mais eficaz quanto mais pronta, deixa de oferecer interesse para a sociedade".

modo generalizado pela doutrina (vejamos, pois, a título meramente inlustrativo, alguns: da absoluta negação do princípio da imediatividade e celeridade da justiça penal;[692] do desaparecimento dos rastros e dos efeitos do delito – a chamada teoria da prova –; da presunção de bom comportamento; do esquecimento social do crime; da desnecessidade da pena; da finalidade da pena criminal; do não exercício de um direito; entre outros[693]). Antonio Pagliaro os apresentou do seguinte modo: "c'è chi pensa che il decorso del tempo effettui comunque una retribuzione, grazie al perdurare della paura della pena. Altri fanno leva su una supposta emenda del reo o sulle possibili difficoltà di prova. Ma è più verosimile che il fondamento stia nella carenza di interesse statale alla punizione (e, quindi, al processo), per il diminuito ricordo sociale del fato".[694] Em verdade, o instituto jurídico-penal da prescrição vincula-se a razões de política criminal, ancoradas, como descreve Jorge de Figueiredo Dias, "na teoria das finalidades das sanções criminais e correspondentes, além do mais, à consciência jurídica da comunidade".[695] Realmente, como sustentam Giovanni Fiandaca e Enzo Musco, "con il decorso del tempo, infatti, appare inutile e inopportuno l'esercizio della stessa funzione repressiva, perché vengono a cadere le esigenze di prevenzione generale che presiedono alla repressione dei reati: le esigenze de prevenzione, come dimostra l'esperienza, a poco a poco si affievoliscono fino a spegnersi del tutto".[696] A ação corrosiva do tempo torna inócua e desnecessária a punição, na medida em que o conflito, que estava à base da existência do crime, se enfraquece e perde substância, e a própria coletividade deixa de possuir interesse em punir um episódio cuja realização se verificou há muito tempo.[697] Aliando-se esses dois fatores (desnecessidade da punição e composição ou esquecimento do conflito), tem-se o motivo pelo qual o instituto jurídico da prescrição se inscreveu na quase totalidade das legislações mundiais.[698]

10.4. Natureza jurídica

Muito se discutiu acerca da natureza jurídica das normas que informam o instituto da prescrição. Havia vozes que as concebiam como integrantes do

[692] QUINTERO OLIVARES, Gonzalo, p. 775.

[693] VELÁSQUEZ, Fernando, 2009, p. 1189.

[694] PAGLIARO, Antonio, 1980, p. 709. Para uma visão abrangente sobre as teorias fundamentadoras da prescrição, consultar: MACHADO, Fábio Guedes de Paula, 2000, p. 88-102.

[695] FIGUEIREDO DIAS, Jorge de, 1993, p. 699.

[696] FIANDACA, Giovanni; MUSCO, Enzo, 2011, p. 780.

[697] Conforme destacou Giuseppe Bettiol (1976, p. 199), "não se presume apenas uma emenda do réu, uma sua readaptação à vida social mas a falta de um interesse estatal na repressão do crime, em virtude do tempo já transcorrido do momento da sua prática. Se é o alarma social que determina também a intervenção do Estado na repressão dos crimes, quando decorreu determinado período de tempo da prática do próprio crime sem que tenha sido reprimido, o alarma social se enfraquece pouco a pouco e se apaga, de tal modo que provoca a ausência do interesse que faz valer a pretensão punitiva".

[698] Por meio dessas diferentes linhas de entendimento, todas com expressão, pode perceber-se, claramente, o motivo pelo qual se avalia que o fundamento da prescrição penal é múltiplo, e ainda sujeito a ampliações.

direito processual;[699] outras, do direito material;[700] outras, ainda, as davam como normas mistas.[701] (Nos dias que correm, tem predominância, na doutrina brasileira, a concepção material da natureza jurídica das normas prescricionais, embora não se possa perder de vista que ambas as disciplinas são inseparáveis, pois ambas guardam relação com o poder punitivo do Estado). E a discussão tinha razão de ser a partir das diferentes consequências jurídicas que se produziam no âmbito processual ou material. Todavia, partindo-se do entendimento segundo o qual tanto as normas materiais quanto as processuais têm vocação retroativa quando *favor rei*, a discussão deixa de possuir maior significado. Nesse sentido, adverte Fábio Guedes de Paula Machado que "este embate perde importância na moderna ciência criminal e no mundo fático a partir do momento em que se assegura que, seja a lei de natureza material e processual, esta sempre retroagirá se mais benéfica for ao infrator (ultra-atividade das leis)".[702] Em todo o caso, as normas que informam a prescrição têm, inegavelmente, um caráter material, até porque os "preceitos legais da prescrição fazem ainda parte daquele conjunto de normas, porque invasivas e instrumentalmente constrictivas de direitos fundamentais, que deve pré-existir a práctica de infracção".[703]

10.5. Espécies de prescrição

Quanto às espécies de prescrição penal, existem, basicamente, duas modalidades: (i.) a prescrição da pretensão punitiva (ou da ação), isto é, a que ocorre antes de transitar em julgado a sentença penal (artigo 109 do Código Penal); e (ii.) a prescrição da pretensão executória (ou da condenação), isto é, a que começa a fluir após o trânsito em julgado da sentença penal condenatória (artigo 112, incisos I e II, do Código Penal).

---

[699] José Rogério Cruz e Tucci (1997, p. 58) assinala: "a prescrição da ação justifica-se sob o aspecto de conotação processual, uma vez que, com o decurso do tempo, os indícios e os elementos de prova que indicam a autoria e a materialidade do crime se debilitam. A excessiva demora, sobretudo em sede penal, conspira contra o vigor probatório".

[700] José Francisco de Faria Costa (2003b, p. 1152-53) enfatiza que "as normas jurídicas relativas à prescrição do procedimento criminal têm uma natureza preponderantemente material a não processual ou adjectiva", na medida em que "tais normas ao contenderem, directa e invasivamente, com a esfera personalíssima do cidadão e, de certa maneira, por conseguinte, com alguns direitos fundamentais – pense-se, entre tantos outros, no fundamental direito à paz jurídica – não podem, pela própria natureza das coisas, deixar de ter essa precisa natureza material". (Filiamo-nos a esse entendimento, que além de tudo, protege o acusado contra uma posterior extensão do prazo prescricional ainda não atingido, por consagrar a irretroatividade da *lex gravior* em matéria de direito penal substantivo.)

[701] Reinhart Maurach, Karl Heinz Gössel e Heinz Zipf (1995, p. 968) afirmam que "la prescripción de un hecho punible se justifica por razones de derecho tanto material cuanto procesal". Também Aníbal Bruno (p. 210) assim posicionou-se: "mas há dois motivos que realmente concorrem para legitimá-la, um de Direito Penal, que é haver desaparecido o interesse do Estado em punir, outro de ordem processual, aplicável à prescrição anterior à sentença condenatória, que é a dificuldade de coligir provas que possibilitem uma justa apreciação do delito cometido". No mesmo sentido Giulio Battaglini (1973, p. 688) quando sustenta: "naturalmente, a prescrição da pena já aplicada não tem, como a do delito, uma razão de ser processual, inclusive (dificuldade da prova), mas se apóia exclusivamente na fundada presunção de ter cessado a necessidade de execução da sanção".

[702] MACHADO, Fábio Guedes de Paula, 2000, p. 158.

[703] FARIA COSTA, José Francisco de, 2003b, p. 1154.

Na primeira modalidade, a prescrição será aferida pelo máximo da pena privativa de liberdade cominada ao crime – artigo 109 do Código Penal. Além dessa, haverá as modalidades retroativa[704] e superveniente, cujo módulo medidor será a pena aplicada (sendo pressuposto [para o reconhecimento da prescrição penal] ou o trânsito em julgado da sentença para a acusação ou se o eventual provimento do recurso da acusação não importe alteração sobre o prazo prescricional).

Na segunda modalidade, a prescrição será regulada pela pena aplicada na sentença, e se verifica nos prazos fixados no artigo 109, os quais se aumentam de um terço, se o condenado é reincidente.

10.6. Efeitos

Haverá efeitos diferentes quer se trate da prescrição da pretensão punitiva, quer se trate da executória. A esta luz, em virtude da primeira modalidade, extingue-se a própria pretensão estatal de obter uma decisão sobre o fato punível (desse modo, não implica juízo de culpabilidade; não importa pressuposto para a reincidência ou maus antecedentes; não gera título executivo na área cível; não obriga ao pagamento das custas processuais; permite a restituição integral da fiança, se o acusado a houver prestado; entre outros); e, em vista da segunda modalidade, obstaculiza-se, tão somente, o efeito principal da sentença condenatória, isto é, a pretensão executória (assim, implica pressuposto para a reincidência ou maus antecedentes [dentro do prazo de cinco anos]; gera título executivo na área cível; o nome do réu é lançado no rol dos culpados; se o condenado efetuou a prestação de fiança, seu valor fica vinculado ao pagamento das custas processuais e à reparação do dano [*caput* e parágrafo único do artigo 336 do Código de Processo Penal]).

Por conta disso, é possível afirmar que a prescrição da pretensão punitiva (ou da ação) equivale à proclamação da inocência, com o que se extinguem todas as consequências penais e o acusado se posta em situação equiparável à da absolvição. Nesse sentido, no caso de incidência da prescrição punitiva, deve ser encerrado o processo; se houver inquérito policial, seu prosseguimento se traduz em constrangimento ilegal (sanável por meio de *habeas corpus*); e, ainda,

---

[704] A prescrição, depois da sentença condenatória com trânsito em julgado para a acusação ou depois de improvido seu recurso, regula-se pela pena aplicada, não podendo, em nenhuma hipótese, ter por termo inicial data anterior à da denúncia ou queixa. (Redação dada pela Lei 12.234, de 2010.) Em termos jurisprudenciais: "a Lei 12.234/10, ao dar nova redação ao art. 110, § 1º, do CP, não aboliu a prescrição da pretensão punitiva, na modalidade retroativa, fundada na pena aplicada na sentença. Apenas vedou, quanto aos crimes praticados na sua vigência, seu reconhecimento entre a data do fato e a do recebimento da denúncia ou da queixa. Essa vedação é proporcional em sentido amplo e não viola os princípios da dignidade da pessoa humana (art. 1º, III, CF), da humanidade da pena (art. 5º, XLVII e XLIX, CF), da culpabilidade, da individualização da pena (art. 5º, XLVI, CF), da isonomia (art. 5º, II, CF) ou da razoável duração do processo (art. 5º, LXXVIII, CF). A Lei 12.234/10 se insere na liberdade de conformação do legislador, que tem legitimidade democrática para escolher os meios que reputar adequados para a consecução de determinados objetivos, desde que eles não lhe sejam vedados pelo Constituição nem violem a proporcionalidade. É constitucional, portanto, o art. 110, § 1º, do CP, com a redação dada pela Lei 12.234/10" (STF, *HC* 122.694, Rel. Min. Dias Toffoli, j. 10.12.14).

se houver sentença condenatória, ela não mais irá subsistir.[705] Por outro lado, diante do reconhecimento prescrição da condenação, obsta a execução das penas (e da medida de segurança), remanescendo, contudo, as consequências de ordem secundária da sentença condenatória.[706]

10.7. Dos prazos

Nos termos do artigo 115 do Código Penal, são reduzidos de metade os prazos de prescrição quando o criminoso era, ao tempo do crime, menor de 21 (vinte e um) anos,[707] ou, na data da sentença, maior de 70 (setenta) anos.[708]

10.8. Do termo inicial da prescrição

Pode sugerir-se a análise, em separado, do termo inicial da prescrição antes de transitar em julgado a sentença final e o da prescrição após a sentença condenatória tornar-se irrecorrível.

10.8.1. Do termo inicial da prescrição da ação

Antes de transitar em julgado a sentença final, o nosso Código Penal adota a regra básica conforme a qual o início do prazo prescricional começa a fluir a partir do dia em que o crime se consumou (artigo 111, inciso I),[709] em cuja disciplina se inscrevem, entretanto, três exceções: na hipótese de o crime ser tentado, a prescrição começará a fluir do dia em que cessou a atividade criminosa (artigo 111, inciso II); na hipótese de ser o delito permanente, a prescrição somente começará a correr a partir do dia em que cessar a permanência (artigo 111, inciso III); nos crimes de bigamia e de falsificação ou alteração de assentamento de registro civil, a prescrição começará a contar desde o dia em que o fato se tornou conhecido,[710] isto é, o prazo corre a *die scientiae* (artigo 111,

[705] JESUS, Damásio de, 2012, p. 42. "O reconhecimento da prescrição da pretensão punitiva do Estado provoca inúmeras consequências de ordem jurídica, destacando-se, entre outras, aquelas que importam em: (a) extinguir a punibilidade do agente (CP, art. 107, IV); (b) legitimar a absolvição sumária do imputado (CPP, art. 397, IV); (c) não permitir que se formule contra o acusado juízo de desvalor quanto à sua conduta pessoal e social; (d) assegurar ao réu a possibilidade de obtenção de certidão negativa de antecedentes penais, ressalvadas as exceções legais (LEP, art. 202; Resolução STF 356/2008, *v.g.*); (e) obstar o prosseguimento do processo penal de conhecimento em razão da perda de seu objeto; (f) manter íntegro o estado de primariedade do réu; e (g) vedar a instauração, contra o acusado, de novo processo penal pelo mesmo fato" (STF, AI 859.704 AgR, Rel. Min. Celso de Mello, j. 7.10.14).

[706] JESUS, Damásio de, 2012, p. 114.

[707] Sobre o tema, pode ser consultado o artigo de FAYET JÚNIOR, Ney; FAYET, Paulo, 2009, p. 49-59.

[708] Sobre o tema, pode ser consultado o artigo de FAYET JÚNIOR, Ney, 2007, p. 39-50.

[709] Desse modo, em sendo o crime material, a consumação se opera no dia do resultado; sendo um crime formal, a consumação se estabelece no dia da ação; sendo um crime comissivo por omissão, a consumação ocorre com o resultado; e, finalmente, sendo o crime omissivo próprio, a consumação se opera no dia em que o destinatário do preceito deveria agir e não agiu (cf. OLIVEIRA, Edmundo, 1994, p. 482).

[710] Como comenta Edgard Magalhães Noronha (1999, p. 369), "são crimes *instantâneos*, porém de *efeitos permanentes* e que, dissimulados ou ocultos, tardam em vir ao conhecimento da autoridade, de modo que, se se contasse o prazo da consumação, frequentemente aconteceria ter-se operado a prescrição quando fossem eles descobertos. O conhecimento a que a lei alude é o da autoridade pública, que não pode, evidentemente, alegar ignorância quando o fato é notório".

inciso IV); e, ainda, nos crimes contra a dignidade sexual de crianças e adolescentes, previstos no Código Penal ou em legislação complementar, da data em que a vítima completar 18 (dezoito) anos, salvo se a esse tempo já houver sido proposta a ação penal (artigo 111, inciso V). Esse elenco é taxativo, sendo vedada a utilização de analogia.[711] O prazo prescricional deve ser contado em dias – incluindo-se em seu cômputo o *dies a quo* (artigo 10 do Código Penal) –, de acordo com o calendário comum. A lei penal, sem embargo, não concedeu aos crimes habituais qualquer tratamento excepcional, ficando a inteiro cargo da doutrina e jurisprudência a determinação do início da fluência do prazo prescricional em se tratando dessa modalidade delitiva.[712] Por outro lado, em se cuidando da prescrição (da pretensão punitiva) intercorrente, o prazo prescricional começará a fluir a partir da data de publicação da sentença condenatória ou do acórdão condenatório, dado que ela ocorre a partir deste ato processual e antes de a sentença condenatória transitar em julgado.

Diante disso, no que toca aos crimes normalmente vinculados aos acidentes de trabalho, podem ser indicadas as seguintes diretrizes: (i.) nos delitos culposos de resultado, a prescrição tem início no dia de sua produção; (ii.) nos crimes omissivos, a consumação ocorre na data da conduta omissiva, em cujo momento começa a fluir o prazo prescricional. Vale lembrar, a propósito, que as causas de aumento e de diminuição da pena, previstas tanto na Parte Geral como na Especial do Código Penal, devem ser computadas no prazo prescricional da pretensão punitiva; assim sendo, cuidando-se de causas (gerais ou especiais) aumento ou de diminuição em quantidade fixa, essa fração deverá ser adicionada ou detraída da pena máxima a fim de se localizar o prazo da prescrição; se as causas forem previstas em quantidade variável, incidirá a fração que mais agrava ou a que menos diminua a pena, conforme o caso. (O aumento de pena destinado ao concurso formal ou ao crime continuado não interfere no módulo medidor do prazo prescricional.) De outro curso, as circunstâncias agravantes ou atenuantes não são consideradas na fixação do prazo prescricional da pretensão punitiva, à exceção da menoridade relativa e da ancianidade (artigo 65, inciso I, c/c artigo 115 do Código Penal).

10.8.2. Do termo inicial da prescrição da condenação

No caso do artigo 112 do Código Penal, a prescrição começa a correr: (i.) do dia em que transita em julgado a sentença condenatória, para a acusação,[713]

---

711 BARROS, Flávio Augusto Monteiro de, p. 628.

712 Sobre o tema, pode ser consultado o artigo de FAYET JÚNIOR, Ney, 2009, p. 93-104.

713 "[...]. 4. A controvérsia no presente *writ* reside no estabelecimento do marco inicial para o cômputo da prescrição da pretensão executória: se este se inicia com o trânsito em julgado da sentença condenatória para a acusação, ou com o trânsito em julgado da condenação, para ambas as partes. 5. Filiação ao entendimento do c. STF e da jurisprudência das Turmas que compõem a 3ª Seção do STJ, no sentido de que a prescrição da pretensão executória tem, como termo inicial, a data em que a sentença transitou em julgado apenas para a acusação, consoante dispõe o art. 112, I, do CP: 'No caso do art. 110 deste Código, a prescrição começa a correr: I. do dia em que transita em julgado a sentença condenatória, para a acusação, ou a que revoga a suspensão condicional da pena ou o livramento condicional'. 6. Precedente dos Tribunais Superiores: *HC* 113715, Cármen Lúcia, STF, *HC* 110133, Luiz Fux, STF, *HC* 201300050342, Moura Ribeiro, STJ, 5ª T., DJE Data: 3.2.14, *HC* 201201887356, Maria Thereza Moura,

ou a que revoga a suspensão condicional da pena ou o livramento condicional; e (ii.) do dia em que se interrompe a execução, salvo quando o tempo da interrupção deva computar-se na pena. Além disso, deve-se indicar a prescrição no caso de evasão do condenado ou de revogação do livramento condicional (artigo 113 do Código Penal), ou seja, no caso de evadir-se o condenado ou de revogar-se o livramento condicional, a prescrição é regulada pelo tempo que resta da pena. Também quanto à prescrição da multa (artigo 114 do Código Penal): a prescrição da pena de multa ocorrerá: (i.) em 2 (dois) anos, quando a multa for a única cominada ou aplicada; e (ii.) no mesmo prazo estabelecido para prescrição da pena privativa de liberdade, quando a multa for alternativa ou cumulativamente cominada ou cumulativamente aplicada.

10.9. Das causas interruptivas e suspensivas do prazo prescricional

Cumpre destacar que os prazos prescricionais se assujeitam tanto a causas interruptivas como a suspensivas; quanto às primeiras, haverá o zeramento do prazo (ou seja, uma vez interrompida a prescrição, salvo a hipótese do inciso V do artigo 117 do Código Penal, todo o prazo começa a correr, novamente, do dia da interrupção) e, quanto às segundas, o prazo não fluirá (todavia, o tempo decorrido antes da suspensão é contado para o prazo prescricional e, desse modo, uma vez cessada a causa suspensiva, a fluência do lapso prescricional é reiniciada, computando-se o tempo anteriormente transcorrido).

10.9.1. Das causas interruptivas da prescrição

O Código Penal estabelece as causas interruptivas da prescrição nos incisos I, II, III e IV do artigo 117 do Código Penal: (i.) data do recebimento da denúncia ou queixa; (ii.) data de publicação da decisão de pronúncia; (iii.) data da sessão de julgamento em que o Tribunal, negando provimento do recurso em sentido estrito do acusado, impugnando a pronúncia, confirma esta; e (iv.) data de publicação da sentença ou acórdão condenatórios recorríveis.

10.9.1.1. Das causas interruptivas do prazo prescricional da pretensão punitiva abstrata e retroativa

Nos moldes do artigo 117, incisos I, II, III e IV, do Código Penal, o curso da prescrição interrompe-se em virtude das seguintes causas: (i.) pelo recebimento (e não o simples oferecimento) da denúncia ou da queixa, sendo a data

STJ, 6ª T., DJE data: 21.5.14. 7. [...], considerando que entre a data do trânsito em julgado para a acusação, [...], e a ausência do início do cumprimento da pena, transcorreram mais de 08 (oito) anos (art. 109, IV, do CP), em relação à maior pena fixada (4 anos), nos termos de tabela anexada pela própria PRR, é de rigor o reconhecimento do instituto da prescrição, a teor do entendimento pretoriano e do adotado por esta Turma no julgamento do *HC* 5916. 8. A pena de multa também deve ser considerada prescrita, dada a ocorrência da prescrição da pena privativa da liberdade, conforme o disposto nos artigos 114, II e 118, ambos do CP. 9. Concessão da extensão da ordem de *habeas corpus* para declarar prescrita a pretensão executória, com o reconhecimento da extinção da punibilidade dos pacientes. Extensão dos efeitos do *HC* 5916" (TRF5, *HC* 5916/PB, Rel. Carlos Rebêlo Júnior, 3ª T., j. 5.5.16).

da publicação do despacho, em cartório, o fator interruptivo; (ii.) a pronúncia, isto é, a decisão que submete o réu ao julgamento pelo tribunal do júri (crimes dolosos, tentados ou consumados, contra a vida), interrompe a marcha prescricional; (iii.) se, em face da decisão de pronúncia, o réu recorrer à instância superior e for confirmada a sentença de pronúncia, ocorrerá nova interrupção da marcha prescricional, começando a fluir novo prazo a partir da data da sessão de julgamento; e (iv.) pela publicação da sentença ou acórdão condenatórios recorríveis, sendo que, de um lado, a sentença condenatória manterá o seu poder interruptivo da prescrição ainda que, total ou parcialmente, reformada pela instância superior e, de outro, o acórdão[714] confirmatório da condenação, ainda que implique modificação da pena estipulada, não interromperá o curso do prazo prescricional.

10.9.1.2. Das causas interruptivas do prazo prescricional da pretensão executória

Nos termos do artigo 117, incisos V e VI, do Código Penal, interrompem a fluência do prazo da prescrição da pretensão executória: (i.) o início ou a continuação da execução da pena; e (ii.) a reincidência. Com efeito, em face da prescrição da pretensão executória, a interrupção se dará com o início do cumprimento da pena ou, no caso de fuga ou suspensão da execução, com a sua continuação. Em tal caso, se houve o trânsito em julgado da sentença condenatória, o início do cumprimento da pena marcará, também, a interrupção da prescrição; ou, ainda, se, após cumprir parte da pena, vier o condenado a fugir, quando for capturado, a retomada da execução da pena implicará, da mesma forma, a interrupção da prescrição. A prescrição executória será, da mesma forma, interrompida na data do trânsito em julgado de uma nova sentença penal condenatória, isto é, em virtude de uma sentença condenatória por um segundo crime. Desse modo, o instituto da reincidência importa não somente em aumento do prazo prescricional (artigo 110, *caput*, do Código Penal) como, ainda, em interrupção do prazo da prescrição da pretensão executória.[715]

10.9.2. Das causas suspensivas (ou impeditivas) da prescrição

O Código Penal estabelece as hipóteses de suspensão (que as denomina de causas impeditivas) da prescrição no artigo 116, havendo as que impedem o fluxo do prazo prescricional antes do trânsito em julgado da sentença definitiva (*caput*, incisos I e II) e as que impedem a fluência depois do trânsito em julgado da sentença condenatória (parágrafo único).

---

[714] "Segundo a jurisprudência do STF, o marco interruptivo do prazo prescricional previsto no art. 117, IV, do CP, mesmo com a redação que lhe conferiu a Lei 11.596/07, é o da data da sessão de julgamento" (STF, AP 409 AgR-segundo, Rel. Min. Teori Zavascki, j. 19.9.13).

[715] QUEIROZ, Paulo, 2018, p. 612.

10.9.2.1. *Das causas suspensivas do prazo prescricional da pretensão punitiva abstrata e retroativa*

Antes de transitar em julgado a sentença final, a prescrição não corre, em especial, nas seguintes situações: (i.) enquanto não solucionada, em outro processo, questão prejudicial não devolutiva, de que dependa o reconhecimento da existência do crime (artigo 116, inciso I, do Código Penal[716]); (ii.) enquanto o agente cumpre pena no estrangeiro (artigo 116, inciso II, do Código Penal[717]); (iii.) enquanto durar o mandato do deputado ou senador, contra quem foi instaurada ação penal em seu foro privilegiado, sustada pela casa a que pertença (artigo 53, parágrafo 5º, da Constituição Federal); (iv.) enquanto estiver suspenso o processo criminal instaurado contra o réu, porque foi ele citado por edital, é revel e não tem advogado constituído (artigo 366 do Código de Processo Penal); (v.) enquanto não cumprida carta rogatória citatória de réu que estiver no estrangeiro, em lugar sabido (artigo 368 do Código de Processo Penal); (vi.) enquanto durar o prazo da suspensão condicional do processo (artigo 89, parágrafo 6º, da Lei 9.099/95); ou, ainda, (vii.) no acordo de leniência (artigo 87 da Lei 12.529/11), que estabelece uma suspensão em face dos crimes contra a ordem econômica; e, por fim, (viii.) nos termos do artigo 83, parágrafo 2º, da Lei 9.430/96 (redação dada pela Lei 12.382/11), que prevê a suspensão da pretensão punitiva em caso de parcelamento dos débitos tributários (Lei 8.137/90) ou previdenciários (artigos 168-A e 337-A do Código Penal).

10.9.2.2. *Das causas suspensivas do prazo prescricional da pretensão punitiva executória*

Nos termos do parágrafo único do artigo 116 do Código Penal, depois de passada em julgado a sentença condenatória, a prescrição não corre durante o tempo em que o condenado está preso por outro motivo; assim, deve-se entender que não correrá a prescrição da pretensão executória durante o tempo em que o condenado se encontrar preso por outro fato, ou seja, por outro motivo que não o de sua condenação (por simples ilustração: em virtude da decretação de sua prisão preventiva em outro processo). Por evidente, no que tange ao

---

[716] Essa causa se refere "à questão prejudicial ainda não resolvida em outro processo. Questão prejudicial é a que influi na tipicidade do delito. A sua resolução é imprescindível para a existência do crime. O juiz penal, em regra, tem jurisdição para decidir qualquer questão, exceto a que versa sobre o estado civil das pessoas, quando, então, a ação penal ficará obrigatoriamente suspensa até o trânsito em julgado da sentença prolatada na esfera cível. É o que ocorre com o delito de bigamia, cuja ação penal ficará suspensa na hipótese de pender, na área cível, ação de anulação do primeiro casamento. No tocante às prejudiciais não referentes ao estado civil das pessoas, a suspensão da ação penal é facultativa. Se, [...], o réu processado por furto estiver discutindo na área cível se a coisa é ou não alheia, a ação penal, a critério do juiz, ficará suspensa até a resolução dessa questão. De fato, se a coisa lhe pertencer, não haverá furto, pois este delito pressupõe que a coisa seja alheia. Se, no entanto, o juiz criminal resolver prosseguir na ação penal, condenando o acusado, este, na hipótese de a sentença cível lhe ser favorável, atribuindo-lhe o domínio da coisa, poderá ingressar com o pedido de revisão criminal" (BARROS, Flávio Augusto Monteiro de, p. 629-30).

[717] Essa outra causa "justifica-se pela impossibilidade em se obter a extradição do acusado. Observe-se, porém, que o cumprimento de pena no Brasil não impede a fluência da prescrição da pretensão punitiva" (BARROS, Flávio Augusto Monteiro de, p. 630).

delito pelo qual se encontra preso, opera-se a interrupção da prescrição executória (artigo 117, inciso V, do Código Penal).

10.10. Da forma de contagem

10.10.1. Da prescrição da pretensão punitiva (prescrição da ação)

Nesta modalidade, o módulo medidor da prescrição será o máximo da pena privativa de liberdade cominada ao delito, e deverá ser cotejado em face da tabela do artigo 109 do Código Penal. Dessa forma, a prescrição da pretensão punitiva pode verificar-se quer entre a data do fato até a do recebimento da denúncia (ou queixa), quer entre a do recebimento da denúncia (ou queixa) até a da publicação da sentença ou acórdão condenatórios recorríveis. (Além disso, nos processos da competência do tribunal do júri, haverá, como visto, duas outras causas de interrupção do curso prescricional. E colhe-se o ensejo para aclarar que, diferentemente dessas causas interruptivas afetas ao tribunal do júri, a confirmação da sentença condenatória pelo tribunal não se traduz em nova causa interruptiva da prescrição, ainda que, eventualmente, o acórdão altere a pena imposta na decisão monocrática, ou seja, o acórdão confirmatório da condenação, posto que modifique a pena estabelecida, não interrompe o curso do prazo prescricional. Por fim, na hipótese de a condenação se materializar em segundo grau, em virtude de recurso manejado pela acusação, existirá, sim, causa interruptiva do curso do prazo prescricional.)

10.10.2. Da prescrição da pretensão punitiva retroativa

Nesta modalidade, o módulo medidor da prescrição será a pena concretizada na sentença, e deverá ser cotejado em face da tabela do artigo 109 do Código Penal. Para poder ser avaliada, deve haver, ou o trânsito em julgado para acusação, ou que seja improvido o recurso da acusação. A aferição da prescrição retroativa se dá, apenas, entre a data de publicação da sentença ou do acórdão condenatórios. (Ademais, nos processos da competência do tribunal do júri, a análise da prescrição retroativa deverá também ser realizada entre [i.] a sentença condenatória e o acórdão confirmatório da pronúncia; [ii.] deste acórdão confirmatório à decisão de pronúncia; e [iii.] desta ao despacho de recebimento da denúncia [ou queixa]).[718]

10.10.3. Da prescrição da pretensão punitiva intercorrente

Nesta categoria, o módulo medidor da prescrição será a pena concretizada na sentença, e deverá ser cotejado em face da tabela do artigo 109 do Código Penal. Apresenta como termo inicial a publicação da sentença penal

[718] Sobre o tema, pode ser consultado o artigo de FAYET JÚNIOR, Ney; PICCOLI, Fernando, 2011, p. 149-65.

condenatória.[719] Para essa espécie de prescrição penal, é condição o trânsito em julgado da sentença condenatória para a acusação,[720] na medida em que o apelo da acusação – por meio do qual se visa à agravação da pena privativa de liberdade – obsta o seu reconhecimento. Também é condição o improvimento do recurso da acusação, dado que, improvido o apelo – por meio do qual se visa à elevação da pena privativa de liberdade –, pode ser reconhecida a prescrição. Assim, primeiramente, o tribunal aprecia o recurso e, após, declara a extinção da punibilidade. Em havendo apelos (de ambas as partes), improvido o da acusação, o tribunal declara a extinção da punibilidade pela ocorrência da prescrição intercorrente, julgando, com isso, prejudicado o do acusado.[721]

10.10.4. Da prescrição da pretensão executória (prescrição da condenação)

Nesta modalidade, o módulo medidor da prescrição será a pena concretizada na sentença ou no acórdão, e deverá ser cotejado em face da tabela do artigo 109 do Código Penal. Na hipótese de reincidência, o prazo de prescrição aumenta de um terço (*caput* do artigo 110 do Código Penal). Essa modalidade tem como termo inicial o dia que a sentença condenatória transitar em julgado para a acusação (artigo 112, inciso I, do Código Penal); contudo, somente poderá ser aferida a partir do trânsito em julgado para ambas as partes.

10.11. Do concurso de crimes

Nas hipóteses de concurso material, concurso formal e crime continuado, a aferição da prescrição penal se dará sobre a pena de cada um, isoladamente

[719] "1. A jurisprudência do STJ é pacífica no sentido de que o acórdão que confirma a condenação imposta pela sentença não tem o condão de interromper a prescrição. Precedente. 2. A publicação da sentença condenatória, último marco interruptivo da contagem da prescrição, ocorreu em 1º/03/2008. Considerando o trânsito em julgado para a acusação, a prescrição regula-se pela pena *in concreto* (art. 110, § 1º do CP) que, na hipótese, tem como prazo prescricional 08 (oito) anos (art. 109, IV do CP). 3. Transcorridos mais de 08 (oito) anos desde a publicação da sentença, consumou-se a prescrição da pretensão punitiva pela pena *in concreto*, na modalidade intercorrente. 4. *Habeas corpus* concedido" (TRF1, *HC* 0013943-26.2017.4.01.0000/RR, 3ª T., Relª. Fed. Monica Sifuentes, j. 4.7.17).

[720] "[...]. Homicídio culposo majorado pela inobservância de regra técnica de profissão (art. 121, § § 3º e 4º do CP). [...]. – A prescrição regula-se pela pena aplicada na sentença, quando esta já transitou em julgado para o MP. Verificada a ocorrência de lapso temporal superior ao legalmente previsto (art. 109 do CP) entre a data data da publicação da sentença condenatória até a data do acórdão é de se declarar extinta a punibilidade do réu, face a ocorrência da prescrição, na forma intercorrente" (TJSC, ACR 0036972-65.2007.8.24.0038, 5ª CC, Rel. Luiz Souza, j. 13.12.18).

[721] JESUS, Damásio de, 2012, p. 60. Cumpre ressaltar que o provimento do recurso da acusação somente obsta o reconhecimento da prescrição na hipótese de alterar o prazo prescricional. Por outro lado, "o prazo prescricional superveniente à condenação não é interrompido pelo acórdão confirmatório nem pela interposição de embargos infringentes. De maneira que a prescrição da pretensão punitiva, na ausência de recurso da acusação, pode ser declarada quando decorrido o prazo respectivo entre a data da publicação da sentença condenatória e o termo *ad quem*, não se interrompendo pelo acórdão que julga a apelação ou os embargos infringentes, nem pela interposição de recurso extraordinário ou especial pela acusação" (JESUS, Damásio de, 2012, p. 60).

(artigo 119 do Código Penal), a cuja regra se agrega o teor da Súmula 497 do Supremo Tribunal Federal.[722]

10.12. Da prescrição em perspectiva (ou antecipada)

De uma forma abrangente, a prescrição em perspectiva tem sido entendida como uma construção jurídica que permite o reconhecimento, adiantadamente, dos efeitos da prescrição retroativa (conjecturando-se o *decisum* condenatório e a pena que lhe seria correspondente), por intermédio dos quais se poderia extinguir o processo penal (ou mesmo o inquérito policial) em curso. Em poucas palavras, a prescrição antecipada, como modernamente se define, é o reconhecimento antecipado da prescrição retroativa. Com efeito, como a prescrição retroativa se baseia na pena concretizada na sentença condenatória, a prescrição antecipada operaria com a projeção das possíveis condenação e pena a serem impostas ao réu. Cuida-se, portanto, de uma avaliação hipotética do possível desfecho da lide penal, de cuja avaliação, também abstratamente, se projetariam os efeitos para, a seguir, declará-los, *in casu*, em virtude dos fatores de estruturação da pena criminal, insubsistentes. Nem sempre, por óbvio, será possível fazer esse raciocínio de antecipação da provável pena e prematuramente reconhecer a prescrição da pretensão punitiva pela pena virtual porque, por vezes, não estão disponíveis todos os elementos para a projeção da pena dentro de parâmetros reais, isto é, há casos em que não se provaram ou definiram as circunstâncias judiciais, agravantes, atenuantes, qualificadoras ou privilegiadoras e causas de aumento e diminuição de pena. Nessas situações, em que a fase instrutória contribuirá substancialmente para bem definir os fatores que influenciarão na dosimetria da reprimenda penal, não admitimos a prescrição antecipada, porque não a entendemos como um instituto aleatório e sem plausibilidade jurídica. Não obstante, em muitos casos, a solução mais adequada, possível e menos dispendiosa ao Estado seria a aceitação da prescrição antecipada.[723] Apesar da lógica dessa construção jurídica, os tribunais superiores têm negado a sua admissibilidade; aliás, o Superior Tribunal de Justiça consolidou a sua posição por meio da Súmula 438.

10.13. Da prescrição penal e civil

De início, cumpre destacar as diferenças que se apresentam entre a prescrição penal e a civil. Por esse modo, pode reconhecer-se que se trata de

---

[722] "Homicídio culposo resultante de inobservância de regra técnica profissional (art. 121, § § 3º e 4º, do CP). Absolvição na origem. Materialidade devidamente comprovada por laudos necroscópicos. Autoria inquestionável. Laudos periciais que imputam responsabilidades inafastáveis aos acusados. Palavras fortes, coerentes e incriminatórias de testemunhas, incluso perito. Versões exculpatórias inverossímeis. Provas seguras. Condenação imperiosa, nos termos do apelo do MP. Prescrição retroativa da pretensão punitiva, porém. Penas em concreto de 2 anos de detenção, para cada crime. Majoração decorrente de concurso formal. Lapso prescricional de 4 anos (arts. 109, V, c/c 119 do CP). Período ultrapassado entre o recebimento da denúncia e a data de conclusão ao Relator. Apelo ministerial provido, com decretação, de ofício, da extinção da punibilidade dos acusados, pela ocorrência da prescrição. Arts. 109, V, c/c 119, 110, § 1º, e 107, IV, do CP" (TJSP, AC 9000006-24.2008.8.26.0081, Rel. Luís Mello, 4ª CC, j. 1.12.15).

[723] Sobre o tema, pode ser consultado o artigo de FAYET JÚNIOR, Ney, 2007, p. 155-83.

prescrições inteiramente independentes, porquanto haverá diferentes prazos e incidentes do lapso prescricional (tais como a interrupção ou suspensão, por exemplo); com isso, "nenhuma influência sofre a prescrição civil com a extinção da punibilidade e com o exercício da ação penal, e reciprocamente nenhuma influência sofrerá a prescrição penal com a propositura da ação civil",[724] ou seja, a prescrição penal se vincula a interesses do campo do direito público, ao passo que a prescrição civil se relaciona a interesses privados.[725]

A mais disso, a prescrição penal extingue o direito material – isto é, o *ius puniendi* –, enquanto a civil, a ação que se atribui ao direito de determinada pessoa.[726] Também, o interessado – se lhe convier o exame do *meritum causae* – poderá "renunciar à prescrição civil após sua ocorrência, não tendo essa faculdade em relação à penal, que deve ser reconhecida pelo Juiz mesmo contra a vontade do beneficiário, uma vez que irrenunciável a qualquer pretexto".[727] Enfim, assinala Damásio de Jesus que, "na esfera civil, a prescrição não corre contra quem não pode agir; no campo criminal, não importa qual a razão do não exercício da pretensão punitiva ou executória, se fuga do agente, inércia da autoridade, autoria ignorada etc. O prazo prescricional, em regra, tem seguimento".[728]

10.14. Da prescrição penal e trabalhista

A prescrição trabalhista traduz-se na perda do direito subjetivo de ação (em decorrência do tempo fixado em lei) pela parte que integra a relação jurídica material de trabalho, desde que não se verifique nenhuma das hipóteses legais para a sua interrupção, em face do outro legitimado a figurar no polo passivo da relação jurídico-processual.

Em se cuidando de prescrição trabalhista que atinge o direito subjetivo de ação, total ou parcialmente, por óbvio a sua aplicação incidirá na ação resultante de eventuais descumprimentos no âmbito de uma relação jurídico-material de trabalho. No campo das relações trabalhistas, tem-se o gênero trabalho humano e a espécie, trabalho humano com vínculo empregatício, ou seja, prestado com o preenchimento dos requisitos contidos no artigo 3º da Consolidação das Leis do Trabalho. Por outro lado, se se fala do direito de ação, do seu perecimento pela pronúncia da prescrição extintiva, deve perquirir-se acerca das possibilidades do seu emprego, haja vista as fontes normativas que fixam a competência material da Justiça Especializada do Trabalho. Ações que ativamente implicam provocação da jurisdição trabalhista.

Observando a evolução normativa, até a promulgação da Constituição Federal de 1988 tínhamos fixada a competência material da Justiça Especiali-

[724] PORTO, Antonio Rodrigues, 1998, p. 33.

[725] JESUS, Damásio de, 2012, p. 36.

[726] LOZANO JR., José Júlio, 2002, p. 35.

[727] LOZANO JR., José Júlio, p. 35.

[728] JESUS, Damásio de, 2012, p. 36.

zada do Trabalho, sempre que a relação material submetida à apreciação versasse sobre a relação de emprego (trabalho pessoal, não eventual, oneroso e subordinado). Era ressalvada a hipótese da competência em razão da pessoa, União Federal, inclusive suas autarquias e empresas públicas, mesmo quando a controvérsia recaísse sobre emprego público, quando a competência era definida para a Justiça Federal. Na hipótese de emprego público com a União, embora a legislação aplicável fosse a da Consolidação das Leis do Trabalho, a competência era atribuída à Justiça Federal não especializada.

A Consolidação das Leis do Trabalho também estabelecia competência para uma espécie de relação jurídica que desbordava dos limites da relação de emprego. Cuidava da ação do artífice ou do pequeno empreiteiro, cujo conteúdo, obviamente, não era por direitos resultantes da aplicação da Consolidação da Legislação Trabalhista.

No caso do artífice ou pequeno empreiteiro, o liame jurídico que unia as partes era de natureza civil, motivo pelo qual a regra prescricional aplicável não era a da Consolidação da Legislação Trabalhista, mas, sim, aquela estabelecida no Código Civil.

Também a relação que decorre do trabalho doméstico provocava uma realidade processual peculiar. Com efeito, a prescrição incidente no caso da ação ajuizada em face do empregador doméstico não era a bienal trabalhista, mas, sim, aquela prevista no Código Civil.

Ocorre que o artigo 7º da Consolidação da Legislação Trabalhista estatui:

> Art.7º. Os preceitos constantes da presente Consolidação, salvo quando for, em cada caso, expressamente determinado em contrário, não se aplicam:
>
> a) aos empregados domésticos, assim considerados, de um modo geral, os que prestam serviços de natureza não econômica à pessoa ou à família, no âmbito residencial destas.

Desprezada a impropriedade legislativa – cuja concepção era de o trabalho doméstico não ser fenômeno não tipificado como econômico –, a conclusão é de que a prescrição bienal de então, prevista no artigo 11 da Consolidação da Legislação Trabalhista, com a redação anterior àquela que decorria do contido no artigo 7º, inciso XXIX, da Constituição Federal de 1988, não era inaplicável às demandas ajuizadas pelo trabalhador doméstico.

Atualmente, a jurisdição trabalhista é prestada nos limites definidos pelo artigo 114 da Constituição Federal, alterado pela Emenda Constitucional nº 45 de 2004 – além das hipóteses previstas nos seus nove incisos. A regra atual adota a relação de trabalho como parâmetro gerador da competência. Importa, por conseguinte, referir que a Constituição Federal não limita à Justiça do Trabalho as ações cujo conteúdo verta apenas da relação de emprego, como ocorria anteriormente, com a exceção acima referida. A regra é pelo conhecimento e processamento das demandas decorrentes das relações de trabalho (gênero), abrangidas as de emprego e as demais previstas em seus incisos.

Assim, como consequência, temos disciplinada a prescrição pela regra do artigo 7º, inciso XXIX, da Constituição Federal, a qual contempla, seja no *caput*, seja no inciso, as ações resultantes das relações de trabalho.[729]

Todavia, com a ampliação do leque das relações materiais sob a competência trabalhista, encontram-se demandas cuja regra legal, em termos de prescrição extintiva, não será a do artigo 7º, inciso XXIX, da Constituição Federal. Para tanto, basta verificar-se que há competência para tratar dos litígios que envolvem o direito de greve, o direito de representação categorial ou territorial entre sindicatos, federações e confederações, ações que envolvam penalidades administrativas impostas aos empregadores, a execução de ofício das contribuições sociais, entre outros.

Sendo o direito civil fonte subsidiária do direito do trabalho, admitido o seu regramento quando inexistente regra específica e, mesmo assim, afastado qualquer conflito com os seus princípios informadores, via de regra as causas tituladas são as mesmas estabelecidas pelo Código Civil.

As causas impeditivas do curso da prescrição decorrem de um estado do titular do direito que veda o início da contagem do lapso liberatório. Como exemplo, pode citar-se a incapacidade civil – tanto a permanente como a transitória.

Já as causas suspensivas da contagem do prazo prescricional são aquelas que impedem, temporariamente, o uso do direito de ação pela parte e que, uma vez afastada a causa, permite a retomada da contagem do prazo a partir do momento da suspensão. Por ilustração, indica-se a hipótese do artigo 625-F da Consolidação das Leis do Trabalho, em que a previsão é de suspensão do prazo em decorrência da provocação da Comissão de Conciliação Prévia, recomeçando a fluir, a partir da frustração da conciliação.

Ainda, como hipótese de suspensão e reflexo do procedimento penal, há a previsão do artigo 200 do Código Civil. Nele, abre-se a possibilidade de suspensão do prazo prescricional, inclusive no âmbito trabalhista, toda a vez que a ação depender de fato a ser apurado no juízo criminal. Na hipótese, não correrá prescrição até que promulgada a sentença criminal definitiva.

O direito do trabalho abrange causas que rescindem o contrato de emprego, por descumprimento faltoso de uma das partes. Essas causas, no tocante às obrigações do empregado, são apuradas e apreciadas, *in concreto*, levando-se em consideração aspectos específicos, e não tipos generalizados.

Não resta dúvida que a chamada justa causa do empregado é o aspecto que mais se aproxima do direito penal. Dentre as causas, há uma que, expressamente, refere a condenação criminal do empregado. Assim, é possível que, de fato, se torne necessário o desfecho em processo criminal para a solução de um litígio caracterizado como trabalhista.

---

[729] Art. 7º São direitos dos trabalhadores urbanos e rurais, além de outros que visem a melhoria de sua condição social: [...] XXIX – ação quanto aos créditos resultantes das relações de trabalho, com prazo prescricional de cinco anos para os trabalhadores urbanos e rurais, até o limite de dois anos após a extinção do contrato de trabalho.

Por fim, a interrupção da prescrição tem como consequência a recontagem do prazo prescricional a partir do marco zero e com o afastamento da causa que a interrompeu.

A jurisprudência trabalhista, por meio da Súmula 268 do Tribunal Superior do Trabalho, reconhece que a ação trabalhista, mesmo arquivada, interrompe a prescrição. Importante referir que um dos efeitos da distribuição da ação, mesmo que para juízo incompetente, é o de interromper a prescrição. Ressalva-se que, no caso de ação arquivada, ou conhecida por juízo incompetente, a recontagem do prazo prescricional beneficia apenas o direito de ação quanto aos pedidos anteriormente nela formulados.

No processo do trabalho, é possível o protesto judicial interruptivo da prescrição. Os protestos são procedimentos específicos previstos no Código de Processo Civil. O procedimento em causa tem como finalidade dar ciência à parte, em face de quem seria ajuizada a reclamatória trabalhista, do impedimento momentâneo em fazê-lo, tanto que, cientificada a parte contrária, interrompida estará a prescrição.

Como há dois prazos, um bienal e outro quinquenal, ambos com natureza prescricional, a recontagem do zero dar-se-á em relação aos dois.

No caso do protesto, a peça ajuizada deverá especificar quais as violações e inadimplementos objeto da ação.

Há, portanto, profunda distinção entre a prescrição penal e aquela aplicável no âmbito trabalhista; e mais especialmente quanto às suas consequências.

Embora o fenômeno relação de trabalho importe em valores de humanidade, haja vista a sua imprescindibilidade para o enfrentamento das necessidades materiais pessoais e familiares, a prescrição é, juridicamente, estruturada e aplicável com os mesmos fundamentos do direito civil. Em que pese à existência de prazos diferidos, nenhuma especificidade há em virtude das peculiariedades da relação material que comporta a subordinação e a dependência como um dos seus elementos definidores. No âmbito do direito civil, têm-se relações jurídicas tipicamente patrimoniais, enquanto que, no direito do trabalho, de conteúdo social.

A riqueza dos princípios que informam o direito do trabalho não foi suficiente para inspirar o legislador a um tratamento prescricional específico, como ocorre no âmbito do direito penal, também informado por princípios próprios. Talvez fosse o caso de o legislador – tão cioso em (às vezes açodadamente) inovar, *in malam partem*, a disciplina da prescrição penal; e o mesmo se diga de uma parcela significativa da jurisprudência, quando investe contra o sistema penal, dando uma interpretação não garantista à matéria – preocupar-se mais com a disciplina prescritiva no campo trabalhista, trazendo, por óbvio, mais vinculação (e, com isso, mais adequação) aos seus princípios informadores, em nítida preocupação para com aqueles que se encontram submetidos às relações produtivas no polo passivo.[730]

[730] Com mais detalhes, consultar: FAYET JÚNIOR, Ney; SIEGMANN, Roberto Teixeira, 2018, p. 149-66.

Capítulo 11

Das penas alternativas

11.1. A importância das penas alternativas

O sistema das penas restritivas visa a conceder, no leque de opções punitivas, alternativas concretas à pena privativa de liberdade,[731] dificultando, por conta disso, o encarceramento, pois, em face da falência da prisão, é entendimento (praticamente) consensual que a sua utilização se materialize apenas como o último (e realmente necessário[732]) recurso; e se destine, de modo preferencial, para criminosos perigosos, para os quais não haja outra solução.[733]

Neste esquema de coisas, portanto, é que se apresentam as penas restritivas,[734] que têm o objetivo de substituir a pena de prisão, que passaria a ser reservada para situações-limite, à luz do princípio da *ultima ratio* do ordenamento jurídico.[735]

Indubitavelmente, referidas sanções têm adquirido espaço no vácuo deixado pela crise das penas privativas de liberdade, cujas causas podem ser

---

[731] "As penas restritivas de direitos são, em essência, uma alternativa aos efeitos certamente traumáticos, estigmatizantes e onerosos do cárcere. Não é a toa que todas elas são comumente chamadas de penas alternativas, pois essa é mesmo a sua natureza: constituir-se num substitutivo ao encarceramento e suas sequelas. E o fato é que a pena privativa de liberdade corporal não é a única a cumprir a função retributivo-ressocializadora ou restritivo-preventiva da sanção penal. As demais penas também são vocacionadas para esse geminado papel da retribuição-prevenção-ressocialização, e ninguém melhor do que o juiz natural da causa para saber, no caso concreto, qual o tipo alternativo de reprimenda é suficiente para castigar e, ao mesmo tempo, recuperar socialmente o apenado, prevenindo comportamentos do gênero" (*HC* 97.256, rel. min. Ayres Britto, P. DJE de 16-12-2010.) (Decisão citada na Coletânea temática de jurisprudência, p. 137).

[732] Santiago Mir Puig (2009, p. 689) realça o entendimento segundo o qual o traço mais significativo da evolução dos sistemas penais atuais "es la previsión en ellos de mecanismos tendientes a evitar la aplicación de penas privativas de libertad no absolutamente necesarias. A consecuencia de la progresiva humanización de las ideas penales, paralela al aumento del nivel económico en los países desarrollados, la privación de libertad aparece ya hoy como una pena que resulta excesiva en muchos casos".

[733] FRAGOSO, Heleno Claúdio, 1980, p. 7.

[734] Sobre o desenvolvimento histórico das penas restritivas de direitos, ver DOTTI, René Ariel, 1998, p. 369-77.

[735] Para Miguel Polaino Navarrete e Miguel Polaino-Orts (2004, p. 463-4), "conforme al principio de la *ultima ratio* del Derecho penal, sólo se desencadena la reacción punitiva (esto es, sólo se aplica una pena) cuando la reacción de otras instancias del Ordenamiento jurídico es insatisfactoria o contraproducente a los efectos de cumplir la función (tutelar) y alcanzar los fines (preventivos) que son inherentes a su esencia". Além disso, "la característica de *ultima ratio* que esencialmente configura el Derecho penal entra en conexión con otra nota característica del mismo, cual es la coercitividad, en la medida en que la singular dimensión coactiva que le corresponde ha de hacer posible la aplicación de las sanciones punitivas, con las finalidades de prevención general y de socialización individual, que son peculiares de la propia naturaleza de este sector del Ordenamiento positivo".

indicadas, de modo fundamental, na "reavaliação do significado do tempo no mundo moderno e o custo altíssimo da estrutura prisional fechada".[736]

À concessão da medida substitutiva, entretanto, são necessários certos requisitos, entre os quais se coloca o fator temporal da pena aplicada. Antes de se interpretar essa questão dos requisitos, contudo, devem-se lançar algumas considerações que melhor permitem a exposição do conteúdo e da estrutura das penas substitutivas.

11.2. Noções gerais sobre o sistema de substituição

A longa experiência histórica da prisão tem sido posta em xeque a partir de diferentes enfoques e disciplinas;[737] e isso em nível internacional.

De modo mais significativo, notadamente a Criminologia, de inspiração crítica, vem de imprimir as análises mais ácidas ao sistema punitivo, fornecendo, por assim dizer-se, o idioma por meio do qual se expressam as pesadas objeções que se lhe dirigem. A seletividade do sistema punitivo, a prisionalização *en masse*, a subcultura prisional, a etiquetagem, a estigmatização, o desvio secundário, a instituição total, o populismo punitivo, o direito penal simbólico e tantas outras categorias têm demonstrado que a experiência prisional traz consequências devastadoras aos seres humanos (aos presos e às suas famílias); e os custos (materiais, sociais e individuais) são altíssimos; sem se mencionar, ainda, os elevadíssimos índices de reincidência e as expressivas taxas de ineficiência preventiva.

Em virtude disso, em diferentes instâncias – e se cuida de um movimento mundial de reforma penal que pretende a limitação da pena de prisão – têm sido cada vez mais comum o desenvolvimento de mecanismos, de instrumentos legais e mesmo de programas alternativos que impeçam (ou, ao menos, dificultem) o aprisionamento – especialmente em relação às penas *di breve durata*.[738]

Nessa realidade, as penas restritivas de direitos são um (entre tantos) desses mecanismos tendentes a evitar a prisão; e a sua existência se encontra tão disseminada, na consciência jurídico-penal moderna, que se pode mesmo

---

[736] FRANCO, Alberto Silva, 1986, p. 134-5.

[737] Michel Foucault (2014, p. 226) afirma que "o movimento para reformar as prisões, para controlar seu funcionamento, não é um fenômeno tardio. Não parece sequer ter nascido de um atestado de fracasso devidamente lavrado. A 'reforma' da prisão é mais ou menos contemporânea da própria prisão. Ela é como que seu programa. A prisão se encontrou, desde o início, engajada numa série de mecanismos de acompanhamento, que aparentemente devem corrigi-la, mas que parecem fazer parte de seu próprio funcionamento, de tal modo têm estado ligados a sua existência em todo o decorrer de sua história".

[738] Como aduz Tullio Padovani (2006, p. 319), "troppo brevi per consentire un trattamento penitenziario efficace, tali pene appaiono sufficientemente lunghe per determinare tutte le possibili conseguenze negative della detenzione: nei confronti del reo condannato, la stigmatizzazione sociale, la rottura di rapporti familiari e di lavoro; nei confronti della società, il 'contagio criminale' destinato ad accrescere il pericolo di recidiva, sì che il reo primario di un reato di modesta o infima gravità, esce dallo stabilimento carcerario pronto a ben maggiori imprese delinquenziali, e ad esse ulteriormente stimolato dalla sua nuova condizione di emarginato".

indicar o "princípio da pena alternativa", segundo o qual sempre que "o juiz tenha à sua disposição uma pena de prisão e uma pena não detentiva, deve preferir a aplicação desta à daquela",[739] ao considerar, por óbvio, que a pena não detentiva possa atender, positivamente, aos objetivos da punição.

Concretamente, apresentam-se três momentos para a aplicação das penas restritivas de direitos: (i.) na sentença penal condenatória, quando, após a fixação da pena de prisão, observar o Magistrado que, em virtude da quantidade de pena e do preenchimento dos requisitos subjetivos, se torna recomendável a concessão, ao acusado, da(s) pena(s) alternativa(s); (ii.) em instância recursal, quando o tribunal, em ação originária ou em grau de recurso, aplicará uma pena de prisão, substituindo-a, então, por uma pena alternativa; e, ainda, (iii.) no curso da execução (artigo 180 da Lei de Execuções Penais), na medida em que, "mesmo depois do trânsito em julgado da condenação, poderá haver a substituição da pena de prisão, pelo juízo da execução, caso o sentenciado não a tenha obtido no momento da condenação".[740] Nesta última hipótese, deve haver a reunião dos seguintes requisitos para operar-se a conversão: "(a) que a pena privativa de liberdade não seja superior a dois anos; (b) que o condenado esteja em regime aberto de execução; (c) que tenha cumprido pelo menos um quarto da pena; (d) que os antecedentes e a personalidade do condenado indiquem a substituição".[741]

Por óbvio que, uma vez operada a conversão, a pena restritiva de direitos deverá ter a mesma duração do tempo restante da pena substituída, descontando-se, dessa forma, o tempo de prisão cumprido.

11.3. Do conceito, espécies e características

Devem conceber-se as penas restritivas de direitos como uma sanção substitutiva à pena de prisão, que se materializa na restrição de um ou mais direitos do apenado.[742] Como define Tullio Padovani, "si tratta di sanzioni la cui funzione ed il cui contenuto già corrispondono, di per sé, all'esigenza di evitare il ricorso alla pena detentiva".[743] Cuida-se, pois, de penas que se destinam a restringir determinados direitos, como a liberdade ou o patrimônio.[744] Tais penas não perdem o caráter de retribuição; contudo, obstaculizam os males do sistema prisional clássico.[745]

---

[739] FIGUEIREDO DIAS, Jorge de, 1993, p. 328.

[740] DELMANTO, Celso; DELMANTO, Roberto; DELMANTO JÚNIOR, Roberto; DELMANTO, Fabio M. de Almeida, p. 222.

[741] QUEIROZ, Paulo, 2018, p. 527. Como explicam Julio Fabbrini Mirabete e Renato N. Fabbrini (2018, p. 878), "foram estabelecidos [...] na LEP as hipóteses de conversão, de modo a cumprir-se fielmente o regime de legalidade e atender aos interesses da defesa social e aos direitos do condenado".

[742] As penas restritivas de direitos foram introduzidas pela Resolução 45/110 da Assembleia Geral da ONU, denominada de Regras de Tóquio, na qual constam as normas mínimas para a prevenção do delito e tratamento do delinquente.

[743] PADOVANI, Tullio, p. 324.

[744] DOTTI, René Ariel, 2018, p. 681.

[745] CAMPOS, Teresinha Borges, 2010, p. 170.

Por outro lado, podem ser convertidas em penas privativas de liberdade na hipótese de o beneficiário deixar de cumprir as obrigações estabelecidas.[746] As penas restritivas de direitos encontram-se "inseridas no rol de medidas alternativas à prisão", não havendo, por conseguinte, previsão específica no preceito secundário dos tipos penais.[747]

De outro plano, cinco são as espécies de penas restritivas de direitos, todas presentes no artigo 43 do Código Penal,[748] cujo elenco constitui *numerus clausus*, não comportando qualquer ampliação, muito embora haja, além das penas previstas na Parte Geral, diversas outras penas com caráter não privativo da liberdade estabelecidas na legislação extravagante.[749] [750]

Além disso, as penas restritivas de direitos se dividem em: (i.) genéricas – tendo aplicação substitutiva em qualquer infração penal; e (ii.) específicas – tendo aplicação substitutiva limitada a determinadas infrações penais realizadas no exercício de certas atividades, mediante violação do dever a elas inerentes, ou a delitos culposos.[751]

As penas restritivas de direitos têm as seguintes características básicas: (i.) autonomia, isto é, não podem ser aplicadas cumulativamente com as penas privativas de liberdade (posto que haja, na legislação especial, exemplos de combinação de pena restritiva de direito e de prisão, como é a hipótese do artigo 292 do Código de Trânsito Brasileiro); (ii.) substitutividade, ou seja, deve haver duas operações sequenciais: na primeira, o Magistrado estabelece a pena privativa de liberdade para, somente após, na segunda, na mesma sentença,

---

[746] CAMPOS, Teresinha Borges, p. 170.

[747] CAMPOS, Teresinha Borges, p. 170.

[748] São as seguintes as penas restritivas de direitos (com a redação da Lei 9.714/98): I – prestação pecuniária; II – perda de bens e valores; III – prestação de serviços à comunidade ou a entidades públicas; IV – interdição temporária de direitos; e V – limitação de fim de semana. Como aduzem Julio Mirabete e Renato Fabbrini (2019, p. 267), "previa o projeto, ainda, a pena restritiva de direito de 'recolhimento domiciliar', mas o inc. III, que a instituía, foi vetado pelo Executivo, por se entender que era ela totalmente desprovida da capacidade de prevenir nova prática delituosa, carente do indispensável substrato coercitivo e, portanto, contrária ao interesse público. Pela mesma razão foi vetado dispositivo que previa como pena restritiva de direitos a 'admoestação verbal' ao condenado ou o 'compromisso de frequência a curso ou submissão a tratamento', durante o tempo da pena aplicada. Recentemente, porém, a nova Lei de Tóxicos passou a prever a 'advertência sobre os efeitos das drogas' e a 'medida educativa de comparecimento a programa ou curso educativo' como penas principais a serem aplicadas ao condenado por crime relacionado com o consumo de drogas (art. 28, I e III, da Lei 11.343, de 23-8-2006)".

[749] QUEIROZ, Paulo, 2018, p. 527. De modo geral, as penas restritivas de direitos devem ser aplicadas em substituição, isto é, "[...] possuem caráter substitutivo, não podendo coexistir com a pena privativa de liberdade, nem ser aplicadas diretamente, sem antes ser fixada a pena privativa de liberdade, que será por elas substituídas, quando couber" (STF, *HC* 70.3551/MG, 2ª T., Rel. Néri da Silveira); entretanto, na legislação extravagante, (i) podem ser encontrados exemplos de penas restritivas de direitos de caráter não substitutivo, na medida em que são estas estabelecidas diretamente no preceito secundário do tipo penal incriminador ou, mesmo, (ii) de aplicação cumulativa de pena restritiva de direito e prisão (art. 292 da Lei 9503/97).

[750] Como exemplificam Celso Delmanto, Roberto Delmanto, Roberto Delmanto Júnior e Fabio M. Almeida Delmanto (p. 223), "entre as leis especiais, os arts. 8° a 13 e 21 a 24 da Lei 9.605/98 (Meio Ambiente) dispõem de forma específica sobre as penas restritivas de direitos para os delitos nela tipificados. [...]. [...], a Lei 9.613/98 [...], em seu art. 1°, § 5°, prevê a possibilidade de substituição da pena privativa de liberdade por pena restritiva de direitos, se o autor, coautor ou partícipe colaborar, espontânea e eficazmente, com as autoridades".

[751] PRADO, Luiz Regis, 2011, p. 191.

substituí-la pela pena restritiva de direitos, cuja duração será idêntica à da pena privativa de liberdade substituída (à exceção da pena de prestação pecuniária e perda de bens e valores, na medida em que, nestas, o fator 'tempo' não entra em questão), de conformidade ao artigo 55 do Código Penal; e, por fim, (iii.) generalidade, vale dizer, são suscetíveis de aplicação, independentemente da natureza do injusto ou da sanção, desde que, à exceção dos injustos culposos, a pena aplicada na sentença não ultrapasse o *quantum* de quatro anos.[752]

11.4. Dos requisitos para a substituição

As condições necessárias – para que se implemente a substituição da pena privativa de liberdade por penas restritivas – envolvem a afluência concomitante dos seguintes requisitos (artigo 44 do Código Penal): (i.) pressupostos objetivos – (a) que o sentenciado tenha sido condenado, por crime doloso, a uma pena privativa de liberdade igual ou inferior a quatro anos, com exceção da pena de prestação de serviços à comunidade ou entidades públicas, em que ela só é admitida quando a condenação for superior a seis meses (artigo 46, *caput*, do Código Penal); ou se se tratar de condenação por crime culposo, qualquer que seja a quantidade de pena privativa de liberdade; (b) que não se cuide de crime cometido com violência ou grave ameaça à pessoa; (ii.) pressupostos subjetivos – (a) não seja o sentenciado reincidente específico em crime doloso; (b) que exista um quadro favorável ao sentenciado (relacionado à culpabilidade, aos antecedentes, à conduta social e à personalidade, bem como aos motivos e às circunstâncias) indicativo de ser a substituição uma medida adequada e suficiente.

Evidentemente, uma vez atendidos os requisitos legais, o sentenciado tem direito público subjetivo à substituição, reconhecendo-se-lhe, pois, o direito à substituição da pena privativa de liberdade por pena(s) alternativa(s),[753] até mesmo *ex officio*.[754] Interessante observar que, no caso de substituição da pena

---

[752] BOSCHI, José Antônio Paganella, 2011, p. 322.

[753] "[...]. Homicídio culposo agravado (inobservância de regra técnica de segurança do trabalho). Prova cabal a sustentar o édito condenatório. Absolvição. Impossibilidade. Pena, substituição da sanção corporal por restritivas de direitos e regime prisional corretamente estabelecidos. Recurso a que se nega provimento" (TJSP, AC 0051528-03.2011.8.26.0224, Rel. Ivo de Almeida, 1ª CC, j. 14.3.16). "Homicídio culposo. Soterramento. Construção civil. Engenheiros e mestre de obras. Materialidade. Demonstrada. Imprudência e negligência. Culpa configurada. [...]. Dosimetria. [...]. Substituição. Pena restritiva de direitos. – [...]. O § 2º do art. 44 do CP determina que a pena superior a um ano seja substituída por duas restritivas de direitos, cujos moldes serão determinados pelo JEx. Recursos conhecidos. Apelação do réu [mestre de obras] parcialmente provida e as demais desprovidas" (TJDFT, AC 20110111789563, Rel. Souza e Avila, 2ª TC, j. 23.7.15).

[754] "Homicídio culposo. Acidente de trabalho. Culpa exclusiva da vítima. Não ocorrência. Absolvição. Sentença confirmada. Substituição da pena. Recurso conhecido e não provido. – 1. A culpa exclusiva da vítima é capaz de eximir a responsabilidade do agente, mas, para tanto, o réu deve demonstrar de forma indubitável que não contribuiu para a realização do evento danoso. 2. Não é possível concluir que houve culpa exclusiva da vítima, pois o equipamento de proteção individual – EPI fornecido pela empresa não era adequado para o uso e não apresentava condições de oferecer a segurança necessária para o desempenho de atividades em altura. 3. De ofício, promoveu-se a substituição da pena privativa de liberdade por uma restritiva de direitos, nos moldes do art. 44, § 2º, 1ª parte, do CP. 4. Apelação criminal conhecida e não provida" (TJDFT, AC 20090910070286, Rel. Waldir Lopes Júnior, 3ª TC, j. 13.10.16).

corporal por restritivas de direitos, deve a prestação pecuniária ser endereçada aos dependentes da vítima – porquanto se trata dos destinatários preferenciais da medida imposta em substituição (artigo 45, parágrafo 1º, do Código Penal), bem como traduz melhor o caráter retributivo e indenizatório da pena substitutiva e ainda permite a antecipação reparatória dos danos causados, sem prejuízo de eventual valor apurado em ação civil *ex delicto*. Somente na hipótese de inexistência de destinatário preferencial seria cabível que se destinasse a prestação pecuniária à entidade beneficiente.[755]

Consigna-se, por extremamente oportuna, a orientação jurisprudencial capitaneada pelo Superior Tribunal de Justiça segundo a qual, em se cuidando de penas restritivas de direito, o início de seu cumprimento fica condicionado ao trânsito de julgado da sentença penal condenatória, ou seja, não pode haver, à luz do artigo 147 da Lei de Execução Penal, execução provisória dessas penas; aliás, apesar de o Supremo Tribunal Federal ter reconhecido a viabilidade da imediata execução da pena imposta (ou confirmada) pelos tribunais locais após esgotadas as respectivas jurisdições, não enfrentou essa possibilidade no tocante às penas restritivas de direitos. Por conta disso, considerando-se a ausência de expressa manifestação da Suprema Corte acerca desse aspecto, não se mostra possível a execução das penas restritivas de direitos antes do trânsito em julgado da condenação.[756]

[755] "Homicídio culposo. Absolvição por ausência de culpa ou insuficiência de provas. Impossibilidade. Quadro probatório indicando ter o réu agido com negligência. Condenação mantida. Prestação pecuniária revertida em favor dos dependentes da vítima, tendo em vista ordem preferencial estabelecida no art. 45, § 1º, do CP. Apelo improvido, readequada a pena substitutiva de ofício" (TJSP, AP 0007153-29.2008.8.26.0156, Rel. Júlio Salles, 3ª CCE, j. 17.8.16).

[756] STJ, *HC* 458.501, Relª. Minª. Laurita Vaz, j. 12.7.18.

Capítulo 12

Da suspensão condicional da (execução da) pena

12.1. Noções gerais

A suspensão condicional (do início da execução) da pena (artigo 77 do Código Penal) deverá ser concedida quando estiverem presentes certos requisitos – entre os quais se destaca o da quantidade da pena imposta na sentença penal condenatória,[757] isto é, a pena aplicada não pode ser superior a 2 (dois) anos ou, excepcionalmente, a 4 (quatro) anos (na hipótese de o condenado ser maior de 70 [setenta] anos de idade ou razões de saúde justificarem a suspensão), e o da não indicação (ou cabimento) das penas alternativas (inciso III do artigo 77 do Código Penal). O instituto da suspensão condicional da pena encontra-se não apenas na legislação penal como ainda na trabalhista, haja vista o disposto na alínea "d" do artigo 482 da Consolidação das Leis do Trabalho, de acordo com a qual se considera justa causa para rescisão do contrato de trabalho pelo empregador a condenação criminal do empregado, passada em julgado, caso não tenha havido suspensão da execução da pena. Cuida-se, portanto, de um instituto penal afim, que remete o intérprete da lei trabalhista à legislação penal e à sua doutrina. Sobre este ponto, torna-se importante uma análise específica; antes, *comme toujours*, devem ser aclarados alguns aspectos essenciais do instituto em causa.

12.2. Conceito

Per definitionem, o *sursis* da pena é um instrumento legal que, diante do preenchimento de certos pressupostos, implica, *pendant* um determinado período (de prova, cujos limites se estabelecem entre 2 [dois] a 4 [quatro] anos, em regra, ou entre 4 [quatro] a 6 [seis] anos, excepcionalmente), o sobrestamento, mediante o cumprimento de certas condições, (do início) da execução da pena privativa de liberdade; se decorrer esse período de prova sem ter havido a

[757] Como ressalta Paulo Queiroz (2018, p. 561), "no passado, a suspensão condicional gozou de grande prestígio, mas nos dias atuais, em razão das reformas penais mais recentes, sobretudo a ampliação dos casos de admissão de penas alternativas, a introdução dos institutos da suspensão condicional do processo e da transação penal [...], as possibilidades reais de sua aplicação são mínimas, uma vez que frequentemente sua incidência ficará prejudicada pela prévia adoção daqueles substitutivos penais, de maior alcance, inclusive".

revogação, essa pena ficará, de modo definitivo, sem execução e, sobretudo, será declarada extinta.[758] Está em consideração medida político-criminal destinada a obstaculizar o recolhimento dos condenados à prisão (de curta duração), notadamente os apenados "de escassa ou de nenhuma perigosidade social e que sejam réus de delitos de menor expressão".[759] Como sublinha Álvaro Mayrink da Costa, "a prisão é promíscua, degradante e estigmatizante, razão pela qual, deve o magistrado, sempre que possível e oportuno, evitá-la".[760]

Cuida-se de direito público subjetivo do apenado; de tal sorte, preenchidos os requisitos (objetivos e subjetivos) legais, a aplicação do instituto é de rigor;[761] e deverá o magistrado, necessária e motivadamente, em face da sentença condenatória (que impuser pena privativa de liberdade), pronunciar-se sobre o *sursis* da pena, quer o conceda, quer o denegue (*ut* artigo 157 da Lei de Execução Penal).

O *sursis* da pena apresenta diferentes modalidades: (i.) *sursis* simples (ou comum), em cuja espécie o condenado, no primeiro ano do período de prova, deverá prestar serviços à comunidade ou submeter-se à limitação de fim de semana (artigo 78, parágrafo 1º, do Código Penal); (ii.) *sursis* especial, no qual o apenado, em virtude da reparação do dano e da favorabilidade das circunstâncias judiciais (artigo 59 do Código Penal), poderá ter substituídas as penas restritivas por outras medidas (artigo 78, parágrafo 2º, do Código Penal); (iii.) *sursis* etário, em que o apenado é maior de 70 anos na data da sentença concessiva da suspensão condicional da pena (artigo 77, parágrafo 2º, do Código Penal); e, ainda, (iv.) *sursis* humanitário (ou por motivo de saúde), em que, diante de condições de saúde do condenado, se lhe é concedida a suspensão (artigo 77, parágrafo 2º, *in fine*, do Código Penal). Além disso, no campo das contravenções penais, a suspensão da pena de prisão simples será fixada entre os limites legais de 1 (um) a 3 (três) anos; "o regramento da medida, no ponto em que omissa a Lei das Contravenções, observa as normas do Código Penal".[762]

Não se concede o instituto ao condenado reincidente em crime doloso (artigo 77, inciso I, do Código Penal),[763] salvo na hipótese de a condenação anterior ter sido a pena de multa (nos termos da súmula 499 do Supremo Tribunal Federal). Sob outro enfoque, o instituto em análise tem sido bastante utilizado em se tratando da violência doméstica, até mesmo *ex officio*.[764]

---

[758] "A preocupação de prevenir o novo crime supera a exigência ético-jurídica da punição e sugere seja ela substituída por uma atitude que estimule o delinquente a coordenar, dentro da liberdade, as normas da sua vida pelas normas do Direito, não voltando, assim, a delinquir" (BRUNO, Aníbal, p. 169).

[759] MESTIERI, João, p. 299.

[760] COSTA, Álvaro Mayrink, 2016, p. 350-1.

[761] "Se estiverem preenchidos os requisitos legais, a medida deverá ser concedida na sentença" (ESTEFAM, André, 2019, p. 467).

[762] ESTEFAM, André, p. 476.

[763] TJRS, AC 70065427486, 4ª CC, Rel. Rogério Leal, j. 30.7.15; e TJRS, AC 70068035179, 8ª CC, Relª. Fabianne Baisch, j. 25.5.16.

[764] TJRS, AC 70067678649, 2ª CC, Relª. Rosaura Borba, j. 19.5.16.

12.3. Aspectos específicos

Considerados os limites de apenamento – além dos quais (à luz do artigo 77, *caput* e parágrafo 2º, do Código Penal; ou, ainda, do artigo 11 da Lei das Contravenções Penais)[765] não se permite a suspensão da execução da pena privativa de liberdade –, cabe a indagação sobre o cálculo em decorrência do concurso de crimes. A interpretação comumente admitida parte da concepção segundo a qual, se a quantidade de pena for superior a dois anos (ou a quatro anos) – ainda que isso ocorra em decorrência do concurso de crimes –, não pode ser concedido o instituto do *sursis* da pena.[766] Assim, não se poderia desprezar, para a avaliação do cabimento da suspensão condicional da pena, nem o acréscimo punitivo do crime continuado ou do concurso formal, nem a soma defluente do concurso material.

Posto que haja um pacífico entendimento no sentido da inaplicabilidade do *sursis* quando a pena imposta, na sentença penal condenatória, ultrapassar (ainda que por conta das regras de apenamento atinentes ao concurso de crimes) o limite máximo, compreende-se que a sua concessão não pode ser, *prima facie*, afastada tão só em virtude de um dado objetivo (ou seja, a majoração punitiva defluente do crime de continuidade), o qual pode implicar critério inadequado na compreensão geral do mérito do condenado; e isso, substancialmente, por inspiração de dois argumentos: (i.) de um lado, não existem barreiras à concessão de *sursis* simultâneos (ou contemporâneos),[767] isto é, quando o beneficiário, *pendant* o período de prova, é condenado, de modo irrecorrível, por crime culposo ou contravenção, à pena privativa de liberdade não superior a dois anos; nessa hipótese, não se configura a reincidência em crime doloso, e nada impede o prosseguimento do anterior benefício, admitido que, *in casu*, a revogação é meramente facultativa. Ora, se se admite a concessão do duplo *sursis* – em cuja hipótese poderá haver penas que, uma vez somadas, importarão em rompimento ainda mais expressivo do limite máximo permissivo para a suspensão da execução da pena –, não existe, verdadeiramente, um obstáculo cabal, definitivo, ético-jurídico, que impeça a solução do caso penal no marco de um *decisum* menos invasivo. Em termos pragmáticos, poderá o apenado valer-se da disciplina do concurso material benéfico, ou seja, se, no lugar do crime continuado (que lhe impede a obtenção do benefício), lhe fosse aplicado o concurso material, o condenado poderia receber os *sursis* simultâneos, não

---

[765] Quanto aos requisitos para a concessão do *sursis* em se tratando de contravenção penal, tem-se: "(1) a prisão simples imposta na sentença condenatória não pode ser superior a dois anos; (2) deve ser considerada incabível a substituição da prisão simples por pena restritiva de direitos; (3) o condenado não pode ser reincidente em crime doloso; (4) presença de circunstâncias pessoais favoráveis" (JESUS, Damásio de, 2015, p. 59).

[766] "Para a concessão do *sursis* a pena em causa deve ser privativa de liberdade (reclusão, detenção ou prisão simples). No que respeita à quantidade de pena não deve ela ser superior a dois anos ou, no caso de o beneficiário ser maior de 70 anos por ocasião da entrega da sentença em cartório (...), ou quando 'razões de saúde justifiquem a suspensão', não superior a quatro anos. A regra vale mesmo para o caso de concurso de crimes e de crime continuado" (MESTIERI, João, p. 299).

[767] "Duplo *sursis*: o fato de já estar sob *sursis* não impede o recebimento de outro *sursis*, pois (...) apenas se exige a não reincidência em crime doloso" (DELMANTO, Celso; DELMANTO, Roberto; DELMANTO JÚNIOR, Roberto; DELMANTO, Fabio M. de Almeida, 2016, p. 315). No mesmo sentido: JESUS, Damásio de, 2016, p. 339.

se lhe pode negar por conta do benefício que a disciplina do delito continuado deve encerrar; (ii.) por outro lado, em obediência à analogia *in bonam partem*, pode conceber-se (*faute de mieux*) a aproximação com o artigo 119 do Código Penal.

12.4. Da revogação do benefício da suspensão condicional da pena e a justa causa

Com visto, de acordo com a alínea "d" do artigo 482 da Consolidação das Leis do Trabalho, considera-se justa causa para rescisão do contrato de trabalho pelo empregador a condenação criminal do empregado, passada em julgado, caso não tenha havido suspensão da execução da penal; assim, questiona-se: a posterior revogação do benefício do *sursis* da pena (artigo 81, incisos I, II e III, e parágrafo 1º do Código Penal), concedido ao trabalhador condenado em sentença criminal já atingida pelo trânsito em julgado, implicaria a dispensa com justa causa? Guilherme Guimarães Feliciano assinala a necessidade de uma interpretação teleológica da norma trabalhista – consonante com as finalidades sociais a que se destina e com as exigências do bem comum (o que importaria, na hipótese, no interesse na ressocialização do condenado –, com o que a dispensa com justa causa se apresentaria como legítima "somente se o cumprimento da pena inviabilizar a continuidade do contrato de trabalho em vigor (o que não ocorrerá, *e.g.*, se o trabalhador puder iniciar o cumprimento da pena em regime aberto ou semiaberto – artigo 33, parágrafo 2º, 'b' e 'c', do Código Penal – e se a pena puder ser executada em estabelecimento situado no próprio local da prestação de serviços",[768] ou seja, isso irá depender "da sensibilidade social do juiz das execuções criminais e das disponibilidades do sistema regional".[769]

[768] FELICIANO, Guilherme Guimarães, 2016, p. 23.

[769] FELICIANO, Guilherme Guimarães, 2016, p. 23.

Capítulo 13

Do acidente de trabalho na Lei de Execuções Penais

13.1. Noções gerais

A vinculação entre trabalho e pena é significativamente antiga, haja vista que, desde a Roma antiga, já havia trabalhos forçados para fins públicos (*opus publicum*), sobretudo os que se realizavam em minas (*in metallum*), nos quais se utilizavam criminosos em situação semelhante à dos escravos,[770] sendo isso considerado uma parte natural da execução.[771] Aliás, essa penalidade foi, historicamente, muito utilizada não só na navegação (a pena de galés),[772] mas de igual modo na construção de obras públicas[773] (tais como fortalezas, diques e estradas, entre outras).[774] Havia, discursivamente, a noção segundo a qual o

[770] NEUMAN, Elias, 1971, p. 164.

[771] SEELIG, Ernst, 1959, p. 188.

[772] Tratava-se de uma espécie de prisão marítima – da qual se valeram muitos países mediterrâneos durante a Idade Moderna – que se traduzia tanto na utilização do trabalho de excluídos sociais (mendigos, ociosos, rufiões, ciganos) como na substituição de penas corporais ou de morte (TIEGHI, Osvaldo N., 2004, p. 574). "Con rara simultaneidad, algunos Estados europeos entre los siglos XVI y XVII, decidieron rescatar a ciertos condenados a muerte para dedicarlos a diversos servicios. Uno de estos servicios fue el de galeras. Los penados o galeotes manejaban los remos de las embarcaciones y el Estados, sirviéndose de ellos, mantenía de tal modo la preponderancia naviera (económica y militar). Atados unos a los otros por cadenas que pendían de sus muñecas y tobillos, amenazados constantemente por el látigo que no les permitía la menor pausa, pasearon sus llagas [...] por todos los mares conocidos. Representaban un capital económico y, por otra parte, las penalidades se cumplían con su ínsito sentido de expiación. Se ha expresado que las galeras eran presidios flotantes, y ellos es exacto en la medida en que las galeras generan al propio presidio" (NEUMAN, Elias, p. 37-8).

[773] Informa Ernst Seelig (1959, p. 182) que, na Áustria, em 1746, já havia sido sustentada "a tese segundo a qual as penas de morte deviam ser substituídas pelo trabalho forçado severo para fins de utilidade pública". Em reforço, assinala Ataliba Nogueira (1956, p. 86) que, com "a pena de trabalhos forçados, tem em mira o poder público aproveitar-se dos sentenciados na execução de obras públicas: construção de estradas de rodagem, de estradas de ferro, edificação de repartições públicas, canalização de rios, drenagem de zonas alagadiças". Contudo, "tal trabalho exige grande liberdade e amplitude de movimento, o que muito convida o condenado à fuga. Ora, de duas uma: ou se tolera a evasão e não há mãos a medir, ou se autoriza a vigilância com armas embaladas, o que vem a dar em estabelecer-se pena de morte a mais sumária e para quem a não mereceu. Vigilância por outra forma é impossível, a não ser que o trabalho se desvirtue em mero pretexto de castigo e, assim, não corresponda mais ao que dele se exige" (NOGUEIRA, Ataliba, p. 86-7).

[774] "No otra cosa fueron la construcción de fortalezas, arsenales, diques, carreteras y la explotación de canteras, ligados a los tiempos más crueles de la represión penal. Tras la segunda guerra mundial, los países del continente debieron dar ocupación a una impresionante cantidad de prisioneros de carácter político (sediciosos, traidores y los llamados 'colaboracionistas'). Con sentido histórico nacional se los ocupo en la construcción y reconstrucción de edificios, puentes, carreteras, obras sanitarias, que sirvieron para cimentar el retorno de esta penalidad con una finalidad distinta de la ya conocida. Dados los eficaces resultados alcanzados se persistió en su utilización toda vez que, además de desagotar las superpobladas prisiones, tenía una clara

trabalho severo devia constituir-se em uma pena e, ao mesmo tempo, servir ao bem comum.[775] Para o efeito, a pena deveria possuir o caráter de *vendetta* exercida pelo Estado em contrapartida ao mal causado pelo crime; com isso, o trabalho também deveria ser expiatório, vindo a constituir-se em uma agravação da pena. Em termos históricos, essa tarefa teve uma longa duração, e seus efeitos e manifestações se prologaram até o século XIX.[776] Posteriormente, a prisão passou, de modo gradual, a ser concebida para regenerar, salvar, ou recuperar o delinquente, à luz de diferentes regimes (ou sistemas) penitenciários[777] – os quais, da mesma forma, se valiam do trabalho como forma de atingimento daquelas finalidades.[778] Nesta via, desenvolvem-se, na primeira metade do século XVIII, as casas de correção, isto é, reformatórios e prisões com a finalidade precípua de reformar os criminosos, por intermédio da educação moral (e, sobretudo, religiosa) e do trabalho, como importantes elementos regeneradores. Com o avanço da ciência e da técnica penitenciárias, tornou-se possível, assim, estabelecer-se o trabalho penitenciário (propriamente dito), o qual se incorpora a inúmeros sistemas repressivos como um fator educativo e um elemento de correção de considerável relevância no horizonte da execução das penas.[779]

Convém por isso indicar que o trabalho, frequentemente, esteve associado ao campo punitivo, quer operando como mão de obra servil similar à escravidão, quer impulsionando o desenvolvimento das forças produtivas historicamente estabelecidas,[780] quer, ainda, alimentando discursos penitenciários sobre

---

resultante social. Al aprendizaje de oficios útiles y productivos se liga la importancia manifiesta de integrarlos a la economía nacional" (NEUMAN, Elias, p. 164-5).

775 SEELIG, Ernst, 1959, p. 189.

776 No principio do século XIX, têm aparição os movimentos de reforma das prisões, especialmente na Inglaterra; em face disso, substituíram-se os trabalhos forçados pelo uso de máquinas especialmente destinadas a fatigar o condenado (por exemplo, a *treadwheel* ou a *treadmill*).

777 Com mais detalhes, FAYET JÚNIOR, Ney, 2018, p. 143-53.

778 Existem clássicos do cinema americano sobre condenados a trabalhos forçados ("O Fugitivo", de 1932, de Mervyn Le Roy, com Paul Muni; "Contrastes Humanos", de 1941, de Preston Sturges, com Joel McCrea; e "Rebeldia Indomável", 1967, de Stuart Rosenberg, com Paul Newman); tais filmes, em sua época, procuraram denunciar "a desumanidade desse tipo de condenação – vigente em vários Estados americanos –, em que homens, mesmo idosos e doentes, tinham as pernas acorrentadas pela duração da sentença e quebravam pedra submetidos à eventualidade da chibata" (CASTRO, Ruy, 2015, p. 02).

779 Segundo dados do DEPEN, o Brasil contava, no ano de 2014, com 106.636 presos que trabalhavam, o que correspondia, à época, a 16% da população prisional; ainda, entre os que trabalham, aproximadamente 30% destes presos exerciam atividade laboral fora do estabelecimento prisional. Uma das razões pelas quais se pode explicar esse baixo número de presidiários exercendo atividade laboral é a falta de oficinas de trabalho nos estabelecimentos prisionais: em 2014, apenas 22% deles contavam com oficinas de trabalho para os presos. (<http://www.cnj.jus.br>, acesso 20.2.16.)

780 "[...], mais essencial parece a função realizada pelo cárcere, para produzir não só a desigualdade, mas, também os mesmos sujeitos passivos desta relação, o que parece claro, se se considera a relação capitalista de desigualdade como relação de subordinação, ligada estruturalmente à separação da propriedade da força de trabalho, dos meios de produção, e, por outro lado, a exigência de disciplina, isto é, o controle total dos indivíduos, de que necessita o regime de trabalho na fábrica e, mais em geral, a estrutura de poder de uma sociedade que tomou a fábrica como modelo. O nexo histórico entre o cárcere a e fábrica, entre a introdução do sistema carcerário e a transformação de uma massa indisciplinada de camponeses, separados do campo e separados dos próprios meios de produção, em indivíduos adaptados à disciplina da fábrica moderna, é um elemento essencial para compreender a função da instituição carcerária, que nasce junto com a sociedade capitalista e a acompanha ao largo da história" (BARATTA, Alessandro, 1978, p. 12-3). À luz do pensamento marxista, a criminalidade e a pena são expressões das condições humanas que se desenvolvem sob a diretriz do capital; dessa maneira, em virtude da consolidação hegemônica da burguesia, a superação histórica do

a necessidade de readaptação e emenda de criminosos a partir de seu emprego (sentido pedagógico do trabalho). "Entende-se hoje por trabalho penitenciário a atividade dos presos e internados, no estabelecimento penal ou fora dele, com remuneração equitativa e equiparado ao das pessoas livres no concernente à segurança, higiene e direitos previdenciários e sociais".[781] Postas as coisas deste modo, pode reconhecer-se que, na atualidade (e por certo isto já faz muitos anos), já não existem sistemas punitivos que se valem do trabalho penitenciário como instrumento de castigo;[782] em verdade, o trabalho penitenciário tem algumas metas (todas vinculadas ao princípio da ressocialização[783]): (i.) proporcionar uma formação profissional aos presos, particularmente aos jovens; (ii.) manter ou aumentar a capacidade dos presos para que possam contribuir para o sustento familiar; e, ainda, (iii.) manter ou aumentar a capacidade dos presos para que, em liberdade, possam trabalhar. Desse modo, os modernos sistemas penitenciários consideram o trabalho penitenciário como um meio fundamental tanto para a formação profissional do preso como para a sua readaptação social.[784] Segue-se imediatamente daí que a pena, ao menos em termos teóricos, pode encerrar uma finalidade educativa; assim, como pon-

---

feudalismo implicou a reunião do capital e dos operários livres na manufatura. Contudo, "para esse proletariado em formação, tal abraço não é voluntário nem de modo algum prazeroso. Ele deve adaptar-se à clausura, à falta de luz e de espaço, à perda daquela relativa autonomia permitida pelo trabalho nos campos, para submeter-se à autoridade incondicional do capitalismo, na mais brutal e fatigante monotonia e repetitividade. Não é por acaso [...] que manufatura e cárcere tenham historicamente uma mesa e interdependente origem" (MELOSSI, Dario, 2004, p. 130).

781 MIRABETE, Julio Fabbrini; FABBRINI, Renato N., 2018, p. 83.

782 Cuidava-se, doutrinariamente, de penas aflitivas, isto é, as que causavam aflição física no condenado, daí porque muitos as denominavam de penas corporais. No Brasil, as penas aflitivas existiram no Código Criminal do Império; assim, por exemplo, havia a pena de açoites para os escravos; estes não eram presos à luz do direito penal do Império porque representavam o patrimônio do senhor, e prender um escravo implicava privar o senhor do seu patrimônio e, além disso, onerar o Estado com o sustento que, por definição, era propriedade de outro. Por conta disso, no lugar da pena detentiva para os escravos, destinavam-se-lhes os açoites. Em outros ordenamentos jurídicos, alistavam-se outras modalidades de penas aflitivas, tais como, por ilustração, a restrição alimentar do condenado a pão e água, o que lhe engendrava um forte desequilíbrio orgânico e físico; os trabalhos forçados também podiam ser havidos como modalidade de pena aflitiva, na medida em que todos tinham de trabalhar, mesmo os condenados que não reuniam condições físicas para fazê-lo (cf. MORAES, Benjamin, 1968, p. 81).

783 Tal princípio "tem sido particularmente questionado pela sociologia das prisões e de outras instituiçoes totais, assim como pelas pesquisas acerca da influência de sanções estigmatizantes sobre o desvio secundário e a reincidência. [...]. Não só no ambito da 'criminologia crítica' como também no da 'criminologia liberal', rebatem-se de maneira crescente tanto a função reeducativa da pena como o próprio conceito de reeducação e de ressocialização, fazendo-os objeto de profunda dúvida" (BARATTA, Alessandro, p. 10-1).

784 "O fato de o irmão do apenado ser um dos sócios da empresa empregadora não constitui óbice à concessão do benefício do trabalho externo, ainda que se argumente sobre o risco de ineficácia da realização do trabalho externo devido à fragilidade na fiscalização. [...], a execução criminal visa ao retorno do condenado ao convívio em sociedade, com o escopo de reeducá-lo e ressocializá-lo, sendo que o trabalho é essencial para esse processo. [...], é importante considerar que os riscos de ineficácia da realização de trabalho externo em empresa familiar, sob o argumento de fragilidade na fiscalização, não podem ser óbice à concessão do referido benefício. Em primeiro lugar, porque é muito difícil para o apenado conseguir emprego. Impedir que o preso seja contratado por parente é medida que reduz ainda mais a possibilidade de vir a conseguir uma ocupação lícita e, em consequência, sua perspectiva de reinserção na sociedade. Em segundo lugar, porque o Estado deve envidar todos os esforços possíveis no sentido de ressocializar os transgressores do direito penal, a fim de evitar novas agressões aos bens jurídicos da coletividade. Ademais, o Estado possui a atribuição de fiscalizar o efetivo cumprimento do trabalho extramuros, estando autorizado a revogar a benesse nas hipóteses elencadas no § único do art. 37 da LEP. [...], não há qualquer vedação na LEP quanto à concessão de trabalho externo em empresas da família do sentenciado" (STJ, *HC* 310515, Rel. Min. Felix Fischer, j. 17.9.15).

dera Everardo da Cunha Luna, essa diretriz "é de natureza jurídica. E todos os condenados devem ser educados conforme um processo que compreende não somente um fazer, como também um manter que consistem, ambos, em atividade, em dinamismo. [...]. Por força da natureza jurídica da finalidade educativa da pena, não se deve exigir, do 'reeducando', uma emenda no 'íntimo da pessoa', uma pureza interior, porque o Direito é uma ordem objetiva. [...]. Para fundamentar, não só criminologicamente, como também juridicamente, o princípio de que todos os condenados podem ser educados ou reeducados, deve-se firmar a presunção de adaptação social do condenado, à semelhança da presunção de inocência do processado, o que representa um golpe de morte na pretensa incorrigibilidade de determinados criminosos".[785] Todavia, as condições reais para o egresso do sistema prisional reinserir-se nas relações produtivas não se mostram possíveis nem concretas, dado que a detenção por um longo período desvaloriza, normal e consideravelmente, o capital humano e social do prisioneiro; e suas qualificações (partindo-se do pressuposto que as havia) deterioram-se durante o tempo de pena cumprido. Bruce Western, Katherine Beckett e David Harding descrevem as condições objetivas: "os laços sociais que facilitam o acesso ao emprego se enfraquecem. [...], o meio carcerário produz comportamentos funcionais para a prisão, que podem se revelar totalmente disfuncionais na volta à vida civil. [...], o estigma de presidiário pode provocar repulsa e discriminação por parte do empregador. [...] trabalhos empíricos mostraram a existência de um estigma da prisão. [...], muitos estudos experimentais mostraram que os empregadores são claramente menos inclinados a contratar pessoas com antecedentes criminais do que as que têm fichas policiais limpas, com todas as outras condições em igualdade de circunstâncias [...]. [...], as pessoas com ficha policial suja são quase sempre recusadas em trabalhos que exigem uma licença profissional [...]. Reduzindo as possibilidades de emprego do ex-presidiários, a prisão eleva o nível do desemprego".[786] Além disso, o "estigma de ex-presidiário não afeta somente a possibilidade de conseguir um emprego ao sair da cadeia: tem também um impacto negativo nas estratégias de procura de trabalho, assim como sobre o tipo de emprego que se pode obter. Frustrados com a incapacidade de conseguir trabalho, assim que revelam seu passado criminal, a maioria dos entrevistados decide escondê-lo. Esta decisão limita a gama de empregos que podem postular, restringido-os àqueles onde não se verificam os antecedentes, como os empregos de meio expediente e temporários nas indústrias que procuram pessoal pouco

[785] CUNHA LUNA, Everardo da, 1975, p. 34-5. No dia 9.2.16, a CEDH decidiu que não há violação aos direitos fundamentais na aplicação de trabalho compulsório, por parte do estado suíço, a pessoas com idade para se aposentar. No caso, Beat Meier, de 70 anos, requereu que fosse dispensado dos trabalhos realizados na prisão em decorrência de sua idade avançada e passível de aposentadoria, baseando seu pedido no art. 4º, § 2º da CEDH, que proíbe trabalhos forçados. A Suíça alegou que o trabalho em seus estabelecimentos prisionais era adequado às condições de cada prisioneiro, bem como que o trabalho fazia parte da função ressocializadora da pena. A Corte considerou, então, que não se tratava de trabalhos forçados, mas de um regular cumprimento da pena cumprida por Beat Meier e que era possível à Suíça impor este tipo de sanção aos seus prisioneiros já que a questão não era unânime entre os estados que fazem parte da Corte (alguns aceitam a situação, outros não). A decisão entendeu que a proibição de trabalhos forçados não deve ser absoluta e que a Suíça respeitava as condições físicas do requerente. (CEDH, Caso *Meier vs. Suíça*, requerimento nº 10109/14, j. 9.2.16.)

[786] WESTERN, Bruce; BECKETT, Katherine; HARDING, David, 2002, p. 47.

qualificado [...]. [...], mentir sobre o passado torna-se um risco se o empregador descobre a passagem pela prisão. Todos estes fatores se combinam para criar perfis de empregos irregulares em funções de baixos salários".[787] Na realidade do sistema penitenciário brasileiro, estima-se que somente dois a cada dez presos trabalham (basicamente: limpeza, cozinha e atendimento à biblioteca); esse baixíssimo índice se estabelece, fundamentalmente, em razão da ausência de oficinas (ou similares) de trabalho nas unidades prisionais. (Não só. Por óbvio, existe um cenário grave, cruel e desumano, no qual os prisioneiros se misturam [na abstração da norma, a Lei de Execuções Penais separaria o preso condenado do provisório, o reincidente do primário; separaria, ainda, o autor de crime violento, bem como ofereceria aos maiores de 60 anos locais especiais] e se tornam integrantes das facções criminosos que dominam a quase totalidade dos presídios brasileiros.)

Muito enfaticamente, o Decreto 9.450, de 24 de julho de 2018, que instituiu a Política Nacional de Trabalho no âmbito do Sistema Prisional – voltada à ampliação e qualificação da oferta de vagas de trabalho, ao empreendedorismo e à formação profissional das pessoas presas e egressas do sistema prisional –, procura avançar no sentido da inserção de pessoas privadas de liberdade e egressas do sistema prisional no mundo do trabalho e na geração de renda. De modo parecido avança a Portaria 212, de 28 de novembro de 2018, do Ministério da Segurança Pública, que estabeleceu procedimentos, critérios e prioridades para o financiamento de projetos voltados à implantação de serviços de atenção à pessoa egressa do sistema prisional com recursos do Fundo Penitenciário Nacional no âmbito do Poder Executivo de Estados, Municípios, do Distrito Federal, organizações da sociedade civil e entidades privadas sem fins lucrativos aptas a celebrarem convênios com o Governo Federal nos termos da legislação em vigor. Com esta mira, cumpre sempre ter presente que a mais importante referência das Nações Unidas acerca do tratamento de presos (*the Mandela Rules*) impõe que os condenados devem ter a oportunidade de trabalhar, muito particularmente a fim de desenvolver (ou, em sendo o caso, fortalecer) habilidades por meio das quais possam, ao depois, em liberdade, viver com dignidade.[788]

---

[787] WESTERN, Bruce; BECKETT, Katherine; HARDING, David, p. 49.

[788] "Regra 96. 1. Os presos condenados devem ter a oportunidade de trabalhar e/ou participar ativamente de sua reabilitação, sendo esta atividade sujeita à determinação, por um médico ou outro profissional de saúde qualificado, de sua aptidão física e mental. 2. Trabalho suficiente de natureza útil deve ser oferecido aos presos de modo a conservá los ativos durante um dia normal de trabalho. Regra 97. 1. O trabalho na prisão não deve ser de natureza estressante. 2. Os presos não devem ser mantidos em regime de escravidão ou servidão. 3. Nenhum preso será solicitado a trabalhar para beneficiar pessoal ou privativamente qualquer membro da equipe prisional. Regra 98. 1. Quando possível, o trabalho realizado deve manter ou aumentar a habilidade dos presos para que possam viver de maneira digna após sua liberação. 2. Os presos devem receber treinamento vocacional, em profissões úteis, das quais possam tirar proveito, especialmente os presos jovens. 3. Dentro dos limites compatíveis com a seleção vocacional apropriada e das exigências da administração e disciplina prisional, os presos devem poder escolher o tipo de trabalho que gostariam de exercer. Regra 99. 1. A organização e os métodos de trabalho nas unidades prisionais devem ser os mais parecidos possíveis com aqueles realizados fora da unidade, para, dessa forma, preparar os presos para as condições de uma vida profissional normal. 2. Os interesses dos presos e de seu treinamento vocacional, entretanto, não devem ser subordinados à obtenção de lucro financeiro por uma atividade dentro da unidade prisional. Regra 100. 1. As indústrias e explorações agrícolas, preferencialmente, devem ser operadas diretamente pela administração prisional e não por contratantes privados. 2. Se o local onde os presos estiverem trabalhando não estiver sob

13.2. Do trabalho penitenciário à luz da Lei de Execução Penal

Em virtude de sua condição de possibilidade ressocializadora e de futura reinserção social, o trabalho penitenciário apresenta-se, em grande medida, como um direito do condenado (inciso II do artigo 41 da Lei de Execução Penal);[789] seria, em tese, também, um dever (inciso V do artigo 39 da Lei de Execução Penal), contudo, "a punição pela não realização do trabalho é inconstitucional, uma vez que ninguém pode ser obrigado ao exercício de atividade laborativa, o que feriria a autonomia da vontade individual, além de constituir (em sentido material) trabalho de cunho forçado".[790] Por outros termos, o trabalho prisional – como fator de facilitação da tarefa da socialização do condenado – deve ser concebido, em um marco reabilitativo, como uma possibilidade, e não como uma obrigação; do contrário, desponta a sua inefetividade prática, haja vista que se torna seguramente difícil configurar-se a persistência de um avanço qualquer baseado em uma atividade não voluntária.[791] São importantes, nessa diretriz, a adesão consciente e a efetiva participação do condenado nas atividades que, no sistema prisional, se lhe oferecerem, pois estes aspectos se traduzem como condições de possibilidade de uma meta ressociliatória. Sob

---

o controle da administração prisional, devem sempre permanecer sob a supervisão dos agentes prisionais. A menos que o trabalho seja para outros departamentos do governo, o salário normal deve ser pago à administração prisional pelas pessoas para as quais o trabalho é executado, levando em consideração a produtividade dos presos. Regra 101. 1. As precauções fixadas para proteger a segurança e a saúde dos trabalhadores livres devem ser igualmente observadas nas unidades prisionais. 2. Devem se adotar procedimentos para indenizar os presos por acidentes de trabalho, inclusive por enfermidades provocadas pelo trabalho, em termos não menos favoráveis que aqueles estendidos pela lei a trabalhadores livres. Regra 102. 1. O número máximo de horas trabalhadas, por dia e por semana, pelos presos deve ser fixado em lei pelo regulamento administrativo, levando em consideração as normas e os costumes locais em relação ao emprego de trabalhadores livres. 2. As horas fixadas devem permitir um dia de descanso por semana e tempo suficiente para o estudo e para outras atividades exigidas como parte do tratamento e reinserção dos presos. Regra 103. 1. Deve haver um sistema de remuneração igualitária para o trabalho dos presos. 2. Dentro do sistema, os presos deverão ter permissão para gastar pelo menos parte do que ganharem em artigos aprovados para uso próprio e para enviar uma parte de seus ganhos para sua família. 3. O sistema deve também possibilitar que uma parte dos ganhos seja reservada pela administração prisional para constituir um fundo de poupança a ser destinado ao preso quando da sua liberação."

[789] "A penitenciária não poderá continuar mantendo a triste fama de universidade do tédio e do vício, na medida em que despersonaliza, desambienta e perverte, obliterando as energias físicas e morais do homem para subsumi-lo ao regime servil de ordens e proibições que gradativamente irão atrofiando suas reservas pessoais. O perigo da reincidência deve ser inocuizado com um programa de aproveitamento da capacidade laborativa, sem que a imposição do trabalho dilacere o sentido da criação, mas convertendo-se em eficaz vacina contra o mal contagiante da ociosidade e os efeitos deletérios dos conflitos que ganham curso e intensidade na medida em que tempo demora a passar" (DOTTI, René Ariel, 1970, p. 31-2).

[790] ROIG, Rodrigo Duque Estrada, 2014, p. 169. Em sentido contrário, entendendo que o trabalho, devidamente remunerado, é obrigatório ao preso na medida de sua aptidão e capacidade, e que, portanto, "se o condenado se recusar à sua execução, não poderá ser constrangido a tanto, porém tal conduta implicará cometimento de falta grave (arts. 39, V, e 50, VI, da LEP), sujeitando-o às sanções disciplinares previstas em lei" (AVENA, Norberto, 2015, p. 47). De qualquer sorte, existem duas exceções quanto à obrigatoriedade do trabalho: "a Lei das Contravenções Penais (DL 3688/41) aponta que o trabalho é facultativo se a pena de prisão simples não exceder a quinze dias (art. 6°, § 2°). Já segundo o art. 200 da LEP, o condenado por crime político não está obrigado ao trabalho. Vale destacar que, para o preso provisório, o trabalho não é obrigatório e só poderá ser executado no interior do estabelecimento (art. 31, § único, da LEP)" (ROIG, Rodrigo Duque Estrada, p. 168).

[791] Cf. FIGUEIREDO DIAS, Jorge de, 2001, p. 334.

tal enfoque, o trabalho é de suma importância no processo de reeducação e ressocialização, projetando-se à condição de instrumento de consagração da dignidade do apenado. Não por acaso se atribuiu relevância a qualquer forma de expressão da atividade laboral.[792] A propósito, importa diferenciar a obrigação de trabalho – defluente da pena restritiva de direitos – do trabalho realizado por presidiário – no curso da execução da pena privativa de liberdade. No tocante à primeira, trata-se da essência da pena restritiva de direitos aplicada em substituição à pena privativa de liberdade, dado que deve ser, necessariamente, cumprida em benefício da comunidade (*ut* artigo 46 do Código Penal); e, no que concerne ao segundo, cuida-se do trabalho orientado aos objetivos de reeducação e de produção. Nessa linha, tal atividade será não aflitiva, obrigatória e remunerada, quer dizer, o princípio da não aflitividade está inscrito no artigo 56, inciso I, da Resolução nº 14 do Conselho Nacional de Política Criminal e Penitenciária, que acolhe as diretrizes da Organização das Nações Unidas e define as regras mínimas para o tratamento do preso no Brasil.[793]

O trabalho penitenciário, além de conceder ao condenado uma fonte de renda,[794] enseja o instituto da remição (parágrafo 1º do artigo 126 da Lei de Execução Penal),[795] segundo o qual a pena será reduzida pelo trabalho, à proporção de um dia de pena por três de trabalho; aliás, se não houver, por absoluta falha do Estado, a atribuição de trabalho aos presos que desejam realizá-lo, surgirá o direito à denominada remição ficta;[796] além disso, ser-lhes-ia cabível,

---

792 "[...] não há limitação legal em relação à espécie de função exercida a título de trabalho. [...], não havendo impedimento legal, não pode o magistrado obstaculizar o exercício de determinada atividade, tampouco deixar de reconhecer a detração da pena referente ao período em que o preso dela se ocupou. Viável, [...], a concessão de remição da pena àqueles que exerceram função de plantão de galeria. Precedente da Câmara. Agravo desprovido" (TJRS, AGE 70074371436, 3ª CC, Rel. Sérgio Blattes, j. 13.9.17).

793 Cf. PAVARINI, Massimo; GIAMBERARDINO, André, 2018, p. 232-3.

794 O salário não poderá ser inferior a três quartos do salário mínimo (art. 29 da LEP).

795 O STJ aprovou a edição de uma nova Súmula, a de número 562, cujo enunciado diz respeito à possibilidade de remição da pena quando o apenado desempenha atividade laborativa, mesmo que esta não se dê nas dependências do estabelecimento prisional: "é possível a remição de parte do tempo de execução da pena quando o condenado, em regime fechado ou semiaberto, desempenha atividade laborativa, ainda que extramuros".

796 "1. O benefício da remição da pena pelo trabalho ou pelo estudo, consoante se denota do art. 126 da LEP, pressupõe que os reeducandos demonstrem a efetiva dedicação a trabalho ou estudo, com finalidade, portanto, produtiva ou educativa, dada a sua finalidade ressocializadora. 2. A suposta omissão estatal em propiciar ao apenado padrões mínimos previstos no ordenamento jurídico não pode ser utilizada como causa a ensejar a concessão ficta de um benefício que depende de um real envolvimento da pessoa do apenado em seu progresso educativo e ressocializador. [...]. A indenização de presos em situação degradante não deve ser feita por meio de um instituto criado para servir de contrapartida ao efetivo trabalho ou estudo do reeducando, em um contexto de ressocialização de disciplina e de merecimento. (*HC* 415.068/MG, Rel. Min. Ribeiro Dantas, 5ª T., j. 23.11.17, [...]). 3. Ordem denegada" (STJ, *HC* 425.155/MG, 6ª T, Rel. Min. Nefi Cordeiro, j. 6.3.18). Agravo. Execução penal. [...]. Remição ficta. Indeferimento. Arts. 41 e 126, § 1º, da LEP. Divergência doutrinária e jurisprudencial acerca da possibilidade de resgate da reprimenda sem prestar atividade laborativa. Imprescindibilidade, no mínimo, de prova acerca do interesse da reeducanda em prestar atividade laborativa. Inexistência no caso concreto. Para que se possa admitir a remição ficta impõe-se ao reeducando a comprovação de que demonstrou interesse em exercer atividade laborativa. Tal prova pode ser realizada mediante simples requerimento formulado perante o estabelecimento prisional. Progressão para o regime semiaberto. Acolhimento impossível sem o cômputo da pretensa remição ficta. Apenada que não resgatou o tempo necessário de pena no novo regime. Recurso desprovido" (TJSC, RAG 2013.079601-5, Rel. Jorge Martins, 4ª CC, j. 8.5.14). "Agravo em execução penal. Decisão que indeferiu pedido de remição ficta ou presumida. Inconformismo defensivo. Pretendida a concessão da benesse em virtude da deficiência na estrutura estatal. Rejeição. Outorga da benesse condicionada ao efetivo exercício de atividade laboral ou

de igual modo, a remuneração devida, na medida em que não poderiam ser penalizados – por não exercerem a atividade laboral – em virtude da omissão estatal na configuração dos meios adequados mediantes os quais a pena deverá ser executada.[797] (A propósito, a remição, para além de ser instituto de caráter penal, visa à finalidade reeducativa da pena, sendo "superlativo incentivo à aceitação daquilo que, discursivamente, nossa Lei de Execução Penal chama de 'programa individualizador da pena privativa de liberdade' [artigo 6º da Lei 7.210/84]. A remição premia o apenado que se revela capaz de disciplina e, nessa vertente, valoriza o trabalho. Trabalho que a Constituição Federal promoveu às categorias de princípio fundamental da República Federativa do Brasil [inciso IV do artigo 1º] e de pilar da ordem social brasileira [artigo 193]").[798] Recentemente, contudo, [por maioria] a Primeira Turma do Supremo Tribunal Federal rejeitou a possibilidade de remição ficta da pena nos casos de omissão estatal no fornecimento dos meios necessários à sua realização, na medida em que, se fosse encampada essa tese, todos os apenados, *ipso facto*, iriam obter o benefício, e a Suprema Corte estaria estendendo, inadequadamente, a sua competência constitucional.[799]

Cumpre assinalar, ainda, o Decreto 6.049, de 27 de fevereiro de 2007, que estabelece o Regulamento Penitenciário Federal, de cujas normas podem ser destacados os artigos 37 ("Constituem direitos básicos e comuns dos presos condenados ou provisórios: [...]; II – atribuição de trabalho e sua remuneração; [...]; V – proporcionalidade na distribuição do tempo para o trabalho, o descanso e a recreação"), 38 ("Constituem deveres dos presos condenados ou provisórios: [...]; XI – trabalhar no decorrer de sua pena"), 45 ("Considera-se falta disciplinar de natureza grave [...]: [...]; IV – provocar acidente de trabalho; [...]; VI – deixar de executar o trabalho [...]") e 98 ("Todo preso, salvo as

---

educacional pelo apenado. Inteligência do art. 126 da LEP. Precedentes. Decisão irretocável. Recurso desprovido" (TJSC, RAG 2014.008414-0, Rel. Volnei Tomazini, 2ª CC, j. 13.5.14). "Recurso de agravo. Pleito de reforma da decisão que aplicou remição de pena. Insurgência recursal que pretende seja considerada também a 'remição ficta' no cômputo do tempo de pena. Alegação de que, na ausência de oportunização de trabalho ao reeducando instalado no sistema penitenciário, o período de reprimenda deve ser considerado como de trabalho ou estudo. Não acolhimento. Precedentes. Recurso conhecido e desprovido" (TJPR, RAG 1226689-6, Relª. Lidia Maejima, 4ª CC, j. 4.9.14). "Agravo em execução. Remição independentemente de trabalho ou estudo. Impossibilidade. A LEP exige para a remição da pena, que o condenado estude ou trabalhe. Eventual omissão estatal no sentido de proporcionar atividade laborativa ou educacional no sistema prisional não confere ao sentenciado o direito à remição independentemente do seu envolvimento pessoal com tais atividades" (TJSP, RAG 0043607-78.2014.8.26.0000, Rel. Willian Campos, 4ª CC, j. 22.10.14). "Agravo de execução penal. Recurso do apenado. Insurgência contra decisão que indeferiu o pedido de remição ficta com alicerce na leitura e fichamento de obras literárias. Decisão da togada no sentido de que não há embasamento legal para o pedido. Inteligência do art. 126 da LEP. Ineficiência estatal de oportunizar trabalho aos reeducandos que não pode servir de fundamento para violar o princípio da isonomia. Recurso conhecido e desprovido" (TJSC, RAG 2014.068875-9, Rel. Ernani Almeida, 3ª CC, j. 11.11.14).

[797] Nesse sentido, "a remição da pena só não alcançará aquele que se recusar a trabalhar" (MESQUITA JÚNIOR, Sidio de, 2014, p. 432). Em sentido contrário, por entender que "a omissão do Estado em disponibilizar trabalho, apesar de ilegal, não conduz, necessariamente, ao reconhecimento de um direito à remição, que pressupõe trabalho efetivo. [...], a omissão cria, em princípio, apenas um dever legal/estatal de ação, e não um direito automático à remição. [...] violar-se-ia o princípio da isonomia, visto que equiparar-se-iam presos que estão em situação de desigualdade: os que realmente trabalham e os que nada fazem, ainda que a omissão estatal concorra para tanto": QUEIROZ, Paulo, 2018, p. 522.

[798] STF, *HC* 110.566, Rel. Min. Ayres Britto, j. 28.2.12.

[799] STF, *HC* 124520, Rel. Min. Marco Aurélio, 1ª T., j. 15.5.18.

exceções legais, deverá submeter-se ao trabalho, respeitadas suas condições individuais, habilidades e restrições de ordem de segurança e disciplina. § 1º Será obrigatória a implantação de rotinas de trabalho aos presos em regime disciplinar diferenciado, desde que não comprometa a ordem e a disciplina do estabelecimento penal federal. § 2º O trabalho aos presos em regime disciplinar diferenciado terá caráter remuneratório e laborterápico, sendo desenvolvido na própria cela ou em local adequado, desde que não haja contato com outros presos. § 3º O desenvolvimento do trabalho não poderá comprometer os procedimentos de revista e vigilância, nem prejudicar o quadro funcional com escolta ou vigilância adicional"). Como se pode perceber, essas normas preservam a disciplina legal segundo a qual o trabalho do preso é obrigatório, até mesmo em face do regime disciplinar diferenciado.[800] Por fim, em 2015, as regras mínimas da Nações Unidas (adotadas em 1955) sobre o tratamento dos reclusos foram revisadas, particularizando, entre outros vários aspectos, as condições gerais mediante as quais o trabalho se deve realizar no ambiente prisional. Registra-se especialmente a regra 101 (2), que trata dos procedimentos para indenizar os presos por acidentes de trabalho, até mesmo por enfermidades provocadas pelo trabalho, "em termos não menos favoráveis que aqueles estendidos pela lei a trabalhadores livres".[801] [802]

---

[800] OLIVEIRA, Laura Machado de, 2015, p. 112. O RDD [...], que foi introduzido pela Lei 10.792/2003 alterando a LEP e o CPP, é uma forma de sanção disciplinar. Esse regime de disciplina carcerária especial tem o maior grau de isolamento e a restrição de alguns direitos do preso como suas características. A criação desse regime deu-se pela alegação, feita pelo Estado de São Paulo, de que combateria o crime organizado. Segundo o art. 52 da LEP [...], aplica-se o RDD aos presos, provisórios ou condenados, que pratiquem crime doloso, que subverta a ordem ou disciplina; ou apresentem alto risco para a ordem e segurança do estabelecimento penal ou da sociedade; ou, ainda, sejam suspeitos de envolvimento ou participação em organizações criminosas, quadrilha ou bandos.

[801] "Regras mínimas das Nações Unidas para o tratamento de presos. [...]. Trabalho. Regra 96. 1. Os presos condenados devem ter a oportunidade de trabalhar e/ou participar ativamente de sua reabilitação, sendo esta atividade sujeita à determinação, por um médico ou outro profissional de saúde qualificado, de sua aptidão física e mental. 2. Trabalho suficiente de natureza útil deve ser oferecido aos presos de modo a conservá-los ativos durante um dia normal de trabalho. Regra 97. 1. O trabalho na prisão não deve ser de natureza estressante. 2. Os presos não devem ser mantidos em regime de escravidão ou servidão. 3. Nenhum preso será solicitado a trabalhar para beneficiar pessoal ou privativamente qualquer membro da equipe prisional. Regra 98. 1. Quando possível, o trabalho realizado deve manter ou aumentar a habilidade dos presos para que possam viver de maneira digna após sua liberação. 2. Os presos devem receber treinamento vocacional, em profissões úteis, das quais possam tirar proveito, especialmente os presos jovens. 3. Dentro dos limites compatíveis com a seleção vocacional apropriada e das exigências da administração e disciplina prisional, os presos devem poder escolher o tipo de trabalho que gostariam de exercer. Regra 99. 1. A organização e os métodos de trabalho nas unidades prisionais devem ser os mais parecidos possíveis com aqueles realizados fora da unidade, para, dessa forma, preparar os presos para as condições de uma vida profissional normal. 2. Os interesses dos presos e de seu treinamento vocacional, entretanto, não devem ser subordinados à obtenção de lucro financeiro por uma atividade dentro da unidade prisional. Regra 100. 1. As indústrias e explorações agrícolas, preferencialmente, devem ser operadas diretamente pela administração prisional e não por contratantes privados. 2. Se o local onde os presos estiverem trabalhando não estiver sob o controle da administração prisional, devem sempre permanecer sob a supervisão dos agentes prisionais. A menos que o trabalho seja para outros departamentos do governo, o salário normal deve ser pago à administração prisional pelas pessoas para as quais o trabalho é executado, levando em consideração a produtividade dos presos. Regra 101. 1. As precauções fixadas para proteger a segurança e a saúde dos trabalhadores livres devem ser igualmente observadas nas unidades prisionais. 2. Devem-se adotar procedimentos para indenizar os presos por acidentes de trabalho, inclusive por enfermidades provocadas pelo trabalho, em termos não menos favoráveis que aqueles estendidos pela lei a trabalhadores livres. Regra 102. 1. O número máximo de horas trabalhadas, por dia e por semana, pelos presos deve ser fixado em lei pelo regulamento administrativo, levando em consideração as normas e os costumes locais em relação ao emprego de trabalhadores livres. 2. As

13.3. Da especificidade do trabalho penitenciário

Por expressa vedação legal, o apenado que cumpre regime de trabalho regulado pela Lei de Execução Penal não está sujeito ao regime da Consolidação das Leis do Trabalho (artigo 28, parágrafo 2º, da Lei de Execução Penal)[803] porque ele não contrata livremente com seu empregador (exceto no regime aberto);[804] no entanto, isso não importa dizer que o trabalhador penitenciário não possui direitos constitucionalmente assegurados aos trabalhadores, com a

---

horas fixadas devem permitir um dia de descanso por semana e tempo suficiente para o estudo e para outras atividades exigidas como parte do tratamento e reinserção dos presos. Regra 103. 1. Deve haver um sistema de remuneração igualitária para o trabalho dos presos. 2. Dentro do sistema, os presos deverão ter permissão para gastar pelo menos parte do que ganharem em artigos aprovados para uso próprio e para enviar uma parte de seus ganhos para sua família. 3. O sistema deve também possibilitar que uma parte dos ganhos seja reservada pela administração prisional para constituir um fundo de poupança a ser destinado ao preso quando da sua liberação".

[802] Noticia-se, *en passant*, que o PL 513/2013 visa à alteração (e à atualização) de vários artigos da LEP, entre os quais os que se referem ao trabalho (Capítulo III, Seção I). Assim, por exemplo, entre várias inovações, destacam-se: (i.) os estabelecimentos penais serão compostos de espaços reservados para atividades laborais; (ii.) as empresas contratantes de mão de obra de presos e egressos receberão incentivos fiscais (ou de outra natureza) desde que se responsabilizem a contratar percentual de egressos; (iii.) será incentiva a construção de espaços produtivos, galpões de trabalho ou similares dentro dos estabelecimentos penais; (iv.) a remuneração do trabalho do preso não será inferior ao salário mínimo; (v.) haverá incentivos para a educação e profissionalização da população carcerária; a pessoa privada de liberdade será incentivada (não mais obrigada) ao trabalho na medida de suas aptidões e capacidades; e (vi) será incentivada a produção de alimentos dentro do estabelecimento penal, com estímulo ao trabalho interno do apenado.

[803] "2. A CF sintetizou em seu conteúdo o entendimento acerca da autodeterminação do ser humano, dentre outras formas, por meio de seu próprio esforço e trabalho, culminando na sua dignificação. Tanto assim o fez que estabeleceu também como fundamento da ordem econômica a valorização do trabalho humano (art. 170 da CF). 3. Em atenção aos comandos constitucionais relativamente aos direitos e garantias fundamentais e visando ao implemento das finalidades preventivas e repressivas da sanção penal, o trabalho surge como dever social e elemento consagrador da dignidade da pessoa humana (art. 28 da LEP). 4. Definitiva a condenação e iniciado o cumprimento de pena, estabelece-se entre o apenado e o Estado-juiz uma nova relação jurídica, regulamentada pelas normas constantes da LEP. 5. O trabalho desempenhado pelo apenado não possui natureza de relação de trabalho a suscitar a competência da justiça trabalhista (art. 114 da CF), de forma que atenta a lei federal o aresto impugnado. 6. 'O trabalho do preso não está sujeito ao regime da Consolidação das Leis do Trabalho' (art. 28, § 2º, da LEP). 7. Recurso parcialmente conhecido e, nessa extensão, provido para determinar a competência da justiça comum" (STJ, RESP 1124152/DF, 1ª T, Rel. Min. Arnaldo Esteves Lima, j. 9.11.10).

[804] O PL 513/2011, de autoria do sen. Vicentinho Alves (PR/TO) – e tendo como relator atual o sen. Paulo Paim (PT/RS) –, prevê normas gerais para uma possível parceria público-privada para a construção e administração de estabelecimentos penais. O projeto abrange o gerenciamento de locais tanto para aqueles que cumprem pena propriamente dita como também para os presos provisórios. Importa ressaltar que não haverá exclusão de tipo algum de penalidade: todos os regimes estão enquadrados no projeto. Para que isso ocorra, deverá haver concessão administrativa precedida por licitação. Ainda, os maiores cargos de cada estabelecimento (diretor e vice-diretor) só podem ser preenchidos por funcionários públicos de carreira, sendo vedada, mesmo tendo em vista o caráter liberal da parceria, que qualquer outra pessoa exerça tais atividades. A ementa do projeto especifica: "o concessionário disponibilizará e manterá para os presos assistência jurídica; acompanhamento médico, odontológico e nutricional; programas de ensino fundamental, de capacitação profissional e de esporte e lazer; corpo técnico para a elaboração e execução dos programas de individualização de pena; e programa de atividades laborais". Então, faz-se mister aduzir que, no que tange às atividades laborais destacadas pelo legislador, é flagrantemente inconstitucional (art. 7º, CF) a disponibilização de liberdade plena para com a exploração do lavor dos cumpridores de pena (ver arts. 10 e segs., PL 513/2011). Sendo assim, é reprovável a posição de o setor privado poder interferir (ou pior, administrar) estabelecimentos penais, na medida em que é dever do Estado zelar pelas garantias constitucionais e pelos Direitos Humanos, estes claramente ignorados no PL. Além disso, basta a leitura da primeira sentença do art. 10 do projeto em questão para perceber-se que, caso este entre em vigor, "o concessionário terá liberdade para explorar o trabalho dos presos".

devida adequação àquilo que estatui o artigo 7º da Constituição Federal.[805] Ainda, o presidiário pode ser beneficiário da Previdência Social, facultativamente, de acordo com o Decreto 7.054/09 (que manteve a redação empregada pelo inciso XI do parágrafo 1º do artigo 11 do Decreto 3.048/99).[806] Com relação às normas de proteção da saúde, não há qualquer diferenciação do trabalhador apenado para o comum, devendo ser obedecidos os mesmos métodos e organizações de proteção da higiene e da saúde para ambos (artigo 28, parágrafo 1º, da Lei de Execução Penal).[807] Isso implica reconhecer que a utilização de Equipamentos de Proteção Individual é obrigatória, sendo um dever da Administração Pública (ou do responsável pela administração do presídio) fornecê-los. Mais: as atividades que, em decorrência de sua natureza, recebem adicional de periculosidade, ensejam em adicional de remuneração, em igual quantidade dos valores recebidos pelo preso ou, análoga e proporcionalmente, em aumento dos dias de remição conferidos ao apenado.[808]

No mesmo passo, sendo o gozo de férias remuneradas uma das mais relevantes conquistas trabalhistas, nada obsta que se as estenda ao trabalho prisional, dado que o repouso é uma necessidade, cuja observância dificulta sobremaneira a fadiga e, com isso, os acidentes de trabalho. Não há qualquer obstáculo que o descanso se dê no próprio sistema prisional, de modo intercalado ou prolongado, ou que o condenado não possa afastar-se, temporariamente, do local em que executa a atividade. Por óbvio, "o trabalho realizado ano após ano sem o período de descanso detém uma possibilidade maior de causar acidentes. O Estado, ao possuir a custódia do indivíduo, deveria guiar o trabalho de forma que a integridade física e psíquica do apenado não seja abalada. Assim, deveriam ser concedidas férias anuais para os apenados trabalhadores".[809] Com efeito, o repouso deve ser estendido aos condenados, até mesmo em virtude da dignidade da pessoa humana. Além disso, a jornada normal de trabalho não será inferior a seis nem superior a oito horas (poderá,

---

805 "[...] não há outra conclusão senão a de reconhecer aos presos todos os direitos contidos no art. 7º da CF ou, no mínimo, que haja compensação correspondente. São eles: décimo terceiro salário (inc. VIII) ou, no mínimo, por analogia, um mês a mais de remição de pena; remuneração do trabalho prisional noturno (eventualmente realizado) superior à do diurno (inc. IX) ou mesmo, por analogia, remição por trabalho noturno superior à do diurno; repouso semanal remunerado (inc. XV) ou remido; gozo de férias anuais remuneradas com, pelo menos, um terço a mais do que o salário normal (inc. XV) ou remido; gozo de férias anuais remuneradas com, pelo menos, um terço a mais do que o salário normal (inc. XVII) ou, por analogia, com um terço a mais de remição da pena; licença da atividade laboral durante 180 dias para as presas gestantes (inc. XVIII c/c art. 1º da Lei n. 11.770/2008), devendo tal princípio ser necessário para fins de remição (art. 9º da Resolução do Conselho Nacional de Política Criminal e Penitenciária n. 04/2009); licença-paternidade (inc. XIX) com o cômputo da remição, sempre que possível a saída do preso do estabelecimento (ex.: visita temporária); aviso prévio (inc. XXI) proporcional ao tempo de trabalho prisional, sendo no mínimo de trinta dias, a fim de que o preso tenha tempo para buscar outro trabalho, de modo a não interromper a fruição da remição; e, por fim, adicional de remuneração (ou no mínimo adicional de remição) para as atividades penosas, insalubres ou perigosas (inc. XXIII)" (ROIG, Rodrigo Duque Estrada, p. 166-7).

806 TRF3, AC 1336155-0019666-25.2005.4.03.6100, 1ª T, Rel. Carlos Francisco, j. 3.10.17.

807 AVENA, Norberto, 2015, p. 48.

808 Na atribuição do trabalho, deve-se levar em conta a aptidão pessoal e as necessidades futuras do condenado, bem como as oportunidades oferecidas pelo mercado (art. 32, *caput*). Os maiores de 60 anos, os doentes e os deficientes físicos exercerão atividades apropriadas à idade ou às condições físicas (art. 32, §§ 2º e 3º).

809 OLIVEIRA, Laura Machado, p. 116.

eventualmente, ser inferior nos casos em que a jornada tenha sido imposta pela administração penitenciária da unidade[810]), com descanso nos domingos e feriados, podendo haver atribuição de horário especial de trabalho aos presos designados para os serviços de conservação e manutenção do estabelecimento penal (parágrafo único do artigo 33 da Lei de Execução Penal).[811] Afinal, em face da execução provisória da sentença penal condenatória, não obsta possa o preso provisório se submeter ao trabalho, "exercendo a faculdade legal (artigo 31, parágrafo único, da Lei de Execução Penal) de modo a alcançar a possibilidade de remição (artigo 126 da Lei de Execução Penal)".[812]

13.4. Do acidente de trabalho: artigo 50 da Lei de Execução Penal: falta grave

A execução de pena privativa de liberdade, nos termos do artigo 47 da Lei de Execução Penal, deverá ocorrer em estabelecimento dirigido pela autoridade administrativa (administração carcerária) competente, a quem caberá, em face das disposições regulamentares da casa prisional, o exercício do poder disciplinar. As faltas disciplinares classificam-se em leves, médias e graves, sendo que cabe à legislação estadual especificar as leves e médias, bem assim as respectivas sanções (artigo 49, *caput*, da Lei de Execução Penal).[813] Por seu turno, o artigo 50 define os comportamentos que são considerados como faltas

[810] "1. Ao interpretar os arts. 33 e 126 da Lei 7.210/84, denota-se que a remição ocorre na razão dos dias efetivamente trabalhados – e não das horas laboradas –, sendo que a contagem de tempo deverá ser efetuada conforme o binômio 1 dia de pena/3 dias trabalhados, exigindo-se, para cada dia a ser remido, o trabalho de, no mínimo, 6 e, no máximo, 8 horas. Precedentes. 2. Muito embora a remição da pena pelo trabalho seja um direito do condenado, é necessário que sejam observados os parâmetros ditados pela norma, que são o mínimo de 6 e o máximo de 8 horas diárias, com a remição de 1 dia a cada 3 de trabalho, conforme se pode observar da leitura dos seguintes arts. da Lei 7.210/84. 3. Não se desconhece que a 2ª T. do STF, em recente julgado, firmou posicionamento segundo o qual é obrigatório o cômputo de tempo de trabalho nas hipóteses em que o sentenciado, por determinação da administração penitenciária, cumpra jornada inferior ao mínimo legal de 6 (seis) horas, vale dizer, em que essa jornada não derive de ato insubmissão ou de indisciplina do preso, diante dos princípios da segurança jurídica e da proteção da confiança, que tornam indeclinável o dever estatal de honrar o compromisso de remir a pena do sentenciado, legítima contraprestação ao trabalho prestado por ele na forma estipulada pela administração penitenciária, sob pena de desestímulo ao trabalho e à ressocialização (R*HC* 136509, Rel. Min. Dias Toffoli, 2ª T., j. 4/4/17, [...]). 4. Referido entendimento – que excepcionalmente afasta a regra contida na disposição legal – aplica-se, no entanto, somente aos casos em que a jornada tenha sido imposta pela administração penitenciária da unidade. 5. Decisão monocrática mantida por seus próprios fundamentos. 6. Agravo regimental improvido" (STJ, ARHC 390.755/MG, 6ª T, Rel. Min. Nefi Cordeiro, j. 10.10.17).

[811] "[...]. O *parquet* impugnou as atividades que não observam o descanso semanal e a remição pelo trabalho de artesanato. 2. Nos termos do art. 33, § único, da LEP, é possível observar horários especiais para os serviços de conservação e manutenção do estabelecimento penal, porém, não se pode excluir o descanso semanal e feriados, somente realizar escalas, gozando de tal benefício em dia diverso. Provido o recurso neste ponto. 3. A LEP não veda a realização de trabalho artesanal, somente o desestimula se não houver fins econômicos. No caso concreto, mostra-se desarrazoado negar aos presos a realização de tal trabalho e consequente remição, tendo em vista as condições socioeconômicas do País. Recurso parcialmente provido" (TJRS, AGE 70074320888, 3ª CC, Rel. Ingo Sarlet, j. 18.10.17).

[812] MARCÃO, Renato, 2019, p. 61.

[813] "As duas primeiras devem ser definidas pela legislação estadual, desde que se trate, evidentemente, de penitenciária estadual" (AVENA, Norberto, p. 81).

graves, entre os quais o previsto no inciso IV, qual seja: "provocar acidente de trabalho".

Questiona-se, aqui, a opção do legislador na redação desse dispositivo, visto que se deve entender por acidente um acontecimento causal, infortúnio,[814] não sendo concebível que o apenado seja responsabilizado por algo que não deu causa intencionalmente. Desse modo, a única interpretação possível para essa previsão é de que só pode ser considerada falta grave a ação do preso que simule um acidente, agindo dolosamente para que o resultado seja um falso acidente de trabalho. Portanto, "o verbo provocar tem mais o sentido de produzir, promover, que implica a ideia de desejar que ocorra alguma coisa. Se o legislador quisesse prever também a 'provocação culposa' do acidente de trabalho, seria expresso na descrição do fato culposo, cominando para ele sanções menos severas".[815] Por óbvio, cuida-se de falta grave tão somente a conduta intencional que visa a produzir o acidente de trabalho; dessa forma, "prática de culposa não é compatível [...] com a caracterização da falta grave".[816] A mais disso, a falta, *in casu*, "independe da produção de dano ao patrimônio do presídio ou a materiais empregados na confecção do trabalho, bem como da provocação de ferimentos no próprio apenado ou em terceiro. Basta [...] a ocorrência do acidente de trabalho intencionalmente causado".[817] É desimportante para a caracterização da falta se o trabalho é interno ou externo, porquanto o inciso IV do artigo 50 da Lei de Execução Penal não exige ou estabelece tal distinção.[818] Por fim das contas, o preso que não puder prosseguir no trabalho, em razão de acidente, continuará a beneficiar-se com a remição (artigo 126, parágrafo 4º, da Lei de Execução Penal).[819]

---

[814] MARCÃO, Renato, 2019, p. 188.

[815] MIRABETE, Julio Fabbrini; FABBRINI, Renato N., 2018, p. 141. Por outro prisma, "ainda que possível considerar falta grave um acidente, somente a forma dolosa seria abstratamente admitida. Mesmo assim, esbarraríamos na discussão sobre a dupla punição (criminal e administrativa) pelo mesmo fato, e sua correspondente colidência com o princípio *ne bis in idem*. Seja como for, a provocação culposa do sinistro não pode representar nada além do que um ilícito civil, cuja punição limita-se à reparação patrimonial dos danos causados, tendo em vista que não se pune penalmente (nem se deve punir disciplinarmente) o dano culposo. Ainda que o acidente culposo provoque lesão corporal ou morte, tal conduta não pode configurar falta grave, por força do princípio da legalidade, considerando que a 1ª parte do art. 52 da LEP indica como falta grave apenas a prática de fato previsto como crime doloso, não culposo" (ROIG, Rodrigo Duque Estrada, p. 213-4).

[816] AVENA, Norberto, p. 86.

[817] AVENA, Norberto, p. 86.

[818] AVENA, Norberto, p. 86.

[819] "2. Somente o preso que fique impossibilitado, por acidente, de prosseguir no trabalho ou nos estudos continuará a beneficiar-se com a remição, nos termos do § 4º do art. 126 da LEP. Aquele que nem sequer iniciara o trabalho para a remição, mesmo que não tenha capacidade laborativa em razão de sua invalidez, não pode obter o benefício de maneira fictícia. 3. *Habeas corpus* não conhecido" (STJ, *HC* 261.514/SP, 6ª T, Rel. Min. Sebastião Reis Júnior, j. 19.8.14). No mesmo sentido, QUEIROZ, Paulo, 2018, p. 521.

Capítulo 14

Do direito extrapenal

14.1. As relações produtivas no Direito Civil

Apesar das altas cifras relacionadas a acidentes ou doenças do trabalho, alguns teóricos evitam a expressão luta de classes. Entretanto, esses números revelam uma verdadeira guerra entre dois setores sociais diametralmente opostos. Em razão disso, acrescer algum argumento sociológico foge ao objetivo central do estudo, mas permitiria uma visão do embate generalizado, no qual diversos segmentos sociais enfrentam-se. Assim exemplifica a Ação Rescisória 0100300-22.2009.5.04.0000,[820] demonstrando que o número de acidentes com trabalhadores terceirizados costuma ser superior aos ocorridos com empregados formalizados.

Em ações de indenização por dano moral decorrente de acidentes e doenças de trabalho, incidem os preceitos do direito civil, especialmente quanto ao tema da "responsabilidade civil".[821] Percebe-se que esse ramo do direito já está modificado pelos novos paradigmas do direito constitucional, o que leva Judith Martins-Costa a utilizar a expressão "reconstrução" do direito civil.[822] Outros autores preferem a expressão, mais habitual, "direito civil constitucionalizado".

Pietro Perlingieri afirma que a locução "revisão dos institutos do direito civil à luz da Constituição" pode proporcionar um caráter ambíguo; porém, esse desconforto não deve afastar o uso da expressão em virtude da imperiosidade de se "evitar que a Constituição seja lida e interpretada à luz da lei ordinária", por um jurista "acrítico e insensível ao projeto abrangente da sociedade".[823]

---

[820] TRT/4, 2ª SDI, AR 0100300-22.2009.5.04.0000, j. 27/8/10.

[821] "O sentido que se confere aos danos extrapatrimoniais deve ser revestido de conteúdo satisfativo, ou seja, uma situação em que a vítima possa sentir, em sua intimidade, que sua pretensão indenizatória foi satisfatoriamente tutelada pela ordem jurídica, em decorrência da concessão do valor indenizatório adequado. A maioria dos autores brasileiros, como os estrangeiros, admite o caráter satisfativo ou compensatório dos danos morais, ao contrário do caráter indenizatório da reparação dos danos patrimoniais, que possuem um sentido de reposição ao *status quo ante*, ou seja, a reconstituição integral do patrimônio material violado [...]. Ao adotar os princípios de satisfação, bem como os da compensação dos danos morais, o legislador não inseriu no texto legal a pretensão punitiva; *a contrario sensu*, separou de forma precisa a responsabilidade civil da penal, como se deduz da leitura do art. 935 do CC" (REIS, Clayton, 2010, p. 164-5).

[822] MARTINS-COSTA, Judith, 2002.

[823] PERLINGIERI, Pietro, 2008, p. 2.

A própria doutrina brasileira refere-se ao Código Civil atual como inserido entre "os modelos mais avançados", nas palavras de Eugenio Facchini Neto.[824] Na lista de inovações, assinalam-se os artigos 186, 187, 404, 421, 422, 927, parágrafo único, entre outros. O artigo 404 prevê a reparação completa, com indenização, incluindo expressamente honorários de advogados. De modo curioso, nas reclamatórias típicas sobre as matérias trabalhistas originárias, somente cabem honorários quando presente a Credencial Sindical, o que é desnecessário nas ações de indenização por dano moral, na competência agora ampliada.[825] Quanto ao parágrafo único do artigo 927, já foi previsto por Roger Silva Aguiar que este, "quando for compreendido, em toda sua extensão [...] certamente será percebido como uma das mais ousadas alterações produzidas pelo legislador de 2002, dada a magnitude de sua proposta".[826] Diante dessas inovações do Código Civil, recordem-se algumas observações mais amplas e profundas, segundo as quais o parágrafo único do artigo 927 poderia ser entendido como verdadeira cláusula geral de responsabilidade objetiva;[827] e, mais

---

824 FACCHINI NETO, Eugenio, 2003, p. 198.

825 Até o primeiro semestre de 2012, permaneceu essa contradição, uma vez que ainda não foram alteradas a IN 27 e a Súmula 219, ambas do TST.

826 AGUIAR, Roger Silva, 2007, p. 45. A regra – para a responsabilização patronal, por danos materiais ou morais – é, em muitas atividades, ser subjetiva; deve, portanto, haver comprovação da culpa do empregador pelo acidente. Sem embargo, o TST entendeu que, em casos cuja atividade envolve alto risco, a responsabilidade é objetiva, não havendo, assim, a necessidade de comprovação da culpa do empregador. De acordo com recente decisão do TST, "uma interpretação teleológica do comando inserto no § único do art. 927 do CC, afinada à concepção histórica da teoria da responsabilidade objetiva, permite concluir que o conceito de atividade de risco não se aquilata necessariamente à luz da atividade empresarial em si, conforme o respectivo objeto estatutário: apura-se tendo os olhos fitos também no ofício executado em condições excepcionalmente perigosas, expondo o empregado a risco acima do normal à sua incolumidade física" (TST, AI 1512855420085160013, Rel. Min. João Dalasen, 4ª T., j. 16.12.15).

827 "Indenização por dano moral. Motorista. Responsabilidade objetiva. – Esta Corte tem admitido a aplicação da teoria da responsabilidade civil objetiva do empregador, prevista no art. 927, § único, do CC, quando ocorrer danos decorrentes do exercício da atividade de risco. No caso, trata-se de empregado, motorista, hipótese em que o risco é inerente a essa atividade. RR de que se conhece e a que se dá provimento" (TST, RR 11237-36.2013.5.18.0103, Rel. Min. João Pereira, 5ª T., j. 24.8.16). "Indenização por danos morais e materiais. Pensionamento e lucros cessantes. Acidente do trabalho. Vítima fatal de ataque da facção "PCC". Exercício de vigilância. Função distinta da que fora contratado. Posto de combustíveis. Responsabilidade do empregador. 1. O novo CCB manteve, como regra, a teoria da responsabilidade civil subjetiva, calcada na culpa. Inovando, porém, em relação ao CC de 1916, passou a prever, expressamente, a responsabilidade civil objetiva do empregador, com fundamento no risco gerado pela atividade empresarial (art. 927, § único, do CC). Tal acréscimo apenas veio a coroar o entendimento de que os danos sofridos pelo trabalhador, em razão da execução do contrato de emprego, conduzem à responsabilidade objetiva do empregador, quando a atividade do empregado é considerada de risco. 2. [...], é inafastável a constatação de que a atividade do filho do autor, seja no exercício das funções de frentista, seja quando fora deslocado para funcionar como o responsável a acionar a polícia no caso de ataque da facção criminosa "PCC", reveste-se de risco flagrantemente acentuado, porquanto expõe o empregado à probabilidade da ocorrência de diversas modalidades de sinistro, especialmente os crimes praticados contra o patrimônio da empresa. Conquanto a segurança pública constitua dever do Estado, tal circunstância não ilide, no caso, a responsabilidade do empregador, porquanto o risco gerado decorre da própria atividade do empregado cuja força de trabalho era explorada. A incomum situação descrita nos autos em que o filho do autor acabou como uma das vítimas fatais do ataque — previamente divulgado na imprensa – da facção criminosa PCC ao posto de combustíveis durante a sua jornada de trabalho enseja, portanto, o reconhecimento da responsabilidade objetiva do empregador pelos danos morais daí advindos, na forma do art. 927, § único, do CC. Precedentes. 3. Caracterizada a responsabilidade da empresa pela morte do filho do autor da presente reclamatória tanto pela teoria da responsabilidade objetiva – atividade de risco – quanto pela teria da responsabilidade subjetiva – culpa por omissão decorrente da não observância do dever geral de cautela ao deslocá-lo da atividade de frentista para a de único defensor do patrimônio da em-

ainda, afirmou-se que: "agora, quem exerce atividade que implique risco diferenciado aos direitos de outrem, deverá reparar o dano independente de culpa. Isso porque a sociedade é livre, quando tolera o exercício de atividades lícitas, ainda que perigosas ou que induzam riscos aos direitos de outrem. A sociedade é justa, quando agrega o fator responsabilidade a essa liberdade. Por fim, é solidária, quando, nesses casos, em havendo lesão, impõe diluição do risco e o pleno ressarcimento da vítima, atribuindo ao praticante da atividade o dever de reparar os prejuízos que dela advieram, sem necessidade de qualquer investigação culposa de sua parte".[828]

Em tempos de tantas evoluções, é viável o reestudo de muitos institutos. Daniela Courtes Lutzky chega a utilizar a expressão "erosão" do conceito de culpa;[829] a seu turno, Cláudio Brandão, Ministro do Tribunal Superior do Trabalho, vale-se da noção de "alargamento" e "ampliação" desse conceito de

---

presa – e comprovados, no caso em comento, o dano e o nexo de causalidade, conclui-se que o TR, ao deferir a pretensão do reclamante sob o fundamento de que resultou demonstrada a culpa do empregador, proferiu decisão em estrita observância ao preceituado no art. 7º, XXVIII, da CR. 4. RR não conhecido. Indenização por danos morais e materiais. Morte de empregado. Vítima de possível ataque de facção criminosa. R$ 180.000,00 (cento e oitenta mil reais). Pensão mensal no valor de R$ 530,00 (quinhentos e trinta reais) mensais até a data em que a vítima completaria 72 anos de idade. *Quantum* indenizatório" (TST, RR 133700-81.2007.5.02.0443, Rel. Min. Marcelo Pertence, 1ª T., j. 9.3.16). "[...]. Indenizações por danos material e moral. Acidente de trajeto. Ausência de nexo causal com o trabalho. Indevidas. O acidente de trajeto não guarda relação direta com o trabalho e não atrai a responsabilidade civil do empregador, senão apenas a previdenciária, objetiva e de espectro mais amplo. [...]. Assim, além de entender indispensável a caracterização da culpa para o surgimento do dever patronal de indenizar, em conformidade com o disposto no art. 7º, XXVIII, da CF (salvo nas hipóteses em que o trabalhador exerça atividade de risco, em que entendo aplicável a teoria do risco de que trata o § único do art. 927 do CC, tornando objetiva a responsabilidade do empregador e dispensando o exame da culpa na ocorrência do evento danoso, o que não é o caso), tenho que, no presente feito, a inexistência de nexo de causalidade entre o infortúnio e o trabalho para fins de responsabilidade civil do empregador, [...], afasta qualquer espécie de responsabilidade que pudesse ser atribuída à demandada, seja ela subjetiva ou objetiva, de modo que o recurso não é de ser provido quanto às indenizações por danos material e moral. Nego provimento. [...]" (TRT4, 0001429-22.2013.5.04.0030, Rel. João Lucena, 8ª T., j. 17.3.16).

828 MARANHÃO, Ney Stany Morais, 2010, p. 294. Anota-se o seguinte caso: "acidente de trabalho. Indenização por danos materiais e morais. I. [...], a Corte Regional entendeu que 'a atividade de ordenha de vacas não traz inerente o risco, não sendo o caso de se aplicar o disposto no art. 927, § único, do CC'. Registrou que, 'afastada a aplicação da responsabilidade objetiva, era necessária a prova da culpa da reclamada no ocorrido, mas essa prova não veio aos autos'. Considerou que, 'embora o reclamante tenha afirmado que houve culpa pelo fato de o reclamante não lhe ter fornecido equipamentos de proteção adequados, é certo que não há um equipamento capaz de evitar o coice de uma vaca' e que 'é de se concluir que ocorreu um caso fortuito que, infelizmente, fez com que o autor se acidentasse'. II. Não se divisa violação do art. 927, § único, do CC. No direito do trabalho, a responsabilidade do empregador é, em regra, subjetiva (art. 7º, XXVIII, da CF), de modo que a correspondência com a norma civil deve ser feita com o art. 186 do CC de 2002 (responsabilidade subjetiva), e não com o art. 927, § único, do mesmo diploma legal (responsabilidade objetiva pela teoria do risco). Ademais, não consta do acórdão regional nenhuma informação de que a Reclamada desenvolve atividade de risco. Ao contrário, a Corte Regional consignou que 'a atividade de ordenha de vacas não traz inerente o risco, não sendo o caso de se aplicar o disposto no art. 927, § único, do CC'. III. A decisão regional não viola, mas foi proferida em conformidade com o art. 936 do CC, porquanto o Tribunal de origem concluiu que, no presente caso, 'ocorreu um caso fortuito que, infelizmente, fez com que o autor se acidentasse'. IV. Os arestos apresentados pelo Recorrente não servem para demonstração de divergência jurisprudencial (Súmula 296 do TST e art. 896 da CLT). V. Recurso de revista de que não se conhece" (TST, RR 63300-97.2009.5.18.0161. Rel. Min. Fernando Ono, 4ª T., j. 4.2.15). Registra-se, diferentemente, a decisão que houve por bem entender como acidente de trabalho a queda de cavalo: TRT/RS, 0000230-51.2012.5.04.0821, Rel. Ricardo Fraga, 3ª T., j. 28.4.15.

829 LUTZKY, Daniela Courtes, 2012, p. 109.

culpa.[830] Dessa forma, a noção de "culpa", no tema da responsabilidade civil, tem demonstrado reiteradamente sua "insuficiência", levando José Jairo Gomes a perceber que ela nem sempre esteve presente. A "culpa" teve relevância, acima de tudo, na Idade Média e no período posterior, com a construção de uma visão mais racional e a defesa do "individualismo", necessários ao modelo social e econômico que superou o sistema medieval.[831]

Acerca do desenvolvimento do conceito de "culpa", ao longo da história, houve alguns avanços e retrocessos. Antigamente, como afirma Giselda Maria F. Novaes Hironaka, o "direito romano, mesmo após ter estabelecido uma noção aquiliana de responsabilidade, lida com a noção de culpa apenas de forma acidental, porque esse dever de reparação é estabelecido em função da existência do dano, e não em função prioritariamente da existência da culpa. O panorama muda depois que o pensamento cristão toma conta de todo o pensamento e da maior parte das instituições medievais".[832] Ainda para a autora, há, durante a idade média, uma verdadeira subordinação do direito à religião e à moral cristãs; e é então que a responsabilidade – e não a responsabilidade civil, ainda inexistente – será, pela primeira vez, concebida com fundamento na culpa; a mais disso, assinala também que "a ética cristã – uma ética identificada à moral – é impensável sem a idéia de culpa".[833] Sob o título de "erosão da culpa como filtro da reparação", Anderson Schreiber exemplifica, com situações concretas, que "[...] a proliferação das presunções de culpa, as alterações no método de aferição da culpa, a ampliação dos deveres de comportamento em virtude da boa-fé objetiva, e outros expedientes semelhantes vêm contribuindo, de forma significativa, para a facilitação da prova da culpa, hoje não mais uma *probatio diabolica*".[834]

Na esfera penal, em outro debate necessário e possível, Antoine Garapon revelou dúvidas de que a punição estatal seja o sucedâneo ou substituto da vingança pessoal. Juiz de Menores, na França, ele buscou pesquisas de Marcel Mauss, para quem "a punição do Estado tem raízes religiosas e sagradas". Diferentemente de vingar pessoal e diretamente, "punir não se entende como um acto de defesa – paradigma da guerra – mas de purificação – paradigma do sagrado".[835] A finalidade é manter íntegra a sociedade, cujas regras foram violadas. Contudo, analisando-se, através do prisma temático deste artigo, os elevados números de acidentes no trabalho contrastam com essa perspectiva. Diante desses números e, sobretudo, dessa realidade – que se mostra difícil de ser superada –, tudo há de ser pensado. O colaborador desta obra tem participado de iniciativas tendentes à ampliação da competência da Justiça do Trabalho para a matéria penal, especialmente em casos de acidentes de

[830] BRANDÃO, Cláudio, 2006, p. 244.
[831] GOMES, José Jairo, 2005, p. 227, 229 e 230.
[832] HIRONAKA, Giselda Maria F. Novaes, 2005, p. 77.
[833] HIRONAKA, Giselda Maria F. Novaes, p. 77.
[834] SCHREIBER, Anderson, 2011, p. 51.
[835] GARAPON, Antoine; GROS, Frederic; PECH, Thierry, 2001, p. 17.

trabalho.[836] Na futura e provável competência ampliada da Justiça do Trabalho, José Eduardo de Resende Chaves Júnior propõe: "a assunção de competência penal pela Justiça do Trabalho, considerando a 'alienidade' do trabalho humano, e sem abrir mão das conquistas trazidas pelo garantismo penal, deve focar sua atuação na proteção da segurança e da saúde no trabalho, da liberdade sindical e dos direitos sociais, como bens jurídicos tutelados pelo ordenamento penal do trabalho".[837] Detalhando tais proposições, o autor ainda assinala: "por essas características, o delito penal comum e tradicional deve ser mais focado no resultado do que na conduta, ao passo que o delito penal trabalhista se foca mais na operacionalidade da conduta, pois, ao contrário do delito comum, o resultado não será produto de uma ação fortuita, de uma emoção incontida ou de uma necessidade fisiológica ou humana, mas, sim, de uma estratégia gerencial ou administrativa para potencializar ganhos econômicos".[838] Entre tantos que defendem a conveniência dessa ampliação da competência, recorde-se Antônio Álvares da Silva,[839] um dos precursores, no país, a sustentar esse entendimento.

Outro aperfeiçoamento no ordenamento jurídico-civil brasileiro trata da elaboração da teoria objetiva sobre a responsabilidade por danos extracontratuais. De há muito, em algumas circunstâncias, superou-se a teoria subjetiva, descabida para muitas situações analisadas, exigindo-se o preenchimento de maiores requisitos. Conhece-se, até mesmo, o julgamento do ano de 1897, que cuidava, exatamente, de acidente de trabalho, na França.[840]

Do mesmo modo, um importante avanço legislativo no Brasil está por merecer o devido destaque: trata-se da nova redação, realizada em 2006, para o artigo 21-A da Lei 8.213, a qual introduziu a noção de "nexo técnico epidemiológico".[841] Acima de tudo, o nexo técnico epidemiológico (NTEP) é uma expe-

---

[836] Notícia de iniciativa do Senador Paulo Paim, com a presença do colaborador do presente livro – Ricardo Carvalho Fraga. É preciso, além disso, recordar que, no presente, tramita no Congresso Federal a PEC 42/2005, de autoria do Senador Paulo Paim, que visa a alterar o inc. I do art. 109, bem como o inc. VI e o § 2° do art. 114 da CF. O projeto tem por objetivo atribuir à Justiça do Trabalho o processamento e o julgamento de acidentes de trabalho que possam ser imputados ao empregador. Recentemente, a PEC teve seu parecer aprovado pela CCJ do Senado Federal e segue para votação, em dois turnos, no Plenário do Senado Federal.

[837] CHAVES JÚNIOR, José Eduardo de Resende, p. 137.

[838] CHAVES JÚNIOR, José Eduardo de Resende, p. 137.

[839] SILVA, Antônio Álvares da, 2005, p. 161.

[840] GOMES, José Jairo, 2005, p. 232. A mesma notícia em Paulo de Tarso Sanseverino, 2010, p. 145-94, sobre o desenvolvimento do tema, na França, especificamente sobre acidentes de trabalho.

[841] Art. 21-A. A perícia médica do Instituto Nacional do Seguro Social (INSS) considerará caracterizada a natureza acidentária da incapacidade quando constatar ocorrência de nexo técnico epidemiológico entre o trabalho e o agravo, decorrente da relação entre a atividade da empresa ou do empregado doméstico e a entidade mórbida motivadora da incapacidade elencada na Classificação Internacional de Doenças (CID), em conformidade com o que dispuser o regulamento. (Incluído pela Lei 11.430, de 2006, sendo a redação legal modificada pela Lei Complementar 150 de 2015.) § 1°. A perícia médica do INSS deixará de aplicar o disposto neste artigo quando demonstrada a inexistência do nexo de que trata o *caput* deste artigo. (Incluído pela Lei 11.430, de 2006.) § 2°. A empresa ou o empregador doméstico poderão requerer a não aplicação do nexo técnico epidemiológico, de cuja decisão caberá recurso, com efeito suspensivo, da empresa, do empregador doméstico ou do segurado ao Conselho de Recursos da Previdência Social. (Alterado pela LC 150 de 2015.) Note-se que os documentos médicos já contêm indicativos de exame das doenças e acidentes do trabalho, com preocupação mais ampla. A Resolução 1.488/98 do CFM exige a verificação dos "dados epidemiológicos", entre outros: "art. 2°. Para o estabelecimento do nexo causal entre os transtornos de saúde e as atividades do trabalhador, além do exame clínico (físico e mental) e os exames complementares, quando necessários, deve o médico considerar: I. a história clíni-

riência inédita do Brasil,[842] devido, especialmente, à "sua feição estatística".[843] A mudança prevê a avaliação não só do caso específico, mas do contexto do ambiente de trabalho e seu histórico, de sorte que os aprendizados da estatística estarão presentes nas avaliações.[844] Aliás, o conceito do nexo técnico epidemiológico já tem sido saudado pelos profissionais da área, que começam a perceber seu objetivo de "diminuir o problema das subnotificações em acidentes de trabalho".[845] Os conceitos de "prova" necessitam atualização, ou então outros fatos é que devem ser objeto de prova, uma vez que é a existência ou não de autêntica "epidemia" que irá a julgamento.[846] Isso porque os avanços

---

ca e ocupacional, decisiva em qualquer diagnóstico e/ ou investigação de nexo causal; II. o estudo do local de trabalho; III. o estudo da organização do trabalho; IV. os dados epidemiológicos; V. a literatura atualizada; VI. a ocorrência de quadro clínico ou subclínico em trabalhador exposto a condições agressivas; VII. a identificação de riscos físicos, químicos, biológicos, mecânicos, estressantes e outros; VIII. o depoimento e a experiência dos trabalhadores; IX. os conhecimentos e as práticas de outras disciplinas e de seus profissionais, sejam ou não da área da saúde". Por outro lado, alguns acórdãos já reconhecem o uso da estatística; e fazem constar a verificação das tabelas do art. 21-A da Lei 8.213. Assim, por exemplo, a seguinte decisão: "[...]. O art. 21-A da Lei 11.430/06 caracteriza a natureza acidentária da incapacidade quando constatada a ocorrência de nexo técnico entre o trabalho e o agravo decorrente da relação entre a atividade da empresa e a enfermidade motivadora da incapacidade. O Nexo Técnico Epidemiológico Previdenciário [NTEP] baseia-se na estatística da incidência de determinadas moléstias em certas categorias profissionais pelo cruzamento do CID da doença com a Classificação Nacional de Atividades Econômicas – CNAE da empresa, sendo inexigível perícia do INSS para respaldar o que já constatado empiricamente. Há presunção favorável ao trabalhador, portanto, quando manifestados sintomas característicos de doenças correlatas ao seu grupo profissional. O Decreto 6.042/07, em seu anexo, relaciona os agentes patogênicos causadores de doenças profissionais, bem como a relação de atividades preponderantes e os correspondentes graus de risco. Dele se extrai a relação de causalidade entre as doenças síndrome do túnel do carpo (G56.0, CID-10), tenossinovite (M65.0, CID-10), tendinopatia de supraespinhoso (M75.4, CID-10), bursite (M70), epicondilite medial (M77.0) e epicondilite lateral ('Cotovelo de Tenista') e o CNAE da reclamada (Classe 6423-9/00, disponível em: www. cnae.ibge.gov.br). Ademais, todas essas moléstias apresentam como agentes etiológicos ou fatores de risco de natureza ocupacional 'posições forçadas e gestos repetitivos (Z57.8)'" (TRT/4, 1ª T., RO 0000544-43.2011.5.04.0332, em 25.7.12, José Ledur – Relator. Participaram do julgamento: Ana Kruse e George Achutti).

842 Os autores Remígio Todeschini, do MPS, e Wanderlei Codo, da Universidade de Brasília, ao apresentarem uma síntese e análise preliminar, no campo de saúde, trabalho e previdência, de dados e informações das políticas, instituições, legislação e reconhecimento dos acidentes e doenças do trabalho de quinze países, quais sejam: Estados Unidos, Japão, Reino Unido, Austrália, Suíça, Suécia, Canadá, França, Itália, Espanha, Argentina, Chile, Colômbia e México, afirmam isto, ou seja, que o nexo técnico epidemiológico (NTEP) é uma experiência inédita do Brasil (CODO, Wanderlei; TODESCHINI, Remígio, 2010, p. 123-49).

843 MARTINEZ, Wladimir Novaes, 2009, p. 25.

844 "O principal instrumento de conhecimento na área da saúde é a epidemiologia, é também a principal ferramenta de intervenção. Sem a epidemiologia os agentes promotores da saúde estariam no lugar de atiradores cegos mirando em um alvo que não sabem qual é nem onde está, com ela muitas vezes já temos o suficiente para saber como e por que uma doença ocorre e o que fazer para combatê-la" (CODO, Wanderley; SORATTO, Lúcia; LINO, Domingos, 2009, p. 91).

845 ARAÚJO, Francisco Rossal de; RUBIN, Fernando, 2013, p, 48.

846 Cuida-se, assim, "de uma medida de associação estatística que estabelece causalidade entre o fato de o trabalhador desempenhar determinada atividade e a doença que o acomete. Por meio do NTEP, é possível chegar à conclusão de que o trabalhador pertencente a um determinado segmento econômico apresenta fator de risco para a incidência de determinada patologia. O nexo entre o trabalho e a doença é presumido, ou seja, de acordo com os dados estatísticos das doenças ocupacionais ocorrerá a presunção de que a doença foi causada pelo exercício do trabalho em determinada atividade. O ônus de demonstrar que o adoecimento não teve vínculo causal com a execução do trabalho passou a ser do empregado. [...] o NTEP inverteu o ônus da prova. Mas, tecnicamente, o que passou a ocorrer é uma presunção (que admite prova em contrário) entre a doença e o trabalho" (BUTIERRES, Maria Cecília, p. 225). Naturalmente, pode reconhecer-se que não se trata de questão probatória sobre o melhor modo de examinar-se um acidente (ou doença) de trabalho. Mais que isso. Busca-se, em suma, a verificação da existência (ou não) de outro fato, ou seja, da possível existência de "epidemia" em uma determinada empresa. Sendo assim, quando se afirma que é possível prova em contrá-

doutrinários dos séculos anteriores, assim como as inovações legislativas antes registradas, lamentavelmente, nem sempre são acolhidos nas manifestações jurisprudenciais. Além disso, apenas a "inversão do ônus da prova" tem sido afirmada nas decisões judiciais sobre acidentes e danos morais consequentes. Nesse sentido, é de rigor o registro do que afirmou Gustavo Felipe Barbosa Garcia acerca do nexo técnico epidemiológico: "[...] as importantes alterações, aqui estudadas, não têm aplicação restrita ao âmbito administrativo (perante o INSS), mas apresentam plena incidência em processos judiciais, referentes a demandas ajuizadas em face do INSS (com pedidos de natureza previdenciária), e também naquelas propostas perante o empregador, pleiteando direitos de ordem trabalhista e indenizações de ordem moral e material".[847]

Apesar de significativas para a jurisprudência, as mudanças legislativas configuram um passo tímido diante dos estudos doutrinários na área do direito e afins. De qualquer modo, ao menos nos casos de evidente risco acentuado, as controvérsias jurisprudenciais estão próximas e coerentes com os estudos doutrinários.[848] Entre tantos julgamentos, com olhar atento à ampla realidade e às peculiaridades do caso, no direito civil brasileiro, "adota-se o entendimento de que a responsabilidade da empregadora é objetiva, especialmente nos casos em que a atividade atrai risco acentuado, como na construção civil pesada. No caso, o acidente ocorreu em obra em que eram realizadas explosões para escavação da rocha".[849]

No entanto, é possível que nesses pontos estejamos diante de certo isolamento acadêmico e social em relação aos profissionais mais próximos da prática jurisdicional. Mas esse eventual isolamento, caso existente, em nada fortalece a independência desses profissionais, defensores de outros parâmetros, significativamente diversos.[850] Entre os profissionais vinculados à prática e ao estudo do Direito, a bem da verdade, alguns se encontram bastante atentos; mais que isso: têm lucidez. E essa atenção à realidade permitiu que houvesse relevantes observações, tais como as que, já na metade do século passado, fez José Aguiar Dias: "o que o tempo, o progresso, o aparecimento de novas e febris atividades indus-

---

rio, melhor seria dizer-se que é possível prova de que uma determinada doença (ou acidente) ocorreu por outro motivo que não a "epidemia", ou mesmo que esta não existe, por incorreta verificação do NTEP.

[847] GARCIA, Gustavo Filipe Barbosa, 2011, p. 93.

[848] "[...]. Indenização por dano moral. Acidente de trabalho. Eletricista. Responsabilidade civil. – O Regional concluiu, com base no conjunto fático-probatório, que restou demonstrado o acidente de trabalho, bem como a culpa presumida da reclamada pelo infortúnio. Assim, manteve a condenação ao pagamento de indenização por dano moral. De outra parte, registra-se que esta Corte tem se posicionado no sentido de que se aplica a teoria da responsabilidade objetiva às hipóteses de acidente de trabalho ocorrido com empregado no desempenho de atividade de risco, na qual se enquadra a função de eletricista. Julgados. Agravo de instrumento não provido. [...]" (TST, AIRR 10351-64.2015.5.08.0129, 8ª T, Rel. Min. Márcio Eurico Vitral Amaro, j. 28.2.18).

[849] Rel. João Ghisleni Filho, participando Ricardo Fraga e Flávia Pacheco, TRT/4, Ac. 0032300-19.2009.5.04.0404 (RO), de 1º.6.11. Especial atenção merece a Lei 12.619/2012, que regulamenta o desempenho das funções de motoristas profissionais, em cujo texto podem ser encontrados diversos dispositivos que visam a prevenir e reduzir o elevado número de acidentes que se envolvem estes trabalhadores. "Assim, garantir que um motorista desenvolva sua jornada de trabalho em boas condições físicas, observando pausas para descansar redunda não apenas em benefícios ao trabalhador, mas também a toda a sociedade, ao preservar melhores condições nas estradas" (GEMIGNANI, Tereza Aparecida Asta; GEMIGNANI, Daniel, 2013, p. 358). (Não se desconhecem, por outro lado, as alterações trazidas pela Lei 13.103/15, quase contemporâneas à primeira.)

[850] VARGAS, Luiz Alberto de, 2011.

triais determinam é o ajustamento daquela regra às necessidades atuais. Nem sempre, porém, pode o legislador fazê-lo, porque as leis devem ter caráter, tanto quanto possível, estável. Basta que, em termo razoável, recomponham as normas de acordo com as exigências da prática. Aos tribunais é que compete extrair dos preceitos fundamentais o pronunciamento que seja, na ocasião, o mais apto a realizar o fim do direito. O sentimento de justiça, nos que o têm, não é, por certo, mais refinado hoje do que anteriormente. Sucede, porém, que ele é, agora, muito solicitado a manifestar-se e a intervir, do que antigamente. É por isso que se tornou mais acentuadamente uma concepção social, em lugar de noção caracterizadamente individual".[851] Em outras áreas do conhecimento existem avanços, os quais não podem tardar em gerar consequências em nossa esfera. A cada doença, o Estado deve estar aparelhado para a verificação de todas suas consequências, ou seja, o exame da nova situação de vida da vítima. Heloisa Brunow Ventura Di Nubila e Cássia Maria Buchalla, nos seus estudos sobre a Classificação Internacional de Funcionalidades, expressam: "a Classificação Internacional de Funcionalidades faz um deslocamento paradigmático do eixo da doença para o eixo da saúde, trazendo uma visão diferente da saúde, que permite entender a condição ou estado de saúde dentro de contextos específicos. Como classificação de saúde, a Classificação Internacional de Funcionalidades introduz um novo modo de compreender a situação de saúde de indivíduos ou populações, mais dinâmico e mais complexo, compatível com o quadro multidimensional que envolve a experiência completa de saúde".[852] A quantidade de casos levados à apreciação do Poder Judiciário é cada vez maior, à medida que – como afirma Sérgio Cavalieri Filho – "os danos injustos aumentaram e se tornaram mais frequentes".[853] E, por outro lado, segundo o mesmo autor, com larga experiência de Professor e Magistrado: "a consciência da cidadania ganhou um enorme impulso, provocando a busca da prestação jurisdicional. Ninguém mais permanece inerte diante da lesão, sabendo que é possível alcançar a plena reparação junto ao Poder Judiciário, que passou a ser o escoadouro das aflições da população".[854]

14.2. Aspectos das relações produtivas no direito trabalhista e dados concretos

A Justiça do Trabalho tem examinado as ações de indenização por dano moral decorrentes de acidentes e doenças de trabalho, principalmente desde a

[851] AGUIAR DIAS, José, 1995, p. 10.

[852] DI NUBILA, Heloísa Brunow Ventura; BUCHALLA, Cássia Maria, 2008, p. 330. Já são conhecidos os primeiros julgamentos adotando as contribuições da CIF – Classificação Internacional de Funcionalidades. Entre esses, cite-se a decisão do TRT/RS, em 20.11.13, processo 0001769-16.2010.5.04.0403, Rel. Luiz Alberto de Vargas, 3ª T., Recurso da Reclamante. Indenização por danos materiais. Utilização da CIF. "Entende-se que a utilização da CIF (Classificação Internacional de Funcionalidade, Incapacidade e Saúde) é a mais adequada para apuração da perda ou redução da capacidade laborativa, pois baseada em estudos específicos para análise de funcionalidade, incapacidade e saúde, desenvolvida pela Organização Mundial da Saúde (OMS). Recurso parcialmente provido".

[853] CAVALIERI FILHO, Sérgio, 2014, p. 3.

[854] CAVALIERI FILHO, Sérgio, p. 3.

denominada "reforma do Judiciário", resultado da Emenda Constitucional 45 de 2004.[855] Sobre o tema, é importante o registro do Conflito de Competência n° 7.204-1, julgado pelo Supremo Tribunal Federal em 29 de junho de 2005, no qual, por unanimidade, fixou-se a competência da Justiça do Trabalho para o julgamento das ações envolvendo danos morais e materiais decorrentes de acidente de trabalho.[856] Dessa forma, é possível que alguns princípios do direito do trabalho já venham sendo incorporados nos julgamentos, assim como, por outro lado, já existam consequências das inovações do próprio direito civil.

O direito do trabalho sofreu inúmeras ofensivas, especialmente nas últimas décadas do século passado. De certo, hoje, pode revigorar-se, e para tanto basta lembrar a "permeabilização do microssistema trabalhista". Sendo assim, as ideias de "sociabilidade [...] aproximam o direito civil do direito do trabalho", conforme as palavras de Rodrigo Trindade Souza.[857]

O reconhecimento, na lei civil, da função social do contrato poderá contribuir para se avaliar as controvérsias do direito coletivo do trabalho. Nesse tema, José Quintella Carvalho analisa as dificuldades dos "grupos sindicais débeis".[858]

Além dos dois milhões de trabalhadores mortos por ano, outros números existem sobre a mesma tragédia.[859] No ano de 2006, houve dez mortes por dia no Brasil,[860] o que levou Sebastião Geraldo de Oliveira a apontar o país como o primeiro, no mundo, em número de acidentes.[861] Entretanto, Fernando Maciel sugere que o Brasil ocupa o quarto lugar em desastres fatais, após China, Índia e Indonésia, todos populosos.[862]

Não obstante, juntamente com os acidentes fatais, existem aqueles de consequências menos graves, sobre os quais incidem os malefícios do "sub-registro", fenômeno que ocorre não apenas no Brasil,[863] mas em escala

855 "Competência da JT. Indenização. Acidente de trabalho. EC 45/2004. A partir da vigência da EC 45/2004, a competência para apreciar e julgar ação de indenização decorrente de acidente de trabalho, ajuizada contra o empregador, é da JT, exceto quando os processos, já em tramitação na JC, contassem com sentença de mérito proferida" (STF, RE 924188 AgR, Rel. Min. Marco Aurélio, 1ª T., j. 16.2.16).

856 "Antes, tinha-se uma visão parcial, incompleta da relação existente, pois o exame estava limitado a uma parte dos aspectos que a envolviam, notadamente observando-se aqueles mais técnicos e objetivos, baseados na legislação consolidada, como horas extras, adicional de insalubridade, diferenças de salário, etc. A partir de agora, passa-se a ter uma visão mais ampla, avaliando-se se na empresa são observadas as normas de segurança do trabalho, se os equipamentos de segurança no trabalho foram fornecidos, se o empregado recebeu o devido treinamento, se ele observou as normas de segurança e se utilizou adequadamente os equipamentos de proteção individuais e coletivos necessários à segurança no trabalho. Para a redução do número de acidentes de trabalho no país, que trazem sofrimento aos trabalhadores e a suas famílias e que geram expressivas despesas aos cofres públicos e privados, é fundamental que todos tenham consciência da necessidade de observar as normas de proteção e de eliminar riscos no ambiente de trabalho" (COLUSSI, Luiz Antonio, p. 191-2).

857 SOUZA, Rodrigo Trindade, 2008, p. 141-2.

858 CARVALHO, José Quintella, 2003, p. 80.

859 Departamento Intersindical de Estudos e Pesquisas de Saúde e dos Ambientes de Trabalho. [diesat.blogspot.com.]

860 OLIVEIRA, Paulo Rogério Albuquerque de, 2010, p. 13.

861 OLIVEIRA, Sebastião Geraldo de, 2009, p. 27, e, igualmente, OLIVEIRA, Sebastião Geraldo de, 2010, p. 217.

862 MACIEL, Fernando, 2010.

863 OLIVEIRA, Paulo Rogério Albuquerque de, 2010, p. 16.

planetária.[864] No país, talvez com mais frequência que em outros, a alta rotatividade da mão de obra Paulo Rogério Albuquerque de Oliveira chega a calcular um "ciclo com aproximadamente três anos para rotacionar toda a população empregada"[865] – é um dado relevante a ser considerado sobre a escassez de informações de acidentes do trabalho. Seja como for, não pode ser esquecido que a flexibilização da jornada de trabalho – quer quantitativa ou qualitativamente (distribuição irregular da jornada de trabalho e elevação da ritmicidade produtiva) – tem importado tanto no aumento do número de acidentes de trabalho como no de doenças ocupacionais, "as quais têm conduzido, inclusive, a mortes e até suicídios relacionados ao estresse laboral".[866]

---

864 Por óbvio, os acidentes fatais – pelo impacto que geram no ambiente social – são muito mais difíceis de ocultação.

865 OLIVEIRA, Paulo Rogério Albuquerque de, 2010, p. 80.

866 SILVA, José Antônio Ribeiro de Oliveira, 2013, p. 71. Na Espanha, os tribunais têm reconhecido o suicídio de trabalhadores como uma forma de acidente de trabalho, desde que se consiga estabelecer um nexo causal entre o transtorno mental – que levou ao suicídio – e a atividade laboral: "la calificación del suicidio a efectos de Seguridad Social como accidente de trabajo no siempre ha tenido una respuesta judicial positiva. Hasta los años 70 se descartaba automáticamente su calificación como accidente laboral incluso cuando el hecho había acontecido en tiempo y lugar de trabajo. A partir de los años 70 la respuesta judicial es variada y ello según la preponderancia que se deduzca de los factores circunstanciales y contingentes acaecidos en torno al suceso, resultando que el primer supuesto en que se valoró positivamente como accidente laboral el suicidio, partió de la ponderación del trastorno mental y de cómo éste había motivado la conducta suicida, así como su origen en las vicisitudes y secuelas de un accidente de trabajo" (SÁNCHEZ CARRETERO, Rosa María, 2014, p. 1). No entender dos tribunais espanhóis, é considerada como acidente de trabalho toda doença que o trabalhador contrai pela realização da atividade laboral. Desse modo, o suicídio que tem por causa uma depressão aguda, resultante do estresse do ambiente de trabalho, deve ser considerado como um acidente do trabalho. Contudo, a maior dificuldade para tal qualificação não foi a de estabelecer um nexo de causalidade entre o trabalho e o suicídio do trabalhador, mas a de que se trata de um ato de vontade do sujeito, o que poderia afastar a qualificação do ato como acidente. Sobre este tema, alguns tribunais reconhecem ser caso de voluntariedade, seguindo a ideia de que o suicídio não pode ser comparado a uma ação dolosa e que, portanto, inexiste vontade de cometer a ação, sendo ela resultado de transtornos mentais graves (estresse, depressão) que, se relacionados com a atividade laboral, devem ser considerados como acidente de trabalho. Outros tribunais espanhóis, entretanto, entendem que há um ato voluntário por parte do trabalhador, mas que não era esse o parâmetro a ser analisado, senão a conexão do ato com o trabalho. Neste sentido: "si el suicidio se producía en lugar y horario de trabajo o en aquellos casos en los que aun fuera de estos supuestos, por la Jurisprudencia se consideraba como tiempo y lugar de trabajo según las consideraciones anteriores, se presumiría el carácter laboral del acontecimiento. Sin embargo y a pesar de la clara conexión del suicidio con el quehacer laboral por ocurrir dentro de su espacio temporal y espacial, ello no podía implicar que el pronunciamiento sobre su naturaleza se determinase con total independencia respecto a los antecedentes de salud del trabajador y de las dificultades laborales que atravesaba, hechos que resultaban ser los verdaderos determinantes de la consideración como accidente laboral del suicida" (SÁNCHEZ CARRETERO, Rosa María, p. 3). Como consequência jurídica do suicídio considerado como acidente do trabalho, há o pagamento de indenização por parte do empregador, bem como um aumento da pensão da seguridade social. Recentemente, o TSJC considerou como acidente de trabalho o suicídio de um trabalhador de uma instituição financeira – a *Caja de Ahorros del Mediterráneo*. No caso, a entidade abrira um processo disciplinar contra o funcionário, que, quatro dias após, se suicidou. De acordo com a sentença, houve uma clara relação de causalidade entre a maneira com que a empresa conduziu a abertura do processo administrativo contra o empregador, o medo de perder o emprego e o seu suicídio (*El país*, 11.1.16 [Último acesso em 13.1.16]). Slavoj Zizek (2012, p. 120-1) descreve que, na lógica do capitalismo pós-moderno, por trás de cada companhia – que concede espaço a seus funcionários para uma produção criativa – existe uma exploração antiquada e anônima da classe operária; assim, "o ícone do capitalismo criativo hoje é a Apple, sustentada pelo 'gênio' Steve Jobs, mas o que seria da Apple sem a Foxconn, a empresa taiwanesa que controla grandes fábricas na China, onde centenas de milhares de pessoas montam iPads e iPods em condições abomináveis? Não devemos jamais nos esquecer do anverso do centro 'criativo' pós-moderno no Vale do Silício, onde alguns milhares de pesquisadores testam novas ideias: alojamentos em estilo militar, na China, assolados por uma série de suicídios de trabalhadores, todos por consequência das condições estressantes de trabalho (longas jornadas, baixos salários, alta pressão). Depois que o 11° trabalhador saltou do alto do prédio, a empresa introduziu uma série de medidas: obrigar os funcio-

(E o problema assume, particularmente na Comunidade Europeia, proporções ainda mais alarmantes em se cuidando de mortes por excesso de trabalho em face de relações laborais de trabalhadores estrangeiros irregulares.[867]) Trata-se de extensas jornadas de trabalho e produtividade, de um plano, e de escassez de postos de trabalho, de outro, cujo resultado é a pressão constante sobre os trabalhadores, que se veem submetidos a jornadas estafantes e altamente estressantes, as quais têm gerado um quadro significativamente denso de doenças ocupacionais. Como é de cristalina evidência, vive-se, hoje, na era da intensificação da exploração do trabalho (aquilo que se poderia, em linguagem clássica, denominar de aumento da taxa de extração de mais-valia absoluta), cujas principais consequências são, de um lado, que cada vez menos pessoas trabalham mais e, de outro – especialmente em certos setores produtivo-tecnológicos (a incontrolabilidade destrutiva do capital) –, que haja mais mercadorias com tempo útil (cada vez) menor (ou seja, para que haja uma verdadeira obsolescência produtiva programada), a fim de que "elas possam ser trocadas cada vez mais velozmente por uma nova, fazendo circular a imensa quantidade de mercadorias produzidas por um trabalho hiperexplorado. Essa produção insana de mercadorias gera, por seu turno, a exaustão dos limitados recursos naturais de nosso planeta e uma imensa quantidade de lixo".[868] Desse modo, "cada vez menos pessoas trabalham mais, produzindo mais mercadorias que duram cada vez menos";[869] e, por linha própria de consequência, os limites (e a intensidade) da jornada de trabalho precisam ser submetidos, imediatamente, a rígidos controles trabalhistas, que priorizem, nessa lógica das coisas, a [noção de] incombinabilidade da reprodução constante do capital e segurança *lato sensu* dos trabalhadores.[870]

---

nários a assinar contratos em que se comprometiam a não se matar, delatar os colegas de trabalho que parecessem deprimidos, procurar instituições psiquiátricas em caso de prejuízo da saúde mental etc. Para piorar ainda mais a situação, a Foxconn começou a colocar redes de proteção em volta de sua enorme fábrica". Para Roldão Lopes de Barros Neto (2011, p. 139), deve considerar-se o suicídio como acidente de trabalho sempre que houver "um mínimo de nexo de causalidade, ocorra onde ocorrer" e, em face disso, deve ser indenizado, "mesmo que de forma complementar pelo empregador".

[867] SILVA, José Antônio Ribeiro de Oliveira, 2013, p. 71.

[868] ANTUNES, Caio, 2013, p. 363.

[869] ANTUNES, Caio, p. 363.

[870] O STF negou provimento ao ARR proposto pela empresa Eternit relativo à ACP proposta pelo MPT do estado de São Paulo e pela Associação Brasileira dos Expostos ao Amianto. A companhia é acusada de expor seus trabalhadores ao amianto, substância cancerígena utilizada em materiais de construção, sem tomar qualquer medida de segurança, ainda que conhecendo os perigos da exposição dos trabalhadores à substância. De acordo com a sentença de 1° grau, a qual condenou a empresa à reparação de danos morais coletivos no valor de cem milhões de reais, "mesmo diante do risco conhecido, foi realizada a implementação do negócio no Brasil, sem notícia de qualquer cuidado especial. Aliás, não é de se descartar a hipótese de intencional transferência de operações perigosas, já sabidamente repudiadas em países desenvolvidos, para os países em desenvolvimento" (JTSP, ACP 00021067220135020009, Juíza Raquel Oliveira, 9ª VT/SP, j. 3.12.15). Na reclamação, a empresa alegou que a ação tramitando na JT seria de competência da JE, onde já houve julgamento de mérito em semelhante ação, dando procedência à empresa. A decisão do STF foi assim ementada: "reclamação. Alegado desrespeito à autoridade de julgamento emanado desta Suprema Corte (RE 542.231/SP). Inocorrência. Paradigma de confronto que, tão somente, reconheceu a competência da JE para processar e julgar a causa. Incoincidência temática entre as razões de decidir invocadas nos atos judiciais reclamados e aquelas que dão suporte à decisão invocada como parâmetro de controle. Inadmissibilidade do uso da reclamação quando os atos questionados não se ajustarem, com exatidão e pertinência, aos julgamentos desta corte alegadamente transgredidos. Processo coletivo instaurado para a proteção de direitos e de interesses transindividuais de trabalhadores expostos ao amianto crisotila no meio ambiente de trabalho. Acórdão emanado do TJ paulista que julgou improcedente, por insuficiência de provas, a ACP ajuizada pelo MP do estado de São Paulo. Au-

Outro aspecto importante são os consideráveis prejuízos para a saúde mental nos ambientes de trabalho.[871] Parcela expressiva do Produto Interno Bruto anual, 1,8%, é gasta "na questão acidentária e dos ambientes insalubres, penosos e perigosos no Brasil".[872] Esses gastos dão-se, principalmente, na forma de benefícios previdenciários aos acidentados e pelo montante destinado ao tratamento dos trabalhadores no Sistema Único de Saúde (SUS).[873]

Diante disso, a aposta em medidas de caráter repressivo tem sido realizada como uma forma adequada de fazer face a este grave problema social dos acidentes do trabalho, muito singularmente no sentido do aprimoramento e da especialização da investigação criminal.[874] Sem embargo, essa providência, de maior proximidade aos instrumentos da justiça penal nos casos graves, não é incompatível com outras formas de enfrentar o problema. As noções de direito promocional e sanção "premial" têm sido consagradas com sucesso no direito ambiental e no direito de trânsito – neste, premiando os "bons motoristas".

Encaminhamo-nos para o melhor tratamento às empresas com pequenos números de acidentes, no relacionamento com bancos oficiais de crédito e financiamento público.[875] Nesse plano, poderão ser bem aproveitadas as novas práticas posteriores à previsão legal de certidão de dívidas trabalhistas.[876] Tendo em vista os avanços possíveis e a urgência das necessidades sociais,[877] tem-se

sência de coisa julgada em sentido material. Possibilidade, em tal hipótese, de qualquer legitimado intentar outra ação civil de perfil coletivo, valendo-se de nova prova (Lei 7.347/85, art. 16). Reclamação julgada improcedente. Interposição de Recurso de Agravo. Parecer da PGR por seu improvimento. Recurso de Agravo improvido" (STF, AgRg na Rcl 16637, Rel. Min. Celso de Mello, 2ª T., j. 5.5.15).

871 Sobre o tema, ver: www.ismabrasil.com.br. Digna, ainda, de nota é a norma que visa à segurança dos trabalhadores em atividades ou operações perigosas: a Lei 12.740, publicada no dia 10 de dezembro de 2012, altera o art. 193 da CLT, aprovada pelo DL 5.452/43, a fim de redefinir os critérios para caracterização das atividades ou operações perigosas, e revoga a Lei 7.369/85: art. 1º: o art. 193 da CLT, aprovada pelo DL 5.452/43, passa a vigorar com as seguintes alterações: "art. 193. São consideradas atividades ou operações perigosas, na forma da regulamentação aprovada pelo MTE, aquelas que, por sua natureza ou métodos de trabalho, impliquem risco acentuado em virtude de exposição permanente do trabalhador a: I. inflamáveis, explosivos ou energia elétrica; II. roubos ou outras espécies de violência física nas atividades profissionais de segurança pessoal ou patrimonial".

872 TODESCHINI, Remígio; CODO, Wanderley; LINO, Domingos, 2009, p. 21.

873 "Números da Previdência Social registram um gasto de R$14,2 bilhões em 2009 apenas com benefícios acidentários e aposentadorias especiais. Adicionando a esse montante os gastos com saúde pública, ultrapassaremos os R$56 bilhões anuais, o que representa cerca de 2% do PIB nacional" (ZIMMERMANN, Cirlene Luíza, 2012, p. 15).

874 Com mais detalhes, ver o ponto 4.3.

875 No mesmo sentido, OLIVEIRA, Paulo Rogério Albuquerque de, 2011, p. 312.

876 Entre os primeiros exames da Lei 12.440, o artigo "Certidão Negativa de Débitos Trabalhistas", do Juiz do Trabalho Marcelo Hentschke.

877 Sob todos os títulos, a promulgação da CLT, há 74 anos, foi um avanço social significativo. Posto que marcadamente polêmica, de modo especial "em um país que dava seus primeiros passos na incrementação da produção industrial e ainda marcado pelas características trabalhistas da atividade primária, foi afirmando-se como indispensável. Há uma característica genética na legislação trabalhista, desde o seu surgimento: a de proteção ao trabalho humano frente ao que representou a Revolução industrial. O bem jurídico protegido pela CLT, a Relação Jurídica de Emprego, assume relevância incomparável na atualidade. A nossa estrutura jurídica, no âmbito do direito legislado, sempre teve como primazia o patrimônio, em detrimento do trabalho. A CLT, acompanhando o fato social – desenvolvimento comercial e industrial –, alterou essa lógica. A relevância da legislação trabalhista aponta, também, a importância da atividade legislativa, cujo ideal é sempre o de atender à demanda social momentânea e, em especial, entrever o futuro e o que se quer dele" (SIEGMANN, Roberto Teixeira, 2013). De qualquer modo, pode reconhecer-se que, no Brasil, a legislação tra-

firme convicção de que toda lesão material deve ser reparada integralmente, assim como toda lesão moral deve ser compensada satisfatoriamente. Esse é o rumo de uma sociedade menos autoritária e (muito) mais justa, sobretudo em concordância com a proteção de minorias e de grupos vulneráveis.

Convém por isso indicar que também os trabalhadores devem ter um destacado papel ativo tanto na fiscalização das atividades produtivas (portadoras *in potentia* de nocividade) como na prevenção de acidentes de trabalho, pois "la imposibilidad de tomar decisiones por parte de los trabajadores dentro de los esquemas de trabajo impuestos por el empleador o en convenios colectivos de trabajo [...], torna también irreal cualquier posible injerencia en la eliminación de los agentes y factores de riesgo existentes dentro de las condiciones y medio ambiente del trabajo",[878] para cuja tarefa podem valer-se, até mesmo, da interrupção do desenvolvimento da atividade produtiva que importa uma clara situação de risco à saúde ou à vida dos trabalhadores.[879]

---

balhista – apesar do atrelamento sindical ou da dependência do imposto sindical ("criados para serem órgãos de colaboração com o Estado, mais do que para representarem os trabalhadores, os sindicatos foram colocados sob rigoroso controle do MT a partir do Estado Novo. Greve e boicote foram severamente proibidos e a disciplinação do trabalho se tornou absoluta. Para garantir financeiramente os sindicatos, independente do número de membros, criou-se, em 1940, o imposto sindical" [LOPEZ, Luiz Roberto, 1983, p. 96]) – foi a condição de possibilidade histórica e concreta da organização dos trabalhadores, graças à qual, posteriormente, tornaram-se possíveis maiores índices de consciência da classe operária na sua estruturação e organização. Em termos gerais, o enquadramento dos sindicatos foi estabelecido pelo Decreto 19.770/31, que dispunha sobre a sindicalização das classes patronais e operárias; o sindicato foi definido como órgão consultivo e de colaboração com o poder público. Segundo Boris Fausto (2002, p. 335-6), "adotou-se o princípio da unidade sindical, ou seja, do reconhecimento pelo Estado de um único sindicato por categoria profissional. A sindicalização não seria obrigatória. O governo se atribui um papel de controle da vida sindical, determinando que funcionários do ministério assistiriam às assembleias dos sindicatos. A legalidade de um sindicato dependia do reconhecimento ministerial, e este poderia ser cassado quando se verificasse o não cumprimento de uma série de normas. O Decreto nº 19.770 vigorou até 1934, quando foi substituído pelo de nº 24.694, de 12 de julho de 1934. A principal alteração consistiu na adoção do princípio da pluralidade sindical, isto é, da possibilidade de reconhecimento de mais de um sindicato representativo de uma categoria profissional".

878 MEZIO, Eduardo L.; RACHID, Jorge; SAN JUAN; Claudio A., p. 31.

879 "Protección de los trabajadores que interrumpen situaciones de trabajo que entrañen un peligro inminente y grave. De la consideración del artículo 13 y del artículo 19, párrafo f), conjuntamente con el artículo 5, párrafo e) 176, se desprende que no se puede tomar medidas disciplinarias contra el trabajador que interrumpe una situación de trabajo si se cumplen las seguientes condiciones: a) el trabajador en cuestión tiene razones justificadas para creer que existe un peligro inminente y grave para su vida o su salud; b) dicho trabajador ha actuado conforme a lo dispuesto en el artículo 19, apartado f); y c) la acción del mismo trabajador se inscribe adecuadamente en el marco de la política nacional en virtud de lo dispuesto en el artículo 4. Estos tres artículos considerados conjuntamente, proporcionan una flexibilidad considerable encuanto a su aplicación y constituyen un cuidadoso equilibrio entre el interés del empleador en la marcha de su empresa, por un lado, y el interés del trabajador de velar por su vida y su salud, por el otro" (MEZIO, Eduardo L.; RACHID, Jorge; SAN JUAN; Claudio A., p. 85). Na França, desde 1992, existe a figura delitiva de "mise en danger d'autrui", construída como "le fait d'exposer directement autrui à un risque immédiat de mort ou de blessures de nature à entraîner une mutilation ou une infirmité permanente par la violation manifestement délibérée d'une obligation particulière de sécurité ou de prudence imposée par la loi ou le règlement" (article 223-1 du Code pénal). Essa infração penal "incrimine le fait d'exposer directement autrui à un risque immédiat de mort ou de blessures de nature à entraîner une mutilation ou une infirmité permanente. [...]. Le risque doit être de nature à pouvoir entraîner la mort ou de blessures d'une certaine gravite. Les blessures doivent être de nature à entraîner une mutilation ou une infirmité permanente. [...], ce risque doit être apprécié *in concreto*, au égard des circonstances particulières des faits [...]. [...] l'exposition au risque doit être directe. Le danger doit donc être imminent [...]. [...] l'exposition au risque doit avoir un lien direct avec la violacion de l'obligation particulière de sécurité [...]. Toutefois, il n'est pas exigé que la violation de l'obligation de sécurité soit la cause exclusive de l'accident [...]" (SALOMON, Renaud: MARTINEL, Agnès, p. 51).

Capítulo 15

Da evolução histórica da legislação acidentária e da própria organização dos trabalhadores

Lá nas minas da Sibéria,
que o forte orgulho resista:
de trabalhos e miséria
se alimente a rebeldia.

(Aleksandr Serguêievitch Púchkin
– *Mensagem para a Sibéria*)

15.1. Noções gerais

Na hipótese que nos ocupa, pode, desde já, recordar-se que "tout système juridique reflète une certaine conception de l'homme et de la société; mais l'incidence des doctrines s'est fait sentir d'une façon particulièrement directe sur le droit du travail. [...], les positions idéologiques déterminant dans une large mesure l'attitude prise à l'égard des problèmes du travail tant par les milieux ouvriers et patronaux que par les gouvernements successifs, et même par la doctrine: on retrouve nettement, chez les principaux auteurs, les options idéologiques qui colorent leurs interprétations du droit positif. Le droit du travail enregistre donc assez fidèlement les idéologies qui dominent dans une société, et son éthique".[880] Por vias disso, o direito do trabalho é, em grande medida, um direito conquistado por meio da ação coletiva da classe operária em oposição aos interesses da burguesia no quadro da sociedade capitalista; e, nestas condições históricas, tiveram influência decisiva as correntes políticas e ideológicas que, à época, visavam à conquista de direitos ou, sobretudo, de profundas alterações nas estruturas sociais.

Assim, entre a história do movimento operário e a evolução do direito do trabalho se estabeleceram vinculações bastante estreitas; e importantes acontecimentos – no campo do movimento operário (tais como a *Commune* de 1871 ou a constituição das Associações Internacionais do Trabalho) – contribuíram não só para a evolução histórica do direito do trabalho como também para a ampliação das conquistas (sociais e econômicas) dos trabalhadores, admitido que, com evidentes avanços e recuos, a formação de uma consciência da classe trabalhadora elevou, na correlação de forças históricas e antagônicas, a sua

[880] RIVERO, Jean; SAVATIER, Jean, 1956, p. 13.

capacidade de resistência e de pressão. Sob esse prisma, muitas dessas conquistas, por seu significado e expressão sociais, se foram incorporando, pouco a pouco, à legislação (trabalhista e, especificamente, acidentária) de diferentes países. No plano institucional, a formação e, sobretudo, a atuação da Organização Internacional do Trabalho correspondem, de modo amplo, às políticas de proteção e de valorização dos trabalhadores.

15.2. Breve notícia sobre a evolução histórica da legislação acidentária

A história dos direitos sociais[881] se confunde com a do direito do trabalho;[882] com efeito, a conquista das primeiras garantias sociais se deu, primeira e fundamentalmente, com a organização e união de trabalhadores em sindicatos.[883] [884] Nesse sentido, as primeiras leis que regulamentam as relações laborais

[881] "Direito social *lato sensu* é o conjunto de princípios e normas imperativas que têm por sujeito os grupos e os membros dos grupos, têm por fim a adaptação da forma jurídica (leis, códigos), à realidade social e visa (atuação), nesta adaptação, à colaboração de todos ao bem comum" – (definição de direito social formulada no I Congresso Brasileiro de Direito Social *in* CESARINO JR., Antonio Ferreira, p. 20).

[882] Como assinalam Jean Rivero e Jean Savatier (p. 08), "le droit du travail n'a commencé à s'affirmer comme un droit indépendant du droit civil, ayant des caractères propres, qu'à la fin du XIXe siècle; il a donc moins d'un siècle d'existence: pour une discipline juridique, c'est l'extrême jeunesse. Tous les droits jeunes présentent des caracteres communs: leur champ d'application reste incertain, leur système de sanctions demeure imparfait, et n'élimine pas totalement le recours à la force. Ces caractères se retrouvent en droit du travail".

[883] "Foi justamente em virtude desta união de esforços dos economicamente fracos, que os tornou, primeiro física e depois politicamente mais fortes, que surgiram as primeiras leis sociais eficientes, cujo primeiro objetivo foi exatamente legalizar estas uniões de empregados, antes proibidas pela lei. Legalizadas estas uniões, sob a forma de sindicatos, por seu intermédio ainda foram obtidas novas leis sociais, dispondo sobre interesses da classe economicamente mais fraca" (CESARINO JR., Antonio Ferreira, p. 32). A seu turno, Ricardo Antunes (2011, p. 19) explica que os trabalhadores se reuniram, inicialmente, em torno das associações operárias – tais como as sociedades de socorro e de auxílio mútuo – e, posteriormente, nos sindicatos – organizados por categorias profissionais (alfaiates, padeiros, carpinteiros, tecelões, gráficos, metalúrgicos, ferroviários, portuários, entre outras).

[884] Quanto ao desenvolvimento histórico do trabalho organizado na América Latina, pode reconhecer-se que, desde o princípio, este foi fortemente marcado pelo ambiente político, na medida em que todos os grupos sindicais se encontravam associados ou a partidos políticos (tanto o socialista como o comunista), ou a correntes (anarquistas), ou, ainda, a governos nacionais. A subordinação, portanto, dos sindicatos a um partido político ou a um determinado governo constituiu-se em uma característica específica na América Latina (o mesmo se podendo dizer em relação a algumas nações da Ásia e da África). Esse fenômeno pode, sob certo aspecto, ser explicado pela forte influência de imigrantes de inclinações políticas no estabelecimento do movimento sindical. Como comenta Robert J. Alexander (1967, p. 20-1), "os movimentos trabalhistas da Argentina, Uruguai, Brasil e Cuba devem suas origens, em grande parte, a trabalhadores imigrantes, vindos da Espanha, Itália, Portugal e Alemanha e outros países europeus. Muitos desses trabalhadores eram filiados tanto aos sindicatos como a grupos políticos radicais em seus países de origem, e tentaram estabelecer espécies semelhantes de organizações nas terras para as quais se transferiam. [...] trouxeram [...] as várias correntes políticas que prevaleciam no movimento trabalhista europeu, durante as décadas que precederam a Primeira Guerra Mundial. O anarcossindicalismo tendia a ser a filosofia sindical dominante neste período, com o socialismo marxista como seu principal competidor. Da Argentina, Uruguai, Brasil e Cuba – e, no caso único mexicano, dos Estados Unidos – estas ideias tendiam a se alastrar para outros países latino-americanos". Com isso, a organização sindical em nosso continente se mostrou, desde seus primórdios, particularmente permeável à influência e controle políticos, de modo que poucos foram os sindicatos que se desenvolveram completamente à margem do controle de algum partido ou governo. Historicamente, dois fatores podem ser destacados para explicar essa situação: de um lado, a turbulência política (alternância de ditaduras, fraude eleitoral, *coup d'etat*, acentuada repressão às organizações sociais) que sempre caracterizou o processo de formação dos paí-

estão estritamente encadeadas com as péssimas condições de trabalho a que eram submetidos os operários das fábricas durante a Revolução Industrial. Inolvidavelmente, essas legislações trataram, portanto, de acidentes de trabalho, havendo registros de legislações protetivas das condições de segurança nas fábricas já na metade do século XIX.[885] Chama-se a atenção para o projeto de lei espanhol apresentado pelo Ministro Alonso Martinez, de 1855, no qual já aparecem referências à responsabilidade penal dos empregadores: "artículo 13. Si por infracción de los reglamentos o por imprudencia o falta de previsión ocurriese algún daño material al operario o dependiente, los gastos de su curación, así como los salarios que le hubieran correspondido en los días que no haya podido trabajar, serán de cargo del dueño del establecimiento, y tendrá que indemnizarle cuando el daño lo inutilice perpetuamente para el trabajo, todo ello sin perjuicio de la correspondiente responsabilidad penal".[886] Na mesma medida, cumpre indicar que se encontram, na Constituição suíça de 1874, as incipientes preocupações sociais para com o trabalho infantil nas fábricas, bem como quanto à duração do trabalho adulto e, ainda, com a proteção aos operários em face de atividades insalubres e perigosas.[887]

No continente americano, ainda que não tenha sido precursora, deve observar-se que a Constituição mexicana de 1917, em seu artigo 123, definia diversos direitos dos operários, entre os quais os incisos XIV e XV, que regulavam a responsabilidade dos empresários em casos de acidente de trabalho: "XIV. Los empresarios serán responsables de los accidentes del trabajo y de las enfermedades profesionales de los trabajadores, sufridas con motivo o en ejercicio de

---

ses latino-americanos; e, de outro lado, a pobreza e o baixo índice de desenvolvimento econômico da classe trabalhadora, que se percebia dependente de forças hegemônicas para sobreviver. Sobre a evolução histórica dos trabalhadores organizados no Brasil (de meados do século XIX até 1964), deve ser consultado: ALEXANDER, Robert J., p. 81-99. De destacar-se que, conjuntamente com a imigração, houve outros fatores mediante os quais se permitiu a formação e a transmissão de um pensamento político (especialmente marxista) na América do Sul: o dos europeus que vinham de passagem ao continente e traziam essas elaborações teóricas; o dos sul-americanos que iam (também de passagem) ao continente europeu e estabeleciam contato com o pensamento marxista; e, sobretudo, o movimento de importação de livros, revistas e jornais europeus, com informações e estudos sobre o socialismo europeu (cf. KONDER, Leandro, 1988, p. 52).

885 Sobre a historicidade dos adoecimentos e doenças do trabalho, Herval Pina Ribeiro (2014, p. 24) assinala: "em face da coletivização dos acidentes e doenças do trabalho os papéis do Estado mudaram do final do século XIX para cá. Antes, quase ausente desses assuntos, ele passou a regulamentar a presença na produção fabril de agentes físicos, químicos e biológicos nocivos, a taxar e fiscalizar as empresas segundo os riscos maiores de causar acidentes e doenças, a obrigá-las a acrescentar adicionais de insalubridade e periculosidade ao salário, a reparar financeiramente a vítima ou familiares através da institucionalização do seguro de acidentes e doenças do trabalho e as forçar a contribuir para a assistência médico-hospitalar, fomentar programas de recuperação e readaptação e alimentar a produção e prescrição de artefatos de proteção individual, todos a merecer o sinal de interrogação quanto a sua eficácia. Vigentes até os dias de hoje, são medidas de correição e compensação financeira que, ao menos, equivalem a admitir, implicitamente, a morbidez das condições materiais na produção e da organização do trabalho no capitalismo [...] as políticas de Estado, do Estado brasileiro em particular [...] inspiram-se nos princípios doutrinários da infortunística de um século e meio atrás [...] na admissão da naturalidade da violência do trabalho, na opção pelo regime de compensação financeira de sua morbidez e na oferta de assistência médica tardia às vítimas. Não obstante, intervir nas condições mórbidas da produção é atribuição inerente ao Estado contemporâneo que detém o monopólio desse poder. Se não o exerce é por sua demasia subordinação aos interesses do capital, aos próprios interesses e à fraqueza política da classe trabalhadora em cobrar-lhe".

886 Unión General de los Trabajadores, 2012, p. 10.

887 BIAVASCHI, Magda Barros, 2007, p. 117.

la profesión o trabajo que ejecuten; por lo tanto, los patrones deberán pagar la indemnización correspondiente, según que haya traído como consecuencia la muerte o simplemente incapacidad temporal o permanente para trabajar, de acuerdo con lo que las leyes determinen. Esta responsabilidad subsistirá aún en el caso de que el patrono contrate el trabajo por un intermediario. XV. El patrono estará obligado a observar en la instalación de sus establecimientos, los preceptos legales sobre higiene y salubridad, y adoptar las medidas adecuadas para prevenir accidentes en el uso de las maquinas, instrumentos y materiales de trabajo, así como a organizar de tal manera éste, que resulte para la salud y la vida de los trabajadores la mayor garantía compatible con la naturaleza de la negociación, bajo las penas que al efecto establezcan las leyes".[888]

No Brasil, as três primeiras tentativas de introduzir, na legislação, algo pertinente ao tema foram interrompidas pela atuação da Comissão de Constituição e Justiça da Câmara dos Deputados. Em 1915, foi aprovado, na Comissão, o primeiro projeto referente ao tema, que, posteriormente, veio a ser substituído por outro mais abrangente – datado de 1917;[889] deste, em seguimento, surge a primeira lei orientada nesse sentido – o Decreto Lei n. 3.724/19.[890]

No presente, o diploma legal que regulamenta a questão é a Lei 8.213/91, que sofreu – desde então – diversas modificações, principalmente as que foram

[888] Estados Unidos Mexicanos. *Constitución Política de 1917*. (Acesso em: 3 out. 2014.) "Si pretendiéramos caracterizar al derecho del trabajo de la América latina, diríamos que responde a un sentido humano de la justicia y que quiere garantizar al hombre, pero que teme a la organización de los trabajadores, preludio indudable de la transformación económica y social del mundo. (...) Fácilmente se comprende la superioridad del derecho mexicano, superioridad legal, pues sería preciso comparar el nivel de vida de los obreros de los distintos países para emitir un juicio definitivo. Esta superioridad se manifesta, en primer término, en el hecho de que, desde 1917, pasó a formar parte nuestro derecho del orden político constitucional; tuvimos así un estatuto de derecho constitucional, que es un conjunto de garantías para la clase trabajadora; algunas naciones, como ya quedó indicado, Chile, Uruguay, Venezuela, Salvador, Perú, Nicaragua, Cuba y Brasil, han seguido nuestro ejemplo y una comparación de los textos de los diferentes países muestra que muchos de los extranjeros son reproducción de los principios mexicanos y aún simple copia de nuestro artículo 123. También en la legislación secundaria influyó nuestro derecho; refiere Rafael Caldera, que cuando se presentó a la Cámara el Proyecto de Ley del Trabajo de Venezuela de 1936, ofreció algún senador un contra-proyecto, totalmente inspirado en nuestra ley, e indica el propio autor que muchos artículos de la ley aprobada se tomaron del derecho mexicano; y así ocurrió también en la legislación cubana. La superioridad del derecho mexicano radica, particularmente, en la amplitud de nuestro artículo 123. Los Constituyentes de 1917 estuvieron dominados por una concepción democrática y libertaria de la sociedad y pudieron consignar los elementos esenciales del derecho del trabajo; se habría podido superar la democracia individualista del siglo XIX y organizar una democracia social; pero líderes y gobernantes se empeñan en desvirtuar el valor de nuestros preceptos legales. La libre asociación profesional, el derecho de huelga y el contrato colectivo de trabajo, producto de un hondo sentido de las necesidades sociales, son los derechos más amplios del mundo; la previsión social y las condiciones generales de prestación de los servicios permiten tal vez, si se cumplieran con serenidad, resolver muchos problemas. También el derecho de la América latina tiene sus excelencias: El principio de la libertad de trabajo, la reglamentación del contrato individual de trabajo, el salario, la jornada, el descanso semanal, las vacaciones pagadas, la protección a las mujeres y a los menores de edad, la previsión social y la creación de tribunales de conciliación y arbitraje, caracterizan al derecho latinoamericano y han alcanzado considerable desarrollo en las leyes. En varios capítulos, especialmente en materia de previsión social, como los seguros sociales y la protección a las mujeres, a las madres y a los menores, han superado las Repúblicas del Sur al derecho mexicano, cuyo legislador, no obstantes los mandatos imperativos de nuestro artículo 123, ha mostrado un extraordinario descuido" (CUEVA, Mario de la, 1943, p. 146-7).

[889] CASTRO, Araujo, p. 19-20.

[890] Especificamente sobre a Justiça do Trabalho no Brasil, pode ser consultado: COLNAGO, Lorena de Mello Rezende, 2009, p. 36-44.

introduzidas pelas Leis 9.032/95 e 9.528/97.[891] Ainda importa referir que existem, em contrapartida, diversas normativas do Ministério do Trabalho do Emprego de Segurança e Saúde no Trabalho, as quais buscam definir os padrões de segurança necessários para evitar-se acidentes no meio ambiente de trabalho. Sob todos os títulos, a acessibilidade concreta ao trabalho coloca-se como um dado específico da cidadania, mediante a qual o trabalhador pode, ao participar da produção material, desenvolver-se integral e plenamente como agente social e político.[892] *In summa*, aponta-se que, nos países desenvolvidos, os movimentos sindicais alcançaram, em meados dos anos 1970, seus índices mais elevados de afiliação; contudo, a globalização tendencial do mercado de trabalho diminuiu, de modo considerável, a influência dos sindicatos, tornando-os menos eficazes no sentido de assegurar a efetiva proteção do trabalho.[893]

15.3. Das Associações Internacionais dos Trabalhadores

Não se poderia superar este ponto sem a indicação, em largos traços, do sesquicentenário da Associação Internacional dos Trabalhadores – que, posteriormente, ficou sendo conhecida como a "Primeira Internacional" –, o qual se verificou em 28 de setembro de 2014. Essa Associação representou, à época de seu nascimento (foi criada por decisão de um comício operário no salão do Saint Martin's Hall, edifício situado no coração de Londres,[894] onde se encontravam, aproximadamente, dois mil trabalhadores e trabalhadoras para assis-

---

[891] MONTEIRO, Antonio Lopes; BERTAGNI, Roberto Fleury de Souza, 2012, p. 43.

[892] Em contrapartida, o "desempregado não é visto como cidadão. Está descartado, fazendo parte dos muitos excluídos que compõem nossa sociedade. [...] as pessoas buscam [...] alternativas para sobreviver, as quais, frequentemente, não asseguram nem a sua subsistência, nem a de seus familiares. Em muitos casos e para atenderem às radicais transformações nas relações de trabalho, esses indivíduos aceitam condições precárias de trabalho, com péssimas remunerações e sob grande desgaste físico e mental. Enfim, há uma predatória combinação de diferentes padrões de utilização da mão de obra, com intensificação do trabalho, desgaste e baixa remuneração. O trabalhador exposto a tal contexto convive com o fantasma do desemprego, o medo de perder o emprego, com longas jornadas de trabalho e regimes de compensação, que substituem, em muitos casos, o pagamento de horas-extras. Submete-se a mais trabalho, em épocas de grandes demandas, o que é compensado por horários livres nos períodos de depressão. Há, ainda, o convívio com a rotatividade da mão de obra, a falta de registros e de contratos, os contratos precários e a ausência de treinamentos e de investimentos em qualificação. Estes são ingredientes que compõem as estratégias dos empresários e do governo, para o enfrentamento da crise econômica e de inserção no cenário internacional. Emergem os terceirizados, os biscateiros, o trabalho infantil e de mulheres e outras situações degradantes, impondo, inclusive, uma categoria de trabalho ilícito. Podemos afirmar, portanto, que as pessoas não deixaram de trabalhar, não se transformaram em *vadios*. Na verdade, parcelas cada vez mais significativas de trabalhadores são expulsas de um tipo de mercado de trabalho, que já não necessita delas, nem mesmo como exército de reserva de mão de obra" (MENDES, Jussara Maria Rosa, p. 47).

[893] MÜLLER, Friedrich, 2002b, p. 64. É manifesto, a todos os títulos, perguntar acerca dos abusos criminais levados a efeito por organizações operárias, sindicatos, confederações e outras assemelhadas. Com efeito, em muitos países, o poder laboral se expressa como organização distanciada dos interesses dos trabalhadores, isto é, a atuação dessas organizações obreiras (pense-se nas dos Estados Unidos, da Inglaterra ou da Itália) se vincula a organizações (ou a práticas) criminosas. De modo paralelo, existem, no universo das relações produtivas, sérios e preocupantes problemas de corrupção, de parasitismo laboral, de perseguição a dissidentes e de associação criminosa, ou seja, aquilo que um autor (J. Montaldo) denominou de *La maffia des syndicats*. (Sobre esse tema, ver LOPEZ-REY Y ARROJO, Manuel, 1981, p. 130-2).

[894] Havia cerca de dois mil trabalhadores para assistir ao comício de dirigentes sindicais ingleses e de um pequeno grupo de operários provenientes do continente (MUSTO, Marcello, 2014a, p. 129).

tir ao comício de alguns dirigentes sindicais ingleses e de um pequeno grupo de operários vindos do continente),[895] o mais importante empreendimento internacional do trabalho, à qual, como assinala Ricardo Antunes, "Marx e um magistral conjunto de militantes e intelectuais comunistas, socialistas e anarquistas, dentre tantas variantes que compreendiam o ideário e a prática anticapitalista, dedicaram parte importante de suas vidas".[896]

É curioso observar que, no momento histórico do aparecimento da Associação Internacional dos Trabalhadores, a vanguarda do movimento operário (particularmente na França e na Inglaterra) tinha ficado vivamente impactada com a rebelião polonesa de 1863 e com a violenta resposta repressiva do *czar* russo àquele levante popular. Derivado disso, difundiu-se, no conjunto do movimento operário, a ideia segundo a qual haveria uma vasta pauta comum de reivindicações e, sobretudo, que as questões tópicas precisam transformar-se em gerais, alargando, assim, o espectro de atuação.[897] Nesse sentido, a Internacional foi plasmada com a finalidade precípua de tornar mais solidários os operários de diferentes nações,[898] compreendendo a participação de muitos líderes do movimento operário, apesar de haver pouca unidade em suas fileiras.[899] A mais disso, "não se apoiava sobre amplas massas operárias e mais se assemelhava a um agrupamento internacional de propaganda revolucionária",[900] sendo dissolvida em 1874, em virtude do enfraquecimento levado a efeito pelas lutas internas entre os marxistas e os anarquistas.[901] De qualquer

---

[895] MUSTO, Marcello, 2014b, p. 19.

[896] ANTUNES, Ricardo, 2014, p. 119.

[897] "[...] de entrar numa organização cujos estatutos e declaração inaugural tinham a inconfundível marca da escritura de Karl Marx. Um Marx porém cuidadoso de 'não fechar as portas a ninguém'. Na Declaração Inaugural Marx menciona um episódio de feições policialescas na vida cotidiana de Londres: os estranguladores que apavoravam toda a cidade. Eles não apenas inspiravam uma inesgotável literatura – o nascente romance e conto policial – como figuravam agora no primeiro documento orgânico do proletariado internacional. No caso, para apontar que a investigação parlamentar motivada pelo estrangulador de Londres também desvendava as paupérrimas condições de vida nos distritos operários. Relatórios de saúde pública e sobre trabalho infantil permitem que Marx trace um quadro da miséria do trabalhador em contraste com as estatísticas de impostos de renda, que demonstram a situação das classes abastadas" (GONZALEZ, Horácio, 1984, p. 104-5).

[898] KONDER, Leandro, 1981, p. 130.

[899] "As organizações operárias que fundaram a Internacional eram muito distintas entre si. A tarefa política de fazer conviver todos esses ânimos na mesma organização foi indiscutivelmente obra de Marx. Seus dotes políticos lhe permitiram conciliar aquilo que parecia inconciliável e asseguraram um futuro à Internacional, que, sem o seu protagonismo, teria seguramente caído no mesmo rápido esquecimento de todas as outras numerosas associações operárias que a precederam. Foi Marx quem deu uma finalidade clara à Internacional. Foi ele quem realizou um programa político não excludente, embora firmemente classista, como garantia de uma organização que ambicionava ser de massas e não sectária. Foi Marx, alma política de seu Conselho Geral, quem redigiu suas principais resoluções e compilou todos os relatórios preparatórios para os congressos. Ele foi o homem certo no lugar certo" (MUSTO, Marcello, 2014a, p. 129-30).

[900] BUKHARIN, Nikolay, 1980, p. 102.

[901] "Marxistas e anarquistas – termos que não eram comuns à época – fizeram parte da Associação Internacional de Trabalhadores (AIT), a I Internacional, desde sua origem, em 1864. Mas os desacordos entre os partidários de Marx e os de Bakunin levaram a uma amarga divisão em 1872. Logo depois, a AIT 'marxista' dissolveu-se *de fato*, enquanto os bakunistas criaram ainda naquele ano, em uma conferência em Saint-Imier, na Suíça, sua própria AIT, que, de maneira precária, existe ainda hoje. Para Marx, as razões para a cisão foram as tendências pan-eslávicas e o fracionalismo antidemocrático e conspiratório de Bakunin. De acordo com o filósofo russo, por sua vez, a divisão resultou da orientação pan-germânica de Marx, assim como de seu comportamento intolerante e autoritário. A despeito dos óbvios exageros, ambas as acusações têm certa verdade, e os equívocos dificilmente podem ser imputados a apenas um dos lados. Historiadores marxistas e

sorte, a Internacional, apesar de sua precariedade financeira, conseguir apoiar, materialmente, diversas greves;[902] e pôde, ainda, contribuir para a formação da consciência operária. Cabe lembrar, nesta linha de consideração, que, graças à Internacional, "o movimento operário pôde compreender mais claramente os mecanismos de funcionamento do modo de produção capitalista, adquirir maior consciência da própria força e desenvolver novas e mais avançadas formas de luta. Seu eco ultrapassou os confins da Europa, gerando a esperança de que outro mundo era possível até para os artesãos de Buenos Aires, os membros das primeiras associações operárias de Calcutá e os grupos de trabalhadores na Austrália e na Nova Zelândia. Nas classes dominantes, ao contrário, a notícia da fundação da Internacional provocou horror. O pensamento de que também os operários viessem a exigir um papel ativo na história gerou indignação, e foram numerosos os governos que invocaram a eliminação da organização, perseguindo-a com todos os meios de que dispunham".[903] É bastante conhecida a passagem na qual Friedrich Engels, no prefácio à edição inglesa (1888) do Manifesto, afirma: "quand la classe ouvrière européenne eut retrouvé des forces suffisantes pour livrer un nouveau combat contre les classe dirigeantes, surgit l'Association internationale des travailleurs. Mais cette association, créée dans le but précis de souder en une seule organisation tout le prolétariat militant d'Europe et d'Amérique, ne pouvait proclamer sur-le--champ les principes exposés dans le *Manifeste*. Il fallait que l'Internationale eût un programme assez large pour être accepté par les trade-unions anglaises, par les disciples de Proudhon en France, en Belgique, en Italie et en Espagne, et par les Lassalliens en Allemagne. Marx, qui rédigea ce programme à la satisfaction de tous les partis, mettait toute sa confiance dans le devéloppement intellectuel de la clase ouvrière qui résulterait à coup sûr de l'action unie et de la discussion mutuelle. Les épisodes et les vicissitudes mêmes de la lutte contre le capital, les défaites plus encore que les victoires, ne pouvaient manquer de rendre sensible aux hommes l'insiffisance de leurs panacées favorites et de frayer la voie à une perception plus précise des conditions véritables de l'émancipation de la classe ouvrière. Et Marx avait raison. L'Internationale, au moment de sa dissolution en 1874, laissait les travailleurs dans un état tout différent de celui où elle les avait trouvés en 1864. Le proudhonisme en France, le

anarquistas reproduziram esses argumentos, cada grupo culpando o outro pela crise na AIT. E mesmo quando não tomaram partido, muitos acadêmicos também enfatizaram o conflito de ideias e práticas entre os dois" (LÖWY, Michael, 2014, p. 121).

902 "Apesar de seus recursos limitados, o CG jamais deixou de responder às instâncias que o procuraram, manifestando-se por meio da redação de apelos de solidariedade endereçados a todas as suas seções europeias e organizando coletas de fundos. Em março de 1869, por exemplo, ele interveio em resposta aos oitocentos tecelões e tingidores da Basileia que haviam recorrido à Internacional solicitando apoio a sua greve. O CG não pôde enviar-lhes mais do que £4, porém, graças a uma circular, conseguiu recolher mais £ 300 entre diversos grupos de operários em muitos países. Ainda mais significativo foi o papel desempenhado pela Internacional na luta dos operários da indústria mecânica de Newcastle pela redução da jornada de trabalho para nove horas. Nessa circunstância, de fato, foi determinante a mediação política de dois de seus emissários, James Cohen e Eccarius, que conseguiram debelar a tentativa dos patrões de substituir os grevistas ingleses por trabalhadores de outros países europeus. O sucesso dessa luta, que se tornou um caso de dimensões nacionais, representou uma advertência para os capitalistas ingleses, que, a partir de então, desistiram de recrutar trabalhadores do outro lado do Canal da Mancha" (MUSTO, Marcello, 2014b, p. 43).

903 MUSTO, Marcello, 2014b, p. 21.

lassallisme en Allemagne étaient moribonds, et même les conservatrices trade-unions d'Angleterre, bien qu'elles eussent pour la plupart rompu leurs liens avec l'Internationale, en arrivaient peu à peu au point de pouvoir, comme l'an dernier à Swansea, dire par la bouche de leur président qui s'exprimait en leur nom: 'Le socialisme continental n'est plus pour nous quelque chose de terrifiant.' De fait, les príncipes du *Manifeste* avaient fait des progres considérables parmi les travailleurs de tous les pays".[904]

Quando a Internacional se dissolve, após a derrota da Comuna de Paris,[905] a vanguarda da classe operária conserva a consciência necessária para a formação de estruturas partidárias organizadas; desse modo, os partidos socialistas – com base no movimento operário elementar da época – começam a nascer em diversos países (à exceção da Grã-Bretanha e dos Estados Unidos), *pari passu* com o desenvolvimento da indústria.[906]

Logo se fez sentir a necessidade de um apoio mútuo entre essas organizações, e assim, em 1889, foi convocado um congresso socialista internacional, integrado por representantes dos partidos socialistas de vários países.[907] Com isso, a Segunda Internacional (1889-1914) foi fundada, tendo atuado como organismo dirigente do movimento operário, graças a uma poderosa imprensa, que divulgava, massivamente, as ideias-chave (particularmente as de inspiração marxista) da organização dos trabalhadores. De tal arte, "entre os revolucionários formados sob a égide da Segunda Internacional, Lenin, sem dúvidas, se revelará uma figura ímpar – e não só por haver liderado a primeira revolução proletária vitoriosa. Além da sua contribuição ao estudo do imperialismo, coube-lhe desenvolver duas temáticas centrais do marxismo: a questão do Estado e a questão do partido político proletário".[908] No plano ideológico, a Segunda Internacional imprimiu, de um modo geral, um estreitamento interpretativo das concepções marxistas, isto é, uma redução (simplificação dos processos analíticos) e uma ampliação (decorrente da extensão da pesquisa a

---

[904] ENGELS, Friedrich, 2004, p. 78-9.

[905] "[...], depois da Comuna, intensificou-se o conflito entre as duas tendências revolucionárias do socialismo internacional, levando à exclusão de Bakunin e Guillaume (seu agitador suíço), no Congresso de Haia (1872), e à transferência [do Conselho Geral] da AIT para a sede em Nova York – na prática, sua dissolução. Depois dessa cisão, os anarquistas [...] fundaram a sua própria AIT" (LÖWY, Michael, p. 121). Devem ser agregadas, entretanto, outras causas para a dissolução da AIT: "foram as mudanças ocorridas no mundo ao redor da Internacional que a tornaram obsoleta. O crescimento e a transformação das organizações do movimento operário, o fortalecimento dos Estados-nação causado pela unificação nacional da Itália e da Alemanha, a expansão da Internacional em países como a Espanha e a Itália – com condições econômicas e sociais profundamente diferentes daquelas da Inglaterra e da França, onde a Associação havia nascido –, a definitiva virada moderada do sindicalismo inglês e a repressão que se seguiu à queda da Comuna de Paris agiram, de modo concomitante, para tornar a configuração originária da Internacional inapropriada frente às condições históricas modificadas" (MUSTO, Marcello, 2014a, p. 135).

[906] BUKHARIN, Nikolay, p. 102.

[907] BUKHARIN, Nikolay, p. 102.

[908] NETTO, José Paulo, 1985, p. 43. Roger Garaudy (1968, p. 51-2) destaca o papel representado por Lenin, em 1914, não somente na luta contra a guerra e contra todas as formas de oportunismo – as quais conduziram a Segunda Internacional ao fracasso –, mas igualmente na denúncia do "chauvinisme", da "théorie de 'l'ultra impérialisme'" (Kautsky) e da "contre-révolution": "la même solidarité fondamentale avec l'impérialisme, et la même justification idéologique par un évolutionnisme fataliste, conduisit nécessairement Kautsky et la IIª Internationale dans le camp de la contre-révolution".

objetos até então abordados).[909] Incontestavelmente, o marxismo, naquele período hitórico, não se constituía em um bloco homogêneo, na medida em que havia, no âmbito da Segunda Internacional, correntes de pensamento e de organização divergentes, que, no limite, redundaram em importantes divisões.[910] Essas divisões irão se manifestar, com força, em face da guerra, especialmente entre dirigentes reformistas e revolucionários; estes, recusavam-na ao passo que aqueles apoiavam-na.[911] (Sem lugar a dúvidas, o movimento socialista – isto é, a social-democracia – estava, à época, a experimentar avanços significativos; nesse sentido, por exemplo, tanto na França quanto na Alemanha [sob a direção de dirigentes como Jaurès, Kautsky e Bebel], o movimento adquiria uma influência sem precedentes. Aliás, na Alemanha, o partido se tornou o primeiro partido operário de massas da história da humanidade; às vésperas da Primeira Guerra Mundial, já contava com mais de um milhão de filiados, tinha o apoia de um terço do eleitorado [mais de quatro milhões de eleitores] e estava representado no parlamento por cento e dez deputados. Do mesmo modo, os sindicatos operários tinham crescido muito, e a direção da Segunda Internacional acompanhava, com exagerado otimismo, a experiência dos grandes partidos que a integravam e que se preparavam para assumir, democraticamente, o poder. Contudo, os dirigentes da Segunda Internacional não estavam, apesar de importantes alertas, minimamente preparados para enfrentar a guerra imperialista: quando, em 1914, a Primeira Guerra Mundial começou, a social-democracia entrou em colapso.)[912] Sendo assim, a Segunda Internacional desagregou-se ao mesmo tempo da declaração da Guerra Mundial,[913] porquanto a maior parte dos movimentos operários capitulou diante da onda chauvinista sobre a defesa nacional da pátria,[914] ou seja, da defesa do Estado

---

909 NETTO, José Paulo, p. 41-2.

910 NETTO, José Paulo, p. 42.

911 "A Internacional é a expressão orgânica da comunidade de interesses do proletariado mundial. No momento em que se reconhece como teoricamente possível que trabalhadores lutem contra trabalhadores a serviço da burguesia, a Internacional deixa de existir na prática. E no momento em que se torna evidente que essa luta sangrenta de trabalhadores contra trabalhadores em benefício de potências imperialistas rivais é uma consequência necessária do comportamento anterior dos elementos decisivos da Internacional, não se pode mais falar em sua recuperação, em recolocá-la no caminho correto, em seu restabelecimento. Reconhecer o oportunismo como corrente significa denunciá-lo como o inimigo de classe do proletariado em seu próprio campo" (LUKÁCS, György, 2012, p. 75).

912 Cf. KONDER, Leandro, 1984, p. 15.

913 "O capitalismo dos países europeus e dos Estados Unidos desenvolvia-se, então, à custa das colônias; era o mais repugnante e sangrento de todos os aspectos do capitalismo. Por uma exploração bárbara dos povos coloniais, pela pilhagem, pelo engodo, pela violência, extorquiam-se-lhes riquezas de que se iam aproveitar abundantemente os tubarões do capital financeiro europeu e americano. Quanto mais forte e poderoso era um *truste* do Estado capitalista no mercado *mundial*, tanto maior era o lucro auferido pela exploração das colônias. Graças a essa *mais-valia* podia pagar aos seus escravos assalariados um pouco mais do que o salário comum. Não a todos, é certo, mas, pelo menos, aos mais *instruídos*. Certas camadas da classe operária foram, assim, *corrompidas* pelo capital. Raciocinavam do seguinte modo: 'Se *nossa* indústria encontra vazão nas colônias africanas, está bem, porque melhor se desenvolverá; os lucros dos nossos patrões aumentarão e nós também lucraremos'. Assim o Capital prendia ao seu Estado os seus escravos assalariados" (BUKHARIN, Nikolay, p. 103).

914 "[...], desde que a guerra ameaça eclodir, a Internacional não tinha deixado de militar em favor da paz. Em cada país, os líderes revolucionários estigmatizavam a responsabilidade da própria classe dirigente do país. Sobre este ponto, ninguém tomara uma posição tão clara como Jean Jaurès; mas o austríaco Victor Adler, o alemão Karl Kautsky ou o russo Lenine pensavam o mesmo. Sem dúvida, a Internacional hesitava na escolha dos meios. O francês Édouard Vaillant e o inglês Keir Hardie tinham proposto que, em caso de mobilização, os trabalha-

nacional.[915] (Como enfatiza Marc Ferro, "quando soou o primeiro toque de clarim, todos os socialistas responderam ao apelo e partiram para a guerra. Salvo algumas excepções, nem os dirigentes, nem os militantes, nem os simpatizantes tiveram consciência de sua incoerência. Em algumas horas, a Internacional soçobrara no nada".[916] Não se pode olvidar que, apenas dois anos antes [em 1912], a Segunda Internacional preparara uma resolução contrária à participação dos trabalhadores em qualquer espécie de guerra, dado que avaliava que a guerra somente poderia significar "o assassinato recíproco de trabalhadores em benefício dos lucros dos capitalistas, das ambições das dinastias, da realização dos objetivos de tratados diplomáticos secretos";[917] e, para os socialistas, era o momento de dirigir a classe operária contra a ordem capatalista.) Isso originou, na perspectiva da história, a "supressão da propaganda antimilitarista, socialista revolucionária, e mesmo a interrupção de toda a defesa dos interesses de classe dos trabalhadores, incluindo os imediatos".[918] Formou-se a denominada "união sagrada" dos trabalhadores e dos capitalistas diante do inimigo estrangeiro,[919] o que significou, em verdade, a submissão completa

dores recorressem à greve geral. Esta proposta não uniu os congressistas porque muitos deles faziam valer que o sucesso desta palavra de ordem seria tanto maior quanto a classe operária fosse numerosa e mais consciente; a partir daí, os países politicamente atrasados como a Rússia czarista poderiam levar a melhor sobre as nações desenvolvidas, como a Alemanha, tornadas vulneráveis pelas greves" (FERRO, Marc, 2014, p. 57).

915 "Mas quanto mais zelosamente os governos e a burguesia de todos os países procuram desunir os operários e lançá-los uns contra os outros, quanto mais ferozmente é empregado para este elevado fim o sistema do estado de guerra e da censura militar (que persegue muito mais, mesmo agora, durante a guerra, o inimigo 'interno' do que o externo), tanto mais imperioso é o dever do proletariado consciente de defender a sua coesão de classe, o seu internacionalismo, as suas convicções socialistas, contra o chauvinismo desenfreado da clique 'patriótica' burguesa de todos os países. Renunciar a esta tarefa por parte dos operários conscientes significará renunciar a todas as suas aspirações libertadoras e democráticas, sem falar já das socialistas" (LENIN, V. I., 1982, p. 560).

916 FERRO, Marc, p. 58. Com efeito, "todos os partidos socialdemocratas europeus (com a honrosa exceção dos bolcheviques russos e dos socialdemocratas sérvios) adotaram a 'linha patriótica'. Lenin chegou a pensar que a edição do *Vorwärts* – o jornal diário dos socialdemocratas alemães que noticiou que os membros de seu partido no *Reichstag* haviam votado pelos créditos militares – era uma falsificação feita pela polícia secreta tzarista, com o objetivo de enganar os trabalhadores russos. Naquela época do conflito militar que dividiu o continente europeu ao meio foi difícil rejeitar a noção de que se deveria tomar partido nessa luta e combater o 'fervor patriótico' em seu próprio país! Muitas mentes privilegiadas (incluindo Freud) sucumbiram à tentação nacionalista, ainda que por apenas um par de semanas" (ZIZEK, Slavoj, 2005, p. 08). Nas palavras do líder bolchevique: "agora já não há dúvidas de que se trata de uma guerra imperialista de ambos os lados. Só os capitalistas e os seus lacaios, os sociais-patriotas e sociais-chauvinistas [...] podem negar ou escamotear este *facto*. Tanto a burguesia alemã como a anglo-francesa fazem a guerra para saquear outros países, para estrangular os pequenos povos, para obter a supremacia financeira sobre o mundo, para partilhar e redistribuir as colônias, para salvaguardar o regime capitalista agonizante, enganando e desunindo os operários dos diferentes países" (LENIN, V. I., 1980, p. 02).

917 WILSON, Edmund, 2006, p. 505.

918 MANDEL, Ernest, p. 94-5.

919 "Devido à sua conduta, os partidos operários destes países não se opuseram à conduta criminosa dos governos, mas chamaram a classe operária a *fundir* a sua posição com a posição dos governos imperialistas. Os dirigentes da Internacional cometeram uma traição em relação ao socialismo, votando a favor dos créditos de guerra, repetindo as palavras de ordem chauvinistas ('patrióticas') da burguesia dos 'seus' países, justificando e defendendo a guerra, entrando nos ministérios burgueses dos países beligerantes, etc., etc. Os dirigentes socialistas mais influentes e os órgãos da imprensa socialista mais influentes da Europa contemporânea adoptam um ponto de vista burguês-chauvinista e liberal, de forma alguma socialista. A responsabilidade por esta desonra do socialismo recai em primeiro lugar sobre os sociais-democratas alemães, que eram o partido mais forte e influente da II Internacional. Mas também não se pode justificar os socialistas franceses, que aceitam

daqueles ao Estado burguês.[920] Como destaca Ernest Mandel, "como esta 'união sagrada', tal como a guerra, não modificava em nada a natureza capitalista, [...], exploradora, da economia e da sociedade, o social-patriotismo implicou a aceitação de fato de um agravamento das condições de vida e de trabalho dos operários e de um enriquecimento escandaloso dos trustes e outros traficantes de guerra capitalistas".[921] Sob este prisma, em virtude do colapso da Segunda Internacional, em termos políticos, plasmou-se uma profunda divisão no interior do movimento operário (a ruptura se tornaria ainda mais expressiva diante da Revolução Russa), cuja consequência será a fundação da Terceira Internacional.[922]

---

cargos ministeriais no governo daquela mesma burguesia que traiu a sua pátria e se aliou a Bismarck para esmagar a Comuna" (LENIN, V. I., p. 560-1).

920 Isaac Deutscher (2006a, p. 146-7) descreve o posicionamento de Lenin nesta disputa: "foi na solidão de Kureika que soube da deflagração da Primeira Guerra Mundial. O evento, embora não fosse inesperado, confundiu tanto o socialismo russo quanto o europeu. Nos anos anteriores, os congressos da Internacional Socialista lançaram vigorosos apelos antimilitaristas às classes trabalhadoras do mundo, mas poucos líderes de fato acreditavam na iminência da guerra. Nos dois anos antes da sua eclosão, Lenin, envolvido em questões de luta interna, não escreveu quase nada que sugerisse consciência do perigo. Quando a guerra explodiu, ficou surpreso com o comportamento do socialismo europeu. Ao ler nos jornais suíços que os parlamentares socialistas alemães manifestaram apoio à guerra do Kaiser, recusou-se a acreditar no que lia e, de início, considerou a notícia como um balão de ensaio lançado pelo estado-maior alemão para conseguir fraudulentamente a anuência da classe operária. Grande e simples era sua crença da força do internacionalismo socialista. Por um breve período, ficou tão deprimido que pensou em abandonar inteiramente a política. Mas recuperou-se e decidiu 'declarar guerra à guerra'. Não era pacifista. Sua resposta à guerra era a revolução. Acusou trustes, cartéis e bancos como os verdadeiros culpados, denunciou a trégua patriótica entre as classes pregada pela maioria dos socialistas nos países beligerantes e lançou o *slogan*: 'transformar a guerra imperialista em guerra civil'. Inabalável diante da acusação de que, promovendo a revolução no seu país, podia provocar a derrota, descreveu-se abertamente como derrotista revolucionário. A derrota do tsarismo – argumentou – seria o mal menor em quaisquer circunstâncias; e, se acelerasse a revolução, melhor ainda. Afinal de contas, todos os partidos oposicionistas na Rússia, inclusive os liberais da classe média, assumiram comportamento derrotista havia apenas dez anos, durante a guerra russo-japonesa. Deu um passo adiante e recusou qualquer negociação com os socialistas que não compartilhassem essas posições. Não podia haver unidade com esses líderes do movimento operário que se tornaram covardes fornecedores de bucha de canhão para os estados-maiores europeus. Aos seus olhos, tratava-se de traidores do socialismo; e qualquer aliança com eles seria traição. A II Internacional (socialista) estava morta – nada havia a fazer além de começar de novo e construir a III Internacional a partir de baixo. Tal como vezes no passado, Lenin estava muito à frente da maioria dos discípulos e seguidores – o que não significa dizer que estes também se deixaram levar pelo chauvinismo do tempo de guerra. Permaneceram fiéis à convicção antimilitarista e se opuseram à guerra. Mas lhes parecia que Lenin exagerara a dose de modo temerário. Estavam perplexos ao ver como ele e Zinoviev tão enfaticamente acentuavam as posições derrotistas nos escritos da Suíça. Mais ou menos na mesma época, Trotski em Paris pregava 'nem vitória nem derrota', mas revolução; e muitos bolcheviques viam nisto uma dose maior de bom senso. Também estavam aturdidos com o apelo de Lenin pela ruptura com toda a II Internacional, que costumavam olhar como a encarnação de todos os sonhos e esperanças socialistas. Entre os socialistas que apoiavam a guerra (os 'social-patriotas' ou 'defensivistas') e aqueles que se opunham a ela, havia um amplo campo oscilante de opinião socialista, consternado com as ações dos 'social-patriotas' mas relutante em aceitar um cisma irreversível".

921 MANDEL, Ernest, p. 95.

922 "A extirpação dos oportunistas do seio do movimento operário é, portanto, a condição primeira, indispensável para a luta vitoriosa contra a burguesia. Para a preparação da revolução proletária, é absolutamente necessário que os trabalhadores se libertem, tanto espiritual como organizacionalmente, dessa influência que lhes é prejudicial. E como se trata aqui da luta de toda a classe contra a burguesia mundial, depreende-se dessa luta contra o oportunismo, como consequência necessária, a criação de uma nova Internacional proletário-revolucionária. O mergulho da velha Internacional na lama do oportunismo é a consequência de uma época cujo caráter revolucionário não podia ser detectado na superfície. Sua derrocada, a necessidade de uma nova Internacional, é um sinal de que a passagem para a época das guerras civis tornou-se inevitável. Isso não significa em absoluto que se deva lutar imediata e diariamente nas barricadas, mas sim que essa necessidade

Por certo, em março de 1919, em Moscou, no antigo castelo do czar no Kremlin, teve ocasião o Primeiro Congresso Internacional Comunista, em cujo evento foi fundada a Terceira Internacional (depois: Internacional Comunista ou Komintern). Esse Congresso incorporou diversas plataformas de diferentes ambientes operários e revolucionários; de tal sorte, à época, houve uma orientação ao comando dirigente soviético, na medida em que, em virtude da Revolução Soviética, a Rússia se tornara o principal centro do movimento operário internacional.[923] Desse modo, por intermédio da Terceira Internacional, os modelos políticos e ideológicos – segundo a influência stalinista (aquilo que, mais tarde, seria conhecido como marxismo oficial) – se transmitem entre os comunistas no mundo inteiro. Decorre daí que a Terceira Internacional logo se converteu em uma gigantesca máquina ideológica para fins de propaganda e de agitação (aquilo que, no devido tempo, seria denominado de *agitprop*, isto é, propaganda de agitação política), coordenada pela direção soviética. Cuidava-se, portanto, da configuração de uma política que espelhava, à perfeição, as alterações por que passava a política interna soviética; com isso, não se tratava mais de fundar uma federação de partidos operários para o desenvolvimento de estratégias comuns, mas, sim, de criar um verdadeiro Estado-maior, cujo objetivo principal seria conduzir o proletariado mundial em suas tarefas a fim de conquistar o poder.[924] "A necessidade de uma organização deste tipo [...] era inegável. Ao Comintern caberia dar todo o apoio possível aos partidos comunistas em sua luta para tornar efetiva a potencialidade revolucionária visível no proletariado de diversos países europeus. No entanto, os erros cometidos pela Terceira Internacional, assim como a forma em que foi estruturada, fizeram com que sua atuação fosse um fracasso; durante toda a sua existência nenhuma revolução comunista obteve sucesso. E [...] algumas diretrizes ditadas pelo Comintern contribuíram para impedir o pleno desenvolvimento de processos revolucionários em curso e que alguns de seus erros permitiram o crescimento do nazifascismo".[925] Sob seu raio de ação, o Komintern fracassou não apenas na Alemanha, mas também na França e na Espanha, e as ambiguidades de sua política sob o pacto Stalin-Hitler de 1939-41 provocaram perplexidade no conjunto do movimento. De igual forma, a consagração da doutrina do "socialismo em um único país" – adotada como linha política da União

---

pode se apresentar a qualquer momento, todos os dias, e que a história pôs a guerra civil na ordem do dia. E um partido do proletariado e mesmo uma Internacional só podem ser eficazes se reconhecerem claramente essa necessidade e prepararem espiritual, material, teórica e organizacionalmente o proletariado para ela e para suas consequências" (LUKÁCS, György, p. 75).

[923] "Foi assim que o Komintern veio não só a brilhar com a luz reflexa do partido russo, mas a refletir, sucessivamente, cada um dos seus alinhamentos internos. E a tal ponto que não conseguiria êxito quem tentasse compreender a história de qualquer partido comunista simplesmente de acordo com o contexto nacional. Não conseguiria explicar as variadas mudanças de linha, o declínio de alguns dirigentes e a emergência de outros ou as reformas na estrutura organizativa. Frequentemente, deve-se buscar a origem de tudo isso antes nas questões que preocupavam a secretaria geral russa do que nas lutas sociais locais" (DEUTSCHER, Isaac, 2006a, p. 422). "[...]. Esta transmissão automática de cada movimento e de cada reflexo do partido russo para os outros partidos constituiu a principal e mais esdrúxula anomalia na vida do Komintern, anomalia que se tornou norma. Foi por essa razão que certo ar de irrealidade pairava sobre grande parte da atividade do Komintern" (DEUTSCHER, Isaac, 2006a, p. 427).

[924] SPINDEL, Arnaldo, 1981, p. 35.

[925] SPINDEL, Arnaldo, p. 35.

Soviética – entrechocava-se com os princípios do internacionalismo revolucionário.[926] Como descreve Isaac Deutscher, "essa doutrina dominava agora não só na União Soviética, onde pelo menos atendia a uma necessidade psicológica, mas também constituía o cânone oficial do comunismo internacional, onde nenhuma necessidade semelhante tinha a atender. Curvando-se ao egoísmo sagrado da Rússia stalinista, o Komintern fizera desaparecer sua própria razão de ser: uma internacional ligada ao socialismo num único país era uma contradição em termos. Trotski observou que, teoricamente, o conceito de um Estado socialista isolado e contido em si mesmo era estranho ao pensamento marxista [...] e que praticamente expressava renúncia à revolução internacional e a subordinação da política do Komintern às conveniências stalinistas".[927] Em outras palavras, a Terceira Internacional se transformara em um instrumento da política exterior da União Soviética. (Não se pode desprezar que, em escala mundial, os comunistas passaram a ser, profundamente, atingidos pelos conflitos internos da União Soviética. A execução – sob a liderança de Stalin – de importantes e destacados líderes [Zinoviev, Kamenev e Bukharin] nos grandes expurgos foi a expressão dramática da primeira grande crise do movimento comunista).[928] Essa organização foi extinta em maio de 1943.[929]

---

[926] "O 'socialismo num só país' representou, sobretudo, o abandono do internacionalismo proletário, que era, para o bolchevismo, a precondição da perspectiva socialista para a Rússia. Na tradição marxista e socialista, qualquer país isoladamente não dispunha dos recursos necessários para a construção de uma forma mais elevada de sociedade. Os instrumentos exigidos para uma economia que superasse a capitalista, os avanços técnicos e culturais, requeriam uma associação e planificação mundiais dos recursos acumulados pela sociedade. Coube a Trotsky defender essa ideia, que obviamente não lhe pertencia, mas que embasava o conceito (teoria) de *revolução permanente*. Tendo assumido o poder, inclusive num país atrasado, a classe operária não podia deter-se no estágio capitalista, mas teria de avançar em direção a empreendimentos socialistas. Para essa meta, todavia, era necessário não parar nas fronteiras nacionais. O socialismo não podia ser construído em um só país, e muito menos em um país atrasado. A ideia contrária fora, no entanto, adotada por acasalar-se com os interesses da nascente burocracia da URSS, em um contexto de penúria material que tornava importantes seus inicialmente pequenos privilégios. Valendo-se da exaustão das massas, portanto, Stalin argumentava vitoriosamente que o socialismo podia ser construído na Rússia, enquanto a classe operária dos países capitalistas evitasse que suas classes dirigentes lançassem ataques militares contra a URSS. De órgãos de luta revolucionária, os partidos comunistas dos outros países deveriam tornar-se os partidos 'amigos da União Soviética', guarda-fronteiras da URSS. Não demorou muito para que essa doutrina fosse submetida a teste na revolução chinesa de 1925-27" (COGGIOLA, Osvaldo, 2012, p. 43-4).

[927] DEUTSCHER, Isaac, 2006b, p. 58.

[928] Cf. KONDER, Leandro, 1984, p. 16.

[929] Stalin, para falar a verdade, ofereceu um gesto simbólico para melhorar sua imagem nos Estados Unidos: em 22 de maio de 1943, anunciou a iminente dissolução do Comintern. (Ele prometera fazer isso por quase uma década.) O secretário de Estado Hull disse ao povo americano que este último passo "promoveria um maior grau de confiança" e contribuiria para "a cooperação necessária com o objetivo de ganhar a guerra e fomentar bem-sucedidas iniciativas no pós-guerra". O governo britânico instruiu a BBC a descrever o fim do Comintern como "de longe, o evento mais importante da guerra" (...). A dissolução do Comintern iludiu por completo a inteligência americana e ainda mais o presidente Roosevelt. Assim, num memorando de maio, a Agência de Serviços Estratégicos (OSS) – precursora da CIA – reportou fontes russas afirmando que Moscou havia desistido da revolução mundial e usava o fim do Comintern como "prova" da lealdade de Stalin a seus aliados. A OSS, num memorando de junho, julgou ter visto "mudanças fundamentais no comunismo russo". A mais importante delas, dizia o relatório, era a rejeição soviética à pureza da ideologia comunista em nome da defesa e da segurança nacionais da mãe-pátria. A inteligência americana se encontrava completamente equivocada, mas, como os ingleses, os EUA estavam focados na Alemanha e no Japão. Os soviéticos, da mesma forma, centravam suas atenções nos inimigos comuns, mas não deixavam de espionar com muito vigor os aliados. Os historiadores russos ficaram surpresos com o fato de os serviços ocidentais de inteligência e Roosevelt abraçarem com tamanha facilidade o significado da dissolução do Comintern." (GELLATELY, Robert, 2017, p. 44-5).

Diante dessas circunstâncias desfavoráveis, foi articulada – sob a inspiração de centros dissentes, tendo à frente a figura de Leon Trotsky – a criação de uma nova Internacional, forjada à base da continuidade revolucionária das antecedentes e, sobretudo, da assimilação, a fundo, das razões pelas quais se produziram as derrotas do movimento operário (especialmente na década de 1930). Para Eric Hobsbawm, poucos desses grupos dissentes tinham importância política; de longe, o mais significativo se estabelecia em torno do exilado Leon Trotsky – importante liderança da Revolução Soviética e arquiteto do Exército Vermelho –, o qual, entretanto, "fracassou por completo em seus esforços políticos. Sua 'Quarta Internacional', destinada a competir com a stalinizada Terceira Internacional, foi praticamente invisível. Quando foi assassinado por ordem de Stalin em seu exílio no México, em 1940, a importância política de Trotski era insignificante".[930] A experiência histórica da formação de movimentos internacionais de trabalhadores para a transformação radical da sociedade se tinha esvaziado completamente.

Passada a Segunda Guerra Mundial, com a derrota do nazifascismo, experimentou-se um período de relativa democratização das relações nacionais e internacionais; sem embargo, esse momento histórico teve curta duração. Desse momento em diante, em escala histórico-universal, a humanidade vai conviver com um longo período de predomínio de dois blocos políticos antagônicos (representados pelos Estados Unidos da América e pela União Soviética), que imprimiram as condições históricas sob as quais os países sob seu raio de influência deveriam se desenvolver (por conta disso, na América Latina, sob a interferência dos Estados Unidos, houve o florescimento, de um modo geral, de ditaduras militares, em cujo período os movimentos dos trabalhadores sofreram significativas perdas e esvaziamento). Com a distensão da Guerra Fria e, em nosso Continente, da força das ditaduras militares, pouco a pouco emergem reivindicações da classe trabalhadora, as quais defluem fundamentalmente através dos sindicatos, que passam a desenvolver um papel importante na defesa dos interesses dos trabalhadores.

Em poucas palavras, o compromisso com o trabalho digno, com os direitos humanos socialmente relevantes e com a não violência pode, no presente, compor, *in medias res*, o legado mais expressivo desses movimentos internacionais de trabalhadores.

15.4. Da Organização Internacional do Trabalho

A semente da ideia de constituir alguma forma de instituição com os objetivos da Organização Internacional do Trabalho (OIT) foi plantada ainda no século XIX, advinda de pensamentos éticos e filosóficos relacionados à então latente Revolução Industrial. Todavia, foi somente em 1919 que a devida

930 HOBSBAWM, Eric, 1995, p. 80.

formação se concretizou.[931] A Organização Internacional do Trabalho (OIT)

---

931 Sobre a história desta organização: "a OIT foi criada em 1919, como parte do Tratado de Versalhes, que pôs fim à Primeira Guerra Mundial. Fundou-se sobre a convicção primordial de que a paz universal e permanente somente pode estar baseada na justiça social. É a única das agências do Sistema das Nações Unidas com uma estrutura tripartite, composta de representantes de governos e de organizações de empregadores e de trabalhadores. A OIT é responsável pela formulação e aplicação das normas internacionais do trabalho (convenções e recomendações). As convenções, uma vez ratificadas por decisão soberana de um país, passam a fazer parte de seu ordenamento jurídico. O Brasil está entre os membros fundadores da OIT e participa da CIT desde sua primeira reunião. Na primeira CIT, realizada em 1919, a OIT adotou seis convenções. A primeira delas respondia a uma das principais reivindicações do movimento sindical e operário do final do século XIX e começo do século XX: a limitação da jornada de trabalho a 8 diárias e 48 semanais. As outras convenções adotadas nessa ocasião referem-se à proteção à maternidade, à luta contra o desemprego, à definição da idade mínima de 14 anos para o trabalho na indústria e à proibição do trabalho noturno de mulheres e menores de 18 anos. Albert Thomas tornou-se o primeiro DG da OIT. Em 1926, a Conferência Internacional do Trabalho introduziu uma inovação importante com vistas a supervisionar a aplicação das normas. Criou uma Comissão de Peritos, composta por juristas independentes, encarregada de examinar os relatórios enviados pelos governos sobre a aplicação de Convenções por eles ratificadas (as 'memórias'). A cada ano, esta Comissão apresenta seu próprio relatório à Conferência. Desde então, seu mandato foi ampliado para incluir memórias sobre convenções e recomendações não ratificadas. Em 1932, depois de haver assegurado uma forte presença da OIT no mundo durante 13 anos, Albert Thomas faleceu. Seu sucessor, Harold Butler, teve que enfrentar o problema do desemprego em massa, produto da Grande Depressão. Nesse contexto, as convenções já adotadas pela OIT ofereciam um mínimo de proteção aos desempregados. Durante seus primeiros quarenta anos de existência, a OIT consagrou a maior parte de suas energias a desenvolver normas internacionais do trabalho e a garantir sua aplicação. Entre 1919 e 1939 foram adotadas 67 convenções e 66 recomendasções. A eclosão da Segunda Guerra Mundial interrompeu temporariamente esse processo. Em agosto de 1940, a localização da Suíça no coração de uma Europa em guerra levou o novo DG, John Winant, a mudar temporariamente a sede da Organização de Genebra para Montreal, no Canadá. Em 1944, os delegados da CIT adotaram a Declaração de Filadélfia que, como anexo à sua Constituição, constitui, desde então, a carta de princípios e objetivos da OIT. Esta Declaração antecipava em quatro meses a adoção da Carta das Nações Unidas (1946) e em quatro anos a DUDH (1948), para as quais serviu de referência. Reafirmava o princípio de que a paz permanente só pode estar baseada na justiça social e estabelecia quatro ideias fundamentais, que constituem valores e princípios básicos da OIT até hoje: que o trabalho deve ser fonte de dignidade, que o trabalho não é uma mercadoria, que a pobreza, em qualquer lugar, é uma ameaça à prosperidade de todos e que todos os seres humanos têm o direito de perseguir o seu bem estar material em condições de liberdade e dignidade, segurança econômica e igualdade de oportunidades. No final da guerra, nasce a ONU, com o objetivo de manter a paz através do diálogo entre as nações. A OIT, em 1946, se transforma em sua primeira agência especializada. Em 1969, ano em que comemorava seu 50º aniversário, a OIT recebeu o Prêmio Nobel da Paz. Ao apresentar o prestigioso prêmio, o Presidente do Comitê do Prêmio Nobel ressaltou que 'a OIT tem uma influência perpétua sobre a legislação de todos os países' e deve ser considerada 'a consciência social da humanidade'. A OIT desempenhou um papel importante na definição das legislações trabalhistas e na elaboração de políticas econômicas, sociais e trabalhistas durante boa parte do século XX. Em 1998, a CIT, na sua 87ª Sessão, adota a DDPFT, definidos como o respeito à liberdade sindical e de associação e o reconhecimento efetivo do direito de negociação coletiva, a eliminação de todas as formas de trabalho forçado ou obrigatório, a efetiva abolição do trabalho infantil e a eliminação da discriminação em matéria de emprego e ocupação. A Declaração associa a esses 4 direitos e princípios 8 convenções, que passam a ser definidas como fundamentais. Estabelece que todos os Estados Membros da OIT, pelo simples fato de sê-lo e de terem aderido à sua Constituição, são obrigados a respeitar esses direitos e princípios, havendo ou não ratificado as convenções a eles correspondentes. A Conferência define também a ratificação universal dessas convenções como um objetivo, senta as bases para um amplo programa de cooperação técnica da OIT com os seus Estados Membros com o objetivo de contribuir à sua efetiva aplicação e define um mecanismo de monitoramento dos avanços realizados. Em junho de 2008, durante a 97ª Sessão da CIT, que se realiza anualmente em Genebra, representantes de governos, empregadores e trabalhadores, adotaram um dos mais importantes documentos da OIT: a Declaração sobre Justiça Social para uma Globalização Equitativa. O documento [...] corresponde a uma das primeiras manifestações de um organismo internacional com preocupações sobre o mundo globalizado e a grave crise financeira internacional que iria eclodir a partir de setembro de 2008. É importante assinalar que já existia uma crise do emprego antes da eclosão da crise econômica e financeira internacional. Essa crise se manifestava, entre outros indicadores, na existência de 195 milhões de desempregados no mundo e no fato de que 40% das pessoas que estavam ocupadas (cerca de 1,4 bilhões de pessoas) ganhava menos de 2 dólares por dia (situando-se, portanto, abaixo da linha da pobreza) e 20% delas ganhava menos de um dólar ao dia (portanto, abaixo da linha da extrema pobreza). Além disso, oito em cada 10 pessoas não tinham acesso aos regimes de previdência

nasceu – tendo como objetivo a paz mundial por meio da justiça social – com o mesmo tratado que deu fim à Primeira Guerra Mundial (Tratado de Versalhes), como uma agência da Liga das Nações. Como afirmam Jean Rivero e Jean Savatier, "depuis 1919, l'Organisation internationale du Travail (O. I. T.) s'efforce de promouvoir un véritable droit international du travail, qui se substituerait à la disparité des législations nationales; d'autres organismes internationaux ont des compétences dans le même domaine".[932] Sendo assim, fica claro que a *raison d'être* da Organização Internacional do Trabalho (OIT) é, *grosso modo*, a resolução de problemas diversos relacionados ao trabalho mundial e às suas condições, partindo da ótica das relações econômicas entre estados e entre empresas dentro de cada estado.[933] Em relação à internacionalização de um pensamento análogo àqueles da Organização Internacional do Trabalho (OIT), o desenvolvimento de um movimento com esse objetivo fora de instituições se deu com a prática de "traités de type classique conclus entre deux Etats sur les questions de travail, à l'occasion des échanges de main-d'oeuvre qu'ils peuvent être amenés a operér",[934] começando, obviamente, no século XIX, e culminando com o ímpeto de formar algo que centralizasse os ideais pensados anteriormente.

A Organização Internacional do Trabalho (OIT), para atender aos seus grandes objetivos, "ne dispose que de moyens limites, les seuls qu'autorise l'état actuel de la société internationale".[935] O maior esforço político da organização se dá no âmbito de unificar legislações internas com o objetivo de universalizar e positivar os benefícios trabalhistas conquistados em um determinado local, visando, assim, à justiça social mundial, propósito primal da Organização Internacional do Trabalho (OIT).[936] Ainda, as convenções exercem um importante

---

social (OIT, 2007). Essa situação era resultado de um processo de globalização injusto e inequitativo, tal como assinalado desde 2004 pela CMDSG, reunida no âmbito da OIT, e que caracterizou essas desigualdades globais como 'inaceitáveis do ponto de vista moral e insustentáveis do ponto de vista político' (OIT, 2005). A crise esteve precedida por um desequilíbrio crescente nos rumos da globalização, que se manifestou, em particular, em uma distribuição muito desigual dos seus benefícios (entre os países e no seu interior) e no aumento das desigualdades de renda, que caracterizou a realidade da maioria dos países, mesmo durante os anos de prosperidade econômica (primeiros anos da década de 2000). Com efeito, de acordo a dois estudos publicados pela OIT em 2008, entre 1995 e 2007, em 70% dos países analisados, diminuiu a porcentagem dos salários no PIB e aumentou a desigualdade de renda (OIT 2008a e OIT, 2008b). Um desses estudos assinala ainda que um dos fatores que impediram o aumento da desigualdade social em alguns desses países, ou fizeram com que ele ocorresse em menor escala, foram as políticas de salário mínimo e os processos de negociação coletiva".

932 RIVERO, Jean; SAVATIER; Jean, p. 145.

933 Para além, "mais, sur le terrain psychologique, et politique, l'affirmation qu'un régime de protection des travailleurs est inhérent à la qualité d'Etat civilisé, la pesée de l'opinion internationale et des organes où elle s'exprime sur les Gouvernements nationaux, la définition de príncipes communs, peuvent jouer un rôle important dans l'amélioration des régimes nationaux du travail" (RIVERO, Jean; SAVATIER; Jean, p. 146.)

934 RIVERO, Jean; SAVATIER; Jean, p. 147.

935 RIVERO, Jean; SAVATIER; Jean, p. 151.

936 "A OIT, portanto, tem participação fundamental no processo de internacionalização da legislação social trabalhista, com forte atuação na busca do diálogo entre as partes envolvidas, visando a cooperação e o desenvolvimento social entre os Estados, pautando-se na concepção de que o Estado deve intervir nas relações sociopolíticas e econômicas, pois, somente assim, poderão ser assegurados padrões sociais mínimos aos trabalhadores, nos moldes do que já foi concebido nos lineamentos iniciais do Estado do Bem-Estar Social" (FERRO, Thania Maria Bastos Lima, 2016, p. 32). A propósito, a OIT aprovou, recentemente, a convenção sobre assédios (moral e sexual) no mundo do trabalho. Trata-se da convenção 190, que versa sobre a violência

papel na vida da instituição, na medida em que é por meio de conferências que as recomendações podem ser discutidas para, posteriormente, transformarem-se em regras precisas e serem colocadas em prática na legislação trabalhista dos países. Para além desses aspectos, a Organização Internacional do Trabalho (OIT) é integrante da Organização das Nações Unidas (ONU), na qualidade de agência especializada, com personalidade jurídica própria, como pessoa jurídica de direito público internacional, de caráter permanente. E, talvez, o mais importante, o Brasil é país integrante da Organização Interncional do Trabalho (OIT) desde 1919, "sendo compromissário das regras ali construídas a partir do diálogo internacional tripartite, entre representações de trabalhadores, empregadores e governos".[937]

no mundo do trabalho, e visará (pois ainda deve existir a necessária ratificação pelos países) a proteger todos os trabalhadores, do setor público e privado, bem como os casos externos como violências sofridas no caminho do trabalho, ou dele decorrentes.

[937] FELICIANO, Guilherme, 2018.

Conclusões

O conceito de dignidade do trabalho, em termos amplos, compreende certas condições (tais como: padrão salarial justo; proteção social; condições ambientais e relações interpessoais adequadas; entre outras) sem as quais a prestação do trabalho se entrechoca com os direitos humanos.[938] Na base disso, colocam-se os avanços civilizacionais decorrentes de conquistas históricas dos trabalhadores; efetivamente, estes, sob seu raio de influência, fizeram *à la longue* sedimentar a noção segundo a qual a prestação do trabalho se deveria dar em obediência à integridade e à dignidade da classe trabalhadora e conseguiram, portanto, melhorar, prodigiosamente, a condição operária. Mas, bem vistas as coisas, em diferentes contextos históricos e sociais, existem níveis alarmantes de desatendimento àquelas condições mínimas mediante as quais se deve desenvolver a atividade produtiva; e os acidentes e as doenças do trabalho, como vimos ao longo dessa pesquisa, são apenas um aspecto de um quadro bem mais amplo, no qual se inserem, também, o desemprego, o subemprego, o trabalho escravo ou infantil, entre tantas outras formas de confronto com os direitos humanos. Convém ainda não descurar que a globalização financeira, no horizonte de possibilidades históricas (no quadro de Estados democrático-burgueses), continuará a transmitir, em virtude da lógica errática de mercados altamente desregulados, instabilidades e incertezas aos trabalhadores, fomentando *en gros* o deterioro das suas conquistas e sepultando, decisivamente, as perspectivas de avanços socioeconômicos.[939]

Importa, para além disso, precisar, que a sociedade de risco, *per se*, tem proporcionado, em escala planetária, o desenvolvimento e a aceleração de desigualdades na distribuição dos riscos, engendrando, no campo específico do direito, uma tarefa cada vez mais densa e complexa. Roberto Lyra Filho descreve, de modo magistral, que: "a mutação é constante, em cada plano e, nela, alguns setores, ou até o esquema inteiro duma ordem prevalecente, cedem à pressão de outras forças, segundo as correlações dinâmicas de cada etapa.

[938] É importante consignar que, recentemente, a legislação infraconstitucional brasileira veio de reafirmar o compromisso com a dignidade da pessoa humana (art. 8º da Lei 13.105 de 16 de março de 2015) e com a promoção dos direitos humanos (art. 185 da Lei 13.105 de 16 de março de 2015).

[939] As propostas de flexibilização do regime jurídico-trabalhista em vigor – entre as quais, por exemplo, a que visa à ampliação das margens de negociação direta entre patrões e trabalhadores – têm sido encampadas por inúmeros setores empresariais e governistas, engendrando, nos empregados, um quadro de forte tensionamento quanto à preservação de seus direitos trabalhistas.

O parâmetro é, sempre, na pluralidade normativa, o conjunto mais avançado, segundo a vanguarda, que o processo histórico forma e que conduz a tarefa de transformar e superar a ordem existente. Não há nada de impreciso nisto: o posicionamento avaliador das normas jurídicas é exatamente o mesmo que, em cada conjuntura, nos leva inevitavelmente à opção entre dilemas científicos, filosóficos, artísticos, éticos e técnicos. Há que escolher o melhor, o mais correto, o que, no horizonte dado, se apresenta como oferta válida. Não escapamos à opção: podemos, no máximo, escondê-la, deixando-nos guiar, como sonâmbulos, pelos gurus mais espertos e suas máquinas ricas e azeitadas de publicidade".[940] Com efeito, a complexidade das sociedades mundiais – que, de modo particular, se expressa em seus vetores produtivos – reclama que o direito, em geral, e o direito penal, em particular, se desenvolvam como um "redutor-sistematizador da complexidade das relações sociais e, desta forma, como o meio ou garante da funcionalidade e da eficácia do sistema social e dos seus subsistemas".[941] Entretanto, previamente, é de rigor estabelecer se as medidas de caráter punitivo-criminal têm significado real protetor, ou seja, deve-se avaliar se não haveria outras formas mediante as quais o conflito poderia ser, de modo menos traumático, equacionado. Como lembra Cornelius Prittwitz, "para muitos que – diferentemente da maior parte dos estudiosos do direito penal – se interessam pela realidade do direito penal no passado e no presente, o direito penal é antes de tudo um instrumento para assegurar a dominação e até de opressão".[942]

Acreditamos, assim, que é importante existir, na instância administrativa, a prevenção; e, na cível, a compensação.[943]

Do plano do direito criminal, "é inegável que a ciência penal deve adequar-se ao novo contexto social, de risco, e à nova realidade criminológica. Não o fazer significa persistir na irracionalidade e na ineficácia. A 'superação' do legado inarredável da modernidade – legalidade, culpa, direitos fundamentais – obriga-a a confrontar-se com novos referentes igualmente inarredáveis: igualdade, oportunidade, consenso, celeridade, mediação, reparação. É necessário, por isso, encontrar 'novos equilíbrios' para o direito penal: 'novas soluções'

---

940 LYRA FILHO, Roberto, 1982, p. 44-5.

941 CARVALHO, Américo A. Taipa de, 1983, p. 81.

942 PRITTWITZ, Cornelius, 2004, p. 02. "[...] o cárcere é, basicamente, o instrumento essencial para a criação de uma população criminosa recrutada quase que exclusivamente nas fileiras do proletariado e separada da sociedade, com as consequências não menos graves da classe. Na demonstração dos efeitos marginalizados do cárcere e da impossibilidade estrutural de a instituição carcerária assumir a função de reeducação e de reintegração social, que a ideologia penal lhe atribuiu, concorre a observação histórica que demonstra o substancial fracasso de toda reforma de tal instituição, com relação ao alcance do objetivo declarado; bem como vastíssima literatura sociológica amplamente baseada na investigação empírica" (BARATTA, Alessandro, p. 14).

943 Em ações de indenização por dano moral e material decorrentes de acidentes e doenças de trabalho, incidem os aprendizados do direito civil, essencialmente quanto ao tema da responsabilidade civil. Nessas lides, também, a noção de culpa tem demonstrado reiteradamente sua insuficiência. A culpa teve relevância, acima de tudo, na Idade Média e no período posterior, com a construção de uma visão mais racional e a defesa do individualismo, necessários ao modelo social e econômico que superou o sistema medieval. Percebe-se que todo o direito civil já está modificado pelos novos avanços do direito constitucional. Pietro Perlingieri (p. 2) afirma a imperiosidade de se "evitar que a Constituição seja lida e interpretada à luz da lei ordinária", por um jurista "acrítico e insensível ao projeto abrangente da sociedade".

para a protecção dos direitos fundamentais das pessoas e para a satisfação das exigências de segurança dessas mesmas pessoas".[944] José Eduardo de Resende Chaves Júnior lembra: "cogita-se da penalização da pessoa jurídica e aproxima-se do Direito Administrativo Sancionador"; e, a mais disso, que "o princípio garantista da ofensividade em sede especial de direito penal econômico do trabalho cobra uma maior atenção também na conduta e não apenas no resultado da ação reprimida pelo ordenamento penal".[945]

Todavia, as medidas penais aditivas – que foram, aqui, apenas recenseadas – não sugerem significativo aumento de eficácia preventiva ou de equilibrada retribuição – tampouco se enquadram como 'novas soluções' ou 'novos equilíbrios', com o que se deve, ainda uma vez, por ora, preservar o sentido da utilização do direito penal como *ultima ratio*,[946] isto é, o último recurso a ser utilizado na ausência de outros menos lesivos; sendo, assim, prestigiado, também, o princípio da intervenção mínima – "que no ha de entenderse en el sentido de un mínimo absoluto, sino en el del mínimo necesario para cumplir con la finalidad de protección".[947] De fato, como tem modernamente assinalado a doutrina criminal, a intervenção do direito penal não há de ser tanto mínima quando necessária, na medida em que "bajo la argumentación de la minimización del Derecho penal se corre el peligro de descuidar la protección de ciertos bienes o valores dignos y merecedores de tutela penal".[948] A olhos vistos, o direito penal pode, sob certas circunstâncias, desempenhar um papel extremamente valioso na proteção de bens jurídicos; contudo, não deve ser o único nem *per se* decisivo.[949] Além disso, cada vez que se pretenda estender o alcance punitivo para novos comportamentos (ou, mesmo, incrementar a punição de tipos penais existentes), deveria haver, prévia e imprescindivelmente, um longo e detalhado estudo criminológico acerca do impacto disso no sistema penal; em outras palavras, como sublinha Vivien Stern, "siempre habría que preguntarse si es realmente necesario y si hay otra manera de lograr ese objetivo".[950]

---

944 RODRIGUES, Anabela Miranda, p. 383-4.

945 CHAVES JÚNIOR, José Eduardo de Resende, p. 137.

946 Cornelius Prittwitz (2000, p. 446) arremata que "el postulado decisivo para la limitación del Derecho penal se formula por tanto con la proposición de *ultima ratio*, que se ve completada por el principio de subsidiariedad sólo en la medida en que queda claro que el Estado que sanciona tiene también un deber de ayuda".

947 MIR PUIG, Santiago, 2011, p. 119.

948 POLAINO NAVARRETE, Miguel; POLAINO ORTS, Miguel, 2004, p. 464-5.

949 LASCURAÍN SÁNCHEZ, Juan Antonio, 2005, p. 566. Desponta, desta forma, com força, o princípio garantista da necessidade da pena, por cuja noção "se reconstruye la dogmática penal no como una cuestión ontológica o categorial ajena a la realidad social, sino como una teoría para actuar en ella y por tanto definida desde los fines y las consecuencias" (BUSTOS RAMÍREZ, Juan, 1994, p. 207).

950 STERN, Vivien, 2010, p. 235. Como tem enfatizado a literatura criminal, um dos fatores que, nos últimos tempos, contribuíram para a expansão do direito penal reside no abandono das propostas abolicionistas e minimalistas por parte de segmentos de esquerda. De certa maneira, nas décadas passadas, particularmente na América Latina, a esquerda chegou ao governo, e pouco a pouco se foi abrandando a concepção segundo a qual o direito penal deveria ser entendido como um mecanismo de repressão da classe dominante. Engendrou-se, assim, uma espécie de neocriminalização de esquerda, diante da qual o direito penal poderia ser entendido também como um meio promocional eficaz de transmissão de ideias (ou valores) e, sobretudo, como uma forma de luta contra os (crimes dos) poderosos. Bernardo Feijoo Sánchez (2007, p. 353-4) destaca que "la delincuencia ya no se corresponde con la tradicional delincuencia marginada por la que la criminología crítica sentía simpatía, sino que abarca delincuentes que quieren ser combatidos por ésta (poderosos, delincuencia

Para a redução dos acidentes de trabalho, as eventuais configurações típico-penais não podem ser lembradas com maior frequência (e insistência) que o (imprescindível) respeito às normas de segurança do trabalho, à estabilidade e à especialização na atividade laboral, ou, ainda, à existência de sindicatos ativos e de uma rede de proteção que reforce, permanentemente, os sistemas de controle (externo e interno) dos centros de trabalho.[951] Como salientou Dirk Fabricius, "estabilizar relações que se baseiem no respeito aos direitos humanos parece depender da fixação de modelos democráticos para além da esfera político-estatal. 'A escola como polis' é um ponto programático para isso; processos de decisão coletiva em empresas, outro passo decisivo".[952] Um filósofo já assinalou que "os grandes problemas estão na rua"; no presente, [poderíamos agregar *en détail* que] os grandes problemas da humanidade – nas estruturas típicas de poder de classe nas democracias ocidentais – estão, muito provavelmente, concentrados nas fábricas e nos campos, isto é, em todos os processos que envolvem a condição humana e as suas relações produtivas – até porque, como assinalam todas as teorias sociais, o trabalho é a base da existência social do homem.[953]

Imaginamos que, no futuro, da mesma forma que se vão destinar incentivos de todas as ordens às empresas que ostentarem um vigoroso e adequado compromisso de sustentabilidade ambiental, haverão de ser alcançados, em grande medida, os mesmos benefícios às que se mantiverem em resguardo e acatamento das normas de segurança dos trabalhadores, como padrão de respeitabilidade que encontra apoio, inegavelmente, nos direitos humanos. Não se trata, aqui, de se estender, pura e simplesmente, a lógica do mercado à minimização do problema (é claro que se percebe a mesma ilusão atual acerca da ameaça ecológica, ou seja, [apenas] obrigando que os poluidores indenizem pelos estragos causados à natureza , isto é, de compensação pelas disfunções do processo de acumulação), mas, sim, de se transmitir, a partir de nossa experiência diária, de um lado, os avanços possíveis (e se cuida de simples ilustração; por evidente, pode haver outras) de uma autêntica dogmática – que se desenvolve como preparação e complementação da lei positiva, é dizer, "como instrumento auxiliar de creación de Derecho positivo"[954] – ao conjunto da sociedade civil; e, de outro, de se consagrar a noção segundo a qual a utilização da vertente punitiva só tem sentido quando se esgotarem, completamente, as outras vias por meio das quais a questão pode ser arrostada.[955]

---

de extrema derecha, racista o xenófoba, violencia machista, etc.). La criminología crítica ha acabado descubriendo, en los años ochenta, una positiva función simbólica del Derecho Penal que, desde su perspectiva, no sólo se debe criticar, sino también utilizar y que se ha convertido en un paradigma de una nueva criminalización. Los mayores críticos ideológicos de la pena son los que han acabado utilizando, ilegítimamente y de forma perversa, el Derecho Penal (aplicación alternativa del Derecho Penal) como arma arrojadiza para intentar conseguir sus objetivos de transformación del orden social que no han conseguido por otros medios".

951 LASCURAÍN SÁNCHEZ, Juan Antonio, 2005, p. 566.

952 FABRICIUS, Dirk, 2012, p. 223.

953 REICH, Wilhelm, p. 267.

954 MIR PUIG, Santiago, 1994, p. 13-4.

955 "Por outro lado, tendo em atenção o caráter gravoso das reacções criminais, só é legítima a intervenção jurídico-penal, quando as sanções de outra natureza (civil, administrativa, ordenação-social) se revelarem

Nunca é demais lembrar que o direito penal – no-lo diz Winfried Hassemer – "não é um *passpartout*, mas primeiramente, um meio (*ultima ratio*) para a solução dos problemas da sociedade".[956] *Sous tous les rapports* – inclusive quanto ao eventual risco de desformalização[957] (isto é, a diminuição da [exigência garantística de] formalização[958] do controle penal permite engendrar, *in concreto*, uma maior intervenção sobre o cidadão, pois este, diante do enfraquecimento do espectro punitivo – e, com isso, das garantias que lhe são inerentes –, pode ver-se submetido a modalidades de controle inaceitáveis [moralizantes, manipuladoras, incontroláveis]; assim, em qualquer discussão sobre projetos de despenalização ou de alternativas à punição deve existir, junto aos argumentos favoráveis decorrentes da menor violência na solução do conflito, igualmente, a avaliação, como argumento negativo, do risco de desformalização[959]), torna-se possível endossar, em termos amplos, na matéria acidentária, *à coup sûr*, a tendência político-criminal que pugna pela não ampliação (ou, até mesmo, pela contração) da intervenção punitiva,[960] na medida em que se devem priorizar, na contenção do fenômeno acidentário, outros mecanismos de defesa e de proteção (dos trabalhadores). Nesse terreno, o risco maior seria o da cristalização da tarefa meramente retórica do direito penal[961] e, em última instância, o da ineficiência protetiva dos bens jurídicos em causa. A conscientização do conjunto da sociedade civil para este grave problema dos acidentes de trabalho parece ser, nas condições históricas dadas, a forma mais adequada de enfrentá-lo, sobretudo porque a sua resolução envolve, necessariamente, todos os atores sociais (empresários, trabalhadores, policiais, promotores, juízes, fiscais e procuradores do trabalho, entre vários outros), cujos esforços e preocupações devem endereçar-se, permanente e prioritariamente, à prevenção dos aciden-

---

insuficientes para a defesa e promoção dos valores em causa (*dimensão pragmática* ou de eficácia: princípio da subsidiariedade, da necessidade ou da intervenção mínima). Só um bem jurídico que satisfaça esta dupla exigência (positiva, i. e., a axiológica; negativa, i. e., a da necessidade) deverá qualificar-se de bem jurídico-penal" (CARVALHO, Américo A. Taipa de, 1983, p. 90).

956 HASSEMER, Winfried, 2007, p. 194. Sobre as principias tendências criminológicas e seus mais representativos vultos, é imprescindível ler: BATISTA, Vera Malaguti, 2011, p. 99-111.

957 "La característica que singulariza al Derecho penal respecto u otros medios del controle social radica [...] no en lo punitivo, sino en lo jurídico y, en concreto, en el alto grado de formalización que esto último supone. Esta formalización preside el ejercicio jurídico-penal del *ius puniendi* mostrándolo como un ejercicio controlado, no ya por consideraciones de utilidad social, sino por garantías establecidas en favor del individuo delincuente" (SILVA SÁNCHEZ, Jesús María, 2010, p. 399).

958 Não se deve admitir que a produção legislativa conduza a desformalização até o ponto de permitir que o direito penal se distancie das garantias formais, comprometendo o papel histórico-garantista do princípio da legalidade. A formalização (é dizer, a previsibilidade, controlabilidade, adequabilidade aos princípios) deve fundamentar todas as formas de controle social e, por óbvio, as de controle jurídico; em vista disso, especialmente no âmbito penal, por existirem as mais graves consequências, deve ser mais intenso o grau de formalização.

959 SILVA SÁNCHEZ, Jesús María, 2010, p. 401.

960 "La reaparición en la política oficial de sentimientos punitivos y gestos expresivos que parecen extraordinariamente arcaicos y francamente antimodernos tiende a confundir a las teorías sociales actuales sobre el castigo y su desarrollo histórico" (GARLAND, David, 2005, p. 34).

961 "En nuestro concreto ámbito, esta función simbólica o retórica de las normas penales se caracteriza por dar lugar, más que a la resolución directa del problema jurídico-penal (a la protección de bienes jurídicos), a la producción en la opinión pública de la impresión tranquilizadora de un legislador atento y decidido" (SILVA SÁNCHEZ, Jesús María, 2010, p. 482).

tes; e a questão se essencializa temporal-espacialmente porque não se pode conceber, no presente, a noção do indivíduo isolado (em uma abstração liberal romântica), senão a do indivíduo que se encontra *eingebettet* culturalmente no mundo social.

Observa-se, consequentemente, que de algum ponto deveremos partir se quisermos, *de facto*, contribuir para a construção de plataformas seguras de resolução desse fenômeno;[962] comecemos, pois, reconhecendo que se trata de uma questão ampla e complexa, para a qual não se alistam medidas simples e – o que é mais significativo! – contraproducentes; posteriormente, poderemos avançar; mas, agora, devemos, de verdade, reconhecer que a vida, a integridade física e a dignidade dos trabalhadores são valores que se sobrelevam, em muito, ao eventual grau de proteção que cumpre ser alcançado pelo direito penal.

Visto nesta perspectiva, o grande e atual desafio da humanidade se projeta para a construção de uma sociedade plural, não autoritária, não persecutória, na qual o respeito à dignidade da pessoa humana caminhe *pari passu* com o respeito à natureza. *In summa*, em uma sociedade submetida à disciplina da economia de mercado (isto é, em uma economia baseada no lucro, que não se conduz em obediência às necessidades socialmente estabelecidas), é mais que evidente que a força de trabalho humana requer (e, sobretudo, merece) cuidados e tratamentos diferenciados.

[962] No terreno político-criminal, arrolam-se, normalmente, dois níveis: o da efetividade e o da justiça. Quanto ao primeiro, trata-se da capacidade real de as políticas criminais incidirem sobre o fenômeno delitivo, isto é, da capacidade concreta (que as orientações político-criminais idealizadas têm) de prevenção da delinquência. Quanto ao segundo, cuida-se da sensibilidade social e política acerca das propostas, na medida em que não se pode prescindir dos valores democráticos (compreensão ético-social) de uma determinada organização social complexa; sobre este ponto, como sublinham José Cid Moliné e Elena Larrauri Pijoan (2001, p. 261), "es indudable que existen políticas criminales que hacen a la sociedad más justa y existen políticas criminales que hacen a la sociedad más injusta. Nuestra concepción de la justicia está presente en la opción. Pero es una tarea de la criminología que esta opción no sea sólo fruto de los valores sino que la decisión pueda adoptarse tomando en consideración las consecuencias sociales que comporta una opción político-criminal".

Referências

ABRAMOVICH, Víctor; COURTIS, Christian. *El umbral de la ciudadanía*: el significado de los derechos sociales en el Estado social constitucional. Buenos Aires: Del Puerto, 2006.

ABRANTES, José João. *Direitos fundamentais da pessoa humana no trabalho* – em especial, a reserva da intimidade da vida privada (algumas questões). Coimbra: Almedina, 2014.

AGUIAR DIAS, José. *Da responsabilidade civil*. 10ª ed. Rio de Janeiro: Forense, 1995.

AGUIAR, Roberto A. R. de. *O que é justiça*. Uma abordagem dialética. São Paulo: Editora Alfa-Omega, 1995.

AGUIAR, Roger Silva. *Responsabilidade civil objetiva* – do risco à solidariedade. São Paulo: Atlas, 2007.

AGUIAR JÚNIOR, Ruy Rosado de. *Aplicação da pena*. 5ª ed. Porto Alegre: Livraria do Advogado: AJURIS, 2013.

ALBRECHT, Peter-Alexis. *Criminologia*: uma fundamentação para o direito penal. Tradução de Juarez Cirino dos Santos e Helena Schiessl Cardoso. Rio de Janeiro: Lumen Juris, 2010.

ALBUQUERQUE, Eduardo da Motta e. "Trabalho e tecnologia na era do *Google*: ciência, reposicionamento do trabalho e desafios para a periferia". *In Brasil, sociedade em movimento*. Pedro de Souza (organização). São Paulo/Rio de Janeiro: Paz&Terra, 2015.

ALEXANDER, Robert J. *A organização do trabalho na América Latina*. Tradução de Rodolfo Konder. Rio de Janeiro: Civilização Brasileira, 1967.

ALLER, Germán. *Co-responsabilidad social, sociedad del riesgo y derecho penal del enemigo*. Montevideo: Carlos Alvarez (Editor), 2006.

ALTVATER, Elmar. "Existe um marxismo ecológico?". *In A teoria marxista hoje*: problemas e perspectivas. Atilio Boron, Javier Amadeo e Sabrina Gonzáles (orgs.). Buenos Aires: CLACSO, 2006.

ALVES, Roque de Brito. *Ciência criminal*. Rio de Janeiro: Forense, 1995.

_____. "Aspectos da problemática do concurso de pessoas para o crime." *In Trabalho apresentado ao VII CONGRESSO BRASILEIRO DE CIÊNCIAS PENAIS*, realizado no Balneário de Capão da Canoa (Rio Grande do Sul), de 17 a 21 de março de 1987. Edição do Autor.

AMARAL, Cláudio do Prado. *Bases teóricas da ciência penal contemporânea*: dogmática, missão do direito penal e político criminal na sociedade de risco. São Paulo: IBCCRIM, 2007.

ANDERSON, Perry. *As origens da pós-modernidade*. Tradução Marcus Penchel. Rio de Janeiro: Jorge Zahar, 1999.

ANDRADE, Andressa Paula de; CARVALHO, Érika Mendes de. "Configuração da responsabilidade por imprudência em ambiente de risco: estudo de caso". *In Perspectivas das ciências criminais*: coletânea em homenagem aos 55 anos de atuação profissional do Prof. Dr. René Ariel Dotti. Rio de Janeiro: GZ, 2016.

ANDRADE, Vera Regina P. de. *A ilusão de segurança jurídica:* do controle da violência à violência do controle penal. Porto Alegre: Livraria do Advogado, 2015.

_____. *Pelas mãos da criminologia:* o controle penal para além da (des)ilusão. Rio de Janeiro: Revan; ICC, 2012. (Pensamento criminológico; 19.)

ANDREUCCI, Ricardo Antonio. *Legislação penal especial*. 14ª ed. São Paulo: Saraiva, 2019.

ANDREUCCI, Ricardo Antunes. "Fundamentos da reforma penal." *In Ciência Penal*. Rio de Janeiro: Forense, v. 1, 1981.

ANGOTTI, Tom. "América Latina urbana: violência, enclaves e lutas pela terra". *In Margem Esquerda* — ensaios marxistas [nº 24]. São Paulo: Boitempo, 2015.

ANTOLISEI, Francesco. *Manuale di diritto penale*: legge complementari. V. primo. Undicesima edizione aggiornata e integrata a cura de Luigi Conti. Milano: Dott A. Giuffrè, 1999.

ANTUNES, Caio. "Trabalho, alienação e crise estrutural do capital: bases do receituário neoliberal." *In O avesso do trabalho III*: saúde do trabalhador e questões contemporâneas. Edvânia Ângela de Souza Lourenço; Vera Lucia Navarro (Orgs.). São Paulo: Outras Expressões, 2013.

ANTUNES, Ricardo. "A Associação Internacional dos Trabalhadores, 150 anos depois". *In Margem Esquerda* – ensaios marxistas. São Paulo: Boitempo, 2014.

_____. *O continente do labor*. São Paulo: Boitempo, 2011.

ARAÚJO, Francisco Rossal de; RUBIN, Fernando. *Acidentes do trabalho*. São Paulo: LTr, 2013.

ARAÚJO JÚNIOR, Francisco Milton; MARANHÃO, Ney Stany Morais. *Responsabilidade civil e violência urbana*: considerações sobre a responsabilização objetiva e solidária do Estado por danos decorrentes de acidentes laborais diretamente vinculados à insegurança pública. Disponível em: <http://www.issa.in/Resources/Conference-Reports/ Seoul-Declaration-on-Safety-andHealthatWork> Acesso em: 23 de setembro de 2008.

ASSIS TOLEDO, Francisco de. *Princípios básicos de direito penal*. 5ª ed. São Paulo: Saraiva, 2000.

AVENA, Norberto. *Execução penal*: esquematizado. 2ª ed. rev. e atual. Rio de Janeiro: Forense; São Paulo: Método, 2015.

AZEVEDO, Plauto Faraco de. *Ecocivilização*: ambiente e direito no limiar da vida. 2ª ed. São Paulo: RT, 2008.

BABUGIA, Marinés D. *La prueba en el acoso laboral*. Buenos Aires: BdF, 2015.

BACIGALUPO SAGGESE, Silvina. "Ética empresarial y responsabilidad penal de las empresas". *In Encuentros Multidisciplinares*, v. 13, n. 39. Madrid: Fundación General de la Universidad Autónoma de Madrid, 2011.

BADARÓ, Gustavo. "Correlação entre acusação e sentença: releitura da emendatio libelli à luz do contraditório sobre as questões de direito, no novo Código de Processo Civil". *In Processo penal*. Antonio do Passo Cabral, Eugênio Pacelli e Rogerio Schietti Cruz (coordenadores). Salvador: Juspodivm, 2016.

BAJO, Miguel; BACIGALUPO, Silvina. *Derecho penal económico*. Madrid: Centro de Estudios Ramón Areces, 2001.

BALTAZAR JUNIOR, José Paulo. *Sentença penal*. 3ª ed. Porto Alegre: Verbo Jurídico, 2007.

BARATTA, Alessandro. "Criminologia e dogmática penal. Passado e futuro do modelo integral da ciência penal". Tradução de Paolina Hrlynewicz. *In Revista de Direito Penal* [31]. Rio de Janeiro: Forense, 1982.

_____. "Criminologia crítica e política penal alternativa". *In Revista de Direito Penal* [volume 23]. Rio de Janeiro: Forense, 1978.

BARROS, Flávio Augusto Monteiro de. *Direito penal*: parte geral. 9ª ed. São Paulo: Saraiva, 2011.

BARROS NETO, Roldão Lopes de. *O suicídio como acidente de trabalho*. São Paulo: Edicon, 2011.

BASSO, Pietro. "Imigração na Europa: características e perspectivas". *In Riqueza e miséria do trabalho no Brasil*. II. Tradução de Patricia Villen. Ricardo Antunes [org.]. São Paulo: Boitempo, 2013.

BATISTA, Nilo. *Concurso de agentes*: uma investigação sobre os problemas da autoria e da participação no direito penal brasileiro. Rio de Janeiro: Lumen Juris, 2005.

BATISTA, Vera Malaguti. *Introdução crítica à criminologia brasileira*. Rio de Janeiro: Revan, 2011.

BATISTA, Weber Martins. *Direito penal e direito processual penal*. Rio de Janeiro: Forense, 1987.

BAUMAN, Zygmunt. *Medo líquido*. Tradução Carlos Alberto Medeiros. Rio de Janeiro: Zahar, 2008.

_____. *Globalização*: as consequências humanas. Tradução: Marcus Penchel. Rio de Janeiro: Jorge Zahar, 1999.

_____. *A liberdade*. Lisboa: Estampa, 1989.

BAYLOS, Antonio; TERRADILLOS, Juan. *Derecho penal del trabajo*. 2ª edición. Madrid: Trotta, 1997.

BECK, Ulrich. *La sociedad del riesgo*. Hacia una nueva modernidad. Traduzido por Jorge Navarro, Daniel Jiménez e Maria Rosa Borrás. Buenos Aires: Paidós, 1998.

_____. "Momento cosmopolita da sociedade de risco". Tradução de Germana Barata e Rodrigo Cunha. *In Com Ciência* – Revista Eletrônica de Jornalismo Científico [periódico na Internet]. Dezembro de 2008.

BELLON, Jacques. *O direito soviético*. Coimbra: Almedina, 1975.

BENJAMIN, Walter. "Sobre alguns temas em Baudelaire". *In Textos Escolhidos*. Tradução de Edson Araújo Cabral e José Benedito de Oliveira Damião [*et al.*]. São Paulo: Abril Cultural (Os Pensadores), 1980.

BERCITO, Diogo. "Onde de ciberataques atinge órgãos e empresas em ao menos 74 países". *In Folha de S.Paulo*, 13 de maio de 2017.

BERISTAIN, Antonio. "A vitimologia criadora de novos direitos humanos". Traduzido por Gilberto Niederauer Corrêa. *In Fascículos de Ciências Penais*: vitimologia. Ano 5, vol. 5. Porto Alegre: Sergio Antonio Fabris, 1992.

BERMAN, Marshall. *Tudo que é sólido desmancha no ar*: a aventura da modernidade. São Paulo: Companhia das Letras, 1986.

BERRUEZO, Rafael. "Derecho penal laboral." *In Derecho penal laboral*: delitos contra los trabajadores. Buenos Aires: Bdef, 2011.

BETTIOL, Giuseppe. *Direito penal*. V. III. Tradução brasileira e notas do Professor Paulo José da Costa Júnior e do Magistrado Alberto Silva Franco. São Paulo: RT, 1976.

BETZ, Hans-Georg. "Contra la mundialización: xenofobia, políticas identitarias y exclusión populista en Europa occidental". *In Otro mundo*: discrepancias, sorpresas y derivas en la antimundialización. Michel Wieviorka (compilador). Tradución de Isabel Vericat. México: Fondo de Cultura Económica, 2009.

BIAVASCHI, Magda Barros. "A prescrição e o direito do trabalho: fundamentos". *In A prescrição nas relações de trabalho*. Coordenador: José Luciano de Castilho Pereira e Nilton Correia. São Paulo: LTR, 2007.

BIERRENBACH, Sheila. *Crimes omissivos impróprios*: uma análise à luz do Código Penal brasileiro. 2ª ed. rev. e atual. Belo Horizonte: Del Rey, 2002.

BITTENCOURT, Edgard de Moura. *Vítima*. 3ª ed. São Paulo: Leud, 1987.

BLANCH I RIBAS, Josep M. "Trabajar en la modernidad industrial." *In Teoría de las relaciones laborales*. Josep M. Blanch Ribas (coord.). Barcelona: Editorial UOC, 2003.

BLASS, Leila Maria da Silva. "Trabalho e suas metamorfoses." *In Desafios da globalização*. Ladislau Dowbor, Octavio Ianni e Paulo Edgar Resende (orgs.). Petrópolis: Vozes, 2002.

BOAS, Alberto Vilas. *Código de Processo Penal anotado e interpretado*. Belo Horizonte: Del Rey, 1999.

BOCKELMANN, Paul; VOLK, Klaus. *Direito penal*: parte geral. Coordenador e supervisor Luiz Moreira. Tradutora Gercélia Batista de Oliveira Mendes. Belo Horizonte: Del Rey, 2007.

BONFIM, Edilson Mougenot. *Código de Processo Penal anotado*. 6ª ed. São Paulo: Saraiva, 2017.

BOSCHI, José Antonio Paganella. *Das penas e seus critérios de aplicação*. 5ª ed. Porto Alegre: Livraria do Advogado, 2011.

_____. *Ação penal*. Rio de Janeiro: AIDE Editora, 2002.

BOTTINI, Pierpaolo Cruz. *Crimes de perigo abstrato e princípio da precaução na sociedade de risco*. São Paulo: RT, 2007.

BRANDÃO, Cláudio. *Acidente do trabalho e responsabilidade civil do empregador*. São Paulo: LTr, 2006.

BRANDÃO, Cláudio. *Teoria jurídica do crime*. 4ª ed. São Paulo: Atlas, 2015.

BRASIL. Ministério do Trabalho e Emprego. Superintendência do Trabalho e Emprego do Rio Grande do Sul. *Análise de acidentes do trabalho fatais no Rio Grande do Sul:* a experiência da Seção de Segurança e Saúde do Trabalhador – SEGUR. – Porto Alegre: Superintendência regional do Trabalho e Emprego do Rio Grande do Sul. Seção de Segurança e Saúde do Trabalhador/SEGUR, 2008. Apresentação de Ruth Beatriz Vasconcelos Vilela.

BRESCIANI, Maria Stella Martins. *Londres e Paris no século XIX*: o espetáculo da pobreza. São Paulo: Brasiliense, 1982.

BRUNO, Aníbal. *Direito penal*: parte geral, tomo 2: fato punível. 4ª ed. Rio de Janeiro: Forense, 1984.

BUKHARIN, Nikolay. *ABC do comunismo*. São Paulo: Global, 1980.

BUSATO, Paulo César. *Direito penal:* parte geral. 2ª ed. São Paulo: Atlas, 2015.

_____. *Direito penal*: parte especial [1]: artigo 121 ao artigo 234 do Código Penal. São Paulo: Atlas, 2014.

BUSTOS RAMÍREZ, Juan J. *Introducción al derecho penal*. Santa Fe de Bogotá (Colombia): Temis, 1994.

_____; HORMAZÁBAL MALARÉE, Hernán. *Nuevo sistema de derecho penal*. Madrid: Editorial Trotta, 2004.

_____. "A propósito de la culpa y el dolo". *In Derecho penal liberal y dignidad humana*: libro homenaje al Dr. Hernando Londoño Jiménez. Fernando Velásquez (coord.). Colombia: Temis, 2005.

_____. "El control formal: policía y justicia". *In El pensamiento criminológico II*: estado y control. Obra dirigida por R. Bergalli y J. Bustos. Bogotá: Temis, 1983.

BUTIERRES, Maria Cecília. "Discriminação por acidente do trabalho ou por doença ocupacional." *In Trabalho e igualdade*: tipos de discriminação no ambiente de trabalho. Luciane Cardoso Barzotto (coordenadora). Porto Alegre: Livraria do Advogado Editora; Escola Judicial do TRT da 4ª R., 2012.

CABRAL, Antonio do Passo. "A fixação do valor mínimo da indenização cível na sentença condenatória penal e o novo CPC". *In Processo penal*. Antonio do Passo Cabral, Eugênio Pacelli e Rogerio Schietti Cruz (coordenadores). Salvador: Juspodivm, 2016.

CAIRO JÚNIOR, José. *O acidente do trabalho e a responsabilidade civil do empregador*. 8ª ed. São Paulo: LTr, 2015.

CAMARGO, Antônio Luís Chaves. *Imputação objetiva e direito penal brasileiro*. São Paulo: Cultura Paulista, 2001.

CAMPOS, José Luiz Dias. "Acidente do trabalho e responsabilidade penal." *In Revista de Previdência Social*. Ano 14, n° 112, mar. de 1990.

CAMPOS, Teresinha Borges. *Das penas privativas de liberdade às penas alternativas*. Coimbra: Almedina, 2010.

CANCIO MELIÁ, Manuel. *La exclusión de la tipicidad por la responsabilidad de la víctima* ("imputación a la víctima"). Colombia: Universidad Externado de Colombia, 2001.

CANIN, Patrick. *Droit pénal général*. 6ª ed. Paris: Hachette Livre, 2013.

CANOTILHO, José J. Gomes. *Estado de Direito*. Lisboa: Gradiva, 1999.

CARAMUTI, Carlos S. *Concurso de delitos*. Buenos Aires: Hammurabi, 2005.

CARAZZAI, Estelita Hass. "Avó de 86 anos é ferramenta de combate a notícia falsa". *In Folha de S. Paulo*, 6 de maio de 2018.

CARO CORIA, Dino Carlos. "Técnicas de protección en el derecho penal del ambiente." *In Crisis financieira y derecho penal económico*. Buenos Aires: Bdef, 2014.

CARVALHO, Américo A. Taipa de. *Direito penal*: parte geral. Volume II. Porto: Publicações Universidade Católica, 2004.

_____. Condicionalidade sociocultural do direito penal. Análise histórica. Sentido e limites. Coimbra: Separata do número especial do Boletim da Faculdade de Direito de Coimbra – *"Estudos em Homenagem aos Profs. Manuel Paulo Merêa e Guilherme Braga da Cruz"* – 1983.

CARVALHO, H. Veiga de. *Acidentes do trabalho*: de acordo com a nova legislação e suas modificações e contendo as novas tabelas oficiais atualizadas. 4ª ed. São Paulo: Saraiva, 1963.

CARVALHO, José Quintella. "A função social do contrato e o direito do trabalho". *In Novo Código Civil e seus desdobramentos no direito do trabalho*. Emerson José Alves Lage e Monica Sette Lopes (orgs.). São Paulo: LTr, 2003.

CASTRO, Araújo. *Acidentes do trabalho*. 4ª ed. Rio de Janeiro: Freitas Bastos, 1935.

CASTRO, Ruy. "Sacrifício com prazer". *In Folha de S.Paulo*, 21 de dezembro de 2015.

CAVALIERI FILHO, Sérgio. *Programa de responsabilidade civil*. 11ª ed. São Paulo: Atlas, 2014.

CEREZO MIR, José. *Derecho penal*: parte general. São Paulo: Revista dos Tribunais; Lima, PE: Ara Editores, 2007.

_____. *Curso de derecho penal español*: parte general. 5ª ed. Madrid: Tecnos, 1997.

CERNICCHIARO, Luiz Vicente. *Questões penais*. Belo Horizonte: Del Rey, 1998.

CESARINO JR., Antonio Ferreira. *Direito social brasileiro*. 6ª ed. São Paulo: Saraiva, 1970.

CHAVES JÚNIOR, José Eduardo de Resende. "Justiça do Trabalho, tutela penal e garantismo." *In* SENA, Adriana Goulart de; DELGADO, Gabriela Neves; NUNES, Raquel Portugal. *Dignidade humana e inclusão social:* caminho para a efetividade do Direito do Trabalho no Brasil. São Paulo: LTr, 2010.

CHOUKR, Fauzi Hassan. *Código de Processo Penal*: comentários consolidados e crítica jurisprudencial. 6ª ed. São Paulo: Saraiva, 2014.

CLARK, Brett; FOSTER, John Bellamy. "A dialética do metabolismo socioecológico: Marx, Mészáros e os limites absolutos do capital." *In Margem Esquerda* – ensaios marxistas, nº 14. São Paulo: Boitempo Editorial, maio de 2010.

CODO, Wanderley. "Prototeoria: síndrome do trabalho vazio." *In* CODO, Wanderley (org). *O trabalho enlouquece?* – um encontro entre a clínica e o trabalho. Petrópolis: Vozes, 2004.

_____; LAGO, Kennyston. *Fadiga por compaixão*: o sofrimento dos profissionais da saúde. Petrópolis: Vozes, 2010.

_____; SORATTO, Lúcia; LINO, Domingos. "Educar, cuidar, proteger." *In* TODESCHINI, Remígio; CODO, Wanderley (orgs.). *O novo seguro de acidente e o novo FAP*. São Paulo: LTr, 2009.

_____; TODESCHINI, Remígio. "Saúde do trabalhador e previdência: organismos, legislação e reconhecimento dos acidentes e doenças do trabalho em alguns países do mundo." *In Saúde e Trabalho no Brasil:* uma revolução silenciosa. CODO, Wanderley; MACHADO, Jorge; SORATTO, Soraia (orgs.). Rio de Janeiro: Vozes, 2010.

COELHO, Teixeira. *Dicionário crítico de política cultural*: cultura e imaginário. 2. ed. São Paulo: Iluminuras, 2012.

COELHO, Walter. *Teoria geral do crime*. Vol. I. 2ª ed., revista. Porto Alegre: Sergio Antonio Fabris Editor e Fundação Escola Superior do Ministério Público do Rio Grande do Sul, 1998.

COEURET, Alain; FORTIS, Élisabeth. *Droit pénal du travail*. Infractions, responsabilités, procédure pénale en droit du travail et de la sécurité sociale. Paris: LexisNexis, 2012.

COGGIOLA, Osvaldo. "Trotsky, Stalin, e a burocracia da URSS". *In Stalin*: biografia. TROTSKY, Leon. São Paulo: Livraria da Física, 2012.

COLETÂNEA temática de jurisprudência: Direito Penal e Processual Penal / Supremo Tribunal Federal – Brasília: Secretaria de Documentação, Supremo Tribunal Federal, 2013.

COLNAGO, Lorena de Mello Rezende. *Competência da Justiça do Trabalho para o julgamento de lides de natureza juridical penal trabalhista*. São Paulo: LTr, 2009.

COLUSSI, Luiz Antônio. "A visão da Justiça do Trabalho no Brasil sobre o fenômeno do assédio moral." *In* GRZYBOVSKI, Denize; MOZZATO, Anelise Rebelato; PEREIRA, André da Silva (orgs.). *Assédio moral no trabalho*: múltiplos olhares. Passo Fundo: IMED Editora, 2010.

CORREIA, Eduardo. *Direito criminal*. Coimbra: Almedina, 1968.

COSTA, Álvaro Mayrink da. *Execução penal*. Rio de Janeiro: GZ Editora, 2016.

_____. *Curso de direito penal:* parte geral. Rio de Janeiro: LMJ Mundo Jurídico, 2015.

COSTA, Carlos Adalmyr Condeixa da. *Da natureza formal dos delitos culposos*: contribuição da teoria egológica do direito para a teoria finalista da ação. Rio de Janeiro: Liber Juris, 1989.

COSTA E SILVA, Antonio José. *Código Penal dos Estados Unidos do Brasil comentado*. São Paulo: Companhia Editora Nacional, 1938.

COSTA JÚNIOR, Heitor. *Teoria dos delitos culposos*. Rio de Janeiro: Lumen Juris, 1988.

COSTA JÚNIOR, Paulo José da. *Crimes contra o consumidor*. São Paulo: Jurídica Brasileira, 1999.

_____. "Direito penal da culpa". *In Ciência Penal*: Doutrina – Jurisprudência – Legislação. Ano II, nº 1, São Paulo: Convívio, 1975.

COX, Robert W. "Questões estruturais de um governo global: implicações para a Europa". *In Gramsci*: materialismo histórico e relações internacionais. Stephen Gill (org.). Rio de Janeiro: Editora UFRJ, 2007.

CUEVA, Mario de la. *Derecho mexicano del trabajo*. 2ª ed. México, D. F.: Libreria de Porrua Hnos y Cia: 1943.

CUNHA, Rogério Sanches. *Manual de direito penal*: parte geral (arts. 1° ao 120). 6ª ed. Salvador: JusPODIVM, 2018.
CUNHA LUNA, Everardo da. "Das penas e sua execução". *In Ciência Penal*: Doutrina – Jurisprudência – Legislação. Ano II, nº 2, São Paulo: Convívio, 1975.
DADOUN, Roger. *A violência*: ensaio acerca do "homo violens". Tradução de Pilar Ferreira de Carvalho e Carmen de Carvalho Ferreira. Rio de Janeiro: DIFEL, 1998.
DAL ROSSO, Sadi. "Intensificação do trabalho – teoria e método." *In* DAL ROSSO, Sadi; FORTES, José Augusto Abreu Sá (orgs.). *Condições de trabalho no limiar do séc. XXI*. Brasília: Épocca, 2008.
DALLEGRAVE NETO, José Affonso. *Responsabilidade civil no direito do trabalho*. 5ª ed. São Paulo: LTr, 2014.
DAUDT, Francisco. "Homofobia". *In Folha de S.Paulo* (artigo), 2016.
DAVIS, Mike. "O capitalismo e a gripe suína". *In Margem Esquerda* – ensaios marxistas [14]. São Paulo: Boitempo, 2010.
DECCA, Edgar de. "O colonialismo como a glória do império." *In O século XX*. Volume 1. 2ª ed. Daniel Aarão Reis Filho, Jorge Ferreira e Celeste Zanha (organizadores). Rio de Janeiro: Civilização Brasileira, 2003.
DELMANTO, Celso; DELMANTO, Roberto; DELMANTO JÚNIOR, Roberto; DELMANTO, Fabio M. de Almeida. *Código Penal comentado*. 9ª ed. São Paulo: Saraiva, 2016.
DEUTSCHER, Isaac. *Stalin*: uma biografia política. Tradução de Luiz Sérgio Henriques. Rio de Janeiro: Civilização Brasileira, 2006a.
_____. *Trotski*: o profeta banido, 1929-1940. Tradução de Walternsir Dutra. Rio de Janeiro: Civilização Brasileira, 2006b.
DI NUBILA, Heloísa Brunow Ventura; BUCHALLA, Cassia Maria. "O papel das classificações da OMS – CID e CIF nas definições de deficiência e incapacidade." *In Revista Brasileira de Epidemiologia*. São Paulo, v. 11, nº 2, jun., 2008.
DIEESE, *Terceirização e Desenvolvimento*, uma conta que não fecha. São Paulo: DIEESE/CUT, p. 14-16, 2011.
DÍEZ RIPOLLÉS, José Luis. *La política criminal en la encrucijada*. Buenos Aires: Bdef, 2007.
_____. *La racionalidad de las leyes penales*. Madrid: Trotta, 2003.
DINIZ, Pedro. "Brasil engatinha no combate à homofobia". *In Folha de S.Paulo*, 17 de maio de 2017.
DOBB, Maurice. *A evolução do capitalismo*. 7ª ed. Tradução de Manuel do Rêgo Braga. Rio de Janeiro: Zahar, 1980.
DOTTI, René Ariel. *Curso de direito penal*: parte geral. 6ª ed. São Paulo: RT, 2018.
_____. *Pena privativa de liberdade*: fisionomia e questões. Curitiba: Lítero-Técnica, 1970.
_____. "Por um direito penal do trabalho." *In Direito penal do trabalho*: reflexões atuais. Eduardo Milléo Baracat e Guilherme Guimarães Feliciano (coords.). São Paulo: LTr, 2014.
_____. *Bases e alternativas para o sistema de penas*. 2ª ed. São Paulo: RT, 1998.
DOWBOR, Ladislau. "Globalização e tendências institucionais." *In Desafios da globalização*. 4ª ed. IANNI, Octavio; RESENDE, Paulo-Edgar A. (orgs.). Petrópolis (RJ): Vozes, 2002.
_____. *O que é capital*. São Paulo: Brasiliense, 1982.
EHLERS, Eduardo. *O que é agricultura sustentável*. São Paulo: Brasiliense, 2008.
ELBERT, Carlos Alberto. *Criminologia, ciência e mudança social*. Tradução e revisão Ney Fayet Júnior. Porto Alegre: Núria Fabris, 2012.
_____. *Inseguridad, víctimas y victimarios*. Buenos Aires: Bdef, 2007.
_____; BALCARCE, Fábián. *Exclusión y castigo en la sociedad global*. Buenos Aires: Bdef, 2009.
ENGELS, Friedrich. *Préface à l'édition anglaise de 1888* (Manifeste du Parti Communiste). Traduction de Laura Lafargue. Paris: Librio, 2004.
ENGISCH, Karl. *Introdução ao pensamento jurídico*. 6ª ed. Tradução de J. Baptista Machado. Lisboa: Fundação Calouste Gulbenkian, 1988.
ESTADOS UNIDOS MEXICANOS. *Constitución Política de 1917*. Disponível em: <http://www.diputados.gob.mx. Acesso em: 3 out. 2014.
ESTARQUE, Marina. "Suicídio entre adolescentes avança e casos recentes mobilizam escolas". *In Folha de S.Paulo*, 25 de abril de 2018.
ESTEFAM, André. *Direito penal*: parte geral (arts. 1° a 120). 8ª ed. São Paulo: Saraiva, 2019.
ESTELLITA, Heloisa. "Quando o crime se oculta na empresa: as peculiaridades dos delitos que são cometidos por corporações". *In Folha de S. Paulo*, Caderno Ilustríssima, 1°.11.2015.
FABRICIUS, Dirk. "A contribuição da psicanálise para a política dos direitos humanos". Tradução Antonio Martins. *In Direito penal como crítica da pena*: estudos em homenagem a Juarez Tavares por seu 70° aniversário em 2 de setembro de 2012. Luís Greco e Antonio Martins (organizadores). Madrid: Marcial Pons, 2012.
FACCHINI NETO, Eugenio. "Da responsabilidade civil no novo Código." *In O novo Código Civil e a Constituição*. Ingo Wolfgang Sarlet (org.). Porto Alegre: Livraria do Advogado, 2003.
FARIA, Bento de. *Dos acidentes do trabalho e doenças profissionais*. Rio de Janeiro: Freitas Bastos, 1947.
FARIA COSTA, José Francisco de. *Direito penal económico*. Coimbra: Quarteto, 2003a.

_____. "O direito penal e o tempo (algumas reflexões dentro do nosso tempo e em redor da prescrição)". *In Boletim da Faculdade de Direito da Universidade de Coimbra*. Volume Comemorativo do 75° Tomo do Boletim da Faculdade de Direito. Coimbra: Coimbra, 2003b.

_____. *O perigo em direito penal*. Coimbra: Coimbra Editora, 1992.

FAUSTO, Boris. *História do Brasil*. São Paulo: Editora da Universidade de São Paulo, 2002.

FAYET, Ney. *A sentença criminal e suas nulidades*: lei, doutrina e jurisprudência. 5ª ed. Rio de Janeiro: Síntese, 1987.

FAYET JÚNIOR, Ney. *Do crime continuado*. 8ª ed. Porto Alegre: Livraria do Advogado, 2018.

_____; SIEGMANN, Roberto Teixeira. "Da prescrição penal e a trabalhista: possíveis intersecções." *In Prescrição penal*: temas atuais e controvertidos. Volume 6. Ney Fayet Júnior (org.). Porto Alegre: Livraria do Advogado, p. 149-66, 2018.

_____; VARELA, Amanda Gualtieri. *A ação (penal) privada subsidiária da pública*. Das vantagens ou desvantagens da participação do ofendido na atividade jurídico-penal. 4ª ed. Porto Alegre: Livraria do Advogado, 2017.

_____; FERREIRA, Martha da Costa. *Das gangues centro-americanas:* Maras – origem e expansividade do fenômeno. 4ª ed. Porto Alegre: Elegantia Juris, 2018.

_____; _____. "Da imprescritibilidade." *In Prescrição penal*: temas atuais e controvertidos. Volume 3. Ney Fayet Júnior (org.). Porto Alegre: Livraria do Advogado, p. 47-90, 2011.

_____; FRAGA, Ricardo Carvalho. *Dos acidentes de trabalho*: questões penais e extrapenais: uma abordagem ampla no contexto da sociedade de risco. 5ª ed. Porto Alegre: Elegantia Juris, 2015.

_____; _____. "Um dia na vida de um trabalhador: verdade e consequências jurídicas do processo produtivo no contexto da sociedade de risco." *In Revista Justiça do Trabalho*. Porto Alegre: HS Editora, 2012.

_____. "Criminalidade econômica e princípio da racionalidade: coordenadas para a construção de uma política criminal racional." *In Criminologia e sistemas jurídico-penais contemporâneos*. Ruth Maria Chitó Gauer (orgª.). 2ª ed. Porto Alegre: EDIPUCRS, 2012.

_____; PICCOLI, Fernando. "Da prescrião penal retroativa: análise crítica das alterações trazidas pela Lei 12.234 de 2010." *In Prescrição penal*: temas atuais e controvertidos. Volume 3. Ney Fayet Júnior (org.). Porto Alegre: Livraria do Advogado, p. 149-165, 2011.

_____; FAYET, Paulo. "A 'nova' maioridade civil e os seus reflexos no direito penal." *In Prescrição penal*: temas atuais e controvertidos. Volume 2. Ney Fayet Júnior (org.). Porto Alegre: Livraria do Advogado, p. 23-38, 2009.

_____. "Aferição da prescrição penal nos crimes habituais." *In Prescrição penal*: temas atuais e controvertidos. Volume 2. Ney Fayet Júnior (org.). Porto Alegre: Livraria do Advogado, p. 93-104, 2009.

_____. "Do crime continuado e a prescrição penal." *In Prescrição penal*: temas atuais e controvertidos. Volume 1. Ney Fayet Júnior (org.). Porto Alegre: Livraria do Advogado, p. 23-38, 2007.

_____. "A prescrição penal e a ancianidade: o real alcance do fator de redução dos prazos prescricionais previstos no artigo 15, *in fine*, do Código Penal." *In Prescrição penal*: temas atuais e controvertidos. Volume 1. Ney Fayet Júnior (org.). Porto Alegre: Livraria do Advogado, p. 39-50, 2007.

_____. "Dos fundamentos da prescrição antecipada." *In Prescrição penal*: temas atuais e controvertidos. Volume 1. Ney Fayet Júnior (org.). Porto Alegre: Livraria do Advogado, p. 155-83, 2007.

FEIJOO SÁNCHEZ, Bernardo. *Retribución y prevención general*: un estudio sobre la teoría de la pena y las funciones del derecho penal. Buenos Aires: Bdef, 2007.

FELICIANO, Guilherme Guimarães. "Criminalidade e jurisdição: lineamentos gerais." *In Jurisdição trabalhista e criminalidade*: conteúdos penais e afins para as rotinas do juiz do trabalho. Guilherme Guimarães Feliciano (organizador). Brasília: Anamatra, 2016.

_____. "O preço da reforma: Brasil terá de explicar pontos da nova lei à OIT". *In Folha de S. Paulo*, 17 de junho 2018.

_____. "Imputação objetiva no direito penal ambiental (inclusive no meio ambiente do trabalho)." *In Direito e processo do trabalho na atualidade:* estudos temáticos em homenagem aos 20 anos da AMATRA 18. Ari Pedro Lorenzetti; Cleber Martins Salas; Platon Teixeira de Azevedo Neto (Coordenadores). São Paulo: LTr, 2012.

FERNANDES, Paulo Silva. "O direito penal no amanhecer do século XXI: breves questões à luz do paradigma da 'sociedade de risco'." *In Sub Judice* – Justiça e Sociedade. Revista n° 19. jul./dez. Coimbra: Sub Judice Editor, 2001.

FERRAJOLI, Luigi. *Derecho y razón*: teoría del garantismo penal. Traduzido por Perfecto Andrés Ibáñez, Alfonso Ruiz Miguel, Juan Carlos Bayón Mohino, Juan Terradillos Basoco e Rocío Cantarero Bandrés. Madrid: Trotta, 1997.

FERRARI, Eduardo Reale. *Prescrição da ação penal*. Suas causas suspensivas e interruptivas. São Paulo: Saraiva, 1998.

FERRAZ, Esther de Figueiredo. *A codelinquência no direito penal brasileiro*. São Paulo: José Bushatsky, 1976.

FERRÉ OLIVÉ, Juan Carlos; NÚÑEZ PAZ, Miguel Ángel; OLIVEIRA, William Terra de; BRITO, Alexis Couto de. *Direito penal brasileiro*: parte geral: princípios fundamentais e sistema. 2ª ed. São Paulo: RT, 2017.

FERRI, Enrique. *Principios de derecho criminal*: delincuente y delito en la ciencia, en la legislación y en la jurisprudencia. Traducción por Jose-Arturo Rodriguez Muñoz. Madrid: Reus, 1933.

FERRO, Marc. *A grande guerra*: 1914-1018. Tradução Stella Lourenço. Revisão Pedro Bernardo. Lisboa: Edições 70, 2014.

FERRO, Thania Maria Bastos Lima. *A função punitiva da responsabilidade civil em acidentes de trabalho*. São Paulo: LTr, 2016.

FIANDACA, Giovanni; MUSCO, Enzo. *Diritto penale*: parte generale. 5ª ed. Bologna: Zanichelli, 2011.

FIGUEIREDO DIAS, Jorge de. *Direito penal*: parte geral: tomo I: questões fundamentais: a doutrina geral do crime. 1ª ed. brasileira, 2ª ed. portuguesa. São Paulo: RT. Coimbra: Coimbra, 2007.

_____. *Direito penal português*. As consequências jurídicas do crime. Lisboa: Aequitas, 1993.

_____. "Execução da pena de prisão e direitos humanos, hoje e amanhã." *In Estudos jurídicos em homenagem ao Professor João Marcello de Araujo Junior*. Ester Kosovski e Eugenio Raúl Zaffaroni (organizadores). Rio de Janeiro: Lumen Juris, 2001.

FINZI, Marcello. *El delito preterintencional*. Traducción por Conrado A. Finzi. Buenos Aires: Depalma, 1981.

FLORES, Carlos Pereira Thompson. *A tutela penal do* stalking. Porto Alegre: Elegantia Juris, 2014.

FONSECA, Antonio Cezar Lima da. *Direito penal do consumidor*. CDC e Lei 8.137/90. Doutrina e jurisprudência. 2ª ed. Porto Alegre: Livraria do Advogado, 1999.

FONTOURA, Adriana Moura. "Assédio moral e assédio organizacional: um estudo exploratório da jurisprudência com relação à categoria dos vendedores." *In* HORNM, Carlos Henrique; COTANDA, Fernanda Coutinho (orgs.). *Relações de trabalho no mundo contemporâneo*: ensaios multidisciplinares. Porto Alegre: Editora UFRGS, 2011.

FOUCAULT, Michel. *Vigiar e punir*: nascimento da prisão. Tradução de Raquel Ramalhete. 42ª ed. Petrópolis, RJ: Vozes, 2014.

FRAGOSO, Heleno Cláudio. *Lições de direito penal*: parte especial. 11ª ed. Revista e atualizada por Fernando Fragoso. V. I. Rio de Janeiro: Forense, 1995.

_____. *Lições de direito penal*: a nova parte geral. 2ª ed. Rio de Janeiro: Forense, 1991.

_____. "Alternativas da pena privativa de liberdade." *In Revista de Direito Penal*, nº 29, jan./jun., 1980.

FRANCO, Alberto Silva e outros. *Código Penal e sua interpretação jurisprudencial*. 5ª ed. rev. e ampl. São Paulo: RT, 1997.

_____. *Temas de direito penal*. (Breves anotações sobre a Lei n. 7.209/84.) São Paulo: Saraiva, 1986.

FRANÇA, Genival Veloso de. *Medicina legal*. 10ª ed. Rio de Janeiro: Guanabara Koogan, 2015.

FREITAS, Juarez. *Sustentabilidade*: direito ao futuro. Belo Horizonte: Fórum, 2012.

FREUD, Sigmund. *O mal-estar da civilização*. Tradução José Octávio de Aguiar Abreu. Rio de Janeiro: Imago, 1997.

FROTA, Hidemberg Alves da; BIÃO, Fernanda Leite. "A dimensão existencial da pessoa humana, o dano existencial e o dano ao projeto de vida: reflexões à luz do direito comparado." *In Revista Forense*: Rio de Janeiro, v. 106, n. 411, out 2010, p. 97-131.

GALVÃO, Fernando. *Direito penal:* parte geral. 8ª ed. Belo Horizonte: D'Plácido, 2017.

GARAPON, Antoine; GROS, Frederic; PECH, Thierry. *Punir em democracia*. Lisboa: Instituto Piaget, 2001.

GARAUDY, Roger. *Lénine*. Paris: Presses Universitaires de France, 1968.

GARCÍA-PABLOS DE MOLINA, Antonio. *Introducción al derecho penal*: instituciones, fundamentos y tendencias del derecho penal. V. II. 5ª ed. Madrid: Editorial Universitaria Ramón Areces, 2012.

_____. GOMES, Luiz Flávio. *Criminologia*. 8ª ed. Coleção Ciências Criminais V. 5. São Paulo: RT, 2013.

_____; _____. *Direito penal*: fundamentos e limites do direito penal. 3ª ed. São Paulo: RT, 2012.

_____; _____. *Direito penal*: parte geral. 2ª ed. São Paulo: RT, 2007.

GARCIA, Gustavo Filipe Barbosa. *Acidentes do trabalho, doenças ocupacionais e nexo técnico epidemiológico*. 4ª ed. São Paulo: Método, 2011.

GARCÍA CAVERO, Percy. "La imputación penal a la empresa en y desde la empresa. El pensamiento jurídico-penal del Profesor Jesús-María Silva Sánchez." *In La crisis del Derecho penal contemporáneo*. Ricardo Robles Planas y Pablo Sánchez-Ostiz Gutiérrez (coordinadores). Barcelona: Atelier, 2010.

_____. *La responsabilidad penal del administrador de hecho de la empresa:* criterios de imputación. Barcelona: Bosch, 1999.

GARLAND, David. *La cultura del control*: crimen y orden social en la sociedad contemporánea. Traducción de Máximo Sozzo. Barcelona: Gedisa, 2005.

GELLATELY, Robert. *A maldição de Stalin*: o projeto de expansão comunista na Segunda Guerra Mundial e seus ecos para além da Guerra Fria. Tradução de Joubert de Oliveira Brízida. Rio de Janeiro: Record, 2017.

GEMIGNANI, Tereza Aparecida Asta; GEMIGNANI, Daniel. "Motorista profissional: análise específica e contextualizada da Lei nº 12.619/2012." *In Estudos aprofundados magistratura do trabalho*. Salvador: Editora JusPodivm, 2013.

GENRO, Tarso. "Crise terminal do velho direito do trabalho." *In Revista da ANAMATRA*, nº 26, abr./mai., 1996.

GHISLENI FILHO, João; PACHECO, Flávia Lorena; VARGAS, Luiz Alberto de; FRAGA, Ricardo Carvalho. "Valor adequado nas ações de indenização por dano moral." *In Novos avanços do direito do trabalho*. São Paulo: LTr, 2011.

GIMBERNAT ORDEIG, Enrique. *Ensayos penales*. Madrid: Tecnos, 1999.

GIORGI, Alessandro di. "Controle de imigração, pós-fordismo e *less eligibility*. A economia política da punição e do hiperencarceramento dos imigrantes na Europa." *In Discursos sediciosos*: crime, direito e sociedade, v. 17, números 19/20. Rio de Janeiro: Revan, p. 131-150, 2012.

GIORGI, Raffaele de. *Direito, democracia e risco*: vínculos com o futuro. Porto Alegre: Fabris, 1998.

GOMES, José Jairo. *Responsabilidade civil e eticidade*. Belo Horizonte: Del Rey, 2005.

GOMES, Luiz Flávio. *Direito penal:* parte geral. Teoria constitucionalista do delito. São Paulo: RT, 2004.

GONZALEZ, Horácio. *Karl Marx*: o apanhador de sinais. São Paulo: Brasileiense, 1984.

GONZÁLEZ ROTHVOSS, Mariano. "Accidentes del trabajo." *In Nueva enciclopedia jurídica*. t. II. MASCAREÑAS, Carlos. Barcelona: Francisco Seix, 1950.

GOTI, Jaime E. Malamud. *La estructura penal de la culpa*. Buenos Aires: Cooperadora de Derecho y Ciencias Sociales, 1976.

GOYARD-FABRE, Simone. *Os princípios filosóficos do direito político moderno*. São Paulo: Martins Fontes, 2002.

GOZZI, Marie-Hélène. *Le terrorisme*. Paris: Ellipses, 2003.

GRACIA MARTÍN, Luis. "Contribución al esclarecimiento de los fundamentos de legitimidad de la protección penal de bienes jurídicos colectivos por el estado social e democrático de derecho." *In Crisis financieira y derecho penal económico*. Buenos Aires: Bdef, 2014.

_____. "Globalização econômica e direito penal." *In Ciências Penais*: Revista da Associação Brasileira de Professores de Ciências Penais. Ano 6, n° 10, jan./jun. de 2009.

_____. *Prolegômenos para a luta pela modernização e expansão do direito penal e para a crítica do discurso de resistência*. Porto Alegre: Sergio Antonio Fabris Editor, 2005.

GRECO, Rogério. *Curso de direito penal*: parte geral: vol. I. 16ª ed. Niterói/ RJ: Impetus, 2014.

GRECO FILHO, Vicente. *Manual de processo penal*. 11ª ed. São Paulo: Saraiva, 2015.

GREGORIO, Rafael. "Inteligência artificial eleva risco de guerra nuclear". *In Folha de S.Paulo*, 6 de maio de 2018.

GRINOVER, Ada Pellegrini. *O processo*: III série: estudos e pareceres de processo penal. Brasília: Gazeta Jurídica, 2013.

GUEDES, Márcia Novaes. *Terror psicológico no trabalho*. São Paulo: LTr, 2003.

GUIMARÃES, Samuel Pinheiro. "Inovações tecnológicas e inovações ideológicas." *In A crise do Estado-nação*. Adauto Novaes (org.). Rio de Janeiro: Civilização Brasileira, 2003.

GULIO, Roberto Santiago F. *Ação penal*. Rio de Janeiro: Lumen Juris, 2009.

GÜNTHER, Klaus. *Teoria da responsabilidade no estado democrático de direito*. Flávia Portella Püschel e Marta Rodriguez de Assis Machado (organizadoras). São Paulo: Saraiva, 2009.

HAINZENREDER JÚNIOR, Eugênio; TRINDADE, Tiziana Morel. "Meio ambiente do trabalho: normas de proteção, responsabilidade do empregador e atuação dos órgãos de fiscalização." *In Revista Justiça do Trabalho*, n° 332, Porto Alegre: HS Editora, agos. de 2011.

HASHIMOTO, Aparecida Tokumi. "Acidente do trabalho e trabalho em domicílio." www.dalmoro.com.br/noticias/958, 2015.

HASSEMER, Winfried. *Direito penal libertário*. Tradução de Regina Greve. Belo Horizonte: Del Rey, 2007.

HAVA GARCÍA, Esther. *El tipo de injusto del delito imprudente*: un análisis de sus elementos orientado a la práctica. Buenos Aires: Rubinzal-Culzoni, 2012.

HERNÁNDEZ BASUALTO, Héctor. "Delitos contra los trabajadores en el derecho penal chileno." *In Derecho penal laboral*: delitos contra los trabajadores. Buenos Aires: Bdef, 2011.

HIRIGOYEN, Marie-France. *Mal-estar no trabalho*: redefinindo o assédio moral. Tradução Rejane Janowitzer. Rio de Janeiro: Bertrand Brasil, 2002.

HIRONAKA, Giselda Maria F. Novaes. *Responsabilidade pressuposta*. Belo Horizonte: Del Rey, 2005.

HOBSBAWM, Eric J. *Mundos do trabalho*: novos estudos sobre a história operária. Rio de Janiero / São Paulo: Paz & Terra, 2015.

_____. *Sobre história*. Tradução Cid Knipel Moreira. São Paulo: Companhia das Letras, 1998.

_____. *Era dos extremos*: o breve século XX: 1914-1991. Tradução: Marcos Santarrita; revisão técnica: Maria Célia Paoli. São Paulo: Companhia das Letras, 1995.

_____. *A era do capital*: 1848-1875. 2ª ed. Tradução de Luciano Costa Neto. Rio de Janeiro: Paz e Terra, 1979.

HOWITT, Dennis. *Introduction to forensic and criminal psychology*. 4th ed. Harlow, England: Pearson Education Limited, 2011.

HOYER, Andreas. "Risco permitido e desenvolvimento tecnológico." *In Revista Portuguesa de Ciência Criminal*. Ano 20, n. 3, jul./set. Jorge de Figueiredo Dias (dir.). Coimbra: Coimbra Editores, 2010.

HUBERMAN, Leo. *História da riqueza do homem*. 16ª ed. Rio de Janeiro: Zahar, 1980.

HUNGRIA, Nélson; DOTTI, René Ariel. *Comentários ao Código Penal*. Vol. I, Tomo II. 7ª ed. Rio de Janeiro: GZ, 2016.

_____; _____. *Comentários ao Código Penal*. Vol. I, Tomo I. 6ª ed. Rio de Janeiro: GZ, 2014.
IANNI, Octavio. *Capitalismo, violência e terrorismo*. Rio de Janeiro: Civilização Brasileira, 2004.
IBER, Christian. *Elementos da teoria marxiana do capitalismo*: um comentario sobre o libro I de O Capital de Karl Marx. Porto Alegre: EdiPUCRS, 2013.
JAKOBS, Günther. *Estudios de derecho penal*. Traducción al castellano y estudio preliminar: Enrique Peñaranda Ramos, Carlos J. Suárez González y Manuel Cancio Meliá. Madrid: Civitas, 1997.
JARCZYK, Gwendoline. "O conceito do trabalho e o trabalho do conceito em Hegel." *In Filosofia política*, 1. Denis L. Rosenfield (editor). Porto Alegre: L&PM, 1984.
JESCHECK, Hans-Heinrich; WEIGEND, Thomas. *Tratado de derecho penal*: parte general. 5ª ed. renovada y ampliada. Traducción de Miguel Olmedo Cardenete. Granada: Comares, 2002.
JESUS, Damásio de. *Código Penal anotado*. 23ª ed. São Paulo: Saraiva, 2016.
_____. *Lei das Contravenções Penais anotada*: Dec.-lei 3.688, de 3-10-1941. 13ª ed. São Paulo: Saraiva, 2015.
_____. *Código de Processo Penal anotado*. 26ª ed. São Paulo: Saraiva, 2014.
_____. *Prescrição penal*. 20ª ed. São Paulo: Saraiva, 2012.
_____. "Nova visão da natureza dos crimes contra as relações de consumo." *In Revista dos Tribnais*, vol. 696/1993.
_____. "Dolo e culpa no Código de Defesa do Consumidor." *In Revista de Direito do Consumidor*, vol. 1/1992.
JIMÉNEZ DE ASÚA, Luis. "La responsabilidade criminal de las personas jurídicas." *In El criminalista*. t. VIII. Buenos Aires: TEA, 1948.
——. *La ley y el delito*: curso de dogmatica penal. Caracas: Andrés Bello, 1945.
KINDHÄUSER, Urs. *Derecho penal de la culpabilidade y conducta peligrosa*. Traducción de Claudia López Díaz. Colombia: Universidad Externado de Colombia, 2001.
KON, Anita. "Tecnologia e trabalho no cenário da globalização." *In Desafios da globalização*. 4ª ed. Ladislau Dowbor, Octavio Ianni e Paulo Edgar Resende (orgs.). Petrópolis (RJ): Vozes, 2002.
KONDER, Leandro. *Introdução ao fascismo*. 2ª ed. São Paulo: Expressão Popular, 2009.
_____. *A derrota da dialética*: a recepção das ideias de Marx no Brasil, até o começo dos anos trinta. Rio de Janeiro: Campus, 1988.
_____. *Marx*: vida e obra. 5ª ed. São Paulo: Paz e Terra, 1981.
_____. *O marxismo na batalha das ideias*. Rio de Janeiro: Nova Fronteira, 1984.
LAFER, Celso. *A reconstrução dos direitos humanos*: um diálogo com o pensamento de Hannah Arendt. São Paulo: Companhia das Letras, 2006.
LASCURAÍN SÁNCHEZ, Juan Antonio. "Caso del trabajador imprudente." *In Casos que hicieron doctrina en derecho penal*. Pablo Sánchez-Ostiz Gutiérrez (coordinador). 2ª ed. Madrid: LAL, 2011.
_____. *Estudios penales en homenaje al Profesor Cobo del Rosal*. Juan Carlos Carbonell Mateu, Bernardo del Rosal Blasco, Lorenzo Morillas Cueva, Enrique Orts Berenguer y Manuel Quintanar Díez (Coordinadores). Madrid: Dykinson, 2005.
LATORRE, Ángel. *Introducción al derecho*. Barcelona: Planeta, 2012.
LAZO, Gemma Nicolás. "La desembocadura en la 'sociedad del riesgo'. Su marco teórico europeo." *In Política criminal y sistema penal*: viejas y nuevas racionalidades punitivas. Iñaki Rivera Beiras (coord.). Barcelona: Anthropos, 2005.
LEIRIA, Antônio José Fabrício. "Objeto do direito penal e a compensação de culpas no crime, face à vitimologia." *In Revista Interamericana de Direito Processual Penal*. Ano IV, volume 13/14, jan.-jun. Porto Alegre: Revista Jurídica, 1979.
_____. *Autoria e participação criminal*. São Paulo: Davidip, 1974.
LEITE, João Antônio G. Pereira. "Acidentes do trabalho: sujeitos da relação jurídica". *In Revista da Escola de Direito da Universidade do Vale do Rio dos Sinos*. São Leopoldo. Vol. I, nº 2, p. 7-19, 1971.
LENIN, Vladimir I. "A guerra e a social-democracia da Rússia." *In Obras escolhidas* [vol. 1]. 2ª ed. São Paulo: Alfa-Omega, 1982.
_____. "Cartas de longe." *In Obras escolhidas* [vol. 2]. São Paulo: Alfa-Omega, 1980.
LIMA, Firmino Alves. *Mecanismos antidiscriminatórios nas relações de trabalho*. São Paulo: LTr, 2006.
LIMA, Marcellus Polastri. *Ministério Público e persecução criminal*. Rio de Janeiro: Lumen Juris, 1997.
LIMA, Renato Brasileiro de. *Manual de processo penal*. 6ª ed. Salvador: JusPodivm, 2018.
LINHART, Danièle. "Modernização e precarização da vida no trabalho." Tradução de Fernanda Murad Machado. *In Riqueza e miséria do trabalho no Brasil III*. Ricardo Antunes (org.). São Paulo: Boitempo, 2014.
LOPEZ, Luiz Roberto. "Neonazismo: subsídios para uma reflexão." *In Luz e sombras*: ensaios de interpretação marxista. Porto Alegre: Universidade/UFRGS, 1997.
_____. *História do século XX*. 3ª ed. Porto Alegre: Mercado Aberto, 1987.
_____. *História do Brasil contemporâneo*. 2ª ed. Porto Alegre: Mercado Aberto, 1983.
LÓPEZ DÍAZ, Claudia. "La competencia de la víctima y los deberes de autoprotección, como fundamento para explicar las acciones a propio Riego." *In Derecho penal liberal y dignidad humana*: libro homenaje al Dr. Hernando Londoño Jiménez. Fernando Velásquez (coord.). Colombia: Temis, 2005.

LOPEZ-REY Y ARROJO, Manuel. *Introducción a la criminología*. Madrid: Publicaciones del Instituto de Criminología de la Universidad Complutense de Madrid, 1981.

LOUSADA DE AROCHENA, José Fernando. "O suicídio como acidente de trabalho: comentário ao processo STJ/Galicia de 4 de abril de 2003." *In Avanços do direito do trabalho*. VARGAS, Luiz Alberto; FRAGA, Ricardo Carvalho (orgs.). São Paulo: LTr, 2005.

LÖWY, Michael. "Uma bandeira comum: marxista e anarquista na I Internacional." *In Margem Esquerda* – ensaios marxistas. São Paulo: Boitempo, 2014.

LOZANO JR., José Júlio. *Prescrição penal*. São Paulo: Saraiva, 2002.

LUISI, Luiz. *O tipo penal, a teoria finalista e a nova legislação penal*. Porto Alegre: Sergio Antonio Fabris Editor, 1987.

LUKÁCS, György. *Lenin*: um estudo sobre a unidade de seu pensamento. Tradução Rubens Enderle. Apresentação e notas Miguel Vedda. São Paulo: Boitempo, 2012.

LUTZKY, Daniela Courtes. *A Reparação de danos imateriais como direito fundamental*. Porto Alegre: Livraria do Advogado, 2012.

LYRA FILHO, Roberto. *Direito do capital e direito do trabalho*. Porto Alegre: Sergio Antonio Fabris, 1982.

_____; CERNICCHIARO, Luiz Vicente. *Compêndio de direito penal*: parte geral. São Paulo: José Bushatsky, 1973.

MACHADO, Antônio Alberto. *Curso de processo penal*. 6ª ed. São Paulo: Atlas, 2014.

MACHADO, Fábio Guedes de Paula. *Prescrição penal*: prescrição funcionalista. São Paulo: Revista dos Tribunais, 2000.

_____. "*Dolus in re ipsa* e a responsabilidade penal da pessoa jurídica." *In Perspectivas das ciências criminais*: coletânea em homenagem aos 55 anos de atuação profissional do Prof. Dr. René Ariel Dotti. Rio de Janeiro: GZ, 2016.

MACHADO, Marta Rodriguez de Assis. *Sociedade do risco e direito penal*: uma avaliação de novas tendências político-criminais. São Paulo: IBCCRIM, 2005.

MACIEL, Fernando. *Ações regressivas acidentárias*. São Paulo: LTr, 2010.

MAENO, Maria. "Ser médico." *In Trabalho e saúde*: a precarização do trabalho e a saúde do trabalhador no século XXI. ALVES, Giovani; VIZZACCARO-AMARAL, André Luís; MOTA, Daniel Pestana (orgs.). São Paulo: LTr, 2011.

MAGALHÃES NORONHA, Edgard. *Direito penal*: introdução e parte geral: vol. 1. 31ª ed. São Paulo: Saraiva, 1995.

MAGGIORE, Giuseppe. *Derecho penal*: el derecho penal; el delito [volumen I]. Buenos Aires: Temis, 1954.

MAHNKOPF, Birgit. "O futuro do trabalho: globalização da insegurança." *In Globalização e Justiça II*. Draiton Gonzaga de Souza e Nikolai Petersen (orgs.). Porto Alegre: EDIPUCRS, 2004.

MANDEL, Ernest. *Introdução ao marxismo*. Tradução por Mariano Soares. 2ª ed. Porto Alegre: Renascença, 2015.

MARANHÃO, Ney Stany Morais. *Responsabilidade civil objetiva pelo risco da atividade:* uma perspectiva civil-constitucional. São Paulo: Método, 2010.

MARCÃO, Renato. *Curso de execução penal*. 17ª ed. revista, ampliada e atualizada. São Paulo: Saraiva, 2019.

_____. *Código de Processo Penal comentado*. De acordo com a Lei n. 13.105/2015 (Novo Código de Processo Civil). São Paulo: Saraiva, 2016.

MARCUSE, Herbert. *Tecnologia, guerra e fascismo*. Editado por Douglas Kellner. Tradução Maria Cristina Vidal Borba. Revisão de tradução Isabel Maria Loureiro. São Paulo: Fundação Editora da UNESP, 1999.

_____. *Razón y revolución*. Hegel y el surgimiento de la teoría social. Traduzido por Julieta Fombona de Sucre, com a colaboração de Francisco Rubio Llorente. Barcelona: Altaza, 1997.

MARQUES, José Frederico. *Estudos de direito processual penal*. Atualização e prólogos: Ricardo Dipp e José Renato Nalini. 2ª ed. Campinas: Millennium, 2001.

_____. *Tratado de direito penal*. Volume II. Campinas: Bookseller, 1997.

MARTINELLI, João Paulo Orsini; BEM, Leonardo Schmitt de. *Lições fundamentais de direito penal*: parte geral. 4ª ed. São Paulo: Saraiva, 2019.

MARTINS, Sergio Pinto. *Direito do trabalho*. 9ª ed. São Paulo: Atlas, 2008.

MARTÍNEZ, Rosario de Vicente. *La respuesta penal a la siniestralidad laboral*. Barcelona: Bosch, 2013.

MARTINEZ, Wladimir Novaes. *Prova e contraprova do nexo epidemiológico*. 2ª ed. São Paulo: LTr, 2009.

MARTÍNEZ-BUJÁN PÉREZ, Carlos. *Derecho penal económico*. Valencia: Tirant lo Blanch, 2002.

MARTINS-COSTA, Judith. *A reconstrução do direito privado*: reflexos dos princípios, diretrizes e direitos fundamentais constitucionais no direito privado. São Paulo: RT, 2002.

MARX, Karl. *O capital*: crítica da economia política. Livro Primeiro [o processo de produção do capital] [v. I; t. 1]. São Paulo: Abril Cultural, 1983.

MASIERO, Clara Moura. *O movimento LGBT e a homofobia*: novas perspectivas de políticas sociais e criminais. Porto Alegre: Criação Humana, 2014.

MAURACH, Reinhart; GÖSSEL, Karl Heinz; ZIPF, Heinz. *Derecho penal:* parte general. 2. Traducción de la 7ª edición alemana por Jorge Bofill Genzch. Buenos Aires: Astrea, 1995.

MEDEIROS, Leonilde Servolo de. "Conflitos no campo: mudanças e permanências". *In Brasil, sociedade em movimento*. Pedro de Souza (organização). São Paulo/Rio de Janeiro: Paz&Terra, 2015.

MELOSSI, Dario. "Medo, luta de classe, crime: que 'realismo'?" *In Discursos sediciosos*: crime, direito e sociedade, v. 17, números 19/20. Rio de Janeiro: Revan, p. 195-206, 2012.

_____. "A questão penal em O capital." *In Margem Esquerda* – ensaios marxistas. São Paulo: 2004.

MENA, Fernanda. "País está entre líderes em mortes de ativistas." *In Folha de S. Paulo*, Cotidiano B3, 18.3.2018.

MENDES, Jussara Maria Rosa. *O verso e o anverso de uma história*: o acidente e a morte no trabalho. Porto Alegre: EDIPUCRS, 2003.

MESQUITA JÚNIOR, Sidio Rosa de. *Execução criminal*: teoria e prática. 7ª ed. São Paulo: Atlas, 2014.

MESTIERI, João. *Manual de direito penal*: parte geral [v. I]. Rio de Janeiro: Forense, 1999.

MESZÁRÓS, István. *Para além do capital*. Tradução: CASTANHEIRA, Paulo César; LESSA, Sérigio. São Paulo: Boitempo Editorial, 2002.

MEZIO; Eduardo L; RACHID, Jorge; SAN JUAN; Claudio A. *Accidentes y enfermedades del trabajo*: de acuerdo a la Constitución Nacional, Ley de Defensa del Consumidor y Convenios O.I.T. Rosario: Juris, 2012.

MILDNER, Roberto Portela. *O Ministério Público e o controle social das políticas de saúde do trabalhador*. Porto Alegre: Sergio Antonio Fabris, 2012.

MIR PUIG, Santiago. *Bases constitucionales del derecho penal*. Madrid: Iustel, 2011.

_____. *Derecho penal*: parte general. 8ª ed. Buenos Aires: Bdf, 2009.

_____. *Introducción a las bases del derecho penal*: concepto y método. 2ª ed. Buenos Aires: Bdf, 2002.

_____. *El Derecho penal en el Estado social y democrático de derecho*. Barcelona: Ariel, 1994.

MIRABETE, Julio Fabbrini; FABBRINI, Renato N. *Manual de direito penal*: parte geral. Arts. 1º a 120 do CP. 34 ed. São Paulo: Atlas, 2019.

_____; _____. *Execução penal*. 14ª ed. São Paulo: Atlas, 2018.

MISAKA, Marcelo Yukio. *Sentença penal*. Rio de Janeiro: Forense; São Paulo: Método, 2014.

MOLINÉ, José Cid; LARRAURI PIJOAN, Elena. *Teorías criminológicas*: explicación y prevención de la delincuencia. Barcelona: Bosch, 2001.

MONTEIRO, Antonio Lopes; BERTAGNI, Roberto Fleury de Souza. *Acidentes do trabalho e doenças ocupacionais*: conceito, processos de conhecimento e de execução e suas questões polêmicas. São Paulo: Saraiva, 2012.

MORAES, Benjamin. *Direito penal*. 2º Ano, 2º Volume, 1ª parte. Faculdade de Direito da Universidade Federal do Rio de Janeiro: Serviço de Publicação: Faculdade de Direito, 1968.

_____. *Direito penal*: 2º ano, 2º volume, 1ª parte. Faculdade de Direito da Universidade Federal do Rio de Janeiro: Serviço de Publicações (Faculdade de Direito), 1968.

MÜLLER, Friedrich. "O futuro do estado-nação e a nossa luta contra a turboglobalização." *In Globalização e Justiça*. Nikolai Petersen e Draiton Gonzaga de Souza (orgs.). Porto Alegre: EDIPUCRS/GOETHE INSTITUT INTER NATIONES, 2002a.

_____. "O que a globalização faz contra a democracia e o que os democratas podem fazer contra a globalização." *In Globalização e Justiça*. Nikolai Petersen e Draiton Gonzaga de Souza (orgs.). Porto Alegre: EDIPUCRS/GOETHE INSTITUT INTER NATIONES, 2002b.

MUÑOZ CONDE, Francisco. *Teoría general del delito*. 2ª ed. Colombia: Temis, 1999.

MUSTO, Marcello. "Notas sobre a história da I Internacional." *In Margem Esquerda* – ensaios marxistas. São Paulo: Boitempo, 2014a.

_____. *Trabalhadores, uni-vos!* Antologia política da I Internacional. Tradução Rubens Enderle. São Paulo: Boitempo, 2014b.

NETTO, José Paulo. *O que é marxismo*. São Paulo: Brasiliense, 1985.

NEUMAN, Elias. *Evolución de la pena privativa de libertad y regímenes carcelarios*. Buenos Aires: Pannedille, 1971.

NICOLITT, André. *Manual de processo penal*. 6ª ed. São Paulo: Revista dos Tribunais, 2016.

NOCCHI, Andréa Saint Pastous. "Quando a vida não vale nada." *In Zero Hora* (artigo), 2013.

NOGUEIRA, Ataliba. *Pena sem prisão*. 2ª ed. São Paulo: Saraiva, 1956.

NOGUEIRA, Claudia Mazzei. *O trabalho duplicado*: a divisão sexual no trabalho e na reprodução: um estudo das trabalhadoras do *telemarketing*. São Paulo: Expressão Popular, 2006.

NOVOA MONREAL, Eduardo. *Fundamentos de los delitos de omisión*. Buenos Aires: Depalma, 1984.

NUCCI, Guilherme de Souza. *Curso de direito penal*: parte geral: arts. 1º a 120 do Código Penal. Vol. 1. 3ª ed. Rio de Janeiro: Forense, 2019.

_____. *Manual de direito penal*. 12ª ed. Rio de Janeiro: Forense, 2016.

_____. *Individualização da pena*. 7ª ed. Rio de Janeiro: Forense, 2015.

OLIVEIRA, Edmundo. *Comentários ao Código Penal*: parte geral. Rio de Janeiro: Forense, 1994.

OLIVEIRA, Laura Machado de. "A obrigatoriedade do trabalho prisional prevista na Lei de Execução Penal de 1984 e a vedação da pena de trabalhos forçados da Constituição de 1988: a possível não receptividade do instituto e a consequente restrição aos direitos trabalhistas." *In Revista do Tribunal Regional do Trabalho da 4ª Região*. Porto Alegre: Tribunal Regional do Trabalho, 2015.

OLIVEIRA, Paulo Rogério Albuquerque de. "Nexo técnico epidemiológico previdenciário – NTEP e fator acidentário de prevenção – FAP: o desenvolvimento de um método." *In Saúde e trabalho no Brasil*: uma revolução silenciosa: o NTEP e a previdência social. MACHADO, Jorge; SORATTO, Lúcia; CODO, Wanderley (orgs.). Petrópolis: Vozes, 2010.

_____. *NTEP – Nexo Técnico Epidemiológico Previdenciário e FAP – Fator Acidentário de Prevenção – um novo olhar sobre a saúde do trabalhador*. São Paulo: LTr, 2010.

_____. *Uma sistematização sobre a saúde do trabalhador*: do exótico ao esotérico. São Paulo: LTr, 2011.

OLIVEIRA, Sebastião Geraldo de. *Proteção jurídica à saúde do trabalhador*. 6ª ed. São Paulo: LTr, 2011.

_____. *Indenizações por acidente do trabalho ou doença ocupacional*. São Paulo: LTr, 2009.

PADOVANI, Tullio. *Diritto penale*. VIII edizione. Milano: Giuffrè Editore, 2006.

PADRÓS, Enrique Serra. "Capitalismo, prosperidade e Estado de bem-estar social." *In O século XX*. Volume II: o tempo das crises: revoluções, fascismos e guerras. 3ª ed. Rio de Janeiro: Civilização Brasileira, 2005.

PAGLIARO, Antonio. *Principi di diritto penale*: parte generale. Seconda edizione. Milano: Dott. A. Giuffrè, 1980.

PALOMBA, Guido Arturo. *Tratado de psiquiatria forense*: civil e penal. São Paulo: Atheneu, 2003.

PAVARINI, Massimo; GIAMBERARDINO, André. *Curso de penologia e execução penal*. Florianópolis: Tirant lo Blanch, 2018.

PEDROSO, Fernando de Almeida. *Direito penal*: parte especial: doutrina e jurisprudência [v. 2]. 2ª ed. Leme/SP: J. H. Mizumo, 2017.

_____. *Homicídio, participação em suicídio, infanticídio e aborto* (crimes contra a vida). Rio de Janeiro: Aide, 1995.

PEIXOTO, Afrânio; FÁVERO, Flamínio; RIBEIRO, Leonídio. *Medicina legal dos acidentes do trabalho e das doenças profissionais*. Rio de Janeiro: Livraria Francisco Alves, 1926.

PERLINGIERI, Pietro. "A doutrina do direito civil na legalidade constitucional." *In Direito civil contemporâneo* – novos problemas à luz da legalidade constitucional. Gustavo Tepedino (org.). São Paulo: Atlas, 2008.

PETEK, João Pedro. "O impacto (criminológico) da implementação da Delegacia Acidentária no contexto da sociedade de risco: um estudo dos casos investigados no projeto piloto realizado pela 1ª DPC de Caxias do Sul/RS." Projeto de Pesquisa de Mestrado em Ciências Criminais da PUC/RS. Porto Alegre, 2013.

PIERANGELLI, José Henrique. "O crime culposo na dogmática atual". *In Revista do Ministério Público do Rio Grande do Sul*. São Paulo: RT, 1995.

PIOVESAN, Flávia; PIROTTA, Wilson Ricardo Buquetti. "Os direitos humanos das crianças e dos adolescentes no direito internacional e no direito interno". *In Temas de direitos humanos*. 3ª ed. Flávia Piovesan (orgª.). São Paulo: Saraiva, 2009a.

_____; _____. "A proteção dos direitos reprodutivos no direito internacional e no direito interno". *In Temas de direitos humanos*. 3ª ed. Flávia Piovesan (orgª.). São Paulo: Saraiva, 2009b.

PITOMBO, Sérgio Marcos de Moraes. "Notas sobre a perempção face à reforma penal." *In Ciência Penal*: Doutrina – Jurisprudência – Legislação. Ano VII, nº 1. Forense: Rio de Janeiro, 1982.

POLAINO NAVARRETE, Miguel. "A pirataria informática." *In Direito penal econômico*: estudos em homenagem aos 75 anos do professor Klaus Tiedemann. OLIVEIRA, William Terra de; NETO, Pedro Ferreira Leite; ESSADO, Tiago Cintra; SAAD-DINIZ, Eduardo (orgs.). São Paulo: LiberArs, 2013.

_____; POLAINO-ORTS, Miguel. *Derecho penal*: modernas bases dogmáticas. Lima: Grijley, 2004.

POMARES CINTAS, Esther. "La protección penal de los trabajadores frente a los riesgos psicosociales a través de los artículos 316 y 317 del Código Penal". *In Revista de Derecho Penal*, n. 34, ano XI, Valladolid, 2011.

PORTO, Antonio Rodrigues. *Da prescrição penal*. 5ª ed. São Paulo: RT, 1998.

PRADO, Luiz Regis; CARVALHO, Érica Mendes de. *Curso de direito penal brasileiro*. 17ª ed. São Paulo: RT, 2019.

_____. *Comentários ao Código Penal*. 6ª ed. São Paulo: RT, 2011.

PRIGOGINE, Ilya. "O fim da certeza." *In Representação e complexidade*. Cândido Mendes (org.). Rio de Janeiro: Garamond, 2003.

PRITTWITZ, Cornelius. "O direito penal entre direito penal do risco e direito penal do inimigo: tendências atuais em direito penal e política criminal." *In Revista Brasileira de Ciências Criminais* [v. 47]. São Paulo: RT, 2004.

_____. "El derecho penal alemán: ¿fragmentario? ¿Subsidiario? ¿*Ultima ratio*? Reflexiones sobre la razón y limites de los princípios limitadores del Derecho penal". *In La insostenible situación del derecho penal*. Granada: Instituto de Ciencias Criminales de Frankfurt, 2000.

QUEIROZ, Paulo. *Curso de direito penal*: parte geral [v. 1]. 13ª ed. Salvador: *JusPodivm*, 2018.

_____. *Funções do direito penal*: legitimação *versus* deslegitimação do sistema penal. 3ª ed. São Paulo: RT, 2008.

QUINTERO OLIVARES, Gonzalo. *Parte general del derecho penal*. Con la colaboración de Fermín Morales Prats. 2ª ed. Navarra: Aranzadi, 2007.

RAGUÉS I VALLÈS, Ramon. *La prescripción penal*: fundamento y aplicación. Barcelona: Atelier, 2004.
RAMELLA, Pablo A. *Crimes contra a humanidade*. Tradução Fernando Pinto. Rio de Janeiro: Forense, 1987.
RAMONET, Ignacio. "Meios de comunicação: um poder a serviço de interesses privados?" Tradução por Karina Patrício e revisão técnica por Dênis de Moraes. *In Mídia, poder e contrapoder*: da concentração monopólica à democratização da informação. Dênis de Moraes, Ignacio Ramonet e Pascual Serrano. São Paulo: Boitempo, 2013.
REALE JÚNIOR, Miguel. "Grau de culpa – Incêncio do Edifício Joelma". *In Ciência Penal*: Doutrina – Jurisprudência – Legislação. Ano III, nº 2, São Paulo: Convívio, 1976.
REICH, Wilhelm. *Psciologia de massas do fascimo*. Tradução de Maria da Graça M. Macedo. São Pauo: Martins Fonte, 1972.
REIS, Clayton. *Dano moral*. 5ª ed. Rio de Janeiro: Forense, 2010.
REIS, Nélio. *Problemas sociológicos do trabalho*. São Paulo: Freitas Bastos, 1964.
REIS, Viriato. *Acidentes de trabalho*. Coimbra: Almedina, 2009.
RIBEIRO, Darcy. *O processo civilizatório*: estudos de antropologia da civilização: etapas da evolução sociocultural. São Paulo: Companhia das Letras; Publifolha, 2000. – (Grandes nomes do pensamento brasileiro.).
RIBEIRO, Herval Pina. "De que adoecem e morrem os trabalhadores na era dos monopólios." *In De que adoecem os trabalhadores químicos*. Remígio Todeschini (organizador). São Paulo: LTr, 2014.
_____. *O juiz sem toga*: um estudo sobre a percepção dos juízes sobre trabalho, saúde e democracia no judiciário. Florianópolis: Lagoa Editora, 2010.
RIBEIRO, Jorge Severiano. *Dos crimes e das infrações no Direito do trabalho*. Rio de Janeiro: Revista do Trabalho, 1945.
RIBEIRO, Lélia Guimarães Carvalho. "A responsabilidade civil, penal e previdenciária pelo acidente do trabalho." *In Revista LTr Legislação do Trabalho*, ano 61, nº 1, jan., São Paulo, 1997.
RIVERO, Jean; SAVATIER, Jean. *Droit du travail*. Paris: Presses Universitaires de France, 1956.
ROCHA, Leonel Severo. *Epistemologia jurídica e democracia*. 2ª ed. São Leopoldo: EdUnisinos, 2003.
RODRIGUES, Anabela Miranda. *O direito penal europeu emergente*. Coimbra: Coimbra, 2008.
RODRIGUES, Andreia de Brito. Bullying *criminal*: o exercício do poder no sistema penal. Rio de Janeiro: Lumen Juris, 2009.
RODRÍGUEZ, Víctor Gabriel. *Fundamentos de direito penal brasileiro*: lei penal e teoria geral do crime. São Paulo: Atlas, 2010.
RODRÍGUEZ MANZANERA, Luis. *Victimología*. México: Porrúa, 2010.
RÖHNELT, Ladislau Fernando. *Apontamentos de direito penal*. VARGAS, Zuleika Pinto Costa (org.). Porto Alegre: Tribunal de Justiça do Estado do Rio Grande do Sul/Departamento de Artes Gráficas, 2011.
ROIG, Rodrigo Duque Estrada. *Execução penal*: teoria crítica. São Paulo: Saraiva, 2014.
ROLDÁN BARBERO, Horacio. *Manual de derecho penal*: parte general. Granada: Comares, 2012.
ROXIN, Claus. *Derecho penal*: parte general [t. I]. Traducción por Diego-Manuel Luzón Peña. Madrid: Civitas, 2000.
RUSSOMANO, Mozart Victor. *Comentários à Lei de Acidentes do Trabalho* (Artigos 1 a 104) [v. I]. Rio de Janeiro: José Konfino, 1957.
SABATO, Ernesto. *Antes do fim:* memórias. Tradução Sérgio Molina. São Paulo: Companhia das Letras, 2000.
SACHET, Adrien. *Tratado teórico práctico de la legislación sobre los accidentes del trabajo y las enfermedades profesionales*. Revisado y puesto al día con la Legislación y Jurisprudencia por François Casteil. Primera edición castellana de la octava francesa traducida y actualizada con la Legislación Argentina y Extranjera por el Dr. Segundo V. Linares Quintana [t. I]. Buenos Aires: Editorial Alfa, 1947.
SALES, Sheila Jorge Selim de. *Dos tipos plurissubjetivos*. Belo Horizonte: Del Rey, 1997.
SALOMON, Renaud; MARTINEL, Agnès. *Droit pénal social*: droit pénal du travail et de la sécurité sociale. Deuxième édition. Paris: Economica, 2015.
SÁNCHEZ VÁZQUEZ, Adolfo. *Filosofia da práxis*. 2ª ed. São Paulo: Expressão Popular, 2011.
SANDRONI, Paulo. *Dicionário de economia do século XXI*. Rio de Janeiro: Record, 2010.
SANSEVERINO, Paulo de Tarso. *Princípio da reparação integral*. São Paulo: Saraiva, 2010.
SANTOS, Juarez Cirino dos. *Direito penal*: parte geral. 8ª ed. Florianópolis: ICPC, 2018.
_____. *Teoria da pena*: fundamentos políticos e aplicação judicial. Curitiba: ICPC; Lumen Juris, 2005.
_____. "As origens dos delitos de imprudência." *In Revista de Direito Penal*, v. 23. Rio de Janeiro: Forense, 1978.
_____. *Teoria do crime*. São Paulo: Acadêmica, 1993.
SANZ MULAS, Nieves. "La validez del sistema penal actual frente a los retos de la nueva sociedad." *In* DÍAZ-SANTOS, Maria Rosario Diego; FABIÁN CAPARRÓS, Eduardo. (coord.). *El sistema penal frente a los retos de la nueva sociedad*. Salamanca: Colex, 2003.
SARCEDO, Leandro. Compliance *e responsabilidade penal da pessoa jurídica*: construção de um novo modelo de imputação baseado na culpabilidade corporativa. São Paulo: LiberArs, 2016.
SARRABAYROUSE, Eugenio C. *Medio ambiente y derecho penal*. Buenos Aires: Ad-Hoc, 2008.
SCHMITT, Ricardo Augusto. *Sentença penal condenatória*. Teoria e prática. 8ª ed. Salvador: *JusPodivm*, 2013.

SCHÖNE, Wolfgang. *Imprudencia, tipo y ley penal*. Traducción Patricia S. Ziffer. Universidad Externado de Colombia: Bogotá, 1996.

_____. "La protección del hombre en el mundo moderno. (Algumas consideraciones sobre el papel del Derecho Penal)." *In Cuadernos de la Facultad de Derecho*. Universitat de les Illes Balears, n. 12 (1985).

SCHREIBER, Anderson. *Novos paradigamas da responsabilidade civil* – da erosão dos filtros da reparação à diluição dos danos. São Paulo: Atlas, 2011.

SCHÜNEMANN, Bernd. "Prevención de riesgos laborales". *In Obras*, tomo II. Buenos Aires: Rubinzal-Culzoni, 2009.

SCHURMANN PACHECO, Rodolfo. *El delito ultra o preterintencional*. Montevideo: Amalio M. Fernandez, 1968.

SEELIG, Ernst. *Manual de criminologia*. 2º volume. Tradução de Guilherme de Oliveira. Revisão de Eduardo Correia. Coimbra: Arménio Amado, 1959.

_____. *Manual de criminologia*. 1º volume. Tradução de Guilherme de Oliveira. Revisão de Eduardo Correia. Coimbra: Arménio Amado, 1957.

SIEGMANN, Roberto Teixeira. "Proteção ao trabalho." *In Zero Hora* (artigo), 2013.

SILVA, Alessandro da; FILGUEIRAS, Vitor Araújo. Mais de 55 mil trabalhadores sofreram acidentes com máquinas em 2013. Repórter Brasil. Disponível em: <http://www.reporterbrasil.org.br/2014/07. Acesso em: 12 out. 2014.

SILVA, Antônio Álvares da. *Pequeno tratado da nova competência trabalhista*. São Paulo: LTr, 2005.

SILVA, Francisco Carlos Teixeira da. "Os fascismos." *In O século XX* [v. 2]. 3ª ed. Daniel Aarão Reis Filho, Jorge Ferreira e Celeste Zanha (organizadores). Rio de Janeiro: Civilização Brasileira, 2005.

SILVA, João Estevam da. "Anotações sobre aspectos civis e criminais decorrentes da responsabilidade por acidente do trabalho." *In RT*, ano 82, jun. [v. 962]. São Paulo, 1993.

SILVA, José Antônio Ribeiro de Oliveira. "A flexibilização da jornada de trabalho e seus reflexos na saúde do trabalhador." *In O avesso do trabalho III*: saúde do trabalhador e questões contemporâneas. LOURENÇO, Edvânia Ângela de Souza; NAVARRO, Vera Lucia (Orgs.). São Paulo: Outras Expressões, 2013.

SILVA, José Graziano da. "A nova trindade do século XXI." *In Brasil, sociedade em movimento*. Pedro de Souza (organização). São Paulo/Rio de Janeiro: Paz&Terra, 2015.

SILVA SÁNCHEZ, Jesús María. *Aproximación al derecho penal contemporáneo*. 2ª ed. Buenos Aires: Bdef, 2010.

_____. *La expansión del Derecho penal*: aspectos de la Política criminal en las sociedades postindustriales. 2ª ed. Buenos Aires: Bdef, 2008.

SILVEIRA, Renato de Mello Jorge; ORTIZ, Mariana Tranchesi. "Autoria e participação no ambiente empresarial." *In Boletim IBCCRIM*, ano 23, nº 274, set./ 2015.

SIQUEIRA, Geraldo Batista. Da competência pelo lugar da infração – crimes plurilocais e crimes à distância. *In Justitia*. São Paulo, 50(144), out./dez., 1988.

_____. "Ação penal: aspectos da atividade acusatória." *In Revista Interamericana de Direito Processual Penal*. [15/16]. Ano IV. Porto Alegre: Revista Jurídica, 1979.

SOLER, Sebastián. *Derecho penal argentino*. II. Actualizador Guillermo J. Fierro. Buenos Aires: Tea, 1992.

SOUZA, Fernando Antônio C. Alves de. "A estrutura do tipo imprudente e técnicas de imputação em ambiente de risco." *In Perspectivas das ciências criminais*: coletânea em homenagem aos 55 anos de atuação profissional do Prof. Dr. René Ariel Dotti. Rio de Janeiro: GZ, 2016.

SOUZA, Ricardo Timm de. *Levinas e a ancestralidade do mal*: por uma crítica da violência biopolítica. [Série Filosofia 215.] Porto Alegre: EDIPUCRS, 2012.

SOUZA, Rodrigo Trindade. *Função social do contrato de emprego*. São Paulo: LTr, 2008.

SPINDEL, Arnaldo. *O que é comunismo*. 2ª ed. São Paulo: Brasiliense, 1981.

STERN, Vivien. *Creando criminales*. Las cárceles y las personas en una sociedad de mercado. Buenos Aires: Ad-hoc, 2010.

TANGERINO, Davi de Paiva Costa. "Culpabilidade e responsabilidade penal da pessoa jurídica." *In Revista Brasileira de Ciências Criminais* [v. 86]. São Paulo: RT, 2010.

TAVARES, Juarez. *Fundamentos de teoria do delito*. Florianópolis: Tirant lo Blanch, 2018.

_____. *Teoria do crime culposo*. 4ª ed. Florianópolis: Empório do Direito, 2016.

_____. *As controvérsias em torno dos crimes omissivos*. Rio de Janeiro: Instituto Latino-americano de Cooperação Penal, 1996.

TÁVORA, Nestor; ROQUE, Fábio. *Curso de direito processual penal*. 11ª ed. Salvador: *JusPodivm*, 2016.

TELES, Ney Moura. *Direito penal*: parte geral – arts. 1º a 120. São Paulo: Atlas, 2004.

TERRADILLOS BASOCO, Juan. *Delitos contra la vida y la salud de los trabajadores*. Valencia: Tirant lo Blanch, 2002.

TIEGHI, Osvaldo N. *Tratado de criminología*. 3ª ed. Buenos Aires: Editorial Universidad, 2004.

TODESCHINI, Remígio; CODO, Wanderley. "O adoecimento dos trabalhadores químicos no Brasil." *In De que adoecem os trabalhadores químicos*. Remígio Todeschini (org.). São Paulo: Ltr, 2014.

_____; _____. LINO, Domingos. "Fundamentos jurídicos da tarifação coletiva acidentária e individual (FAP). Histórico e Evolução Legislativa. Mudanças Metodológicas." *In Novo Seguro de Acidente – Novo FAP*. TODESCHINI, Remígio; CODO, Wanderley (orgs.). São Paulo: LTr, 2009.

TOVO, Paulo Cláudio; TOVO, João Batista Marques. *Apontamentos e guia prático sobre a denúncia no processo penal brasileiro*. Rio de Janeiro: Lumen Juris, 2008.

TROTSKY, Leon. *Problemas da guerra civil*. Tradução de M. Videira e A. Campos. Lisboa: Antídoto, 1977.

TUBENCHLAK, James. *Teoria do crime*: o estudo do crime através de suas divisões. Rio de Janeiro: Forense, 1978.

TUCCI, José Rogério Cruz e. *Tempo e processo*. São Paulo: RT, 1997.

UNIÓN GENERAL DE LOS TRABAJADORES. *De las mutuas patronales a las mutuas de la seguridad social*. Madrid: UGT Castilla y León, 2012.

VARGAS, José Cirilo de. *Do tipo penal*. 4ª ed. São Paulo: Atlas, 2014.

VARGAS, Luiz Alberto de. "Juízes e professores." *In Novos avanços do direito do trabalho*. São Paulo: LTr, 2011.

VELÁSQUEZ, Fernando. *Derecho penal*: parte general. 4ª ed. Bogotá: Comlibros, 2009.

VOLK, Klaus. "Sobre a responsabilidade penal das empresas." *In Direito penal como crítica da pena*: estudos em homenagem a Juarez Tavares por seu 70° aniversário em 2 de setembro de 2012. GRECO, Luís Greco; MARTINS, Antonio (orgs.). São Paulo: Marcial Pons, 2012.

WELZEL, Hans. *O novo sistema jurídico-penal*: uma introdução à doutrina da ação finalista. Tradução, prefácio e notas Luiz Regis Prado. 3ª ed. São Paulo: RT, 2011.

_____. *Derecho penal alemán*: parte general. 11ª ed. Traduzido por Juan Bustos Ramírez e Sergio Yánez Pérez. Santiago: Jurídica de Chile, 1993.

_____. "Culpa e delitos de circulação: sobre a dogmática dos crimes culposos." [Tradução do artigo a cargo do Professor Nilo Batista.] *In Revista de Direito Penal*, n° 3, (jul./set.). Heleno Fragoso (diretor). Rio de Janeiro: Editor Borsoi, 1971.

WESTERN, Bruce; BECKETT, Katherine; HARDING, David. "Sistema penal e mercado de trabalho nos Estados Unidos." *In Dicursos Sediciosos*: crime, direito e sociedade. Ano 7, n° 11. Rio de Janeiro: Revan, 2002.

WILSON, Edmund. *Rumo à estação Finlândia*: escritores e atores da história. Tradução Paulo Henrique Britto. São Paulo: Companhia das Letras, 2006.

WOOD, Ellen Meiksins. *Democracia contra capitalismo*: a renovação do materialismo histórico. Tradução de Paulo Cezar Castanheira. São Paulo: Boitempo, 2011.

YACOBUCCI, Guillermo Jorge. "Criterios de imputación penal en la empresa." *In Direito penal no terceiro milênio*: estudos em homenagem ao Prof. Francisco Muñoz Conde. Rio de Janeiro: Lumen Juris, 2008.

ZAFFARONI, Eugenio Raúl; ALAGIA, Alejandro; SLOKAR, Alejandro. *Manual de derecho penal*: parte general. 2ª ed. Buenos Aires: Ediar, 2014.

_____; PIERANGELI, José Henrique. *Manual de direito penal brasileiro*: parte geral. 11ª ed. São Paulo: RT, 2015.

_____; BATISTA, Nilo, ALAGIA, Alejandro; SLOKAR, Alejandro. *Direito penal brasileiro*: segundo volume: teoria do delito: introdução histórica e metodológica, ação e tipicidade. Rio de Janeiro: Revan, 2010.

_____. *Manual de derecho penal*: parte general. Buenos Aires: Ediar, 1977.

ZIMMERMANN, Cirlene Luíza. *A ação regressiva acidentária como instrumento de tutela do meio ambiente de trabalho*. São Paulo: LTr, 2012.

ZIZEK, Slavoj. *Problema no paraíso*: do fim da história ao fim do capitalismo. Tradução Carlos Alberto Medeiros. Rio de Janeiro: Zahar, 2015.

_____. *O ano em que sonhamos perigosamente*. Tradução Rogério Bettoni. São Paulo: Boitempo, 2012.

_____. *Às portas da revolução*: escritos de Lenin de 1971. São Paulo: Boitempo, 2005.

Publicações na *web*

Ação conjunta combate o abigeato em Bagé. Disponível em: <http://www.policiacivil.rs.gov.br/conteudo/18239/acao-conjunta-combate-o-abigeato-em-bage>. Acesso em: 17 fev. 2016.

Anuário Brasileiro de Segurança pública, ano 8, 2014. Disponível em: < http://www.forumseguranca.org.br/storage/download//anuario_2014_20150309.pdf >. Acesso em: 02 mar. 2016.

Britannica online Encyclopædia. Disponível em: <http://www.britannica.com/EBchecked/topic/639266/welfarestate>. Acesso em: 30 nov. 2012.

Campinas elabora guia para orientar sobre zika vírus, a 'prima da dengue'. Disponível em: <http://g1.globo.com/sp/campinas-regiao/noticia/2015/05/ campinas-elabora-guia-para-orientar-sobre-zika-virus-prima-da-dengue.html>. Acesso em: 02 mar. 2016.

Delegacia contra furtos de água, gás e energia é inaugurada em Manaus. Disponível em: <http://g1.globo.com/am/amazonas/noticia/2014/09/delegacia-contra-furtos-de-agua-gas-e-energia-e-inaugurada-em-manaus.html>. Acesso em: 17 fev. 2016.

Delegacia especializada em combate a furtos de serviços no Amazonas. Disponível em: <http://www.manausambiental.com.br/delegacia-especializada-em-combate-furtos-de-servi%C3%A7os-no-amazonas>. Acesso em: 17 fev. 2016.

Delegacia especializada identifica empresas que furtam água e energia em Manaus. Disponível em: <http://acritica.uol.com.br/manaus/Amazonas-Amazonia-Delegacia-especializada-identifica-empresas-Manaus_0_1237076296.html>. Acesso em: 17 fev. 2016.

EL PAÍS. *El TSJC declara accidente laboral el suicidio de un empleado de la CAM.* Disponível em: <http://ccaa.elpais.com/ccaa/2016/01/11/catalunya/1452512537_511429.html>. Acesso em 13 jan. 2016.

ESTADOS UNIDOS MEXICANOS. *Constitución Política de 1917.* Disponível em: <http://www.diputados.gob.mx/LeyesBiblio/ref/cpeum/CPEUM_ orig_05feb1917_ima.pdf>. Acesso em: 03 out. 2014.

Estatísticas de Acidente de Trabalho no Brasil. São Paulo: DIESAT; c1980-2012. Disponível em: <http://diesat.blogspot.com.br/ 2009/01/ estatsticas-de-acidente-de-trabalho-no.html>. Acesso em: 08 jul. 2012.

HENTSCHKE, Marcelo Bergmann. *Certidão Negativa de Débitos Trabalhistas.* Disponível em: < http://www.trt4.jus.br/portal/portal/trt4/comunicacao/noticia/info/NoticiaWindow?cod=474951&action=2&destaque=false&filtros=>. Acesso em: 15 mar. 2016.

Inédita na América Latina, doença semelhante à dengue é descoberta na Bahia. Disponível em: <http://noticias.ne10.uol.com. br/nordeste/bahia/noticia/2015/04/29/inedita-na-america-latina-doenca-semelhante-a-dengue-e-descoberta-na-bahia-544346.php>. Acesso em: 02 mar. 2016.

Lei cria delegacia que vai combater 'gatos' de energia, água, gás e telefone. Disponível em: <http://new.d24am.com/noticias/economia/lei-cria-delegacia-que-vai-combater-gatos-de-energia-agua-gas-e-telefone/111828>. Acesso em: 17 fev. 2016.

Mato Grosso do Sul inaugura delegacia contra abigeato. Disponível em: <http://www.canalrural.com.br/noticias/boi-gordo/mato-grosso-sul-inaugura-delegacia-contra-abigeato-57735>. Acesso em: 17 fev. 2016.

Produtores rurais comemoram inauguração de delegacia especializada em furtos de gado. Disponível em: <http://famasul.com.br/assessoria_interna/produtores-rurais-comemoram-inauguracao-de-delegacia-especializada-em-furtos-de-gado/36462/>. Acesso em: 17 fev. 2016.

Produtores rurais comemoram inauguração de delegacia especializada em furtos de gado. Disponível em: <http://www.ruralbage.com.br/noticia/2008/07/17/bage-conta-com-delegacia-especializada-em-crime-de-abigeato->. Acesso em: 17 fev. 2016.

Quatro empresas são notificadas por furto de energia elétrica, em Manaus. Disponível em: <http://g1.globo.com/am/amazonas/noticia/2014/10/quatro-empresas-sao-notificadas-por-furto-de-energia-eletrica-em-manaus.html>. Acesso em: 17 fev. 2016.

SÁNCHEZ CARRETERO, Rosa María. *El suicidio como accidente laboral in* Revista de Derecho vLex – Núm. 125, Septiembre 2014, p. 1. Disponível em: <http://app.vlex.com/#/vid/suicidio-accidente-laboral-526367663>. Acesso em: 13 jan. 2016.

SILVA, Alessandro da; FILGUEIRAS, Vitor Araújo. *Mais de 55 mil trabalhadores sofreram acidentes com máquinas em 2013.* Repórter Brasil. Disponível em: <http://www.reporterbrasil.org.br/2014/07/mais-de-55-mil-trabalhadores-sofreram-acidentes-com-maquinas-em-2013/>. Acesso em: 12 out. 2014.

Outras obras do autor Ney Fayet Júnior

Livros publicados/organizados

Do *profiling* psicológico criminal na identificação de *serial killers* do gênero feminino. 2ª ed. Porto Alegre: Elegantia Juris, 2019.

A castração (química) de delinquentes sexuais: uma abordagem à luz de diretrizes político-criminais racionais. 4ª ed. Porto Alegre: Elegantia Juris, 2019.

Das gangues centro-americanas: Maras — origem e expansividade do fenômeno. 4ª ed. Porto Alegre: Elegantia Juris, 2019.

A loucura dos rejeitados: uma análise do movimento Incel (*Involuntary Celibates*). 2ª ed. Porto Alegre: Elegantia Juris, 2019.

Prescrição penal: temas atuais e controvertidos: doutrina e jurisprudência. Porto Alegre: Livraria do Advogado, [v. 7, 215p.], 2019.

Do crime continuado. 8ª ed. Porto Alegre: Livraria do Advogado, 2018.

Prescrição penal: temas atuais e controvertidos: doutrina e jurisprudência. Porto Alegre: Livraria do Advogado, [v. 6, 183p.], 2018.

A ação (penal) privada subsidiária da pública: das vantagens ou desvantagens da participação do ofendido na atividade jurídico-penal. 4ª ed. Porto Alegre: Livraria do Advogado, 2017.

Maracaibo 74: uma outra criminologia (se tornou) possível. Porto Alegre: Elegantia Juris, 2016.

Dos acidentes de trabalho: questões penais e extrapenais: uma abordagem ampla no contexto da sociedade de risco. 5ª ed. Porto Alegre: Elegantia Juris, 2015.

Prescrição penal: temas atuais e controvertidos: doutrina e jurisprudência. Porto Alegre: Livraria do Advogado, [v. 5, 185p.], 2015.

Perspectivas em ciências penais. Porto Alegre: Elegantia Juris, 2014.

Prescrição penal: temas atuais e controvertidos: doutrina e jurisprudência. Porto Alegre: Livraria do Advogado, [v. 4, 175p.], 2013.
Ciências penais: perspectivas e tendências da contemporaneidade. Curitiba: Juruá, [400p.], 2011.
Prescrição penal: temas atuais e controvertidos: doutrina e jurisprudência. Porto Alegre: Livraria do Advogado, [v. 3, 220p.], 2011.
Ciências penais e sociedade complexa II. Porto Alegre: Núria Fabris, [407p.], 2009.
Prescrição penal: temas atuais e controvertidos: doutrina e jurisprudência. Porto Alegre: Livraria do Advogado, [v. 2, 179p.], 2009.
Ciências penais e sociedade complexa. Porto Alegre: Núria Fabris, [357p.], 2008.
Prescrição penal: temas atuais e controvertidos: doutrina e jurisprudência. Porto Alegre: Livraria do Advogado, [v. 1, 192p.], 2007.
Ensaios penais em homenagem ao professor Alberto Rufino Rodrigues de Sousa. Porto Alegre: Lenz, 2003.
A sociedade, o crime e o direito penal. Porto Alegre: Livraria do Advogado, [224p.], 2000.
Prescrição penal: temas atuais e controvertidos. FAYET JÚNIOR, Ney [org.]. Porto Alegre: Livraria do Advogado, [v. 5], 2015.

Artigos publicados em periódicos

Das implicações da decisão da CIDH (no caso Herzog) às hipóteses de prescrição de crimes (contra a humanidade) no ordenamento jurídico brasileiro. *In* FAYET JÚNIOR, Ney (org.). Prescrição penal: temas atuais e controvertidos: doutrina e jurisprudência. 7. vol. Porto Alegre: Livraria do Advogado, 2019. p. 223.
Da prescrição como limite à reação penal: um estudo a partir da penologia e da punição. *In* FAYET JÚNIOR, Ney (org.). Prescrição penal: temas atuais e controvertidos: doutrina e jurisprudência. 7. vol. Porto Alegre: Livraria do Advogado, 2019. p. 223.
Do duplo recebimento da denúncia ou da queixa (artigos 396 e 399 do Código de Processo Penal) e dos reflexos no cálculo da prescrição penal. *In* FAYET JÚNIOR, Ney (org.). Prescrição penal: temas atuais e controvertidos: doutrina e jurisprudência. 7. vol. Porto Alegre: Livraria do Advogado, 2019. p. 223.
Injúria racial: um crime imprescritível? *In* FAYET JÚNIOR, Ney (org.). Prescrição penal: temas atuais e controvertidos: doutrina e jurisprudência. 6. vol. Porto Alegre: Livraria do Advogado, 2018. p. 67-77.
A lei Joanna Maranhão: a vítima, o direito penal e a flutuabilidade do prazo prescricional. *In* FAYET JÚNIOR, Ney (org.). Prescrição penal: temas atuais e controvertidos: doutrina e jurisprudência. 6. vol. Porto Alegre: Livraria do Advogado, 2018. p. 91-105.
Do termo inicial da prescrição (da pretensão punitiva) em face do delito de descaminho (*caput* do artigo 334 do Código Penal). *In* FAYET JÚNIOR, Ney (org.). Prescrição penal: temas atuais e controvertidos: doutrina e jurisprudência. 6. vol. Porto Alegre: Livraria do Advogado, 2018. p. 107-121.
A pena criminal na democracia: o compromisso da dogmática com a racionalidade: a importância do instituto da prescrição penal. *In* FAYET JÚNIOR, Ney (org.). Prescrição penal: temas atuais e controvertidos: doutrina e jurisprudência. 6. vol. Porto Alegre: Livraria do Advogado, 2018. p. 123-131.
Do sobrestamento da ação (penal) em virtude do reconhecimento da repercussão geral: extensibilidade suspensiva *ipso facto* do prazo prescricional? *In* FAYET JÚNIOR, Ney (org.). Prescrição penal: temas atuais e controvertidos: doutrina e jurisprudência. 6. vol. Porto Alegre: Livraria do Advogado, 2018. p. 133-141.
Da prescrição penal e a trabalhista: possíveis intersecções. *In* FAYET JÚNIOR, Ney (org.). Prescrição penal: temas atuais e controvertidos: doutrina e jurisprudência. 6. vol. Porto Alegre: Livraria do Advogado, 2018. p. 149-166.
A pena criminal na democracia: o compromisso da dogmática com a racionalidade. Revista de Estudos Criminais. Ano XVI, nº 65. Porto Alegre: Síntese, 2017.
O valor processual do depoimento (testemunhal ou vitimário) infantil. [Coleção*]* Justiça, Democracia e Sustentabilidade. Vol. IV. DIAS, Felipe da Veiga (Org.). Porto Alegre: Editora Fi, 2017.
Do desaparecimento do caráter sempiterno das medidas de segurança no sistema sancionatório brasileiro: das consequências jurídicas em face da limitação temporal da intervenção terapêutico-penal. *In Revista Magister de Direito Penal e Processo Penal.* Ano XII, nº 74. Porto Alegre: Magister, out.-nov. de 2016.
Da insubmersibilidade dos desafios éticos da ciência moderna em face do Estado Constitucional Democrático: a (questão da) *Kastration* de condenados por delitos sexuais graves. *In Interesse Público. Revista Bimestral de Direito Público,* Ano XVII, nº 92, Editor-Chefe: Alexandre Pasqualini. Belo Horizonte: Fórum, p. 37-58, jul./ago., 2015.
O valor processual do depoimento (testemunhal ou vitimário) infantil. Revista Jurídica Consulex, v. XVII, p. 36-43, 2013.
Um dia na vida de um trabalhador: verdade e consequências jurídicas do processo produtivo no contexto da sociedade de risco. Juris Plenum Ouro, v. 30, p. 35-51, 2013.
Jurisprudência anotada. Boletim IBCCRIM, v. 234, p. 1556-7, 2012.
Da contribuição do neorrealismo de esquerda ao pensamento criminológico: um passo em frente, dois passos atrás. Discursos sediciosos: crime, direito e sociedade, v. 17, p. 345-65, 2012.

Do avanço interpretativo na compreensão do instituto do delito continuado: da necessidade de demarcação fático-temporal precisa dos crimes componentes da cadeia continuada. Revista Jurídica, Brasília, v. 98, p. 1-22, 2011.

Do realismo de esquerda. Revista Ibero-Americana de Ciências Penais, v. 11, p. 232-48, 2011.

Maras: gangues juvenis centro-americanas. Jus Societas, v. 5, p. 12-26, 2011.

Complexidade, insegurança e globalização: repercussões no sistema penal contemporâneo. Sistema Penal & Violência (*Online*), v. 1, p. 84-100, 2009.

Direitos fundamentais fragmentados: a construção tipológica (da categoria) do crime organizado na legislação brasileira em face do princípio da legalidade substancial. Revista Jurídica Empresarial, v. 06, p. 51-67, 2009.

A criminalidade econômica e a política criminal: desafios da contemporaneidade. Revista de Estudos Criminais, v. 30, p. 137-55, 2008.

Criminalidade econômica e princípio da racionalidade: coordenadas para a construção de uma política criminal racional. Âmbito Jurídico, v. 54, p. 1-14, 2008.

Sobre a crise do direito (penal) a partir da modelação da sociedade globalizada. Revista Brasileira de Direito, Passo Fundo, v. 2, p. 155-78, 2007.

A união estável e a extinção da punibilidade. Revista da Faculdade de Direito da Universidade Federal do Rio Grande do Sul, Porto Alegre, n. 20, p. 287-91, 2001.

A prova testemunhal infantil. Revista da Faculdade de Direito da UFRGS, Porto Alegre, n. 16, p. 131-7, 2000.

"Do efeito da revogação da suspensão condicional do processo penal na contagem do prazo prescricional." Ney Fayet Júnior e Amanda Gualtieri Varela. *In Prescrição penal*: temas atuais e controvertidos [v. 5]. FAYET JÚNIOR, Ney [org.]. Porto Alegre: Livraria do Advogado, 2015.

Capítulos de livros publicados

Da configurabilidade do princípio da insignificância nos delitos contra o meio ambiente. *In* Repensando a proteção do meio ambiente: 20 anos da Lei 9.605/98. CARVALHO, Érika Mendes de; PRADO, Alessandra Mascarenhas (orgs.). São Paulo: D'Plácido, 2018.

Serial killers do gênero feminino: uma análise introdutória ao fenômeno. *In* Violência, crime e segurança pública: perspectivas contemporâneas em ciências criminais. CAVEDON, Bárbara Zaffari e outros (orgs.). Porto Alegre: Habitus, 2018.

Da categoria jurídico-penal dos delitos a distância e sua pertinência no cenário contemporâneo. *In* Perspectivas das ciências criminais: coletânea em homenagem aos 55 anos de atuação profissional do Prof. Dr. Ariel Dotti. Busato, Paulo César; SÁ, Priscilla; SCANDELARI, Gustavo Britta (orgs.). Rio de Janeiro: GZ, 2016.

A castração (física ou química) em condenados por delitos sexuais: os desafios éticos da ciência em face do Estado constitucional democrático. *In Controvérsias constitucionais atuais n. 2*. FAYET, Paulo; JOBIM, Geraldo; JOBIM, Marco Félix [orgs.]. Porto Alegre: Livraria do Advogado, 2015.

Do efeito da revogação da suspensão condicional do processo penal na contagem do prazo prescricional. *In Prescrição penal*: temas atuais e controvertidos. Vol. V. FAYET JÚNIOR, Ney [org.]. Porto Alegre: Livraria do Advogado, 2015.

Da categoria jurídico-penal dos delitos a distância e sua relevância em face da lei de organizações criminosas (Lei 12.850/13). *In Ciências criminais em debate*. SOUZA, Bernardo de Azevedo e; ANDRADE SOTO, Rafael Eduardo de [orgs.]. Rio de Janeiro: Lumen Juris, 2015.

Chaveiros da liberdade. *In Cárcere em imagem e texto*. RIGON, Bruno Silveira; SILVEIRA, Felipe Lazzarida (orgs.). Porto Alegre: Livraria do Advogado, [v. 1], 2015.

Penas e punição. *In Crime, polícia e justiça no Brasil*. LIMA, Renato Sérgio de; RATTON, José Luiz; AZEVEDO, Rodrigo Ghiringhelli de (orgs.). São Paulo: Contexto, p. 369-75, 2014.

A imunidade parlamentar e a prescrição penal. *In Prescrição penal*: temas atuais e controvertidos: doutrina e jurisprudência. 4ª ed. FAYET JÚNIOR, Ney (org.). Porto Alegre: Livraria do Advogado, p. 91-117, 2013.

As imunidades. *In Fundamentos de direito penal*. BUSATO, Paulo César (org.). Curitiba: Juruá, p. 213-28, 2013.

Da categoria jurídico-penal dos delitos a distância e sua relevância na contemporaneidade. *In Direito penal contemporâneo no cenário internacional*. SANTOS, André Leonardo Copetti; DEL'OLMO, Florisbal de Souza (coords.), p. 74-86, 2013.

Da extradição e da prescrição penal. *In Prescrição penal*: temas atuais e controvertidos: doutrina e jurisprudência. 4ª ed. FAYET JÚNIOR, Ney (org.). Porto Alegre: Livraria do Advogado, p. 143-63, 2013.

Da possibilidade de reconhecimento, em medida liminar de revisão criminal, da prescrição penal. *In Prescrição penal*: temas atuais e controvertidos: doutrina e jurisprudência. 4ª ed. FAYET JÚNIOR, Ney (org.). Porto Alegre: Livraria do Advogado, p. 165-75, 2013.

Relações entre os saberes penais: dogmática, criminologia e política criminal. *In Fundamentos de direito penal*. BUSATO, Paulo César (org.). Curitiba: Juruá, p. 11-26, 2013.

Sobre a ilegal vedação judicial de acesso ao duplo grau de jurisdição em face da extinção da punibilidade pelo advento da prescrição penal em suas subespécies retroativa e intercorrente. *In Prescrição penal*: temas atuais e controvertidos: doutrina e jurisprudência. 4ª ed. FAYET JÚNIOR, Ney (org.). Porto Alegre: Livraria do Advogado, p. 119-41, 2013.

Criminalidade econômica e princípio da racionalidade: coordenadas para a construção de uma política criminal racional. *In Criminologia e sistemas jurídico-penais contemporâneos*. 2ª ed. GAUER, Ruth Maria Chittó (org.). Porto Alegre: EDIPUCRS, p. 173-95, 2012.

Do realismo de esquerda. *In Crime e interdisciplinaridade*: estudos em homenagem à Ruth M. Chittó Gauer. POZZEBON, Fabrício Dreyer de Ávila; ÁVILA, Gustavo Noronha de (orgs.). Porto Alegre: EDIPUCRS, p. 315-28, 2012.

Comentários à Lei (italiana) 251/2005: os novos prazos prescricionais direcionados ao delito de associação para delinquir de tipo mafioso. *In Prescrição penal*: temas atuais e controvertidos: doutrina e jurisprudência. FAYET JÚNIOR, Ney (org.). Porto Alegre: Livraria do Advogado, p. 187-93, v. 3, 2011.

Da análise das condutas nas licitações públicas a partir de critérios substanciais – entre a discricionariedade, a ilegalidade e a infração penal. *In Ciências penais*: perspectivas e tendências da contemporaneidade. FAYET JÚNIOR, Ney; MAYA, André Machado (orgs.). Curitiba: Juruá, p. 261-300, 2011.

Da imprescritibilidade. *In Prescrição penal*: temas atuais e controvertidos: doutrina e jurisprudência. FAYET JÚNIOR, Ney (org.). Porto Alegre: Livraria do Advogado, p. 47-90, v. 3, 2011.

Da prescrição penal retroativa: análise crítica das alterações trazidas pela Lei 12.234 de 2010. *In Prescrição penal*: temas atuais e controvertidos: doutrina e jurisprudência. FAYET JÚNIOR, Ney (org.). Porto Alegre: Livraria do Advogado, p. 149-65, v. 3, 2011.

Da configurabilidade do princípio da insignificância em face da continuidade delitiva. *In Criminologia e sistemas jurídico-penais contemporâneos*. 2ª ed. GAUER, Ruth Maria Chittó (org.). Porto Alegre: EDIPUCRS, p. 306-31, 2011.

Da configurabilidade do princípio da insignificância em face da continuidade delitiva. *In Criminologia e sistemas jurídico-penais contemporâneos* II. GAUER, Ruth Maria Chittó (org.). Porto Alegre: EDIPUCRS, p. 295-321, v. II, 2010.

Complexidade, insegurança e globalização: repercussões no sistema penal contemporâneo. *In Ciências penais e sociedade complexa II*. FAYET JÚNIOR, Ney; MAYA, André Machado (orgs.). Porto Alegre: Núria Fabris, p. 293-326, v. II, 2009.

O aditamento da denúncia e a sua repercussão na prescrição da pretensão punitiva. *In Política criminal contemporânea*: criminologia, direito penal e direito processual penal. WUNDERLICH, Alexandre (org.). Livraria do Advogado: Porto Alegre, p. 1-10, v. 1, 2008.

O bem jurídico e a tutela penal: uma abordagem à luz de alguns princípios constitucionais implícitos. *In Direitos Fundamentais na Constituição de 1988* – Estudos comemorativos aos seus vinte anos —. ALENCAR, Rosmar Antonni Rodrigues Cavalcanti de (org.). Porto Alegre: Núria Fabris, p. 244-79, v. 1, 2008.

O requerimento de extradição de nacional brasileiro como dupla (ou múltipla) nacionalidade: enfoque à luz da jurisprudência do Supremo Tribunal Federal. *In Direito penal no terceiro milênio: estudos em homenagem ao prof. Francisco Muñoz Conde*. BITENCOURT, Cezar Roberto (org.). Rio de Janeiro: Lumen Juris, p. 585-604, v. 1, 2008.

Criminalidade econômica e princípio da racionalidade: coordenadas para a construção de uma política criminal racional. *In Criminologia e sistemas jurídico-penais contemporâneos*. GAUER, Ruth Maria Chittó (org.). Porto Alegre: EDIPUCRS, p. 377-408, 2008.

Da (in)compatibilidade do tipo legal de quadrilha (ou bando) e delitos societários. *In Ciências penais e sociedade complexa*. FAYET JÚNIOR, Ney; MAYA, André Machado (orgs.). Porto Alegre: Núria Fabris, p. 277-309, 2008.

Do delito continuado: uma abordagem conceitual mais ampla sobre seus elementos estruturais (conexão espacial relacionada à existência de grupo econômico). *In Sistema penal e violência*. GAUER, Ruth Maria Chittó (org.). Rio de Janeiro: Lumen Juris, p. 141-56, v. 1, 2006.

A prescrição penal e a ancianidade: o real alcance do fator de redução dos prazos prescricionais previsto no artigo 115, *in fine*, do Código Penal. *In Estudos críticos de Direito e Processo Penal em homenagem ao Des. Garibaldi Almeida Wedy*. FAYET JÚNIOR, Ney; WEDY, Miguel Tedesco (orgs.). Porto Alegre: Livraria do Advogado, p. 189-99, v. 1, 2004.

A prostituição: considerações sociojurídicas. *In Ensaios penais em homenagem ao Professor Alberto Rufino Rodrigues de Sousa*. FAYET JÚNIOR, Ney (org.). Porto Alegre: Lenz, p. 621-31, v. 1, 2003.

Considerações sobre a criminologia crítica. *In A sociedade, a violência e o direito penal*. FAYET JÚNIOR, Ney (org.). Porto Alegre: Livraria do Advogado, p. 187-99, 2000.

A evolução histórica da pena criminal. *In Crime e sociedade*. BITENCOURT, Cezar Roberto (org.). Curitiba: Juruá, p. 229-53, v. 1, 1998.

Traduções

Tradução e revisão do seguinte artigo: "A prescrição penal na Suíça." GODEL, Thierry. *In* Prescrição penal: temas atuais e controvertidos. Vol. VII. FAYET JÚNIOR, Ney [org.]. Porto Alegre: Livraria do Advogado, 2019.

Tradução e revisão do seguinte artigo: "A prescrição no direito penal francês." TELLIER-CAYROL, Véronique. *In* Prescrição penal: temas atuais e controvertidos. Vol. VII. FAYET JÚNIOR, Ney [org.]. Porto Alegre: Livraria do Advogado, 2019.

Tradução do seguinte artigo: "Considerazioni sulle prove per induzione." TARUFFO, Michele. *In Ensaios sobre o processo civil*: escritos sobre processo e justiça civil. Organizador e revisor das traduções: Darci Guimarães Ribeiro. Porto Alegre: Livraria do Advogado, 2017.

A universidade nos cárceres argentinos. Porto Alegre: Editora Fi, 2015.

Revisão da tradução do seguinte livro: "The anatomy of violence. The biological roots of crime." RAINE, Adrian. Porto Alegre: Artmed, 2015.

Tradução e revisão do seguinte artigo: "A prescrição penal no ordenamento italinao." VALLINI, Antonio. *In Prescrição penal*: temas atuais e controvertidos. Vol. V. FAYET JÚNIOR, Ney [org.]. Porto Alegre: Livraria do Advogado, 2015.

Criminologia, ciência e mudança social. Porto Alegre: Núria Fabris, 2012.

A criminologia na pós-modernidade. Porto Alegre: Revista Ibero-Americana de Ciências Penais, 2011.

Novo manual básico de criminologia. Porto Alegre: Livraria do Advogado, 2009.

Manual básico de criminologia. Porto Alegre: Lenz, 2003.

Criminologia latino-americana (teoria e propostas sobre o controle social do terceiro milênio). T. II. São Paulo: LTr, 2002.

Criminologia latino-americana (teoria e propostas sobre o controle social do terceiro milênio). T. I. São Paulo: LTr, 2000.

Outras obras do colaborador Ricardo Carvalho Fraga

Livro publicado

Direito e castelos. São Paulo: LTr, 2002.

Coordenação/coordenação conjunta

Novos avanços do direito do trabalho. São Paulo: LTr, 2011.

Avanços do direito do trabalho. São Paulo: LTr, 2005.

Aspectos dos direitos sociais na nova Constituição. São Paulo: LTr, 1989.

Artigos publicados em periódicos

Trabalho: prevenção e concentração de poderes. Justiça do trabalho, Porto Alegre, n. 370, ano 31, out. 2014.

Capítulos de livros publicados

Artigos 129 a 153. *In CLT comentada pelos Juízes do Trabalho da 4ª Região.* 3ª ed. SOUZA, Rodrigo Trindade (org.). São Paulo: LTr, 2018.

Judiciário e participação. *In Democracia e direito do trabalho.* VARGAS, Luiz Alberto de (coord.). São Paulo: LTr, 1995.

Radicalidade democrática. Estado e poder judiciário. Caminhos da participação popular. *In Democracia e direito do trabalho.* VARGAS, Luiz Alberto de (coord.). São Paulo: LTr, 1995.

Pluralidade e unidade: potencialidades transformadoras do direito. *In Democracia e direito do trabalho.* VARGAS, Luiz Alberto de (coord.). São Paulo: LTr, 1995.

Ação rescisória. Violação literal de lei. Limites objetivos. *In Democracia e direito do trabalho.* VARGAS, Luiz Alberto de (coord.). São Paulo: LTr, 1995.

Em defesa do direito do trabalho contra a flexibilização do terceiro mundo. *In Perspectivas do direito do trabalho.* SZMUKLER, Beinusz (coord.). Porto Alegre: Livraria do Advogado, 1993.

Proposta de alterações quanto ao tiro do processo do trabalho – audiência inicial e outras modificações. *In Modernização do direito processual do trabalho.* LEDUR, José Felipe (coord.). São Paulo: LTr, 1990.

A litigância de má-fé e as novas leis processuais. *In Modernização do direito processual do trabalho.* LEDUR, José Felipe (coord.). São Paulo: LTr, 1990.